Ruslana Vovk

DIE OFFENHEIT DER UKRAINISCHEN VERFASSUNG FÜR DAS VÖLKERRECHT UND DIE EUROPÄISCHE INTEGRATION

Mit einem Vorwort von Alexander Blankenagel

ibidem-Verlag
Stuttgart

Bibliografische Information der Deutschen Nationalbibliothek
Die Deutsche Nationalbibliothek verzeichnet diese Publikation in der Deutschen Nationalbibliografie; detaillierte bibliografische Daten sind im Internet über http://dnb.d-nb.de abrufbar.

Bibliographic information published by the Deutsche Nationalbibliothek
Die Deutsche Nationalbibliothek lists this publication in the Deutsche Nationalbibliografie; detailed bibliographic data are available in the Internet at http://dnb.d-nb.de.

∞

Gedruckt auf alterungsbeständigem, säurefreien Papier
Printed on acid-free paper

ISSN: 1614-3515

ISBN-13: 978-3-8382-0481-9

Printed in Germany

Vorwort

Seit der Erlangung ihrer Selbstständigkeit hat die Ukraine, symbolisiert etwa durch die jeweilige politische Führung, einen Entwicklungsweg genommen, den man am besten als Zickzack zwischen einer Orientierung nach Westeuropa einerseits und zur Russischen Föderation und den ehemaligen Mitgliedstaaten der UdSSR hin andererseits kennzeichnen kann. Dieses Schwanken zwischen Westorientierung und Ostorientierung beruht nicht nur auf den Anziehungskräften dieser beiden Pole, sondern auch auf der inneren, ethnisch-kulturell bedingten Spaltung der Ukraine sowie, verursacht durch die fehlende Geschichte nationaler Selbstständigkeit, ihrer unsicheren nationalen Identität. Das von Frau Vovk gewählte Thema ist im Hinblick auf diese ethnisch-kulturelle Gespaltenheit und die Situierung zwischen zwei Machtblöcken von besonderem Reiz. Große Offenheit für Völkerrecht und Integration in suprastaatliche Organisationen, so scheint es, kann man unter diesen Bedingungen und mit dieser Geschichte eigentlich nicht erwarten. Allerdings: Große Offenheit für internationale Zusammenarbeit und Integration in übernationale, eventuell europäische Zusammenhänge sind auch Charakteristika moderner Staatlichkeit und waren zumindest auch ein zentrales Ziel des Reformprozesses nach dem Zerfall der UdSSR: so wie die anderen „zivilisierten Staaten" wollte man sein, Anfang der 90er Jahre, als die meisten, auch die Eliten, es noch ernst meinten mit den Reformen. Diese Offenheit und der Wunsch nach Integration in europäische Zusammenhänge, bestenfalls mit dem Schlusspunkt der Mitgliedschaft in der EU, ist auch noch – durchzogen allerdings von traditionalen nationalstaatlichen Vorstellungen – das Programm des nicht prorussischen Teils der politischen Eliten der Ukraine; der prorussische Teil mit dem jetzigen Präsidenten Janukovitsch schwankt dagegen zwischen einer Russland-Orientierung einerseits und wiederum traditionalen nationalstaatlichen Vorstellungen andererseits.

Das Thema der Arbeit von Frau Vovk ist nun, welchen Rahmen die Verfassung der Ukraine für diese Integration (oder Nicht-Integration) in überstaatliche Zusammenhänge, die Völkerrechtsgemeinschaft und vor allem auch den Europarat setzt und wie dieser Rahmen in der Praxis umgesetzt wird. Die Ukraine hat sich gegenüber anderen Transformationsstaaten bei ihrer Verfassungsgebung etwas verspätet; die Verfassung wurde in einer Situation verabschiedet, in der schon klar geworden war, dass der Weg zu Wohlstand und Demokratie lang und steinig sein würde und in der die alten und neuen Eliten die Macht in Staat und Gesellschaft schon in großem Umfang übernommen hatten. Dies mag ein Grund dafür sein, dass die völkerrechtlich relevanten Vorschriften der Verfassung eine auf den ersten Blick nicht sehr transparente und auf jeden Fall gegenüber dem Völkerrecht und überstaatlicher Integration sehr zurückhaltende Regelung enthalten. Der Vergleich mit der im Hinblick auf diese Fragen enthusiastischen russischen Verfassung von 1993 (!) zeigt, wie zurückhaltend der ukrainische Verfassungsgeber war.

Frau Vovk breitet vor dem Leser die ukrainische Verfassungsgeschichte, die Umstände der Entstehung der völkerrechtlich relevanten Normen, die komplizierten Konflikte zwischen Parlament und Exekutive im Bereich des Abschlusses völkerrechtlicher Verträge aus und schildert dann mit großer Detailgenauigkeit und großem Einfühlungsvermögen die problematische Anpassung der ukrainischen Rechtsordnung an die Europäische Menschenrechtskonvention; immerhin ist die Ukraine (nach Russland) der am zweithäufigsten in Straßburg beim Europäischen Gerichtshof für Menschenrechte verklagte Mitgliedstaat des Europarats. Die Darstellung zeigt dem Leser eine sehr unsichere Positionierung der Ukraine in diesen Fragen, was letztlich angesichts der faktischen Zweiteilung des Landes (Westukraine und Ostukraine), der Position zwischen zwei Machtblöcken und der unsicheren Position zwischen Nationalstaat und Souveränität einerseits, EU-Orientierung andererseits nicht erstaunlich ist. Die Darstellung wird aber eben deswegen dem Leser helfen, die Ukraine als Nachbar und möglichen Partner Europas besser zu verstehen, in ihren Möglichkeiten ebenso wie in ihren Grenzen: Darin liegt der Reiz und das Verdienst der Studie von Frau Vovk.

Prof. Dr. A. Blankenagel

Inhalt

Dankwort der Autorin

Die vorliegende Studie wurde vom Fachbereich Rechtswissenschaften der Humboldt Universität zu Berlin im Wintersemester 2011/2012 als Dissertation angenommen. Rechtslage, Literatur und Rechtsprechung wurden bis November 2011 berücksichtigt. Darüber hinaus ist in der Druckfassung eine Überarbeitung mit Blick auf das im Dezember 2012 paraphierte und der Öffentlichkeit zugänglich gewordene EU-Ukraine Assoziierungsabkommen erfolgt.

Mein herzlicher Dank gilt dem Erstgutachter, Professor Alexander Blankenagel, für die ausführliche Bewertung der Arbeit, hilfreiche Bemerkungen und den mir gelassenen Freiraum. Professor Georg Nolte danke ich für die zügige Erstellung des Zweitgutachtens. Bedanken möchte ich mich auch bei Herrn Dr. Andreas Umland für die Aufnahme der Arbeit in seine Schriftenreihe sowie bei der DFG für den großzügigen Druckkostenzuschuss. Dem DFG-Graduiertenkolleg „Verfassung jenseits des Staates" und dessen Sprecher Professor Ingolf Pernice möchte ich meinen aufrichtigen Dank für die Gewährung eines Stipendiums und das fördernde Arbeitsumfeld aussprechen. Weiter danke ich der FAZIT-Stiftung für die finanzielle Unterstützung in der entscheidenden Abschlussphase dieser Studie und Professor Andriy Meleshevych für den Forschungsaufenthalt an der Nationalen Universität „Kyiv-Mohyla Akademie" im Herbst/Winter 2008 und seine Diskussionsbereitschaft.

Wichtige inhaltliche Anregungen, hilfreiche Hinweise und wertvolle Korrekturen verdanke ich meinen Mitkollegiaten, allen voran Chia Lehnardt, Isabelle Ley, Benedikt Naarmann und Thorsten Thiel. Sie sowie meine Freunde Antje Freyberg, Svitlana Lopushan, Olena Podolyan, Myriam Schaefer und meine Schwester Maria Vovk standen mir in den schwierigen Momenten während der Promotionszeit immer wieder mit aufmunternden Worten zur Seite; auch dafür gilt ein besonderer Dank. Für die Mühe, die Arbeit Korrektur zu lesen, bedanke ich mich auch bei Sabine Bausch, Stefanie Freyberg und Susanne Hengstermann.

Vor allem aber danke ich von Herzen meinen Eltern, Nadiya und Vasyliy Vovk, die mich stets und ohne Rücksicht auf ihre eigenen Interessen in jeder erdenklichen Hinsicht unterstützt haben.

Berlin, im Dezember 2012 Ruslana Vovk

Abkürzungsverzeichnis

ABl.	Amtsblatt der Europäischen Union
Abs.	Absatz
AEMR	Allgemeine Erklärung der Menschenrechte
AJIL	American Journal of International Law
AöR	Archiv des öffentlichen Rechts
appl.	application
Art.	Artikel
Aufl.	Auflage
Bd.	Band
bspw.	beispielsweise
bzgl.	bezüglich
BVerfG	Bundesverfassungsgericht
BVerfGE	Sammlung der Entscheidungen des Bundesverfassungsgerichts
BYIL	British Yearbook of International Law
bzw.	beziehungsweise
Can.Y.B.Int'l L	Canadian Yearbook of International Law
CIS	Commonwealth of Independent States
CMLR	Common Market Law Review
COMECON	Council for Mutual Economic Assistance
d.h.	das heißt
doc.	document
DÖV	Die öffentliche Verwaltung
ECHR	European Court of Human Rights
ECR	European Court Reports
ed.	edition / editor
eds.	editors
EFAR	European Foreign Affairs Review
EG	Europäische Gemeinschaft
EGMR	Europäischer Menschenrechtsgerichtshof
EJIL	European Journal of International Law
E.L.Rev.	European Law Review
EMRK	Europäische Menschenrechtskonvention

Ent.	Entscheidung
EPIL	Encyclopedia of Public International Law
etc.	et cetera
EU	Europäische Union
EuGH	Europäischer Gerichtshof
EuGRZ	Europäische Grundrechte-Zeitschrift
EUI	European University Institute
EuR	Europarecht
Eur. J. L. Reform	European Journal of Law Reform
EWR	Einheitlicher Wirtschaftsraum
f.	folgende
ff.	fortfolgende
Fn.	Fußnote
foll.	following
GA	General Assembly
GATT	General Agreement on Tariffs and Trade
GG	Grundgesetz
GUS	Gemeinschaft Unabhängiger Staaten
GYIL	German Yearbook of International Law
Handbuch IPE	Handbuch Ius Publicum Europaeum
HdStR / HStR	Handbuch des Staatsrechts der Bundesrepublik Deutschlands
Hervorh.	Hervorhebung
Hrsg.	Herausgeber
i. V. m.	in Verbindung mit
ICJ	International Court of Justice
ICLQ	International & Comparative Law Quarterly
IGH	Internationaler Gerichtshof
ILO	International Labour Organization
insb.	insbesondere
IPbpR	Internationaler Pakt über bürgerliche und politische Rechte
IPwskR	Internationaler Pakt über wirtschaftliche, soziale und kulturelle Rechte

IStGH	Internationaler Strafgerichtshof
Jhd.	Jahrhundert
JOR	Jahrbuch für Ostrecht
JuS	Juristische Schulung
KAS	Konrad-Adenauer Stiftung
KSZE	Konferenz über Sicherheit und Zusammenarbeit in Europa
lit.	litera (Buchstabe)
MOEL	Mittel- und osteuropäische Länder
MWP	Max Weber Programme
NJW	Neue Juristische Wochenschrift
no.	number
Nr.	Nummer
PiP	Państwo i prawo
publ.	publication
RdC	Recueil des Cours
Rec.	Recomendation
Rev. Cent. & E. Eur. L	Review of Central and East European Law
PCIJ	Permanent Court of International Justice
PKA	Partnerschafts- und Kooperationsabkommen
RL	Richtlinie
Rn.	Randnummer
Rs.	Rechtssache
russ.	russisch
S. / s.	Seite / siehe
StGB	Strafgesetzbuch
StIGH	Statut des Internationalen Gerichtshofs
Tab.	Tabelle
u. a.	unter anderem / und andere
UdSSR	Union der Sozialistischen Sowjetrepubliken
ukr.	ukrainisch
UkrSSR	Ukrainische Sozialistische Sowjetrepublik
UnAbs.	Unterabsatz
Urt.	Urteil

USA	United States of America
v.	von / versus
VerfG	Verfassungsgericht
VerfKOM	Verfassungskommission
vgl.	vergleiche
Vol.	Volumen
VVdSTRL	Veröffentlichungen der Vereinigung der Deutschen Staatsrechtslehrer
WTO	World Trade Organization
WVRK	Wiener Vertragsrechtskonvention
ZaöRV	Zeitschrift für ausländisches öffentliches Recht und Völkerrecht
z. B.	zum Beispiel
ZfRV	Zeitschrift für Europarecht, internationales Privatrecht und Rechtsvergleichung
Ziff.	Ziffer
ZPO	Zivilprozessordnung

Einleitung

Am 28. Juni 1996 nahm das ukrainische Parlament die erste freiheitliche Verfassung der Ukraine an. Die Trennung von der sozialistischen Verfassungstradition war ein langer und mühsamer Prozess – geprägt von den widerstreitenden Interessen von Kommunisten und Nationalisten, dem Kampf um Macht und Einfluss zwischen Parlament und Präsidenten und der fehlenden Konsolidierung einer demokratischen politischen Kultur in der Bevölkerung.

Bis in die Gegenwart ist die Verfassungsentwicklung ein problematisches Kapitel in der Ukraine. Mit jedem Machwechsel wird eine Dynamik in Gang gesetzt, in der die Machtträger versuchen, die Verfassung zugunsten ihrer Interessen zu ändern. Im Mittelpunkt stehen die Verfassungsnormen zur Kompetenzaufteilung, die im Jahr 1996 weniger aus Überzeugungen, sondern mehr aus situativem politischem Konsens entstanden sind.[1] Ungeachtet diverser Änderungsversuche[2] kam bislang nur eine Verfassungsreform zu Stande: Während der Orangen Revolution 2004 wurden Verfassungsänderungen vorgenommen, die bezweckten, die Stellung des Parlaments im Machtgefüge aufzuwerten.[3] Jedoch wurden die neuen Regeln lückenhaft gestrickt und vermochten, die grundsätzliche Konfrontation zwischen Legislative und Exe-

1 Bereits zwei Wochen nach der Verfassungsannahme sprachen der Parlamentssprecher *Olexander Moroz* und der Präsident *Leonid Kutschma* von der erforderlichen Vervollständigung der Verfassung von 1996, vgl. Zeitung „Stimme der Ukraine" v. 16.07.1996 (ukr.). Im Jahr 2000 versuchte *L. Kutschma,* mit Hilfe des gesamtukrainischen Referendums eine neue Kompetenzaufteilung zwischen dem Staatsoberhaupt und der Legislative einzuführen, s. das Präsidentendekret zur Einleitung des gesamtukrainischen Referendums, Nr. 65/2000 v. 15.01.2000. Im Rahmen einer Volksbefragung beantwortete das Volk die Fragen nach dem Abbau der Parlamentsabgeordnetenzahl, der Abschaffung ihrer Immunität und der Ergänzung der Präsidentenbefugnisse bzgl. der vorzeitigen Parlamentsauflösung positiv. Allerdings wurde im Parlament keine notwendige Verfassungsänderungsmehrheit für die Implementierung der Volksbefragungsergebnisse erreicht. Den Versuch des Staatsoberhaupts die Verfassung allein aufgrund eines Volksentscheids ohne Parlamentsbeteiligung zu ändern, verurteilte das ukrainische VerfG zu Recht, s. Ent. Nr. 3-рп/2000 v. 27.03.2000 *(Rs. der Berufung des gesamtukrainischen Referendums aufgrund der Volksinitiative)*.

2 Zu Verfassungsänderungsansätzen in der Ukraine s. *S. Hülshörster*, Recht im Umbruch (2008), S. 131 ff.

3 Im Laufe der Orangen Revolution (November-Dezember 2004) wurde das Verfassungsänderungsgesetz Nr. 2222 v. 8.12.2004 gegen die durch die pro-orangen Kräfte vorgeschlagenen Änderungen des Präsidentenwahlgesetzes ausgehandelt.

kutive nicht beizulegen.[4] Vielmehr trugen sie zur Lähmung der Staatsorgane bei und nahmen im Zuge dessen auch Einfluss auf die Tätigkeit des Verfassungsgerichts.[5] Nach dem Regierungswechsel im Herbst 2010 hat das ukrainische Verfassungsgericht über die Verfassungsmäßigkeit des Gesetzes über die Verfassungsänderungen von 2004 befinden müssen. In einer juristisch sehr fragwürdigen Entscheidung erklärte das Gericht die beschlossenen und bereits für fast fünf Jahre als Bestandteil der Verfassung geltenden Verfassungsänderungen für verfassungswidrig, weil sie in einem verfassungswidrigen Verfahren zustande gekommen seien.[6] Auf Grundlage dieser Gerichtsentscheidung wurde in der Ukraine die Verfassungslage vom Jahr 1996 wiederhergestellt. Die für die vorliegende Untersuchung relevanten Verfassungsvorschriften sind von der Verfassungsreform von 2004 und mithin von der Verfassungsgerichtsentscheidung von 2010 nicht berührt worden. Verfassungsänderungen bleiben also in der Ukraine weiterhin notwendig und unter Politikern zirkulieren Ideen und Entwürfe für eine grundlegend geänderte Verfassung.

Trotz der Defizite im ukrainischen Verfassungswerk kann man jedoch auch Positives benennen. Vor allem bekannte sich die Ukraine mit der Verfassungsannahme zur westeuropäischen Tradition des demokratischen Verfassungsstaates und damit zur Rückkehr nach Europa. So weist die Verfassung von 1996 solche „gemeineuropäischen Prinzipien"[7] wie umfangreicher Grundrechtsschutz (43 Artikel zu Grundrechten und -freiheiten), Rechtsstaatlichkeit, Gewaltenteilung, unabhängige Rechtsprechung und Kontrolle der Gesetzgebung durch das Verfassungsgericht auf.

---

4 Zur Verfassungsreform s. *C. Strasser-Gackenheimer*, Von der „schweren Geburt" bis zur „orangen Revolution": Zehn Jahre ukrainische Verfassung, JOR, Vol. 47/2 (2006), S. 171 ff.

5 Zu Inhalt und Folgen der Reform zutreffend s. *S. Hülshörster*, Recht im Umbruch (2008), S. 138 ff. So war das VerfG der Ukraine vom 18.10.2005 bis zum 4.08.2006 beschlussunfähig, weil im Parlament keine regierungsfähige Zweidrittelmehrheit zustande gekommen war und die benannten Richter somit keinen notwendigen Amtseid in der Parlamentssitzung ableisten konnten, um ihre Tätigkeit aufzunehmen. Durch die Blockade des Gerichts schoben die Parlamentarier auch die Verfassungsmäßigkeitsprüfung der Verfassungsreform von 2004 auf.

6 Ent. Nr. 20-pп/2010 v. 30.09.2010 *(Rs. des Verfassungsänderungsverfahrens)*.

7 So *D. Thürer*, in: *H. Steinberger / E. Klein / D. Thürer*, Der Verfassungsstaat als Glied einer europäischen Gemeinschaft, VVDStRL 50 (1991), 97 (101).

Gleichwohl ist ein europäischer Verfassungsstaat, der einen „Teil der umfassenden, kooperative und integrative Züge tragenden, gesamteuropäischen Institutionen und Ordnungsgefüge“[8] bildet, durch die sogenannte „offene Staatlichkeit“ gekennzeichnet.[9] Letztere drückt sich in der Öffnung der nationalen Verfassung für das Völkerrecht und die europäische Integration aus und mithin im Verzicht auf die „Aufgabenallzuständigkeit des Staates.“[10] Auch mit dieser Öffnung können die Staaten der ehemaligen Sowjetunion ihren Bruch mit der sowjetischen Verfassungstradition, wonach die innerstaatliche Geltung des Völkerrechts grundsätzlich verneint wurde, belegen.

Somit sollte das Bekenntnis der Ukraine zu einem europäischen demokratischen Verfassungsstaat auch ihre Beschaffenheit als ein offener Staat markieren. Vor dem Hintergrund des kooperations- und integrationswilligen Agierens der Ukraine,[11] ihrer offiziell verkündeten EU-Beitrittsvorhaben[12] und auch

---

8 Ebenda.

9 Zur „Öffnung“ als eine wesentliche Bausäule der modernen Verfassungen s. *W. Brugger*, Der moderne Verfassungsstaat aus Sicht der amerikanischen Verfassung und des Grundgesetzes, AöR, 2001 Bd. 126, S. 337 ff.; dazu auch *P. Häberle*, Der kooperative Verfassungsstaat. In: Festschrift für Helmut Schelsky zum 65. Geburtstag (1978), S. 141 ff.

10 *S. Hobe*, Der offene Verfassungsstaat zwischen Souveränität und Interdependenz (1998), S. 409.

11 Bereits 1991 betrat die Ukraine die politische Karte Europas als ein kooperations- und integrationswilliger Staat. Mit den zahlreichen Erklärungen zur Achtung des Völkerrechts, mit der friedlichen Zusammenarbeit, der Beteiligungsbereitschaft an dem europäischen Integrationsprozess und auch mit den Zugeständnissen an die internationale Gemeinschaft, die Atomwaffen zu vernichten und ausdrückliche Akzente auf die guten nachbarschaftlichen Beziehungen sowie minderheitenfreundliche Innenpolitik zu setzen, bemühte sich der junge Staat, die Ernsthaftigkeit seiner Bestrebungen, ein angesehenes Mitglied der internationalen Gemeinschaft zu werden, zu belegen und die internationale Anerkennung zu gewinnen. Entscheidend sind die Ansprache des ukrainischen Parlaments an die Parlamente und Völker der Welt vom 5. Dezember 1991 und auch der Auftritt des Parlamentssprechers auf der 46. Sitzung der Vereinten Nationen am 2. September 1991. Hiernach hat die Ukraine international verkündet, dass sie keine territorialen Ansprüche hat, sich aktiv an dem internationalen Entwaffnungsprozess beteiligt und auch ihrer internationalen und nationalen Politik keinerlei Ideologie unterwürft.

12 Als erstes verkündete der zweite ukrainische Präsident *Leonid Kutschma* unmittelbar nach seinem Amtstritt den EU-Beitritt zu einem strategischen Ziel der Ukraine, s. *M. Molchanov*, Ukraine and the European Union: a Perennial Neighbour?, European Integration, Vol. 26, No. 4, 2004, 451 (460). Anschließend wurde dieses Ziel in Art. 8 des Gesetzes über die Grundlagen der nationalen Sicherheit der Ukraine aufgenommen, Nr. 964-IV v. 19.06.2003. Auch der jetzige, als pro-russisch geltende Präsident der Ukraine *Wiktor Janukowytsch* (im Amt seit

ihrer Übung, stets die internationale Expertise der Venedig-Kommission *Democracy through Law*[13] zu entworfenen Rechtsreformen einzuholen, ist offensichtlich, dass der Staat die Intensivierung internationaler Zusammenarbeit und die Mitwirkung an internationalen und supranationalen Regimes sucht. Mithin strebt er an, die Aufgaben wie Rechtsstaatlichkeit, Demokratie, Menschenrechte und Wohlstand gemeinsam und gleichberechtigt mit anderen Staaten zu verwirklichen.

Derzeit beteiligt sich die Ukraine an 68 internationalen Organisationen und Vertragsorganen, zu denen auch solche übergreifende Ordnungsstrukturen wie der Europarat (seit 1995) und die Welthandelsorganisation (seit 2007) zählen.[14] Durch die Mitwirkung der ukrainischen Streitkräfte an den Friedensmissionen der Vereinten Nationen trägt der Staat zur Förderung der internationalen Sicherheit und des Friedens bei.[15] Auch vor kurzem zeigte die Ukraine ihre Bereitschaft zur völkerrechtskonformen Zusammenarbeit, indem sie eine für sich unvorteilhafte Entscheidung des Internationalen Gerichtshofs in Den Haag zum Grenzstreit mit Rumänien akzeptierte und umsetzte.[16]

Fraglich bleibt dabei, wie die inter- und supranationale Anbindung des Staates rechtlich materiell und institutionell gewährleistet wird sowie die Art

---

Januar 2010) bestätigte den europäischen, nach der Orangen Revolution 2004 immer deutlicher werdenden Kurs der Ukraine. Auf seine Initiative hin hat das Parlament das neue Gesetz über die Grundlagen der Außen- und Innenpolitik (Nr. 2411-VI v. 1.07.2010) angenommen, in dem die vollständige Mitgliedschaft in der EU als ein außenpolitisches Ziel festgeschrieben ist.

13 Die Venedig-Kommission wurde am 10. März 1990 vom Ministerkomitee des Europarates gegründet und berät die osteuropäischen Staaten bei den verfassungsrechtlichen Reformen.

14 Die Liste der internationalen Organisationen und Vertragsorgane, denen die Ukraine angehört, kann dem „Einheitlichen Staatlichen Register“ solcher Organisationen beim Außenministerium entnommen werden, s. http://www.mfa.gov.ua/mfa/ua/publication/content/30452.htm. (Stand 1. Juli 2010). Das Register wurde durch den Regierungsbeschluss Nr. 327 v. 4.04.2001 eingeführt.

15 Die Teilnahme der ukrainischen Streitkräfte an den Friedensmissionen der Vereinten Nationen, der NATO und der EU wurde durch den Parlamentsbeschluss Nr. 2538-XII v. 3.07.1992 über die Teilnahme an der Friedensmission auf dem Territorium des ehemaligen Jugoslawien eingeleitet. Die Information über die ehemaligen und laufenden Missionen kann der Webpräsenz des Verteidigungsministeriums der Ukraine entnommen werden, s. http://www.mil.gov.ua/index.php?part=peacekeeping&lang=ua&sub=history.

16 ICJ, Judgment of 3 February 2009, General List No. 132, Concerning Maritime Delimitation In The Black Sea *(Romania v. Ukraine).*

und das Ausmaß einer solchen Anbindung. So ist es wichtig, ob die Entscheidung für die internationale Offenheit sehr für das Auf und Ab in der Tagespolitik anfällig ist oder ob es sich um eine – rechtlich gesehen – stabile Entscheidung handelt.[17] Erst im zweiten Fall kann man von einer offenen Staatlichkeit sprechen. Und da die offene Staatlichkeit dazu noch die Existenzfragen des Staates berührt, soll sie auf der Verfassungsebene, die gemeinhin auch rechtlich die stabilste Ebene in der nationalen Rechtsnormenpyramide verkörpert, verbrieft werden.[18]

Jedoch ist der ukrainische Verfassungstext von 1996 nach den Öffnungsklauseln dem Völkerrecht, der strukturellen internationalen Zusammenarbeit und der supranationalen Integration gegenüber nicht sehr aussagekräftig. In der Tat wurden auch hier das Verhältnis zur internationalen Gemeinschaft, die außenpolitischen Kompetenzen der Staatsorgane und die innerstaatliche Bedeutung der international gesetzten Normen neu und auch im Vergleich zur sozialistischen Verfassung offener bestimmt. Diese Diskrepanz zwischen dem Bild der Ukraine als kooperations- und integrationswilliger Staat und den fehlenden Verfassungsgrundlagen, welche die internationale und supranationale Verflechtung des Staates umfassend sichern könnten, die zunehmenden Konstitutionalisierungstendenzen des Völkerrechts, die bevorstehende verstärkte wirtschaftliche Integration und politische Assoziierung der Ukraine in die EU[19] sowie die gegenwärtigen Ansätze ukrainischer Politiker, die Verfassung grundlegend zu verändern, legen es nahe, die Besonderheiten des Konzepts der offenen Staatlichkeit der Ukraine, seine Hintergründe und Problemfelder normativ und empirisch zu erforschen.

Ziel der Untersuchung und Untersuchungsgegenstand

Ziel der vorliegenden Studie ist es, die durch die Verfassungsurkunde von 1996 verfasste offene Staatlichkeit der Ukraine zu untersuchen. Das Augenmerk der Analyse liegt dabei auf der rechtlichen Dimension der offenen Staat-

---

17 *K. Vogel*, Die Verfassungsentscheidung des Grundgesetzes für eine internationale Zusammenarbeit (1964), S. 25.

18 Ebenda, S. 30.

19 Vgl. Negotiations on the EU-Ukraine Association Agreement, 3rd Joint Progress Report of 26th of November 2009.

lichkeit, die sich in den „normativ-deskriptiven", in einer nationalen Verfassung dokumentierten Elementen äußert. Dabei gelten die Öffnungen für das Völkerrecht – Völkergewohnheitsrecht und Völkervertragsrecht – und für supranationale Integration als Verwirklichungsinstrumente der offenen Staatlichkeit. Als eine die offene Staatlichkeit tragende Determinante wird auch das Souveränitätsverständnis betrachtet. Seine Deutung in Verfassungsrecht und -tradition der Ukraine ist aufzuschlüsseln.

Den Untersuchungsgegenstand bilden vor allem der Verfassungstext von 1996 und die ihm vorausgehenden Verfassungsentwürfe. Die Verfassung wird im Zusammenspiel mit den Gesetzesregeln, wie bspw. dem Gesetz über die völkerrechtlichen Verträge von 2004 und dem Gesetz über den Vollzug der Entscheidungen und die Anwendung der Praxis des Europäischen Menschenrechtsgerichtshofs von 2006, die das verfassungsrechtliche Grundgerüst offener Staatlichkeit fortentwickeln und zur Akzeptanz der internationalen rechtlichen Ein- und Unterordnung des Staates beitragen, analysiert.

Die Aufgabe der Untersuchung ist nicht nur die offene Staatlichkeit der Ukraine normativ zu beschreiben, sondern auch sie empirisch zu belegen. Ein wichtiger Akteur bei der Gestaltung der Verfassungswirklichkeit ist das Verfassungsgericht. So stellen die Entscheidungen des Verfassungsgerichts über das Verhältnis von Völkerrecht und ukrainischem Recht und auch von Souveränität und internationaler Anbindung des Staates einen weiteren Untersuchungsgegenstand dar. Neben der Praxis wird die Verfassungswirklichkeit auch durch die Wissenschaft konstituiert, die daher ebenfalls in die Analyse miteinbezogen werden muss.

Unstrittig bleibt, dass für die Offenheit des ukrainischen Staates gegenüber dem Völkerrecht und der europäischen Integration auch die Bedeutung des Völkerrechts bei der Gesetzgebung und Verwaltung, die Umsetzung der übernommenen völkerrechtlichen Verpflichtungen und insbesondere der Vollzug von den Urteilen des Europäischen Menschenrechtsgerichtshofs entscheidend sind. Diese weitgehenden Fragen würden allerdings den Rahmen der vorliegenden Studie sprengen und bleiben den künftigen Untersuchungen vorbehalten. Hier werden vielmehr das verfassungsrechtliche Gerüst der offenen Staatlichkeit sowie seine Genese und Verwirklichung durch die Verfassungsgerichtsrechtsprechung erörtert.

Ungeachtet der einseitigen Erklärung der Ukraine, der Europäischen Union beizutreten, wird in der Studie von der Prämisse ausgegangen, dass die Teilnahme am Regime der Europäischen Menschenrechtskonvention und die bevorstehende wirtschaftliche Integration des Staates in die EU von der Ukraine ein Mindestmaß an einer Öffnung der nationalen Verfassung für die Einwirkung des Völkerrechts und gemeineuropäischer Werte und Standards in den innerstaatlichen Bereich fordern. Dabei soll nicht behauptet werden, dass die Öffnung für das international und supranational gesetzte Recht bedingungslos und unbegrenzt erfolgen soll. Vielmehr wird darauf geachtet, ob die Problematik der Begründung der innerstaatlichen Geltung des inter- und supranational gesetzten Rechts und die dubiose Legitimation jenes Rechts bei der Ausformung der offenen Staatlichkeit durch die Rechtsnormen oder Rechtsprechung den Politikern, Rechtswissenschaftlern und Verfassungsrichtern bewusst sind und in Betracht gezogen werden.

Gang der Untersuchung

Die Studie gliedert sich in *fünf Teile*. Der *erste Teil* führt zunächst in den Begriff der „offenen Staatlichkeit" ein, der in der deutschen Staatslehre vorgeschlagen und derzeit auch durch die Rechtsprechung der Verfassungsgerichte anderer europäischer Staaten und im Rechtsschrifttum jener weiterentwickelt wurde. Nach der Definition der offenen Staatlichkeit setzt er sich mit dem ukrainischen Verfassungstext von 1996 auseinander und stellt die Grundlagen vor, die auf Bereitschaft oder Gebot zur Verwirklichung der Staatsaufgaben auf internationaler oder supranationaler Ebene und auch Völkerrechts- und Europarechtsfreundlichkeit hindeuten können. Als eine wichtige Determinante der offenen Staatlichkeit wird das Verständnis der Souveränität, die im Verfassungstext zum einen besonders geschützt wird und zum anderen von staatlicher Unabhängigkeit zu unterscheiden ist, erklärt. Dafür wird hier in aller Kürze auf den rechtspolitischen Diskurs zu Souveränitäts- und Unabhängigkeitsfragen in den ersten Tagen der ukrainischen Staatlichkeit eingegangen. Darauffolgend wird dem traditionellen Souveränitätsbegriff in der Verfassung das zugunsten der Öffnung für das inter- und supranational gesetzte Recht moderne Souveränitätsverständnis gegenübergestellt, das durch das Verfassungsgericht der Ukraine in seiner Entscheidung zum Statut des Internationalen Strafgerichtshofs eingeführt wurde. Bei der Untersuchung des Verfassungsgerüstes der offenen Staatlichkeit der Ukraine wird auch gefragt, welche Schwellen für die Ein- und Unterordnung des ukrainischen Staates in die internationale Gemeinschaft der Verfassung und der Verfassungspraxis entnommen werden können. Um die Hintergründe des schwachen, im Verfassungstext von 1996 dokumentierten Modells der offenen Staatlichkeit der Ukraine zu ermitteln, wird eine Übersicht über den verfassungsgebenden Prozess, der sich Anfang bis Mitte der 90er Jahre auf dem Territorium der Ukraine abspielte, gegeben. Es werden die charakteristischen Grundzüge des Verfassungsentstehungsprozesses, seine Rahmenbedingungen, die Interessen der beteiligten Akteure sowie die Aufgaben der ukrainischen Verfassung skizziert. Der Schwerpunkt der Untersuchung liegt auf der Genese der die offene Staatlichkeit tragenden Verfassungsaussagen. Es wird gefragt, ob die weitgehende Öffnung der Verfassung für internationale und supranationale Zusammenarbeit unerwünscht war, unmöglich durchzusetzen war oder für unnötig gehalten wurde. Zugleich wird die Annahme geprüft, dass die Grundlagen der offenen Staatlichkeit analog zu den Grundlagen des Regierungssystems der Ukraine auf einem erzwungenen und nicht durchdachten Kompromiss beruhen.

Der *zweite Teil* befasst sich mit der Öffnung für die allgemein anerkannten Grundsätze und Normen des Völkerrechts aufgrund Art. 18 der Verfassung. Hiernach ist es geboten, die außenpolitische Tätigkeit des Staates übereinstimmend mit den genannten Völkerrechtsregeln auszuüben. Gestützt auf die teleologische und systematische Interpretation der Verfassung sowie auf die völkerrechtsbezogenen Ausführungen des Verfassungsgerichts der Ukraine wird geklärt, ob das Völkergewohnheitsrecht unter den Terminus der „allgemein anerkannten Grundsätze und Normen des Völkerrechts" subsumiert werden kann. Anschließend wird untersucht, ob die Funktion von Art. 18 über das Gebot des völkerrechtskonformen Verhaltens des Staates hinausgeht und diese Verfassungsnorm der innerstaatlichen Geltung des Völkerrechts zugrunde liegen kann.

Die Öffnung für das Völkervertragsrecht ist Gegenstand des *dritten Teils* der Untersuchung. Dabei wird Art. 9 der Verfassung zur Einbeziehung des Völkervertragsrechts ins ukrainische Recht im Zusammenspiel mit dem Gesetz über das Verfassungsgericht und dem Gesetz über die völkerrechtlichen Verträge ausführlich analysiert. Angesichts der allgemeinen Aussagen zum Verhältnis von Völkerrecht und nationalem Recht in der ukrainischen Verfassungsgerichtsrechtsprechung und Fachliteratur werden die Fragen nach der innerstaatlichen Geltung und Rechtsstellung des Völkervertragsrechts vom Standpunkt des innerstaatlichen Vertragsabschlussverfahrens aus beantwortet. Es wird argumentiert, dass der Verlauf des innerstaatlichen Vertragsabschlussverfahrens – Welche Entscheidungsträger entscheiden in welchem Verfahren über die Bindung der Ukraine an den Vertrag? – zum einen die Regeln bestimmt, nach welchen das Völkervertragsrecht in den innerstaatlichen Bereich einbezogen wird, und zum anderen Aufschluss darüber gibt, wie das Völkervertragsrecht sich den Gesetzen und der Verfassung gegenüber verhält. Deshalb wird hier die unklare Kompetenzaufteilung zwischen Exekutive und Legislative, die außenpolitischen Angelegenheiten der Ukraine durch die völkerrechtlichen Verträge zu gestalten, näher beleuchtet. In diesem Zusammenhang wird auch die Kontrolle der verfassungskonformen Anbindung des ukrainischen Staates an die völkerrechtlichen Verträge angesprochen. Hier werden auch die für innerstaatliche Geltung des Völkervertragsrechts entscheidenden Besonderheiten der ukrainischen Rechtsordnung deutlich, wie die Unbestimmtheit des Begriffs der „Gesetzgebung“, die unklare Rechtsnormenpyramide und die Problematik der Verfassungsgesetze. Anschließend wird versucht, die beschriebene innerstaatliche Geltung des Völkervertragsrechts mit den theoretischen monistischen oder dualistischen Vorstellungen zum Verhältnis von Völkerrecht und Landesrecht zu erklären, nach denen das Völkerrecht und das nationale Recht entsprechend als eine oder als zwei grundsätzliche Rechtsordnungen zu gelten haben. Die Problematik der Geltung der völkerrechtlichen Verträge der UdSSR und der UkrSSR im ukrainischen Recht wird hier nicht thematisiert. Sie stellt ein eigenständiges umfassendes Forschungsfeld bezüglich der Staatennachfolge in völkerrechtliche Verträge dar, das in einer gesonderten Untersuchung zu behandeln wäre.

Der *vierte Teil* der Studie setzt sich mit der Öffnung der ukrainischen Verfassung für das Menschenrechtsschutzregime des Europarates und die bevorstehende wirtschaftliche Integration der Ukraine in die Europäische Union sowie die politische Assoziierung zwischen den beiden Vertragspartnern auseinander. Hier erfolgt eine Analyse der Rechtsgrundlagen, die den Umfang der Bindungswirkung der Urteile des Europäischen Menschenrechtsgerichtshofs im ukrainischen Recht bestimmen. Im Augenmerk der Untersuchung liegt das neue Gesetz der Ukraine von 2006 über den Vollzug der Entscheidungen und die Anwendung der Praxis des Europäischen Menschenrechtsgerichtshofs. Hiernach wird die ukrainische Judikative ausdrücklich angehalten, die Konvention und die Urteile des Menschenrechtsgerichtshofs als Rechtsquellen des ukrainischen Rechts anzuwenden. Daraufhin wird gefragt, ob das neue Gesetz das Verhältnis der ukrainischen Judikative zum Menschenrechtsgerichtshof entscheidend verändert hat. Auch auf das Konfliktpotenzial zwischen dem ukrainischen Verfassungsgericht und dem Straßburger Gerichtshof nach der geltenden Rechtslage wird eingegangen. Des Weiteren werden die supranationalen Ansätze der bevorstehenden verstärkten Zusammenarbeit von EU und Ukraine vorgestellt. Es wird gezeigt, warum die Öffnung der ukrainischen Verfassung für die supranationale Integration im Rahmen der nächsten Verfassungsreform auch ohne konkrete EU-Beitrittsperspektive nicht verfrüht ist und auch weniger wirklichkeitsfern, als es bei der Annahme der Verfassung im Jahr 1996 geschienen haben mag. Vor dem Hintergrund der Erfahrungen der mittel- und osteuropäischen Länder mit der Annäherung an die EU und auch gestützt auf die in den vorhergegangenen Kapiteln der Studie gewonnenen Erkenntnisse zur Öffnung der ukrainischen Rechtsordnung für das Völkerrecht werden die bereits entworfenen Varianten der Öffnungen für die europäische Integration analysiert.

Wie die Öffnung für das Völkerrecht in der ukrainischen Rechtsordnung verwirklicht wird, macht der *fünfte* und *letzte Teil* des Buches anhand einer Fallstudie zur Anwendung des Völkerrechts durch das Verfassungsgericht anschaulich. Das Augenmerk der Analyse der völkerrechtsbezogenen Ausführungen des Verfassungsgerichts der Ukraine liegt auf der Art und Weise, in der das Gericht das Völkerrecht verwertet. Dabei werden auch die

Funktionen des angewandten Völkerrechts in den Entscheidungsbegründungen ermittelt.

Stand der Forschung

Bisher gibt es keine deutschsprachige rechtswissenschaftliche Studie, die sich mit den Forschungsfragen dieses Buches auseinander gesetzt hat. Zwar befassen sich die europäischen und amerikanischen Politik- und Sozialwissenschaftler mit der Geschichte der ukrainischen Verfassung, mit dem institutionellen Wandel und der staatlichen Leistungsfähigkeit der Ukraine, mit ihrem Regierungssystem und ihrem außenpolitischen Dilemma. Allerdings gibt es kein rechtswissenschaftliches Schrifttum, in dem das Verhältnis von Völkerrecht und ukrainischem Recht umfassend behandelt würde.

Bemerkenswert ist, dass der ukrainischen Staats- und Verfassungsrechtswissenschaft der Begriff der „offenen Staatlichkeit“ fremd ist. Generell setzen sich die ukrainischen Publikationen weder von rechts- noch von politikwissenschaftlicher Seite mit den Fragen nach den Grundlagen, dem Umfang und den Schranken der supranationalen Integration des Staates auseinander. Auch die Bedeutung der Souveränität bei der rechtlichen Einordnung der Ukraine in die internationale Gemeinschaft bleibt hier unbemerkt. Diese fehlende Beschäftigung kann einerseits darauf hindeuten, dass der Staat nur oberflächlich an der internationalen Rechtsordnung mitarbeitet. Anderseits wird die Auswirkung des Völkerrechts und Europarechts auf die ukrainische Rechtsordnung nicht bestritten. So sind die Beschreibung des Verhältnisses von Völkerrecht und ukrainischem Recht und auch die Untersuchung der Übereinstimmung des ukrainischen Rechtssystems mit dem *acquis communautaire* in der ukrainischen Rechtsliteratur kein seltener Fund. Jedoch wurden die meisten Beiträge in den ersten Jahren der ukrainischen Unabhängigkeit ausgearbeitet. Sie trachten nach der Demonstration der Völkerrechtsfreundlichkeit der ukrainischen Rechtsordnung und der Entideologisierung der Außenpolitik des Staates, ohne dies ausführlich rechtstheoretisch zu belegen. So wird in den Beiträgen nicht untersucht, ob und wie die Öffnung für das Völkerrecht infolge der Verfassungsannahme, der Rechtsprechung des Verfassungsgerichts und der neusten gesetzlichen Änderungen – wie des Gesetzes über die völkerrechtlichen Verträge von 2004 und des Gesetzes über den Vollzug der Entscheidungen und die Anwendung der Praxis des Europäischen Menschenrechtsgerichtshofs von 2006 – sich entwickelt hat oder auch welche Rolle dem Völkerrecht in der Verfassungsgerichtsrechtsprechung zukommt.

Es sind auch einige allgemeine Besonderheiten der Methode der ukrainischen Rechtswissenschaftler zu beachten: Meistens stützen sich diese auf den Gesetzeswortlaut und lassen das Zusammenspiel mit anderen relevanten Rechtsnormen, der Rechtspraxis und anderen Lehrmeinungen außer Acht. Oft entspringen die vertretenen Auffassungen den unklaren Auslegungsmethoden und lassen sich kaum nachvollziehen. Doch werden auch diese Auffassungen in dem Buch vorgestellt, um zu illustrieren, wie in der ukrainischen Fachliteratur zu der hier behandelten Problematik positioniert wird. Dabei werden auch die Beiträge der russischen Völkerrechtswissenschaftler mitberücksichtigt, auf die im ukrainischen Schrifttum oft verwiesen wird.

Herangehensweise an die Forschungsfragen

Die normative und empirische Beschreibung der offenen Staatlichkeit erfolgt in der Studie unter Berücksichtigung der sozialen Wirklichkeit. Bei der normativen Analyse der Verfassungsgrundlagen liegt der Akzent auf der teleologischen und der systematischen Auslegung. Der geschichtliche Ansatz äußert sich im Buch dadurch, dass auch die Ausarbeitung der Öffnungsklauseln der Verfassung in Betracht gezogen wird. Auf diese Weise wird gezeigt, wie bestimmte Begriffe bzw. Texte zum Kompromiss gediehen sind, was auch bei der Verfassungsinterpretation von Bedeutung ist.

Da die Verfassungsgebung in der Ukraine ein langwieriger Prozess war und etliche Facetten der offenen Staatlichkeit und insbesondere die Öffnung für das Völkervertragsrecht lange Zeit durch einfache Gesetze geregelt wurden, ist es geboten, die Rechtslage vor und nach der Verfassungsannahme vergleichend darzustellen. Dies hilft, die Entwicklungsdisparitäten und -tendenzen in Bezug auf die offene Staatlichkeit herauszuarbeiten.

Obwohl in der vorliegenden Studie die ukrainische Verfassungsordnung nicht direkt mit den Verfassungsrechtsordnungen anderer Staaten verglichen wird, werden die Forschungsfragen vereinzelt doch rechtsvergleichend beantwortet. So wird entweder im Text oder in den Fußnoten des Buches der Blick auf die nationalen Verfassungsgegebenheiten anderer Staaten geworfen oder vom Kontext der gemeineuropäischen Grundsätze ausgegangen.

Bei der Analyse der ukrainischen Rechtsordnung sind folgende Besonderheiten zu beachten: Es gibt kein ausgewogenes institutionelles System, was sich auch auf die Durchführung der Außenpolitik des Staates auswirkt; eine stabile Verfassungsordnung ist noch nicht herausgebildet und in vielen Teilen ist das Rechtssystem noch von Rechtsnihilismus geprägt.

Übersetzung und Schreibweise, Zitate und Fußnoten

Die Übersetzungen sowohl der ukrainischen Verfassung von 1996 als auch aller anderen ukrainischen Rechtsvorschriften, Gerichtsentscheidungen und wissenschaftlicher Publikationen stammen von der Verfasserin selbst. Alle Namen ukrainischer Personen sowie sämtliche ukrainische Bezeichnungen werden im Buch entsprechend der deutschen wissenschaftlichen Transliteration für Ukrainisch (DIN 1460) wiedergegeben. Ausgenommen davon sind die Namen, die dem deutschen Leser bereits in einer bestimmten Schreibweise bekannt sind.

Die ukrainische Gesetze und die Gerichtsentscheidungen werden in dem Text bzw. den Fußnoten mit der Angabe der Nummer und des Datums und auch der ins Deutsche übersetzten Titel zitiert. Anhand der Nummer und des Datums können sowohl die Rechtsakte als auch die Gerichtsentscheidungen der Internetdatenbank des Parlaments für die ukrainische Gesetzgebung entnommen werden. [20] Die verwendeten ukrainischen und russischen Literaturbeiträge werden in den Fußnoten mit den ins Deutsche übersetzten Titeln wiedergegeben. Ihre Autoren werden mit den Namen und abgekürzten

20 Die Internetdatenbank „Gesetzgebung der Ukraine“ ist abrufbar unter http://zakon1.rada.gov.ua/cgi-bin/laws/main.cgi?user=a.
Die Verfassungsgerichtsentscheidungen sind auch der Internetdatenbank des VerfG der Ukraine zu entnehmen, abrufbar unter http://www.ccu.gov.ua/uk/publish/category/4828.

Vornamen bzw. Vor- und Vatersnamen zitiert. Die Links zu lediglich im Internet veröffentlichten Artikeln finden sich im Literaturverzeichnis.

In den Fußnoten wird nicht nur auf die Rechts- bzw. Literaturquellen verwiesen. Hier werden auch bestimmte Zusammenhänge erklärt oder in bestimmte Fragen vor dem Hintergrund einer ähnlichen Rechtslage in anderen Staaten vergleichend eingeführt.

Teil 1: Die offene Staatlichkeit und die Verfasung der Ukraine von 1996

Der verfassungsgebende Prozess der Ukraine hat sechs Jahre gedauert und begann mit der Erklärung der staatlichen Souveränität im Jahr 1990. Im Laufe der Verfassungsdebatten, überschattet von ideologischen und institutionellen Streitigkeiten, nahm die Bereitschaft ab, eine internationale und supranationale Verflechtung der Ukraine auf der Verfassungsebene zu akzeptieren und zu sichern. Obwohl die geltende ukrainische Verfassung von 1996 keinen geschlossenen Staat verfasst, enthält sie nur schwache Aussagen zur internationalen Offenheit der Ukraine. Allerdings sind diese allgemein gehalten und dadurch elastisch der internationalen Einordnung des Staates gegenüber angelegt. Sie überlassen sowohl dem ukrainischen Gesetzgeber als auch der Judikative einen gewissen Spielraum für ihre völkerrechtsfreundliche Ausformung und Auslegung.

Einen umfassenden Schutz erfährt im ukrainischen Verfassungstext die Souveränität, was auf ein traditionelles Souveränitätsverständnis hindeutet. Dennoch stehen die verfassungsrechtlichen Souveränitätsschutzklauseln aufgrund der historisch bedingten Gewichtung der Unabhängigkeit der Ukraine im Sinne einer separaten Existenz des ukrainischen Staates der Einschränkung seiner Handlungsfreiheit durch das international gesetzte Recht nicht entgegen. Zur Integrationsfreundlichkeit der ukrainischen Verfassungsordnung trägt auch das moderne Souveränitätsverständnis in der jüngsten Rechtsprechung des ukrainischen Verfassungsgerichts bei.

Die Deutung der offenen Staatlichkeit, sowie die die offene Staatlichkeit der Ukraine tragenden Verfassungsnormen, ihre Entstehungsgeschichte und auch das Verständnis der Souveränität in der ukrainischen Verfassungstradition sind Gegenstand der Anfangskapitel dieses Buches.

1 Die offene Staatlichkeit als ein Attribut des Verfassungsstaates in der deutschen und ukrainischen Staatslehre

Die Wortprägung „offener Staat“ ist ein Typenbegriff für ein neues Staatsmodell, das kraft einer Verfassungsentscheidung für internationale Kooperation und supranationale Kompetenzen offen ist. Diesen Typenbegriff hat *Klaus Vogel* in seiner Schrift „Die Verfassungsentscheidung des Grundgesetzes für eine internationale Zusammenarbeit" vom Jahre 1964 vorgeschlagen. Hier stellte er einen in internationale und supranationale Zusammenhänge eingebetteten Verfassungsstaat einem traditionellen, rechtlich-politisch in sich geschlossenen Staatswesen – einem nach *Johann G. Fichte* geschlossenen Handelsstaat[21] – gegenüber.[22] Seither wurde der Begriff in der deutschen Staats- und Rechtswissenschaft entwickelt[23] und weit über die Grenzen des deutschen Rechtsschrifttums hinaus aufgenommen,[24] wobei für die Bezeichnung eines nach außen geöffneten Typus des Verfassungsstaates neben der „offenen Staatlichkeit" auch andere Begriffe synonym verwendet werden: „internationale Offenheit",[25] „kooperativer Verfassungsstaat"[26] und „entgrenzter Verfassungsstaat".[27]

Die offene Staatlichkeit äußert sich in einem Verzicht auf die „Aufgabenallzuständigkeit des Staates"[28] und einer Hinwendung zur Verwirklichung der

---

21 *J. G. Fichte*, Der geschlossene Handelsstaat (1800).

22 *K. Vogel*, Die Verfassungsentscheidung des Grundgesetzes für eine internationale Zusammenarbeit (1964), S. 42.

23 Zur offenen Staatlichkeit als ein neues Staatsmodell s. *K. Vogel*, Die Verfassungsentscheidung des Grundgesetzes für eine internationale Zusammenarbeit (1964); *S. Hobe*, Der offene Verfassungsstaat zwischen Souveränität und Interdependenz (1998); *U. di Fabio*, Das Recht offener Staaten: Grundlinien einer Staats- und Rechtstheorie (1998); *U. Schliesky*, Souveränität und Legitimität von Herrschaftsgewalt (2004), S. 444; *W. M. Schröder*, Grundrechtsdemokratie als Raison offener Staaten (2003); *P. Saladin*, Wozu noch Staaten? Zu den Funktionen eines modernen demokratischen Rechtsstaates in einer zunehmend überstaatlichen Welt (1995); *R. Grawert (Hrsg.)*, Offene Staatlichkeit. Festschrift für Ernst-Wolfgang Böckenförde zum 65. Geburtstag (1995); *R. Wahl*, Verfassungsstaat, Europäisierung und Internationalisierung (2003).

24 *P. Carrozza*, Constitutionalism's Post-modern Opening. In: M. Loughlin / N. Walker (eds.), The Paradox of Constitutionalism (2007), S. 169 ff.; Zur rechtsvergleichenden Analyse anhand der Länderberichte s. *A. Bogdandy*, Handbuch IPE, Bd. II, Offene Staatlichkeit (2008).

25 *C. Tomuschat*, Die staatsrechtliche Entscheidung für die internationale Offenheit. In: J. Isensee / P. Kirchhof (Hrsg.), HStR VII (1993), § 172.

26 *P. Häberle*, Der kooperative Verfassungsstaat. Festschrift für Helmut Schelsky zum 65. Geburtstag (1978), S. 141 ff.

27 *K.-P. Sommermann*, Der entgrenzte Verfassungsstaat. In: D. Merten (Hrsg.), Der Staat am Ende des 20. Jahrhunderts (1998), S. 19 ff.

28 *S. Hobe*, Der offene Verfassungsstaat zwischen Souveränität und Interdependenz (1998), S. 409. Hinzu kommt, dass der Verfasser die offene Staatlichkeit als ein

Staatsaufgaben durch „freiwillige, gegenseitige und gleichberechtigte Bindung, die den Frieden sichert und die politischen Gestaltungsmöglichkeiten durch gemeinsames koordiniertes Handeln stärkt."[29]

Im weiteren Sinne kann sie als ein „rechtssoziologisches Attribut der Staatlichkeit"[30] verstanden werden, weil das Öffnen des Staates nach außen nicht allein rechtliche Folgen bewirkt. Seine rechtliche Dimension, die Gegenstand der vorliegenden Studie ist, erlangt der Begriff durch die einzelnen Regeln und Grundsätze, die zu den Materien des Verfassungsrechts gehören.[31] Komplementär beziehen sie sich u. a. auf Ziele und Aufgaben des Staates, auf die Kompetenzen und Strukturen der Staatsorgane, auf die Übernahme von völkerrechtlichen Verpflichtungen sowie auf die Übertragung von Hoheitsrechten. Eine tragende Bedeutung kommt dabei den verfassungsrechtlichen Öffnungsklauseln zu, die die rechtsnormative Öffnung des innerstaatlichen Rechtsbereichs begründen und grundsätzlich die Regelungstotalität des nationalen Verfassungsstaates relativieren.

Der Begriff „offene Staatlichkeit" ist der ukrainischen Staats- und Rechtslehre fremd. Während die „innere Verfassungsstaatlichkeit", definiert als innere Verfasstheit eines politischen Gemeinwesens durch die Etablierung der Rechtsstaatlichkeit, der Gewaltenteilung, der Grundrechte, unabhängiger Rechtsprechung und der Kontrolle der Gesetzgebung durch das Verfassungsgericht in den ukrainischen juristischen Diskussionen gewürdigt wird, fand die „offene Staatlichkeit" als ein Staatsmodell bislang keine Beachtung. Mit dem „offenen Staat" wird hier nicht ein Staatsmodell, sondern

---

Staatsziel bewertet, das die Staatsgewalt beauftragt, nach der adäquaten Aufgabenerfüllungsebene zu suchen (S. 424 und 428).

29 BVerfG, Urteil v. 30.06.2009 – 2 BvE 2/08 u.a. – *Vertrag von Lissabon*, Rn. 220.

30 Ganz zutreffend *C. Tomuschat*, Die staatsrechtliche Entscheidung für die internationale Offenheit. In: J. Isensee / P. Kirchhof (Hrsg.), HStR VII (1993), § 172, Rn. 1.

31 Nach *Klaus Vogel* betrifft die Entscheidung für eine internationale Offenheit eine Existenzform des Staates und soll auf der Verfassungsebene verankert werden, s. *K. Vogel*, Die Verfassungsentscheidung des Grundgesetzes für eine internationale Zusammenarbeit (1964), S. 30.

die offene Struktur eines demokratischen Verfassungsstaates nach innen bezeichnet.[32]

2 Die rechtliche Dimension der offenen Staatlichkeit und Öffnung als ihr tragendes Instrument

Wie bereits angedeutet, äußert sich die rechtliche Dimension der offenen Staatlichkeit in den „normativ-deskriptiven" Elementen, die in einer nationalen Verfassung verbrieft sind.[33] Es kann keine abschließende Liste solcher Elemente erstellt werden. Dies widerspräche der Freiwilligkeit der Öffnung: Jeder Staat entscheidet selbst über die Intensität seiner Kooperation. Somit variieren auch die Materien, Verfahren, Ziele und Instrumente der offenen Staatlichkeit je nach der Verfassung des jeweiligen Staates.[34] Die Verfassungsnormen, die den Befund der offenen Staatlichkeit beschreiben, können aber bspw. folgende Aspekte thematisieren:[35]

- allgemeines Selbstverständnis eines Staates als ein Mitglied der internationalen Gemeinschaft oder vorzugsweise als ein Mitglied des immer enger zusammenwachsenden Europas;
- Bekenntnis zu den Allgemeinaufgaben der Staatengemeinschaft wie Entwicklungshilfe, Umweltschutz, Sicherung des Weltfriedens, Streben nach einem geeinten Europa, Förderung der Achtung der Menschenrechte;
- rechtliche Verbindlichkeit der internationalen Menschenrechte sowie Festschreibung der universellen Menschenrechte wie die Achtung der Menschenwürde oder das Folterverbot;

---

32 *O. Todyka*, Das Konzept des „offenen Staates" und die Problematik der Volkssouveränitätsausübung, Blatt der Akademie der Rechtswissenschaft der Ukraine 2006, Nr. 2/45, S. 43 ff. (ukr.).

33 Zur Bezeichnung der Strukturelemente internationaler Offenheit als normativ-deskriptive Elemente s. *C. Tomuschat*, Die staatsrechtliche Entscheidung für die internationale Offenheit. In: J. Isensee / P. Kirchhof (Hrsg.), HStR VII (1993), § 172, Rn. 7.

34 *P. Häberle*, Der kooperative Verfassungsstaat. Festschrift für Helmut Schelsky zum 65. Geburtstag (1978), 141 (149).

35 Die Systematisierung orientiert sich hauptsächlich am Schema von *Peter Häberle* und *Rainer Wahl*, vgl. *P. Häberle*, Der kooperative Verfassungsstaat. Festschrift für Helmut Schelsky zum 65. Geburtstag (1978), 141 (149); *R. Wahl*, Der offene Staat und seine Rechtsgrundlagen, JS 43/2003 Heft 12, 1145 (1146).

- abgestufte Kooperation und/oder Integration eines Staates in zwischenstaatliche Einrichtungen aufgrund einer beschränkten Ausübung der Hoheitsrechte oder ihrer Übertragung;
- die mit der Kooperation bzw. Integration des Staates zusammenhängende, abgestufte Einwirkung des Rechts aus dem Bereich jenseits des Staates in den innerstaatlichen Rechtsraum. Das Recht jenseits des Staates kann sich auf das Völkergewohnheitsrecht und -vertragsrecht, auf die Akte internationaler Organisationen einschließlich der Entscheidungen der internationalen Gerichte oder sogar auf die Rechtsnormen und die Rechtsprechung anderer Staaten beziehen.

Einen zentralen Aspekt bilden dabei die Verfassungsnormen, die die rechtsnormative Öffnung der nationalen Rechtsordnung zumeist für das supranationale Recht, aber auch für das Völkerrecht begründen. [36] Die Öffnung gilt dabei als das Instrument zur Verwirklichung der offenen Staatlichkeit. Wann kann von der Öffnung für das supranationale Recht gesprochen werden und wie unterscheidet sie sich von der Öffnung für das völkerrechtliche Regime?

Im Hinblick auf das supranationale Recht bedeutet die Öffnung die Anerkennung der Durchgriffswirkung supranationaler Rechtsakte, die infolge der Übertragung von Hoheitsrechten auf zwischenstaatliche Einrichtungen geschieht. Dabei ist die Hoheitsrechtsübertragung „nicht wörtlich zu nehmen“ [37] , sondern im Sinne von Rücknahme der Ausschließlichkeit innerstaatlicher Hoheitsgewalt zu verstehen. Diese Deutung der Öffnung wurde bereits ausdrücklich durch nationale Verfassungsgerichte anerkannt.[38]

---

36 Zur Öffnung in rechtsvergleichender Perspektive s. *P. M. Huber*, Offene Staatlichkeit, Vergleich. In: *A. Bogdandy*, Handbuch IPE, Bd. II, Offene Staatlichkeit (2008), § 26.

37 BVerfG, Beschluss v. 29.05.1974 – BvL 52/71 – *Solange I*, Rn. 43= BVerfGE 37, 271 (279 f.).

38 Italienisches VerfG, Urt. v. 18.12.1973 – Nr. 183/1973 – Frontini = EuR 1974, S. 255 (258); Polnisches VerfG, Ent. v. 11.05.2005 – Az. K 18/04 – *Beitrittsvertrag*, Teil III.1 = EuR 2006, S. 236 (241) in der deutschen Übersetzung von *M. Bainczyk / U. Ernst*: „[Art. 90 Abs. 1 Verfassung-PL] stellt den Ausdruck einer souveränen Öffnung des Verfassungsgebers gegenüber einer (...) möglichen Erweiterung des Kataloges der Rechtsakte dar, die auf dem Gebiet der Republik Polen allgemein

So sprach das deutsche Bundesverfassungsgericht (BVerfG) in seinem *Solange-I*-Beschluss von 1974 von der Öffnung wie folgt:

> „Art. 24 ermächtigt nicht eigentlich zur Übertragung von Hoheitsrechten, sondern *öffnet* die nationale Rechtsordnung (in der angegebenen Begrenzung) derart, dass der ausschließliche Herrschaftsanspruch der Bundesrepublik Deutschland im Geltungsbereich des Grundgesetzes *zurückgenommen* und der unmittelbaren Geltung und Anwendbarkeit eines Rechts *aus anderer Quelle* innerhalb des staatlichen Herrschaftsbereichs *Raum gelassen* wird."[39]

Im Hinblick auf das völkerrechtliche Regime, das im Gegensatz zur supranationalen Rechtsordnung keine unmittelbare Geltung beansprucht, stellt die Öffnung die rechtsnormativen Inkorporationsmechanismen dar, mit deren Hilfe das Völkerrecht in das innerstaatliche Recht einfließt. Neben den Übernahmeschritten bestimmt die Öffnung, ob das übernommene Völkerrecht in seiner Eigenschaft als Völkerrecht oder als transformiertes Völkerrecht gilt, wie es sich zum nationalen Recht verhält und welche Voraussetzungen erfüllt werden müssen, damit es unmittelbar für die Begründung der Gerichtsentscheidungen herangezogen werden kann. Ferner wird bei der Öffnung für das Völkerrecht der geltende Rechtsquellenkatalog, der zuvor ausschließlich aus den Rechtsakten des nationalen Gesetzgebers bestand, um das Völkergewohnheits- und/oder Völkervertragsrecht ergänzt. Auch hier wird das Umdenken des Souveränitätskonzepts und der Methoden der Rechtsinterpretation verlangt. Der offene Staat zieht die inkorporierten Völkerrechtsquellen bei der Interpretation des innerstaatlichen Rechts in Erwägung.[40]

Ausgehend von den skizzierten Klauseln zur offenen Staatlichkeit befassen sich die nächsten Kapitel des Buches mit der Beschreibung des verfassungsrechtlichen Grundgerüstes der internationalen Offenheit der

---

gelten sollen". Tschechisches VerfG, Urt. v. 8.03.2006 – Pl. ÚS. 50/04 – *Zuckerquoten* II, Teil VI.B: „Art. 10a of the Constitution of the Czech Republic thus operates in both directions: it forms the normative basis for the transfer of powers and is simultaneously the provision of the Czech Constitution which opens up the national legal order to the operation of Community law, including rules relating to its effects within the legal order of the Czech Republic."

39 BVerfG, Beschluss v. 29.05.1974 – BvL 52/71 – *Solange I*, Rn. 43= BVerfGE 37, 271 (279 f.). Hervorh. hinzugefügt.

40 Vgl. *P. Häberle*, Der kooperative Verfassungsstaat. Festschrift für Helmut Schelsky zum 65. Geburtstag (1978), 141 (171).

Ukraine. Die feststellende Beschreibung wird mit den Folgen der Verfassungsimplementierung empirisch konfrontiert.

3 Die Anhaltspunkte für die offene Staatlichkeit im ukrainischen Verfassungstext

Die Suche nach den die offene Staatlichkeit tragenden Grundlagen im Verfassungstext der Ukraine ist nicht sehr ergiebig. Doch enthält das überwiegend nationalstaatlich konzipierte ukrainische Verfassungswerk einzelne Anhaltspunkte, die die Charakterisierung des ukrainischen Staates als kooperativen Staat ermöglichen. Sie begründen die Öffnung für das Völkervertrags- und das Völkergewohnheitsrecht, die Internationalisierung des Menschenrechtsschutzes und das Kooperationsgebot. Obwohl dürftig angelegt, deuten sie im Vergleich zum Staatsmodell vor der Verkündung der ukrainischen Unabhängigkeit im Jahr 1991 auf eine Hinwendung zur offenen Staatlichkeit hin. Mit der Verfassung von 1996 verabschiedete sich die Ukraine von der ausschließlichen Bindung an die sozialistischen Staaten und der vormals herrschenden grundsätzlichen Ablehnung der innerstaatlichen Anwendung des Völkerrechts.[41] Welche Verfassungsnormen genau tragen zur offenen Staatlichkeit der Ukraine bei?

3.1 Das Gebot der internationalen Zusammenarbeit

Gewöhnlich beginnt die Analyse einer Verfassung mit ihrer Präambel. In der Regel sagt eine Verfassungspräambel in allgemeiner Form etwas über die Grundorientierungen eines Staates aus. Die Vorschriften der Präambel gelten als Leitlinien für das staatliche Handeln und deuten in verschiedenen

---

41 Die Verfassung-UkrSSR v. 1978 enthielt keine Regeln bzgl. der Bindungskraft der Verträge oder der allgemein anerkannten Normen des Völkerrechts. In Art. 29 der Verfassung-UdSSR v. 1978 wurde im Zusammenhang mit der außenpolitischen Tätigkeit des Staates Bezug auf die allgemein anerkannten Grundsätze des Völkerrechts genommen. Allerdings wurde diese Verfassungsnorm nicht als eine Inkorporationsgrundlage für das Völkerrecht aufgefasst. Generell konnte man die UdSSR nach ihrem Verfassungstext schon als kooperationsfreundlichen Staat beschreiben. Jedoch wurden unter der Kooperationsbereitschaft lediglich die enge Zusammenarbeit mit den sozialistischen Staaten und die Förderung des Sozialismus verstanden (Art. 28 und 30 der Verfassung-UdSSR v. 1977).

europäischen Verfassungsstaaten die internationale und europäische Offenheit der Staatlichkeit an.[42]

Die Präambel der Verfassung der Ukraine erklärt weder eine allgemeine Kooperationsbereitschaft noch die Bestrebung einer intensiven Zusammenarbeit innerhalb Europas oder der Gemeinschaft Unabhängiger Staaten (GUS). Sie ist vorwiegend nationalstaatlich konzipiert. Ihre Gebote wie die Förderung der Menschenrechte, des Friedens und der Entwicklung eines demokratischen, sozialen Rechtsstaates beschränken sich ausdrücklich auf das Territorium der Ukraine und werden nicht als Allgemeinaufgaben oder -interessen der Staatengemeinschaft aufgefasst. Die einzige Bestimmung in der Präambel, die eine Abkehr von einem national introvertierten Staat verkündet, ist die Definition des Volkes:

> „Das ukrainische Volk umfasst die Bürger der Ukraine aller Nationalitäten."

Kennzeichnend für die Präambel der ukrainischen Verfassung ist ein Verweis auf den Akt über die Unabhängigkeit der Ukraine vom 24. August 1991.[43] Der Verfassungsgeber verleiht dem Unabhängigkeitsakt von 1991 in dem vorletzten Satz der Verfassungspräambel eine Richtlinienfunktion, indem er festschreibt, dass der Verfassungsgeber sich bei der Verfassungsannahme am Unabhängigkeitsakt von 1991 orientiere. Der Unabhängigkeitsakt von 1991 setzte die Souveränitätsdeklaration von 1990 um, indem er die Ukraine als unabhängigen und souveränen Staat verkündete.[44] Die Souveränitätsdeklara-

---

42 Bspw. die Präambel des deutschen GG v. 23.05.1949, wo sich das deutsche Volk explizit dazu bekennt, als gleichberechtigtes Glied „in einem vereinten Europa" dem Frieden der Welt dienen zu wollen; in Absatz 15 der Präambel der französischen Verfassung v. 1946 – ein integraler Bestandteil der Verfassung v. 1958 – sind beim Vertragsabschluss „zur Organisation und Verteidigung des Friedens erforderliche Souveränitätsbeschränkungen" gestattet; in Abs. 4 der Präambel der Verfassung der Schweiz v. 18.04.1999 wird an die Offenheit des Staates gegenüber der Welt erinnert: „im Bestreben, den Bund zu erneuern, um Freiheit und Demokratie, Unabhängigkeit und Frieden in Solidarität und Offenheit gegenüber der Welt zu stärken."

43 Akt der Unabhängigkeit der Ukraine vom 24. August 1991 wurde in Form eines Parlamentsbeschlusses Nr. 1427-XII angenommen und durch das gesamtukrainische Referendum am 1. Dezember 1991 bestätigt. In keiner der Verfassungen der anderen postsowjetischen Staaten, die vergleichbar wie die Ukraine ihre Gründung durch eine Souveränitäts- und Unabhängigkeitserklärung proklamiert haben, wird auf den Unabhängigkeitsakt verwiesen, s. *V. M. Šapoval*, Gegenwärtiger Konstitutionalismus (2005), S. 42 (ukr.).

44 Dazu an späterer Stelle eingehend ▶ Teil 1 - Kapitel 4, Punkt 4.2.2.

tion von 1990 manifestierte in ihrem Teil „Internationale Beziehungen" den ausdrücklichen Willen des neuen Staates zur Kooperation, Wahrung des Weltfriedens und der Sicherheit sowie zur „unmittelbaren Beteiligung" der Ukraine an dem „gesamteuropäischen Prozess und den europäischen Einrichtungen".[45] Allerdings ist es juristisch nicht haltbar, aufgrund dieses gewissermaßen doppelten Verweises in der Verfassungspräambel – durch den Verweis auf den Unabhängigkeitsakt erfolgt auch ein Verweis auf die Souveränitätsdeklaration – die internationale Kooperation und intensive europäische Zusammenarbeit als ein in der Verfassung verbürgtes Ziel des ukrainischen Staates anzusehen. Mit der Bezugnahme auf den Unabhängigkeitsakt von 1991 wird der Verfassungstext nicht um die Intentionen des Aktes ergänzt. Seine Erwähnung diente offenbar allein dazu, das Bestehen der Ukraine als souveräner und unabhängiger Staat mit einem Recht auf einen „ordnungsstiftenden und programmatischen Gründungs- und Gestaltungsakt"[46] zu bekräftigen.

In der Konsequenz kennt die ukrainische Verfassungspräambel kein Kooperationsgebot als Staatsziel, an dem sich die Staatsaufgaben generell orientieren könnten. Diese Rechtslücke kann durch die allgemeinen Grundlagen der Verfassungsordnung ein Stück weit geschlossen werden. So schreibt Art. 18 ein Leitziel für die Außenpolitik des Staates wie folgt fest:

> „Die außenpolitische Tätigkeit des Staates ist darauf ausgerichtet, die nationalen Interessen und die Sicherheit zu gewährleisten, indem die friedliche und gemeinnützige *Zusammenarbeit mit den Mitgliedern der internationalen Gemeinschaft* im Einklang mit den allgemein anerkannten Grundsätzen und Normen des Völkerrechts *unterstützt wird.*" (Hervorh. hinzugefügt)

Hiernach versteht sich der ukrainische Staat als ein gleichberechtigtes Mitglied der Völkergemeinschaft. Zweifehlsohne erkennt der Staat aufgrund dieser Vorschrift die Rechtsverbindlichkeit des Völkerrechts für die internationalen Beziehungen an. Die Verfassungsnorm impliziert, dass eine isolierte Existenz der Ukraine die nationale Sicherheit und nationalen Interessen gefähr-

---

[45] Teil X der Deklaration über die staatliche Souveränität der Ukraine v. 16.07.1900, Doc. Nr. 55-12. Hervorh. hinzugefügt.

[46] Die Verfassung als „ein ordnungsstiftender und programmatischer Gründungs- und Gestaltungsakt, der dem Gemeinwesen in einer konkreten geschichtlichen Lage eine rechtliche Grundlage" bildet, beschreibt *Peter Badura*, s. *P. Badura*, Staatsrecht, 3. Aufl. (2003), S. 7.

den könnte. Daher ist der Staat bereit, kooperativ mit anderen Mitgliedern der internationalen Gemeinschaft nach gemeinsamen Regeln zu agieren. Die aus Art. 18 abgeleitete Bereitschaft zur internationalen Zusammenarbeit bildet einen Leitsatz für alle Staatsorgane, die außenpolitische Befugnisse besitzen. Er richtet sich damit an das Parlament, das die Grundsätze der Außenpolitik bestimmt (Art. 85 Abs. 1 Punkt 5), an den Präsidenten, der die außenpolitische Tätigkeit leitet (Art. 106 Abs. 1 Punkt 3), und an die Regierung, die die Außenpolitik ausübt (Art. 116 Abs. 1 Punkt 1).

Das Kooperationsgebot in Art. 18 ist nicht als eine selbstlose Verpflichtung konstruiert. Aktive Mitwirkung der Staatsorgane an den Allgemeinaufgaben der internationalen Gemeinschaft wie Friedensförderung, Förderung der Menschenrechte u. a. wird auch als ein Mittel für Bewahrung der nationalen Interessen und Sicherheit angesehen. Als das Gebot, die staatlichen Aufgaben kooperationsoffen durchzuführen, ist Art. 18 im ersten Verfassungsteil „Allgemeine Grundlagen" festgeschrieben. Dadurch gehört er zu den Grundlagen der Verfassungsordnung der Ukraine[47] und unterliegt einem erschwerten Verfassungsänderungsverfahren.[48] Dies verleiht Art. 18 eine höhere juristische Wirkung und mehr Stabilität gegenüber anderen Verfassungsnormen.

In Art. 18 wird keine Entscheidung über den konkreten außenpolitischen Kurs des Staates getroffen, weder für die Annäherung der Ukraine an Europa noch für die Integration mit den GUS-Staaten. Hier wird die Ukraine zum

---

47 Weder in der Verfassung noch durch das VerfG wurde die „Verfassungsordnung" der Ukraine offiziell definiert. In Wissenschaft und Praxis ist man sich aber einig, dass die Verfassungsteile I („Allgemeine Grundlagen"), II („Rechte, Freiheiten und Pflichten des Individuums und der Bürger") und XIII („Verfassungsänderungen") die Grundlagen der ukrainischen Verfassungsordnung bilden, vgl. *V. F. Pohorilko,* Verfassungsrecht der Ukraine, 4. Aufl. (2003), S. 122 f. und 128, 139 (ukr.); *O. F. Fryc'kyj,* Verfassungsrecht der Ukraine (2002), S. 102 ff. (ukr.); *J. S. Šemšučenko / M. P. Zjabljuk / V. J. Tacij / V. P. Horbatenko (Hrsg.),* Juristische Enzyklopädie, 3. Bd. (2001), S. 279 f. (ukr.); so auch das VerfG in Ent. Nr. 3-зп/97 v. 11.07.1997 *(Rs. der Verfassungsmäßigkeit der Auslegung von Art. 98 der Verfassung durch das ukrainische Parlament).*

48 Nach Art. 156 der Verfassung-UKR bedarf die Änderung der allgemeinen Grundlagen der Verfassungsordnung einer Annahme durch eine Zweidrittelmehrheit (300 Stimmen) und anschließender Billigung durch ein gesamtukrainisches Referendum. Dazu an späterer Stelle eingehend ▶ Teil 1 - Kapitel 4, Punkt 4.6.1.

gleichberechtigten Partner in den internationalen Beziehungen erklärt, womit auch genügend Spielraum, situationsbedingt einen konkreten außenpolitischen Kurs zu wählen, verschafft wird.

3.2 Die Einwirkung des Völkerrechts in die innerstaatliche Rechtsordnung

Eine weitere die offene Staatlichkeit betreffende Verfassungsnorm ist Art. 9 zur Öffnung des innerstaatlichen Rechtsbereichs für das Völkervertragsrecht. In Art. 9 wird das Völkervertragsrecht ausdrücklich zu einem unabdingbaren Bestandteil der ukrainischen Rechtsordnung erklärt:

> „Die gültigen völkerrechtlichen Verträge, deren Verbindlichkeit die Werchowna Rada der Ukraine zugestimmt hat, stellen einen Bestandteil der nationalen Gesetzgebung der Ukraine dar.
>
> Der Abschluss derjenigen völkerrechtlichen Verträge, die der ukrainischen Verfassung widersprechen, ist erst nach den entsprechenden Verfassungsänderungen möglich."

Die weiteren Völkerrechtsquellen, das Völkergewohnheitsrecht und die allgemein anerkannten Rechtsgrundsätze, werden im Verfassungstext nicht explizit angesprochen. Diesbezüglich wird im zweiten Teil der Studie gefragt, ob die völkerrechtlichen Gewohnheitsrechtsregeln unter den Ausdruck die „allgemein anerkannten Grundsätze und Normen des Völkerrechts" im Sinne von Art. 18 subsumiert werden und auf dessen Grundlage ihre innerstaatliche Geltung erlangen können. Vorwegzunehmen ist, dass einzelne Stimmen in der ukrainischen Verfassungsrechtsliteratur und auch die jüngste Praxis des Verfassungsgerichts der Ukraine in Art. 18 eine hinreichende Grundlage für die innerstaatliche Anwendung des Völkergewohnheitsrechts sehen.[49]

3.3 Die Internationalisierung des Menschenrechtsschutzes

Der Verfassungsteil II über „Rechte, Freiheiten und Pflichten der Menschen und der Bürger" (Art. 21 bis 68) weist einen ausgeprägten und grundsätzlich

---

[49] *V. N. Denisov / A. J. Mel'nyk*, Die Entwicklung der Rechtsgrundlagen und der Mechanismen des Vorrangs des Völkerrechts im innerstaatlichen Recht. In: V. N. Denisov (Hrsg.), Das Zusammenwirken von Völkerrecht und innerstaatlichem Recht der Ukraine (2006), 12 (37 f.) (ukr.). Das ukrainische VerfG bewertete Art. 18 als eine Inkorporationsgrundlage in Ent. Nr. 3-в/2001 v. 11.07.2001 zur Verfassungsmäßigkeit des IStGH-Statuts.

mit der Europäischen Menschenrechtskonvention (EMRK) übereinstimmenden Menschenrechtskatalog auf, der auch eine positive Begutachtung seitens des Europarates erhalten hat.[50] Die Anhaltspunkte für die Internationalisierung des Menschenrechtsschutzes sind in Art. 22 Abs. 1 und Art. 55 Abs. 4 festgehalten. Art. 22 Abs. 1 manifestiert die Offenheit des verfassungsrechtlichen Menschenrechtskatalogs, indem er festschreibt, dass

> „die in der Verfassung vorgesehenen Rechte und Freiheiten der Menschen und der Bürger [...] nicht erschöpfend [sind]."

Dies schließt nicht aus, dass die Menschenrechte auch aus dem Recht jenseits des Staates einfließen können.

Eine stärkere Internationalisierung oder vielmehr eine Europäisierung erfährt der verfassungsrechtliche Menschenrechtsschutz in Art. 55 Abs. 4. Hiernach

> „hat jeder das Recht, nachdem alle innerstaatlichen Rechtsschutzmöglichkeiten erschöpft sind, den Schutz seiner Grundrechte und -freiheiten bei den internationalen gerichtlichen Institutionen oder den entsprechenden Organen der internationalen Organisationen, deren Mitglied die Ukraine ist, zu ersuchen."

Da die Verabschiedung einer neuen Verfassung eine der Beitrittsverpflichtungen der Ukraine dem Europarat gegenüber war,[51] hat Art. 55 Abs. 4 der Verfassung zweifelsohne in erster Linie die Kontrollorgane der EMRK im Visier. Somit kann in Art. 55 Abs. 4 ein Bezug auf die Integration der Ukraine in den europäischen Rechtsraum im weiteren Sinne erblickt werden. Abgesehen davon tut sich der Leser der Verfassung überraschend schwer, ein klares Europabild im ukrainischen Verfassungstext zu entdecken. *Peter Häberle* bezeichnet dies als „ein Defizit von nationalem Europaverfassungsrecht".[52]

Durch Art. 55 Abs. 4 wird nicht nur das Rechtsetzungsmonopol des ukrainischen Gesetzgebers, sondern auch das Auslegungsmonopol der

---

50 Vgl. Opinion on the Constitution of Ukraine, adopted by the Venice Commission on 7-8 March 1997, CDL-INF (1997) 002.

51 Vgl. Opinion No.190 (195) of Parliamentary Assembly of the Council of Europe on the Application by Ukraine for Membership of the Council of Europe, adopted by the Assembly on 26 September 1995; das Gesetz zur Ratifikation des Status des Europarats, Nr. 398/95 v. 31.10.1995.

52 Vgl. *P. Häberle*, Die Verfassung der Ukraine (1996) im europäischen Rechtsvergleich, DÖV 1998, Heft 18, 761 (766 f.).

nationalen Gerichte eingegrenzt. Allerdings kann die Internationalisierung des Menschenrechtsschutzes nur im Zusammenhang mit Art. 64 Abs. 1 und Art. 157 Abs. 1 der Verfassung gelesen werden. In Art. 64 Abs. 1 wird die Einschränkung der verfassungsrechtlich garantierten Grundrechte und -freiheiten generell nur aufgrund der Verfassungsnormen gestattet.[53] Nach Art. 157 Abs. 1 wird das Verbot der Einschränkung dieser Rechte zu den änderungsfesten Verfassungsklauseln gezählt.[54] Deshalb ist anzunehmen, dass die in der ukrainischen Verfassung verbrieften Grundrechte und -freiheiten soweit wie möglich im Einklang mit den völkerrechtlichen Menschenrechtsverpflichtungen gewährleistet werden sollen, die der Staat mit der Mitgliedschaft in den internationalen Organisationen übernommenen hat. Die völkerrechtlichen Menschenrechtsverpflichtungen dürfen aber den Standard des Grundrechtsschutzes nach der ukrainischen Verfassung nicht mindern. Für diese Auffassung spricht auch der oben zitierte, in Art. 9 Abs. 2 der Verfassung genannte Vorrang der Verfassung vor den völkerrechtlichen Vertragsnormen. Durchweg bindet sich die Ukraine an den internationalen Menschenrechtsschutz innerhalb internationaler Organisationen durch völkerrechtliche Verträge, die nach Art. 9 Abs. 2 erst im Fall ihrer Verfassungskonformität Gültigkeit für die Ukraine erlangen können.

3.4 Die Weltoffenheit des Staatskonzepts

Ansonsten wird im Verfassungstext die Weltoffenheit des ukrainischen Staates unterschiedlich thematisiert. Primär drückt sich diese in der weitgehenden Gleichstellung der zum Aufenthalt in der Ukraine zugelassenen Ausländer und Staatenlosen mit den Inländern in ihren Grundrechten (Art. 26) aus.[55]

---

53 Verfassung-UKR v. 1996, Art. 64 Abs. 1: „Die durch die Verfassung gewährten Grundrechte und -freiheiten dürfen nicht eingeschränkt werden, es sei denn, dies ist ausdrücklich in der Verfassung der Ukraine vorgesehen."

54 Verfassung-UKR v. 1996, Art. 157 Abs. 1: „Die Verfassung der Ukraine darf nicht geändert werden, wenn die Änderungen die Abschaffung oder Minderung der Grundrechte oder -freiheiten der Menschen oder der Bürger bezwecken oder auf die Aufgabe der Unabhängigkeit oder Verletzung der territorialen Integrität abzielen."

55 Verfassung-UKR v. 1996, Art. 26 Abs. 1: „Ausländer und Staatenlose, die sich auf ukrainischem Territorium gesetzmäßig aufhalten, haben dieselben Rechte und Freiheiten und tragen dieselben Pflichten wie die Bürger der Ukraine, falls die Verfassung, die Gesetze oder die völkerrechtlichen Verträge nichts anderes vorsehen."

Des Weiteren gehören dazu die universellen Menschenrechte, wie das Recht auf Menschenwürde, das Folterverbot (Art. 28 Abs. 1 und 2) und auch die grundrechtlichen Freiheiten des Außenverkehrs, die den Individuen gestatten, grenzüberschreitende Kontakte aufzunehmen und zu pflegen, und namentlich, das Ausreiserecht (Art. 33), die Meinungsfreiheit (Art. 34) und die Freiheit der beruflichen Tätigkeit (Art. 43).

Die erwähnten Verfassungsnormen sind durchweg in den demokratischen Verfassungsstaaten zu finden. In der Rechtswissenschaft werden sie als „materielle Determinante" offener Staatlichkeit bezeichnet.[56] Im Fall der ukrainischen Verfassung kann die Liste um die folgenden spezifischen Kennzeichen der offenen Staatlichkeit ergänzt werden: Die Staatsaufgabe zur Förderung des Erlernens von Sprachen der „internationalen Kommunikation" (Art. 10 Abs. 4) und zur Förderung wissenschaftlicher Kontakte mit der „Weltgemeinschaft" (Art. 54 Abs. 3) sowie der Eid des Präsidenten, demzufolge dieser den guten Ruf der Ukraine in der Welt pflegen soll (Art. 104 Abs. 3).[57] Auch der Umweltschutz erfährt aufgrund der Tragödie von Tschernobyl eine besondere Aufmerksamkeit auf der Verfassungsebene. Durch die Bezeichnung „Unfall des Planeten" gewinnt die Beseitigung seiner Folgen und die Bewahrung der ökologischen Sicherheit eine globale Dimension (Art. 16). Damit ist der Umweltschutz eine der wenigen Staatsaufgaben, bei deren Verwirklichung gemäß der Verfassung ausdrücklich neben den staatlichen

---

56 Zu den materiellen Determinanten der Offenheit des deutschen Grundgesetztes zählt *Stephan Hobe* exemplarisch das Verhältnis den Fremden gegenüber und namentlich die verfassungsrechtliche Gewährleistung des völkerrechtlichen Mindestmenschenrechtsschutzes für Ausländer, vgl. *S. Hobe*, Der offene Verfassungsstaat zwischen Souveränität und Interdependenz (1998), S. 141. Zur innerstaatliche Ausprägung der Offenheit der deutschen Verfassungsordnung durch Gleichstellung der Ausländer mit den Inländern und durch die Grundfreiheiten des Außenverkehrs s. *C. Tomuschat*, Die staatsrechtliche Entscheidung für die internationale Offenheit. In: J. Isensee / P. Kirchhof (Hrsg.), HStR VII (1993), § 172, Rn. 66 und 68 ff.

57 Auch *Peter Häberle* bewertet die erwähnten Verfassungsbestimmungen als ein Zeichen der Weltoffenheit der ukrainischen Verfassung, vgl. *P. Häberle*, Die Verfassung der Ukraine (1996) im europäischen Rechtsvergleich, DÖV 1998, Heft 18, 761 (766 f.). In die Richtung geht auch *Christian Strasser-Gackenheimer*, s. *C. Strasser-Gackenheimer*, Die Verfassung der Ukraine und rechtliche Überlegungen zur europäischen Integration. In: A. Kratochvil, Ukraine ad portas. Ist die Ukraine europäisch genug für die EU? (2006), 211 (213).

Interessen auch das Allgemeininteresse der Staatengemeinschaft zu beachten ist.

3.5 Die Mitwirkung an den zwischenstaatlichen Einrichtungen

Ungeachtet eines ausdrücklichen Gebots an die Staatsorgane, international zu kooperieren, beinhaltet die ukrainische Verfassung keine spezielle Bestimmung, die das Verhältnis des Staates zu internationalen Organisationen erfasst. Auch werden weder die Vereinten Nationen noch andere internationale Organisationen in der Verfassungsurkunde erwähnt. Dennoch erscheint die Beteiligung der Ukraine an internationalen Organisationen eine Selbstverständlichkeit. Aus den Verfassungsbestimmungen über die Befugnisse des Staatsoberhaupts zur Berufung der Vertreter der Ukraine bei internationalen Organisationen (Art. 106 Abs. 5), aus dem obligatorischen Zustimmungserfordernis der Legislative zu Krediten von den oder an die internationalen Finanzorganisationen (Art. 85 Abs. 14) und auch aus dem oben vorgestellten Art. 55 Abs. 4 zum internationalen Menschenrechtsschutz innerhalb der internationalen Institutionen geht hervor, dass die Ukraine mit internationalen Organisationen zusammenarbeitet.

Nicht für selbstverständlich kann dagegen die Bereitschaft der Ukraine gehalten werden, sich für supranationale Einrichtungen zu öffnen. Die Verfassung von 1996 beinhaltet keine Ermächtigungsgrundlage für die Übertragung von Hoheitsrechten. Im Gegenteil lässt sich die Trennung zwischen Souveränität und Unabhängigkeit im Verfassungstext nicht übersehen, die gleichwohl beide besonders geschützt werden. Der verfassungsrechtliche Schutz der Souveränität ist insofern für die Öffnung des Staates von Bedeutung, als erst aufgrund der Souveränitätsübertragung das supranationale Recht in den innerstaatlichen Rechtsbereich einbezogen werden kann. Nun soll zunächst auf das Souveränitätsverständnis in der ukrainischen Verfassungsordnung und -tradition eingegangen werden.

4 Die Bedeutung und der besondere Schutz der Souveränität und Unabhängigkeit in der ukrainischen Verfassungsordnung

Die Begriffe „Souveränität" und „Unabhängigkeit" werden an zahlreichen Stellen in der Verfassung erwähnt.[58] Einerseits ist dies keine Eigentümlichkeit der ukrainischen Verfassung, sondern ein Merkmal der meisten Verfassungen der ehemaligen Ostblockstaaten.[59] Andererseits besteht in jeder nationalen Verfassungsordnung ein eigenes Souveränitätsverständnis, das durch die Geschichte, die politischen Verhältnisse und Denktradition des Landes geprägt ist.[60] Das Souveränitätsverständnis in der ukrainischen Verfassungstradition wurde durch die Souveränitätsdeutungen innerhalb der Sowjetunion (UdSSR) geprägt. Diese Souveränitätsdeutungen und auch die Souveränitätsdeklaration von 1990 sowie der Unabhängigkeitsakt von 1991, die der ukrainischen Verfassung vorausgingen, geben Aufschluss über die Bedeutung der Souveränität im ukrainischen Verfassungsraum und werden nachfolgend erläutert. Im Augenmerk der hier vorgestellten souveränitätsbezogenen Diskussionen liegt die souveräne Staatlichkeit im Zeichen der Übertragung von Hoheitsrechten auf zwischenstaatliche Einrichtungen.

4.1 Die Souveränitätsdeutungen in der UdSSR (1922-1991)

In der sowjetischen Staatslehre wurden unterschiedliche Konstellationen als souverän bewertet: der Status eines politischen Gebildes in der internationalen Ordnung, bestimmte Eigenschaften einer Hoheitsgewalt oder sogar der Staatsorgane, wie der Obersten Räte.[61] Zugleich wurde staatliche

---

58 Vgl. Anhang, Tab. 1 „Souveränität und Unabhängigkeit in der ukrainischen Verfassung von 1996."

59 Vgl. *A. Albi*, Post-modern Versus Retrospective Sovereignty: Two Different Discourses in the EU and the Candidate Countries? In: N. Walker (ed.), Sovereignty in Transition (2003), S. 401 ff. Hier werden die Verfassungen der neuen EU-Mitglieder als die Verfassungen mit „souverainist nature" bezeichnet.

60 Ganz deutlich dazu, dass die Souveränität weder überzeitlichen Sinn beanspruchen kann noch ein überörtlicher gleichbedeutender Begriff ist, s. *D. Grimm*, Souveränität (2009). Dieser Ansicht ist auch *Antero Jyränki*, s. *A. Jyränki*, Transferring Powers of a Nation-State to International Organisations: The Doctrine of Sovereignty Revisited. In: A. Jyränki, National Constitutions in the Era of Integration (1999), 61 (62 ff.).

61 *M. Vishniak*, Sovereignty in Soviet Law, Russian Review, Vol. 8 No.1 (Jan. 1949), 34 (38). Nach *V. S. Shevtsov* umfasste die Souveränität eine Reihe der Eigenschaften der Staatsgewalt, vor allem ihre Hoheit und Unabhängigkeit, s. *V. S. Shevtsov*, National Sovereignty and the Soviet State (1974), S. 71 ff.

Souveränität hinsichtlich ihrer Teilbarkeit oder Einschränkung innerstaatlich und völkerrechtlich ungleich verstanden.

Innerstaatlich bezeichnete man sowohl die Sowjetunion als auch die Sowjetrepubliken als souveräne Staaten. [62] Die Souveränität der Sowjetrepubliken wurde auf einzelne souveräne Rechte reduziert, [63] die allerdings durch den Geltungsvorrang des gesamten Unionsrechts gebrochen werden konnten.[64] Zugleich erstreckte sich die Souveränität der Union auf das gesamte Territorium der UdSSR.[65] Auch nach außen trat die Union einheitlich auf und war als einzige berechtigt, die Souveränität der Union und die „souveränen Rechte" der Gliedstaaten zu verteidigen.[66] Die in Art. 80 der Verfassung der UdSSR von 1977 festgeschriebenen Rechts- und Handlungsfähigkeiten der Sowjetrepubliken in den internationalen Beziehungen, wie das Recht auf völkerrechtlichen Vertragsabschluss und diplomatische Vertretung sowie die Möglichkeit einer Beteiligung an internationalen Organisationen, sollten mit den Grundsätzen und Leitlinien der Unionsregierung übereinstimmen.[67]

Nach dieser Rechtslage lässt sich der Begriff der Souveränität schwer erfassen. Die Bewertung der Republiken als souveräne Staaten aufgrund der

---

62 Verfassung-UdSSR v. 1977, Art. 76 Abs. 1: „Die Unionsrepublik ist ein souveräner sowjetischer sozialistischer Staat [...]." Verfassung-UkrSSR v. 1978, Art. 68: „Die ukrainische sowjetische sozialistische Republik ist ein souveräner sowjetischer sozialistischer Staat [...]." Derzeit wird die Bezeichnung der Gliedstaaten einer Föderation als „souveräne" in der Schweiz praktiziert. In Art. 3 der schweizerischen Verfassung v. 1999 werden die Kantone als „souveräne Kantone" bezeichnet.

63 Eingehend zur Kompetenzaufteilung zwischen der UdSSR und ihren Mitgliedern s. *V. S. Shevstsov*, National Sovereignty and Soviet State (1974), S. 100 ff.

64 Verfassung-UdSSR v. 1977, Art. 73 Punkt 4 und 11: „[Zu den Kompetenzen der UdSSR gehören:] die Bestimmung der Grundlagen der Gesetzgebung der Union und der Unionsrepubliken; [...] die Kontrolle über die Einhaltung der Verfassung der UdSSR und die Gewährleistung der Übereinstimmung der Verfassungen der Republiken mit der Unionsverfassung [...]"; Art. 74 Satz 2: „Im Fall der Kollision zwischen einem Unionsgesetz und einem Gesetz der Republik *gilt* das Gesetz der UdSSR." Hervorh. hinzugefügt.

65 Verfassung-UdSSR v. 1977, Art. 75 Abs. 2: „Die Souveränität der UdSSR erstreckt sich auf das gesamte Territorium der Union."

66 Verfassung-UdSSR v. 1977, Art. 81: „Die souveränen Rechte der Republiken werden durch die UdSSR geschützt."

67 Verfassung-UkrSSR v. 1978, Art. 28 Abs. 1: „Die UkrSSR orientiert sich in ihrer außenpolitischen Tätigkeit an den Zielen, Aufgaben und Grundsätzen der Außenpolitik, die durch die Verfassung der UdSSR bestimmt sind. "

ihnen zugeteilten einzelnen Hoheitsrechte deutet auf ein Souveränitätsverständnis als Sammelbegriff für eine Fülle von Hoheitsbefugnissen hin. Hiernach wären nicht die Souveränität, sondern die Hoheitsrechte zwischen dem Zentrum und dem Gliedstaat aufgeteilt. Aber auch diese Erklärung der Souveränität trifft nicht ganz zu, da der Vorrang des Unionsrechts den Kern einer hoheitlichen Befugnis, d. h. die Letztentscheidungsbefugnis in einem bestimmten Handlungsbereich, abschwächt.

Ungeachtet der tatsächlichen Abhängigkeit der Republiken vom Zentrum spricht bereits die angesprochene Verfassungslage für die fehlende Souveränität der Republiken im Sinne einer einheitlichen Hoheitsgewalt. Sie waren quasi-staatliche Gebilde, die, mit einer gewissen Autonomie und staatsähnlichen Strukturen ausgestattet, einer durch starken Zentralismus gekennzeichneten Föderation[68] angehörten.[69]

Folglich überzeugten auch die theoretischen Erklärungsformeln zur gleichzeitigen Souveränität der UdSSR und der Sowjetrepubliken nicht. So wurde die Souveränität der Sowjetunion als eine gewisse Summe oder auch als ein Schutzpanzer der Souveränitäten von Sowjetrepubliken betrachtet, die ihre Kompetenz-Kompetenz nach der Gründung der Union und somit ihre Staatlichkeit nicht verloren haben sollten. Die bewahrte Kompetenz-Kompetenz sollte sich in der Freiwilligkeit der Unionsgründung, in dem Austrittsrecht der Republiken und ihrer Gleichberechtigung als Unionsmitglieder ausdrücken.[70] Dass aufgrund des erwähnten totalen Geltungsvorrangs des Unionsrechts

---

68 *Alexander. J. Motyl* klassifiziert die UdSSR als „Empire", s. *A. J. Motyl*, Dilemmas of Independence. Ukraine after Totalitarianism (1993), S. 32 ff. *Marta Dyczok* bezeichnet die UdSSR als einen multi-nationalen, durch Russland kontrollierenden Staat, s. *M. Dyczok*, Ukraine: Movement Without Change, Change Without Movement (2000), S. 45.

69 Das Vorhandensein von staatsähnlichen Strukturen, die mit den staatsähnlichen Funktionen im Rahmen ihrer symbolischen Souveränität beauftragt waren, spielte eine bedeutende Rolle während der Perestroika. Die gescheiterten Versuche, die Unabhängigkeit der Ukraine in den Jahren 1914-1921 zu proklamieren, werden oft auf die Abwesenheit dieser „Staatlichkeitsrequisiten" zurückgeführt, vgl. *A. J. Motyl*, Dilemmas of Independence. Ukraine after Totalitarianism (1993), S. 36 ff.; *N. Gallina*, Staat: Institutioneller Wandel und staatliche Leistungsfähigkeit in der Ukraine (2006), S. 144 f.

70 Vgl. *M. Vishniak*, Sovereignty in Soviet Law, Russian Review, Vol. 8 No.1 (Jan. 1949), 34 ff.; *V. S. Shevtsov*, National Sovereignty and the Soviet State (1974), S. 92 ff.

vor dem Recht der Sowjetrepubliken, einschließlich ihrer Verfassungen, die behauptete Kompetenz-Kompetenz der Republiken ins Leere lief, wurde in den betreffenden theoretischen Diskursen nicht angesprochen.

Während innerstaatlich die staatliche Souveränität bzw. souveränen Rechte auf verschiedene Art und Weise abgestuft werden konnten, ohne dass dies einen Verlust der Staatlichkeit bedeutet hätte, bestand die UdSSR in den internationalen Beziehungen auf absoluter und uneingeschränkter Souveränität und Souveränitätsausübung. Jegliche Einschränkung galt als Eingriff in die inneren Angelegenheiten eines Staates und Gefährdung der einzelnen Staatlichkeiten.[71] Die Aufteilung oder eine gemeinsame Ausübung der Hoheitsrechte mit anderen Staaten oder internationalen Organisationen kam nicht in Frage, es sei denn, nur mit den sozialistischen Staaten, wie dies die Beispiele des wirtschaftlichen Zusammenschlusses COMECON (1949) oder des militärischen Bündnisses Warschauer Pakt (1955) demonstrieren. Die Bindung eines Staates an das Völkerrecht war eine Selbstbindung in jedem einzelnen Fall.

4.2 Die Entfaltung von Souveränität und Unabhängigkeit gemäß der Souveränitätsdeklaration von 1990 und dem Unabhängigkeitsakt von 1991

Die vergleichbaren konkurrierenden Deutungen der „Souveränität" wurden auch vor der Erklärung der Unabhängigkeit der Ukraine vertreten. So war die Einigung auf den Text der Souveränitätsdeklaration von 1990 ein umgekämpfter Prozess, währenddessen von der Souveränität der Parlamente und der Parlamentsabgeordneten, der Unionssouveränität als einer Summe der Souveränitäten der Republiken, der begrenzten Souveränität der Republiken oder der Begrenzung ihrer souveränen Rechte die Rede war.[72]

---

71 *J. Delbrück / R. Wolfrum*, Völkerrecht, Bd. I/1, 2. Aufl. (1989), § 23, S. 221.

72 Zur Vielfalt der Souveränitätsbegriffe im Sommer 1990 innerhalb der UdSSR s. *A. Golovko*, „Rundgespräche" des Journals Sowjetischer Staat und Recht, Sowjetischer Staat und Recht 1991, Nr. 9, S. 12 ff. (russ.).

4.2.1 Souverän gleicht nicht souverän – oder: Politische Ansichten über die souveräne Ukraine

Anfang der 90er Jahre las jede der politischen ukrainischen Parteien in den Ausdruck „Souveränität" die Bedeutung hinein, die am besten zu ihren Visionen über den neu entstehenden Staat passte. So galt die Souveränitätsverkündung für die Linken – kommunistische und sozialistische Parteien – als ein ungefährliches und ausreichendes Mittel, um die Unabhängigkeitsbewegungen im Land zu dämpfen und die Union der Sowjetrepubliken mit mehr Autonomie gegenüber dem Zentrum zu bewahren.[73]

Dagegen identifizierten die demokratischen Parteien den Souveränitätsbegriff mit ungeteilter und weisungsfrei ausgeübter Hoheitsgewalt nach innen und nach außen sowie der Nichtzugehörigkeit zu einem Staat oder einer Gruppe von Staaten.[74] Selbst die Bewahrung der Kompetenz-Kompetenz und damit der Entscheidung über die Delegation von Hoheitsrechten an eine neue mögliche Union durch einen Mitgliedstaat genügte ihnen nicht, um einen Staat als souverän zu bewerten. Dieses absolute Souveränitätsverständnis, das auch die Zugehörigkeit zu einer Konföderation ausschloss, lässt sich historisch aus der unmittelbaren Bedrohung erklären, der die junge Ukraine ausgesetzt war. Der einzige in Frage kommende Staatenbund, dem die Ukraine eventuell beitreten könnte, war die zur Konföderation umgeformte Sowjetunion. Aufgrund der gemachten Erfahrungen sahen die Demokraten darin die Gefahr, dass die Souveränität nach und nach auf eine bloße Autonomie reduziert werden könnte.

Folglich reichte bei den Parlamentsdebatten die Brandbreite der Auffassungen über eine als souverän bezeichnete Ukraine von einem

---

73 Es war gerade die Resolution des Plenums der Kommunistischen Partei der Ukraine, die sich zuallererst mit der Souveränität der UkrSSR auseinandersetze. Hiernach bestand die Souveränitätskonstruktion in einer territorialen und personellen Hoheitsgewalt, dem Vorrang des Rechts vor dem Unionsrecht und der Entscheidungskompetenz zur Delegation der Befugnisse an die föderalen Organe. Auch die internationale Seite der Souveränität, wie die Handlungsfähigkeit der UkrSSR nach außen kraft ihrer selbständigen internationalen Vertretung, wurde in der Resolution angesprochen, s. *B. Nahaylo*, The Ukrainian Resurgence (1999), S. 263 ff.

74 Ebenda.

unabhängigen Staat über einen Gliedstaat einer Konföderation bis hin zu einem Gliedstaat in einer Föderation der Sowjetrepubliken.[75]

4.2.2 Die Souveränitätsdeklaration von 1990 als ein Entwurf der Unabhängigkeit

Als Ergebnis der Diskrepanzen die künftige Staatlichkeit der Ukraine betreffend, die auch zumeist den vorgestellten differenzierten Souveränitätsverständnissen zugrunde lagen, wurde am 16. Juli 1990 die Souveränitätsdeklaration angenommen. Hierin einigten sich die Parlamentsabgeordneten auf einen Souveränitätsbegriff, der weit über die ursprüngliche Idee der Kommunistischen Partei – ein Gliedstaat mit mehr Autonomie – hinausging. Nach der Deklaration beinhaltet die staatliche Souveränität

> „Hoheit, *Unabhängigkeit*, Einheit und Ausschließlichkeit der Gewalt der Republik innerhalb ihres Territoriums und auch die *Unabhängigkeit* und Gleichheit der Republik in den internationalen Beziehungen."[76]

Im Gegenzug zur Souveränitätsverkündung in diesem Sinne akzeptierten die Demokraten die Annahme der Souveränitätsdeklaration als ein rechtlich nicht bindendes Dokument.[77] Konzipiert vielmehr als ein Entwurf der Unabhängigkeit[78] bewirkte die Deklaration keinen Austritt der Ukraine aus der

---

[75] Es lagen ein offizieller Deklarationsentwurf der speziell dafür eingerichteten Arbeitsgruppe des Parlaments und sechs andere Varianten von den Parlamentsabgeordneten vor. Keiner der Deklarationsentwürfe wurde veröffentlicht oder öffentlich diskutiert, s. Ebenda, S. 289.

[76] Deklaration über die staatliche Souveränität der Ukraine v. 16.07.1900, Doc. Nr. 55-12. Hervorh. hinzugefügt.

[77] Die demokratischen Kräfte vertraten die Ansicht, die Souveränität der Ukraine in Form eines Gesetzes zu proklamieren, vgl. *I. Zajec'*, Die Idee der ukrainischen Staatlichkeit ist seit der Annahme der Souveränitätsdeklaration von den Straßen in die Machtkorridore eingezogen (ukr.). Auch das VerfG der Ukraine bestätigte den unverbindlichen Charakter der Souveränitätsdeklaration in Ent. Nr. 31-y/2003 v. 28.05.2003 *(Rs. der offiziellen Auslegung der Souveränitätsdeklaration)*. Hier lehnte es aus Unzuständigkeitsgründen die beantragte Auslegung der Souveränitätsdeklaration ab: Gemäß Art. 150 der Verfassung-UKR ist das VerfG zur Auslegung ausschließlich der Verfassung und der Gesetze befugt. In der Souveränitätsdeklaration sah das Gericht weder einen Bestandteil der Verfassung noch ein Gesetz.

[78] Vgl. *O. Barabaš*, Die Selbstwahrnehmung als Nation, Der Tag Nr. 125 v. 15.07.2000 (ukr.). Auch bei der Abstimmung zur Deklaration wurde betont, dass sie anhand der Gesetze umgesetzt werden muss, vgl. die Parlamentssitzung Nr. 41, 13. Juni 1990, um 16 Uhr.

UdSSR. Im Anschluss an die Deklaration erließ das Parlament eine Reihe von Gesetzen einschließlich der Verfassungsänderungsgesetze, mit denen die Deklarationsvorschriften weiter ausgearbeitet und umgesetzt wurden.[79]

Die Umsetzung der Souveränitätsdeklaration wurde mit dem Akt über die Unabhängigkeit der Ukraine vom 24. August 1991 vollendet. Das Dokument wurde in Form eines Parlamentsbeschlusses verabschiedet und durch einen Volksentscheid gebilligt. Gestützt auf das Selbstbestimmungsrecht des Volkes und unter Berücksichtigung der durch den Putsch in der UdSSR drohenden Gefahr für den ukrainischen Staat

> „*setzt* [das ukrainische Parlament] die Souveränitätserklärung *um* und verkündet die Unabhängigkeit der Ukraine und die Gründung des *selbständigen* Staates Ukraine."[80]

Erst nach der Bestätigung der Unabhängigkeit durch das gesamtukrainische Referendum am 1. Dezember 1991,[81] erkannte die internationale Gemeinschaft die Ukraine als unabhängigen Staat an.[82]

Unter Berücksichtigung dessen, dass in der Deklaration von der Unabhängigkeit der Staatsgewalt nach innen und der Unabhängigkeit des Staates in den internationalen Beziehungen gesprochen wurde, bleibt vor

---

79 Vgl. das *Gesetz* zur wirtschaftlichen Unabhängigkeit der UkrSSR, Nr. 142-XII v. 3.08.1990; der *Parlamentsbeschluss* zum Militärdienst der Bürger der UkrSSR, Nr. 88/XII v. 30.07.1990; das *Gesetz* zur Änderung der Verfassung-UkrSSR, Nr. 404/XII v. 24.10.1990 – hier wurde der Deklarationsteil „Staatsgewalt" umgesetzt, indem die Aufteilung der Hoheitsbefugnisse zwischen der UdSSR und UkrSSR und die Unterworfenheit der außenpolitischen Ziele der UkrSSR unter die Unionsziele abgeschafft sowie der Vorrang des ukrainischen Rechts eingeführt wurden; der *Parlamentsbeschluss* zur Umsetzung der Souveränitätserklärung in den Außenbeziehungen, Nr. 581/XII v. 25.12.1990. Erwähnenswert ist, dass zugleich auf der Unionsebene die Gesetze angenommen wurden, die dieselben Fragen anders regelten; so wurde bspw. im Unionsgesetz v. 24.10.1990 der Vorrang des Unionsrechts eingeführt. Die Rechtslage bezeichnete man als „War of Laws", vgl. *B. Nahaylo*, The Ukrainian Resurge (1999), S. 315 f.

80 Beschluss Nr. 1427-12 v. 24.08.1991. Hervorh. hinzugefügt. Das Referendum fand am 1.12.1991 statt. Dieses Datum wurde im Unabhängigkeitsakt vorgesehen.

81 Die Teilnahme am Referendum lag bei 84,18%. Für die Unabhängigkeit hat 90,32% der Beteiligten gestimmt, vgl. http://www.archives.gov.ua/Sections/15r-V_Ref/index.php?11.

82 Die offizielle Anerkennung der Ukraine erfolgte erst im Dezember 1991. Als erstes erkannte Polen am 2. Dezember 1991 die Unabhängigkeit der Ukraine an. Anschließend taten dies Ungarn, Kanada, die USA und Russland, vgl. *B. Nahaylo*, The Ukrainian Resurge (1999), S. 305 f. und 324 ff.

allem unklar, ob und wodurch sich der Unabhängigkeitsbegriff vom Souveränitätsbegriff unterscheidet.

4.2.3 Souveränität *versus* Unabhängigkeit

Grundsätzlich wird in der Völkerrechts- und Verfassungsrechtswissenschaft an der Differenzierung zwischen den Rechtsbegriffen „Souveränität" und „Unabhängigkeit" festgehalten.[83] Dafür spricht die gleichzeitige Verwendung der Ausdrücke in den völkerrechtlichen Dokumenten, vor allem in Art. 76 lit. b) der Satzung der Vereinten Nationen, in dem zwischen Unabhängigkeit und Selbstregierung unterschieden wird.[84]

Vorwiegend wird staatliche Unabhängigkeit mit äußerer Souveränität[85] des Staates gleichgesetzt. Diese Gleichsetzung ist auf die Auffassung des Richters *Max Huber* in seinem Schiedsspruch vom 4. April 1928 im Fall *Island of Palmas* zurückzuführen:

> „Sovereignty in the relations between States signifies independence."[86]

Die Unterscheidung zwischen innerer und äußerer Souveränität knüpft an die Lehre von *Emerich de Vattel* an [87] und wird in der Völkerrechtstheorie überwiegend geteilt. [88] Neben der einheitlichen, ausschließlichen und

---

83 Hier werden nur rechtliche Definitionen der „Unabhängigkeit" und der „Souveränität" berücksichtigt. Mehr zur politischen Definition der Unabhängigkeit, zur sogenannten faktischen Unabhängigkeit s. *J. Crawford*, The Criteria for Statehood in International Law, BYIL 48 (1976-1977), 93 (123 ff.).

84 Satzung der Vereinten Nationen v. 1945, Art. 76 lit. b): „Hauptziele des Treuhandschafts-Systems sind entsprechend den in Artikel 1 der vorliegenden Satzung angeführten Ziele der Vereinten Nationen: [...]
b) den politischen, wirtschaftlichen, sozialen und erzieherischen Fortschritt der Bewohner der Treuhandgebiete und ihre schrittweise Entwicklung zur *Selbstregierung* oder *Unabhängigkeit* zu fördern [...]." Hervorh. hinzugefügt.

85 Die Bezeichnung „external sovereignty" verwendete der Supreme Court im Fall *United States v. Curtiss-Wright Export Corp*, zitiert in *G. H. Hackworth*, Digest of International Law, Bd. I, 1940, § 11 "Sovereignty" 51 (53).

86 *Islands of Palmas case* (USA v. the Netherlands), Permanent Court of Arbitration, Award of the Tribunal of 4 April 1928, R.I.A.A. Bd. II, S. 838.

87 Vgl. *L. Wildhaber*, Sovereignty and International Law. In: R. St. J. Macdonald / D. M. Johnston (eds.), The Structure and the Process of International Law: Essays in Legal Philosophy Doctrine and Theory (1986), 425 (430).

88 Vgl. *A. Verdross / B. Simma*, Universelles Völkerrecht, 3. Aufl. (1984), § 35; *J. Delbrück / R. Wolfrum*, Völkerrecht I, 2. Aufl. (1989) S. 152; *A. Randelzhofer*, Staatsgewalt und Souveränität. In: J. Isensee / P. Kirchhof, HdS, Bd. III, 3. Aufl. (2004) § 17, Rn. 25 f.

unabhängig ausgeübten Hoheitsgewalt des Staates innerhalb seines Territoriums – innere Souveränität – formt die Unabhängigkeit den Inhalt der staatlichen Souveränität aus. Sie bedeutet, dass keine Unterwerfung unter die Hoheitsgewalt anderer Staaten stattfindet, sondern konstatiert die Unterwerfung des Staates unter das Völkerrecht.[89]

Schwierigkeiten ergeben sich aber dabei, eine genaue Trennlinie zwischen äußerer und innerer Souveränität zu ziehen. Diese Trennung erscheint in vielerlei Hinsicht künstlich. So werden innere und äußere Souveränität als sich ergänzende und zusammenhängende Dimensionen der Souveränität betrachtet.[90] Entscheidend ist jedoch, dass ohne äußere Souveränität ein Staat einem fremden Willen unterworfen wird, was die Selbstbestimmung nach innen ausschließt.[91]

Aus diesem Zusammenhang zwischen innerer und äußerer Souveränität lassen sich zwei Folgerungen ziehen: Zum einen wird mit der Unabhängigkeit auch die Souveränität im Sinne von der Weisungsfreiheit der Staatsgewalt nach innen markiert: „Sovereignty in the strict and narrowest sense of the term implies [...] independence all round, within and without the borders of the country."[92] Zum anderen kann die Unabhängigkeit neben der Hoheitsgewalt nach innen, dem Volk und dem Territorium ein Wesenserfordernis der Staatlichkeit bilden.[93] Dieser Auffassung liegt die Meinung des Richters

---

89 Vgl. *H. Steinberger*, Sovereignty. In: R. Bernhardt (ed.), Encyclopaedia of Public International Law (2000), 500 (512); *C. Mik*, State Sovereignty and European Integration: Public International Law, EU Law and Constitutional Law in the Polish Context. In: N. Walker (ed.), Sovereignty in Transition (2003), 367 (378 f.); *A. Albi*, EU Enlargement and the Constitutions of Central and Eastern Europe (2005), S. 29.

90 Vgl. *R. Zippelius*, Allgemeine Staatslehre, 15. Aufl. (2007), § 10, S. 54 ff.; *A. Randelzhofer*, Staatsgewalt und Souveränität. In: J. Isensee / P. Kirchhof, HdS, Bd. III, 3. Aufl. (2004), § 17, Rn. 25 f.; *B. de Witte*, Sovereignty and European Integration. In: A. M. Slaughter/ A. S. Sweet / J. H. H. Weiler (eds.), The European Court and National Courts-Doctrine and Jurisprudence (1998), 277 (278). Dazu, dass die Trennung beibehalten, gleichwohl als künstlich bezeichnet wird, s. *K. Doehring*, Allgemeine Staatslehre, 3. Aufl. (2004), S. 109.

91 *D. Grimm*, Souveränität, 2009, S. 93.

92 *L. Oppenheim / H. Lauterpacht*, International Law, Vol. I. 8 ed. (1963), § 64; *R. Zippelius*, Allgemeine Staatslehre, 15. Aufl. (2007), § 10, S. 54 f.

93 Vgl. *J. Crawford*, The Criteria for Statehood in International Law, BYIL 48 (1976-1977), 93 (122). Hier auch zur Unterscheidung zwischen *formal* und *actual independence*; *I. Brownlie*, Principles of Public International Law, 5 ed. (1998), S. 71.

Dionisio Anzilotti im Fall *Austro-German Customs Union* zugrunde. Hiernach gelten die separate Existenz einer politischen Einheit mit bestimmten Grenzen und ihre Freiheit von der Hoheitsgewalt eines anderen Staates oder von einer Gruppe von Staaten innerhalb und außerhalb der Staatsgrenzen als unabdingbare Strukturelemente der unabhängigen Staatlichkeit.[94] Erst mit der Unabhängigkeit einer territorial begrenzten Herrschaft nach außen kann man von einem Staat im Sinne des Völkerrechts sprechen.

Diese Interpretation der Unabhängigkeit – im Sinne der separaten Existenz und der Nichtunterworfenheit unter eine fremde Staatsgewalt – ist es, die von der ukrainischen Verfassungsordnung geteilt wird. [95] Denn mit dem Unabhängigkeitsakt, der den Austritt der Ukraine aus der Sowjetunion bewirkte, [96] hat der Unabhängigkeitsbegriff in der ukrainischen Verfassungstradition eine historische Deutung erlangt, in der die Nichtunterwerfung unter eine fremde staatliche Herrschaftsgewalt besonders hervorgehoben wird. Unabhängigkeit wird hier als eine Wesensvorbedingung der souveränen Staatlichkeit betrachtet, deren Gefährdung oder Aufgabe den Untergang des Staates herbeiführt.[97]

---

94 PCIJ Series A/B, No. 41 (81 f.): „[...] independence [...] is nothing else as the existence of Austria, within the frontiers, [...], as a separate State and not subject to the authority of no other State or group of States. Independence as thus understood is really no more than a normal condition of States according to the international law; it may also be described by *sovereignty (suprema potestas)* or *external sovereignty*, by which is meant that the State has over it no other authority than that of international law. [...] regarded as a normal characteristic of States as subjects of international law, cannot be better defined than by comparing it with the exceptional and, to some extent, abnormal class of States known as "dependet states". These are States subject to the authority of one or more other States. The idea of dependence therefore necessarily implies [...] a relation between the state which can legally impose its will and the state which is legally compelled to submit to that will. [...] the legal conception of independence has nothing to do with a State's subordination to the international law or with a numerous [...] states of *de facto* dependence." Hervorh. im Original.

95 Vgl. *J. S. Šemšučenko / M. P. Zjabljuk / V. J. Tacij / V. P. Horbatenko (Hrsg.)*, Juristische Enzyklopädie, Bd. 5 (2003), S. 684 f. (ukr.).

96 Erst nach dem Unabhängigkeitsakt v. 1991 wurde die Verfassungsvorschrift über den Zusammenschluss mit anderen Sowjetrepubliken abgeschaffen (Gesetz zur Änderung von Art. 68 der Verfassung-UkrSSR v. 1978, Nr. 2113-12 v. 14.02.1992).

97 Vgl. *V. M. Šapoval*, Gegenwärtiger Konstitutionalismus (2005), S. 42 f. (ukr.). Zur Bedeutung der Unabhängigkeit s. *N. Gallina*, Staat: institutioneller Wandel und staatliche Leistungsfähigkeit in der Ukraine (2006), S. 145.

So definiert schließt die Unabhängigkeit aber nicht aus, dass die Herrschaftsakte internationaler oder supranationaler Einrichtungen den ukrainischen Staat binden und staatliche Hoheitsrechte verdrängen können.[98] Denn, solange solche Einrichtungen auf den Staaten aufbauen und sie nicht ersetzen, ist die Mitgliedschaft in diesen Einrichtungen nicht mit der Unterwerfung unter die Herrschaftsgewalt eines Staates oder einer Staatengruppe gleichzusetzen.

4.2.4 Das Souveränitätskonzept in der Souveränitätsdeklaration von 1990

Beschrieben als eine einheitliche, ausschließliche und unabhängig ausgeübte Staatsgewalt, deren Kerngehalt im Vermögen des Staates, Recht zu setzen und durchzusetzen, besteht, deckt sich der Souveränitätsbegriff in der Deklaration von 1990 mit dem traditionellen Souveränitätsbegriff in den europäischen Staatstheorien.[99] Für die Gründung der demokratischen Verfassungsstaatlichkeit ist entscheidend, dass – abgeleitet von dem Recht der ukrainischen Nation auf Selbstbestimmung – das ukrainische Volk einziger Träger der Souveränität ist.

Ungeachtet des traditionellen Souveränitätsverständnisses und der Tatsache, dass es sich um einen jungen, erst auf dem Weg zu seiner Unabhängigkeit befindlichen Staat handelte, war die Souveränität selbst in der Deklaration nicht absolut gedacht. So wurden die allgemein anerkannten Normen des Völkerrechts explizit zu rechtlichen Schranken der Staatsgewalt erklärt,[100]

---

98 *Dieter Grimm* über die traditionelle Unbeschränktheit der äußeren Souveränität im horizontalen Verhältnis zwischen den Staaten und geschrumpfte äußere Souveränität im vertikalen Verhältnis der Staaten zu den internationalen Organisationen, s. *D. Grimm*, Souveränität, 2009, S. 92.

99 Vgl. *R. Zippelius*, Allgemeine Staatslehre, 15. Aufl. (2007), S. 48; *M. Kriele*, Einführung in die Staatslehre, 6. Aufl. (2003), S. 60 ff.; Zu dem Souveränitätsbegriff nach *Bodin* s. *U. Schliesky*, Souveränität und Legitimität von Herrschaftsgewalt, S. 73 ff. und *A. Randelzhofer*, Staatsgewalt und Souveränität. In: J. Isensee / P. Kirchhof, HdS, Bd. III, 3. Aufl. (2004), § 17, Rn. 15 ff.; *G. Roellecke*, Souveränität, Staatssouveränität, Volkssouveränität. In: D. Murswiek / U. Storost/ H. Wolff (Hrsg.), Festschrift für Helmut Quaritsch zum 70. Geburtstag, 15 (19).

100 Über das Verfassungsrecht und das Völkerrecht als rechtliche Schranken der Souveränität s. *A. Randelzhofer*, Staatsgewalt und Souveränität. In: J. Isensee / P. Kirchhof, HdS, Bd. III, 3. Aufl. (2004), § 17, Rn. 23 f. Zu den Schranken der äußeren Souveränität s. *J. Bentzien*, Die völkerrechtlichen Schranken der

indem ihnen in der Deklaration der Vorrang vor dem innerstaatlichen Recht zugesprochen wurde.[101] Des Weiteren verkündete die Ukraine in der Souveränitätsdeklaration ihren Willen zur unmittelbaren Mitwirkung am europäischen Integrationsprozess.[102] Dies weist auf eine gewisse Bereitschaft zur Einschränkung der Entscheidungsfreiheit des Staates in dem Sinne hin, dass die Geltung von Hoheitsakten unterschiedlicher Art der internationalen und supranationalen Einrichtungen auf ukrainischem Territorium in Betracht gezogen wurde.[103]

Diese Bereitschaft findet sich auch in den Schlussbestimmungen des Dokumentes wieder. Hiernach wurde die Gründung einer neuen Union durch einen völkerrechtlichen Vertrag zwischen der Ukraine und anderen Sowjetrepubliken nicht ausgeschlossen, was auch die potenzielle Übertragung von Hoheitsrechten oder eine eingeschränkte Hoheitsgewaltausübung implizierte.[104]

Jedoch wurde diese Bereitschaft, wie angedeutet, nicht in den endgültigen Verfassungstext aufgenommen. Stattdessen weist die Verfassung der

---

nationalen Souveränität im 21. Jhd. (2007); *K. Doehring*, Allgemeine Staatslehre, 3. Aufl. (2004), S. 112 ff. Dennoch wird die staatliche Souveränität durch die Übernahme der völkerrechtlichen Verpflichtungen ausgedrückt, vgl. Wimbledon, PCIJ, Series A. no I, S. 25.

101 Souveränitätsdeklaration v. 16.07.1990, Doc. 55-XII, Teil X Abs. 3: „Die UkrSSR erkennt [...] das Primat der allgemein anerkannten Normen des Völkerrechts vor dem innerstaatlichen Recht an."

102 Deklaration v. 16.07.1990, Doc. 55-XII, Teil X Abs. 2: „Als ein gleichberechtigter Partner nimmt die UkrSSR an den internationalen Beziehungen teil, trägt aktiv dem Weltfrieden und der Weltsicherheit bei und wirkt unmittelbar an dem gesamteuropäischen Prozess und den europäischen Einrichtungen mit."

103 Vgl. die Pressemitteilung des ersten ukrainischen Außenministers *A. Zlenko* in der Konferenz am 2. August 1990, abgedruckt in „Literarische Ukraine" v. 9.08.1990 (ukr.).

104 Deklaration v. 16.07.1990, Doc. 55-XII, Schlussbestimmungen: „Gestützt auf die Grundsätze der Gleichheit und der Nichteinmischung in die inneren Staatsangelegenheiten schließt die UkrSSR mit den Sowjetrepubliken die Verträge, in denen die Beziehungen zwischen den Vertragsparteien geregelt werden. Die Deklaration bildet eine Grundlage für die künftige Verfassung sowie für die Gesetze der Ukraine und bestimmt die Positionen der Republik beim Abschluss der völkerrechtlichen Verträge. Der Unionsvertrag soll den Grundsätzen der Deklaration entsprechen." Zur Interpretation der Schlussbestimmungen dahingehend, dass das ukrainische Volk als einziger Träger der Souveränität darüber zu entscheiden hat, inwieweit es sich in die neue mögliche Union einbindet, s. *J. Korohods'kyj*, Der vergessene Jahrestag, Ukrainische Wahrheit v. 16.07.2007 (ukr.).

Ukraine viele Klauseln zum Souveränitäts- und Unabhängigkeitsschutz auf, denen die oben erläuterte Unterscheidung zwischen Souveränität und Unabhängigkeit zugrunde liegt. Fraglich ist, ob diese Schutzklauseln zugunsten offener Staatlichkeit ausgelegt werden können. Mit dem Stellenwert der Souveränität und Unabhängigkeit im Verfassungstext von 1996 und in der Rechtsprechung des ukrainischen Verfassungsgerichts befassen sich die nachfolgenden Abschnitte der Studie. Hier soll aber vorweggenommen werden, dass alle dem Verfassungsgericht vorgelegten souveränitätsbezogenen Fragen bis auf die Frage nach der Mitgliedschaft der Ukraine im internationalen Strafgerichtshof (IStGH) das Verfassungsänderungs- oder Verfassungsrevisionsverfahren betrafen. [105] Dies kann man damit erklären, dass die Souveränität der Ukraine nicht so sehr in Frage gestellt wird, wie dies bspw. für die Souveränität der EU-Staaten der Fall ist. Alle internationalen Organisationen, in denen die Ukraine Mitglied ist, agieren in völkerrechtlichen Bahnen und haben keine oder nur schwach ausgeprägte supranationale Elemente. Dazu „zieht sich Souveränität in einem Verfassungsstaat in die verfassungsgebende Gewalt zurück und äußert sich nur im Fakt der Verfassungsgebung, wenn sie während der Geltung der Verfassung latent bleibt.“[106]

Mit der Gefährdung der Souveränität infolge internationaler Verflechtung des Staates setzte sich das Verfassungsgericht nur einmal auseinander: in der Entscheidung zur Verfassungsmäßigkeit des Römischen Statuts des IStGH. Das Souveränitätsverständnis des Verfassungsgerichts in der genannten Entscheidung wird in der Studie nach der Darlegung der Verfassungsnormen zum Souveränitäts- und Unabhängigkeitsschutz analysiert. Anschließend wird ein Blick auf den Vertrag zur Gründung des einheitlichen Wirtschaftsraums unter den GUS-Staaten geworfen. Dieser ist der einzige völkerrechtliche Vertrag mit der Ukraine als einer Vertragspartei, in dem die Möglichkeit der Gründung einer supranationalen Einrichtung vorgesehen ist.

---

105 Exemplarisch Ent. Nr.6-рп/2008 v. 16.04.2008 *(Rs. der Annahme der Verfassung und der Gesetze der Ukraine durch den Volksentscheid)*; Ent. Nr. 4-зп/97 v. 3.10.1997 *(Rs. des Inkrafttretens der Verfassung der Ukraine von 1996)*; Ent. Nr. 3-рп/2000 v. 27.03.2000 *(Rs. der Berufung des gesamtukrainischen Referendums aufgrund der Volksinitiative)*; Ent. Nr. 6-рп/2005 v. 5.10.2005 *(Rs. der Volkssouveränität)*.

106 *D. Grimm*, Souveränität (2009), S. 72 und 75.

4.3 Die Verfassungsgrundlagen zur Souveränität und Unabhängigkeit

Im Verfassungstext von 1996 gibt es mehrere Stellen, an denen sich das ineinander verschachtelte Verhältnis der Begriffe „Unabhängigkeit" und „Souveränität" ablesen lässt.[107] In Art. 1 wird die Ukraine als „ein souveräner und unabhängiger, demokratischer, sozialer Rechtsstaat" bezeichnet. So verpflichten sich das Staatsoberhaupt, die Parlamentsabgeordneten und die Regierungsmitglieder bei Amtstritt zum Schutz der Souveränität und Unabhängigkeit.[108] Auch den Bürgern des Landes wird die Bürgerpflicht auferlegt, die Unabhängigkeit des Landes zu verteidigen (Art. 65 Abs.1). Das in Art. 17 Abs. 7 festgeschriebene Verbot fremder Militärbasen auf ukrainischem Territorium soll einer Gefährdung der Unabhängigkeit vorbeugen.

Der besondere Stellenwert der Unabhängigkeit zeigt sich auch daran, dass die Unabhängigkeit der Ukraine einen unveränderlichen Kern der ukrainischen Verfassung bildet. Nach Art. 157 Abs. 1 sind die Verfassungsänderungen verboten, wenn sie

> „die Abschaffung oder Minderung der Grundrechte oder -freiheiten der Menschen oder der Bürger bezwecken oder auf die Aufgabe der Unabhängigkeit oder Verletzung der territorialen Integrität abzielen."

Aus den bereits vorgestellten Unterschieden zwischen Unabhängigkeit und Souveränität in der ukrainischen Verfassungsordnung folgt, dass hiernach eindeutig ein Beitritt der Ukraine zu einem Bundesstaat verboten ist.

In der Gesamtschau soll der umfassende Rechtsschutz der Unabhängigkeit und Souveränität der Außenwelt demonstrieren, dass seine Verletzung einen Verstoß gegen die Verfassung darstellen würde.[109] Die

---

107 Vgl. Anhang, Tab. 1 „Souveränität und Unabhängigkeit in der ukrainischen Verfassung von 1996."

108 Art. 79 (die Parlamentsabgeordneten), Art. 104, Art. 102 Abs. 2 und Art. 106 Abs. 1 und 20 (das Staatsoberhaupt), Art. 116 Abs. 1 (das Ministerkabinett) der Verfassung-UKR v. 1996.

109 Zur ähnlichen verfassungsrechtlichen Bedeutung der Unabhängigkeit in den baltischen Staaten s. *D. A. Loeber*, Regaining Independence – Constitutional Aspects: Estonia, Latvia, Lithuania, Rev. Cent.& E. Eur. L. No.1, 1998, S. 1 ff. Hier werden die Festschreibung der Unabhängigkeit in der Verfassung als ein

Verfassungsvorschriften über die Souveränität und Unabhängigkeit sind nur durch das Volk zu bestimmen und zu ändern (Art. 17 Abs. 1). Dieses ausschließliche Recht des Volkes darf durch die Staatsorgane nicht usurpiert werden (Art. 5 Abs. 3).

Im Hinblick auf die supranationale Integration des Staates und die mit ihr zusammenhängende Übertragung von Hoheitsrechten ist es interessant, wie in der ukrainischen Verfassung zwischen dem Träger der Souveränität und dem Träger der Souveränitätsausübung differenziert wird. Wie in jedem demokratischen Verfassungsstaat wird hier das Volk zum einzigen Träger der Souveränität und zur Quelle der Staatsgewalt erklärt (Art. 5 Abs. 1). Gemäß Art. 5 Abs. 2 ist die Staatsgewalt entweder durch das Volk unmittelbar oder durch die nationalen Staatsorgane und die lokalen Selbstverwaltungsorgane auszuüben. Dem Wortlaut nach gehören zu den Subjekten der Souveränitätsausübung jedoch keine internationalen Organe. Vielmehr wird dem Präsidenten und den nationalen Gerichten ausdrücklich untersagt, ihre Befugnisse auf „andere Organe oder Personen" zu „delegieren" oder zu „übertragen" (Art. 106 Abs. 2, Art. 124 Abs. 1). Auch das ukrainische Parlament, die Werchowna Rada, wird in Art. 75 der Verfassung als das einzige gesetzgebende Organ festgeschrieben. Dies könnte darauf hindeuten, dass die Funktionen der Legislative, der Judikative und auch des Staatsoberhaupts ohne entsprechende Verfassungsänderungen weder durch die anderen nationalen Organe noch durch die zwischenstaatlichen Einrichtungen ausgeübt werden dürfen.

Die Verfassungskonformität der Ausübung der gesetzgebenden und rechtsprechenden Gewalt durch die internationalen Einrichtungen auf dem Territorium der Ukraine war Gegenstand des Verfahrens bezüglich der Ratifikation des Römischen Statuts des IStGH vor dem Verfassungsgericht.[110] Anders als angesichts des umfassenden Schutzes der Souveränität im Verfassungstext zu erwarten wäre, legte das Gericht die Souveränität zugunsten der Öffnung des ukrainischen Staates für verstärkte internationale Zusammenarbeit aus. Seine Argumentation fällt allerdings als

---

Verfassungsgrundsatz und die Verfassungsvorschriften zum Notstand und Widerstandsrecht als Schutzmechanismen der Unabhängigkeit betrachtet.

110 Ent. Nr. 3-в/2001 v. 11.07.2001 *(Rs. des Römischen Statuts)*.

pragmatisch und kreativ auf. Wie das Verfassungsgericht die Verfassungsmäßigkeit der beschränkten Hoheitsgewaltausübung durch die Staatsorgane zugunsten den internationalen Einrichtungen erklärte, wird nachfolgend gezeichnet.

4.4 Das Souveränitätsverständnis in der Verfassungsgerichtsentscheidung von 2001 zum IStGH-Statut

Im Jahr 2001 legte der Präsident dem Verfassungsgericht das IStGH-Statut, das durch die Ukraine unterzeichnet aber noch nicht ratifiziert worden war, zur Prüfung vor. Die souveränitätsbezogenen Fragen betrafen die durch den Antragsteller angenommene Ausübung der gesetzgebenden und rechtsprechenden Gewalt durch die Versammlung der Mitgliedstaaten des Internationalen Strafgerichtshofs und den Gerichtshof selbst auf dem ukrainischen Territorium. Des Weiteren wurde das Verfassungsgericht gefragt, ob die ukrainischen Bürger an den IStGH ausgeliefert werden können, und ob die in der ukrainischen Verfassung vorgesehenen Menschenrechtstandards sowie parlamentarische, richterliche Immunitäten und die Immunität des Präsidenten durch den IStGH-Beitritt gefährdet werden.[111]

Bei der Prüfung dieser Fragen präzisierte das Gericht das Verfassungsgebot zur Ausübung der Hoheitsgewalt auf dem ukrainischen Territorium unmittelbar durch das Volk oder durch die Staatsorgane (Art. 5 Abs. 1) sowie das Verfassungsverbot der Übertragung von gesetzgebender und rechtsprechender Gewalt auf „andere Organe oder Personen" (Art. 106 Abs. 2, Art. 124 Abs. 1). Hierbei relativierte das Gericht die Bedeutung der umfangreichen Verfassungsschutzklauseln zur Souveränität und Unabhängigkeit vor dem Hintergrund einer möglichen internationalen Zusammenarbeit der Ukraine mit dem internationalen Strafgerichtshof.

---

111 Zur Verfassungsmäßigkeit von Art. 27 des IStGH-Statuts über die Unerheblichket der amtlichen Eigenschaften für die strafrechtliche Verfolgung s. ► Teil 2 – Kapitel 2, Punkt 2.3.3.

4.4.1 Die Beschränkung der Hoheitsrechte infolge einer Bindung des Staates an die Mehrheitsentscheidungen internationaler Organisation

Laut dem Statut ist die Versammlung der IStGH-Mitgliedstaaten befugt, die „Verbrechenselemente" – Handlungen, die als Völkermord, Verbrechen gegen die Menschlichkeit oder Kriegsverbrechen qualifiziert werden können –, die Verfahrens- und Beweisordnung sowie die Strafen mit einer Zweidrittelmehrheit zu bestimmen und zu ändern.[112]

Nach der Auffassung des Antragsstellers würde die Zustimmung zu dieser Kompetenz der Versammlung gegen Art. 5 der Verfassung verstoßen: Hiernach steht die Hoheitsgewaltausübung keinen internationalen, sondern nationalen Organen zu. Die rechtsgebende Kompetenz der Versammlung der IStGH-Mitgliedstaaten widerspreche auch dem ukrainischen Gesetzesvorbehalt, der gemäß Art. 92 Abs. 1 Punkt 14 und 22 für die Fragen, die durch das IStGH-Sekundärrecht zu regeln sind, gelte. Somit tangiere das IStGH-Statut die verfassungsmäßige Position des ukrainischen Parlaments als ausschließliches gesetzgebendes Organ in der Ukraine zu agieren (Art. 75).

Damit die Gedanken des ukrainischen Verfassungsgerichts und des Antragstellers über die behauptete Verletzung der Hoheitsrechte der Legislative besser verstanden werden können, wird hier kurz die Bindungswirkung der Mehrheitsentscheidungen der Versammlung der IStGH-Mitgliedstaaten erläutert. Obwohl der Antragssteller dies nicht ausdrücklich erwähnte, folgt aus seiner Argumentationslogik, dass er seine Auffassung auf die sogenannte „Durchgriffswirkung" der Mehrheitsentscheidungen in den innerstaatlichen Rechtsraum stützte. Nur wenn das IStGH-Sekundärrecht, das nicht von dem ukrainischen Parlament erlassen wurde, für die Rechtsunterworfenen und Rechtsanwender auf dem ukrainischen Territorium unmittelbar gelte, könnte von der Ausübung der Gesetzgebungskompetenz durch die Versammlung der IStGH-Mitgliedsstaaten auf dem Territorium der Ukraine und mithin von der Verletzung der Volkssouveränität und der

[112] IStGH-Statut v. 17.07.1998. Art. 9 Punkt 1; Art. 21 Punkt 1 lit. a) und Art. 51, Art. 23 und Art. 77.

ausschließlichen Befugnis des Parlaments, innerhalb des Staates das Recht zu setzen, gesprochen werden. Allerdings lässt sich weder dem Wortlaut des Statuts noch seiner Auslegung entnehmen, dass die Entscheidung der Versammlung über die Definition der Verbrechenselemente auf innerstaatliche Rechtsanwender unmittelbar durchgreift. Ganz im Gegenteil verpflichtet eine solche Entscheidung die Vertragsparteien erst aufgrund einer Ratifikation bzw. einer Annahme (Art. 121 Abs. 5 des IStGH-Statuts). Darüber hinaus dient die Entscheidung über die Verbrechenselemente dem Gerichtshof lediglich als eine Auslegungshilfe bei der Anwendung der Artikel 6, 7 und 8 des IStGH-Statuts und muss mit Letzteren vereinbar sein (Art. 9 Abs. 1 und 3).[113]

Das IStGH-Statut geht auch der Verfahrens- und Beweisordnung im Konfliktfall vor (Art. 51 Abs. 5 des IStGH-Statuts). Anders als die Entscheidung über Verbrechenselemente bindet eine Regel der Verfahrens- und Beweisordnung auch einen Mitgliedstaat, der gegen die Annahme der entsprechenden Vorschrift gestimmt hat. Die Bindungswirkung der Verfahrens- und Beweisordnung gleicht der Verpflichtung der Vertragsstaaten, die durch Zweidrittelmehrheit verabschiedeten Änderungen der Normen institutionellen Charakters zu beachten (Art. 122 des IStGH-Statuts).[114] Zugleich beeinflusst aber die Verfahrens- und Beweisordnung die Staatsorgane und Rechtsunterworfenen nicht unmittelbar. Auch völkerrechtlich bindet sie einen Mitgliedstaat nur soweit, dass der Staat aufgrund des Statuts sich verpflichtet hat, bestimmte Maßnahmen im Einklang mit der Verfahrens- und Beweisordnung zu ergreifen, wie zum Beispiel vorsorgliche Maßnahmen für die Zwecke der Erziehung zum letztendlichen Nutzen der Opfer, die die Vertragsstaaten nach dem Ersuchen der Vorverfahrenskammer um die Zusammenarbeit in der Hinsicht in Übereinstimmung mit der Verfahrens- und Beweisordnung treffen sollen (Art. 57 Abs. 3 lit. e) des IStGH-Statuts). Innerstaatlich gilt die Beweis- und

---

113 Zur unterschiedlichen Bindungswirkung des IStGH-Statuts einerseits und der Entscheidung über Elements of Crime andererseits s. *M. McAuliffe deGuzman*, Art. 21. In: O. Triffterer (ed.) Comentary on the Rome Statute of the Internationale Criminal Court, Observers' Notes, Article by Article, 1. Aufl. (1999), S. 439 f..

114 So *B. Broomhall*, Art. 51. In: O. Triffterer (ed.) Comentary on the Rome Statute of the Internationale Criminal Court, Observers' Notes, Article by Article, 1. Aufl. (1999), S. 692 f..

Verfahrensordnung dagegen nur dort, wo sie durch die Staatsorgane umgesetzt wurde.

Im Ergebnis gleicht die geschilderte Bindungswirkung der Mehrheitsentscheidungen der Versammlung der IStGH-Mitliedstaaten derjenigen der Resolutionen des Sicherheitsrates der Vereinten Nationen oder auch der Entscheidungen des Europäischen Menschenrechtsgerichtshofs. Der Antragsteller hat mit seiner Behauptung der innerstaatlichen unmittelbaren Geltung des IStGH-Sekundärrechts und mithin der Beschränkung bzw. Übertragung von Hoheitsrechten der ukrainischen Legislative ein Scheinproblem identifiziert. Das ukrainische Verfassungsgericht hat dagegen Stellung zur Verfassungsmäßigkeit der unmittelbaren Geltung des IStGH-Sekundärrechts bezogen, ohne dabei zu prüfen, ob die einschlägige Bindungswirkung durch das IStGH-Statut eingeführt wird. In Anbetracht des Schwerpunkts der vorliegenden Untersuchung sind die Äußerungen des Verfassungsgerichts dennoch wichtig, weil sie ansatzweise zeigen, welche Bedeutung das Gericht in die verfassungsrechtlichen Souveränitätsschutzklauseln in Hinblick auf die internationale Verflechtung des ukrainischen Staates hineinliest.

Bereits in seiner früheren Rechtsprechung verglich das Gericht die Befugnis einer internationalen Organisation, die Mehrheitsentscheidungen zu fassen, die einen Mitgliedstaat auch gegen seinen Willen binden, mit einer „überstaatlichen Funktion“ solcher Organisation.[115] Solange die durch das ukrainische Volk legitimierte ukrainische Legislative einer solchen „überstaatlichen Funktion“ zustimme, bleibe die gesetzgebende Gewalt nicht beschränkt, die Volkssouveränität somit unverletzt.[116] In der Entscheidung zum IStGH-Statut machte das Gericht keine grundlegende Unterscheidung zwischen völkerrechtlicher Bindung des Staates an die Mehrheitsentscheidungen einer internationalen Einrichtung einerseits und möglicher Durchgriffswirkung dieser Entscheidungen in den innerstaatlichen Rechtsraum andererseits. Auch die durch den Antragsteller behauptete

---

115 Ent. Nr. 1-уп/2001 v. 25.01.2001 *(Rs. der Verfassungsmäßigkeit des Parlamentsbeschlusses zum Beitritt zur Parlamentarischen Versammlung der GUS).*

116 Ent. Nr. 3-в/2001 v. 11.07.2001, Ziff. 2.6.

unmittelbare Geltung der Mehrheitsentscheidungen der Versammlung der IStGH-Mitgliedstaaten sei nach dem Gericht verfassungsmäßig. Gestützt auf Art. 9 Abs. 1 der ukrainischen Verfassung zur Übernahme der durch das Parlament gebilligten völkerrechtlichen Vertragsnormen in das ukrainische Recht begründete das Gericht diese Verfassungsmäßigkeit mit der Zustimmung der ukrainischen Legislative zum völkerrechtlichen Gründungsvertrag, der eine Durchgriffswirkung des Sekundärrechts festschreibe. Im Ergebnis würde auch kein Verstoß gegen den verfassungsrechtlich vorgesehenen Gesetzesvorbehalt vorliegen, denn aufgrund der Zustimmung des ukrainischen Parlaments durch ein formelles Gesetz zur Befugnis einer internationalen Organisation über die Fragen zu entscheiden, welche die Gegenstände der Gesetzgebung betreffen, würden die entsprechenden Aufgabenstellungen weiterhin auf der gesetzlichen Ebene geregelt bleiben.[117]

Die geschilderten Überlegungen des ukrainischen Verfassungsgerichts hinsichtlich einer möglichen Gefährdung der Volkssouveränität infolge einer Zusammenarbeit im Rahmen des internationalen Strafgerichtshofs sind völkerrechtsfreundlich jedoch zum Teil fragwürdig formuliert. Das Gericht legte Art. 9 Abs. 1 der Verfassung zur Inkorporation der durch die ukrainische Legislative gebilligten völkerrechtlichen Verträge offen aus, damit dem Sekundärrecht einer internationalen Einrichtung die innerstaatliche Geltung erleichtert wird. Vor dem Hintergrund der sich verstärkenden strukturellen zwischenstaatlichen Zusammenarbeit ist diese Völkerrechtsfreundlichkeit auch geboten. Anderenfalls hätte der ukrainische Staat keine Möglichkeit, sich an einer solchen Zusammenarbeit zu beteiligen: Die ukrainische Verfassung sieht keine ausdrückliche Grundlage für den Beitritt des Staates zu den internationalen Organisationen vor und schon gar nicht eine Grundlage zur Anerkennung der Befugnis internationaler Organe, für Staaten völkerrechtlich bindende Entscheidungen zu fassen.

Allerdings kann dem ukrainischen Verfassungsgericht vorgehalten werden, keine klare Trennung zwischen einem den Staat völkerrechtlich bindenden Beschluss und einer innerstaatlich unmittelbar zu geltenden Entscheidung

117 Ebenda.

internationaler Organisationen durchzuführen. Zweifelsohne ist die Bindung der Ukraine an die Mehrheitsentscheidungen der Versammlung der IStGH-Staaten verfassungskonform und kann mit Art. 9 der Verfassung begründet werden. Wie gezeigt, sollen diese Mehrheitsentscheidungen mit dem IStGH-Statut übereinstimmen und außerdem durch einen Mitgliedstaat entweder ratifiziert oder umgesetzt werden. Dennoch wurde dies durch das Verfassungsgericht weder ausgeführt noch erwähnt. Vielmehr erweckt seine Argumentationslogik den Eindruck, dass selbst wenn – so wie es auch durch den Antragsteller angenommen wurde – das IStGH-Statut die Durchgriffswirkung der Mehrheitsentscheidungen festgeschrieben hätte, auch solche aufgrund der Zustimmung des ukrainischen Parlaments zum IStGH-Statut verfassungskonform wäre. Diese Erkenntnis kann schwierig begründet werden. Im Gegensatz zu der den Staat nur völkerrechtlich bindenden Mehrheitsentscheidung internationaler Organe handelt es sich bei innerstaatlich unmittelbar geltender Mehrheitsentscheidung um die Übertragung von Hoheitsrechten,[118] die erst dann erfolgen darf, wenn die nationale Verfassung dies gestattet. Die Auslegung von Art. 9 Abs. 1 reicht nicht so weit, dass auch die supranationalen Rechtsakte auf dessen Grundlage ins ukrainische Recht einbezogen werden können. Dieser ausgedehnten Interpretation kann nur insofern gefolgt werden, als es zum einen die Beschlüsse umfasst, die einstimmig aufgrund des Gründungsvertrages getroffen werden, und zum anderen, wenn es in einem Gründungsvertrag hinreichend und abschließend bestimmt ist, zu welchen Fragen ein Organ rechtsgebend tätig werden darf. Solche Beschlüsse können in die Kategorie eines völkerrechtlichen Vertrages im Sinne von Art. 9 Abs. 1 der Verfassung deshalb eingeordnet werden, weil man hier aufgrund der ursprünglichen Zustimmung der Legislative zur rechtssetzenden Kompetenz eines internationalen Organs noch von einer Beteiligung des Parlaments am Zustandekommen der Sekundärrechtsakte ausgehen könnte.[119] Sind diese Voraussetzungen nicht erfüllt und ohne konkrete

---

[118] *R. Geiger*, Grundgesetz und Völkerrecht, 5. Aufl. (2010), § 22, S. 85 und § 36, S. 161.

[119] In diesem Zusammenhang ist an die Entscheidung des BVerfG v. 3.07.2007, 2BvE 2/07 über den ISAF-Einsatz der Bundeswehr in Afghanistan im Rahmen des NATO-Vertrages zu erinnern. Hier hat das BVerfG im Zustimmungsgesetz, insbesondere zu einem völkerrechtlichen Vertrag, der auf Integration oder auf die

verfassungsrechtliche Grundlage für die Einbeziehung des Sekundärrechts internationaler Organisationen ins nationale Recht, so kann das supranationale Recht in den nationalen Rechtsraum grundsätzlich nicht durchgreifen.

4.4.2 Die Beschränkung der nationalen Gerichtsbarkeit zugunsten internationaler Gerichte

Einen weiteren Verstoß gegen Art. 5 der ukrainischen Verfassung zur Ausübung der Hoheitsgewalt, entweder unmittelbar durch das Volk oder durch die Staats- und Selbstverwaltungsorgane, fand der Antragssteller in Art. 4 Abs. 2 des IStGH-Statuts. Hiernach kann der Gerichtshof seine Aufgaben und Befugnisse im Hoheitsgebiet eines jenen Vertragsstaates wahrnehmen, was durch den Antragssteller als Ermächtigungsgrundlage zum hoheitlichen Handeln des IStGH auf dem Territorium der Mitgliedstaaten verstanden wurde.

Erneut setzte sich das ukrainische Verfassungsgericht mit der vorgebrachten Interpretation des IStGH-Statuts nicht auseinander. Ausgehend von der Prämisse, dass der internationale Strafgerichtshof aufgrund Art. 4 Abs. 2 des Statuts seine Gerichtsbarkeit auf dem Territorium der Mitgliedstaaten ausübt, erklärte das Verfassungsgericht dürftig, warum die einschlägige Kompetenz internationaler Gerichtsinstanzen mit der ukrainischen Verfassung konform sei. Mit Verweis auf seiner Begründung der Verfassungsmäßigkeit der innerstaatlichen unmittelbaren Geltung des international erlassenen Rechts wiederholte das Verfassungsgericht das Argument, dass solange die durch das ukrainische Volk rechtmäßig legitimierte Legislative der im Gründungsvertrag vorgesehenen Befugnis des internationalen Strafgerichtshofs auf dem ukrainischen Hoheitsgebiet tätig zu werden, zugestimmt habe, die in Art. 5 der Verfassung geschützte Souveränität nicht gefährdet sei.[120] Das Gericht bemerkte, dass hinsichtlich der Erstreckung der Gerichtsbarkeit internationaler Institution auf das ukrainische Territorium die Volkssouveränität durch die Zustimmung des Parlaments zum

---

Einordnung in ein System gegenseitiger kollektiver Sicherheit gerichtet ist, den innerstaatlichen Anwendungsbefehl für die auf der Grundlage des Vertrages gefassten völkerrechtlichen Beschlüsse gesehen, s. BVerfGE 104, 151 (209).

120 Ent. Nr. 3-в/2001 v. 11.07.2001, Ziff. 2.4.

Gründungsvertrag dieser Institution genaugenommen nicht verletzt, sondern ausgeübt werde, vorausgesetzt, dass die Vertragsvorschriften mit der ukrainischen Verfassung übereinstimmen.[121] Deshalb sei Art. 4 Abs. 2 des IStGH-Statuts verfassungskonform.

Diese Schlussfolgerung des Verfassungsgerichts überzeugt nur mit ihrem Ergebnis, nicht jedoch mit ihrer Argumentation. Denn auch hier sah der Antragsteller ein Scheinproblem, das als solches durch das Verfassungsgericht nicht erkannt wurde. Art. 4 Abs. 2 des IStGH-Statuts ist keine Kompetenznorm und kann somit gegen Art. 5 der ukrainischen Verfassung nicht verstoßen. Die genannte Vertragsvorschrift erklärt lediglich, wie der Strafgerichtshof die ihm durch das Statut zugeteilten Aufgaben und Befugnisse wahrnehmen kann. Mithin ist Art. 4 Abs. 2 des Statuts eine Auslegungshilfe zu Kompetenznormen.[122] Obwohl inhaltlich weitreichend, weisen die Kompetenznormen dem IStGH nach der herrschenden Meinung in der Völkerrechtswissenschaft keine eigene Hoheitsgewalt zu.[123] Bei der Ausübung seiner Funktionen ist der Gerichtshof auf die Zusammenarbeit und Hilfe der Vertragsstaaten nach dem Teil 9 des Statuts angewiesen, die die für die Ermittlungen notwendigen Maßnahmen ergreifen sollen. Die Ermittlungsbefugnisse – wie bspw. die Maßnahmen zur Beweissicherung nach Art. 56 des IStGH-Statuts oder die Maßnahmen der Vorverfahrenskammer zur Haftung und Ladung der Personen nach Art. 58 und 59 des IStGH-Statuts betreffend –, die den IStGH ermächtigen, im

---

121 Ebenda.

122 So *C. Globke*, Die Auslieferung an den Internationalen Strafgerichtshof (2009), S. 297.

123 *H.-P. Kaul*, The ICC – Its Relationship to Domestic Jurisdiction. In: C. Stahn / S. Göran (eds.), The Emerging Practice of the International Criminal Court (2009), 31 (35). Mehr über die Komplementarität s. *F. Razesberger*, The International Criminal Court. The Principle of Complementarity (2006); *W. A. Schabas*, An Introduction to the International Criminal Court, 3. ed. (2007), S. 171 ff., *K. Miskowiak*, The ICC: Consent, Complementarity and Cooperation (2000). Eine andere Meinung über den IStGH als ein zwischenstaatliches Gebilde mit eigener Hoheitsgewalt vertritt *Karol Karski*, s. *K. Karski*, Ratyfikacja Statutu Międzynarodowego Trybunału Karnego, PiP, 2001 Heft 1, S. 50 ff. Zur Gegenposition s. *M. Płachta / A. Wyrozumska*, Problem Ratyfikacji Statutu Międzynarodowego Trybunału Karnego, PiP 2001 Heft 5, S. 87 ff.. In die Richtung auch *Frank Jarasch und Claus Kreß*, s. *F. Jarasch und C. Kreß*, The Rome Statute and the German Legal Order. In: C. Kreß / F. Lattanzi (eds.), The Rome Statute and Domestic Legal Orders, Volume I (2000), 91 (97 ff.).

Verhältnis zu den nationalen Hoheitsträgern und Rechtsunterworfenen eine unmittelbar bindende Entscheidung treffen zu können, sind eng auszulegen und beschränken sich nahezu auf die Fälle der staatlichen Unmöglichkeit.[124]

Das hoheitliche Handeln des IStGH auf dem Territorium der Mitgliedstaaten ist schon deshalb eine seltene Ausnahme, da im Statut auf die vorrangige Zuständigkeit des Gerichtshofs ausdrücklich verzichtet wurde. Gemäß Art. 17 Abs. 1 lit. a) des Statuts ist die Gerichtsbarkeit des IStGH auf die Situationen begrenzt, wenn der entsprechende Mitgliedstaat „nicht willens oder unfähig ist, die Ermittlungen oder die Strafverfolgung ernsthaft durchzuführen." Dies trifft auch auf die Fälle zu, bei denen ein Verfahren durch den Ankläger des IStGH oder durch den Sicherheitsrat der Vereinten Nationen eingeleitet wird. [125] Daran zeigt sich, dass die nationale Gerichtsbarkeit eines IStGH-Mitgliedstaates durch die Tätigkeit des IStGH weder ersetzt noch ausgeschlossen wird.[126] Vielmehr sind die nationalen Gerichte in erster Linie für die Verfolgung der völkerrechtlichen Straftaten verantwortlich. Dieses Verhältnis zwischen dem internationalen Strafgerichtshof und den nationalen Gerichten wird im Statut als „ergänzendes" [127] bzw. „Komplementaritätsverhältnis" bezeichnet. Die

---

124 IStGH-Stautt v. 17.07.1998, Art. 57 Abs. 3 lit. d): „Neben ihren anderen Aufgaben aufgrund dieses Statuts kann die Vorverfahrenskammer den [...] Ankläger ermächtigen bestimmte Ermittlungsmaßnahmen Vertragsstaats vorzunehmen, ohne sich der Zusammenarbeit dieses Staates nach Teil 9 versichert zu haben, wenn die Vorverfahrenskammer, nach Möglichkeit unter Berücksichtigung der Auffassungen des betreffenden Staates, in dieser Sache entschieden hat, dass der Staat eindeutig nicht in der Lage ist, ein Ersuchen um Zusammenarbeit nach Teil 9 zu erledigen, weil keine zuständige Behörde beziehungsweise kein zuständiger Teil seines Justizsystems für die Erledigung eines solchen Ersuchens zur Verfügung steht; [...]."

125 *P. Dascalopoulou-Livada*, The Principle of Complementary and Security Council Referrals. In: P. Mauro / F. Gioia (eds.), The International Criminal Court and National Jurisdiction (2008), 57 (58 ff.).

126 *E. Greppi*, Inability to Investigate and Prosecute under Article 17. In: P. Mauro / F. Gioia (eds.), The International Criminal Court and National Jurisdiction (2008), S. 63 ff.

127 IStGH-Statut v. 17.07.1998, Punkt 10 der Präambel „Die Vertragsstaaten dieses Statuts – [...] nachdrücklich darauf hinweisend, dass der aufgrund dieses Statuts errichtete Internationale Strafgerichtshof die innerstaatliche Strafgerichtsbarkeit *ergänzt.*" Art. 1: „Hiermit wird der Internationale Strafgerichtshof ("Gerichtshof") errichtet. Der Gerichtshof ist eine ständige Einrichtung und ist befugt, seine Gerichtsbarkeit über Personen wegen der in diesem Statut genannten schwersten Verbrechen von internationalem Belang auszuüben; er *ergänzt* die innerstaatliche

Bezeichnung ist insoweit unzutreffend, dass die nationale und internationale Strafgerichtsbarkeiten in einem oppositionellen bzw. konkurrierenden Verhältnis zueinander mit der Priorität der staatlichen Gerichtsbarkeit funktionieren. [128] Dies ähnelt dem Verhältnis zwischen den nationalen Gerichten und dem europäischen Menschenrechtsgerichtshof. Der EGMR kann nur dann eingreifen, wenn die innerstaatlichen Maßnahmen zum Schutz der Menschenrechte gescheitert sind.

Vor dem ukrainischen Verfassungsgericht stellte der Antragsteller den ergänzenden Charakter des IStGH so dar, dass der ukrainische Gerichtsaufbau durch die Tätigkeit des IStGH auf dem ukrainischen Territorium „erweitert" bzw. „ergänzt" werden würde. Die Erweiterung bzw. der Ausbau des ukrainischen Gerichtsaufbaus würde gegen Art. 124 Abs. 1 und 3 der Verfassung verstoßen, wonach erschöpfend aufgelistet wird, welche Gerichtsinstanzen in der Ukraine die rechtsprechende Gewalt ausüben dürfen: das Verfassungsgericht und die nationalen ordentlichen Gerichte. [129] Dies war das einzige Argument des Antragstellers für die Verfassungswidrigkeit des IStGH-Statuts, das das ukrainische Verfassungsgericht unterstützte und mithin der völkerrechtlichen Ratifikation des Statuts eine entsprechende Verfassungsänderung voraussetzte. [130]

Allerdings kann die Begründung der Verfassungswidrigkeit des Römischen Statuts mit dem ergänzenden Charakter des internationalen Strafgerichtshofs nicht überzeugen. Der IStGH würde den ukrainischen Gerichtsaufbau genauso wenig verfassungswidrig erweitern, wie dies der EGMR tut. Die beiden Gerichtshöfe sind als Instanzen of *last resort* zu bewerten. Ohne ausführliche Erklärung befand das ukrainische Verfassungsgericht darüber

---

Strafgerichtsbarkeit. Die Zuständigkeit und die Arbeitsweise des Gerichtshofs werden durch dieses Statut geregelt." Hervorh. hinzugefügt.

128 So *W.A. Schabas*, An Introduction to the International Criminal Court, 3 ed. (2007), S. 175.

129 Verfassung-UKR v. 1996, Art. 124 Abs. 1: „Die Gerichtsbarkeit wird in der Ukraine ausschließlich durch die Gerichte ausgeübt. Die Delegation oder Aneignung der Funktionen der Judikative durch andere Staatsorgane oder -personen ist verboten." Art. 124 Abs. 3: „Das Verfassungsgericht und die ordentlichen Gerichte der Ukraine üben die Gerichtsbarkeit auf dem ukrainischen Territorium aus."

130 Ent. Nr. 3-в/2001 v. 11.07.2001, Ziff. 2.1. Da die entsprechende Änderung der Verfassung noch nicht erfolgte, hat die Ukraine den Römischen Statut noch nicht ratifiziert (Stand Juli 2011).

anders und unterstrich dabei gestützt auf Art. 55 Abs. 4 der Verfassung[131] die Verfassungsmäßigkeit des Beitritts der Ukraine zum europäischen Menschenrechtsgerichtshof.[132]

Im Ergebnis setzte das ukrainische Verfassungsgericht den völkerrechtsfreundlichen Ansatz auch bei der Prüfung der aufgrund der zwischenstaatlichen Zusammenarbeit innerhalb internationaler Gerichtsinstanzen herbeigeführten Beschränkung der rechtsprechenden Gewalt des Staates fort. Dazu würde das Gericht die mögliche Ausübung der Hoheitsbefugnisse auf dem ukrainischen Territorium durch ein internationales Gerichtsorgan auch ohne Verfassungsgrundlage für die Übertragung von Hoheitsrechten auf internationale Institutionen als verfassungskonform betrachten, wenn nicht die erschöpfende Aufzählung der auf dem ukrainischen Territorium tätigen Gerichtsorganen in Art. 124 Abs. 3 der ukrainischen Verfassung. Die letztere Vorstellung des Gerichts ist prekär. Ähnlich wie bei der Begründung der innerstaatlichen Geltung des Sekundärrechts einer internationalen Organisation stützte sich das Gericht auf die weite Interpretation von Art. 9 der Verfassung zur innerstaatlichen Geltung des Völkervertragsrechts. Aber auch hier kann Art. 9 nicht so weit reichen, dass allein auf dessen Grundlage und ohne Verfassungsregel zur Übertragung von Hoheitsrechten auf zwischenstaatliche Einrichtungen eine internationale Gerichtsinstanz Hoheitsrechte gegenüber den Rechtsanwendern und Rechtsunterworfenen auf dem ukrainischen Territorium ausüben kann.

4.4.3 Das Auslieferungsverbot und der verfassungsrechtliche Grundrechtsschutz

Völkerrechtsfreundlich erklärte das Verfassungsgericht das geltende Auslieferungsverbot, indem es die Übergabe eines ukrainischen Bürgers an

131 Verfassung-UKR v. 1996, Art. 55 Abs. 4: „Jeder hat das Recht, nachdem alle innerstaatlichen Rechtsschutzmöglichkeiten erschöpft sind, den Schutz seiner Grundrechte und -freiheiten bei den internationalen gerichtlichen Institutionen oder den entsprechenden Organen der internationalen Organisationen, deren Mitglied die Ukraine ist, zu ersuchen."

132 Ent. Nr. 3-в/2001 v. 11.07.2001, Ziff. 2.1.

den IStGH ohne Verfassungsänderung erlaubte. Ein Prüfungsmaßstab war dabei Art. 25 Abs. 2 der Verfassung:

> „Ein Bürger der Ukraine kann nicht aus der Ukraine ausgewiesen oder an einen anderen Staat ausgeliefert werden."

Gestützt auf die allgemeine Völkerrechtswissenschaft und -praxis differenzierte das Gericht zwischen „Auslieferung" bzw. „Extradiktion" eines Bürgers an einen fremden Staat und einer „Übergabe" bzw. „Überstellung" an ein international gegründetes Gericht.[133] Es berücksichtigte dabei den Zweck des Auslieferungsverbots und die Besonderheiten des internationalen Strafgerichtshofs. Art. 25 Abs. 2 verbiete Übergabe eines ukrainischen Bürgers einer anderen Hoheitsgewalt, damit der Bürger keinem Verfahren ausgesetzt werde, das dem ukrainischen Verfahren nicht gleichwertig sei. Die Überstellung an den IStGH würde diesen Zweck nicht verletzen. Zum einen würde die Ukraine als ein Mitgliedstaat an der Gründung und dem Funktionieren des Gerichtshofs mitwirken. Zum anderen gelang das Verfassungsgericht aufgrund der Analyse der Statutsbestimmungen zu dem Schluss, dass innerhalb des IStGH ein faires Verfahren in Einklang mit den internationalen menschenrechtlichen Standards garantiert werde, die auch die Ukraine anerkannt und beim nationalen strafrechtlichen Verfahren zu beachten habe.[134] Darüber hinaus werden die ukrainischen Bürger erst dann überstellt, wenn die Ukraine nicht willig oder unfähig ist, sie zu verurteilen. Die Möglichkeit, die Strafverfolgung in der Ukraine durchzuführen, bestehe auch dann, wenn der IStGH nach der Überstellung verlang hat. Mithin beziehe sich das Verbot von Art. 25 Abs. 2 der ukrainischen Verfassung ausschließlich auf die nationale Gerichtsbarkeit anderer Staaten. Die internationale Gerichtsbarkeit werde mit der einschlägigen Verfassungsnorm nicht erfasst.[135]

In dem Zusammenhang hinterfragte das Verfassungsgericht, ob durch den Beitritt der Ukraine dem internationalen Strafgerichtshof den von der ukraini-

---

133 Ent. Nr. 3-в/2001 v. 11.07.2001, Ziff. 2.3.1.

134 Ent. Nr. 3-в/2001 v. 11.07.2001, Ziff. 2.3.2. Auf die in der Entscheidung hervorgehobenen Unterschiede zwischen dem IStGH und den nationalen Gerichten anderer Staaten wird auch in der Völkerrechtsliteratur aufmerksam gemacht, s. exemplarisch *H. Duffy / J. Huston*, Implementation of the ICC Statute: International Obligations and Constitutional Considerations. In: C. Kreß / F. Lattanzi (eds.), The Rome Statute and Domestic Legal Orders, Volume I (2000), 29 (45).

135 Ent. Nr. 3-в/2001 v. 11.07.2001, Ziff. 2.3.3.

schen Verfassung gebotenen Grundrechtsschutz nicht gefährdet werden würde. Denn von dem verfassungsrechtlichen Grundrechtsschutz kann ausschließlich in den ausdrücklich durch die Verfassung vorgesehenen Fällen abgewichen werden. [136] Infolge einer vergleichenden Analyse des IStGH-Statuts und der ukrainischen Verfassung und auch ausgehend von den Verpflichtungen des Gerichtshofs, bei der Bestimmung des Vollstreckungslandes die allgemein anerkannten Normen völkerrechtlicher Verträge zur Behandlung von Strafgefangenen zu achten (Art. 103 Abs. 3 lit. b) des IStGH-Statuts) und die bekundete Bereitschaft der Mitgliedstaaten zur Übernahme der Verurteilten zu berücksichtigen (Art. 103 Abs. 1 lit. a) des IStGH-Statuts), beschloss das Verfassungsgericht, dass der durch das IStGH-Statut gewährte Grundrechtsschutz nicht unter den Grundrechtsschutz nach der ukrainischen Verfassung fallen dürfe. Dies gilt auch für die Situationen, in denen ein ukrainischer Bürger die ihm verhängte Freiheitsstrafe in einem anderen IStGH-Mitgliedstaat als der Ukraine verbüßen müsste. Mithin befand das Verfassungsgericht das IStGH-Statut hinsichtlich des Grundrechtsschutzes für verfassungsmäßig.[137]

Aus den geschilderten Reflexionen des Verfassungsgerichts folgt, dass es die Mitgliedschaft an einer internationalen Organisation mit der möglichen Wirkung ihrer Entscheidungen auf die ukrainischen Bürger in Hinblick auf den Grundrechtsschutz dann für verfassungskonform hält, wenn innerhalb der einschlägigen Organisation den Grundrechtsschutz gewährleistet werden kann, der mit dem Grundrechtschutz nach der ukrainischen Verfassung vergleichbar ist. Dieser Ansatz des Verfassungsgerichts gleicht der Argumentationslogik im *Solange-II-Beschluss* des Bundesverfassungsgerichts zum Grundrechtsschutz gegenüber der Hoheitsgewalt der europäischen Gemeinschaft. Hiernach sollte das abgeleitete Recht der europäischen Gemeinschaft nicht am Maßstab des Grundgesetzes überprüft werden, solange die

> „[...] Europäischen Gemeinschaften und insbesondere die Rechtsprechung des Gerichtshofs der Gemeinschaften einen wirksamen Schutz der Grundrechte gegenüber der Hoheitsgewalt der Gemeinschaften generell gewährleisten, der

---

136 Verfassung-UKR v. 1996, Art. 64 Abs. 1: „Die durch die Verfassung gewährten Grundrechte und -freiheiten dürfen nicht eingeschränkt werden, es sei denn, dies ist ausdrücklich in der Verfassung der Ukraine vorgesehen."

137 Ent. Nr. 3-в/2001 v. 11.07.2001, Ziff. 2.7.

dem vom Grundgesetz als unabdingbar gebotenen Grundrechtsschutz im wesentlichen gleichzusetzen ist [...]"[138]

Die Solange-Rechtsprechung prägte auch die Überlegungen des deutschen verfassungsändernden Gesetzgebers bei der Änderung des totalen Verbots von Art. 16 GG, die Deutschen an das Ausland auszuliefern. Nach der eingeführten Änderung kann aufgrund eines Gesetzes eine Entscheidung über die Auslieferung eines Deutschen an einen EU-Staat oder einen internationalen Gerichtshof getroffen werden, soweit rechtsstaatliche Grundsätze gewahrt sind.[139] Gestützt auf die frühere Rechtsprechung des deutschen Bundesverfassungsgerichts zum Auslieferungsverbot[140] sah das deutsche Gesetzgeber in der Befugnis des IStGH, Zeugen zu laden und Haftbefehle zu erlassen, die übertragenen Hoheitsrechte und betrachtete den IStGH als eine internationale Organisation mit Durchgriffsbefugnissen im Sinne von Art. 24 Abs. 1 GG.[141] In der Literatur wird vereinzelt die Änderung von Art. 16 GG betreffend die Zusammenarbeit mit dem IStGH eher als eine Konkretisierung und nicht als eine Änderung der Verfassung bewertet. Bei dieser Einschätzung wird davon ausgegangen, dass aufgrund der im Grundgesetz verankerten offenen Staatlichkeit und auch gemäß Art. 24 Abs. 1 GG die Überstellung der Deutschen an den IStGH auch ohne Verfassungsänderung möglich gewesen sein sollte.[142] Die eingeführte Änderung bezweckte vielmehr, die Übergabe der Deutschen an die EU-Staaten zu regeln.[143]

Im Ergebnis folgt aus der geschilderten Argumentation des ukrainischen Verfassungsgerichts zur Verfassungsmäßigkeit des IStGH-Statuts, dass das Gericht obgleich nicht stets einleuchtend den verfassungsrechtlichen Schutz der Souveränität in Hinblick auf die internationale Verflechtung der Ukraine relati-

---

138 *Solange-II-Beschluss*, v. 22.10.1986 (BVerfGE, 73/339).

139 In der amtlichen Begründung zum Vertragsgesetz verwies der Bundestag in dem Zusammenhang insbesondere darauf, dass „ein im Wesentlicher vergleichbare Grundrechtsschutz" gewährleistet werden soll, s. dazu *C. Globke*, Die Auslieferung an den Internationalen Strafgerichtshof (2009), S. 84.

140 Zur ausführlichen Auslegung von Art. 16 GG gesamt mit der Analyse der einschlägigen Rechtsprechung des BVerfG s. *C. Globke*, Die Auslieferung an den Internationalen Strafgerichtshof (2009), S. 115 ff..

141 Ebenda, S. 84.

142 So *F. Jarasch und C. Kreß*, The Rome Statute and the German Legal Order. In: C. Kreß / F. Lattanzi (eds.), The Rome Statute and Domestic Legal Orders, Volume I (2000), 91 (99 und 104).

143 Ebenda, S. 100.

vierte. Dies deutet auf den modernen, für offene Staatlichkeit kennzeichnenden Ansatz beim Souveränitätsverständnis hin, wonach der Staat aufgrund der Effizienz die Erfüllung der Staatsaufgaben auf internationale/supranationale Ebene delegiert.[144] Allerdings kann es nur abgewartet werden, ob dieser Ansatz sich zur ständigen Rechtsposition entwickelt. Im Jahr 2005 als die Parlamentarier die Verfassungsmäßigkeit des völkerrechtlichen Vertrages zur Gründung des Einheitlichen Wirtschaftsraums unter den GUS-Staaten von 2003 beantragten[145] ließ sich das Verfassungsgericht die Gelegenheit entgehen, das Verhältnis der ukrainischen Verfassung zur supranationalen Integration zu definieren. Welche supranationalen Züge der zu gründende Wirtschaftsraum entfaltet, welche Verfassungsnormen sie gefährden könnten und warum die bindende Antwort auf die Frage nach der Verfassungsmäßigkeit der Hoheitsrechtsübertragung in der Ukraine immer noch offen bleibt, wird nachfolgend ausgeführt.

4.5 Die Relevanz der souveränitätsbezogenen Fragen beim Beitritt der Ukraine zum Einheitlichen Wirtschaftsraum der GUS

In dem durch die Ukraine ratifizierten Vertrag zur Gründung des Einheitlichen Wirtschaftsraums unter den GUS-Staaten von 2003 wird die stufenmäßige wirtschaftliche Integration der Mitgliedstaaten von der Freiheitszone über die Zollunion zum Einheitlichen Wirtschaftsraum vorgesehen. Mit dem Erreichen der Zollunion zwischen den Staaten sollte eine Kommission eingerichtet werden, der die Mitgliedsstaaten „einen Teil ihrer Befugnisse delegieren“ und die berechtigt ist, den Staat gegen seinen Willen zu verpflichten.[146] Allerdings wird durch den Vertrag eine sogenannte Integration unterschiedlicher Ge-

---

144 Zum modernen, die offene Staatlichkeit tragenden Verständnis der Souveränität s. *A. Albi*, Europe Agreements in the Light of Sovereignty and Legitimacy: The Case of Estonia. In: A. Kellermann / J. de Zwaan / J. Czuczai (eds.), EU Enlargement – The Constitutional Impact at EU and National Level, 2001, 195 (212).

145 Ent. Nr. 17-y/2005 v. 1.03.2005 *(Rs. der Verfassungsmäßigkeit des Gesetzes zur Ratifikation des GUS-Abkommens zur Gründung des Einheitlichen Wirtschaftsraums).*

146 GUS-Vertrag zur Gründung des EWR v. 2003, Art. 4 Abs. 2: „Den EWR-Organen liegen die Elemente der zwischenstaatlichen Zusammenarbeit und auch das Prinzip der *Übertragung der Teile der Befugnisse der Mitgliedstaaten* zugrunde [...].“ Hervorh. hinzugefügt.

schwindigkeiten gegründet, die es jedem Mitgliedsstaat erlaubt, sich soweit zu integrieren, wie er will oder kann.[147]

Die Ukraine stimmte dem Vertrag unter einem sehr allgemeinen zugleich aber umfassenden Vorbehalt zu:

> „Die Ukraine beteiligt sich an der Entwicklung des Einheitlichen Wirtschaftraums nur soweit, wie dies der Verfassung nicht widerspricht."[148]

Dieser Vorbehalt lässt nicht erkennen, wie genau sich die ukrainische Verfassungsordnung bezüglich der möglichen supranationalen Integration positioniert. Die Parlamentsabgeordneten rügten die Verfassungsmäßigkeit der Vertragsbestimmung zur Delegation der Hoheitsbefugnisse an die Kommission, die sie in ihrem Antrag an das Verfassungsgericht als „Übertragung von einem Teil der Souveränität der Ukraine" bewerteten.[149] Der Auffassung der Antragsteller nach war die Vertragsbestimmung mit folgenden Verfassungsvorschriften nicht vereinbar: mit der Erklärung der Ukraine als ein souveräner und unabhängiger Staat (Art. 1), der Bestimmung der Ukraine als ein unitärer Staat (Art. 2 Abs. 1), der Volkssouveränität (Art. 5 Abs. 2), der Gewaltenteilung (Art. 6), dem Unterverfassungsrang völkerrechtlicher Verträge (Art. 9 Abs. 2), der Bestimmung des Parlaments als des einzig gesetzgebenden Organs (Art. 75), dem Gesetzesvorbehalt zu den Zoll- und außenwirtschaftlichen Fragen (Art. 92 Abs. 1 Punkt 9) und schließlich dem Delegationsverbot von Kompetenzen des Präsidenten (Art. 106 Abs. 2).

Da die Parlamentarier bei der Verfassungsmäßigkeitsprüfung eines völkerrechtlichen Vertrages nicht antragsberechtigt sind,[150] wies das Gericht

---

147 GUS-Vertrag zur Gründung des EWR v. 2003. Art. 5 Abs. 1: „Entsprechend der Integration unterschiedlicher Geschwindigkeiten wird der EWR etappenweise eingeführt [...]."

148 Gesetz zur Ratifikation des GUS-Vertrages zur Gründung des EWR, Nr. 1683-IV v. 20.04.2004.

149 Ent. Nr. 17-y/2005 v. 1.03.2005 *(Rs. der Verfassungsmäßigkeit des Gesetzes zur Ratifikation des GUS-Abkommens zur Gründung des Einheitlichen Wirtschaftsraums)*, Ziff. 1.

150 Nach Art. 151 Abs. 1 der Verfassung-UKR v. 1996 i. V. m. Art. 13 Punkt 2 und Art. 41 des Gesetzes über das VerfG der Ukraine, Nr. 422/96 v. 16.10.1996 sind nur der Präsident und das Ministerkabinett berechtigt, die Verfassungsmäßigkeitsprüfung eines völkerrechtlichen Vertrages einzuleiten. Dazu an späterer Stelle eingehend s. ▶ Teil 3 - Kapitel 2, Punkt 2.2.

den Antrag zurück. Somit bleibt es offen, ob es in der geltenden Verfassung hinreichende Grundlagen für die Übertragung von Hoheitsrechten und damit die Öffnung für supranationale Integration gefunden hätte. Gestützt auf die Argumentation des Verfassungsgerichts in obiger Entscheidung von 2001 zur Verfassungsmäßigkeit des Römischen Statuts ist dies zu bezweifeln. Obwohl nicht präzise unterschied das Gericht indirekt zwischen der Übertragung von Hoheitsrechten und der eingeschränkten Ausübung der Hoheitsgewalt des Staates zugunsten internationaler Institutionen. Die Einschränkung der Hoheitsgewaltausübung drückt sich in den Handlungs- oder Unterlassungspflichten des Staates aus, die er mit der Zustimmung zu einem völkerrechtlichen Vertrag übernahm. Sie ist nicht mit der Übertragung von Hoheitsrechten und dadurch der Verleihung der internationalen Einrichtung mit der eigenständigen Hoheitsgewalt gleichzustellen.

Bemerkenswert ist, dass generell die Polemik um den EWR-Vertrag der GUS in der ukrainischen Politik und Rechtswissenschaft keine verfassungsrechtlichen souveränitätsbezogenen Fragen betraf. Sie bezog sich nicht auf die Souveränitätsübertragung, sondern auf den Wechsel des außenpolitischen Kurses von der europäischen Integration auf die wirtschaftliche Integration mit den GUS-Staaten und verstummte, als kurz nach dem Vertragsabschluss mit dem Regierungswechsel auch die Integration in die GUS auf Eis gelegt wurde. Nicht nur bei den politischen Entscheidungsfindungsprozessen, sondern auch im wissenschaftlichen Diskurs in der Ukraine bleiben die verfassungsrechtlichen souveränitätsbezogenen Fragen im Kontext der internationalen / supranationalen Integration des Staates unterbelichtet. Genauso wenig wird darüber nachgedacht, welche materiellen und institutionellen Anforderungen für die Integration der Ukraine in zwischenstaatliche Einrichtungen gelten.

Dennoch erscheint es eindeutig, dass die Verfassungsgrundlagen, die dem ukrainischen verfassungsändernden Gesetzgeber entzogen sind, auch nicht durch völkerrechtliche Auswirkungen modifiziert werden dürfen. Für diese Annahme spricht die allgemeine Gegebenheit, dass die supranationale Integration eines Staates materielle und institutionelle Verfassungsänderungen bewirkt. Die Aufgabe der in einer Verfassung verankerten Öffnung ist, zu garantieren, dass die Einwirkungen einer Rechtsordnung jenseits des Staates keinen Einlass für Verfassungsänderungen darstellen.[151] Insofern ist der änderungsfeste Kern der ukrainischen Verfassung zugleich ihr kooperations- und integrationsfester Kern, die sonst keine weiteren ausdrücklichen speziellen Anforderungen an zwischenstaatliche Kooperation stellt. So wird auf die Fragen eingegangen, wie ernst der änderungsfeste Kern der ukrainischen Verfassung insbesondere im Rahmen der Diskussionen über ihre Totalrevision genommen wird und ob die Verfassungsgrundlagen der offenen Staatlichkeit gegenüber den Änderungen allgemein elastisch konzipiert sind.

4.6 Die offene Staatlichkeit und der änderungsfeste Kern der ukrainischen Verfassung

Je nachdem, welche Verfassungsnorm zu ändern ist, wird in der ukrainischen Verfassung nach zwei Änderungsverfahren differenziert. Die dargelegten Normen zur Einwirkung des Völkerrechts (Art. 9 und 18) und zum Souveränitäts- und Unabhängigkeitsschutz (Art. 1 und 2, Art. 5 Abs. 2, Art. 17 Abs. 1 und 2)[152] unterliegen einem erschwerten Änderungsverfahren. Dies signalisiert deutlich das Gewicht dieser Grundlagen in der ukrainischen Verfassungsordnung.

4.6.1 Das erschwerte Änderungsverfahren der Verfassungsgrundlagen die offene Staatlichkeit betreffend

Gemäß Art. 156 der Verfassung können diese Verfassungsgrundlagen nach dem Vorschlag und der Billigung durch eine Zweidrittelmehrheit (300 Parlamentarier) und anschließender Annahme in dem gesamtukrainischen Referendum modifiziert werden. Ein abgelehnter Gesetzentwurf zur Änderung der erwähnten Verfassungsvorschriften darf erst dem Parlament der nächsten Legislaturperiode vorgelegt werden.[153]

---

151 *W. M. Schröder*, Grundrechtsdemokratie als Raison offener Staaten (2003), S. 199 f.

152 Vgl. Anhang, Tab. 1 „Souveränität und Unabhängigkeit in der ukrainischen Verfassung von 1996."

153 In Art. 155 und 158 der Verfassung-UKR v. 1996 wird das Änderungsverfahren die anderen Verfassungsvorschriften betreffend geregelt. Hiernach kann der Präsident oder ein Drittel der Parlamentsabgeordneten (150 Parlamentarier) eine

In Art. 159 der Verfassung ist festgeschrieben, dass jeder Gesetzentwurf zur Verfassungsänderung im Parlament erst nach der Feststellung des Verfassungsgerichts zu seiner Verfassungsmäßigkeit erörtert werden kann. Eine Schwelle für das Verfassungsgericht bildet dabei der bereits im Zusammenhang mit dem Unabhängigkeitsschutz angesprochene Art. 157 der Verfassung. Hier wird der unveränderbare Kern der ukrainischen Verfassung wie folgt bestimmt:

> „Die Verfassung der Ukraine darf nicht geändert werden, wenn die Verfassungsänderungen Abschaffung oder Minderung der Grundrechte oder -freiheiten der Menschen oder der Bürger bezwecken oder auf die Aufgabe der Unabhängigkeit oder Verletzung der territorialen Integrität ausgerichtet sind."

Und dort weiter:

> „Die Änderung der Verfassung in Kriegs- und Notzeiten ist verboten."

Bislang haben sich weder das Verfassungsgericht noch die Rechtswissenschaftler in der Ukraine mit den Fragen der Unabhängigkeitsaufgabe oder der Verletzung der territorialen Integrität befasst. Wie bereits festgestellt, wird mit dem Verbot der Unabhängigkeitsaufgabe in Art. 157 ein Beitritt der Ukraine zu einem Bundesstaat nicht gestattet.[154] Folgt man die Vorstellungen des Verfassungsgerichts in der Entscheidung zum IStGH-Statut wird mit dem verfassungsrechtlichen Verbot der Minderung des Grundrechtsschutzes gefordert, dass das abgeleitete Recht der internationalen Einrichtungen, das die Staatsorgane und Bürger unmittelbar beeinflussen kann, den Grundrechtsstandards entspricht, die im Wesentlichen den menschenrechtlichen Maßstäben gemäß der ukrainischen Verfassung genügen.

Verfassungsänderung vorschlagen. Änderungen gelten als angenommen, wenn sie – nach Billigung durch eine einfache parlamentarische Mehrheit – in der nächsten Parlamentssitzung durch eine Zweidrittelmehrheit (300 Parlamentarier) angenommen werden. Wird ein Gesetzentwurft über Verfassungsänderung abgelehnt, kann er erst in einem Jahr dem Parlament wieder vorgelegt werden. Während einer Legislaturperiode darf das Parlament dieselben Verfassungsnormen nur einmal ändern.

154 S. dazu ► Teil 1 - Kapitel 4, Punkt 4.2.3.

Bei der Wertung von Art. 157 als änderungsfester Kern wird fraglich, ob dieser auch die Schwelle bei der Verabschiedung einer neuen Verfassung bildet. Obwohl in der ukrainischen Verfassung kein Totalrevisionsverfahren vorgesehen ist, ist innerhalb der politischen Kontroversen über Änderung des Regierungssystems die Idee einer neuen Verfassung bereits angeklungen. Die neue Verfassung sollte durch einen Verfassungsrat ausgearbeitet und im Rahmen eines durch das Volk initiierten Referendums angenommen werden. Die hier im Anschluss erläuterten Stellungnahmen ukrainischer Politiker, Verfassungsrechtler und -richter zur Totalrevision der Verfassung der Ukraine geben Aufschluss vor allem darüber, wie ernst die ukrainische Verfassung und die in ihr verankerten Verfassungsessentialia aufgefasst werden. Zugleich wird dadurch veranschaulicht, wie wahrscheinlich die Änderung des änderungsfesten Verfassungskerns ist, der zugleich den integrationsfesten Kern bildet.

4.6.2 Der änderungsfeste Kern der ukrainischen Verfassung und die Diskussionen über ihre Totalrevision

Um die Rechtmäßigkeit der Totalrevision der ukrainischen Verfassung einschätzen zu können, ist es wichtig, neben dem vorgestellten Verfassungsänderungsverfahren auch möglichen Gegenstand eines Volksentscheids zu erläutern. In der Verfassung wird nicht genau definiert, welche Fragen innerhalb eines Referendums entschieden werden können. Die einzige in der Hinsicht relevante Verfassungsbestimmung ist Art. 72 Abs. 2:

> „Aufgrund einer Volksinitiative, unterstützt durch mindestens drei Millionen der wahlberechtigten Bürger der Ukraine, kann ein gesamtukrainisches Referendum eingeleitet werden. Die Unterschriften für die Einleitung des Referendums sollen in zumindest zwei Dritteln der Gebiete der Ukraine gesammelt werden und dabei nicht weniger als 150 000 Unterschriften pro Gebiet ausmachen."

Zweifelsohne können zum Volksentscheid keine Fragen des Haushalts, der Steuern und der Amnestie erhoben werden, da dies die Verfassung ausdrücklich in Art. 74 verbietet.[155] Die vage Formulierung von Art. 72 Abs. 2 kann leicht durch Politiker missbraucht werden. Sehr oft wird in der Ukraine

---

155 Verfassung-UKR v. 1996, Art. 74: „Das Referendum über die Gesetzentwürfe in den Fragen der Steuern, des Haushalts und der Amnestie ist verboten."

versucht bei den politisch kontroversen Fragen das Volk zum Referendum zu mobilisieren, wie dies die Beispiele zum NATO-Beitritt oder zur Frage über Russisch als zweite Staatssprache zeigen.[156] Die größte Gefahr besteht allerdings dann, wenn die Verfassungsänderungen allein aufgrund eines Volksentscheids angenommen und die formellen und materiellen Anforderungen an das Verfassungsänderungsverfahren dabei unbeachtet bleiben würden.[157]

Die Frage danach, ob Art. 72 Abs. 2 dahingehend ausgelegt werden kann, dass „eine neue Redaktion der ukrainischen Verfassung" im Sinne einer systematischen Erneuerung der verfassungsrechtlichen Grundlagen aufgrund eines durch das Volk eingeleiteten Volksentscheids angenommen werden darf, wurde dem Verfassungsgericht bereits vorgelegt.[158] Gestützt auf Art. 5 Abs. 2, wonach das ausschließliche Recht des Volkes auf die Bestimmung und Änderung der Verfassungsordnung von keinem usurpiert werden darf, bestätigte das Verfassungsgericht grundsätzlich das Recht auf die Annahme einer neuen Verfassung nur aufgrund eines Volksentscheids: Dass das Volk der einzige Träger der Souveränität sei, drücke sich in einem Verfassungsstaat im Recht des Volkes auf die Verfassungsgebung aus.[159]

---

156 Parlamentsbeschluss zu den Fragen des NATO-Beitritts, Nr. 126-VI v. 6.03.2008. Zu den Ankündigungen der Partei der Regionen, ein Referendum zur Frage Russisch als Staatssprache einzuleiten, vgl. unter http://www.unian.net/ukr/news/news-210813.html und http://www.helsinki.org.ua/index.php?id=1140607808.

157 Die Venedig-Kommission hat in ihrem Gutachten zur ukrainischen Verfassung vor der Gefahr der Unbestimmtheit von Art. 72 Abs. 2 der Verfassung zum Referendum gewarnt. Sie hat empfohlen, den Gegenstand des aufgrund der Volksinitiative berufenen Referendums genau einzugrenzen und dabei die Annahme der neuen Verfassung und der Verfassungsänderungen ausdrücklich auszuschließen, s. Opinion on the Draft Constitution of Ukraine, CDL (96), 15 adopted on 17-18 May 1996, Section III; Opinion on the Constitution of Ukraine, CDL-INF(1997)002, adopted on 7-8 March 1997, Chapter III.

158 Die Idee über die Annahme der „neuen Redaktion der Verfassung" ist im Jahr 2008 in den Kreisen des damaligen Präsidenten *Wiktor Juschtschenko* entstanden. Für die Ausarbeitung der Verfassung wurde ein Verfassungsrat einberufen, s. *S. Hrynevec'kyj*, Der traurige Jahrestag, Der Wochenspiegel Nr. 48 (727) v. 20/26.12.2008 (ukr.).

159 Ent. Nr.6-рп/2008 v. 16.04.2008 *(Rs. der Annahme der Verfassung und der Gesetze der Ukraine durch den Volksentscheid)*. Ansatzweise kann man diese Rechtsposition in den früheren Entscheidungen des Gerichts beobachten, bspw. in der Ent. Nr. 4-зп/97 v. 3.10.1997 *(Rs. des Inkrafttretens der Verfassung der Ukraine von 1996)*, Ziff. 2: „Die Verfassung als ein Grundgesetz des Landes ist ein

Dennoch begrenzte das Verfassungsgericht die Möglichkeit der Totalrevision der Verfassung ausschließlich innerhalb eines Volksentscheids mit dem folgenden Satz:

> „Das Referendum und sein Durchführungsverfahren müssen durch die Verfassung und das Gesetz über das Referendum geregelt werden."[160]

Diese weiter in der Entscheidung nicht ausgeführte Eingrenzung ist auf zwei Arten zu verstehen: Einerseits kann sie bedeuten, dass der oben zitierte Art. 72 Abs. 2 der Verfassung ausdrücklich um eine Bestimmung zur Totalrevision der Verfassung als Gegenstand eines durch das Volk eingeleiteten Referendums ergänzt werden muss. Die Ergänzung würde dann nach dem oben beschriebenen erschwerten Verfassungsänderungsverfahren erfolgen mit der Annahme durch eine Zweidrittelmehrheit und anschließender Billigung durch den Volksentscheid. Auch das Verfassungsgericht müsste dabei prüfen, ob und wie durch diese Ergänzung der änderungsfeste Verfassungskern gefährdet wird. Andererseits scheint vertreten zu werden, dass die Ergänzung der Verfassung nicht notwendig sei.[161] Hiernach bedarf es nur der entsprechenden Gesetzesregel zur Durchführung eines solchen Referendums.[162] Aber auch dies stellt kein

---

Akt der verfassungsgebenden Gewalt, deren Träger allein das Volk sei. Die verfassunggebende Gewalt sei gegenüber anderen sogenannten eingeführten Gewalten *primär*. In Art. 6 Abs. 1 der Verfassung wird der Grundsatz der Gewaltenteilung (Legislative, Exekutive, Judikative) bestimmt [...]. Die Annahme der Verfassung durch das Parlament bedeutete, dass im konkreten Fall die verfassungsgebende Gewalt das Parlament ausübte." Hervorh. hinzugefügt.

Ent. Nr. 3-pп/2000 v. 27.03.2000 *(Rs. der Berufung des gesamtukrainischen Referendums aufgrund der Volksinitiative)*, Ziff. 4.4.: „[...] ohne das Volk zunächst zu befragen, ob es eine neue Verfassung für notwendig hält, stellt die Berufung eines Referendums zur Annahme der neuen Verfassung die Geltung der aktuellen Verfassung in Frage; dies kann die Minderung der in der geltenden Verfassung verbürgten Verfassungsgrundlagen und auch Grundrechte und -freiheiten bewirken."

Ent. Nr. 6-pп/2005 v. 5.10.2005 (*Rs. der Volkssouveränität)*, Ziff. 4.3: „[...] ausgehend von Art. 5 hat das Volk das Recht auf die Annahme der neuen Verfassung."

160 Ent. Nr.6- pп/2008 v. 16.04.2008 *(Rs. der Annahme der Verfassung und der Gesetze der Ukraine durch den Volksentscheid)*, Ziff. 4 und Tenor der Entscheidung.

161 Vgl. *V. M. Šapoval*, Die Ahnnahme der neuen Verfassung durch den Volksentscheid ist juristisch gesehen möglich (ukr.).

162 Zu erwähnen ist, dass die entsprechende Gesetzesgrundlage bereits existiert: Das Gesetz Nr. 5475-VI v. 6.11.2012 sieht in Art. 3 Abs. 3 Punkt 1) vor, dass die

bedeutendes Hindernis dar, weil für die Anwendung der Verfassungsbestimmungen – in diesem Fall des Art. 5 – keine Umsetzungsakte erforderlich sind: Art. 8 der Verfassung schreibt fest, dass die Verfassungsnormen unmittelbar gelten und angewandt werden.

Generell wird in der Verfassungstheorie und -praxis die Annahme einer neuen Verfassung, insbesondere wenn die Totalrevision in der Verfassung nicht vorgesehen ist, nur in strengen Ausnahmesituationen, wie nach einem Bürgerkrieg oder einer Revolution, gestattet. [163] Dies beruht auf den Grundgedanken über die Verfassung als die stabilste und höchste Grundlage einer nationalen Rechtsordnung, die auch wichtige Werte schützt. Ausgehend von der geltenden Verfassung und Rechtsprechung des Verfassungsgerichts halten auch manche ukrainische Verfassungsrechtler die folgenden Verfahrensschritte für die Sicherung der Legitimität der neuen Verfassung für notwendig: Volksbefragung nach der Notwendigkeit einer neuen Verfassung; eine entsprechende Ergänzung des Verfassungsteils zu Wahlen und Referendum um die Bestimmung zur Verabschiedung einer neuen Verfassung aufgrund des Referendums, die auch aufgrund eines Volksentscheids angenommen werden muss; Ausarbeitung der Verfassung durch einen Verfassungsrat und anschließend eine dritte Volksabstimmung zur Annahme der neuen Verfassung.[164] Unter dem Druck der Öffentlichkeit, des Parlaments und internationaler Institutionen wie der Venedig-Kommission lassen auch die Politiker die Möglichkeit der Totalrevision der Verfassung aufgrund der geltenden Verfassungslage nur in einem Ausnahmefall zu.

Annahme einer neuen Redation der ukrainischen Verfassung, die Verfassungsänderungen sowie die Annulierung eines Verfassungsänderungsgesetzes einen Gegenstand des Volksentscheides bilden können.

163 Dieser Ansicht ist die Venedig-Kommission im Gutachten zum Verfassungsentwurf der Ukraine von Juni 2008, in dem ausdrücklich zwischen der Änderung der Verfassung und der Annahme einer neuen Verfassung differenziert wird, vgl. Opinion on the Draft Constitution of Ukraine, CDL-AD(2008)015, adopted on 13/14 June 2008.

164 Vgl. *V. Musijaka*, Über die Gesetzmäßigkeit der Versprechen und Drohungen, Der Wochenspiegel Nr. 19 (747) v. 30.05/5.06.2009 (ukr.); *I. Juchnovs´kyj*, Die Verfassungsänderungen sind notwendig, Der Wochenspiegel Nr. 34 (663) v. 15/21.09.2007 (ukr.); *S. Hrynevec'kyj*, Der traurige Jahrestag, Der Wochenspiegel Nr. 48 (727) v. 20/26.12.2008 (ukr.).

Dieser tritt ein, wenn die notwendige Verfassungsänderungsmehrheit im Parlament nicht erreicht werden kann.[165]

Die einzige Besorgnis in den laufenden Debatten über die Totalrevision der ukrainischen Verfassung stellt die mögliche Annahme einer neuen Verfassung ohne Parlamentsbeteiligung dar. Die Gefährdung der durch Art. 157 geschützten Verfassungsessentialia – Unabhängigkeit, Menschenrechtsschutz und territoriale Integrität – wird weder von Rechtswissenschaftlern noch Politikern angesprochen. Dies deutet darauf hin, dass die Ewigkeitsgarantie der ukrainischen Verfassung bei der Neuschöpfung der Verfassung lediglich eine theoretische Hürde bildet und dass in der ukrainischen Verfassungsordnung zwischen den *pouvoir constitué* und *pouvoir constituant* deutlich differenziert wird. Auch in den bislang vorgelegten Entwürfen der neuen Verfassung ist der geltende unveränderte Kern der ukrainischen Verfassung modifiziert: Er besteht nur im Einschränkungs- und Abschaffungsverbot der Grundrechte und -freiheiten, die in der Verfassung festgeschrieben sind, und umfasst kein Verbot der Unabhängigkeitsgefährdung und der Gefährdung der territorialen Integrität.[166] In diesem Zusammenhang kann gefragt werden, ob mit einer neuen Verfassung ein Beitritt der Ukraine zu einem Bundesstaat legitimiert werden kann. Dies ist jedoch deswegen auszuschließen, weil in der Verfassungsgebung das Recht auf die Selbstbestimmung eines Volkes ausdrückt wird. Dieses Recht erlischt mit einem Beitritt zu einem anderen Staat, denn einem Gliedstaat eines Bundesstaates kommt keine

---

165 Vgl. *W. Juschtschenko*, Die Ukraine braucht eine durch das Volk geschaffene Verfassung, Der Wochenspiegel Nr. 7 (686) v. 23/29.02.2008 (ukr.).

166 Verfassungsentwurf v. 2008, Art. 163 Abs. 1 und Entwurf des Verfassungsänderungsgesetzes v. 2009, Art. 170. Sowohl die Entwürfe in Englisch als auch die Gutachten der Venedig-Kommission (Opinion No. 462/2008 on the Draft Constitution of Ukraine, prepared by a Working Group headed by Mr. V. M. Shapoval, adopted on 13/14 June 2008, CDL-AD (2008)015; Opinion No. 534/2009 on the Draft Law of Ukraine Amending the Constitution, presented by the President of Ukraine, adopted on 15 June 2009, CDL-AD(2009)024) sind zu finden unter: http://www.venice.coe.int/site/dynamics/N_Opinion_ef.asp?L=E&CID=47.

völkerrechtliche Souveränität zu, sich eine Verfassung als „letztverbindlich entscheidende Instanz zu geben".[167]

Die dürftige Begründung der Verfassungserneuerung und die Motivationen ihrer Verfechter – wie die Umgehung des Parlaments, um für das vom Staatsoberhaupt favorisierte Regierungssystem einen Rückhalt in der Bevölkerung zu finden – demonstrieren die relativierte Wahrnehmung der Verfassung in der Ukraine. Es lässt sich behaupten, dass die ukrainische Verfassung grundsätzlich noch nicht die Bedeutung erlangt hat, die eine Verfassung in den westeuropäischen kontinentalen Verfassungsstaaten besitzt. Vor dem Hintergrund dieser Rechtstradition überrascht es nicht, dass viele Anhaltspunkte der offenen Staatlichkeit und Fragen, die sich auf die staatliche Existenz beziehen, auf der einfachen Gesetzesebene in der Ukraine zu finden sind. So ist ein Beitritt zur Europäischen Union als ein strategisches Staatsziel im Gesetz zur nationalen Sicherheit und im Gesetz zur Grundlagen der Außen- und Innenpolitik festgeschrieben,[168] die prozeduralen Fragen zur Integration in internationale Organisationen, zwischenstaatliche Bündnisse und ein System kollektiver Sicherheit sind im Gesetz über die völkerrechtlichen Verträge geregelt.[169] Im zuletzt genannten Gesetz wird auch das Vertragsabschlussverfahren detailliert bestimmt und der Vorrang des Vertragsrechts vor entgegenstehenden ukrainischen Gesetzen eingeführt.[170] Die nationalen Gerichte der Ukraine werden aufgrund

167 Auch in allen EU-Staaten stellt die Zulässigkeit des Beitritts zu einem europäischen Bundesstaat eine Besorgnis der Verfassungsordnungen dar und wird nahezu in allen EU-Staaten abgelehnt, s. *P. M. Huber*, Offene Staatlichkeit: Vergleich. In: A. von Bogdandy, Handbuch IPE, Bd. II (2008), § 26, Rn. 85.

168 Vgl. das Gesetz Nr. 964-IV v. 19.06.2003, Art. 8 Abs. 2: „Die Hauptrichtung der Staatspolitik die Fragen der Sicherheit der Ukraine betreffend ist: [...] Gewährleistung der Vollmitgliedschaft der Ukraine [...] in der Europäischen Union [...]"; das Gesetz über die Grundlagen der Außen- und Innenpolitik, Nr. 2411-VI v. 1.07.2010, Art. 11 Abs. 2 UnAbs. 12: „Die Hauptgrundlagen der Außenpolitik bilden: [...] Gewährleistung der Integration der Ukraine in den europäischen politischen, wirtschaftlichen und rechtlichen Raum mit dem Ziel der Mitgliedschaft der Ukraine in der Europäischen Union."

169 Gesetz Nr. 1906-IV v. 29.06.2004, Art. 3 Abs. 2 lit. в): „Im Namen der Ukraine werden die Verträge abgeschlossen: [...] über die Teilnahme der Ukraine an zwischenstaatlichen Zusammenschlüssen und anderen zwischenstaatlichen Einrichtungen (Organisationen), und auch an Systemen kollektiver Sicherheit."

170 Gesetz Nr. 1906-IV v. 29.06.2004, Art. 19 Abs. 2: „Wenn ein völkerrechtlicher Vertrag, der ordnungsgemäß seine Gültigkeit erlangt hat, andere Regeln als ein

des noch jungen Gesetzes über die EGMR-Praxis zur unmittelbaren Anwendung der EMRK und der EGMR-Urteile angehalten.[171]

5 Zwischenfazit: Das schwache Modell der offenen Staatlichkeit in der ukrainischen Verfassung

Das Ergebnis der Verfassungstextanalyse ist also ein schwaches Modell der offenen Staatlichkeit der Ukraine. Die Verfassungsnormen, welche die offene Staatlichkeit ansatzweise beschreiben, finden sich in Grundfreiheiten des Außenverkehrs sowie Internationalisierung der Staatsaufgaben wie Menschenrechts- und Umweltschutz und Pflege der internationalen wissenschaftlichen Kontakte und deuten mithin auf den Willen der Ukraine zur grenzüberschreitenden Zusammenarbeit hin.

Ein eindeutiges Instrument zur Verwirklichung der offenen Staatlichkeit verkörpert Art. 9 der Verfassung zur Öffnung für das Völkervertragsrecht. Hier wird die Übernahme des Völkervertragsrechts nach der parlamentarischen Billigung angeordnet. In der Verfassung werden die völkerrechtlichen Verträge zu Gegenständen der Kontrolle seitens des Verfassungsgerichts geklärt. Somit prägen sie den Inhalt der Verfassung nicht unmittelbar. Inwieweit sie den Inhalt der ukrainischen Gesetze zu bestimmen vermögen, wird nicht in der Verfassung, sondern auf der Gesetzesebene geregelt. Eine weitere Grundlage für die Verflechtung des Staates in die internationale Rechtsordnung bildet Art. 18 der Verfassung. Aus dem Wortlaut von Art. 18 ist nicht ersichtlich, ob seine Funktion über das Gebot der völkerrechtskonformen Zusammenarbeit hinausgeht und er eine Einbeziehung der allgemein anerkannten Grundsätze des Völkerrechts in die ukrainische Rechtsordnung begründet.

Angesichts der zahlreichen Souveränitäts- und Unabhängigkeitsschutzklauseln vermittelt die ukrainische Verfassung eine zurückhaltende Bereitschaft des Landes zur Öffnung, die auch durch eine fehlende

entsprechender Akt der ukrainischen Gesetzgebung vorsieht, sind die Normen des völkerrechtlichen Vertrages anzuwenden."

171 Gesetz Nr. 3477-IV v. 23.02.2006, Art. 17: „Die Gerichte wenden bei den Gerichtsverfahren die Europäische Menschenrechtskonvention und Praxis des Europäischen Menschenrechtsgerichtshofs als eine Rechtsquelle des ukrainischen Rechts an."

Ermächtigung zur institutionalisierten Staatenkooperation verstärkt wird. Ohne eine solche Ermächtigung werden in der Verfassung auch keine Standards für intergouvernementale oder supranationale Zusammenarbeit gesetzt. Dennoch kann behauptet werden, dass die änderungsfesten, in Art. 157 verankerten Verfassungsessentialia auch vor den völkerrechtlichen Auswirkungen bewahrt bleiben sollen. Die Funktion des Art. 157 lässt sich aus dem historischen Kontext ermitteln: Er schützt den Staat vor dem Rückfall in eine menschenrechtsverachtete Diktatur und verbietet die Teilung des Staates und seinen Anschluss an einen Bundesstaat. Aus den laufenden Debatten über die Verfassungserneuerung folgt, dass es in der ukrainischen Verfassungsordnung ausschließlich die Aufgabe des Volkes ist, durch einen Volksentscheid über die Ewigkeitsgarantien der Verfassung zu wachen. Ein Beitritt zu einem Bundesstaat kann dagegen auch mit einer neuen Verfassung nicht legitimiert werden.

Nur einmal relativierte das Verfassungsgericht den umfassenden verfassungsrechtlichen Souveränitätsschutz in Hinblick auf die internationale Verflechtung der Ukraine. Dabei unterschied es zwischen der Souveränitätsübertragung und -ausübung und legitimierte die beschränkte Ausübung gesetzgebender und rechtsprechender Gewalten zugunsten internationaler Organisation mit der Parlamentszustimmung zu den einschlägigen Kompetenzen solcher Organisation. Es bleibt abzuwarten, ob dieser moderne, für die offene Staatlichkeit kennzeichnende Ansatz zum Souveränitätsverständnis zur ständigen Rechtsprechung des Verfassungsgerichts wird und ob er in der Argumentation des Gerichts an mehr Überzeugungskraft gewinnt.

Freilich kommt im Verfassungstext der Ukraine die offene Staatlichkeit nicht deutlich zum Ausdruck. Deshalb ist es fraglich, ob es das Ziel des ukrainischen Verfassungsgebers war, die mögliche internationale Offenheit unkenntlich und dezent zu entwerfen. In der historischen Stunde der Verfassungsgebung der Ukraine – Anfang / Mitte der 90er Jahre – kann ein günstiges Klima für die Öffnung der nationalen Verfassungsordnung erblickt werden. Seinerzeit diskutierte man in der EU und den benachbarten Staaten die mögliche Ergänzung der nationalen Verfassungen um die Integrationsklausel für die durch den Vertrag von Maastricht (1992) eingeführte Europäische Union.[172] Auch die Ukraine verkündete den EU-Beitritt als ein strategisches außenpolitisches Ziel.[173] War die umfassende internationale Öffnung der Ukraine ein Ziel des Verfassungsgebers? Und konnte sich dieses im Laufe des langwierigen und mit politischen Streitigkeiten umgekämpften Verfassungsausarbeitungsprozesses nicht durchsetzen? Die Antworten auf die Fragen gibt die im Folgenden zu untersuchende Genese der geltenden kooperations- und völkerrechtsrelevanten Verfassungsbestimmungen.[174]

6 Die offene Staatlichkeit im Entstehungsprozess der ukrainischen Verfassung

Die Notwendigkeit einer neuen Verfassung wurde bereits in der Souveränitätsdeklaration von 1990 anerkannt, indem dieses Dokument als eine Hauptgrundlage der neuen Verfassung bestimmt wurde. Als letzte unter den ehemaligen Sowjetrepubliken verabschiedete die Ukraine ihre neue Verfassung am 28. Juni 1996. Bis dahin wurde mit zahlreichen Änderungen und Ergänzungen versucht, die alte sowjetische Verfassung der UkrSSR von 1978 an die neuen politischen und wirtschaftlichen Anforderungen anzupassen.[175]

Das vorliegende Kapitel zeichnet die Entwicklung der die offene Staatlichkeit tragenden Verfassungsaussagen bis hin zur heute geltenden Fassung nach. Dafür werden zunächst die charakteristischen Grundzüge des Verfassungs-

---

172 Bspw. wurde Art. 23 des deutschen Grundgesetzes zur speziellen Grundlage für die EU ausgestattet; auch in Polen wurde über die Integrationsklausel nachgedacht, die anschließend in die neue Verfassung von 1997 aufgenommen wurde, s *S. Biernat*, Offene Staatlichkeit: Polen. In: *A. Bogdandy*, Handbuch IPE, Bd. II, Offene Staatlichkeit (2008), 243, Rn. 4 f.

173 Im Jahr 1994 verkündete der frisch gewählte Präsident *Leonid Kutschma* den EU-Beitritt zu einem strategischen Ziel der Ukraine, vgl. *M. Molchanov*, Ukraine and the European Union: a Perennial Neighbour? European Integration, Vol. 26, No. 4, 2004, 451 (460).

174 Zur umfassenden Darstellung der Entstehungsgeschichte der ukrainischen Verfassung s. *K. Wolczuk*, The Moulding Ukraine (2001); *O. Vorndran*, Die Entstehung der ukrainischen Verfassung (2000), *A. J. Motyl*, Dilemmas of Independence: Ukraine After Totalitarianism (1993); *T. Kuzio*, Ukraine: State and Nation Building (1998), *M. Helmerich*, Die Ukraine zwischen Autokratie und Demokratie (2003), S. 45 ff.

175 Im Zeitraum von 1991 bis 1995 wurden mehr als 20 Gesetze zur Änderung der Verfassung-UkrSSR v. 1978 verabschiedet, s. *V. M. Šapoval*, Gegenwärtiger Konstitutionalismus (2005), S. 56 (ukr.).

entstehungsprozesses, seine Rahmenbedingungen, die beteiligten Akteure sowie deren Interessen und Präferenzen skizziert. Die rechtsvergleichende Auswertung der Verfassungsentwürfe[176] stützt sich auf ihre Verhandlung innerhalb der Parlamentssitzungen[177] und auf offizielle Äußerungen der politischen Akteure. Dabei wird gezeigt, dass hauptsächlich wegen der ideologisch geprägten Konflikte in Bezug auf die internationale Offenheit, die zur ohnehin brüchigen Integrität des Landes beitrugen, und auch infolge der vorrangigen Aufgabe, durch die Verfassung die institutionelle Funktionsfähigkeit des ukrainischen Staates zu sichern, die Elemente offener Staatlichkeit zunehmend aus den Verfassungsentwürfen gedrängt wurden.

6.1 Ausgangslage und besondere Grundzüge des ukrainischen Verfassungsausarbeitungsprozesses

Nach dem Zusammenbruch der Sowjetunion sah sich die Ukraine vor drei Grundfragen gestellt: Sie musste erstens ihre Eigenständigkeit als ein politisches, territorial begrenztes Gebilde behaupten, zweitens die politische Organisation des Staates regeln und drittens die Wirtschaftsordnung an neue soziale Herausforderungen und marktwirtschaftliche Prinzipien anpassen. Aus diesen drei Grundfragen folgten auch die Hauptaufgaben für die neue ukrainische Verfassung, deren Ausarbeitung durch ideologische und institutionelle Konfliktlinien geprägt war.[178]

Die schwelenden ideologischen Machtkämpfe beeinflussten die Versuche, die junge Staatlichkeit zu konsolidieren. Obwohl zwischen der Souveränitätserklärung von 1990 und dem vollständigen Austritt aus der UdSSR mehr als ein Jahr verging, kam die Unabhängigkeit der Ukraine dennoch unerwartet.[179] Im Gegensatz zu den anderen osteuropäischen Staaten konnte die Ukraine auf keine früheren Orientierungsnormen und

---

176 Zur Ergiebigkeit und Bedeutung des Textvergleichs von Verfassungsentwürfen für die Verfassungsanalyse s. *P. Häberle*, Die Verfassungsentwicklung in Osteuropa – aus der Sicht der Rechtsphilosophie und der Verfassungslehre, AöR 117 (1992), 169 (184 ff.).

177 Die Stenogramme der Parlamentssitzungen sind auf der Webpräsenz der Werchowna Rada zu finden, unter: http://www.rada.gov.ua/zakon/new/STENOGR/index.htm.

178 *O. Vorndran*, Die Entstehung der Ukrainischen Verfassung (2000), S. 15, 302.

179 *A. J. Motyl*, Dilemmas of Independence, Ukraine After Totalitarianism (1993), S. 50.

Konzepte zurückgreifen. Wie bereits bei der Darstellung der Souveränitätsfragen in der ukrainischen Verfassungsordnung erläutert wurde,[180] lagen dem Souveränitätsgedanken gegensätzliche Vorstellungen über die künftige Entwicklung des Staates zu Grunde. Die reformorientierten Kommunisten wollten sich von der sowjetischen Ideologie und den mit ihr verbundenen Institutionen nicht verabschieden und beabsichtigten eine Konstruktion eines *„state within a state"*.[181] Dagegen träumten die Nationaldemokraten von einer unabhängigen demokratischen Ukraine, die sich an keinen zwischenstaatlichen Unionen beteiligt.

Die Meinungen innerhalb der Bevölkerung waren ähnlich unterschiedlich. Das Volk schien nicht so geeint, als dass es den bestehenden staatlichen Institutionen gegenüber loyal sein würde.[182] In den verschiedenen Regionen des Landes herrschte ein ambivalentes Verhältnis zur Unabhängigkeit und daher ein ungleiches Empfinden in Bezug auf die Notwendigkeit einer neuen Verfassung. Die Entstehung dieser Differenzen liegt tief verwurzelt in der Geschichte des Staates. Die verschiedenen Teile der Ukraine standen lange unter unterschiedlichen Mächten, so dass die jeweiligen Bevölkerungsteile divergierende politische, kulturelle und ideologische Erfahrungen gesammelt hatten.[183] Im Westen der Ukraine wurde das sowjetische Regime mit einer Okkupation gleichgesetzt. In den östlichen Regionen hingegen wurden die sowjetischen Regeln nicht als illegitim betrachtet, sondern man kritisierte lediglich, dass diese die Erwartungen nicht zu erfüllen vermochten.[184]

Unter diesen Ausgangsbedingungen sollte eine Verfassung geschaffen werden, welche die kulturellen, territorialen und institutionellen Parameter des neu entstehenden politischen Gebildes bestimmt und den Staat konsolidiert.

---

180 Dazu eingehend ► Teil 1 - Kapitel 4, Punkt 4.2.1.

181 Zustreffend, mit der Formel *„state within a state"* bzw. *„sovereignty within the USSR"* beschreibt *Kataryna Wolczuk* die Intentionen der Kommunistischen Partei der UkrSSR Anfang der 90er Jahre, s. *K. Wolczuk*, The Moulding Ukraine (2001), S. 66 ff., insb. S. 74.

182 Vgl. *R. Münz / R. Ohliger*, Die Ukraine zwischen Ost und West. Kollektive Erinnerung und politische Zukunftsorientierung der Bevölkerung, Österreichische Osthefte, Jahrgang 42/2000, Heft 3/4, 709 (711 ff.).

183 Zur Geschichte des ukrainischen Staates s. *A. Kappeler*, Vom Grenzland zur Eigenstaatlichkeit: historische Voraussetzungen von Staat und Nation. In: Juliane Besters-Dilger (Hg.), Die Ukraine in Europa (2003), S. 15 ff.

184 *K. Wolczuk*, The Moulding Ukraine (2001), S. 63.

Des Weiteren war die Staatskonsolidierungsfrage im Fall der Ukraine dadurch erschwert, dass sie zugleich an den außenpolitischen Kurs des Landes geknüpft war: Die Behauptung der Eigenständigkeit und Unabhängigkeit des Staates gegenüber Russland kontrastierte mit der Idee der Gründung einer erneuten staatlichen Union mit der Russischen Föderation. Diese zentrale Aufgabe der ukrainischen Verfassung, den neuen Staat zu konstituieren, prägte den gesamten verfassungsgebenden Prozess so stark, dass andere Verfassungsaufgaben mitunter in den Hintergrund gerieten.[185]

Bei der Suche nach einer neuen Regierungsform verlegte sich der Schwerpunkt der Auseinandersetzungen von ideologischen Konflikten zu institutionellen Streitigkeiten, die eine zweite Konfliktlinie im Verfassungsprozess darstellten. Sie waren personifiziert durch die zwei Hauptakteure des Verfassungsprozesses: Parlament und Präsident. Die in den Verfassungsentwürfen niedergelegten Regierungsformen spiegelten die jeweils zum Zeitpunkt der Ausarbeitung herrschenden Machtkonstellationen zwischen Legislative und Exekutive wider.

6.2 Die Akteure und ihre Präferenzen bei der Verfassungsgebung

Das Parlament als ein kollektives Subjekt und der Präsident waren die zwei Hauptakteure im verfassungsgebenden Prozess der Ukraine. Hinzu kam die Verfassungskommission, deren Arbeit jedoch stark von den genannten Hauptakteuren beeinflusst war.

6.2.1 Das zerstrittene Parlament

Die während der Verfassungsausarbeitung regierenden Parteien lassen sich grob in das folgende Schema einordnen: linke Fraktion (*Kommunistische Partei der Ukraine, Bauern-Partei der Ukraine* und *Sozialistische Partei*), rechte oder nationaldemokratische Fraktion (*Ukrainische Republikanische Partei, Demokratische Partei der Ukraine, die Fraktion „Ruch" („Volksbewegung")*) und Zentrum (*Sozialdemokratische Partei der Ukraine, Liberale Partei, Jednist' (Einheit), Centr (Zentrum), Deržavnist' (Staatlichkeit),*

---

185 Ebenda, S. 20.

Sozial-Markt-Wahl, Neue Ukraine).[186] Die linken Parteien vertraten dabei sozialistische und pro-russische Ansichten, die Nationaldemokraten marktorientierte und nationalistische Positionen, und die Zentristen nahmen je nach einzelnen Fragestellungen die nationalistische oder pro-russische Haltung ein.

Die Positionen der linken Parteien lassen sich mit ihrer ideologischen Überzeugung begründen. Sie waren die Verfechter einer Räterepublik nach dem sowjetischen Muster – ohne wirkliche Gewaltenteilung nach jenem Vorbild – und nur bereit, einen Präsidenten mit symbolischen Funktionen zu dulden. In den Fragen der Nations- und Staatsbildung traten sie als die großen Internationalisten auf. Allerdings steuerte die Internationalität der Linken bei der außenpolitischen Orientierung des Landes nur in die östliche Richtung: Sie waren weiterhin für eine Annäherung an Russland und sogar für die Wiederherstellung der Union zwischen beiden Staaten.[187] Gerade die linke Fraktion bestand auf der Einführung einer Art Integrationsklausel in die ukrainische Verfassung, wonach das ukrainische Volk im Referendum über den Beitritt zu zwischenstaatlichen Unionen würde entscheiden können.[188]

Die linken Parteien bildeten während des gesamten Verfassungsgebungsprozesses eine dominierende Mehrheit. Sie konnten ihren zahlenmäßigen Vorteil im Parlament bei der Verfassungsgestaltung im Rahmen der Verfassungskommission jedoch zunächst nicht nutzen, da hier jede Parlamentsfraktion nur eine Stimme hatte. Erst bei der Abstimmung über die Verfassungsvorschriften im Parlament konnten sie durch Gegenstimmen oder dauerhaftes Fernbleiben ihrer Abgeordneten von den Parlamentssitzungen ihre Positionen durchsetzen.

Zum zweiten politischen Block gehörten die Nationaldemokraten. Sie waren von Anfang an die einzige politische Kraft im Parlament, die den dezidierten Willen zur Verabschiedung einer neuen Verfassung geäußert hatte. Neben

186 Zu den Parlamentswahlen von 1990 und von 1994 sowie allgemein zu den Parteien und parlamentarischen Fraktionen der Ukraine bis 1996 s. *O. Vorndran*, Die Entstehung der ukrainischen Verfassung (2000), S. 46 ff., 80 ff., 109 ff.

187 Ebenda, S. 132; *K. Wolczuk* , The Moulding Ukraine (2001), S. 214.

188 S. exemplarisch die Parlamentssitzung Nr. 101, 24. Juni 1996, um 10 Uhr, Ziff. 72 f. – zur Debatte über Art. 18 der ukrainischen Verfassung.

den demokratischen Reformen setzten sie die Priorität auf die Unabhängigkeit der Ukraine sowie auf die Integrität des Staates und der Nation. Dies konnte ihrer Ansicht nach nur durch einen starken Präsidenten erreicht werden. Außenpolitisch steuerten sie in die Richtung Europas. Dennoch war die Beteiligung der Ukraine am europäischen Integrationsprozess der Idee eines souveränen, unabhängigen und nationalen Staates untergeordnet.[189] In der Festschreibung der durch die linke Fraktion vorgeschlagenen Integrationsklauseln in der Verfassung sahen sie eine latente Gefährdung der ukrainischen Eigenständigkeit.

Der zentristische Block des ukrainischen Parlaments formte die dritte politische Kraft, die im Verfassungsprozess eine Rolle spielte.[190] Im Gegensatz zu den anderen parlamentarischen Fraktionen war sie in Bezug auf die Gewaltenteilung ideologisch neutral. Sie bevorzugte eine parlamentarische Regierungsform, allerdings nicht nach dem Muster der sowjetischen Räte. Außenpolitisch favorisierte sie eine intensive wirtschaftliche Zusammenarbeit oder Integration mit Russland. In ihrem Interesse lag zudem die Sicherung eines rechtlich und wirtschaftlich günstigen Klimas. Daher bestand die zentristische Fraktion auf der Dringlichkeit der Reformen und einer neuen Verfassung. Mit diesen innen- und außenpolitischen Ansichten bildete das Zentrum eine Schnittstelle zwischen den Nationaldemokraten und den Linken und zugleich auch zwischen dem Parlament und dem Präsidenten.

6.2.2 Der reformorientierte Präsident

Der zweite Hauptakteur des ukrainischen Verfassungsprozesses war der Präsident. In der Funktion des Staatsoberhauptes beeinflussten den ukrainischen Verfassungsprozess zwei Personen: *Leonid Krawtschuk* (Dezember 1991 – Juli 1994) und *Leonid Kutschma* (Juli 1994 – Januar 2005). Was ihre parteiliche Zugehörigkeit betrifft, entstammen sie der vorgestellten zentristischen Fraktion.

---

189 *K. Wolczuk* , The Moulding Ukraine (2001), S. 106.

190 Zu den Parteien dieser Fraktion s. *O. Vorndran*, Die Entstehung der ukrainischen Verfassung (2000), S. 135.

Als ein einflussreicher Akteur war das Staatsoberhaupt imstande, die Verfassungsausarbeitung zu personifizieren. Nicht nur die Vertreter des Präsidenten in der Verfassungskommission, sondern auch die Minister mit einem Abgeordnetenmandat handelten nach seinen Anweisungen. Der dauernde Machtkampf zwischen dem Präsidenten und dem Parlament wurde dadurch verschärft, dass beide Akteure unmittelbar durch das Volk legitimiert waren und insbesondere der Präsident von seinem Recht auf die Initiierung eines Volksentscheides Gebrauch machte, um eine für sich vorteilhafte Version der Verfassung annehmen zu lassen.

Der erste ukrainische Präsident *Leonid Krawtschuk* konzentrierte sich darauf, die Eigenständigkeit und Integrität des ukrainischen Staates besonders gegenüber Russland zu behaupten. Unter dem Einfluss der ideologischen Gräben im Parlament und der ethnischen und kulturellen Trennlinien in der Bevölkerung, wagte er keinen offenen Verfassungsdiskurs.[191] Er setzte auf die faktische Etablierung seiner Forderung nach wesentlichen Staatlichkeitsattributen: Hierzu zählten neben der internationalen Anerkennung des Staates auch dessen internationale Präsenz, eigene Streitkräfte, eigene Währung und Einigung der Nation durch Sprache und Staatssymbole. Diese Politik verfolgte *Leonid Krawtschuk* auf gesetzlicher und untergesetzlicher Ebene.[192] Institutionell vertrat er die Auffassung von einer starken Exekutive mit dem Präsidenten an der Spitze.

Im Gegensatz zu seinem Vorgänger suchte der zweite ukrainische Präsident *Leonid Kutschma* in der Verfassung zunächst die Lösung für Organisations- und Kompetenzfragen. Damit gelang es ihm, die großen ideologischen und

---

191 Ebenda, S.74 ff.

192 Vgl. das Gesetz über die Staatsbürgerschaft der Ukraine, Nr. 1636-XII v. 8.10.1991; die Deklaration über die Rechte der nationalen Minderheiten, Nr.1771-XII v. 1.11.1991; das Gesetz über die Streitkräfte, Nr. 1934-XII v. 6.12.1991; die Ergänzung der Verfassung v. 1978 um Art. 166 zu den Staatssymbolen aufgrund des Gesetzes Nr. 2113-XII v. 14.02.1992, der Folgendes festschrieb: „Die Symbole der unabhängigen Ukraine sind Staatsdreizack, Staatsflagge und Staatshymne, die durch die Werchowna Rada bestimmt werden sollen." Allerdings ist es *L. Krawtschuk* nicht gelungen, die Staatssymbole auf der Verfassungs- oder Gesetzesebene zu festigen. Fahne und Staatssymbole wurden durch Parlamentsbeschlüsse eingeführt: der Parlamentsbeschluss über die blau-gelbe Fahne, Nr. 2067-XII v. 28.01.1992; der Parlamentsbeschluss über das Wappen, Nr. 2137-XII v. 19.02.1992.

regionalen Auseinandersetzungen aufzuweichen. Ähnlich wie die Präsidenten im Verfassungsprozess anderer postsowjetischer Staaten[193] trat *Kutschma* als ein ehrgeiziger Reformer auf und drängte das zerstrittene Parlament in den Hintergrund. Unter dem Vorwand, die Reformen durchsetzen zu wollen, forderte er die Einschränkung der Parlamentskompetenzen zugunsten einer größeren Unabhängigkeit der Exekutive.

Seine reformorientierte Politik und die starke Exekutive widersprachen allerdings den Interessen der Linken, die eine parlamentarische Mehrheit bildeten, *Kutschma* aber 1994 bei den Wahlen wegen seines pro-russischen Kurses unterstützt hatten. Um die Stärkung der Exekutive durchsetzen zu können und die dafür notwendige Unterstützung der Nationaldemokraten zu gewinnen, änderte *Kutschma* nach den Wahlen seinen vorherigen außenpolitischen Kurs diametral und erklärte die europäische Integration zum strategischen außenpolitischen Ziel des Landes.[194]

Die Kompetenzen der Exekutive und des Staatsoberhaupts an ihrer Spitze versuchte *Kutschma* durch das von ihm vorgeschlagene Verfassungsänderungsgesetz „Über die Macht" zu erweitern. Nachdem das Parlament das Gesetz mehrmals ablehnte, drohte er mit einer Volksabstimmung über das Vertrauen der Bevölkerung zum Parlament.[195] Aufgrund des negativen Bildes der Legislative hätte das Referendum ohne Zweifel zur Auflösung des Parlaments und in der Folge zur Ausarbeitung einer neuen Verfassung allein durch den Präsidenten führen können. Dies konnte mit einer Vereinbarung zwischen dem Präsidenten und dem Parlament in Form des Verfassungsvertrages vom 8. Juni 1995 vermieden werden. Der Verfassungsvertrag, auch „kleine Verfassung" genannt, ist eine nicht ganz unproblematische Besonderheit der ukrainischen

---

193 Vgl. *A. Blankenagel*, New Constitutions in CIS Lands – Between Socialism's Cosy Abysses and Capitalism's Yawning Heights, European Yearbook of Comparative Government and Public Administration, Bd. 1. (1994), 483 (485).

194 *M. Molchanov*, Ukraine and the European Union: a Perennial Neighbour? European Integration Vol. 26, No. 4, 2004, 451 (460).

195 Am 28. Mai 1995 wendete sich *L. Kutschma* mit einer offiziellen Ansprache an die Bevölkerung und sein Dekret zur Berufung eines Volksentscheids (Nr. 413 v. 31.05.1995) wurde am 2. Juni 1995 veröffentlicht, s. mehr dazu *K. Wolczuk* , The Moulding Ukraine (2001), S. 194 ff.

Verfassungsgebung.[196] Im Schrifttum wird der Verfassungsvertrag als eine provisorische Verfassung oder *de facto* Interimsverfassung betrachtet, die die alte Verfassung der UkrSSR von 1978 grundlegend veränderte.[197]

Mit dem Verfassungsvertrag gelang es *Kutschma*, das Interesse aller politischen Parteien an der schnellen Verabschiedung einer neuen Verfassung zu wecken. Sie strebten die Einschränkung der umfassenden und im Verfassungsvertrag festgeschriebenen Kompetenzen des Präsidenten durch die neue Verfassung an. Auf den Versuch *Kutschmas*, am 26. Juni 1996 die Verfassungsvereinbarung zu brechen und dem Volk einen nicht mit dem Parlament abgestimmten Verfassungsentwurf zur Genehmigung vorzulegen, reagierte das Parlament mit einer Trotzreaktion:[198] Nach beharrlichen Diskussionen während einer 24-stündigen Parlamentssitzung am 28. Juni 1996 gelang es dem ukrainischen Parlament

196 Zum einen war die Legitimation des Verfassungsvertrages problematisch: Durch den Vertrag wurden die einzelnen Bestimmungen der alten Verfassung-UkrSSR v. 1978 geändert und die ihm entgegenstehenden Verfassungsvorschriften suspendiert. Die dafür notwendige Zweidrittelmehrheit im Parlament erreichte der Verfassungsvertrag jedoch nicht. Sein Verfassungsrang wurde vielmehr damit gerechtfertigt, dass die Vereinbarung zwischen den unmittelbar durch das Volk legitimierten Vertragsparteien – Parlament und Präsident – geschlossen wurde und dadurch die Legitimation der Verfassung-UkrSSR v. 1978 übertroffen war. Zum anderen widmete sich der Verfassungsvertrag ausschließlich der Kompetenzaufteilung zwischen dem Präsidenten und dem Parlament und schloss den Menschenrechtskatalog nicht mit ein. Vgl. *H. C. Scheu*, Die Rechtsordnung. In: J. Besters-Dilger (Hrsg.), Die Ukraine in Europa (2003), 95 (99).

197 Vgl. *M. Helmerich*, Die Ukraine zwischen Autokratie und Demokratie – Institutionen und Akteure (2003), S. 45. *V. M. Šapoval* spricht von einer „Supraverfassungsnatur" der Vereinbarung, weil sie die ihr widerstehenden Verfassungsbestimmungen v. 1978 außer Kraft setzte, in: *V. M. Šapoval*, Gegenwärtiger Konstitutionalismus (2005), S. 43 (ukr.).

198 Präsidentendekret Nr. 467/96 v. 26.06.1996. Zur Abstimmung sollte der Verfassungsentwurf vom März 1996 vorgelegt werden, in dem ein präsidiales Regierungssystem mit einem Zweikammerparlament vorgesehen war. Mit diesem Entwurf hat der Präsident gegen die Verfassungsvereinbarung v. 1995 verstoßen. Hier wurde festgelegt, dass nur der im Parlament abgestimmte Verfassungsentwurf Gegenstand eines Verfassungsreferendums sein dürfe. Zum Zeitpunkt des Dekrets existierte so ein Entwurf: der Verfassungsentwurf vom Juni 1996, der in der ersten Lesung des Parlaments eine einfache Mehrheit erhalten hatte. Dieser Schritt des Präsidenten wurde sogar durch die pro-präsidiale Fraktion als ein ernsthafter Eingriff in die Kompetenzen des Parlaments angesehen.

schließlich doch mit 315 Stimmen, die neue ukrainische Verfassung verfahrensgemäß zu verabschieden.[199]

6.2.3 Die Rolle der Verfassungskommission im Verfassungsprozess

Neben dem Parlament und dem Staatsoberhaupt war auch die Verfassungskommission (VerfKOM) an der Verfassungsausarbeitung beteiligt. Sie arbeitete die Verfassungsentwürfe grundsätzlich vor, die anschließend durch zahlreiche Arbeitsgruppen und Parlamentskomitees überarbeitet und vervollständigt wurden. Innerhalb der VerfKOM zeichneten sich die beiden Hauptkonfliktlinien des Verfassungsprozesses ab: Die ideologischen Streitigkeiten, die die Verfassungsverhandlungen innerhalb des Parlaments dominierten und die institutionellen Konflikte zwischen Exekutive und Legislative.

Die erste VerfKOM wurde mit dem Parlamentsbeschluss vom 24. Oktober 1990, am Tag der ersten Änderungen zur Verfassung der UkrSSR von 1978 eingesetzt.[200] Sie agierte als eine Art Parlamentskommission und war aufgeteilt in mehrere Arbeitsgruppen, die für die Ausarbeitung bestimmter Teile der Verfassung zuständig waren. Die Tätigkeit der VerfKOM wurde durch die andauernden ideologischen Auseinandersetzungen innerhalb des Parlaments gelähmt und mit den vorgezogenen Parlamentswahlen im Jahre 1994 abgebrochen.

Die zweite, nach den Wahlen einberufene VerfKOM agierte als eine Art gesamtstaatliche Kommission.[201] Dies drückte sich vor allem dadurch aus, dass sie durch den Präsidenten und den Parlamentssprecher geleitet wurde. Aufgrund ihrer Besetzung waren weder die erste noch die zweite VerfKOM ein unabhängiger Akteur im Verfassungsentstehungsprozess. Sie stellten vielmehr eine Art Forum dar, in der die Ansichten der Vertreter anderer Staatsinstitutionen, bspw. die der Gerichte, des Parlaments der Autonomen

---

199 36 Parlamentarier haben dagegen gestimmt, 12 haben sich ihrer Stimme enthalten und 30 haben an der Abstimmung nicht teilgenommen. Zur tabellarischen Darstellung der Ergebnisse nach den Parteien s. *K. Wolczuk*, The Moulding Ukraine (2001), S. 203.

200 Parlamentsbeschluss Nr. 405-XII v. 24.10.1990.

201 Parlamentsbeschluss zur Zahl der Kommissionsmitglieder, Nr. 165/94 v. 20.09.1994 und Parlamentsbeschluss zur Zusammensetzung der Kommission, Nr. 231/94 v. 10.11.1994.

Republik Krim sowie der Wissenschaftler und der Öffentlichkeit, mitberücksichtigt werden konnten. Dies ändert jedoch nichts daran, dass Beobachter dem Verfassungsprozess in der Ukraine nur eine geringe Mitbeteiligung der Wissenschaft und der Öffentlichkeit attestieren.[202]

6.3 Die anderen Bestimmungsfaktoren der Verfassungsannahme

Neben den Machtinteressen der Akteure und ihren ideologischen Überzeugungen spielten auch äußere Faktoren im Verfassungsprozess eine Rolle. Zu diesen Faktoren zählen erstens die einjährige Frist für die Verfassungsannahme, die sowohl im Verfassungsvertrag von 1995 vorgesehen als auch eine durch die Ukraine beim Beitritt zum Europarat im Jahr 1995 übernommene Verpflichtung war, [203] sowie zweitens die bevorstehenden Präsidentschaftswahlen in Russland im Juli 1996.[204]

Je stärker die Linken im ukrainischen Parlament auf den Sieg eines kommunistischen Kandidaten in Russland und folglich auf seine Unterstützung der angestrebten Wiederherstellung der Union der slawischen Völker hofften, desto mehr bemühten sie sich, den Verfassungsprozess zu lähmen und damit die Unfähigkeit der Ukraine, als unabhängiger Staat zu funktionieren, zu demonstrieren. Dies gelang ihnen durch die geschickte Leitung der Parlamentssitzungen durch den Parlamentssprecher *Oleksander Moroz*, der der sozialistischen Partei angehörte. [205] Für die Nationaldemokraten war es dagegen wichtig, die Verfassung vor den Wahlen

---

202 *K. Wolczuk*, The Moulding Ukraine (2001), S. 288 f. Dadurch wird in der Literatur vereinzelt von der Untergrabung der Legitimität der ukrainischen Verfassung gesprochen, vgl. *W. Merkel*, Theorien der Transformation post-autoritärer Gesellschaften, in: K. von Beyme / C. Offe (Hrsg.), Politische Theorien in der Ära der Transformation, Sonderheft der Politischen Vierteljahresschrift (1996), 30 (42 f.).

203 Gesetz zur Ratifikation des Statuts des Europarats Nr. 398/95 v. 31.10.1995. Opinion No.190 (195) of Parliamentary Assembly of the Council of Europe on the Application by Ukraine for Membership of the Council of Europe, adopted by the Assembly on 26 September 1995.

204 *K. Wolczuk*, The Moulding Ukraine (2001), S. 214.

205 So gestattete *O. Moroz* die Erörterung des Verfassungsentwurfs der Kommunistischen Partei, obwohl die Arbeit der VerfKOM an dem gemeinsamen Entwurf der Fraktionen zügig vorangeschritten war, s. *O. Vorndran*, Die Entstehung der ukrainischen Verfassung (2000), S. 264 f.

in Russland zu verabschieden und damit auch die Eigenständigkeit und Souveränität der Ukraine zu bestätigen:[206]

> „[...] the contents of the [draft] constitution – these are only details. Because, today, what concerns me is the problem of survival. And that very much depends on whether or not Ukraine will have its own constitution before the elections in Russia."[207] (Justizminister *Sergiy Holovatyj*, März 1996)

Trotz der fast sechsjährigen Unabhängigkeit der Ukraine war die vollständige Konsolidierung des Staates immer noch weit entfernt. Es war immer noch nicht eindeutig, in welche Richtung sich der Staat entwickeln würde, zumal die Kommunisten eine Verfassung entwarfen, in der die Rückkehr in eine neue Union mit Russland vorgesehen war. Sie begannen, Unterschriften für die Annahme ihres Verfassungsentwurfs durch einen Volksentscheid zu sammeln.[208] Darüber hinaus hatte die mangelhafte rechtliche Basis für das Funktionieren der staatlichen Institutionen die Existenz des Staates in Gefahr gebracht. Daher kann die friedliche Annahme der ukrainischen Verfassung als eine Entscheidung der Ukraine für Europa sowie gleichzeitig als Behauptung der Funktionsfähigkeit und Festigung der ukrainischen Staatlichkeit betrachtet werden.

Die Außenfaktoren – Verpflichtung dem Europarat gegenüber und Präsidentschaftswahlen in Russland – haben die Verfassungsannahme in dem Sinne beschleunigt, dass sie die konkrete Frist für ihre wünschenswerte Annahme setzten. Allerdings konnte dies nicht unbedingt einen vorteilhaften Einfluss auf die Ausarbeitung der Verfassungsvorschriften haben. Der Verfassungsprozess zog sich insgesamt über sechs Jahre hin. Die substantiellen Verhandlungen und das allgemeine Interesse aller Beteiligten an der neuen Verfassung entstanden dagegen erst mit der Unterzeichnung des Verfassungsvertrages im Jahr 1995. Im Laufe eines Jahres sollten die wesentlichen offenen Fragen geklärt werden. Dies führte dazu, dass einige Fragen im Parlament sehr ausführlich diskutiert wurden, wie bspw. die

---

206 Vgl. *K. Wolczuk*, The Moulding Ukraine (2001), S. 215.

207 *Sergiy Holovatyj* zitiert in *M. Kolomayetz*, Constitutional Committee Approves Draft of Ukraine's New Constitution, The Ukrainian Weekly of 17.03.1996, Vol. 64, Nr. 11.

208 Vgl. *T. Kuzio*, Ukraine under Kutschma: Political Reform, Economic Transformation and Security Policy in Independent Ukraine (1997), S. 120.

Staatssprache, Staatssymbole und Definition des Volkes, andere hingegen kaum angesprochen wurden, wie etwa die Stellung des Völkerrechts in der innerstaatlichen Rechtsordnung. Die Auswertung der Protokolle der Parlamentssitzungen zeigt, dass gerade die Debatten über Staatssprache, Staatssymbole, Wirtschaftsordnung und Außenpolitik besonders hitzig und zeitintensiv waren.[209]

6.4 Die Entwicklung der die offene Staatlichkeit der Ukraine tragenden Verfassungsnormen nach den Etappen des Verfassungsprozesses

Die oben beschriebene Ausgangslage von ideologischen und institutionellen Präferenzen der Akteure führte zu einem sechsjährigen Prozess der Verfassungsausarbeitung, der sich in drei Etappen gliedern lässt:[210]

1) Die erste Etappe reicht von der Souveränitätserklärung vom 16. Juli 1990 bis zu den vorzeitigen Parlamentswahlen im März 1994. In diesem Zeitraum hat die VerfKOM das *Verfassungskonzept vom 19. Juni 1991*, den *ersten Verfassungsentwurf vom 1. Juli 1992* und den *zweiten Verfassungsentwurf vom 26. Oktober 1993* ausgearbeitet.[211]

2) Die zweite Etappe beginnt mit der Berufung der zweiten VerfKOM im Herbst 1994 und endet mit dem *Verfassungsvertrag von 1995* zwischen dem

---

209 Vgl. die Parlamentssitzung Nr. 102, 24. Juni 1996, um 16 Uhr – zur Debatte über die Staatssymbolik; die Parlamentssitzungen Nr. 104, 25. Juni 1996, um 16 Uhr; Nr. 105, am 26. Juni 1996, um 10 Uhr und Nr. 107, 27/28. Juni 1996, um 02:30 – zur Debatte über die Staatssprache;

210 Vgl. *S. Holovatyj (Hrsg.)*, Die Verfassung der unabhängigen Ukraine, Bd. I (1995), S. 4 ff. (ukr.). Vereinzelt wird der Zeitraum von der Souveränitätsdeklaration v. 1990 bis zum Unabhängigkeitsakt v. 1991 als eine Vorbereitungsphase für den verfassungsgebenden Prozess abgegrenzt. Dies wird damit begründet, dass die erste VerfKOM in dem Zeitraum beauftragt war, eine neue Verfassung der UkrSSR, eines Gliedstaates der UdSSR, auszuarbeiten, vgl. *P. Stecjuk*, Die Grundlagen der Verfassungstheorie und des Konstitutionalismus (2003), S. 158 f. (ukr.).

211 Beschluss Nr. 2525-XII v. 01.07.1992. Die öffentliche Diskussion des Entwurfs v. 1992 dauerte bis zum 2.11.1992. Die VerfKOM hat 47.000 Anmerkungen und Vorschläge bekommen. Nach ihrer Bearbeitung stellte sie am 27.05.1993 die neue Fassung des Entwurfs vor. Es wurden 188 Artikel geändert, 48 Artikel gestrichen und 30 Artikel neu eingeführt, vgl. *L. Juz'kov*, Der Entwurf der neuen Verfassung in der Fassung vom 27.05.1993 nach der öffentlichen Diskussion. In: S. Holovatyj (Hrsg.), Die Verfassung der unabhängigen Ukraine, Bd. I. (1995), S. 25 ff. (ukr.).

Präsidenten und dem Parlament. In diesem Zeitraum wurde dem Parlament kein Verfassungsentwurf vorgelegt.

3) Die dritte Etappe reicht bis zur Annahme der Verfassung am 28. Juni 1996. Nach der erfolglosen Arbeit der zweiten VerfKOM bildeten ihre Vorsitzenden eine Expertengruppe.[212] Sie arbeitete *im November 1995 einen dritten Verfassungsentwurf* aus. Die tiefgreifend überarbeitete Fassung wurde durch die dafür berufene Subkommission[213] der VerfKOM am 24. Februar vorgestellt und am 11. März 1996 durch die VerfKOM angenommen sowie dem Parlament vorgelegt. Das sogenannte *Ad-hoc-Komitee*, das als eine Schlichtungsgruppe berufen wurde, stellte die überarbeitete Version des *Verfassungsentwurfs vom März 1996* im Parlament zwei Monate später vor.[214] Diese Version vom Mai 1996 wurde durch das Parlament in erster Lesung im Juni 1996 mit einer einfachen Mehrheit angenommen.[215] Die Entwicklung von Bestimmungen zur internationalen Öffnung der Ukraine in den Verfassungsentwürfen ist in Tabelle 2 „Genese der die offene Staatlichkeit tragenden Verfassungsnormen" abgebildet.[216]

---

212 Resolution der Vorsitzenden der VerfKOM v. 19.06.1995, abgedruckt in *S. Holovatyj (Hrsg.)*, Die Verfassung der unabhängigen Ukraine, Bd. II (1997), S. 49 f. (ukr.).

213 Resolution der Vorsitzenden der VerfKOM v. 24.11.1995, abgedruckt in *S. Holovatyj (Hrsg.)*, Die Verfassung der unabhängigen Ukraine, Bd. II (1997), S. 95 (ukr.).

214 Beschluss zur Gründung eines Ad-hoc-Komitees, Nr. 169/96 v. 5.05.1996. Auf Initiative des Parlamentssprechers wurde dieses als eine Schlichtungsgruppe eingesetzt und anschließend zum vorübergehenden außerordentlichen Komitee mit den Rechten der Hauptverfassungskommission erklärt.

215 Am 15.06.1996 hat das Parlament den Entwurf v. 19.05.1996 angenommen. Der Entwurf des Ad-hoc-Komitees ist mehr bekannt als *Syrota-Entwurf*, benannt nach dem Namen seines Vorsitzenden. Mehr zur Ausarbeitung des Entwurfs s. *F. Burčak*, Die Verfassung der Ukraine. Der Verfassungsentwurf in der Fassung vom 24.02.1996, genehmigt durch die Verfassungskommission am 11.03.996. In: S. Holovatyj (Hrsg.), Die Verfassung der unabhängigen Ukraine, Bd. II (1997), S. 21 ff. (ukr.). In der letzten Verfassungsetappe wurden zugleich zahlreiche Entwürfe von einzelnen politischen Kräften vorgeschlagen, insbesondere von der linken Fraktion.

216 Vgl. Anhang, Tab. 2 „Genese der die offene Staatlichkeit tragenden Verfassungsnormen." Die Texte der Verfassungsentwürfe auf Ukrainisch sind abrufbar unter http://gska2.rada.gov.ua:7777/site/const/index.html.

6.4.1 Die erste Etappe: Relevanz der Öffnung für den Staat im Werden

Das Verfassungskonzept von 1991 und die zwei ersten Verfassungsentwürfe von 1992 und 1993 waren offen auf internationale Zusammenarbeit und Integration angelegt. Dies korrespondierte mit den Präferenzen des ersten Präsidenten. Er bezweckte damit die Behauptung von Eigenständigkeit und Funktionsfähigkeit der Ukraine nach außen, um eine positive Wahrnehmung des Landes und dessen aktive Präsenz auf der internationalen Bühne zu demonstrieren. Dies sollte zur internationalen Anerkennung der Ukraine als unabhängigen Staat beitragen und dadurch einen Schutz durch das Völkerrecht der inneren Souveränität sichern. Dies lässt die Annahme zu, dass die Konsolidierung der neu entstandenen Staatlichkeit in keinem Widerspruch zur gleichzeitigen Öffnung des Staates gegenüber dem Völkerrecht und den Integrationsprozessen stand. Im Gegenteil, die Öffnung des Staates war vielmehr eine wichtige Sicherung von Konsolidierung und Legitimation staatlicher Institutionen gegenüber der Bevölkerung.

Wie sogleich dargestellt wird, wurden in den entworfenen Verfassungstexten der ersten Etappe der Verfassungsgebung der allgemeine Willen des Staates nach Kooperation geäußert, die innerstaatliche Geltung des Völkerrechts geregelt und eine besondere Rechtsstellung der internationalen menschenrechtlichen Standards vorgesehen. Gleichzeitig war die Ukraine ermächtigt, den internationalen und supranationalen Einrichtungen beizutreten.[217]

6.4.1.1 Die internationale Kooperation als Staatsziel

Das Konzept der ukrainischen Verfassung von 1991 – das als Wegmarke für den gesamten Verfassungsprozess durch das ukrainische Parlament gebilligt wurde – wiederholte den in der Souveränitätsdeklaration von 1990 angekündigten allgemeinen Willen zur internationalen Zusammenarbeit des ukrainischen Staates.[218] Hier wurde entschieden, dass bereits in der

---

217 S. das Verfassungskonzept v. 1991 im Anhang, Tab. 2 „Genese der die offene Staatlichkeit tragenden Verfassungsnormen."

218 Parlamentsbeschluss zur Genehmigung des Verfassungskonzepts, Nr. 1213-XII v. 19.06.1991.

Präambel der künftigen Verfassung die Bereitschaft der Ukraine zur internationalen Zusammenarbeit deutlich gezeigt werden müsse.

Allerdings blieb dieses Vorhaben eine Absichtserklärung. In allen späteren Verfassungsentwürfen und auch im endgültigen Verfassungstext ist in der Verfassungspräambel die internationale Zusammenarbeit nicht als Ziel festgeschrieben.

6.4.1.2 Die innerstaatliche Stellung des Völkervertrags- und Völkergewohnheits rechts

Nach dem Verfassungskonzept von 1991 sollte die innerstaatliche Geltung des Völkerrechts im Verfassungsteil „Grundlagen der Verfassungsordnung" geregelt werden. Als eine Grundlage der Verfassungsordnung sollte auch die Pflicht zur Ausübung der Außenpolitik im Einklang mit den allgemein anerkannten Grundsätzen und Normen des Völkerrechts gelten.[219] Des Weiteren war den allgemein anerkannten Normen des Völkerrechts der Vorrang vor dem innerstaatlichen Recht zuzusprechen. Jedoch wurde weder ausgeführt, ob darunter nur die gewohnheitsrechtlichen oder auch die vertraglichen Völkerrechtsnormen gemeint waren, noch ob es sich um einen Verfassungsrang oder einen Zwischenrang (zwischen Verfassung und Gesetzen) dieser Normen handelte.

Im Verfassungskonzept von 1991 wurden die internationalen Menschenrechtsstandards auf den Verfassungsrang gehoben, indem es zum einen angeordnet war, dass die verfassungsrechtlichen Einschränkungen der Menschenrechte den internationalen allgemein anerkannten Normen entsprechen sollten. Zum anderen wurde festgeschrieben, dass die verfassungsrechtlichen Menschenrechte im Einklang mit dem menschenrechtlichen Schutz gemäß „internationalen Dokumenten" stehen sollten. In diesem Zusammenhang wurde exemplarisch auf die Allgemeine Menschenrechtserklärung von 1948 und die beiden Internationalen Menschenrechtspakte von 1966 verwiesen. Dennoch bleibt die Formulierung zu den „internationalen Dokumenten" sehr vage: Damit konnten auch unverbindliche Entscheidungen internationaler Organisationen gemeint sein.

---

[219] S. das Verfassungskonzept v. 1991 im Anhang, Tab. 2 „Genese der die offene Staatlichkeit tragenden Verfassungsnormen."

Zudem kann dem Text keine Zustimmungspflicht der Ukraine zu solchen Dokumenten entnommen werden.[220]

Grundsätzlich fällt bei der Analyse des Verfassungskonzepts auf, dass sich durch den gesamten Verfassungstext keine klare Trennungslinie zwischen vertraglichen und gewohnheitsrechtlichen Völkerrechtsnormen ziehen lässt. Der Begriff des „völkerrechtlichen Vertrages" als solcher war nur im Zusammenhang mit den Befugnissen des Präsidenten zum Abschluss der Verträge festgeschrieben.

Dieser Umstand änderte sich im *ersten Verfassungsentwurf vom 1. Juli 1992*. In Art. 8 wurde zwischen internationalen Verträgen einerseits und den allgemein anerkannten menschenrechtlichen Werten und allgemein anerkannten Grundsätzen des Völkerrechts andererseits unterschieden. Hiernach bildeten die ratifizierten oder ordnungsgemäß abgeschlossenen Verträge nach ihrer Veröffentlichung Bestandteile der ukrainischen Gesetzgebung. Den allgemein anerkannten menschenrechtlichen Werten und allgemein anerkannten Grundsätzen des Völkerrechts wurde das „Primat" zugesprochen. In Art. 65 Abs. 3 und 4 wurde dieses Primat als übergesetzlich definiert, indem die Bindung aller drei Gewalten an allgemein anerkannte Grundsätze des Völkerrechts ausdrücklich festgeschrieben wurde.

Aber auch die übernommenen Verträge wurden auf einen Verfassungsrang gehoben. Sie galten nach Art. 248 Abs. 2 innerhalb einer Verfassungsmäßigkeitsprüfung der Gesetze als ein Prüfungsmaßstab für das ukrainische Verfassungsgericht. Weiterhin konnte aus der Erklärung in Art. 8 Abs. 2, wonach die ratifizierten oder genehmigten und offiziell veröffentlichten Verträge ausdrücklich Staatsorgane, juristische Personen und Individuen binden, die unmittelbare Geltung und Anwendung der genannten Verträge abgeleitet werden.

Da der *erste Verfassungsentwurf von 1992* eine parlamentarische Regierungsform anstrebte, wurden hierin dem Parlament umfangreiche Kompetenzen im Bereich der Außenpolitik zugesprochen. In Abhängigkeit

---

[220] S. das Verfassungskonzept v. 1991 im Anhang, Tab. 2 „Genese der die offene Staatlichkeit tragenden Verfassungsnormen."

von der Vertragsmaterie gab eine entsprechende Parlamentskammer zunächst eine Vorabzustimmung zum Vertragsabschluss ab (Art. 140 Abs. 3 und Art. 141 Abs. 6). Gemeinsam entschieden dann beide Parlamentskammern über die Ratifikation, Kündigung oder Suspendierung der Verträge (Art. 138 Abs. 4).

Im *zweiten Verfassungsentwurf vom Oktober 1993* blieben die Grundlagen für Übernahme und innerstaatliche Geltung der völkerrechtlichen Verträge unverändert. Die Bestimmung zum übergesetzlichen Rang der allgemein anerkannten Grundsätze des Völkerrechts fiel weg. In Art. 11 wurde lediglich von der Priorität der genannten Normen gesprochen, die durch keine weiteren Verfassungsbestimmungen konkretisiert wurde. Dagegen wurde der Verfassungstext um die Erklärung ergänzt, die Außenpolitik der Ukraine im strengen Einklang mit folgenden Grundsätzen auszuüben: Achtung der staatlichen Souveränität und souveräner Gleichheit, Gewaltverbot, territoriale Integrität und Achtung der Staatsgrenzen, Interventionsverbot, Achtung der Menschenrechte und der Grundfreiheiten, Zusammenarbeit mit den anderen Staaten, *pacta sunt servanda*, friedliche Beilegung der Streitigkeiten.

6.4.1.3 Die Integrationsklausel

Das Verfassungskonzept von 1991 und die Verfassungsentwürfe von 1992 und 1993 zeigten die Bereitschaft der Ukraine zum Beitritt zu zwischenstaatlichen Zusammenschlüssen. Die Festschreibung der sogenannten Integrationsklausel lässt sich zum größten Teil mit dem außenpolitischen Kurs der im Parlament dominierenden linken Fraktion erklären. Sie steuerten auf intensive Zusammenarbeit und Integration mit Russland hin und vertraten dabei die Interessen der östlichen und zentralen Regionen der Ukraine.

Laut dem *Verfassungskonzept von 1991* konnte, gestützt auf den Willen des ukrainischen Volkes, über die Mitgliedschaft in der „Union der souveränen Staaten" entschieden werden. Allgemein bekannt ist, dass es sich bei der „Union der souveränen Staaten" nicht um die bestehende Gemeinschaft Unabhängiger Staaten (GUS), sondern um eine allgemeine Bezeichnung der angestrebten möglichen Union mit Russland und anderen slawischen Völkern handelte. Dennoch war der Beitritt nur dann möglich, wenn ein Mitgliedstaat sein Austrittsrecht bewahrte, die Unionsentscheidungen durch Einstimmigkeit anzunehmen waren und die Union auf den Grundsätzen der souveränen Gleichheit der Mitglieder, ihrer territorialen Integrität und anderen allgemein anerkannten Grundsätzen des Völkerrechts begründet war. Zusätzlich wurde auch allgemein festgelegt, dass sich die Ukraine durch internationale Verträge in politische und wirtschaftliche Zusammenschlüsse integrieren kann. Ob so ein Beitritt auch ein gesamtukrainisches Referendum benötig hätte, kann dem Text nicht direkt entnommen, aber stark vermutet werden.

Die *Verfassungsentwürfe von 1992 und 1993* enthielten keine speziellen Bestimmungen mehr über den Beitritt zur „Union der souveränen Staaten". Dennoch verwiesen die Verfassungsvorschriften zum Volksentscheid auf eine Beitrittsbereitschaft zu zwischenstaatlichen Zusammenschlüssen und militärpolitischen Bündnissen, indem ein solcher Beitritt zu einem obligatorischen Gegenstand eines Volksentscheids erklärt wurde (Art. 117 Abs. 1 des Entwurfs von 1992 und Art. 97 des Entwurfs von 1993). Auch im Zusammenhang mit den Parlamentsbefugnissen wurde festgeschrieben, dass die Nationalversammlung den völkerrechtlichen Gründungsverträgen über zwischenstaatliche Zusammenschlüsse, wirtschaftliche und militärpolitische Bündnisse und auch internationale Organisationen zustimmte (Art. 136 Abs. 4 i. V. m. Art. 141 Abs. 6 der Entwurfe von 1992 und 1993)

Folglich war die Beitrittsklausel in den *Verfassungsentwürfen von 1992 und 1993* ohne konkrete Erwähnung der „Union souveräner Staaten" neutral formuliert. Sie konnte sich sowohl auf die Integration mit den postsowjetischen Staaten als auch auf eine Teilnahme am europäischen Integrationsprozess beziehen. Mit dieser allgemeinen Formulierung wurden die beiden geltenden Positionen zum außenpolitischen Kurs der Ukraine berücksichtigt und somit ideologische Auseinandersetzungen über diesen Punkt vermieden.

6.4.2 Die zweite Etappe: Institutionelle Streitigkeiten im Vordergrund

In der zweiten Etappe der Verfassungsausarbeitung wurde dem Parlament kein neuer Entwurf vorgelegt. Das Parlament und das Staatsoberhaupt schlossen 1995 eine Verfassungsvereinbarung.

Der Schwerpunkt der Auseinandersetzungen verlagerte sich von ideologischen Konflikten zu institutionellen Streitigkeiten. Die Verabschiedung der Verfassung wurde nur noch vom Präsidenten der Ukraine, *Leonid Kutschma,* und den Nationaldemokraten vorangetrieben. Dabei verfolgte der Präsident – in seinem eigenen Machtinteresse – den organisatorischen Aufbau des Staates und die Klärung der Kompetenzen zwischen den Staatsorganen. Die internationale Offenheit stand nicht auf der Tagesordnung des Präsidenten, der diese Etappe der Verfassungsgebung personifizierte. Die Ausarbeitung der internationalen Offenheit war unausweichlich an die Debatten über die außenpolitische Ausrichtung des Staates geknüpft und barg hohes Konfliktpotential. Dies konnte eindeutig eine schnelle Einigung auf einen Verfassungsvertrag erschweren.

Der Verfassungsvertrag befasste sich ausschließlich mit den Regierungskonzepten. Die internationale Öffnung war nur dann angesprochen, wenn sie die Kompetenzen der Staatsgewalten betraf, wie bspw. die Vertragsabschlusskompetenz. Nach Art. 19 Abs. 2 und Art. 24 Punkt 14 vertrat der Präsident die Ukraine in den zwischenstaatlichen Beziehungen, leitete die Verhandlungen und unterzeichnete die völkerrechtlichen Verträge. In Art. 17 Abs. 1 Punkt 9 wurde dem Parlament die Kompetenz zugeschrieben, die völkerrechtlichen Verträge zu ratifizieren und zu kündigen und einen Vertragsbeitritt und -abschluss zu verkünden.

6.4.3 Die dritte Etappe: Sinkendes Interesse der Beteiligten an der offenen Staatlichkeit

6.4.3.1 Die Charakteristika der letzten Phase der Verfassungsgebung

Die letzte Etappe der Verfassungsannahme war die hitzigste: Alle Beteiligten hatten Interesse an einer schnellen Verfassungsverabschiedung. Im Vordergrund standen allerdings die Ausarbeitung funktionsfähiger Institutionen und die Einigung bei ideologisch geprägten Themen wie Staatssymbole, Staatssprache und außenpolitischer Kurs des Landes.

Alle Parteien im Parlament verfolgten das gemeinsame Ziel, die geltenden umfangreichen Kompetenzen des Präsidenten mit Hilfe einer neuen Verfassung zu beschneiden. Obwohl die Streitigkeiten über die Organisation der Staatsgewalt die Verfassungsdebatten stark dominierten, ist im Ergebnis kein wirksamer Kompromiss, sondern eine situative Lösung entstanden. Dies wird bestätigt durch die Versuche, die im Jahr 1996 angenommene Kompetenzaufteilung zu ändern.[221]

Der zweite Hauptdiskussionsgegenstand betraf Aspekte, die zur symbolischen Konsolidierung des Staates und der Nation beitragen sollten, wie Staatssprache, Staatssymbole und Definition des Volkes. Bei diesen ideologisch geladenen Themen verfolgten die parlamentarischen Fraktionen kein gemeinsames Ziel, was zu einer intensiveren inhaltlichen Auseinandersetzung mit der Problematik führte. Folglich stellte sich die Einigung bei diesen Fragen weniger als ein situativer, sondern mehr als ein durchdachter und ergiebiger Kompromiss heraus.

Grundsätzlich kristallisierte sich in der Endphase der Verfassungsentstehung eine sinkende Bedeutung bezüglich der Inkludierung der Grundsätze offener Staatlichkeit heraus, deren Gründe jedoch den Parlamentsverhandlungen nicht konkret entnommen werden können. Im Vergleich zur Relevanz des Völkerrechts in den ersten Tagen der ukrainischen Unabhängigkeit scheint es, dass mit der steigenden Legitimität des Staates gegenüber seinem Volk und der gestärkten Anerkennung durch die internationale Gemeinschaft die Bedeutung der Öffnung für das Völkerrecht und supranationale Integration in den Verfassungsdebatten schwand.

Bemerkenswert ist zudem die Tatsache, dass die die offene Staatlichkeit tragenden Facetten in der ukrainischen Verfassung vor dem Hintergrund einer präsidialen Regierungsform existierten. Die Vermutung liegt nahe, dass die Öffnung für das Völkerrecht und die Rücksichtnahme auf die

---

221 Exemplarisch dazu das Präsidentendekret zur Verkündung des gesamtukrainischen Referendums aufgrund der Volksinitiative, Nr. 65/2000 v. 15.01.2000. Der dem Volk gestellten Fragen betraffen die Verfassungsänderungen, mit denen die folgende Stärkung der Präsidentenkompetenzen angestrebt wurde: die Einführung des Rechts des Präsidenten das Parlament auszulösen, wenn es innerhalb eines Monates nicht im Stande ist, eine parlamentarische Mehrheit zu bilden, oder innerhalb von 3 Monaten den durch die Regierung vorgelegten Haushalt zu billigen; die Einschränkung der parlamentarischen Immunität und Verringerung der Anzahl der Parlamentsabgeordneten von 450 auf 300; die Einführung eines Zweikammerparlaments.

internationalen Normen Parlamentarier und Volk dazu bringen sollten, im Gegenzug die erweiterten Kompetenzen des Präsidenten zu akzeptieren. Die umfassenden Präsidentenkompetenzen wurden im Verfassungsentwurf der Expertengruppe vom *November 1995* vorgesehen. Zugleich wurde hier die offene Staatlichkeit ausführlich festgeschrieben.[222] Diese drückte sich zum einen durch die klare Regelung zur innerstaatlichen Stellung des Völkerrechts aus. Nach Art. 9 bildeten alle völkerrechtlichen Verträge der Ukraine und das Völkergewohnheitsrecht Bestandteile des ukrainischen Rechtssystems. Den durch Gesetze gebilligten Verträgen wurde übergesetzlicher Rang zugesprochen, indem sie nach Art. 158 Abs. 2 als ein Prüfungsmaßstab für das Verfassungsgericht dienen sollten. Zum anderen wurde in Art. 68 die Bereitschaft der Ukraine erklärt, im Rahmen eines Referendums über einen Beitritt zu zwischenstaatlichen Zusammenschlüssen zu entscheiden.

Jedoch schrumpfte das Konzept der internationalen Offenheit im Laufe der Überarbeitung des Verfassungsentwurfs *vom November 1995* durch die VerfKOM. Seine neue Fassung vom *März 1996* enthielt weder eine Integrationsklausel, noch die ausdrückliche Inkorporationsgrundlage für das Völkergewohnheitsrecht und die nicht durch das Parlament gebilligten völkerrechtlichen Verträge. Diese weniger umfassende Version der internationalen Öffnung war die Grundlage, über die das Parlament in den letzten Sitzungen zur Verfassungsannahme zu entscheiden hatte. Im Zuge der Parlamentsverhandlungen wurde versucht, den Verfassungstext um eine Integrationsklausel und Grundlage für die innerstaatliche Geltung des Völkervertragsrechts und der allgemein anerkannten Grundsätze und Normen des Völkerrechts zu ergänzen.

6.4.3.2 Der Verzicht auf Integrationsklausel und ausdrückliche Öffnung für das Völkergewohnheitsrecht

Die innerstaatliche Geltung der allgemein anerkannten Grundsätze und Normen des Völkerrechts wurde im Zusammenhang mit der Verfassungsvorschrift zur Außenpolitik diskutiert und aus diesem Grund

222 S. den Verfassungsentwurf vom November 1995 im Anhang, Tab. 2 „Genese der die offene Staatlichkeit tragenden Verfassungsnormen."

durch ideologische Streitigkeiten über den außenpolitischen Kurs der Ukraine überschattet.

Grundsätzlich einigten sich alle parlamentarischen Kräfte reibungslos auf einen Minimalkonsens, wonach die außenpolitische Tätigkeit des Staates auf die nationalen Interessen und die Staatssicherheit ausgerichtet werden solle, die durch friedliche und gemeinnützige Zusammenarbeit mit den Mitgliedern der internationalen Gemeinschaft „aufgrund"[223] der allgemein anerkannten Grundsätze und Normen des Völkerrechts zu gewährleisten seien.

Des Weiteren sollte diese Verfassungsvorschrift nach Auffassung der linken Fraktion im Parlament zugleich die Grundlage für die Integration der Ukraine in politische und wirtschaftliche Staatsunionen beinhalten. Aufgrund der wahren Motivationen der sich sonst als international bezeichnenden Kommunisten und aufgrund der negativen Konnotation des Begriffs der „Union" bedingt durch die historische Erfahrung der Zugehörigkeit zur UdSSR lehnten die übrigen parlamentarischen Kräfte den Vorschlag der Linken jedoch ab. Dem Parlamentssprecher *Oleksander Moroz* gelang es durch seine Diskussionsleitung, die Annahme der vorgeschlagenen Integrationsklausel in ihren unterschiedlichen Formen (mit und ohne Erwähnung der GUS oder der „Union der souveränen Staaten" oder auch anderer internationalen Organisationen) zu verhindern.[224]

---

223 Vor zweiter Lesung hat das Ad-hoc-Komitee den Ausdruck „aufgrund" mit „im Einklang" ausgetauscht, was aber den Wesensgehalt des Artikels nicht verändert hat. Die Verfassung-UKR v. 1996, Art. 18: „Die außenpolitische Tätigkeit des Staates ist darauf ausgerichtet, die nationalen Interessen und die Sicherheit zu gewährleisten, indem die friedliche und gemeinnützige Zusammenarbeit mit den Mitgliedern der internationalen Gemeinschaft im Einklang mit den allgemein anerkannten Grundsätzen und Normen des Völkerrechts unterstützt wird."

224 Vgl. die Parlamentssitzung Nr. 101, am 24. Juni 1996, um 10 Uhr, Ziff. 69 ff. Da alle Fraktionen damit einverstanden waren, dass die außenpolitische Tätigkeit des Staates im Einklang mit den allgemein anerkannten Grundsätzen und Normen des Völkerrechts erfolgen soll, hat der Parlamentssprecher vorgeschlagen, dies erst mal als einen gesamten Artikel anzunehmen und anschließend über die vorgeschlagenen Ergänzungen zum Artikel abzustimmen. Keine der Ergänzungen hat die notwendige Verfassungsmehrheit erreicht. Es wurde auch vorgeschlagen, Kriegspropaganda in der Verfassungsvorschrift ausdrücklich zu verbieten oder auch die allgemein anerkannten Grundsätze des Völkerrechts, die in der Satzung der Vereinten Nationen verankert sind, aufzuzählen. Allerdings fand dies keine Zustimmung im Parlament.

Die europäisch ausgerichteten Nationaldemokraten wagten es dagegen nicht, einen europäischen Bezug in der Verfassung zu verankern. Dies lag daran, dass die grundsätzliche Einigung auf die Verfassung und die Stärkung des Nationalstaates bei den Nationaldemokraten im Vordergrund standen.

Während der Verhandlungen klangen die Ansichten über die deklaratorische Bedeutung der Integrationsklausel und über die Gefährdung der Verfassungsstabilität durch einen Verweis auf die Namen internationaler Organisationen oder zwischenstaatlicher Zusammenschlüsse an.[225] Folglich enthält die ukrainische Verfassung von 1996 keine Namen der internationalen Organisationen, nicht einmal den der Vereinten Nationen.

6.4.3.3 Die Inkorporation der völkerrechtlichen Verträge

Die Abstimmung über Art. 9[220] zur innerstaatlichen Inkorporation von den durch die Werchowna Rada gebilligten völkerrechtlichen Verträgen verlief unproblematisch.

Das einzige Hindernis, aufgrund dessen diese Verfassungsvorschrift zunächst die Verfassungsmehrheit verfehlte, war, dass sich die politischen Blöcke nicht auf die Bezeichnung des Parlaments einigen konnten. Die Nationaldemokraten wehrten sich gegen den an das alte System erinnernden Namen „Oberster Rat“ und wollten die Bezeichnungen „Nationaler Rat“ oder „Nationalversammlung“ durchsetzen, worauf sich die linke Fraktion nicht einlassen wollte.[227] So stand der ideologisch geprägte Kampf zwischen alter und neuer

---

225 Vgl. die Parlamentssitzungen Nr. 101, am 24. Juni 1996, um 10 Uhr, Ziff. 63 ff. und Nr. 102 am 24. Juni. 1996 um 16 Uhr Ziff. 33. Die Argumentation des Parlamentssprechers *O. Moroz* bezog sich darauf, dass die Namen der Organisation sich ändern oder die Organisationen an sich zu existieren aufhören könnten, was häufige Verfassungsänderungen herbeiführen würde. Dies widerspreche dem stabilen Charakter der Verfassung.

226 Verfassung-UKR v. 1996, Art. 9: „Die gültigen völkerrechtlichen Verträge, deren Verbindlichkeit die Werchowna Rada der Ukraine zugestimmt hat, stellen einen Bestandteil der nationalen Gesetzgebung der Ukraine dar.
Der Abschluss derjenigen völkerrechtlichen Verträge, die der ukrainischen Verfassung widersprechen, ist erst nach den entsprechenden Verfassungsänderungen möglich.“

227 Vgl. die Parlamentssitzung Nr. 103, am 25. Juni 1996, um 10 Uhr, Ziff. 97 ff. Nach dem Vorschlag, den Namen des Parlaments später bei der Annahme des Verfassungskapitels über die Legislative zu klären, wurde Art. 9 reibungslos angenommen. Im Ergebnis hat sich die linke Fraktion durchgesetzt: „Werchowna Rada“ bedeutet übersetzt ins Deutsche „Oberster Rat“.

Rechtsordnung im Vordergrund und drängte die anderen Unvollkommenheiten der Bestimmung wieder in den Schatten.

Es ist den Parlamentssitzungen nicht konkret zu entnehmen, warum nicht zugleich die Vorschläge über unmittelbare Anwendung der Verträge und die Pflicht zur Veröffentlichung der Verträge in Art. 9 aufgenommen wurden. Auch die Verfassungsregelung zu einem innerstaatlichen Rang der völkerrechtlichen Verträge wurde durch die Mehrheit im Parlament als belanglos empfunden. Als Begründung galt dabei die Selbstverständlichkeit, dass die völkerrechtlichen Verträge sich in den Kollisionsfällen den nationalen Gesetzen gegenüber durchsetzen. Darüber hinaus wurde ihr Anwendungsvorrang zum Zeitpunkt der Verfassungsannahme in dem Gesetz über die völkerrechtlichen Verträge von 1993 festgelegt.[228] Viel wichtiger erschien es den Parlamentariern, den Verfassungsvorrang vor den Verträgen festzuschreiben. Während der Verfassungsdebatten wurden der rechtstheoretische Unterschied zwischen dem Unterverfassungsrang der Verträge und ihrem Vorrang vor den Gesetzen und auch die rechtlichen Folgen der Regelung des Verhältnisses von Völkerrecht und ukrainischem Recht durch ein einfaches Gesetz nicht deutlich erklärt und erkannt.[229]

Im Ergebnis erfüllt die Verfassung von 1996 von allen Anforderungen, die das Verfassungskonzept von 1990 an die internationale Offenheit des ukrainischen Staates stellte und die als eine Art methodologische Leitsatz für die Ausarbeitung des Verfassungstextes gedacht waren, nur einen. Die innerstaatliche Geltung des Völkerrechts ist in dem den Verfassungsänderungen gegenüber stärker gesicherten Verfassungsteil „Allgemeine Grundlagen" festgelegt. Weder die Integrationsklausel noch die vorrangige Geltung des Völkergewohnheits- und Völkervertragsrechts, noch die besondere Rechtsstellung der Menschenrechtsverträge fanden in der Verfassung von 1996 Beachtung.

---

228 Gesetz über die völkerrechtlichen Verträge Nr. 3767-XII v. 22.12.1993, Art. 17 Abs. 2: „Falls ein internationaler Vertrag, der in Form eines Gesetzes abgeschlossen wurde, andere Regeln als die ukrainische Gesetzgebung festschreibt, sind die Vertragsnormen anzuwenden."

229 Vgl. die Parlamentssitzung Nr. 100, 21. Juni 1996, um 10 Uhr, Ziff. 45 ff. In zweiter Lesung versuchte der Abgeordnete *N. Hudomaka* vergebens die Parlamentarier zu überzeugen, das Verhältnis zwischen den Verträgen und Gesetzen in der Verfassung zu regeln.

6.5 Zwischenfazit: Die offene Staatlichkeit in der ukrainischen Verfassung als ein situativer Minimalkonsens

Allerdings spielte sowohl das Völkerrecht als auch der europäische Integrationsprozess während der Verfassungsausarbeitung eine wichtige Rolle. Dies belegt, dass die Beteiligten einen für internationale Zusammenarbeit offenen Staat verfassen wollten.

Die internationalen Standards sowie andere europäische Verfassungen wurden in den Verhandlungen immer wieder als Vorbilder und Argumentationshilfen herangezogen. [230] So wurden im Laufe der Parlamentsdebatten in den Verfassungstext bewusst völkerrechtlich geprägte Begriffe und Begriffsmerkmale aufgenommen, wie das Beispiel des Begriffs der nationalen Minderheiten zeigt: Bei der Definition des Begriffs der „Minderheiten" wurde darauf verwiesen, dass der Begriff in den internationalen Dokumenten und durch die Vereinten Nationen benutzt werde und keine Minderwertigkeit ausdrückende Konnotation berge.[231] Diese Praxis macht die Verbindung zwischen der ukrainischen Verfassung und den völkerrechtlichen Standards deutlich. Auch die Annahme der ukrainischen Verfassung von 1996 wurde zum Teil als die Erfüllung der völkerrechtlichen Verpflichtung dem Europarat gegenüber und damit als eine Entscheidung der Ukraine für Europa gefeiert.

Das Modell der offenen Staatlichkeit in der ukrainischen Verfassung erweist sich als ein situativer Minimalkonsens, den alle Beteiligten akzeptieren konnten. Für die schwach ausprägte internationale Offenheit war zum Teil die Knüpfung der Öffnung des Staates an die Positionierung gegenüber der Russischen Föderation entscheidend. Die klare Festlegung des außenpolitischen Kurses – so wurde befürchtet – würde zur brüchigen Integrität des Landes beitragen und die Einigung auf den Verfassungstext

---

230 Vgl. die Parlamentssitzung Nr. 104, am 25. Juni 1996, um 16 Uhr: Die Verhandlung über Meinungsfreiheit; die Parlamentssitzung Nr. 89, am 04. Juni 1996, um 16 Uhr: Die Kommunisten erklärten ihre Ablehnung mancher Verfassungsnormen damit, dass sie den internationalen Standards nicht entsprechen; die Parlamentssitzung Nr. 107, am 27/28. Juni 1996: Die Abschaffung des doppelten Abgeordnetenmandats war mit der Verpflichtung der Ukraine nach dem IPbpR v. 1966 begründet.

231 Vgl. die Parlamentssitzung Nr. 106, am 26. Juni 1996, um 10 Uhr.

erschweren. Dadurch konnten die Beteiligten die ausführliche Debatte zur Öffnung der Ukraine für den supranationalen Integrationsprozess nicht leisten.

Eine weitere Erklärung liefert auch die ukrainische Rechtstradition. Gemeint sind damit die Tradition, vieles erst auf gesetzlicher und untergesetzlicher Ebene zu regeln, und die Abwesenheit einer klaren Pyramide der Rechtsnormen zum Zeitpunkt der Verfassungsannahme. Deswegen klang es in den Verfassungsdebatten für die Beteiligten überzeugend, das Rangverhältnis der Verträge in einem einfachen Gesetz und nicht in der Verfassung festzuschreiben, um die Durchsetzung der ratifizierten Verträge gegenüber den Gesetzen zu sichern.

Fraglich bleibt, ob die Einigung auf die in der Verfassung verbürgte offene Staatlichkeit durchdacht war und ob deren Folgen den Verfassungsschöpfern bei der Verfassungsannahme bewusst waren. Hier ist an die Ausarbeitung der Regierungsform zu erinnern. Den Beteiligten war bei der Verfassungsannahme klar, dass die Aufteilung der Kompetenzen zwischen den Staatsgewalten keinen idealen strategischen Kompromiss darstellte und dass sogar baldige Änderungen unvermeidlich würden.[232] Diese partielle Wahrnehmung der ukrainischen Verfassung als eine Interimsverfassung[233] lässt vermuten, dass auch die Grundlagen der internationalen Öffnung eine vorübergehende Lösung darstellen sollten.

Problematisch wird dieser Ansatz, wenn das erschwerte Änderungsverfahren dieser Grundlagen mitberücksichtigt wird. Auch die späteren Versuche, die Verfassung zu ändern, und die Verfassungsreform von 2004 sprechen gegen die geäußerte Annahme. Sie bezogen sich vorwiegend auf eine neue Aufteilung der Organkompetenzen. Innerhalb der Verfassungsreform von 2004 wurden weder die bestehende Öffnung für das Völkerrecht geändert noch neue Integrationsgrundlagen ausgearbeitet. Die

232 Auch der Parlamentssprecher *O. Moroz* äußerte sich am Tag der Verfassungsannahme über die Unvollkommenheiten der Verfassung und die Notwendigkeit der Verfassungsänderungen, vgl. *O. Moroz*, In der Pressekonferenz am 28. Juni 1996, abgedruckt in „Stimme der Ukraine“ v. 02.07.1996, S. 1 (ukr.).

233 Vgl. die Parlamentssitzung Nr. 98 am 19. Juni 1996, um 10 Uhr: In den Parlamentsdebatten war immer wieder zu hören, dass der zur Abstimmung stehende Verfassungsentwurf ein Entwurf der vorübergehenden Verfassung sei.

Verfassungsänderungen von 2004 sollten die stärkere parlamentarische Republik mit dem schwachen Präsidenten einführen.[234] Statt jedoch zu mehr institutioneller Stabilität zu führen, stärkte die Verfassungsreform von 2004 die herausragende Rolle des Präsidenten und trug zur Gefährdung der Kohärenz der Regierung bei (das sogenannte Problem des *dual government*).[235] Daraufhin waren die ersten Verfassungsänderungen auch der Impuls für die laufende Verfassungsreform, die im Jahr 2007 der damalige Präsidenten *Wiktor Juschtschenko (Januar 2005 – Februar 2010)* einleitete.[236]

7 Fazit

Der ukrainische Verfassungsgeber bestimmte die Ukraine als einen demokratischen, für die internationale Kooperation offenen Verfassungsstaat. Die offene Staatlichkeit zeigt sich in den Verfassungsaussagen zu dem völkerrechtskonformen Kooperationsgebot, der innerstaatlichen Übernahme der völkerrechtlichen Verträge und dem internationalisierten Menschenrechtsschutz. Die internationalen Verträge der Ukraine ergänzen nach der Billigung der Legislative das nationale Rechtsquellensystem. Somit wird das Rechtssetzungsmonopol des nationalen Gesetzgebers eingehegt.

---

234 Im Laufe der Orangen Revolution, Dezember 2004, wurde die Annahme der Verfassungsänderungen, (Verfassungsänderungsgesetz Nr. 2222 v. 8.12.2004) gegen die durch die pro-orangen Kräfte vorgeschlagenen Änderungen des Präsidentenwahlgesetzes ausgehandelt.

235 Vgl. Opinion No. 339/2005 of the Venice Commission on the Amendments to the Constitution of Ukraine adopted on 8. December 2004, adopted by the Commission on 10-11 June 2005, CDL-AD(2005)015. Nach den Verfassungsänderungen v. 2004 nominierte der Ministerpräsident alle Minister mit der Ausnahme von den Außen- und Verteidigungsministern, die durch den Präsidenten vorgeschlagen wurden (Art. 85 Abs. 1 Punkt 12); das Ministerkabinett ist nicht nur vor dem Parlament, sondern auch vor dem Präsidenten verantwortlich (Art. 113 Abs. 2) und die Gesetzgebungsinitiativen des Präsidenten und der Regierung wurden beibehalten (Art. 93). Des Weiteren wurde mit den Verfassungsänderungen v. 2004 das obligatorische Abgeordnetenmandat (Art. 81 Abs. 2 Punkt 6) und die Aufsichtsfunktion der Staatsanwaltschaft (Art. 121 Abs. 5) eingeführt, was vor dem Hintergrund der demokratischen und rechtsstaatlichen Reformen als ein Rückstand zu bewerten ist.

236 Präsidentendekret über den Nationalen Verfassungsrat, Nr. 1294/2007 v. 27.12.2007. Dazu, dass die Verfassungsreform bereits durch die Verfassungsgerichtsentscheidung v. 2010 aufgehoben wurde, Ent. Nr. 20-рп/2010 v. 30.09.2010 *(Rs. des Verfassungsänderungsverfahrens)*, s. ► Einleitung des Buches.

Der internationalisierte Menschenrechtsschutz ist darauf ausgerichtet, die Ausschließlichkeit der Staatsgewalt zu überwinden und zusätzlich extrastaatlichen Rechtsschutz für das Individuum zu schaffen.

Neben einem allgemeinen Kooperationsgebot beinhaltet die ukrainische Verfassung keine ausdrückliche Ermächtigung zur institutionalisierten internationalen Zusammenarbeit. Zugleich wird hier nicht explizit vorgesehen, dass die Bewahrung der Verfassungsessentialia eine Voraussetzung für die internationale und supranationale Zusammenarbeit des Staates darstellt. Aufgrund des Verfassungsvorrangs vor dem Völkerrecht ist einem völkerrechtlichen Gesetzgeber der änderungsfeste Kern der ukrainischen Verfassung zu entziehen. Die Funktionen der änderungsfesten Verfassungsessentialia lassen sich aus dem Verfassungsentstehungsprozess ermitteln: Sie verbieten den Beitritt der Ukraine zu einem Bundesstaat sowie jegliche Vorgänge, welche die territoriale Integrität der Ukraine gefährden oder verfassungsrechtlichen Menschenrechtsschutz mindern könnten. In den Augen des ukrainischen Verfassungsgerichts genügt es, wenn die Rechtsakte einer internationalen Einrichtung, die nach dem Gründungsvertrag die Rechtsstellung ukrainischer Bürger unmittelbar rechtsbindend beeinflussen können, die menschenrechtlichen Standards achten, die im Wesentlichen dem Grundrechtsschutz nach der ukrainischen Verfassung gleichen. Aus den laufenden Verfassungsdebatten und den Vorstellungen des Verfassungsgerichts zur Totalrevision der geltenden ukrainischen Verfassung folgt, dass das ukrainische Volk allein über die Ewigkeitsgarantien der Verfassung in einem Volksreferendum entscheiden darf.

Trotz des umfassenden Schutzes der Souveränität in dem Verfassungstext ist das Souveränitätsdogma in der ukrainischen Verfassungsordnung praktisch völkerrechtsfreundlich angelegt. Folgt man der bisher nur einmal vertretenen Rechtsposition des Verfassungsgerichts, wird zwischen Souveränität und Souveränitätsausübung unterschieden. Dabei kann die Souveränitätsausübung durch die Tätigkeit einer internationalen Organisation – wie bspw. unmittelbare völkerrechtliche Bindung des Staates an die Entscheidungen einer Organisation oder sogar unmittelbare innerstaatliche Geltung solcher Entscheidungen gemäß dem Gründungsvertrag der

Organisation – aufgrund der verfassungskonformen Zustimmung des Parlaments zum Organisationsbeitritt beschränkt werden. Dennoch kann daraus kein Schluss über die Verfassungskonformität der Übertragung von Hoheitsrechten auf eine übergeordnete politische Einheit gezogen werden. Im Gegensatz zur Unterordnung unter einen supranationalen Hoheitsträger bedeutet die Beschränkung der Hoheitsrechte oder der Souveränitätsausübung die Übernahme der Handlungs- und Unterlassungspflichten, die im Vertragswerk ausdrücklich enthalten sind.

Da die Facetten der offenen Staatlichkeit die für einen Staat existenziellen Fragen regeln, bilden sie die Grundlagen der ukrainischen Verfassungsordnung. Somit können sie nur aufgrund eines Volksentscheids modifiziert werden. Die Festschreibung der Schlüsselnormen der internationalen Offenheit im wichtigsten Verfassungsteil korrespondiert mit einer der Hauptaufgaben der ukrainischen Verfassung, nämlich der Konsolidierung des Staates. Auch durch die allgemeine Formulierung der Verfassungsklauseln wird diese Hauptaufgabe der Verfassung nicht gefährdet. Einerseits erlaubt die allgemeine Formulierung, dass die für die Existenz des Staates bedeutenden Aspekte zugunsten der internationalen Öffnung durch einfache Gesetze ausgebaut werden können. Andererseits können durch diese Methode die Öffnungsinstrumente vielmehr quantitativ als qualitativ zunehmen. Im Gegensatz zu den Öffnungsklauseln in der Verfassung hängen die gesetzlichen, die internationale Offenheit tragenden Grundlagen mehr vom Auf und Ab in den tagespolitischen Zielvorstellungen ab.

Eine große Rolle spielte die internationale Öffnung in den ersten Jahren des neu entstandenen Staates: In dieser Zeit diente die internationale Zusammenarbeit der Bestätigung der Ukraine, ein unabhängiger Staat zu sein, dem das Völkerrecht zum Schutz der inneren Souveränität diente. Die Verfassungsentwürfe für ein präsidiales Regierungssystem weisen im Vergleich zu den Entwürfen für ein parlamentarisches Regierungssystem die umfassenderen Öffnungsklauseln auf. Die Vermutung liegt nahe, dass aufgrund der fehlenden Loyalität der Bevölkerung gegenüber den bestehenden staatlichen Institutionen das Staatsoberhaupt durch die Öffnung für das Völkerrecht einen Rückhalt in der Bevölkerung finden wollte.

Allerdings knüpften die am Verfassungsprozess Beteiligten die internationale Öffnung an eine klare Entscheidung bezüglich des außenpolitischen Kurses des Staates, wodurch gegensätzliche Interessen wichtig wurden: Die linke Parlamentsfraktion ersehnte sich eine Union mit Russland; die Demokraten wagten dagegen angesichts der für sie vorrangigen Konsolidierung der Ukraine als unabhängiger Staat keine verfassungsrechtliche Absicherung der Integration in die Europäische Union. Somit war die Ausarbeitung der Öffnungsinstrumente kontinuierlich von ideologischen Streitigkeiten begleitet, die eine schnelle Einigung auf einen Verfassungstext erheblich gefährden könnten. Zur randständigen Bedeutung der offenen Staatlichkeit in der letzten und intensivsten Phase der Verfassungsentstehung trug auch die vordringliche Aufgabe bei, die institutionelle Funktionsfähigkeit des ukrainischen Staates zu sichern. In der Konsequenz stellt das schwache Modell der offenen Staatlichkeit im ukrainischen Verfassungstext einen situativen Minimalkonsens dar, den alle Beteiligten sofort akzeptieren konnten. Aufgrund des erschwerten Änderungsverfahrens der Öffnungsklauseln kann hier nicht – wie im Fall der Regierungsform – behauptet werden, dass dieser Kompromiss als eine vorübergehende Lösung gedacht war. Zugleich ist aus dem Verfassungsprozess ersichtlich, dass dessen Rechtsfolgen den Akteuren der Verfassungsausarbeitung nicht bewusst gewesen waren.

Zusammengefasst deutet die vorstehende Beschreibung der offenen Staatlichkeit mit ukrainischen Verfassungsvorschriften auf die Öffnung des Staates für internationale Kooperation und Weltbezogenheit sowie eine Distanziertheit zur supranationalen Integration hin. Obwohl nicht ausgereift, bezeugen die vorgebrachten Verfassungsgrundlagen ein Potenzial, das durch den Gesetzgeber und die Verfassungspraxis weiterentwickelt werden kann. Mit den detaillierten Auswirkungen dieser Rechtslösung auf die ukrainische Rechtsordnung und die Rechtsanwendungspraxis befassen sich die weiteren Kapitel dieser Studie in Einzelheiten.

Teil 2: Die Öffnung der ukrainischen Rechtsordnung für die allgemein anerkannten Grundsätze und Normen des Völkerrechts

Als erstes ist hier auf Art. 18 der Verfassung einzugehen. Wie bereits festgestellt wurde, kann Art. 18 als ein Kooperationsgebot erachtet werden.[237] Hiernach werden die Staatsorgane angehalten, die außenpolitische Tätigkeit der Ukraine im Einklang mit den allgemein anerkannten Grundsätzen und Normen des Völkerrechts auszuüben.

Die nachfolgend durchgeführte Analyse der genannten Verfassungsvorschrift, gestützt auf ihren Ausarbeitungsprozess, ihr Zusammenspiel mit anderen völkerrechtsrelevanten Verfassungsnormen und ihre Anwendung durch das Verfassungsgericht zeigt, dass die Funktion von Art. 18 über das Kooperationsgebot hinaus geht. Die Regelung kann vielmehr als eine verfassungsrechtliche Öffnung gegenüber den allgemein anerkannten Grundsätzen und Normen des Völkerrechts aufgefasst werden. Dabei sind die allgemein anerkannten Grundsätze und Normen des Völkerrechts im Sinne von Art. 18 jedoch nur solche des Völkergewohnheitsrechts.

Angesichts des langwierigen verfassungsgebenden Prozesses soll zunächst die Rechtsstellung des Völkergewohnheitsrechts seit der Unabhängigkeit der Ukraine 1991 bis zur Annahme der Verfassung von 1996 in aller Kürze angesprochen werden.

1 Die Rechtsgrundlagen der Einbeziehung des Völkergewohnheitsrechts in die Rechtsordnung der unabhängigen Ukraine bis zur Annahme der Verfassung von 1996

Es wird die Ansicht vertreten, dass bis zur Verabschiedung der Verfassung von 1996 die innerstaatliche Beachtung des Völkergewohnheitsrechts in der ukrainischen Rechtsordnung verfassungsrechtlich nicht geregelt war.

Angenommen, dass der Ausdruck die „allgemein anerkannten Normen des Völkerrechts" das allgemeine Völkergewohnheitsrecht bezeichnete, war die

---

237 Dazu eingehend ► Teil 1 - Kapitel 3, Punkt 3.1.

Souveränitätsdeklaration von 1990 innerhalb der „Triade der Verfassungsakte“ [238] – Verfassung der UkrSSR von 1978, Souveränitätsdeklaration von 1990 umgesetzt durch den Unabhängigkeitsakt von 1991 und Verfassungsvertrag von 1995 – welche die Grundlage der ukrainischen Verfassungsordnung bis zum Jahr 1996 ausmachte, das einzige Dokument, das sich mit dem Völkergewohnheitsrecht befasste. Im Teil der Deklaration „Internationale Beziehungen“ wurde den allgemein anerkannten Normen des Völkerrechts das Primat vor dem nationalen Recht zugesprochen. [239] Dagegen verwies die alte Verfassung der UkrSSR von 1978, selbst nach ihren zahlreichen Änderungen und Ergänzungen, ausschließlich auf das Völkervertragsrecht.[240] Diese Rechtslage blieb auch nach der Verfassungsvereinbarung zwischen dem Präsidenten und dem Parlament von 1995 unverändert.

Aufgrund der unverbindlichen Rechtsnatur der Souveränitätsdeklaration von 1990 [241] ist der dort verbriefte Vorrang der allgemeinen Regeln des Völkerrechts als eine Absichtserklärung zu lesen. Für seine Rechtsgeltung bedurfte er einer Umsetzung in Form eines rechtsverbindlichen Aktes. Der Teil der Souveränitätserklärung „Internationale Beziehungen“ wurde in folgenden Gesetzen weiter ausgearbeitet: im Gesetz über die Geltung der völkerrechtlichen Verträge auf ukrainischem Territorium von 1991[242] und im Gesetz über die völkerrechtlichen Verträge von 1993.[243] Doch bereits aus den Gesetzestiteln geht hervor, dass diese Gesetze die innerstaatliche Beachtung nicht der gewohnheitsrechtlichen, sondern der vertraglichen Völkerrechtsnormen zum Gegenstand hatten.

---

238 So *V. M. Šapoval*, Gegenwärtiger Konstitutionalismus (2005), S. 42 f. (ukr.).

239 Souveränitätsdeklaration, Doc. 55-XII v. 16.07.1990, Teil X, Abs. 3: „Die UkrSSR erkennt [...] das Primat der allgemein anerkannten Normen des Völkerrechts vor dem innerstaatlichen Recht an.“

240 Im Gegensatz zur Verfassung-UkrSSR v. 1978 nahm die Verfassung-UdSSR v. 1977 in Art. 29 Bezug auf die allgemein anerkannten Grundsätze und Normen des Völkerrechts. Die Geltung der Verfassung-UdSSR v. 1977 auf ukrainischem Territorium wurde nach der Souveränitätsverkündung suspendiert, vgl. das Gesetz zur Verfassungsänderung Nr. 404-XII v. 24.10.1990, insb. die Änderung von Art. 71, und das Gesetz zur Verfassungsänderung Nr. 1554-XII v. 17.09.1991, insb. die Änderung von Art. 4.

241 Dazu eingehend ► Teil 1 - Kapitel 4, Punkt 4.2.2.

242 Gesetz Nr. 1953-XII v. 10.12.1991.

243 Gesetz Nr. 3767-XII v. 22.12.1993.

Erst in Art. 18 der ukrainischen Verfassung von 1996 wurde eine Hinwendung des neuen Staates zu den allgemein anerkannten Grundsätzen und Normen des Völkerrechts wie folgt erklärt:

> „Die außenpolitische Tätigkeit des Staates ist darauf ausgerichtet, die nationalen Interessen und die Sicherheit zu gewährleisten, indem die friedliche und gemeinnützige Zusammenarbeit mit den Mitgliedern der internationalen Gemeinschaft im Einklang mit den allgemein anerkannten Grundsätzen und Normen des Völkerrechts unterstützt wird."

Jedoch wirft dieser allgemeine Bezug auf das Völkerrecht eine Reihe von auslegungsbedürftigen Fragen auf, die angesichts der dürftigen Rechtspraxis nicht abschließend beantwortet werden können. Zunächst ist die Bedeutung des Ausdrucks „allgemein anerkannte Grundsätze und Normen des Völkerrechts" unklar. Er wird in der Verfassungsurkunde an keiner weiteren Stelle definiert. Somit ist nicht ersichtlich, welche Völkerrechtsnormen ihrer Rechtsnatur nach – nämlich vertragliche und / oder gewohnheitsrechtliche – durch Art. 18 umfasst werden. Des Weiteren ist fraglich, ob die Verfassungsvorschrift als eine Grundlage für die Übernahme jener Völkerrechtsregeln und die Verpflichtung der Staatsorgane an diese gelten kann. Bevor die mögliche Einbeziehung des Völkerrechts in den innerstaatlichen Bereich aufgrund Art. 18 diskutiert wird, soll die normative Tragweite des Ausdrucks „allgemein anerkannte Grundsätze und Normen des Völkerrechts" ermittelt werden.

2 Die Rechtsquelle(n) der allgemein anerkannten Grundsätze und Normen des Völkerrechts im Sinne von Art. 18 der Verfassung

Einerseits wird in Art. 18 mit den „allgemein anerkannten Grundsätzen und Normen des Völkerrechts" auf die Regeln des Völkerrechts verwiesen. Daher soll die Antwort auf die Frage aus welchen Rechtsquellen diese Regeln fließen können, grundsätzlich im Völkerrecht gefunden werden. Unter den Rechtsquellen des Völkerrechts im juristischen formellen Sinne werden die Erscheinungsformen der verbindlichen Rechtsnormen verstanden. Die Völkerrechtsquellen beschreiben die Voraussetzungen, die erfüllt werden müssen, damit eine Verhaltensregel als eine Völkerrechtsnorm angesehen wird.[244] Traditionell orientiert man sich in Theorie und Praxis an Art. 38 des Statuts des Internationalen Gerichtshofs (StIGH). Hiernach sind die internationalen Übereinkünfte, das internationale Gewohnheitsrecht und die von Kulturvölkern anerkannten allgemeinen Rechtsgrundsätze die Quellen des Völkerrechts.[245]

Andererseits weicht der Ausdruck „allgemein anerkannte Grundsätze und Normen des Völkerrechts" auffällig von der in Art. 38 StIGH verwandten Terminologie ab, was auf eine mögliche besondere Konnotation der Kategorie innerhalb der ukrainischen Rechtsordnung hindeutet. Insofern ist es geboten, bei der Auslegung des Terminus neben dem Völkerrecht auch die ukrainische Rechtsordnung einzubeziehen.

2.1 Die Arten der Völkerrechtsquellen in Art. 38 StIGH

Als erstes werden in Art. 38 StIGH internationale Übereinkünfte genannt. Damit sind internationale Verträge gemeint, die zwischen Staaten und anderen völkerrechtlichen Subjekten geschlossen und vom Völkerrecht bestimmt werden. [246] Sie beinhalten die durch die Vertragsparteien ausdrücklich anerkannten Rechte und Pflichten.

---

244 Zur Definition der Völkerrechtsquellen s. *P. Malanczuk*, Akehurst's Modern Introduction to International Law, 7 ed. (2000), S. 36 f.; *I. Brownlie*, Principles of Public International Law, 5 ed. (1998), S. 2 ff.

245 Art. 38 StIGH v. 1945 wird gewöhnlich als eine Norm betrachtet, die die Rechtsquellen des Völkerrechts konstituiert. Die in Art. 38 lit. d) StIGH aufgeführten richterlichen Entscheidungen und Lehrmeinungen der fähigsten Völkerrechtler stellen keine Rechtsquelle im formellen Sinne dar. Sie sind Hilfsmittel zur Feststellung der bereits existierenden Normen. In der Völkerrechtslehre wird der Standpunkt vertreten, dass die Aufzählung in Art. 38 StIGH für das heutige Völkerrecht nicht abschließend ist, s. dazu *A. Cassese*, International Law, 2 ed. (2005), S. 149 ff.; *I. Brownlie*, Principles of Public International Law, 5 ed. (1998), S. 2 ff.; *R. Geiger*, Grundgesetz und Völkerrecht, 2. Aufl. (1994), S. 73 ff.; *J. Kokott / K. Doehring / T. Buergenthal*, Grundzüge des Völkerrechts, 3. Aufl. (2003), S. 22 ff.; *J. A. Frowein*, The Internal and External Effects of Resolutions by International Organisations, ZaöRV 49 (1989), S. 778 ff.; *T. Schweisfurth*, Zur Frage der Rechtsnatur, Verbindlichkeit und völkerrechtlichen Relevanz der KSZE-Schlussakte, ZaöRV 36 (1976), S. 681 ff.; *K. Skubiszewski*, Recommendations of the United Nations and Municipal Courts, BYIL 46 (1972-73), S. 353 ff.

246 *M. Herdegen*, Völkerrecht, 6. Aufl. (2007), S. 15; *P. Malanczuk*, Akehurst's Modern Introduction to International Law, 7 ed. (2000), S. 36 f.

Die zweite Kategorie der Völkerrechtsquellen bildet das internationale Gewohnheitsrecht. Eine Völkergewohnheitsregel widerspiegelt sich in „allgemeiner, beständiger Übung der Staaten, der diese aus der Überzeugung einer rechtlichen Verpflichtung nachkommen."[247] Es besteht aus zwei Elementen: allgemeine Staatenpraxis und Anerkennung der Staatenpraxis als Recht *(opinio iuris)*. Obwohl das Völkergewohnheitsrecht für die gesamte internationale Gemeinschaft gilt, wird für sein Entstehen keine universelle Anerkennung verlangt. Die Staaten können sich nur während des Rechtserzeugungsprozesses vom Völkergewohnheitsrecht ausschließen, indem sie sich einer Praxis beharrlich widersetzen.[248] Dennoch trifft dies nicht auf die universellen Regeln von fundamentaler Bedeutung für die Staatengemeinschaft zu. Im Gegensatz zu den meisten Völkergewohnheitsrechtsnormen besitzen sie einen zwingenden Charakter. Dies sind die Normen des *ius cogens*.[249] Unter den Völkerrechtswissenschaftlern und in der Praxis der Staaten besteht keine Einigkeit über den Bestand solcher Normen. Die Definition des *ius cogens* wird Art. 53 Satz 2 der Wiener Vertragsrechtskonvention von 1969 (WVRK) entnommen. Hiernach umfasst *ius cogens* die Normen, von denen nicht abgewichen werden darf und die nur durch eine entgegenstehende Norm derselben Rechtsnatur geändert werden können. Mittelweile werden das Verbot des Angriffskrieges, elementare Menschenrechte (wie das Verbot des Völkermords, der Folter, der Sklaverei oder der Rassendiskriminierung) sowie das Selbstbestimmungsrecht der Völker vorwiegend dem *ius cogens* zugerechnet.[250]

---

247 *J. Kokott / K. Doehring / T. Buergenthal*, Grundzüge des Völkerrechts, 3. Aufl. (2003), S. 25; S. auch *M. Herdegen*, Völkerrecht, 6. Aufl. (2007), § 16; *K. Ipsen*, Völkerrecht, 5. Aufl. (2004), § 16; *P. Malanczuk*, Akehurst's Modern Introduction to International Law, 7 ed. (2000), S. 42; *S. Hobe / O. Kimminich*, Einführung in das Völkerrecht, 8 Aufl. (2004), S. 184.

248 Vgl. *P. Malanczuk*, Akehurst's Modern Introduction to International Law, 7 ed. (2000), S. 42; *M. Herdegen*, Völkerrecht, 6. Aufl. (2007), § 16 Rn. 13.

249 Zum *ius cogens* s. *K. Ipsen*, Völkerrecht, 5. Aufl. (2004), § 16 Rn. 41 f.; *P. Malanczuk*, Akehurst's Modern Introduction to International Law, 7 ed. (2000), S. 57; *A. Cassese*, International Law, 2 ed. (2005), S. 138 ff.; *S. Kadelbach*, Zwingendes Völkerrecht (1992).

250 Vgl. *A. Cassese*, International Law, 2 ed. (2005), S. 141; *M. Herdegen*, Völkerrecht, 6. Aufl. (2007), § 16 Rn. 14.

Es ist auch denkbar, dass die bindende Wirkung einer Völkergewohnheitsrechtsnorm sich nur auf die Staaten einer bestimmten Region beschränkt. Dann wird von regionalem oder partikularem Völkergewohnheitsrecht gesprochen, wie z. B. im Fall bestimmter Menschenrechtsstandards in Europa.[251]

Als drittes werden in Art. 38 StIGH die von Kulturvölkern anerkannten Rechtsgrundsätze aufgezählt. Sie umfassen innerstaatliche Rechtssätze, die in den großen Rechtssystemen gelten und auf internationale Sachverhalte übertragbar sind.[252] Sie können im Wege der Rechtsvergleichung gewonnen werden. Zu den allgemeinen Rechtssätzen gehören bspw. die der juristischen Logik entsprechenden Regeln wie *lex specialis derogat legi generali* und *lex posterior derogat legi priori*, sowie auch die allgemeinen Grundsätze materieller Natur wie das Prinzip von Treu und Glauben.[253] Von den allgemeinen Rechtsgrundsätzen sind die allgemeinen Grundsätze des Völkerrechts wie bspw. der Grundsatz der souveränen Gleichheit der Staaten zu unterscheiden. Die allgemeinen Grundsätze des Völkerrechts stellen die elementaren Regeln dar, welche die Koexistenz der Staaten sichern und dadurch als „Verfassungsrecht" der Völkerrechtsgemeinschaft bezeichnet werden können.[254] Sie mögen ursprünglich als allgemein anerkannte Rechtssätze gegolten haben. Aber sie haben sich dermaßen in der Staatenpraxis verfestigt und sind mittlerweile so bestimmend für den Charakter der Völkerrechtsordnung, dass sie zum Völkergewohnheitsrecht geworden sind.[255]

---

251 *M. Herdegen*, Völkerrecht, 6. Aufl. (2007), § 16 Rn. 2; *J. Kokott / K. Doehring / T. Buergenthal*, Grundzüge des Völkerrechts, 3. Aufl. (2003), S. 25.

252 *M. Herdegen*, Völkerrecht, 6. Aufl. (2007), § 17; *K. Ipsen*, Völkerrecht, 5. Aufl. (2004), § 17; *S. Hobe / O. Kimminich*, Einführung in das Völkerrecht, 8. Aufl. (2004), S. 189.

253 *J. Kokott / K. Doehring / T. Buergenthal*, Grundzüge des Völkerrechts, 3. Aufl. (2003), S. 28.

254 Vgl. *R. Geiger*, Grundgesetz und Völkerrecht, 5. Aufl. (2010), § 21, S. 81. Zum Völkergewohnheitsrecht als Kompetenz- bzw. Verfassungsordnung der Völkerrechtsgemeinschaft s. *A. Bleckmann*, Verfassungsrang der Europäischen Menschenrechtskonvention? EuGRZ 1994, 149 (154). Der Verfasser zählt zur Verfassungsordnung des Völkerrechts neben der Satzung der Vereinten Nationen auch die universellen und regionalen Menschenrechtsverträge.

255 *M. Herdegen*, Völkerrecht, 6. Aufl. (2007), § 16 Rn. 43.

2.2 Die Definition der „allgemein anerkannten Grundsätze und Normen des Völkerrechts“ nach der ukrainischen Verfassung

Da Art. 18 keine Differenzierung trifft, kommen zunächst alle drei erwähnten Arten der Völkerrechtsquellen als Erscheinungsformen der „allgemein anerkannten Grundsätze und Normen des Völkerrechts“ in Betracht. Aufgrund einer systematischen Auslegung von Art. 18 der Verfassung lässt sich aber erkennen, dass die genannte Verfassungsvorschrift lediglich die völkerrechtlichen Gewohnheitsnormen und/oder die allgemeinen Rechtsgrundsätze umfassen kann. Die völkerrechtlichen Vertragsnormen, die in Art. 9 der Verfassung zu Bestandteilen der nationalen Gesetzgebung erklärt werden, sind aus dem Regelungsgegenstand von Art. 18 auszuschließen. Zum einen wäre die Bezeichnung der internationalen Verpflichtungen vertraglicher Rechtsnatur in einem Verfassungstext mit zwei unterschiedlichen Termini – mal als die allgemein anerkannten Grundsätze und Normen des Völkerrechtes, mal als die internationalen Verträge – unbegründet. Zum anderen bildet Art. 9 eine ausdrückliche Sonderregelung das Völkervertragsrecht betreffend und geht somit als *lex specialis* dem Art. 18 vor.

Für die Bestätigung dieser Schlussfolgerung soll an den Ausarbeitungsprozess der ukrainischen Verfassung erinnert werden. So wurde in Art. 9 des Verfassungsentwurfs *vom 23. November 1995* von den „allgemein anerkannten Grundsätzen und Normen des Völkerrechts“ und den „internationalen Verträgen“ als Bestandteilen des ukrainischen Rechtssystems gesprochen, was ganz eindeutig einen Unterschied zwischen den völkerrechtlichen Verträgen einerseits und den allgemein anerkannten Grundsätzen und Normen des Völkerrechts andererseits implizierte.[256]

Die Annahme, dass die Schöpfer von Art. 18 die Regeln des Völkergewohnheitsrechts meinten, wird durch einen Vergleich mit den nationalen Verfassungen anderer Staaten gestützt. Leicht umformuliert ist der Ausdruck „allgemein anerkannte Grundsätze und Normen des Völkerrechts“ den Verfassungen westeuropäischer Staaten wie Deutschland, Österreich,

---

256 Anhang, Tab. 2 „Genese der die offene Staatlichkeit tragenden Verfassungsnormen.“

Italien und Portugal bekannt. [257] Auch die Verfassungen der postkommunistischen Länder verweisen auf das Völkergewohnheitsrecht mittels ähnlicher Begriffe. So sind bspw. nach Art. 15 Abs. 4 der Verfassung der Russischen Föderation von 1993 die „allgemein anerkannten Prinzipien und Normen des Völkerrechts und die völkerrechtlichen Verträge" Bestandteile des nationalen Rechtssystems. Gemäß Art. 24 Abs. 1 der bulgarischen Verfassung von 1991 soll der bulgarische Staat seine Außenpolitik im Einklang mit den „Grundsätzen und Normen des Völkerrechts" ausüben.[258] In der Verfassungslehre und auch in der bisherigen Praxis der erwähnten Staaten wird überwiegend davon ausgegangen, dass die genannten Bezeichnungen das Völkergewohnheitsrecht als eine der Rechtsquellen des Völkerrechts begreifen. [259] Naheliegenderweise hat der ukrainische Verfassungsgeber einen ähnlichen Weg beschritten und wollte gerade keinen eigenen Rechtsbegriff in Art. 18 einführen.

Der Lesart des Art. 18 als ein Verweis auf das Völkergewohnheitsrecht schließt sich auch die Venedig-Kommission des Europarates an. In ihrer

---

257 Z. B. spricht Art. 25 des deutschen GG v. 1949 von den „allgemeinen Regeln des Völkerrechts" als Bestandteil des Bundesrechts; in Art. 9 Abs. 1 der Bundesverfassung Österreichs v. 1920 ist festgeschrieben, dass „die allgemein anerkannten Regeln des Völkerrechts" als Bestandteile des Bundesrechts gelten; nach Art. 10 Abs. 1 der italienischen Verfassung v. 1947 wird verlangt, dass die italienische Rechtsordnung sich „den allgemein anerkannten Bestimmungen des Völkerrechts" anpasst; in Art. 8 Abs. 1 der Verfassung Portugals v. 1976 ist vorgesehen, dass „die Normen und Grundsätze des allgemeinen Völkerrechts uneingeschränkt Bestandteil des portugiesischen Rechts sind." Zu den Verfassungsvorschriften der westeuropäischen Länder zur Inkorporation des Völkergewohnheitsrechts s. *A. Cassese*, Modern Constitutions and International Law, RdC, 1985, III, S. 341 ff.; *L. Wildhaber / S. Breitenmoser*, The Relationship between Customary International Law and Municipal Law in Western European Countries, ZaöRV 48 (1988), S. 163 ff.

258 Zur Stellung des Völkerrechts in den Verfassungen der neuen unabhängigen Staaten s. *G. M. Danilenko*, Implementation of International Law in CIS States: Theory and Practice, EJIL 10 (1999), S. 51 ff.; *K. Korkelia*, New Trends Regarding the Relationship between International and National Law (with Special View Towards the States of Eastern Europe), Rev. Cent. & E. Eur. L, 1997, No. ¾, 227 (231 f.).

259 *A. Cassese*, Modern Constitutions and International Law, RdC, 1985, III, S. 335 ff.; *V. S. Vereshchetin*, New Constitutions and the Old Problems of the Relationship between International Law and National Law, EJIL 7 (1996), S. 29 ff.; *P. Kunig*, Die Quellen des Völkerrechts aus der Sicht des GG, Jura 1989 Heft 12, S. 667 ff.; *H. Steinberger*, Allgemeine Regeln des Völkerrechts. In: J. Isensee / P. Kirchhof (Hrsg.), HdStR, Bd. VII, 1992, § 173.

Stellungnahme von 1997 zur ukrainischen Verfassung kritisierte die Kommission, dass das Völkergewohnheits- und Vertragsrecht in unterschiedlichen Verfassungsbestimmungen, nämlich in Art. 18 und Art. 9, ihre Beachtung finden. Allerdings begrüßte sie die grundsätzliche Erwähnung des Völkergewohnheitsrechts in Art. 18.[260]

Weder anhand der Analyse von Art. 18 im Zusammenhang mit anderen relevanten Verfassungsnormen noch aus seiner Entstehungsgeschichte kann die Frage abschließend beantwortet werden, ob hiernach das ausdrückliche Bekenntnis der Ukraine zu den jeweiligen Grundsätzen und Normen vorausgesetzt wird. Es kann argumentiert werden, der Wortlaut des Art. 18 gebe zwei Hinweise auf die Notwendigkeit einer solchen Anerkennung: Allein die Formulierung „allgemein anerkannt" kann dahingehend interpretiert werden, dass die allgemeine Anerkennung nur dann besteht, wenn nicht nur die meisten Staaten der internationalen Gemeinschaft, sondern auch die Ukraine die betreffende Völkergewohnheitsrechtsnorm anerkannt haben. Des Weiteren werden in Art. 18 ausdrücklich die nationalen Interessen des Staates hervorgehoben, was für die unentbehrliche Anerkennung der Regel seitens der Ukraine sprechen könnte.

Aufgrund der Verfassung lässt sich genauso wenig eine eindeutige Aussage darüber treffen, ob die allgemeinen Rechtsgrundsätze im Sinne von Art. 38 lit. c) StIGH und das regionale Völkergewohnheitsrecht ein Regelungsgegenstand von Art. 18 sind. Allein der Wortlaut der Verfassungsvorschrift steht einer so weiten Interpretation nicht entgegen. Der Einbezug dieser Normen entspräche zudem dem Ziel von Art. 18, einem völkerrechtswidrigen Handeln des ukrainischen Staates vorzubeugen und damit sein nationales Interesse und seine Sicherheit zu schützen.

Die unklare Verfassungslage über die Definition des Begriffs bedarf einer Korrektur durch die ukrainische Praxis und Wissenschaft, welche sogleich untersucht werden.

---

260 Opinion on the Constitution of Ukraine, adopted by the Venice Commission on 7-8 March 1997, CDL-INF (1997) 002, Chapter I.

2.3 Die Würdigung der Verfassungsgerichtsrechtsprechung zu den allgemein anerkannten Grundsätzen und Normen des Völkerrechts

Bislang liegt keine Auslegung von Art. 18 und somit keine Definition der „allgemein anerkannten Grundsätze und Normen des Völkerrechts" durch das Verfassungsgericht der Ukraine vor. Gleichwohl bezeichnete das Gericht manche Völkerrechtsnormen mit dem Begriff, zog diese aber nur subsidiär in seiner Argumentation heran, wie unten gezeigt wird. Aus der bisherigen Rechtsprechung des Gerichts lassen sich drei Entscheidungen relevante Aussagen über die behandelte Problematik entnehmen: dies sind die Entscheidung in der Rechtssache *Ustymenko* über den Zugang zu medizinischen Informationen von 1997, [261] die Entscheidung über die Verfassungsmäßigkeit des Zustimmungsgesetzes zum Abkommen über die Stationierung der Schwarzmeerflotte der Russischen Föderation auf ukrainischem Territorium von 2000 [262] und die Entscheidung zur Verfassungswidrigkeit des Römischen Statuts des IStGH von 2001.[263]

Die nachfolgende Analyse dieser Entscheidungen gestattet die Annahme, dass das Verfassungsgericht der Ukraine sich an die bereits erläuterte Kategorisierung der Völkerrechtsquellen des Art. 38 StIGH nicht hält, sondern ein eigenes Verständnis der Völkerrechtsquellen entwickelt hat. Generell spielte diese Kategorisierung für das Verfassungsgericht eine sekundäre Rolle. Ohne besondere Begründung subsumierte es die Regeln sowohl des Vertrags- als auch des Gewohnheitsrechts unter die allgemein anerkannten Grundsätze und Normen des Völkerrechts. Darüber hinaus genügte dem Gericht eine bloße Festschreibung der Verhaltensregeln in den Beschlüssen internationaler Organisationen und den Deklarationen von Staatenkonferenzen, dem sogenannten *soft law* nach der überkommenen Völkerrechtslehre,[264] um die betreffenden Regeln allgemein völkerrechtlich bindend zu bewerten. Allein in der Entscheidung zur Verfassungsmäßigkeit

---

261 Ent. Nr. 5-зп/97 v. 30.10.1997 *(Rs. Ustymenko)*.

262 Ent. Nr. 65-у/2000 v. 26.12.2000 *(Rs. der Stationierung der Schwarzmeerflotte der Russischen Föderation)*.

263 Ent. Nr. 3-в/2001 v. 11.07.2001 *(Rs. des Römischen Statuts)*.

264 Vgl. *R. Geiger*, Grundgesetz und Völkerrecht, 5. Aufl. (2010), § 22, S. 82 ff.; § 38, S. 171.

des IStGH-Statuts, die bereits im Zusammenhang mit dem Souveränitätsverständnis in der ukrainischen Rechtsordnung vorgestellt wurde, [265] erklärte das Gericht die innerstaatliche Wirkung des Völkergewohnheitsrechts anhand Art. 18 und legte damit die allgemein anerkannten Grundsätze und Normen des Völkerrechts deutlich als das internationale Gewohnheitsrecht aus. Es kann nur abgewartet werden, ob sich das Verfassungsgericht in der künftigen Rechtsprechung an diese Definition hält.

2.3.1 Die Rechtssache Ustymenko: Irrelevanz der Erscheinungsformen der allgemein anerkannten Grundsätze und Normen des Völkerrechts

In der Rechtssache *Ustymenko* stellte das Verfassungsgericht bei der Auslegung des Rechts auf Zugang zu persönlichen Daten fest, dass dieses Recht durch noch aus den Zeiten der UdSSR stammende Verordnungen[266] verfassungswidrig beschränkt wurde. [267] Zugleich betonte es, dass die Beschränkung nicht nur verfassungs-, sondern auch völkerrechtswidrig sei, indem sie gegen die „allgemein anerkannten Grundsätze und Normen des Völkerrechts" verstieße.[268] Zum ersten Mal hat das Verfassungsgericht diese Ausdrucksform verwertet und seine Entscheidung wurde im Völkerrechtsschrifttum als der erste wichtige Befund der Beachtung des Völkerrechts in der ukrainischen Verfassungsgerichtspraxis begrüßt.[269]

---

265 Dazu eingehend ► Teil 1 - Kapitel 4, Punkt 4.4.

266 Dekret des Gesundheitsministers der UdSSR über den Zugang zu Informationen über den psychischen Zustand der Bürger, Nr. 1333 v. 29.12.1979 und Dekret Nr. 225 v. 21.03.1988 über Maßnahmen zur Verbesserung psychischer Hilfe sowie eine Reihe von Instruktionen des Gesundheitsministeriums der UdSSR, vgl. Ent. Nr. 5-зп/97 v. 30.10.1997 *(Rs. Ustymenko)*, Ziff. 2.

267 Hier ging es um das Recht eines jeden auf Zugang zu Informationen über seinen gesundheitlichen Zustand. Das VerfG unterschied zwischen medizinischer Information (als eine Art persönliche Information) und der ärztlichen Schweigepflicht. Das Recht eines jeden auf unbegrenzten Zugang zu seinen persönlichen Daten, über welche die Staatsorgane, -behörden oder andere Einrichtungen verfügen, darf nur aufgrund der gesetzlich geregelten Ausnahmen eingeschränkt werden, wie bspw. im Fall eines Staatsgeheimnisses, der Gefährdung der Staatsicherheit oder zum Schutz der Rechte und Freiheiten der Anderen.

268 Ent. Nr. 5-зп/97 v. 30.10.1997 *(Rs. Ustymenko)*, Ziff. 2 und 3.

269 Vgl. *G. M. Danilenko*, Implementation of International Law in CIS States: Theory and Practice, EJIL 10 (1999), 51 (60).

Dennoch begründete das Verfassungsgericht die Völkerrechtswidrigkeit der umstrittenen Rechtsnormen nur mit allgemeinem und helfendem Verweis auf das Völkerrecht, ohne den Inhalt der völkerrechtlichen Rechtssätze wiederzugeben oder zusammenzufassen. Es beschränkte sich auf die Feststellung, dass die bestimmten allgemeinen Grundsätze des Völkerrechts gelten, denen die Verordnungen zur Speicherung, Verwendung und Verbreitung medizinischer Informationen widersprechen.

An einer Stelle seiner völkerrechtlichen Ausführungen wählte das Gericht eine fragliche Formulierung, nämlich die der „allgemein anerkannten völkerrechtlichen Grundsätze mit Empfehlungscharakter". [270] In diesem Zusammenhang nannte es eine Reihe von „internationalen Akten", die relevante völkerrechtliche Verhaltensregeln enthalten sollten, wie die Genfer Deklaration von 1948 der zweiten Generalversammlung des Weltärztebundes, den Internationalen Kodex ärztlicher Ethik von 1949 sowie bestimmte Resolutionen der Vereinten Nationen und Empfehlungen der Parlamentarischen Versammlung des Europarates.[271] Mit der Wortwahl die „allgemein anerkannten völkerrechtlichen Grundsätze mit Empfehlungscharakter" brachte das Gericht offensichtlich zwei verschiedene Rechtskategorien zusammen: einerseits die „allgemein anerkannten Grundsätze und Normen des Völkerrechts", die als Völkerrechtsnormen unabhängig von ihrer Rechtsquelle verbindliche Rechtswirkung aufweisen, und andererseits die „Akte internationaler Organisationen", die zumeist lediglich Empfehlungen an die Mitgliedsstaaten darstellen.

Generell griff das Verfassungsgericht der Ukraine in der Entscheidung vom Oktober 1997 auf die unter den neu entstandenen Staaten und auch den Entwicklungsländern verbreitete Methode zurück, in den Akten internationaler Organisationen oder Schlussakten internationaler Konferenzen die allgemein anerkannten Grundsätze und Normen des Völkerrechts im Sinne einer verfestigten durch Rechtsüberzeugung getragenen Übung zu sehen. [272] Entscheidend für die rechtsverbindliche Wirkung sind dabei die Mitwirkung

270 Ent. Nr. 5-зп/97 v. 30.10.1997 *(Rs. Ustymenko)*, Ziff. 2.

271 Ebenda.

272 *E. Benvenisti*, Judicial Misgivings Regarding the Application of International Law: An Analysis of Attitudes of National Courts, EJIL 4 (1993), 159 (165).

des konkreten Staates und die Teilnahme der repräsentativen Mehrheit der Staaten an der Ausarbeitung der internationalen Dokumente.[273] Diese Methode ist nicht unproblematisch. Die einschlägigen internationalen Akte werden selektiv durch die nationalen Gerichte für die Bestätigung der Übereinstimmung des nationalen Rechts mit internationalen Standards herangezogen. Dadurch soll die Richtigkeit der nationalen Normen bewiesen und zusätzliche Legitimität gewonnen werden. Nach außen wird zugleich die Zugehörigkeit eines Staates zur internationalen Gemeinschaft demonstriert. Dies birgt die Gefahr, dass je nach Land unterschiedliche Rechtssätze als Völkergewohnheitsrecht gelten können.[274] Damit soll zwar nicht bestritten werden, dass internationale Dokumente solcher Art die Rechtsüberzeugung als eines der Elemente des Völkergewohnheitsrechts indizieren können. Allerdings kann diese allein nach einhelliger Auffassung die Geltung einer Völkergewohnheitsrechtsnorm nicht belegen, sondern muss durch eine entweder bereits bestehende oder nachfolgende, tatsächliche Staatenpraxis der Beachtung der formulierten Verhaltensregeln begleitet werden.[275]

Die Argumentation des ukrainischen Verfassungsgerichts in der Entscheidung vom Oktober 1997 erweckt den Eindruck, dass die Unterscheidung zwischen völkerrechtlichen Rechtsquellen sowie die Subsumtion der allgemein anerkannten Grundsätze und Normen des Völkerrechts unter eine der Völkerrechtsquellen für das Gericht keinerlei Bedeutung hatten. Genauso unwichtig war, auf welcher Grundlage die allgemein anerkannten Grundsätze und Normen des Völkerrechts eine verbindliche Einschränkung für ukrainische Staatsorgane bilden sollten. Weder Art. 18 noch Art. 9 zog das Gericht in Erwägung.

Aufgrund der Fallkonstellation ist ersichtlich, dass mit den allgemein anerkannten Grundsätzen und Normen des Völkerrechts internationale menschenrechtliche Standards bezeichnet werden. Dies ist kein Einzelfall in

---

273 *A. Cassese*, Modern Constitutions and International Law, RdC, 1985, III, 335 (383).

274 *E. Benvenisti*, Judicial Misgivings Regarding the Application of International Law: An Analysis of Attitudes of National Courts, EJIL 4 (1993), 159 (165).

275 *R. Geiger*, Grundgesetz und Völkerrecht, 2. Aufl. (1994), § 16, S. 86; *S. Hobe / O. Kimminich*, Einführung in das Völkerrecht, 8. Aufl. (2004), S. 196. Auch der IGH in *Military Activities in and against Nicaragua* (Nicaragua v. USA), Judgment of 27 June 1986, ICJ Reports 1986. S. 14 und 99 f.

der Praxis des ukrainischen Verfassungsgerichts. Bei der Anwendung des Völkervertragsrechts bezeichnete es hin und wieder die völkerrechtlichen Menschenrechte, wie bspw. den Grundsatz der Unabhängigkeit der Justiz oder das Recht auf Eigentum, als die im Völkerrecht allgemein anerkannten Grundsätze oder Normen.[276]

2.3.2 Die Rechtssache der Stationierung der Schwarzmeerflotte: Konventionen als mögliche Rechtsquelle der allgemein anerkannten Grundsätze und Normen des Völkerrechts im Sinne von Art. 18

Die Überprüfung der Verfassungsmäßigkeit des Abkommens über die Stationierung der Schwarzmeerflotte der Russischen Föderation lehnte das Verfassungsgericht aus Gründen der Unzuständigkeit ab.[277] Dennoch ging das Gericht in der Begründung seiner Unzuständigkeit auf einen durch die Antragsteller, die Parlamentarier, vorgebrachten Verfassungsverstoß ein: Die nach Art. 106 Abs. 1 Punkt 3 und Abs. 2 der Verfassung verbotene Delegation der Vertragsabschlusskompetenz des Präsidenten.[278] Die Parlamentsabgeordneten behaupteten eine Delegation der jeweiligen Kompetenz, weil das Abkommen durch die Regierung und nicht durch den Präsidenten unterzeichnet worden war.

---

276 Bspw. bezeichnete das VerfG in Ent. Nr. 24-рп/2008 v. 16.10.2008 *(Rs. der Verfassungsmäßigkeit der Übergabe der Kunstsammlung der AG „Gradobank" ins Staatseigentum)* den Schutz des Eigentums als „allgemein anerkannter Grundsatz des Völkerrechts"; in Ent. Nr. 6-рп/99 v. 24.06.1999 *(Rs. der Finanzierung der Richter)*, hielt das VerfG den Grundsatz der richterlichen Unabhängigkeit für den allgemein anerkannten Grundsatz des Völkerrechts, s. zu letzter Entscheidung ► Teil 5.

277 Das Gericht hat die Ablehnung des Prüfungsantrags wie folgt begründet: Zum einen sind die Parlamentsabgeordneten bei der Verfassungsmäßigkeitsprüfung eines völkerrechtlichen Vertrages nicht antragsberechtigt; zum anderen begründeten sie die Verfassungswidrigkeit des Zustimmungsgesetzes mit dem Verstoß gegen den Parlamentsbeschluss und nicht gegen die Verfassung (Art. 13 und 41 des Gesetzes über das VerfG der Ukraine, Nr. 422/96 v. 16.10.1996). Mehr zu völkerrechtsbezogenen Zuständigkeiten des ukrainischen VerfG an späterer Stelle ► Teil 3 - Kapitel 2, Punkt 2.2.

278 Verfassung-UKR v. 1996, Art. 106 Abs. 1 Punkt 3: „Der Präsident vertritt die Ukraine in den internationalen Beziehungen, leitet die außenpolitische Tätigkeit des Staates, handelt völkerrechtliche Verträge aus und schließt sie ab." Art. 106 Abs. 2: „Der Präsident darf seine Befugnisse auf keine anderen Personen oder Organe übertragen."

Nach dem ukrainischen Verfassungsrecht liegt die generelle Vertretungsbefugnis beim Präsidenten. Zugleich ist hier in Übereinstimmung mit dem Völkergewohnheitsrecht auch der Regierungschef – der Premierminister – als ein befugter Vertreter des Staates angesehen.[279] Die Verträge, die es ohne Ermächtigung aus eigenen Kompetenzen abschließen darf, werden durch das Gesetz über die völkerrechtlichen Verträge der Ukraine bestimmt. Nun ging es in der Rechtssache darum, ob die ukrainische Regierung ausgehend von der Aufteilung der Vertragsabschlusskompetenzen zwischen dem Staatsoberhaupt und der Exekutive nach der Verfassung und dem Gesetz über die völkerrechtlichen Verträge dazu berechtigt war, den Staat an den entsprechenden Vertragsgegenstand zu binden. Der im Fall zu prüfende Vertrag gehörte zu den Verträgen, die im Namen der Ukraine durch den Präsidenten oder die durch das Staatsoberhaupt dazu ermächtigten Staatsorgane abgeschlossen werden soll.[280] Daher war zu prüfen, ob die Regierung auf der Grundlage ihrer materiellen Vertragsabschlusskomptenzen im konkreten Fall das Abkommen abschließen dürfte. Stattdessen wurde geprüft, ob generell der Regierung der Ukraine formelle Vertretungsbefugnisse zukommen.

Das Verfassungsgericht legte die umstrittene Verfassungsnorm zum Verbot der Übertragung der Kompetenzen des Präsidenten im Zusammenhang mit Art. 18 der Verfassung und mithin im Lichte der allgemein anerkannten Grundsätze und Normen des Völkerrechts aus. Die für den Sachverhalt maßgebenden Völkerrechtsvorschriften im Sinne des Art. 18 hat das Gericht in der WVRK von 1969 gefunden. Es bezeichnete internationale Konventionen als eine der möglichen Rechtsquellen der allgemein anerkannten Grundsätze und Normen des Völkerrechts. Irrtümlich stützte es

---

279 Diese Vertretungs- und Vertragsabschlusskompetenzen der ukrainischen Regierung sind in Art. 6 Abs. 2 des Gesetzes über die völkerrechtlichen Verträge Nr. 1906-IV v. 29.06.2004 (entsprechend Art. 5 Abs. 2 des alten Gesetzes Nr. 3767-XII v. 22.12.1993) festgeschrieben. Sie konkretisieren die verfassungsrechtliche Befugnis des Ministerkabinetts zur Durchführung der Außenpolitik des Staates (Art. 116 Punkt 1 der Verfassung-UKR v. 1996). Eingehend zur Aufteilung der Vertragsabschlusskompetenzen nach der ukrainischen Verfassung ► Teil 3 - Kapitel 2, Punkt 2.1.2.

280 S. Art. 3 Punkt 1 und 2 lit. a) und r) des Gesetzes über die völkerrechtlichen Verträge Nr. 1906-IV v. 29.06.2004 (entsprechend Art. 2 Punkt 2 lit. a) und д) i. V. m. Art. 4 lit. a) des alten Gesetzes Nr. 3767-XII v. 22.12.1993).

seine Auffassung auf Art. 38 StIGH, ohne die entsprechende völkerrechtliche Vorschrift zu zitieren.[281] Zwar werden in Art. 38 StIGH die Rechtsquellen des Völkerrechts aufgezählt. Doch ist hier nicht explizit vorgesehen, dass die Verträge eine Rechtsquelle der allgemein anerkannten Grundsätze und Normen des Völkerrechts sind.

Die Verfassungsmäßigkeit des Abschlusses des Abkommens durch die ukrainische Regierung bekräftigte das Verfassungsgericht mit Art. 7 WVRK. Hiernach dürfen auch andere Personen als Vertreter des Staates die Verträge abschließen, wenn sie eine entsprechende Vollmacht vorlegen. Daraus schloss das Verfassungsgericht, dass keine Vertragsabschlusskompetenz an die Regierung delegiert, sondern ihr eine Vollmacht erteilt wurde. Dies sei nach Art. 106 Abs. 1 Punkt 3 und Abs. 2 i. V. m. Art. 18 der ukrainischen Verfassung auch nicht verboten. Das Gericht führte nicht aus, durch welchen Akt das Staatsoberhaupt diese Vollmacht im konkreten Fall erteilt hatte. Auffällig wird auch bei dieser Argumentation die selektive Bezugnahme des Gerichts sowohl auf das Völkerrecht als auch auf das innerstaatliche Recht. So überging es sowohl Art. 7 Abs. 2 lit. a) WVRK, wonach die Regierungschefs kraft ihres Amtes, ohne ihre Vollmacht vorlegen zu müssen, als Vertreter des Landes gelten und Verträge abschließen dürfen, als auch die entsprechenden oben vorgestellten Bestimmungen des ukrainischen Rechts zur Befugnis des Premierministers, das Land nach außen zu vertreten.

Die Argumentationslogik des Gerichts in der Entscheidung lässt auf zwei weitere interessante Beobachtungen schließen. Zum einen handelt es sich bei der WVRK um einen multilateralen Vertrag, der die Völkergewohnheitsrechtsnormen im Bereich des Rechts der Verträge kodifizierte und teilweise fortentwickelte.[282] Nach einhelliger Auffassung im Völkerrechtsschrifttum einschließlich der ukrainischen Völkerrechtsliteratur verlieren die gewohnheitsrechtlichen Normen nach ihrer Kodifikation ihren

---

281 Ent. Nr. 65-y/2000 v. 26.12.2000 *(Rs. der Stationierung der Schwarzmeerflotte der Russischen Föderation)*, Ziff. 3.

282 Dazu, dass die meisten Regeln des WVRK als die Kodifikation des Völkergewohnheitsrechts angesehen werden können, s. ICJ, *Advisory Opinion on Legal Consequences for States of the Continued Presence of South Africa in Namibia* of 21 June 1971, ICJ Reports 1971, S. 147.

gewohnheitsrechtlichen Charakter nicht, wenngleich sie zwischen den Konventionsparteien aufgrund des *lex specialis* Grundsatzes als spezielleres Vertragsrecht angewandt werden können.[283] Das Völkergewohnheitsrecht gilt auch zwischen den Konventionsparteien weiterhin als Gewohnheitsrecht fort, insbesondere dann, wenn in der Konvention die Kodifikation des Völkergewohnheitsrechts explizit deklariert wird.[284] Auf diese Tatsache ging das Verfassungsgericht der Ukraine jedoch nicht ein. Die ursprüngliche völkergewohnheitsrechtliche Rechtsnatur der relevanten Regeln und ihre Bedeutung für Art. 18 blieben vom Verfassungsgericht unbemerkt.

Zum anderen ist fraglich, wenn nach dem Verfassungsgericht im konkreten Fall die völkervertragsrechtlichen Normen entscheidungserheblich waren, warum das Gericht ihre innerstaatliche Bindungswirkung mit Art. 18 und nicht mit Art. 9 der Verfassung begründete. Denn die letztgenannte Verfassungsvorschrift ist eine spezielle Grundlage für die Übernahme des Völkervertragsrechts. Hätte das Gericht den gewohnheitsrechtlichen Ursprung der herangezogenen Völkerrechtsnormen vorgebracht, würde dies bedeuten, dass das Gericht das kodifizierte Völkergewohnheitsrecht weiterhin in seiner Eigenschaft als Völkergewohnheitsrecht anwendet und sich damit der herrschenden Auffassung in der Völkerrechtslehre anschließt.[285] Das Vorgehen des Gerichts ließe sich auch damit begründen, dass der Anwendungsbereich des Art. 18 infolge seines ausdrücklichen außenpolitischen Bezugs die multilateralen, universellen Konventionen zur außenpolitischen Tätigkeit mitumfasse, wenngleich Art. 9 die weiteren völkerrechtlichen Verträge zu seinem Regelungsgegenstand erklärt. Da der

283 *M. V. Buromens'kyj (Hrsg.)*, Völkerrecht (2006), S. 46 f. (ukr.); *K. Ipsen*, Völkerrecht, 5. Aufl. (2004), § 20, Rn. 2 ff.; *I. Brownlie*, Principles of Public International Law, 5 ed. (1998), S. 13; ICJ, *North Sea Continental Shelf Case* (Denmark / Netherlands v. Germany), Judgment of 20 February, ICJ Reports 1969, S. 95; ICJ, *Military Activities in and against Nicaragua* (Nicaragua v. USA), Judgment of 27 June 1986, ICJ Reports 1986, S. 93 ff.

284 *G. M. Danilenko*, Das Verhältnis und Zusammenwirken von völkerrechtlichem Vertrag und Völkergewohnheitsrecht, Sowjetisches Jahrbuch des Völkerrechts 1983, S. 23 f. (russ.); *I. I. Lukašuk*, Der Mechanismus der völkerrechtlichen Regulierung (1980), S. 96 (russ.).

285 Vgl. ICJ, *Teheraner Geiselfall*, Judgement of 24 May1980, ICJ Reports 1980, 31; *S. Hobe / O. Kimminich*, Einführung in das Völkerrecht, 8. Aufl. (2004), S. 193. Besonders eindeutig unter ukrainischen Völkerrechtswissenschaftlern *M. V. Buromens'kyj (Hrsg.)*, Völkerrecht (2006), S. 46 (ukr.).

vom Gericht zu entscheidende Sachverhalt sich mit der außenpolitischen Tätigkeit des Staates befasste, stützte sich das Verfassungsgericht auf Art. 18. Jedoch kann auch diese Vermutung nicht überzeugen. Zwar wird im Verfassungstext implizit zwischen zwei Arten der völkerrechtlichen Vertragsnormen differenziert, namentlich den Vertragsnormen, die notwendigerweise durch die Legislative gebilligt werden müssen, und denjenigen, die einer solchen Billigung nicht bedürfen. Doch genau aufgrund dieser Differenzierung sind die außenpolitischen Verträge über Art. 9 anzuwenden, da sie einer parlamentarischen Mitwirkung beim Zustandekommen bedürfen. [286] Die in der Entscheidung angewandte Konvention wurde auch tatsächlich durch die Ukraine ratifiziert.[287]

In der Gesamtschau war für das Verfassungsgericht die Erscheinungsform der allgemein anerkannten Grundsätze und Normen des Völkerrechts im Sinne von Art. 18 nicht maßgebend, obwohl es sie kurz erläuterte. Da das Gericht von den Konventionen als eine der „möglichen“ Rechtsquellen der allgemein anerkannten Grundsätze und Normen des Völkerrechts sprach, schloss es damit das Völkergewohnheitsrecht als weitere in Betracht kommende Quelle nicht aus. Grundsätzlich umfasst nach seiner Auslegung der Terminus die bestimmten, durch die meisten Staaten anerkannten und in den völkerrechtlichen Verträgen oder im Völkergewohnheitsrecht formulierten Rechtssätze.

2.3.3 Die Entscheidung zum IStGH-Statut: Die allgemein anerkannten Grundsätze und Normen des Völkerrechts im Sinne von Art. 18 als Regeln des Völkergewohnheitsrechts

Erst in der Entscheidung vom Juli 2001 zur Verfassungsmäßigkeit des Römischen Statuts ging das Verfassungsgericht auf die Problematik der völkerrechtlichen Rechtsquellen im Sinne von Art. 18 etwas ausführlicher ein, indem es prüfte, ob Art. 27 des Statuts über die Unerheblichkeit der amtlichen Eigenschaft für die strafrechtliche Verantwortung gegen die in der

286 S. Art. 9 und 85 Abs. 1 Punkt 32 i. V. m. Art. 9 Abs. 2 lit. a) des Gesetzes über die völkerrechtlichen Verträge der Ukraine Nr. 1906-IV v. 29.06.2004.

287 Dekret des Präsidiums der Werchowna Rada der UkrSSR zur Ratifikation der WVRK, Nr. 2077-XI v. 14.04.1986; Ent. Nr. 65-y/2000 v. 26.12.2000 *(Rs. der Stationierung der Schwarzmeerflotte der Russischen Föderation)*, Ziff. 3.

ukrainischen Verfassung festgeschriebene parlamentarische (Art. 80 Abs. 1 und 3)[288] und richterliche Immunität (Art. 126 Abs. 1 und 3)[289] sowie die Immunität des Präsidenten (Art. 105 Abs. 1)[290] verstößt.[291]

Das Verfassungsgericht folgte dem Argument der Antragsteller nicht und erklärte das IStGH-Statut in dieser Hinsicht für verfassungsmäßig. Es betonte, dass die meisten im Statut vorgesehenen Verbote, wie das Genozidverbot, das Verbot der Verbrechen gegen die Menschlichkeit sowie der Kriegsverbrechen, mit denen die strafrechtliche Verantwortung begründet wird, als Völkergewohnheitsrecht gelten. Unabhängig davon, ob die Ukraine das Römische Statut ratifiziert oder nicht, seien sie bereits für den Staat und seine Staatsorgane aufgrund Art. 18 verbindlich.[292] Sowohl die Verpflichtung, die genannten Straftaten zu verfolgen, als auch die Unerheblichkeit der amtlichen Eigenschaft für die strafrechtliche Verantwortung zählen zum einschlägigen Völkergewohnheitsrecht. Dies werde dadurch unterstützt, dass die Unwichtigkeit der amtlichen Immunitäten auch in Art. 4 der Genozidkonvention festgeschrieben sei, deren Verbindlichkeit die Ukraine durch die Ratifikation der Konvention anerkannte. [293] Zudem ging das ukrainische Verfassungsgericht auf den Zweck der verfassungsrechtlich vorgesehenen Immunitäten der Amtsinhabern ein: Sie seien keine Menschenrechtsgarantien und sollen dem reibungslosen Funktionieren der Staatsorgane und nicht der Rechtswidrigkeit beitragen.[294] Im Ergebnis befand

288 Verfassung-UKR v. 1996, Art. 80 Abs. 1 und 3: „Den Parlamentsabgeordneten der Ukraine wird parlamentarische Immunität garantiert. [...] Die Parlamentsabgeordneten der Ukraine dürfen nur mit Genehmigung der Werchowna Rada der Ukraine zur strafrechtlichen Verantwortung gezogen, festgenommen oder verhaftet werden."

289 Verfassung-UKR v. 1996, Art. 126 Abs. 1 und 3: „Die Unabhängigkeit und Immunität der Richter werden durch die Verfassung und die Gesetze der Ukraine garantiert. [...] Ein Richter darf nur mit Genehmigung der Werchowna Rada der Ukraine bis zur Verkündung des Strafurteils festgenommen oder verhaftet werden."

290 Verfassung-UKR v. 1996, Art. 105 Abs. 1: „Während der Ausübung seines Amtes genießt der Präsident Immunität."

291 Vor dem VerfG wurden auch der ergänzende Charakter des IStGH, die innerstaatliche Bindungswirkung der Mehrheitsentscheidungen der Versammlung der IStGH-Mitgliedsstaaten und auch die Auslieferung der ukrainischen Bürger an den IStGH als Verfassungswidrigkeitsgründe gerügt, dazu eingehend ► Teil 1 - Kapitel 4, Punkt 4.4.

292 Ent. Nr. 3-в/2001 v. 11.07.2001 *(Rs. des Römischen Statuts)*, Ziff. 2.2.

293 Ent. Nr. 3-в/2001 v. 11.07.2001 *(Rs. des Römischen Statuts)*, Ziff. 2.2.1.

294 Ent. Nr. 3-в/2001 v. 11.07.2001 *(Rs. des Römischen Statuts)*, Ziff. 2.2.2.

das Gericht die für den Fall einschlägigen völkergewohnheitsrechtlichen Verpflichtungen des Staates aufgrund von Art. 18 für ein Bestandteil der ukrainischen Rechtsordnung und plädierte für die Auslegung der ukrainischen Verfassung in Einklang mit dem Völkergewohnheitsrecht.

Auffälligerweise bewertete das Gericht den Grundsatz *pacta sunt servanda*, trotz seiner schriftlichen Fixierung in Art. 26 WVRK, als ein gewohnheitsrechtliches Prinzip und wandte ihn über Art. 18 an. Dies deutet darauf hin, dass aus der Sicht des Verfassungsgerichts das kodifizierte Völkergewohnheitsrecht in seiner Eigenschaft als Völkergewohnheitsrecht weiterhin für die Ukraine verbindlich bleibt, eine Auffassung, die bereits in der Entscheidung zur Stationierung der Schwarzmeerflotte ansatzweise zum Ausdruck kam.

Die Erwägungen des Verfassungsgerichts verdeutlichen, dass das Gericht die allgemein anerkannten Grundsätze und Normen des Völkerrechts im Sinne von Art. 18 als Regeln des Völkergewohnheitsrechts versteht. Dabei setzte es kein ausdrückliches Bekenntnis der Ukraine zu den genannten Normen voraus.

2.3.4 Die allgemeinen Rechtsgrundsätze und das regionale Völkergewohnheitsrecht in der Verfassungsgerichtsrechtsprechung

Das Verständnis der „allgemeinen Rechtsgrundsätze" als einer Kategorie der Völkerrechtsquellen im Sinne von Rechtsgrundsätzen, die den meisten innerstaatlichen Rechtsordnungen bekannt sind und auf völkerrechtliche Verhältnisse transferiert werden, ist der ukrainischen Verfassungsgerichtsbarkeit fremd. Zwar verwies das Gericht bislang auf Regeln wie die Gleichheit vor dem Gesetz oder das Rückwirkungsverbot, die naturrechtlichen Vorstellungen oder juristischer Logik entsprechen und in den meisten nationalen Rechtssystemen gelten.[295] Es bezeichnete sie als die

[295] Vgl. Ent. Nr. 1-рп/99 v. 9.02.1999 *(Rs. der Rückwirkung der Gesetze der Ukraine)*, Ziff. 2: hier bezeichnete das VerfG das Rückwirkungsverbot als „einen allgemein anerkannten Rechtsgrundsatz", der auch Art. 58 Abs. 1 der Verfassung entnommen werden kann; Ent. Nr. 1-зп/97 v. 13.05.1997 *(Rs. des Verbots des Doppelmandats der Parlamentsabgeordneten)*, Ziff. 5 und Ent. Nr. 21-з/97 v. 17.06.1997 *(Rs. der Auslegung von Art. 440-1 der ZPO der Ukraine)*, Ziff. 2: hier wurde das Rückwirkungsverbot als „ein Rechtsgrundsatz des gegenwärtigen

„allgemeinen Rechtsgrundsätze" oder „allgemein anerkannten Rechtsgrundsätze des gegenwärtigen Rechts". Dennoch ging es dabei nicht um die „allgemeinen Rechtsgrundsätze" als eine Kategorie der Völkerrechtsquellen. Zum einen wurde kein einziges Mal die innerstaatliche Geltung der erwähnten Rechtsgrundsätze über die völkerrechtsbezogenen Verfassungsgrundlagen – Art. 9 oder 18 – begründet. Zum anderen leitete das Gericht die allgemeinen Rechtsgrundsätze aus den entsprechenden ukrainischen Verfassungsnormen ab und unternahm keine Rechtsvergleichung, die für die Ermittlung der allgemeinen Rechtsgrundsätze im Sinne einer Völkerrechtsquelle entscheidend ist.

Hinsichtlich des regionalen Völkergewohnheitsrechts hat das Gericht keine Stellung dazu genommen, ob die Allgemeinheit nach Art. 18 der Verfassung durch die regionale Beschränkung der Anerkennung von Grundsätzen und Normen in Frage gestellt werden könnte.

Vor dem Hintergrund der durchweg eigenen Kategorisierung der Völkerrechtsquellen durch das ukrainische Verfassungsgericht soll nachfolgend dargestellt werden, welche Bedeutung die ukrainischen Rechtswissenschaftler in den Terminus „allgemein anerkannte Grundsätze und Normen des Völkerrechts" hineinlesen.

2.4 Die Auffassungen über die allgemein anerkannten Grundsätze und Normen des Völkerrechts in der ukrainischen Völkerrechts- und Verfassungsrechtswissenschaft

Grundsätzlich folgen die ukrainischen Völkerrechtswissenschaftler[296] den allgemeinen in Art. 38 StIGH verbürgten Definitionen und Arten der Völkerrechtsquellen. Zugleich werden aber unterschiedliche Lesarten von den allgemein anerkannten Grundsätzen und Normen des Völkerrechts vertreten, die die klassische Kategorisierung der Völkerrechtsquellen

---

Rechts" bezeichnet; Ent. Nr. 3-зп/97 v. 11.07.1997 *(Rs. der Verfassungsmäßigkeit der Auslegung von Art. 98 der Verfassung durch das ukrainische Parlament)*, Ziff. 3: hier zählte das Gericht beispielhaft die Verfassungsnormen auf, welche „die allgemein anerkannten Rechtsgrundsätze" beinhalten, wie Art. 24 zur Gleichheit vor dem Gesetz und Art. 58 zum Rückwirkungsverbot der Rechtsakte.

296 In der Studie werden auch die Auffassungen der Völkerrechtswissenschaftler aus der Russischen Föderation mitberücksichtigt, auf welche im ukrainischen Schrifttum oft verwiesen wird.

durcheinander bringen und zum Teil dem eigenen, bereits vorgestellten Verständnis der Völkerrechtsquellen in der Rechtsprechung des ukrainischen Verfassungsgerichts entsprechen. Es soll aber vorweggenommen werden, dass das Interesse an der Untersuchung der innerstaatlichen Geltung des Völkergewohnheitsrechts im ukrainischen Völkerrechtsschrifttum bescheiden ist. Die meisten Monografien befassen sich mit dem Völkervertragsrecht. Dies kann mit der aus Sowjetzeiten stammenden und immer noch vorzufindenden Überzeugung zusammenhängen, dass das Völkergewohnheitsrecht für die innerstaatlichen Verhältnisse nicht maßgebend sei.[297] Aber auch die Struktur des ukrainischen Rechtssystems, wonach nicht das Gewohnheitsrecht, sondern der schriftliche Rechtsakt die typische und wichtigste Rechtsquelle bildet, kann zurückhaltende Einstellung zum Völkergewohnheitsrecht erklären.[298]

2.4.1 Die Auslegung des Begriffs im Sinne des Völkergewohnheitsrechts

Einerseits werden in der Literatur ausschließlich völkergewohnheitsrechtliche Regeln in die Rechtskategorie der allgemein anerkannten Grundsätzen und Normen des Völkerrechts eingeordnet.[299] Verfechter dieser Ansicht behaup-

---

297 Vgl. *G. M. Danilenko*, Application of Customary International Law to Municipal Law. In: G. I. Tunkin / R. Wolfrum (eds.), International Law and Municipal Law (1988), 13 (17).

298 Über die akuten Aufgaben ukrainischer Völkerrechtswissenschaft s. *V. N. Denisov*, Die Aufgaben der Völkerrechtswissenschaft in der unabhängigen Ukraine, Rechtsstaat 2000, Nr. 11, S. 433 ff. (ukr.). Zur Rechtsquellenproblematik im ukrainischen Verfassungsrecht s. *O. V. Zajčuk / N. M. Oniščenko*, Staats- und Rechtstheorie (2008), S. 337 ff. (ukr.); *O. F. Fryc'kyj*, Verfassungsrecht der Ukraine (2002)' S. 50 (ukr.); *N. M. Parchomenko*, Die Perspektiven der Entwicklung der Rechtsquellen in der Ukraine, Rechtsstaaat 2000, Nr. 11, S. 76 ff. (ukr.); *O. F. Skakun*, Das Rechtssystem der Ukraine auf der rechtlichen Weltkarte (2004), S. 61 f. (ukr.).

299 Besonders eindeutig dazu *V. I. Muraviov*, Die Rechtsgrundlagen der Implementierung der Vorschriften des EU-Rechts in der ukrainischen Rechtsordnung, Ukrainisches Rechtsblatt 2002, Nr. 1 (16), 3 (3) (ukr.); *M. V. Buromens'kyj (Hrsg.)*, Völkerrecht (2005), S. 76 ff. (ukr.); *V. I. Jevintov*, Die Ukraine in der internationalen Gemeinschaft. In: V. N. Denisov / V. I. Jevintov (Hrsg.), Die Souveränität der Ukraine und das Völkerrecht (1995), 37 (52) (ukr.); *V. N. Denisov*, Die Probleme der Gründung der *ordre public* in der außenpolitischen Tätigkeit der Ukraine. In: V. N. Denisov / V. I. Jevintov (Hrsg.), Die Souveränität der Ukraine und das Völkerrecht (1995), 7 (31) (ukr.); *P. F. Martynenko*, praktischen Zusammenwirkens von Völkerrecht und der ukrainischen Verfassung, Ukrainisches Europäisches Journal des Völkerrechts

ten, dass das Völkergewohnheitsrecht als Rechtsquelle im Sinne von Art. 38 lit. b) StIGH einen Regelungsgegenstand von Art. 18 der ukrainischen Verfassung bildet. Übereinstimmend mit der allgemeinen Völkerrechtslehre unterscheiden sie zwischen zwingendem (*ius cogens*) und nachgiebigem Völkergewohnheitsrecht. Beide Arten der Völkergewohnheitsrechtsnormen sollen von Art. 18 miterfasst sein.

2.4.2 Die Begrenzung des Begriffs auf die Grundprinzipien des Völkerrechts

Andererseits werden die allgemein anerkannten Grundsätze und Normen des Völkerrechts als Verhaltensregeln mit konkretem Bestand interpretiert, die sowohl aus den Verträgen, dem Gewohnheitsrecht als auch den unverbindlichen Deklarationen fließen können. Innerhalb dieses wissenschaftlichen Diskurses besteht keine Klarheit über die Reichweite des Terminus.

Eng definiert soll der Begriff wie in der sowjetischen Völkerrechtsdoktrin[300] nur auf universelle Grundprinzipien des Völkerrechts beschränkt bleiben.[301]

---

und der Rechtsvergleichung 2000, Nr. 1, 41 (58 f.) (ukr.); Zur Klärung des Begriffs in der russischen Völkerrechtslehre, die allgemein durch die ukrainischen Völkerrechtswissenschaftler gewürdigt wird s. *I. I. Lukašuk*, Die Völkerrechtsquellen (1966) S. 97 (russ.); *I. I. Lukašuk*, Die Verfassung Russlands und das Völkerrecht, Moskauer Journal des Völkerrechts 1995, Nr. 2, 29 (32) (russ.); *P. V. Savas'kov*, Russische Gesetzgebung und das Völkerrecht: die Probleme des Zusammenwirkens und der Implementierung. In: M. A. Mitjukov, (Hrsg.), Die allgemein anerkannten Grundsätze und Normen des Völkerrechts und die völkerrechtlichen Verträge in der Verfassungsgerichtsrechtsprechung (2004), 87 (89) (russ.).

300 Zu den Auffassungen in der UdSSR über die Völkerrechtsquellen vor und nach der Perestroika s. Perstrojka and International Law, AJIL (82) 1988, S. 788 ff.; *E. Mcwhinney*, The „New Thinking“ in Soviet International Law: Soviet Doctrines and Practice in the Post-Tunkin Era, Can.Y.B.Int'l L. 28 (1990), S. 309 ff.; *R. A. Müllerson,* Agora: New Thinking by Soviet Scholars. Sources of International Law: New Tendencies in Soviet Thinking, AJIL 83 (1989), S. 494 ff.; *T. Schweisfurth*, Das Völkergewohnheitsrecht – verstärkt im Blickfeld der sowjetischen Völkerrechtslehre, GYIL 30 (1987), 36 (39). *V. S. Vereshchetin / R. A. Müllerson*, Das neue Denken und das Völkerrecht, Sowjetischer Staat und Recht 1988, Nr. 3, S. 3 ff. (russ.).

301 *M. J. Čerkes*, Völkerrecht, 4. Aufl. (2004), S. 27 ff. (ukr.); *A. H. Mučnyk*, Kommentar zur Verfassung der Ukraine (2000), S. 209 ff. (ukr.); *V. F. Opryško*, Kommentar zur Verfassung der Ukraine (1998), S. 60 ff. (ukr.); *H. O. Ancelevyč / O. O. Pokreščuk*, Völkerrecht (2003), S. 72 (ukr.); *K. A. Bjakešev*, Völkerrecht (1998), S. 51 f. (russ.); *P. N. Birjukov*, Völkerrecht, 2. Aufl. (2001), S. 16 (russ.).

Diese Grundprinzipien umfassen die elementaren Völkerrechtsregeln, die von grundlegender Bedeutung für das Zusammenleben der Staaten sind, wie das Prinzip der souveränen Gleichheit aller Staaten, das Gewaltverbot, das Gebot der Kooperation. Sie sind in Art. 2 der Satzung der Vereinten Nationen, der sogenannten „Friendly Relations" Deklaration von 1970[302] und den Helsinki-Schlussakten von 1975 niedergelegt und werden vereinzelt in der allgemeinen Völkerrechtslehre auch als Grundrechte und -pflichten der Staaten verstanden.[303]

Nach einer weiten Definition wird der Kreis der allgemein anerkannten Grundsätzen und Normen des Völkerrechts um fundamentale Rechtssätze ergänzt, die elementare Regeln für konkrete Völkerrechtsgebiete bilden, wie bspw. der Grundsatz der Freiheit der Meere im internationalen Seerecht.[304]

Wie bereits dargelegt wurde, gelten die allgemeinen Grundprinzipien des Völkerrechts als Völkergewohnheitsrecht.[305] In der ukrainischen Völkerrechtswissenschaft werden sie dazu als unabdingbare Normen im Sinne von *ius cogens* hervorgehoben. Da die Bestimmtheit des *ius cogens* in Völkerrechtslehre und Praxis umstritten ist, kann zweifelsohne nicht allen allgemeinen Grundsätzen des Völkerrechts ein zwingender Charakter zugesprochen werden. Auch erscheint es widersprüchlich, wenn Vertreter dieser Auffassung das *ius cogens* allein aus den nicht bindenden Resolutionen wie den Helsinki-Schlussakten[306] ableiten.[307] Diese Einwände werden von manchen ukraini-

---

302 „Declaration on Principles of International Law Concerning Friendly Relations and Co-operation among States in Accordance with the Charta of the United Nations", GA Resolution 2625 (XXV).

303 Zu den Grundrechten und -pflichten der Staaten s. *K. Ipsen*, Völkerrecht, 5. Aufl. (2004), § 26.

304 *M. M. Antonovyč*, Völkerrecht (2003), S. 29 (ukr.); *V. H. Butkevyč (Hrsg.)*, Völkerrecht. Theoretische Grundlagen (2002), S. 214 ff. (ukr.). Zu den ähnlichen Definitionen des Begriffs im Sinne von Art. 15 Abs. 4 der russischen Verfassung v. 1993 s. *O. I. Tiunov*, Die allgemein anerkannten Grundsätze und Normen des Völkerrechts: Definition und Rolle in den Verfassungsgerichtsentscheidungen der Russischen Föderation. In: M. A. Mitjukov (Hrsg.), Die allgemein anerkannten Grundsätze und Normen des Völkerrechts und die völkerrechtlichen Verträge in der Verfassungsgerichtsrechtsprechung (2004), 203 (206) (russ.).

305 Dazu ► Teil 2 - Kapitel 2, Punkt 2.1, s. auch Fn. 254.

306 Zum umstrittenen Rechtscharakter dieser Deklaration s. *G. Arangio-Ruiz*, Friendly Relations Resolution, EPIL 2 (1995), S. 485 ff.

307 Die Anerkennung der Resolutionen und Schlussakte der Konferenzen als eine Völkerrechtsquelle war unter den sowjetischen Völkerrechtswissenschaftler

schen Völkerrechtswissenschaftlern eingesehen. Sie nehmen mittlerweile auch Abstand davon, Art. 2 der Satzung der Vereinten Nationen unbedingt mit dem *ius cogens* zu identifizieren, und beachten, dass Prinzipien wie das Kriegsverbot, das Genozidverbot und das Verbot der Verbrechen gegen die Menschlichkeit als *ius cogens* von der internationalen Gemeinschaft bereits anerkannt sind.[308]

Von dieser Warte aus ist die Tragweite und nicht die Rechtsquelle für die Definition der „allgemein anerkannten Grundsätze und Normen des Völkerrechts" entscheidend. Der Regelungsgegenstand von Art. 18 der Verfassung solle auf die allgemeinen Grundsätze des Völkerrechts, eng oder weit definiert, ungeachtet ihrer Rechtsquelle begrenzt werden. Dabei wird sogar vereinzelt betont, dass die allgemein anerkannten Grundsätze und Normen des Völkerrechts und völkerrechtlichen Verträge als zwei unterschiedliche Rechtskategorien (bestimmte Völkerrechtsnorm *versus* Völkerrechtsquelle) auf gar keinen Fall in derselben Verfassungsnorm geregelt werden können.[309]

In der Konsequenz wird aber ohnehin mit den allgemein anerkannten Grundsätzen und Normen des Völkerrechts das Völkergewohnheitsrecht umfasst, da die Vertreter der dargelegten Lehrmeinungen den zwingenden Charakter der betreffenden Rechtsregeln betonen. Es ist doch kaum denkbar, dass allgemeines zwingendes Völkerrecht, anders als in Form des Völkergewohnheitsrechts entsteht. Darüber hinaus wird das Entstehen von *ius cogens*

---

verbreitet. Der große Anhänger dieser Theorie war *G. I. Tunkin*, vgl. *E. Mcwhinney*, The „New Thinking" in Soviet International Law: Soviet Doctrines and Practice in the Post-Tunkin Era, Can.Y.B.Int'l L. 28 (1990), S. 309 ff.

308 *V. H. Butkevyč (Hrsg.)*, Völkerrecht. Theoretische Grundlagen (2002), S. 200 ff. (ukr.); *M. M. Antonovyč*, Völkerrecht (2003), S. 50 (ukr.); *J. S. Šemšučenko / M. P. Zjabljuk / V. J. Tacij / V. P. Horbatenko (Hrsg.)*, Juristische Enzyklopädie, Bd. V (2003), S. 127 (ukr.).

309 Diese Auffassung vertreten *Evgenij. Usenko* und *Oleg Tiunov* in Bezug auf Art. 15 Abs. 4 der russischen Verfassung v. 1993, wonach sowohl die allgemein anerkannten Grundsätze und Normen des Völkerrechts als auch die internationalen Verträge zu Bestandteilen des Rechtssystems des Staates erklärt werden, s. *E. T.* Usenko, Das Verhältnis und Zusammenwirken von Völkerrecht und nationalem Recht und die russische Verfassung, Moskauer Journal des Völkerrechts 1995, Nr. 2, 13 (17) (russ.); *O. I. Tiunov*, Die Besonderheiten der allgemein anerkannten Grundsätze und Normen des Völkerrechts. In: V. H. Butkevyč, Völkerrecht des 21. Jahrhunderts (2006), 141 (156) (russ.).

kraft eines Vertrages generell für unmöglich gehalten, da die Verträge dem *ius cogens* nicht widersprechen dürfen.[310] Mithin bezieht sich Art. 18 der ukrainischen Verfassung aus dem Blickwinkel des vorgebrachten theoretischen Diskurses nicht auf das gesamte, sondern nur auf das bestimmte Völkergewohnheitsrecht.

2.4.3 Die Voraussetzung der „allgemeinen Anerkennung"

Ungeachtet der Frage, ob nur die Grundprinzipien des Völkerrechts oder doch das gesamte Völkergewohnheitsrecht unter die „allgemein anerkannten Grundsätze und Normen des Völkerrechts" zu subsumieren sind, wird die Notwendigkeit der ausdrücklichen Anerkennung seitens der Ukraine innerhalb der vorgestellten theoretischen Diskurse weder thematisiert noch hervorgehoben. Da auch das Verfassungsgericht in seinen Entscheidungen die Anerkennung dieser Art nicht voraussetzte, kann angenommen werden, dass Art. 18 die Bindungswirkung derjenigen Völkergewohnheitsrechtsregeln bestimmt, die die Ukraine aus der Sicht des Völkerrechts verpflichten. Hiernach genügt der Allgemeinheit die Anerkennung durch die überwiegende Mehrheit der Staaten. Ein Staat, der weder die Bindungswirkung des Völkergewohnheitsrechts bei seiner Rechtsentstehung ausdrücklich ablehnte noch sich zum Völkergewohnheitsrecht ausdrücklich bekannte, bleibt jedenfalls an die betreffende Völkergewohnheitsrechtsregel gebunden.[311] In der Konsequenz kann eine mit dem Völkergewohnheitsrecht kollidierende ukrainische Norm nicht als eine Nichtanerkennung gewertet werden. Sie ist vielmehr ein Verstoß gegen die völkerrechtliche Verpflichtung.

Die ukrainischen Völkerrechtswissenschaftler befassen sich so gut wie nie mit den Fragen nach der Zuordnung der allgemeinen Rechtsgrundsätze und des regionalen Völkergewohnheitsrechts zu den allgemein anerkannten Grundsätzen und Normen des Völkerrechts und damit auch dem Regelungsgegenstand von Art. 18.[312] Vereinzelte neuere Stimmen im Rechtsschrifttum

---

310 Vgl. *I. Pernice*, Art. 25, in: H. Dreier (Hrsg.), Kommentar zum Grundgesetz, Bd. II (1998), Rn. 41; *C. Hillgruber*, Art. 25, Rn. 13. In: B. Schmidt-Bleibtreu / H. Hofmann / A. Hopfauf (Hrsg.), GG Kommentar, 11. Aufl. (2008).

311 Vgl. *P. Malanczuk*, Akehurst's Modern Introduction to International Law, 7 ed. (2000), S. 42; *M. Herdegen*, Völkerrecht, 6. Aufl. (2007), § 16 Rn. 13.

312 Zu den allgemeinen Rechtsgrundsätzen in der ukrainischen Völkerrechtslehre s. *V. M. Korec'kyj*, Allgemeine Rechtsgrundsätze im Völkerrecht (1957) (russ.);

tendieren jedoch dazu, die allgemeinen Rechtsgrundsätze mittels Art. 18 der Verfassung in die ukrainische Rechtsordnung einwirken zu lassen.[313]

3 Zwischenfazit: Das Völkergewohnheitsrecht als Regelungsgegenstand von Art. 18

Aufgrund einer systematischen Analyse der Verfassung und ihrer Entstehungsgeschichte kann behauptet werden, dass sich der Begriff der „allgemein anerkannten Grundsätze und Normen des Völkerrechts" im Sinne von Art. 18 auf das Völkergewohnheitsrecht als eine der Erscheinungsformen von Völkerrechtsregeln bezieht. Dennoch wird dieser Standpunkt durch das Verfassungsgericht der Ukraine nicht durchweg unterstützt. Das Gericht hat seine eigene Kategorisierung der Völkerrechtsquellen entwickelt. Bei der Anwendung der allgemein anerkannten Grundsätze und Normen des Völkerrechts zog es keine Trennungslinie zwischen den internationalen Verträgen und dem Völkergewohnheitsrecht. So tendiert es dazu, internationale Menschenrechtstandards unabhängig davon, ob sie als Völkergewohnheitsrecht oder -vertragsrecht gelten oder sogar ausschließlich in unverbindlichen Resolutionen niedergelegt sind, als die allgemein anerkannten Grundsätze und Normen des Völkerrechts aufzufassen. Nur einmal, in der Entscheidung von 2001 zum IStGH Statut, erklärte das Gericht, dass das Völkergewohnheitsrecht in der ukrainischen Verfassung eindeutig mit dem Begriff der „allgemein anerkannten Grundsätze und Normen des Völkerrechts" in Art. 18 bezeichnet wird.

Auch die ukrainische Rechtswissenschaft bietet unterschiedliche Lesarten des Begriffs der „allgemein anerkannten Grundsätzen und Normen des Völkerrechts" an. Dem Spektrum theoretischer Auffassungen ist gemeinsam, dass der Begriff die Normen gewohnheitsrechtlichen Ursprungs meint. Theoretische Unterschiede betreffen die Reichweite des Begriffs. Der wissenschaftliche Ansatz, dass der Begriff nur bestimmte Grundprinzipien des Völ-

---

H. O. Ancelevyč / O. O. Pokreščuk, Völkerrecht (2003), S. 72 (ukr.); *V. H. Butkevyč (Hrsg.)*, Völkerrecht. Theoretische Grundlagen (2002), S. 126 (ukr.); *M. V. Buromens'kyj (Hrsg.)*, Völkerrecht (2006), S. 48 (ukr.).

313 *P. F. Martynenko*, Die Übersicht des praktischen Zusammenwirkens von Völkerrecht und der ukrainischen Verfassung, Ukrainisches Europäisches Journal des Völkerrechts und der Rechtsvergleichung 2000, Nr. 1, 41 (58 f.) (ukr.).

kerrechts umfasst – und mithin dessen enge Interpretation – stammt aus der sowjetischen Völkerrechtslehre. Die Grundprinzipien als fundamentale Völkerrechtsregeln sicherten die Zusammenarbeit zweier ideologisch unterschiedlicher, sich misstrauender Lager der Staaten ab. Auch eine ausdrückliche, unabdingbare Anerkennung durch die Sowjetunion wurde hier vorausgesetzt. Eine rechtstheoretische oder auch politische Begründung für eine weitere Einschränkung des Regelungsgegenstandes des Begriffs auf die gewohnheitsrechtlichen Normen eines bestimmten Rechtscharakters besteht aber nicht. Dazu setzen die gegenwärtigen Vertreter der engen Definition der „allgemein anerkannten Grundsätze und Normen des Völkerrechts" die Notwendigkeit der Anerkennung durch die Ukraine nicht voraus. Auch die Praxis des Verfassungsgerichts und neuere Stimmen in der Wissenschaft neigen dazu, nicht nur die Grundprinzipien, die vorwiegend aus Art. 2 der Satzung der Vereinten Nationen abgeleitet werden, mit den „allgemein anerkannten Grundsätze und Normen des Völkerrechts" zu erfassen.

Nach einzelnen wissenschaftlichen Auffassungen werden die „allgemeinen Rechtsgrundsätze" unter die allgemein anerkennten Grundsätze und Normen des Völkerrechts subsumiert. Die Stellung des regionalen Völkergewohnheitsrechts wird dagegen weder in der Theorie noch in der Praxis thematisiert. Eine Nichtbeachtung des regionalen Völkergewohnheitsrechts könnte genauso wie eine Einschränkung des Normenkreises auf bestimmtes Völkergewohnheitsrecht Art. 18 in seinem Ziel hindern: Die Gewährleistung des völkerrechtskonformen Verhaltens der Ukraine könnte nur bedingt erfüllt werden.

Wie genau ist Art. 18 dazu bestimmt, sein Ziel zu verwirklichen? Besteht seine Funktion lediglich darin, dass die Staatsorgane ausschließlich beim Agieren auf der Völkerrechtsbühne verfassungsrechtlich verpflichtet sind, das Völkergewohnheitsrecht zu beachten? Oder kann Art. 18 auch als eine Öffnung der ukrainischen Rechtsordnung für das Völkergewohnheitsrecht verstanden werden? Im letztgenannten Fall würde das Völkergewohnheitsrecht zum Bestandteil des ukrainischen Rechts gehören und bindende Rechtswirkung im Innenverhältnis für Staatsorgane und Personen entfalten. Des Weiteren würde es eine bestimmte hierarchische Position den ukrainischen Rechtsnormen gegenüber einnehmen müssen: entweder eine vorrangige oder eine untergeordnete. Diesen Fragen wird in den folgenden Abschnitten der Studie genauer nachgegangen.

4 Die Geltung des Völkergewohnheitsrechts in der ukrainische Rechtsordnung

Zunächst sollen zum einen die Struktur der ukrainischen Verfassung und zum anderen Art. 29 der Verfassung der UdSSR von 1977, der in ähnlicher Weise wie Art. 18 der ukrainischen Verfassung von 1996 auf das Völkergewohnheitsrecht verwies, betrachtet werden.

4.1 Die Geltung und Stellung des Völkergewohnheitsrechts nach der Verfassung

4.1.1 Art. 18 als eine Übernahmegrundlage gemäß der Verfassung

In Art. 18 wird auf das Völkergewohnheitsrecht im Zusammenhang mit der außenpolitischen Tätigkeit des Staates verwiesen. Aufgrund dieses außenpolitischen Bezugs kann behauptet werden, dass sein Zweck darin besteht, die Beachtung völkerrechtlicher Verpflichtungen im Außenverhältnis verfassungsrechtlich abzusichern. In diesem Sinne begründete Art. 18 entweder schon keine Pflicht der Staatsorgane, das Völkergewohnheitsrecht innerstaatlich zu befolgen. Oder die innerstaatliche Geltung und Anwendung des Völkergewohnheitsrechts beschränkte sich auf die innerstaatliche Tätigkeit der Staatsorgane mit außenpolitischem Bezug.

Die Pflicht der Ukraine, international gemäß dem Völkergewohnheitsrecht zu agieren, ergibt sich bereits aus der völkerrechtlichen Rechtsfähigkeit des Staates. Die Verankerung einer solchen Pflicht in der Verfassung, ohne gleichzeitig einen Mechanismus der innerstaatlichen Geltung von völkerrechtlichen Normen vorzusehen, scheint unnötig. Denkbar erscheint demnach, dass Art. 18 nur eine deklaratorische Funktion erfüllt. Gegen eine bloß deklaratorische Bedeutung von Art. 18 spricht indes die Verfassungsstruktur, die bei der Auslegung der Verfassungsnormen zu beachten ist: Art. 18 ist im ersten Verfassungsteil als eine der Grundlagen der Verfassungsordnung verankert. Die Eingliederung der Verfassungsnorm in einen bestimmten Verfassungsteil war auch für die Interpretation des Art. 29

der Verfassung der UdSSR von 1977 über das Völkergewohnheitsrecht entscheidend, der an dieser Stelle kurz in Erinnerung gerufen werden soll

> „Die Beziehungen der UdSSR zu den anderen Staaten stützen sich auf die folgenden Grundsätze wie souveräne Gleichheit, gegenseitiger Verzicht auf Anwendung von Gewalt oder Drohung mit Gewalt, Achtung der Staatsgrenzen und territorialer Unversehrtheit der Staaten, Beilegung der Streitigkeiten durch friedliche Mittel, Interventionsverbot, Achtung der Grundrechte und -freiheiten, Recht der Völker auf Selbstbestimmung, zwischenstaatliche Zusammenarbeit, Erfüllung der Verpflichtungen, die aus den allgemein anerkannten Grundsätzen und Normen des Völkerrechts und den völkerrechtlichen Verträgen der UdSSR folgen nach Treu und Glauben."

Es ist nicht zu verkennen, dass sich Art. 18 der ukrainischen Verfassung seinem Wortlaut nach an die Fassung des soeben zitierten Art. 29 der Verfassung der UdSSR von 1977 anlehnt. In beiden Normen wird auf das Völkerrecht in einem außenpolitischen Kontext verwiesen. Allerdings wurde Art. 29 im Gegensatz zu Art. 18 im Verfassungskapitel über die internationalen Beziehungen festgeschrieben. Diese Einordnung in der Verfassungsstruktur galt auch als ein wichtiges verfassungsrechtliches Argument gegen die Inkorporation von völkerrechtlichen Grundsätzen und Normen in das nationale Recht.[314] Diesbezüglich wurde auch behauptet, dass das Völkergewohnheitsrecht ausschließlich den Staaten die Rahmenbedingungen für internationale Beziehungen vorgebe und für seine innerstaatliche Anwendung einer entsprechenden speziellen Transformation bedürfe. Nach erfolgter Transformation würden die nationalen Gerichte nicht das Völkergewohnheitsrecht mit seiner völkerrechtlichen Tragweite anwenden, sondern das nationale Recht, das den völkerrechtlichen Normen in der innerstaatlichen Rechtsordnung Geltung verschafft.[315]

Es ist interessant, dass westliche Rechtswissenschaftler bei der Analyse von Art. 29 der Verfassung der UdSSR von 1977 jedoch zu einem anderen Ergebnis gekommen sind. Ihrer Ansicht nach stellte Art. 29 für die nationalen Gerichte eine ausreichende Grundlage für die innerstaatliche Anwendung des Völkergewohnheitsrechts dar. Sie erklärten die Einschränkung des

---

314 *G. M. Danilenko*, Application of Customary International Law to Municipal Law. In: G. I. Tunkin / R. Wolfrum (eds.), International Law and Municipal Law (1988), 13 (16).

315 Ebenda, S. 17.

Geltungsbereichs von Art. 29 auf die internationale Tätigkeit des Staates ausschließlich mit ideologischen Gründen.[316] Diese Auffassung einer direkten Inkorporation des Völkergewohnheitsrechts durch Art. 29 wurde vereinzelt auch in der sowjetischen Doktrin geteilt.[317]

Mithin steht der vorsichtige Wortlaut von Art. 18 prinzipiell der Übernahme des Völkergewohnheitsrechts auf seiner Grundlage nicht im Wege. Dennoch könnte sein außenpolitischer Bezug als ein Hindernis für die innerstaatliche Bindung der Organe an das Völkergewohnheitsrecht jenseits der außenpolitischen Tätigkeit ausgelegt werden. Ob das Potenzial von Art. 18 als Inkorporationsgrundlage genutzt wird, hängt von der Praxis des ukrainischen Verfassungsgerichts ab. Aus der Praxis anderer Länder sind Beispiele bekannt, in denen die innerstaatliche Geltung des Völkerrechts allein aus den allgemein gefassten Bestimmungen einer Verfassungspräambel abgeleitet oder bei denen die fehlenden verfassungsrechtlichen Inkorporationsgrundlagen mittels der Rechtsprechung eingeführt wurden.[318] Auch in der Verfassungsnorm über den Vorrang des Vertragsrechts kann das nationale Verfassungsgericht die Begründung der innerstaatlichen Geltung des Völkergewohnheitsrechts finden.[319] Bereits in den oben vorgestellten Ausführungen des ukrainischen Verfassungsgerichts zur Bestimmtheit der allgemein anerkannten Grundsätze und Normen des Völkerrechts wurde angedeutet, dass das Gericht ansatzweise Art. 18 zu einer Inkorporationsgrundlage entwickelte.

---

316 *A. Cassese*, Modern Constitutions and International Law, RdC, 1985, III, 335 (378).

317 Vgl. *V. H. Butkevyč* zitiert in *G. Danilenko*, Application of Customary International Law to Municipal Law. In: G. I. Tunkin / R. Wolfrum (eds.), International Law and Municipal Law (1988), 13 (17).

318 *G. Papadimitriu*, Die Stellung der allgemeinen Regeln des Völkerrechts im innerstaatlichen Recht (1972), S. 29 ff. (in Bezug auf Belgien); *L. Wildhaber / S. Breitenmoser*, The Relationship between Customary International Law and Municipal Law in Western European Countries, ZaöRV 48 (1988), 163 ff. (über die Schweiz, die Niederlanden, Frankreich, Belgien, die USA).

319 Vgl. *J.H.F. van Panhuys*, The Netherlands Constitution and International Law, AJIL 47 (1953), 537 (557); in die Richtung tendiert auch *Eyal Benvenisti*, s. *E. Benvenisti*, Judicial Misgivings Regarding the Application of International Law: Analysis of Attitudes of National Courts, EJIL 4 (1993), 159 (162).

4.1.2 Art. 18 als eine Übernahmevorschrift in der Rechtsprechung des Verfassungsgerichts

Ohne eingehende Begründung ging das Gericht in den Entscheidungen zur Stationierung der russischen Schwarzmeerflotte und zum IStGH-Statut davon aus, dass die Schöpfer von Art. 18 über die genannte Vorschrift die Beachtung des Völkergewohnheitsrechts in der ukrainischen Rechtsordnung sichern wollten. In keiner der Entscheidungen zog das Gericht in Erwägung, dass die genannte Vorschrift eine deklaratorische Verankerung der ohnehin schon bestehenden völkerrechtlichen Pflicht des Staates, seinen völkerrechtlichen Verpflichtungen nachzugehen, auf der Verfassungsebene bezwecken könnte.

Es begrenzte auch nicht die innerstaatliche Bindung an das Völkergewohnheitsrecht auf die nach „außen" gerichteten Funktionen der Staatsorgane. Lediglich in der Rechtssache der Stationierung der russischen Schwarzmeerflotte von 2000 [320] befasste sich das Verfassungsgericht aufgrund der Fallkonstellation mit der Befolgung des Völkergewohnheitsrechts im Rahmen der außenpolitischen Tätigkeit des Landes, nämlich mit der Vertretungskompetenz zum völkerrechtlichen Vertragsabschluss.

Im Verfahren über das Römische Statut von 2001[321] erstreckte das Gericht die Bindungswirkung des Völkergewohnheitsrechts auf den gesamten innerstaatlichen Bereich, indem es das nationale Recht auf seine Übereinstimmung mit menschrechtlichem Völkergewohnheitsrecht hin prüfte. Das Völkergewohnheitsrecht wurde als Bestandteil der objektiven Rechtsordnung betrachtet, das von den Staatsorganen unabhängig von ihren Tätigkeitsbereichen eingehalten werden muss. Hier äußerte sich das Gericht ganz klar dazu, dass das Völkergewohnheitsrecht durch Art. 18 Geltung und Anwendung innerhalb der ukrainischen Rechtsordnung erlangt. Es wandte auch das kodifizierte Völkergewohnheitsrecht auf Grundlage von Art. 18 an.

---

320 Ent. Nr. 65-y/2000 v. 26.12.2000 (*Rs. der Stationierung der Schwarzmeerflotte der Russischen Föderation)*.

321 Ent. Nr. 3-в/2001 v. 11.07.2001 *(Rs. des Römischen Statuts)*.

Dabei sprach das Gericht die Methode der innerstaatlichen Übernahme des Völkergewohnheitsrechts nicht an. Es verlangte aber in keinem Fall nach einer zusätzlichen innerstaatlichen Norm außer Art. 18 der Verfassung, auf welche die innerstaatliche Bindungswirkung der allgemein anerkannten Grundsätze und Normen des Völkerrechts gründen könnte. Da es auch auf die völkerrechtlichen Normen in ihrer Eigenschaft als Völkerrecht und nicht als umgewandeltes Völkerrecht verwies, ist die Transformation laut der Gerichtspraxis auszuschließen.[322] Nur indirekt, anhand der Funktionen der herangezogenen Völkerrechtsregeln in der Argumentation der Gerichtsentscheidungen, kann ermittelt werden, welche hierarchische Stellung das Verfassungsgericht dem herangezogenen Völkergewohnheitsrecht in dem ukrainischen Recht zuweist.

4.1.3 Die Funktionen der Anwendung des Völkergewohnheitsrechts durch das Verfassungsgericht

In der Rechtssache *Ustymenko* von 1997 [323] wurde das Völkergewohnheitsrecht als ein zusätzlicher Prüfungsmaßstab herangezogen. Im Anschluss an die Feststellung der Verfassungswidrigkeit der umstrittenen nationalen Verordnungen wurde auch ihre Völkerrechtswidrigkeit betont. Da es im konkreten Fall an den notwendigen Gesetzesnormen mangelte, dienten die detaillierten Bestimmungen der Resolutionen, denen das Verfassungsgericht die allgemein anerkannten Grundsätze und Normen des Völkerrechts entnahm, der Begründung und Konkretisierung des geprüften Rechts eines jeden auf Information.

In zwei weiteren dargelegten Entscheidungen sah es das Gericht aufgrund Art. 18 als notwendig an, eine Verfassungsbestimmung auf ihre Übereinstimmung mit dem Völkergewohnheitsrecht zu überprüfen. So prüfte es in der Entscheidung zur Stationierung der Schwarzmeerflotte von 2000, ob

---

[322] *Luzius Wildhaber* und *Stephan Breitenmoser* sind der Überzeugung, dass eine Transformation des Völkergewohnheitsrechts nur theoretisch möglich ist. In der Praxis wäre eine solche Transformation widersinnig und aufgrund der praktischen Kapazitäten unmöglich. Sie würde eine „unendliche Adaption" bedeuten, wenn ein nationaler Gesetzgeber regelmäßig das nationale Recht inhaltlich an die Änderungen im Völkergewohnheitsrecht anpassen müsste, s. *L. Wildhaber / S. Breitenmoser*, The Relationship between Customary International Law and Municipal Law in Western European Countries, ZaöRV 48 (1988), 163 (176 f.).

[323] Ent. Nr. 5-зп/97 v. 30.10.1997 *(Rs. Ustymenko)*.

die Erteilung einer Vollmacht zum Abschluss eines völkerrechtlichen Vertrages an die Regierung durch den Präsidenten mit völkergewohnheitsrechtlichen Normen übereinstimme. [324] Wird dieser Argumentationslogik gefolgt, sollen auch die verfassungsrechtlichen Außenbefugnisse des Präsidenten und des Parlaments bspw. im Bereich des Kriegsrechts im Einvernehmen mit dem Völkergewohnheitsrecht ausgelegt werden. So fließen über Art. 18 in die ukrainische Verfassungsordnung Kriegs- und Gewaltverbote hinein, die als solche in dem Verfassungstext nicht explizit vorgesehen sind.

Im Fall des Römischen Statuts von 2001 leitete das Gericht die Einschränkung der in der Verfassung verbürgten Immunitäten der Personen im Amt aus den allgemein anerkannten Grundsätzen des Völkerrechts ab.[325] Damit erkannte es implizit an, dass das Völkergewohnheitsrecht nicht nur zwischenstaatliche, sondern auch innerstaatliche Sachverhalte wie die subjektiven Rechte und Pflichten des Einzelnen zu bestimmen vermag.

Indem das Gericht in den beiden letztgenannten Entscheidungen aufgrund Art. 18 von der Notwendigkeit der Auslegung der Verfassungsbestimmungen im Einklang mit den allgemein anerkannten Grundsätzen und Normen des Völkerrechts ausgegangen ist, stellte es obgleich ansatzweise das Prinzip der Völkerrechtsfreundlichkeit der ukrainischen Verfassung vor.[326] Es sprach dem Völkergewohnheitsrecht eine verfassungsanaloge Wirkung zu, indem es die

---

324 Ent. Nr. 65-y/2000 v. 26.12.2000 *(Rs. der Stationierung der Schwarzmeerflotte der Russischen Föderation)*.

325 Ent. Nr. 3-в/2001 v. 11.07.2001*(Rs. des Römischen Statuts)*.

326 An dieser Stelle soll auf Art. 135 der Verfassung Litauens v. 25.10.1992 verwiesen werden, wonach ähnlich wie in Art. 18 der ukrainischen Verfassung im Zusammenhang mit der außenpolitischen Tätigkeit des Staates auf das Völkergewohnheitsrecht verwiesen wird. Trotzt seines außenpolitischen Bezugs gilt Art. 135 als eine Grundlage für die völkerrechtsfreundliche Auslegung des litauischen Rechts, vgl. *V. Vadaplas*, Lithuania: The Constitutional Impact of the Enlargement at National Level. In: A. Kellermann / J. de Zwaan / J. Czuczai (eds.), EU Enlargement – The Constitutional Impact at EU and National Level (2001), 347 (363).
Verfassung Litauens v. 25.10.1992, Art. 135: „In *conducting foreign policy*, the Republic of Lithuania shall *pursue the universally recognised principles and norms of international law*, shall strive to *safeguard the national security and independence* as well as the basic rights, freedoms and welfare of its citizens, and shall take part in the creation of sound international order based on law and justice." Hervorh. hinzugefügt.

Beeinträchtigung des Völkergewohnheitsrechts als eine Verletzung von Art. 18 und damit als einen Verstoß gegen die Grundlage der ukrainischen Verfassungsordnung ansah. Mithin knüpfte es den Rang des Völkergewohnheitsrechts an den Rang der Vorschrift, mit der es die innerstaatliche Übernahme des Völkergewohnheitsrechts begründete, an Art. 18 der Verfassung. Es ist aber zu beachten, dass es in der Entscheidung von 2001 um die Übereinstimmung der Verfassungsvorschriften mit dem zwingenden Völkergewohnheitsrecht ging: Das Genozidverbot und die Ächtung von Verbrechen gegen die Menschlichkeit zählen nach überwiegender Meinung im Völkerrecht zu den Verpflichtungen eines Staates vor der internationalen Gemeinschaft als Ganzer, zum *ius cogens.*[327] Es bleibt aber fraglich, ob das Verfassungsgericht auch das nachgiebige Völkergewohnheitsrecht auf den Verfassungsrang einstufen und auf die Notwendigkeit der völkerrechtskonformen Interpretation der ukrainischen Verfassung auch diesbezüglich bestehen würde.

4.2 Art. 18 als Übernahmevorschrift in der ukrainischen Verfassungsrechtswissenschaft

Das Bild der Wirkung des Völkergewohnheitsrechts in der ukrainischen Rechtsordnung wäre ohne Berücksichtigung der wissenschaftlichen Ansätze unvollkommen. Ähnlich wie bei der Definition der „allgemein anerkannten Grundsätze und Normen des Völkerrechts" ist das Spektrum der wissenschaftlichen Bewertungen der Funktionen von Art. 18 sehr breit. Es reicht von der Betrachtung der genannten Verfassungsgrundlage als ein *confidence building measure* über die Pflicht der Staatsorgane, das Völkergewohnheitsrecht im Rahmen ihrer außenpolitischen Tätigkeit zu befolgen, bis hin zur Öffnung der innerstaatlichen Rechtsordnung für das Völkergewohnheitsrecht.

4.2.1 Art. 18 als ein *confidence building measure*

Als ein *confidence building measure*[328] sollte Art. 18 der Verrechtlichung oder Konstitutionalisierung der nationalen Außenpolitik dienen.[329] Dies bedeutet,

---

327 Dazu ► Teil 2 - Kapitel 2, Punkt 2.1.

328 *V. S. Vereshchetin*, New Constitution and the Old Problems of the Relationship between International Law and National Law, EJIL 7 (1996), 29 (38).

dass in der „verrechtlichten Außenpolitik" ihre Ziele, ihre Ausübungsmechanismen sowie ihre Subjekte mit dem Völkerrecht übereinstimmen. Damit wird auch abgesichert, dass die übernommenen internationalen Verpflichtungen nicht mehr einseitig durch den Staat interpretiert werden können. Ein *confidence building measure* ist lediglich eine politische Demonstration nach außen, dass ein Staat bereit ist, das Völkergewohnheitsrecht zu achten. Dies bedeutet aber nicht zugleich, dass das Völkergewohnheitsrecht auch innerstaatlich angewandt wird.[330] Dann wäre die ukrainische Verfassung für das Völkervertragsrecht nur aufgrund Art. 9 über die innerstaatliche Geltung internationaler Verträge geöffnet. Allein in den Verträgen kodifiziertes Völkergewohnheitsrecht könnte in die ukrainische Rechtsordnung über Art. 9 einfließen und dementsprechend nicht mehr in seiner Eigenschaft als Völkergewohnheits-, sondern als Völkervertragsrecht gelten.[331]

Aufgrund des vagen und nichtschriftlichen Charakters von gewohnheitsrechtlichen Normen und unter Berücksichtigung der zunehmenden Kodifizierung des Völkergewohnheitsrechts[332] sind einzelne ukrainische Verfassungsrechtler der Überzeugung, dass die explizite

329 Zur Verrechtlichung der Außenpolitik des Staates als eine Voraussetzung der Rechtstaatlichkeit s. *I. I. Lukašuk*, Die Verfassung Russlands und das Völkerrecht, Moskauer Journal des Völkerrechts 1995, Nr. 2, 29 (44) (russ.); *V. S. Semenov / O. J. Prahanjuk*, Die völkerrechtlichen Aspekte der Verfassung der Ukraine (1997), S. 37 (ukr.); *H. O. Ancelevyč / O. O. Pokreščuk*, Völkerrecht (2003), S. 216 (ukr.); Zum Vorrang des Rechts in der Politik s. *V. N. Denisov / V. I. Jevintov*, Die Verwirklichung der völkerrechtlichen Normen im innerstaatlichen Recht (1992), S. 38 (russ.).

330 Vgl. *K. Korkelia*, New Trends Regarding the Relationship between International and National Law (with Special View Towards the States of Eastern Europe), Rev. Cent. & E. Eur. L, 1997, No. ¾, 227 (236). Die Auffassung, dass es in der ukrainischen Rechtsordnung an einer Übernahmevorschrift hinsichtlich des Völkergewohnheitsrechts fehlt, vertreten *D. S. Terlec'kyj*, Die verfassungsrechtliche Regulierung der Wirkung von völkerrechtlichen Verträgen in der Ukraine (2007) (ukr.) und *D. O. Tretjakov*, Einzelne Fragen zur Anwendung der völkerrechtlichen Vertragsnormen in der Ukraine, Ukrainisches Völkerrechtsblatt 2002, Nr. 3, S. 38 ff. (ukr.).

331 Zur Bindung des Völkergewohnheitsrechts aufgrund Art. 9 s. *L. D. Tymčenko*, Völkerrecht (1999), S. 80 (ukr.); *V. S. Semenov / O. J. Prahanjuk*, Die völkerrechtlichen Aspekte der Verfassung der Ukraine (1997), (1997), S. 6 f. (ukr.).

332 Darüber, dass die Trennung zwischen Vertrags- und Gewohnheitsrecht deklaratorisch sein sollte, da das Gewohnheitsrecht durchweg durch das Vertragsrecht kodifiziert ist s. *G. Papadimitriu*, Die Stellung der allgemeinen Regeln des Völkerrechts im innerstaatlichen Recht (1972), S. 81 f.

Erklärung des Völkergewohnheitsrechts zum Bestandteil des ukrainischen Rechtssystems in der ukrainischen Verfassung überflüssig ist.[333]

4.2.2 Die innerstaatliche Befolgung des Völkergewohnheitsrechts im Rahmen der außenpolitischen Tätigkeit des Staates

Gleichwohl sind in der ukrainischen Verfassungsrechtswissenschaft Stimmen zu finden, die für die Interpretation von Art. 18 als eine Inkorporationsgrundlage des Völkergewohnheitsrechts und seinen übergesetzlichen Rang plädieren. Besonders eindeutig sollen nach *Petro Martynenko* die gewohnheitsrechtlichen Normen und allgemeinen Rechtsgrundsätze über Art. 18 in die ukrainische Rechtsordnung direkt übernommen werden.[334] Ferner sollen sie den ukrainischen Gesetzen vorgehen. Aber auch die ukrainische Verfassung ist aufgrund Art. 18 völkerrechtsfreundlich zu interpretieren. Dennoch beschränkt *Martynenko* die innerstaatliche Geltung und den Vorrang der allgemein anerkannten Grundsätzen und Normen des Völkerrechts auf die außenpolitische Tätigkeit des Staates. Was diese Beschränkung bedeutet und wie sie bei der zunehmenden Interdependenz von innen- und außenpolitischen Aufgaben des Staates in der Zeit der Globalisierung eingehalten werden kann, lässt der Verfassungsrechtler offen.

4.2.3 Das Völkergewohnheitsrecht als Bestandteil des ukrainischen Rechtssystems und seine innerstaatliche Rechtsstellung

Nach einem weiteren Ansatz hängt die innerstaatliche Stellung von gewohnheitsrechtlichen Normen von der Rechtsmaterie ab, die durch die einschlägigen Normen geregelt wird. Sind bspw. die Menschenrechte ein Regelungsgegenstand der gewohnheitsrechtlichen Vorschriften, sollen diese Vorschriften in der Ukraine Verfassungsrang genießen, weil die Menschenrechte in der ukrainischen Verfassung festgeschrieben sind. Wenn durch das Völkergewohnheitsrecht Gegenstände der einfachen Gesetzgebung angesprochen

---

333 Dieser Ansicht ist *Mykola Kozjubra*, ehemaliger Verfassungsrichter, Interview durchgeführt am 27.11.2007 an der nationalen Universität „Kyiv-Mohyla Academy", Ukraine.

334 *P. F. Martynenko*, Die Übersicht des praktischen Zusammenwirkens von Völkerrecht und der ukrainischen Verfassung, Ukrainisches Europäisches Journal des Völkerrechts und der Rechtsvergleichung 2000, Nr. 1, 41 (58 f.) (ukr.).

sind, ist das Völkergewohnheitsrecht auf dem einfachgesetzlichen Rang einzustufen.[335]

Andere Vertreter der Aufwertung des Völkerrechts im ukrainischen Recht greifen bei der Analyse der Rechtsstellung der allgemein anerkannten Grundsätzen und Normen des Völkerrechts auf deren Vorrang zurück, der in der Souveränitätsdeklaration von 1990 festgeschrieben wurde. Sie gleichen diesen rechtspolitischen Akt über die Souveränität dem Verfassungsrang an und begründen mit ihm die Inkorporation sowie den Vorrang des Völkergewohnheitsrechts vor den einfachen Gesetzen.[336] Allerdings wird dabei der Normenkreis der allgemein anerkannten Grundsätze und Normen des Völkerrechts auf zwingende Normen des Völkerrechts reduziert.

Bei der Bestimmung des innerstaatlichen Rangs des Völkergewohnheitsrechts wird auch eine gewisse Hierarchie unter den völkerrechtlichen Normen selbst in Erwägung gezogen. So gilt für manche ukrainische Verfassungsrechtler der Vorrang des *ius cogens* vor den Verträgen im Völkerrecht als ausreichend, um den übergesetzlichen Rang des zwingenden Völkerrechts zu begründen. Gleichzeitig halten die Verfechter dieser Ansicht einen übergesetzlichen Rang der Verträge in der ukrainischen Rechtsordnung für selbstverständlich.[337] Nur unter dieser

---

335 Diese hierarchische Einordnung finden *Volodymyr Denisov* und *Andrij Mel'nyk* sinnvoll, s. *V. N. Denisov / A. J. Mel'nyk*, Die Entwicklung der Rechtsgrundlagen und der Mechanismen des Vorrangs des Völkerrechts im innerstaatlichen Recht. In: V. N. Denisov (Hrsg.), Das Zusammenwirken von Völkerrecht und innerstaatlichem Recht der Ukraine (2006), 12 (37 f.) (ukr.). Ursprünglich haben diese Auffassung *Simma* und *Ermacora* in Bezug auf Art. 9 der österreichischen Verfassung über die Inkorporation des Völkergewohnheitsrechts vorgeschlagen, zitiert in *L. Wildhaber / S. Breitenmoser*, The Relationship between Customary International Law and Municipal Law in Western European Countries, ZaöRV 48 (1988), 163 (186).

336 Vgl. *M. J. Čerkes*, Völkerrecht. 4. Aufl. (2004), S. 35 (ukr.); *M. V. Buromens'kyj (Hrsg.)*, Völkerrecht (2006), S. 78 (ukr.). Aufgrund des Rechtsstaatlichkeitsprinzips weist *Myhajlo Buromens'kyj* dem allgemeinen Völkergewohnheitsrecht den Vorrang sogar in den Kollisionsfällen mit der ukrainischen Verfassung zu, ohne dies allerdings näher zu erklären.

337 Vgl. *M. M. Antonovyč*, Die Anwendung der völkerrechtlichen Menschenrechtsnormen durch die Gerichte der Ukraine und der USA: ein vergleichender Aspekt, Ukrainisches Völkerrechtsblatt 2003, Nr. 3, S. 40 ff. (ukr.); hier wird auch vorgeschlagen, dass das ukrainische VerfG bei der Verfassungsmäßigkeitsprüfung der völkerrechtlichen Verträge die

Bedingung kommen sie zur logischen Schlussfolgerung, dass, wenn ein völkerrechtlicher Vertrag dem *ius cogens* entsprechen muss, um wirksam zu sein, das *ius cogens* auch die ukrainischen Gesetze im Kollisionsfall verdrängen müsste. Eine andere Ansicht könnte zu dem sinnwidrigen Ergebnis führen, dass nachgiebiges kodifiziertes Völkergewohnheitsrecht innerstaatlich einen höheren Rang haben würde als das nichtkodifizierte *ius cogens*. Allerdings ist, wie sogleich im Rahmen der Öffnung für das Völkervertragsrecht ausgeführt wird, der übergesetzliche Rang von völkerrechtlichen Verträgen keine in der Verfassung verbürgte Selbstverständlichkeit.[338]

Ähnlich wie das Verfassungsgericht in der Entscheidung zum Römischen Statut von 2001 wird im Schrifttum vereinzelt die verfassungsanaloge Rechtswirkung des Völkergewohnheitsrechts mit Art. 18 der Verfassung als einer Inkorporationsgrundlage erklärt.[339] Was hier aber sowohl das Verfassungsgericht als auch die Verfassungsrechtswissenschaftler bislang nicht berücksichtigt haben, ist die mögliche Gefahr der Verletzung des Rechtsstaatsprinzips, nämlich seines Bestimmtheitsgebots, durch die Ungenauigkeit der Gewohnheitsrechtsregeln.[340] Grundsätzlich kann aber argumentiert werden, dass die Gefahr der Unbestimmtheit und damit der Verletzung der Rechtsstaatlichkeit beim *ius cogens* geringer ist als bei den anderen völkerrechtlichen Gewohnheitsrechtsnormen.[341] In diesem Zusammenhang ist daran zu erinnern, dass die Verankerung der

---

Übereinstimmung der Verträge mit Art. 18 und damit auch mit dem *ius cogens* zu prüfen hat.

338 Dazu eingehend an späterer Stelle des Buches ► Teil 3 - Kapitel 3, Punkt 3.5.

339 Zum Vorrang der allgemein anerkannten Grundsätze und Normen des Völkerrechts im Fall der Kollision mit den entgegenstehenden Verfassungs- und Gesetzesbestimmungen s. *A. Nußberger*, The Reception Process in Russia and Ukraine. In: H. Keller / A. S. Sweet (eds.), A Europe of Rights (2008), 603 (626).

340 Dazu, dass der innerstaatliche Rang des Völkergewohnheitsrechts vor dem Hintergrund der Rechtsstaatlichkeit betrachtet werden soll s. *H. Steinberger*, Allgemeine Regeln des Völkerrechts, in: HStR VII, § 173 Rn. 50 ff.; *C. Tomuschat*, Die Entscheidung für die internationale Offenheit, in: HStR, VII, §172, Rn. 15 ff.; *R. Hofmann*, in: D. C. Umbach / Th. Clemens (Hrsg.), Grundgesetz: Mitarbeiterkommentar und Handbuch, Bd. I (2002), Art. 25, Rn. 20 ff.

341 Vgl. *I. Pernice*, Art. 25, in: H. Dreier (Hrsg.), Kommentar zum Grundgesetz, Bd. II (1998), Rn. 26.

verfassungs- oder überverfassungsanalogen Rechtswirkung des *ius cogens* den europäischen Staaten auch seitens des Europarates empfohlen wird.[342]

Es kann nicht genau identifiziert werden, ob die ukrainischen Verfassungsrechtler mit der Übernahme des Völkergewohnheitsrechts durch Art. 18 Transformation, Inkorporation oder Vollzug meinen. Mit Ausnahme von *Petro Martynenko* tragen sie keine dafür relevanten Argumente vor. *Martynenko* sieht in Art. 18 ein Beispiel direkter Inkorporation, wonach das Völkergewohnheitsrecht ohne Umwandlung ins ukrainische Recht und ohne zusätzliche nationale Rechtssetzungsakte innerstaatlich unmittelbar gilt.[343]

5 Die Öffnung für das Völkergewohnheitsrecht in der laufenden Verfassungsreform

Hinsichtlich der Definition der „allgemein anerkannten Grundsätze und Normen des Völkerrechts", ihrer innerstaatlichen Geltung und Anwendung ist Art. 18 unpräzise gefasst. Die Anerkennung des Völkergewohnheitsrechts als objektiver Bestandteil der ukrainischen Rechtsordnung kann erst nach einer systematischen und historischen Analyse der Verfassung sowie implizit aus den völkergewohnheitsrechtlichen Ausführungen des Verfassungsgerichts gewonnen werden. Eine bindende Auslegung von Art. 18 liegt nicht vor. Dazu ist die Praxis der Völkerrechtsanwendung durch das ukrainische Verfassungsgericht nicht gerade durch außerordentliche Systematik gekennzeichnet.

Obwohl die Erfahrungen in den einzelnen Ländern zeigen, dass die allgemeinen Verweise auf das Völkerrecht die Effektivität seiner innerstaatlichen Anwendung mehr als die entsprechenden präzisen Verfassungsvorgaben fördern können,[344] wäre im Fall der Ukraine die

---

342 Vgl. The Relationship between International and Domestic Law. Warsaw, 19-21 May 1993. Proceedings. European Commission for Democracy through Law. Collection: Science and technique of democracy, S. 106.

343 Vgl. *P. F. Martynenko*, Die Übersicht des praktischen Zusammenwirkens von Völkerrecht und der ukrainischen Verfassung, Ukrainisches Europäisches Journal des Völkerrechts und der Rechtsvergleichung 2000, Nr. 1, 41 (58 f.) (ukr.).

344 Vgl. *R. Kwiecień*, International Law Compared with the Constitutions of Central and East European Countries (Outline of the Problem), The Polish Foreign Affairs Digest, No. 2, 2002, 189 (207). Nach *Luzius Wildhaber* und *Stephan Breitenmoser* führt die Praxis der Implementierung des Völkergewohnheitsrechts in den

Ausarbeitung einer genaueren Verfassungsbestimmung zur Übernahme und Rechtsstellung des Völkergewohnheitsrechts von Vorteil. Eine solche Schlussfolgerung drängt sich nach der Betrachtung der Besonderheiten der Rechtsanwendungskultur und der relativ unsystematischen Praxis der Gerichte in der Ukraine auf. So sind die ukrainischen Gerichte gewöhnt, vorwiegend nur die ausdrücklich in der Verfassung oder in den Gesetzen festgelegten Anwendungsbefehle über ihre Befugnisse und die Rechtsgrundlagen ihrer Tätigkeit zu befolgen. Weder in der Verfassung noch im Gesetz über den Aufbau des Gerichtssystems[345] finden die ukrainischen Gerichte eine eindeutige Berechtigung zur Anwendung des Völkergewohnheitsrechts. Dies hindert sie daran, sich auf das Völkergewohnheitsrecht zu berufen. Insofern kann das Ziel des Art. 18 in seiner geltenden Fassung, die Übereinstimmung des staatlichen Handelns mit dem Völkergewohnheitsrecht zu gewährleisten, nur beschränkt erreicht werden.

Wie wichtig die genaue Klärung der Rechtslage des Völkergewohnheitsrechts für die nationalen Gerichte ist, zeigt ein Versuch des Obersten Gerichtshofs, einen Beschluss über die Anwendung der allgemein anerkannten Grundsätze und Normen des Völkerrechts zu entwerfen. In dem Beschluss sollte den Instanzgerichten erklärt werden, dass die allgemein anerkannten Grundsätze und Normen des Völkerrechts Bestandteil der ukrainischen Rechtsordnung bilden und in ihrer Eigenschaft als Völkergewohnheitsrecht angewandt werden sollen. [346] Aus nicht genau ermittelbaren Gründen wurde der Beschluss bislang noch nicht verabschiedet und lediglich in

---

westeuropäischen Ländern zum gleichen Ergebnis, unabhängig davon, ob sie das Völkergewohnheitsrecht zum Bestandteil der nationalen Rechtsordnung erklären oder nicht. Darüber hinaus kann ein detaillierter Verfassungsverweis auf das Völkergewohnheitsrecht zum Nachteil werden, s. *L. Wildhaber / S. Breitenmoser*, The Relationship between Customary International Law and Municipal Law in Western European Countries, ZaöRV 48 (1988), 165 (178 f. und 204 f.).

345 Gesetz über den Aufbau des Gerichtssystems der Ukraine, Nr. 3018-III v. 7.02.2002.

346 Beschluss-Entwurf des Plenums des Obersten Gerichts über die „Anwendung der allgemein anerkannten Grundsätze und Normen des Völkerrechts sowie der internationalen Verträge durch die ukrainischen Gerichte“ vom Oktober 2004, erwähnt in: *V. N. Denisov / A. J. Mel'nyk*, Die Entwicklung der Rechtsgrundlagen und der Mechanismen des Vorrangs des Völkerrechts im innerstaatlichen Recht. In: V. N. Denisov (Hrsg.), Das Zusammenwirken von Völkerrecht und innerstaatlichem Recht der Ukraine (2006), 12 (22) (ukr.).

wissenschaftlichen Kreisen besprochen. Allerdings bekräftigen die Überlegungen der ukrainischen Politiker, Wissenschaftler und Richter, so ein Beschluss einzuführen, die in der vorliegenden Studie vertretene Auffassung darüber, dass Art. 18 eine Grundlage für die Einbeziehung des Völkergewohnheitsrechts ins ukrainische Recht bildet: Generell wird durch ein Beschluss des Plenums des Obersten Gerichts die Anwendung des geltenden Rechts erklärt und keine neue Rechtsgrundlage geschaffen.[347]

Es sieht danach aus, dass die geltende Verfassungslage hinsichtlich des Völkergewohnheitsrechts auch nach der bevorstehenden Verfassungsreform erhalten bleibt. Nach den bisher ausgearbeiteten und veröffentlichten Verfassungsentwürfen soll Art. 18 dahingehend geändert werden, dass er zwar um einen zweiten Absatz, eine Integrationsklausel, ergänzt wird.[348] Sein völkergewohnheitsrechtsbezogener erster Teil soll jedoch unverändert bleiben.[349]

---

347 Ein Beschluss des Plenums des Obersten Gerichts wird als eine Richtlinie an die Fachgerichte erlassen. Hier erklärt das Oberste Gericht die Anwendung der für eine bestimmte Rechtsfrage relevanten Rechtsgrundlagen (S. das Gesetz über den Aufbau des Gerichtssystems der Ukraine Nr. 3018-III v. 7.02.2002, Art. 47 Abs. 2 Punkt 2: „Das Oberste Gericht der Ukraine [...] 2) aufgrund der verallgemeinerten Gerichtspraxis und der Analyse der gerichtlichen Statistik erklärt den Gerichten die Fragen der Anwendung der Gesetzgebung; [...]"). Auf diesem Wege soll es der einheitlichen Rechtsanwendung beitragen. Die Rechtsstellung der Beschlüsse im ukrainischen Recht ist nicht unproblematisch. Da die Rolle der Beschlüsse in der Rechtsanwendungspraxis sehr entscheidend ist, wird aktuell diskutiert, ob die Beschlüsse offiziell als eine neue Rechtsquelle des ukrainischen Rechts anerkannt werden sollen. In diesem Zusammenhang sollte auch dem Obersten Gericht die Kompetenz zur Auslegung der Gesetze zugesprochen werden, die zurzeit die ausschließliche Befugnis des VerfG bildet. Die Hauptkritik betrifft die Gefährdung der gerichtlichen Unabhängigkeit. Mithin entfalten die Plenumsbeschlüsse des Obersten Gerichts der Ukraine seit 2001 keine bindende Rechtswirkung. Dennoch bleiben ihre Autorität und Bedeutung erhalten. Vielmehr sind auch nach 2001 die Fälle zu finden, in denen die Urteile der Instanzgerichte wegen der Nichtbeachtung der Plenumsbeschlüsse des Obersten Gerichts mit Erfolg angefochten wurden, vgl. *D. J. Choroškovs'ka*, Die Erklärungen des Obersten Gerichts der Ukraine als eine Rechtsquelle: Mythos oder Realität? In: Blatt des Justizministeriums der Ukraine 2005, Nr. 3 (41), 95 (101 f.) (ukr.).

348 Zur Integrationsklausel in den Verfassungsentwürfen an späterer Stelle eingehend ► Teil 4 - Kapitel 4, Punkt 4.3.2.

349 Vgl. Verfassungsentwurf von 2008 und Entwurf des Verfassungsänderungsgesetzes von 2009. Sowohl die Entwürfe in englischer Fassung als auch die Gutachten der Entwürfe erstellt durch die Venedig-Kommission (Opinion No. 462/2008 on the Draft Constitution of Ukraine, prepared by a Working Group headed by Mr. V. M. Shapoval of 16 June 2008, CDL-AD

6 Fazit

Trotz der vorsichtigen Formulierung kann Art. 18 als eine Grundlage für die Öffnung der ukrainischen Rechtsordnung dem Völkergewohnheitsrecht gegenüber dienen. Dies wird zunehmend in der Rechtsanwendungspraxis und Theorie anerkannt.

Es ist unumstritten, dass die Bezugnahmen des ukrainischen Verfassungsgerichts auf das Völkergewohnheitsrecht immer noch selten und dürftig sind. Das Gericht hat die allgemein anerkannten Grundsätze und Normen des Völkerrechts unsystematisch durch Art. 18 der Verfassung herangezogen. Es verfolgte bislang keine strenge Trennung zwischen Völkergewohnheits- und Völkervertragsrecht. Allerdings ist der völkerrechtsfreundliche Ansatz des Verfassungsgerichts bei der Anwendung von Art. 18 der Verfassung nicht zu verkennen. Nach seiner Argumentationslogik lässt sich die Hauptfunktion von Art. 18, das Gebot der völkerrechtskonformen Kooperation, erst dann erfüllen, wenn das ukrainische Recht, einschließlich der Verfassung, in Übereinstimmung mit den allgemein anerkannten Grundsätzen und Normen des Völkerrechts ausgelegt und angewandt wird, d. h. auch, wenn das Völkergewohnheitsrecht ohne Weiteres innerstaatlich zu beachten ist. Dem *ius cogens* wies das Verfassungsgericht eine verfassungsanaloge Wirkung zu. Die Nichteinhaltung des Völkergewohnheitsrechts erachtete es als Verletzung von Art. 18 und damit als Verstoß gegen die Grundlage der Verfassungsordnung. Vor dem Hintergrund der unsystematischen Praxis des Gerichts, ist es noch nicht ersichtlich, ob dadurch das Gericht die Befolgung der allgemein anerkannten Grundsätze und Normen des Völkerrechts im innerstaatlichen Bereich zu sichern hat, und die Verfassungswidrigkeit der nationalen Rechtsakte allein mit dem Verstoß gegen das Völkergewohnheitsrecht begründet werden kann.

Auch in der Rechtslehre werden die völkerrechtsfreundlichen Ansätze des Verfassungsgerichts hinsichtlich der Einbeziehung des

---

(2008)015; Opinion No. 534/2009 on the Draft Law of Ukraine amending the Constitution, presented by the President of Ukraine of 15 June 2009) sind abrufbar unter http://www.venice.coe.int/site/dynamics/N_Opinion_ef.asp?L=E&CID=47.

Völkergewohnheitsrechts und seiner Durchsetzung gegenüber entgegenstehendem nationalen Recht geteilt. Allerdings sind die Gedanken zur Reichweite von Art. 18 und Übernahmemethode, zur hierarchischer Stellung und Anwendung der allgemein anerkannten Grundsätze und Normen des Völkerrechts relativ diffus.

Angesichts der sowohl in der Theorie als auch in der Praxis bestehenden Unklarheiten bezüglich der Inkorporation des Völkergewohnheitsrechts in die ukrainische Rechtsordnung, der möglichen Beschränkung seiner Anwendung auf außenpolitische Tätigkeiten des Staates, des Verhältnisses von Völkergewohnheitsrecht und ukrainischem Recht wäre eine präzise und klare Verfassungsvorschrift über die Geltung des Völkergewohnheitsrechts im ukrainischen Recht von Vorteil. Es bleibt aber abzuwarten, ob im Rahmen der bevorstehenden Verfassungsreform Art. 18 geändert wird. Eine offizielle Auslegung der geltenden Fassung von Art. 18 durch das ukrainische Verfassungsgericht könnte auch zur Klarheit der Rechtslage beitragen. Antragsberechtigt sind dabei der Präsident, das Quorum von 45 Parlamentsabgeordneten, der Ombudsmann, die Regierung und auch alle anderen Staatsorgane sowie das Parlament der Autonomen Republik Krim. [350] Bei solch einem Antrag wird die praktische Notwendigkeit der Ermittlung des genauen Inhalts der umstrittenen Verfassungsnorm vorausgesetzt. [351] Aber auch ein individueller Antrag auf Auslegung der Verfassung oder der Gesetze ist in der ukrainischen Rechtsordnung möglich. Hier würde es um den Antrag auf Auslegung des Art. 18 i. V. m. dem (grundrechtsähnlichen) Menschenrecht gehen, das infolge der Nichtanwendung bzw. ungleicher Anwendung des Art. 18 verletzt ist oder verletzt werden kann.[352]

---

[350] Vgl. Art. 13 Punkt 4 i. V. m. Art. 39 Abs. 1 und Art. 41 des Gesetzes über das VerfG der Ukraine, Nr. 422/96 v. 16.10.1996.

[351] Vgl. Art. 93 des Gesetzes über das VerfG der Ukraine, Nr. 422/96 v. 16.10.1996.

[352] Vgl. Art. 42 Abs. 1 des Gesetzes über das VerfG der Ukraine, Nr. 422/96 v. 16.10.1996,: „Der Verfassungsantrag ist ein schriftlicher Antrag an das Verfassungsgericht der Ukraine auf offizielle Auslegung der Verfassung der Ukraine und der Gesetze der Ukraine, mit dem die Gewährleistung der Verwirklichung oder des Schutzes der in der Verfassung vorgesehenen Rechte und Freiheiten der Menschen und der Bürger und auch der Rechte juristischer Personen bezweckt wird." S. auch Art. 43, Art. 13 Punkt 4 und 94 des Gesetzes über das VerfG der Ukraine, Nr. 422/96 v. 16.10.1996.

Teil 3: Die Öffnung für das Völkervertragsrecht

Obwohl immer noch präzisionsbedürftig, ist in der ukrainischen Verfassung die Öffnung für das Völkervertragsrecht dennoch übersichtlicher als die Öffnung für das Völkergewohnheitsrecht angelegt. Im Unterschied zum Völkergewohnheitsrecht enthält die Verfassung keine Sonderbezeichnung für diese Völkerrechtsquelle und spricht völkerrechtliche Verträge in Art. 9 direkt an. Dazu geht bereits aus dem Wortlaut der genannten Verfassungsnorm hervor, dass sie eindeutig als eine Öffnung aufgefasst werden kann. Hiernach werden die durch das ukrainische Parlament gebilligten Verträge ausdrücklich zu Bestandteilen der nationalen Gesetzgebung erklärt.

Indes soll im Folgenden untersucht werden, wie Art. 9 dafür sorgt, dass der Staat seinen völkerrechtlichen Verpflichtungen nachkommt. Im Augenmerk der Analyse liegen zwei Kernfragen des Verhältnisses von Völkerrecht und innerstaatlichem Recht: Wie wird das Völkerrecht in den innerstaatlichen Bereich einbezogen? Und wie sind die Konflikte im Fall eines Widerspruchs zwischen dem Völkerrecht und dem Landesrecht zu lösen?

In der Studie werden diese Fragen vom Standpunkt des innerstaatlichen Vertragsabschlussverfahrens aus beantwortet. Diese Betrachtungsweise ist zum einen deshalb geboten, weil die Position des ukrainischen Verfassungsgerichts zur Einwirkung des Völkervertragsrechts in den innerstaatlichen Bereich bislang offen geblieben ist und der Rechtswissenschaft zur behandelten Problematik überwiegend nur allgemeine Aussagen entnommen werden können. Zum anderen bestimmt der Verlauf des innerstaatlichen Vertragsabschlussverfahrens nicht nur, nach welchen Regeln die Übernahme des Völkerrechts erfolgt, sondern gibt auch Aufschluss darüber, welche innerstaatliche Geltung ihm zukommt und wie es sich gegenüber den Gesetzen und der Verfassung verhält.[353] Insbesondere die Mitwirkung der Legislative am Vertragsabschluss legt nahe, dass den übernommenen Völkervertragsregeln demokratische Legitimation verschafft

---

353 Zur These, dass die innerstaatliche Rechtsstellung und Anwendung der völkerrechtlichen Verträge auch mit dem Vertragsabschlussverfahren, insbesondere mit den Mitwirkungsrechten der Exekutive und Legislative am Verfahren, erklärt werden können s. *J. H. Jackson*, Status of Treaties in Domestic Legal Systems: A Policy Analysis, AJIL 86 (1992), 310 (312 ff.).

wird und diese Regeln ohne Umwege die Staatsorgane binden können. Die völkerrechtsbezogenen Kompetenzen des Verfassungsgerichts zeigen dagegen, wie die Verfassungsmäßigkeit des staatlichen Eingehens von völkerrechtlichen Vertragspflichten garantiert werden kann.

Folglich wird die Darstellung des innerstaatlichen Vertragsabschlussverfahrens auf zwei Fragen reduziert: Welche Staatsorgane sind im Vertragsabschlussverfahren zu welchen Schritten befugt? Wie wird die Beachtung der verfassungsrechtlichen Grenzen der Übernahme der Völkerrechtspflichten kontrolliert? Diese Fragen werden soweit erläutert, wie dies für das Verständnis der innerstaatlichen Geltung und Rechtsstellung des Völkervertragsrechts relevant ist. Die Untersuchung stützt sich dabei zuerst auf die völkervertragsrechtsrelevanten Verfassungs- und Gesetzesnormen, auf die in historisch-chronologischer Folge eingegangen wird. Wie auch bei der Analyse der Öffnung für das Völkergewohnheitsrecht bildet die Annahme der Verfassung von 1996 eine Trennungslinie. Die vergleichende Darstellung der Rechtslage vor und nach der Verabschiedung der Verfassung von 1996 hilft dabei, die Entwicklungsdisparitäten und -tendenzen in Bezug auf die Öffnung für das Völkervertragsrecht herauszuarbeiten.

1 Die Rechtsgrundlagen der Öffnung für das Völkervertragsrecht nach der Verkündung der Unabhängigkeit 1991 bis zur Annahme der Verfassung von 1996

Vor der Annahme der ukrainischen Verfassung von 1996 wurde die innerstaatliche Geltung der völkerrechtlichen Verträge in der Verfassung der UkrSSR von 1978, dem Gesetz zur Geltung der völkerrechtlichen Verträge auf dem Territorium der Ukraine von 1991 und dem Gesetz über die völkerrechtlichen Verträge von 1993 geregelt.

1.1 Die Verfassung der UkrSSR von 1978

Allein im Zusammenhang mit den außenpolitischen Kompetenzen der UkrSSR, als eines Gliedstaates der Sowjetunion, verwies die Verfassung der UkrSSR von 1978 auf die völkerrechtlichen Verträge. Nach Art. 74 war die Republik berechtigt,

„[...] in Beziehungen mit fremden Staaten zu treten, mit ihnen Verträge zu schließen und diplomatische und konsularische Vertretungen auszutauschen und sich an der Tätigkeit internationaler Organisationen zu beteiligen."

Dabei kam dem Präsidium des Parlaments, des Obersten Sowjets, die entscheidende Rolle zu. Es vertrat die Republik völkerrechtlich und war auch zu Ratifikation und Kündigung völkerrechtlicher Verträge befugt.[354] Dadurch war das Präsidium für das Vertragsabschlussverfahren auf innerstaatlicher und völkerrechtlicher Ebene zuständig: Es handelte die Vertragstexte aus, erteilte, falls notwendig, die innerstaatliche Billigung eines völkerrechtlichen Vertrages und erklärte ihn anschließend den Vertragspartnern gegenüber für völkerrechtlich verbindlich, z. B. mittels der Ausfertigung und Hinterlegung einer Ratifikationsurkunde.

Aufgrund dieser umfassenden Zuständigkeit des Präsidiums verwischte in der sowjetischen Völkerrechtslehre und -praxis die Trennungslinie zwischen innerstaatlicher Billigung eines Vertrages durch die Legislative und seiner völkerrechtlichen Ratifikation. In der Rechtsterminologie wurden diese beiden Vorgänge des Vertragsabschlussverfahrens mit dem Terminus der „Ratifikation" bezeichnet. Dies bleibt auch bis heute weitgehend unverändert. Wie anschließend gezeigt wird, differenzieren die geltenden, sich auf das Völkervertragsrecht beziehenden Rechtsnormen nicht immer zwischen völkerrechtlicher Ratifikation und parlamentarischer Zustimmung. Um die Begriffe präzise voneinander abzugrenzen, wird in der Studie der Ausdruck „Ratifikation" allein im Hinblick auf die völkerrechtliche Erklärung des Vertrages für völkerrechtlich verbindlich verwendet. Die mit der völkerrechtlichen Ratifikation zusammenhängende innerstaatliche Handlung wird dagegen als „parlamentarische Zustimmung" oder „parlamentarische Billigung" bezeichnet.

Keine der Verfassungsvorschriften von 1978 bezog sich auf die Übernahme der eingegangenen und den Staat völkerrechtlich bindenden Vertragsverpflichtungen in den innerstaatlichen Bereich. So entstand die dringende Notwendigkeit, durch neu zu schaffende Rechtsgrundlagen die innerstaatliche Geltung des Völkervertragsrechts für das Rechtssystem der Ukraine zu klären. Die zahlreichen Änderungen der Verfassung von 1978 kamen dieser Notwendigkeit jedoch nicht nach. Allerdings bestimmten sie die

354 Verfassung-UkrSSR v. 20.04.1978, Art. 72 i. V. m. Art. 108 Punkt 13.

Aufteilung der Vertragsabschlusskompetenzen zwischen Exekutive und Legislative neu, obgleich nicht ganz eindeutig. So wurde der Posten des Präsidenten eingeführt, der nach Art. 111-4 der Verfassung von 1978 zur internationalen Vertretung des Staates und Unterzeichnung völkerrechtlicher Verträge berechtigt war:

> „Der Präsident der Ukraine: [...]
>
> 2) vertritt die Ukraine in den internationalen Beziehungen;
>
> [...]
>
> 8) handelt die völkerrechtlichen Verträge aus und unterzeichnet sie. Die völkerrechtlichen Verträge erlangen ihre Gültigkeit erst nach der *Ratifikation* durch die Werchowna Rada; [...]“[355]

Ausweislich des Verfassungswortlauts gehörte das Recht auf „Vertragsratifikation und -kündigung“ weiterhin zu Befugnissen der Legislative, wurde aber vom Präsidium des Parlaments auf das gesamte Parlament übertragen.[356]

Die erste Frage, die sich auf der Grundlage dieser neuen Kompetenzaufteilung stellt, ist, ob das ukrainische Parlament, wie zuvor sein Präsidium zu Sowjetzeiten, nicht nur die innerstaatliche Zustimmung erteilte, sondern auch die völkerrechtliche Vertragsratifikation durchführte. Vor dem Hintergrund der neu eingeführten generellen Befugnis des Präsidenten zur Außenpräsentation des Staates scheint es allerdings nicht plausibel, die Kompetenz des Parlaments zur Abgabe einer völkerrechtlichen Erklärung über die Bindung des Staates an den Vertrag anzunehmen. Es ist vielmehr davon auszugehen, dass mit der „Ratifikation“ im Sinne der beschlossenen Verfassungsänderungen die parlamentarische Billigung des Vertrages gemeint war.

---

355 Verfassung-UkrSSR v. 20.04.1978 in der Redaktion des Verfassungsänderungsgesetzes Nr. 2113-12 v. 14.02.1992, Art. 114-5 Punkt 2 und 8. Hervorh. hinzugefügt.

356 Verfassung-UkrSSR v. 20.04.1978 in der Redaktion des Verfassungsänderungsgesetzes Nr. 8303-11 v. 27.10.1990, Art. 97 Abs. 3 Punkt 25: „Zu den ausschließlichen Befugnissen der Werchowna Rada gehören: [...] die Ratifikation und Kündigung der völkerrechtlichen Verträge; [...]“

Diese neue Vertragsabschlusskompetenz der Legislative war aber weit gefasst. Da eine nationale Verfassung keine Anforderungen an allgemeine völkerrechtliche Gültigkeit eines Vertrages zu bestimmen vermag, bedeutet die Gültigkeit eines Vertrages in der zitierten Verfassungsvorschrift nichts anderes als seine Verbindlichkeit gerade für die Ukraine. Diese ausdrückliche Anknüpfung der Vertragsverbindlichkeit an eine Mitwirkung des ukrainischen Parlaments gestattet die Behauptung, dass alle völkerrechtlichen Verträge der unabhängigen Ukraine unter Vorbehalt der parlamentarischen Billigung zu unterzeichnen waren. Ungeklärt bleibt, wie sich dieser umfassende Zustimmungsvorbehalt mit der neuen leitenden Rolle des Präsidenten und der Exekutive in der Außenpolitik vereinbaren ließ.

Mit Hilfe von speziellen Gesetzen – dem Gesetz zur Geltung der völkerrechtlichen Verträge auf dem Territorium der Ukraine von 1991[357] und dem Gesetz über die völkerrechtlichen Verträge von 1993[358] – versuchte man später, die Anpassung des ukrainischen Rechts an die eingegangenen völkerrechtlichen Vertragspflichten sicherzustellen. Diese Methode, das innerstaatliche Vertragsabschlussverfahren und die Geltung des Völkervertragsrechts im nationalen Recht durch ein spezielles Gesetz zu regeln, ist vielen westeuropäischen Staaten fremd und geht auf die sowjetische Tradition zurück.[359] Im Fall der Ukraine bot sich eine Fortsetzung dieser Rechtstradition aufgrund des langwierigen verfassungsgebenden Prozesses und der mangelnden verfassungsrechtlichen Grundlagen zur innerstaatlichen Geltung der Verträge an.

1.2 Das Gesetz von 1991 zur Geltung der völkerrechtlichen Verträge auf dem Territorium der Ukraine

Seiner Struktur nach lässt sich das Gesetz zur Geltung der völkerrechtlichen Verträge auf dem Territorium der Ukraine von 1991 wie eine Erklärung lesen:

---

357 Gesetz Nr. 1953-XII v. 10.12.1991.

358 Gesetz Nr. 3767-XII v. 22.12.1993.

359 Vgl. *B. Giesecke*, Auswärtige Gewalt in der Russischen Föderation und die Rolle des Völkerrechts in der russländischen Rechtsordnung (2004), S. 171. In der UdSSR galt das Gesetz über das Verfahren für den Abschluss, die Erfüllung und die Beendigung der völkerrechtlichen Verträge der UdSSR v. 6.07.1978. Auch in Russland wird der Abschluss der völkerrechtlichen Verträge durch ein spezielles Gesetz geregelt: Gesetz über die völkerrechtlichen Verträge der Russischen Föderation v. 15. 06. 1995.

Der Gesetzestext war in keine Artikel unterteilt, sondern bestand aus zwei Absätzen.[360]

Der erste Absatz erfüllte die Funktion einer Präambel, in der die Motive der Gesetzesannahme und die verfolgten Ziele dargelegt wurden. So sei das Parlament bei der Gesetzesausarbeitung von

> „[...] dem Primat der allgemeinmenschlichen Werte und allgemein anerkannten Prinzipien des Völkerrechts [...]"

ausgegangen. Das Gesetz sollte den Menschenrechtsschutz und die Integration des Staates in das „Rechtssystem der zwischenstaatlichen Beziehungen" fördern. Der ukrainische Gesetzgeber sah demnach in der innerstaatlichen Geltung und Anwendung der völkerrechtlichen Verträge ein wichtiges Mittel für eine effektive Gewährleistung der Menschenrechte und des völkerrechtskonformen staatlichen Verhaltens.

Im zweiten Absatz wurde festgeschrieben, dass

> „die völkerrechtlichen Verträge, die durch die Ukraine abgeschlossen und ordnungsgemäß ratifiziert wurden, einen unabdingbaren Bestandteil der nationalen Gesetzgebung der Ukraine bilden und wie die Normen der nationalen Gesetzgebung angewandt werden."

Daraus lassen sich zwei Anforderungen an die innerstaatliche Geltung eines völkerrechtlichen Vertrages ableiten: Er sollte abgeschlossen und ordnungsgemäß ratifiziert sein. Über die genaue Deutung dieser Voraussetzungen kann nur spekuliert werden. Es ist aber anzunehmen, dass ein „abgeschlossener völkerrechtlicher Vertrag" sich auf einen völkerrechtlich gültigen Vertrag bezog, wohingegen mit dem „ordnungsgemäß ratifizierten Vertrag" offenbar der durch die Legislative gebilligte Vertrag gemeint sein sollte.

Ob eine solche Auffassung der Verträge als Bestandteile der nationalen Gesetzgebung zugleich ihre Umwandlung in nationale Vorschriften implizierte oder ob sie in ihrer Eigenschaft als völkerrechtliche Verträge auch innerstaatlich galten, lässt sich dem Gesetz nicht eindeutig entnehmen. Genauso offen blieb der Rang der ratifizierten Verträge innerhalb der

---

[360] Gesetz Nr. 1953-XII v. 10.12.1991.

nationalen Rechtsnormenpyramide. Da sie wie nationale Rechtsvorschriften anzuwenden waren, galt der *lex posterior*-Grundsatz auch für die einbezogenen völkerrechtlichen Verträge. Dieser bestimmt den Vorrang eines später erlassenen Gesetzes gegenüber ihm widersprechenden Verträgen. Das Gleiche gilt auch umgekehrt: Ein später abgeschlossener Vertrag setzt sich gegenüber den entgegenstehenden Gesetzen der Ukraine durch. Dies bedeutet auch, dass, wenn die völkerrechtlichen Verträge einen Verfassungsrang hätten, könnten die nach der Verfassung von 1978 abgeschlossenen Verträge die Verfassung verdrängen.

1.3 Das Gesetz über die völkerrechtlichen Verträge von 1993

Das zwei Jahre später erlassene Gesetz über die völkerrechtlichen Verträge [361] konkretisierte die beschriebene Rechtslage, indem es das innerstaatliche Verfahren für den Abschluss, die Erfüllung und die Beendigung der völkerrechtlichen Verträge festlegte, die zustimmungsbedürftigen Vertragsmaterien definierte und auch die neue Stufe mit den einbezogenen völkerrechtlichen Vertragsnormen in die nationale Rechtsnormenpyramide einfügte.

1.3.1 Die Übernahme und innerstaatliche Rechtsstellung von Vertragsnormen

So konnte nach Art. 7 Abs. 9 die Zustimmung zu den völkerrechtlichen, der ukrainischen Verfassung entgegenstehenden Verträgen erst nach den entsprechenden Verfassungsänderungen erfolgen. Dies belegt einen Unterverfassungsrang der Vertragsnormen.

Die Position der völkerrechtlichen Verträge zu den ukrainischen Gesetzen wurde in Art. 17 Abs. 2 wie folgt bestimmt:

> „Schreibt ein völkerrechtlicher Vertrag, der *in Form eines Gesetzes* abgeschlossen wurde, andere Regeln als die ukrainische Gesetzgebung fest, sind die Vertragsnormen anzuwenden.“ (Hervorh. hinzugefügt)

Damit führte das Gesetz ausdrücklich einen Anwendungsvorrang im Fall einer Kollision eines Vertrages mit dem nationalen Recht ein und setzte den *lex posterior*-Grundsatz für das in die innerstaatliche Rechtsordnung

---

361 Gesetz Nr. 3767-XII v. 22.12.1993.

einbezogene Völkervertragsrecht außer Kraft. Die nicht ganz gelungene Formulierung „ein in Form eines Gesetzes abgeschlossener Vertrag“ erweckt die Vorstellung, dass der ukrainische Gesetzgeber ein Gesetz mit dem Inhalt der völkerrechtlichen Vertragsnormen zu erlassen hatte. Gegen diese Annahme der Verdoppelung der Rechtsregeln lassen sich die rechtssystematischen Einwände vorbringen. So war in dem ersten Absatz der zitierten Vorschrift die Rede von den „abgeschlossenen und ordnungsgemäß ratifizierten völkerrechtlichen Verträgen“ als Bestandteilen der ukrainischen Gesetzgebung. [362] Die ordnungsgemäße Ratifikation wurde wiederum in Art. 7 Abs. 1 des Gesetzes von 1993 als die parlamentarische Zustimmung in Form eines Gesetzes definiert:

> „Die Werchowna Rada der Ukraine ratifiziert die völkerrechtlichen Verträge anhand der Verabschiedung *eines speziellen Gesetzes über die Ratifikation*, das durch den Vorsitzenden der Werchowna Rada zu unterzeichnen ist.“ (Hervorh. hinzugefügt)

Mithin waren in der umstrittenen Wortwahl die durch das ukrainische Parlament in Form eines Gesetzes gebilligten Verträge inbegriffen.

1.3.2 Die Parlamentsbefugnisse zur innerstaatlichen Billigung und völkerrechtlichen Ratifikation der Verträge der Ukraine

Mit der neuen Regelung zur Ratifikation in Art. 7 Abs. 1 des Gesetzes von 1993 wurde auch das seit der Unabhängigkeit durchweg praktizierte Verfahren, die parlamentarische Billigung eines Vertrages in Form eines Beschlusses abzugeben, [363] beendet. Allerdings kann die Verfassungsmäßigkeit der neuen Praxis deshalb hinterfragt werden, weil in

---

[362] Gesetz Nr. 3767-XII v. 22.12.1993, Art. 17 Abs. 1: „Die abgeschlossenen und ordnungsgemäß ratifizierten völkerrechtlichen Verträge der Ukraine bilden einen unabdingbaren Bestandteil der nationalen Gesetzgebung der Ukraine und werden wie die Normen der nationalen Gesetzgebung angewandt.“

[363] Zu diesem Ergebnis führt die Beobachtung der völkervertragsrechtsbezogenen Rechtsakte des ukrainischen Parlaments innerhalb des angegebenen Zeitabschnitts, s. exemplarisch den Parlamentsbeschluss über die Ratifikation des Abkommens über die gegenseitige Anerkennung der Eigentumsrechte und die Regelung der Eigentumsverhältnisse zwischen der Ukraine und der Russischen Föderation von 1993, Nr. 3313-XII v. 22.06.1993. Das abgeschlossene Abkommen berührte die Menschenrechte und würde aus diesem Grund nach dem neuen Gesetz v. 22.12.1993 die parlamentarische Zustimmung in Form eines Gesetzes verlangen.

Art. 7 Abs. 1 des Gesetzes von 1993 eine in der Verfassung nicht vorgesehene Gesetzesart eingeführt wurde: ein spezielles Gesetz über die Ratifikation eines völkerrechtlichen Vertrages, das keiner Unterzeichnung und Verkündung durch den Präsidenten bedurfte. Die damals geltende Verfassung unterschied hingegen nicht zwischen den verschiedenen Gesetzesarten und wies die Unterzeichnung und Verkündung aller Gesetze den ausschließlichen Kompetenzen des Präsidenten zu.[364]

Des Weiteren war der Parlamentsvorsitzende nach dem Gesetz von 1993 berechtigt, die aufgrund eines Vertragsgesetzes erlassene Ratifikationsurkunde auszufertigen und zu unterzeichnen. Anschließend sollte der Außenminister die Ratifikationsurkunde gegenzeichnen und sie bei dem Verwahrer hinterlegen.[365] Diese Aufgabenteilung zwischen Legislative und Exekutive war gesetzlich so angelegt, dass man von einer Verpflichtung des Außenministers zur Gegenzeichnung und Hinterlegung der Ratifikationsurkunde sprechen könnte. In der Konsequenz würde dies bedeuten, dass das Parlament die Exekutive zum Vertragsabschluss zwingen könnte und somit auch für die Erklärung eines Vertrages als völkerrechtlich verbindlich zuständig wäre. Diese Lesart des Gesetzes ließ sich aber schwer mit den verfassungsrechtlich vorgesehenen generellen Vertretungsbefugnissen des Präsidenten als Oberhaupt des Staates und der Exekutive vereinbaren.[366] Als Vertreter des Staates war er für die Übernahme der durch ihn selbst oder Bevollmächtigte ausgehandelten Vertragspflichten verantwortlich.[367] Zweifelsohne konnte die Exekutive ohne Mitsprache des

---

364 Verfassung-UkrSSR v. 20.04.1978 in der Redaktion der Verfassungsänderungsgesetze Nr. 2113-12 v. 14.02.1992 und Nr. 2735-12 v. 27.10.1992, Art. 104 Abs. 5, 6 und 7: „[...] Der Parlamentsvorsitzende unterzeichnet das Gesetz der Ukraine und unterbreitet es dem Präsidenten zur Unterzeichnung.
Nach dem Erhalten des Gesetzes unterzeichnet der Präsident das Gesetz innerhalb von 10 Tagen. Innerhalb dieser Frist kann der Präsident auch sein Veto erheben. [...]
Wird das Veto des Präsidenten mit einer absoluten Mehrheit überstimmt, ist der Präsident verpflichtet das Gesetz innerhalb von 7 Tagen zu unterzeichnen. [...]."

365 Gesetz Nr. 3767-XII v. 22.12.1993, Art. 7 Abs. 3 Punkt 11 i. V. m. Art. 8.

366 Verfassung-UkrSSR v. 20.04.1978 in der Redaktion des Verfassungsänderungsgesetzes Nr. 2113-12 v. 14.02.1992, Art. 114-1 und Art. 114-5 Punkt 2 und 8.

367 Die generelle Vertretungsmacht der Exekutive erkannte auch das Gesetz von 1993, indem hier in Übereinstimmung mit dem allgemeinen Völkerrecht

Parlaments über die Einbeziehung der zustimmungsbedürftigen Vertragsvorschriften in den innerstaatlichen Bereich nicht entscheiden. Dennoch dürfte es auch nach dem Erlass des Zustimmungsgesetzes weiterhin im Ermessen der Exekutive liegen, ob der Staat an den ausgehandelten Vertrag endgültig gebunden wird und die dafür notwendige Erklärung durch die Hinterlegung der Ratifikationsurkunde erfolgt. Insofern dürfte zugleich für den Außenminister die Möglichkeit bestehen, der Gegensignierung und Hinterlegung der Ratifikationsurkunde auszuweichen.

An dieser Stelle ist vorwegzunehmen, dass die Beteiligung der Legislative an der Ausfertigung der Ratifikationsurkunde und mithin an der völkerrechtlichen Ratifikation des Vertrages unverändert in das neue Gesetz über die völkerrechtlichen Verträge von 2004 aufgenommen wurde.[368] Deshalb wird auf die Problematik, ob die Mitwirkung des Parlaments am Vertragsabschluss über die bloße Zustimmung hinausgeht, indem das Parlament auch den Vertragsinhalt mitgestalten und ihn den Vertragspartnern gegenüber für verbindlich erklären darf, sogleich ausführlicher eingegangen, wenn es um die Darstellung des Vertragsabschlussverfahrens nach der neuen Verfassung von 1996 und dem neuen Gesetz über die völkerrechtlichen Verträge von 2004 geht.

1.3.3 Die zustimmungsbedürftigen Vertragsmaterien

Der angedeutete allgemeine Zustimmungsvorbehalt für sämtliche Verträge der Ukraine wurde durch das Gesetz von 1993 insofern relativiert, als in Art. 7 Abs. 2 die Vertragsmaterien hervorgehoben wurden, die einer parlamentarischen Billigung unterlagen. Die Erklärung der ohne parlamentarische Beteiligung abzuschließenden Verträge für verbindlich erfolgte durch den Präsidentenerlass bzw. Regierungsbeschluss.[369] Trotzdem behielt die Legislative ein umfassendes Mitwirkungsrecht. Zu den zustimmungsbedürftigen Verträgen gehörten zum Beispiel:

---

festgeschrieben wurde, dass das Staatsoberhaupt, der Regierungschef und der Außenminister ohne besondere Ermächtigung den Staat bei Vertragsverhandlungen und -abschluss vertreten können, s. Gesetz Nr. 3767-XII v. 22.12.1993, Art. 5 Abs. 2.

368 Gesetz Nr. 1906-IV v. 29.06.2004, Art. 9 Abs. 1.

369 Gesetz Nr. 3767-XII v. 22.12.1993, Art. 9 Abs. 1 und Art. 10 Abs. 1 lit. б) und в).

- politische Verträge (über Freundschaft, Zusammenarbeit, gegenseitige Hilfe und Neutralität),
- wirtschaftliche Verträge (über wirtschaftliche und wissenschaftstechnische Zusammenarbeit) und Verträge in allgemeinen finanziellen Fragen, in Fragen der staatlichen Kreditaufnahme,
- Verträge in territorialen Fragen und auch Friedensverträge,
- alle Verträge, deren Gegenstand die Grundrechte und -freiheiten der Menschen und der Bürger sind,
- Verträge über Teilnahme an zwischenstaatlichen Zusammenschlüssen und anderen zwischenstaatlichen Einrichtungen (Organisationen) oder an Systemen kollektiver Sicherheit.[370]

Ferner sollten nach Art. 7 Abs. 2 lit. e) des Gesetzes diejenigen Verträge durch die Legislative gebilligt werden, deren Erfüllung allein durch die Änderung der geltenden Gesetze oder die Annahme neuer Gesetze möglich war. Die Regelung bekräftigte den in Art. 17 Abs. 2 des Gesetzes vorgesehenen, bereits erwähnten Anwendungsvorrang der völkerrechtlichen Verträge, denen das Parlament zugestimmt hatte, im Fall der Kollision mit den nationalen Gesetzesnormen.

In prozeduraler Hinsicht wurden im Gesetz die territorialen Verträge und die Verträge über die Teilnahme an zwischenstaatlichen Zusammenschlüssen, Einrichtungen (Organisationen) oder an Systemen kollektiver Sicherheit insofern hervorgehoben, als die parlamentarische Zustimmung hier statt wie im Regelfall einer absoluten Mehrheit eine Zweidrittelmehrheit verlangte. Grundsätzlich war diese qualifizierte Mehrheit in der Verfassung nur für Verfassungsänderungen vorgesehen.[371] Infolgedessen wurde in der

---

370 Nach Art. 7 Abs. 2 des Gesetzes gehörten zu den zustimmungsbedürftigen Verträgen auch die Verträge über Militärhilfe, über Bürgerschaftsfragen, über historische und kulturelle Erbschaft des Volks der Ukraine und andere Verträge, deren Ratifikation in einem Gesetz oder in einem Vertrag selbst vorgesehen war.

371 Vgl. die Verfassung-UkrSSR v. 20.04.1978 in der Redaktion des Verfassungsänderungsgesetzes Nr. 8303-11 v. 27.10.1990, Art. 171. Außer für die Verfassungsänderungsgesetze war in Art. 97-1 der Verfassung eine Zweidrittelmehrheit für ein Gesetz vorgesehen, mit dem die Legislative bestimmte

Fachliteratur eine Auffassung über die *de facto* Verfassungswirkung derartiger Verträge vertreten.[372] Die Rechtfertigung des Verfassungsrangs der Verträge allein mit einem bestimmten innerstaatlichen Verfahren ihres Zustandekommens ist nicht überzeugend. Sonst könnten alle Verträge, die das Parlament faktisch mit einer Zweidrittelmehrheit billigte, auf den Verfassungsrang eingestuft werden. Allerdings zeigt die festgelegte Verfahrenshürde die Wichtigkeit der staatlichen Souveränität in den ersten Tagen der unabhängigen Ukraine.

Das Gesetz von 1993 enthielt keine Bestimmung über die Anwendung der völkerrechtlichen Verträge durch die nationalen Gerichte. In Art. 12 wurde darauf verwiesen, dass die Verträge entsprechend dem grundlegenden völkerrechtlichen Prinzip *pacta sunt servanda* gewissenhaft erfüllt werden sollten.

1.4 Zwischenfazit

Die Rechtslage zur Geltung der völkerrechtlichen Verträge in der Ukraine vor der Annahme der Verfassung von 1996 lässt sich wie folgt zusammenfassen.

Nach der Unabhängigkeit von 1991 setzte man zwei alte sowjetische Traditionen betreffend die innerstaatliche Geltung des Völkervertragsrechts fort: So wurde einerseits die Praxis, den Begriff der „Ratifikation" in zweifacher Bedeutung (als parlamentarische Billigung eines Vertrages und als völkerrechtliche Ratifikation) zu verwenden, nicht geändert. Andererseits sollten auch die Übernahme und Geltung der völkerrechtlichen Vertragsnormen weiterhin durch spezielle Gesetze geregelt bleiben.

Dabei gestaltete der ukrainische Gesetzgeber die Anforderungen an die Gültigkeit der völkerrechtlichen Verträge für die Ukraine so, dass die

---

Kompetenzen auf die Exekutive übertragen könnte. Aufgrund der bestehenden Wirtschaftskrise und der Unfähigkeit des ukrainischen Parlaments, rechtszeitig relevante Lösungsentscheidungen zu treffen, wurde mit dem Verfassungsänderungsgesetz Nr. 2885-12 v. 19.12.1992 dem Parlament gestattet, die Kompetenzen zur Regelung der wirtschaftsbezogenen Fragen auf die Regierung befristet zu übertragen.

372 Vgl. *V. N. Denisov / A. J. Mel'nyk*, Die Entwicklung der Rechtsgrundlagen und der Mechanismen des Vorrangs des Völkerrechts im innerstaatlichen Recht. In: V. N. Denisov (Hrsg.), Das Zusammenwirken von Völkerrecht und innerstaatlichem Recht der Ukraine (2006), 12 (36) (ukr.).

Mitwirkungsrechte der Legislative bei einem Vertragsabschluss sehr weit gefasst wurden. Ein Großteil der Verträge unterlag dem Erfordernis parlamentarischer Zustimmung. Dazu stellte das Zustimmungsgesetz insofern eine spezielle Gesetzesart dar, als es nicht wie im Regelfall durch den Präsidenten, sondern durch den Parlamentssprecher zu unterzeichnen und zu verkünden war. Auch an der Ausfertigung der Ratifikationsurkunde, d. h. der völkerrechtlichen Erklärung der Vertragsverbindlichkeit den Vertragspartnern gegenüber, war die Legislative beteiligt. Die weitgehenden Mitwirkungsrechte des Parlaments ließen sich aber schwer in das gesamte Konzept der Aufteilung der außenpolitischen Funktionen zwischen der Legislative und dem Präsidenten als dem Oberhaupt des Staates und der Exekutive nach der geltenden Verfassung einordnen.

Allerdings ist der völkerrechtsfreundliche Ansatz des ukrainischen Gesetzgebers nicht zu verkennen. Im Gegensatz zur geltenden Verfassung von 1978 nahmen die neuen gesetzlichen Grundlagen das Völkervertragsrecht offen auf. Das Gesetz zur Geltung der völkerrechtlichen Verträge auf dem Territorium der Ukraine von 1991 war die erste rechtliche Grundlage für die Einbeziehung des Vertragsrechts in den innerstaatlichen Bereich. Es erklärte die gültigen und durch das Parlament gebilligten Verträge zu unabdingbaren Bestandteilen der ukrainischen Gesetzgebung. Das Gesetz über die völkerrechtlichen Verträge von 1993 brachte das übernommene Völkervertragsrecht auf eine neue Stufe innerhalb der ukrainischen Rechtsnormenpyramide, die sich zwischen der Verfassung und den Gesetzen befand. Ein möglicher Konflikt des übernommenen Vertragsrechts mit dem nationalen Gesetz war so gelöst, dass das dem Vertrag entgegenstehende Gesetz, ungeachtet des Zeitpunkts seiner Verabschiedung, nicht angewandt werden sollte.

2 Die Öffnung für das Völkervertragsrecht nach der Verfassungsannahme von 1996

Seit der Verabschiedung der Verfassung von 1996 und der Einsetzung des ukrainischen Verfassungsgerichts erfolgt die Einbeziehung des Völkervertragsrechts in die ukrainische Rechtsordnung unter einigen neuen Voraussetzungen. Gleichwohl ergibt die im Folgenden durchgeführte Analyse der speziellen gesetzlichen Grundlagen für das Völkervertragsrecht vor dem Hintergrund der neuen Verfassungsvorschriften, dass die neue Verfassung die innerstaatliche Geltung und Rechtsstellung des Völkervertragsrechts – so wie sie durch die Gesetze von 1991 und 1993 bestimmt wurden – im Kern nicht geändert hat.

2.1 Die völkervertragsrechtsbezogenen Verfassungsbestimmungen im Zusammenspiel mit den geltenden Gesetzesregeln zum Völkervertragsrecht

Als eine der allgemeinen Grundlagen der ukrainischen Verfassungsordnung schreibt Art. 9 der Verfassung das Gebot der Öffnung für das Völkervertragsrecht fest. Sonst wird im Verfassungstext auf das Völkervertragsrecht im Zusammenhang mit dem Status der Ausländer sowie den Befugnissen der Staatsorgane verwiesen.

2.1.1 Die Verbesserung der innerstaatlichen Geltung und Rechtsstellung der völkerrechtlichen Verträge durch die Verfassung von 1996

Die grundlegende Entscheidung in Art. 9 der ukrainischen Verfassung zugunsten der Öffnung dem Vertragsrecht gegenüber soll an dieser Stelle kurz in Erinnerung gerufen werden:

> „Die gültigen völkerrechtlichen Verträge, deren Verbindlichkeit die Werchowna Rada der Ukraine zugestimmt hat, stellen einen Bestandteil der nationalen Gesetzgebung der Ukraine dar.
>
> Der Abschluss derjenigen völkerrechtlichen Verträge, die der ukrainischen Verfassung widersprechen, ist erst nach den entsprechenden Verfassungsänderungen möglich."

Ausweislich des Wortlauts führte der Verfassungsgeber der bereits vor der Verfassungsannahme auf Gesetzesebene geltenden Rechtslage zur innerstaatlichen Wirkung der Verträge nichts Neues hinzu. Er übernahm die betreffenden Gesetzesvorschriften jedoch insofern unvollständig, als er die Rechtsstellung der Verträge nur in Bezug auf die Verfassung regelte. Ungeachtet ihres Gegenstands wird allen übernommenen Verträgen ein Rang unterhalb der Verfassung verliehen. Allerdings ist in Art. 9 nicht erläutert, welche Rechtsfolgen im Fall eines Widerspruchs zwischen einer Vertrags- und einer Gesetzesnorm eintreten. Wie bereits im ersten Teil der Studie zur Geschichte der Verfassungsentstehung gezeigt wurde, hielten die Parlamentarier die Aufnahme des Anwendungsvorrangs der völkerrechtlichen Verträge in den Verfassungstext deshalb für wirkungslos, weil dieser Vorrang bereits in einem speziellen Gesetz verankert worden sei.[373]

In Art. 26 Abs. 1 der Verfassung über die Gleichstellung von Ausländern und der Staatenlosen in ihren Rechten und Pflichten mit den Bürgern der Ukraine sind die völkerrechtlichen Verträge nach den ukrainischen Gesetzen wie folgt aufgeführt:

> „Ausländer und Staatenlose, die sich auf ukrainischem Territorium gesetzmäßig aufhalten, haben dieselben Rechte und Freiheiten und tragen dieselben Pflichten wie die Bürger der Ukraine, falls die Verfassung, die Gesetze oder die völkerrechtlichen Verträge nichts anderes vorsehen."

Es ist aber bedenklich, auf dieser Grundlage anzunehmen, dass die Reihenfolge der Rechtsquellen in der Verfassungsnorm zum rechtlichen Status der Ausländer und der Staatenlosen hierarchisch gedacht war und die nationalen Gesetze den völkerrechtlichen Verträgen daher vorgehen sollten. Insofern lässt die allgemeine Formulierung des Art. 9 dem Gesetzgeber und dem Verfassungsgericht einen gewissen Spielraum, die Konflikte der nationalen Gesetze mit den eingegangenen völkerrechtlichen Vertragspflichten verfassungskonform zu lösen bzw. zu vermeiden.

2.1.2 Die Aufteilung der außenpolitischen Kompetenzen nach der Verfassung von 1996

Die führende Rolle des Staatsoberhauptes in Bezug auf die Gestaltung der internationalen Beziehungen auf völkerrechtlicher Ebene wird in der neuen Verfassung von 1996 fortgesetzt und stärker betont. Das Staatsoberhaupt handelt im Namen des Staates,

> „[...] *vertritt* die Ukraine in den internationalen Beziehungen, *leitet* die außenpolitische Tätigkeit des Staates, *handelt* die völkerrechtlichen Verträge der Ukraine *aus* und *schließt* sie *ab*."[374] (Hervorh. hinzugefügt)

---

[373] Dazu eingehend ► Teil 1 - Kapitel 6, Punkt 6.4.3.3.

[374] Verfassung-UKR v. 1996, Art. 106 Abs. 1 Punkt 3.

Durch den Präsidenten werden die Erklärungen über die Anerkennung der Staaten, die Aufnahme oder den Abbruch der diplomatischen Beziehungen, über das Bestehen des Kriegs- oder Friedenszustands, die Entsendung der Streitkräfte ins Ausland u. a. abgegeben.[375] Diese generelle Vertretungsmacht des Präsidenten bedeutet allerdings nicht zwangsläufig, dass die anderen Organe zur Durchführung des außenpolitischen Handelns nicht ermächtigt werden können. In ihr wird auch nicht festgehalten, ob der Präsident allein entscheiden darf, das entsprechende außenpolitische Handeln vorzunehmen. Ein solches Handeln stützt sich auf einen Staatswillen, an dessen Bildung gemäß der Verfassung von 1996 auch die anderen Staatsorgane mitzuwirken haben.

Wenn der Präsident der Ukraine die Außenpolitik leitet, ist das Ministerkabinett als das oberste Organ der Exekutive für die Durchführung der Außenpolitik verantwortlich,[376] deren Grundlagen hingegen durch das Parlament im Gesetz zu bestimmen sind.[377] Die Zuständigkeit des Ministerkabinetts deutet darauf hin, dass es auch berechtigt sein muss, außenpolitische Akte vorzunehmen. Allerdings lässt sich aus dem Verfassungstext keine schlüssige Aufteilung der außenpolitischen Funktionen zwischen dem Präsidenten und der Regierung herleiten.[378] Generell gilt, dass das Ministerkabinett der Legislative untergeordnet und rechenschaftspflichtig ist.[379] Darüber hinaus muss es sich vor dem Präsidenten verantworten, wenngleich die neue Verfassung im Gegensatz zur Verfassung von 1978 den Präsidenten nicht ausdrücklich zum Oberhaupt der Exekutive erklärt.[380]

Ein wenig konkreter sind im Verfassungstext die außenpolitischen Funktionen der Legislative aufgezählt. Außer den Grundlagen der Außenpolitik des Staates billigt das Parlament auch die Präsidentenentscheidungen über die

---

375 Verfassung-UKR v. 1996, Art. 106 Abs. 1 Punkt 4, 5 und 19.

376 Verfassung-UKR v. 1996, Art. 116 Punkt 1.

377 Verfassung-UKR v. 1996, Art. 85 Abs. 1 Punkt 5.

378 Zur unklaren Aufteilung der außenpolitischen Kompetenzen zwischen dem Staatsoberhaupt und der Regierung in der ukrainischen Verfassung s. *J. Barabaš*, Die Probleme der Zusammenarbeit zwischen dem Präsidenten und der Regierung im Mechanismus der Ausübung der außenpolitischen Tätigkeit in der Ukraine: verfassungsrechtliche Analyse, Blatt der Akademie der Rechtswissenschaft der Ukraine 2007, Nr. 1/48, S. 75 ff. (ukr.).

379 Verfassung-UKR v. 1996, Art. 113 Abs. 2.

380 Verfassung-UKR v. 1996, Art. 113 Abs. 2.

Erklärung des Kriegs- oder Friedenszustands, den Einsatz der Militärkräfte im Fall des Angriffskrieges und über die Entsendung der Streitkräfte ins Ausland.[381] In das Vertragsabschlussverfahren ist die Legislative durch das Erfordernis einer gesetzlichen Zustimmung zur Verbindlichkeit und zur Kündigung des Vertrages für die Ukraine einbezogen.[382]

Die umfassenden Mitwirkungsrechte der Legislative bestehen grundsätzlich darin, das durch den Präsidenten bzw. die Regierung eingeleitete Handeln zu billigen, und dienen mithin der parlamentarischen Kontrolle der außenpolitischen Kompetenzen des Staatsoberhauptes und der Regierung. Sie lassen sich nach der neuen Aufteilung der außenpolitischen Aufgaben durch die Verfassung von 1996 nicht so weit auslegen, dass die Legislative das Staatsoberhaupt dazu zwingen könnte, bestimmte Tätigkeiten auf völkerrechtlicher Ebene vorzunehmen. Dies schließt aber nicht aus, dass das Parlament keine oder nur bedingte Billigung erteilen kann. Ob die betreffende außenpolitische Tätigkeit dann doch durchgeführt wird, sollte weiterhin im Ermessen der Staatsorgane, die über Vertretungsmacht verfügen und dadurch zum Handeln auf völkerrechtlicher Ebene befugt sind, bleiben.[383] Handeln sie im Widerspruch zur parlamentarischen Billigung, führt dies innerstaatlich gesehen verfassungswidrige Akte herbei, die im Rahmen eines Organstreitverfahrens aufgehoben werden können. Die völkerrechtlichen Verpflichtungen, die der Staat auf verfassungswidrige Weise eingegangen ist, dürfen dann im innerstaatlichen Bereich keine Geltung beanspruchen.

Im Gegensatz zur alten Verfassung der UkrSSR von 1978 und den Gesetzen von 1991 und 1993 kommt die Bezeichnung der „Ratifikation" in der ukrainischen Verfassung von 1996 nicht vor. In Art. 9 wird von der „Zustimmung" bzw. „Billigung" der Vertragsverbindlichkeit durch die Werchowna Rada gesprochen. Diese parlamentarische Zustimmung als Voraussetzung für die Einbeziehung der Verträge in die ukrainische

---

381 Verfassung-UKR v 1996, Art. 85 Abs. 1 Punkt 5, 9, 23, 31.

382 Verfassung-UKR v. 1996, Art. 85 Abs. 1 Punkt 32.

383 Zu dem gleichen Inhalt des parlamentarischen Mitwirkungsrechts nach dem deutschen GG s. *R. Geiger*, Grundgesetz und Völkerrecht, 5. Aufl. (2010), § 30 S. 117 f.; nach der russischen Versfassung s. *B. Giesecke*, Auswärtige Gewalt in der Russischen Föderation und die Rolle des Völkerrechts in der russländischen Rechtsordnung (2004), S. 190 ff.

„Gesetzgebung“ ist in der Verfassung nur hinsichtlich ihrer Form aufgeführt. Welche Vertragsmaterien genau der Zustimmung unterliegen wird hier nicht bestimmt. Die Verfassung enthält auch keinen Verweis, dass dies in einem spezielleren Gesetz zu regeln ist. Im Zusammenhang mit den Aufgaben des Parlaments wird in Art. 85 Abs. 1 Punkt 32 festgeschrieben, dass die Zustimmung zum Abschluss und zur Kündigung der völkerrechtlichen Verträge durch ein Gesetz erfolgen soll: [384]

> „Zu den Befugnissen der Werchowna Rada gehören: [...] Erteilung *in Form eines Gesetzes der Zustimmung* zur *Verbindlichkeit* und zur *Kündigung* der völkerrechtlichen Verträge der Ukraine; [...] “. (Hervorh. hinzugefügt)

Allerdings kennt auch die neue Verfassung kein „spezielles Gesetz über Ratifikation“, das keiner Unterzeichnung und Verkündung durch den Präsidenten bedarf. Wie in der alten Verfassung werden im neuen Verfassungstext allein die Gesetze zur Änderung der Verfassung hervorgehoben, die ein bestimmtes Gesetzgebungsverfahren erfordern. [385] Indem der Parlamentsvorsitzende, gestützt auf den erwähnten Art. 7 Abs. 1 des Gesetzes über die völkerrechtlichen Verträge von 1993, die Zustimmungsgesetze unterzeichnete, überschritt er seine Kompetenzen und handelte verfassungswidrig sowohl nach der alten als auch nach der neuen

---

384 An der Stelle soll erwähnt werden, dass die Regel zur genauen Form der parlamentarischen Zustimmung zu völkerrechtlichen Verträgen erst mit den Verfassungsänderungen von 2004 in den Verfassungstext aufgenommen wurde. Wie am Anfang dieser Studie angesprochen, wurde jedoch die Verfassungsreform mit der juristisch umstrittenen Entscheidung des VerfG vom September 2010 aufgehoben, s. Ent. Nr. 20-pn/2010 v. 30.09.2010 *(Rs. des Verfassungsänderungsverfahrens)*. Auf der Grundlage dieser Entscheidung wurde in der Ukraine die ursprüngliche Verfassungslage vom Jahr 1996 wiederhergestellt, wonach Art. 85 Abs. 1 Punkt 32 wie folgt lautet: „Zu den Befugnissen der Werchowna Rada gehören: [...] Erteilung *innerhalb der gesetzlich festgelegten Frist* der Zustimmung zur Verbindlichkeit und zur Kündigung der völkerrechtlichen Verträge der Ukraine; [...]“ (Hervorh. hinzugefügt). Mithin ist die gesetzliche Form der parlamentarischen Zustimmung derzeit unmittelbar nur in Art. 9 Abs. 1 des Gesetzes über die völkerrechtlichen Verträge von 2004 vorgesehen. Sie kann aber indirekt aus der Verfassung von 1996 abgeleitet werden: Alle zustimmungsbedürftigen Vertragsinhalte sind nach der Verfassung ausschließlich durch die Gesetzen zu regeln, s. dazu auch Fn. 418. Zu betonen ist, dass weder im Gesetz über die völkerrechtlichen Verträge noch im Gesetz über das Reglement der Werchowna Rada dem Parlament bzgl. der Erteilung der Zustimmung zu völkerrechtlichen Verträgen eine Frist gesetzt wird.

385 Zu dem Verfassungsänderungsverfahren eingehend ► Teil 1 - Kapitel 4, Punkt 4.6.1.

Verfassung. Dies stellte vier Jahre nach der Annahme Letzterer das Verfassungsgericht der Ukraine fest. In der Rechtssache der Verfassungsmäßigkeit des Vertragsgesetzes zur Europäischen Charta der Regional- und Minderheitensprachen erklärte es das gerügte Vertragsgesetz aufgrund eines Verfahrensfehlers, und zwar der Unterzeichnung und Verkündung durch das dafür unberechtigte Organ, für verfassungswidrig.[386] Auf diese Entscheidung wird sogleich zusammen mit der Darstellung der völkervertragsrechtsbezogenen Verfassungsgerichtsbarkeit eingegangen.

2.2 Die völkervertragsrechtsbezogenen Kompetenzen des Verfassungsgerichts der Ukraine

Art. 151 der Verfassung von 1996 über die Befugnisse des ukrainischen Verfassungsgerichts, die Verfassungsmäßigkeit der völkerrechtlichen Vertragsvorschriften zu prüfen, kennzeichnet eine weitere Stelle im Verfassungstext, an der das Völkervertragsrecht direkt vorgebracht wird:

> „Nach dem Antrag des Präsidenten oder des Ministerkabinetts entscheidet das Verfassungsgericht der Ukraine über die Verfassungsmäßigkeit der gültigen Verträge der Ukraine oder der völkerrechtlichen Verträge, die der Werchowna Rada zur Zustimmung zu ihrer Verbindlichkeit vorgelegt werden."

Hiernach können die der parlamentarischen Billigung unterliegenden Verträge sowohl präventiv als auch nachträglich auf ihre Übereinstimmung mit den Verfassungsgeboten geprüft werden. Bei Verträgen, die ohne parlamentarische Beteiligung in Kraft getreten sind, ist hingegen nur die nachträgliche Prüfung möglich. Darüber hinaus differenziert das Gesetz über das Verfassungsgericht der Ukraine, das kurz nach der Verfassung erlassen wurde und die Zuständigkeiten des Gerichts zu verdeutlichen hatte,[387] innerhalb der nachträglichen Verfassungsmäßigkeitskontrolle zwischen der Prüfung einerseits eines gültigen Vertrages an sich und andererseits eines jeweiligen nationalen Aktes des Parlaments, des Präsidenten oder des

---

[386] Ent. Nr. 9-рп/2000 v. 12.07.2000 *(Rs. der Ratifikation der Sprachencharta von 1992)*.

[387] In Art. 153 der Verfassung-UKR wird darauf verwiesen, dass die Verfahrensregeln über die Organisation, das Tätigwerden des VerfG und auch den Verfahrensablauf durch ein Gesetz zu regeln sind. Auf dieser Grundlage wurde das Gesetz über das VerfG der Ukraine Nr. 422/96 v. 16.10.1996 erlassen.

Ministerkabinetts über die Erklärung der Verbindlichkeit des Vertrages für die Ukraine.

2.2.1 Die präventive Prüfung der Verfassungsmäßigkeit der völkerrechtlichen Verträge

Die ukrainische Rechtsordnung kennt keine präventive Normenkontrolle der nationalen Rechtsakte. Um zu verhindern, dass der Staat in die verfassungswidrigen Verbindungen eingeht, erlaubt die Verfassung jedoch, dass ein völkerrechtlicher, für die Ukraine noch nicht bindender Vertrag einer Verfassungsmäßigkeitskontrolle unterworfen wird. Gegenstand dieses Kontrollverfahrens können nur die mit der Beteiligung der Legislative abzuschließenden Verträge sein. Ein Prüfungsverfahren vor dem Verfassungsgericht setzt das Gesetzgebungsverfahren für die Zustimmung zum betreffenden Vertrag aus.[388] Trifft das Verfassungsgericht ein Feststellungsurteil darüber, dass die umstrittenen Vertragsnormen der ukrainischen Verfassung widersprechen, kann dem Vertrag erst nach den entsprechenden Verfassungsänderungen zugestimmt werden. Das Staatsoberhaupt und die Regierung sind ermächtigt, den Entwurf eines Vertragsgesetzes dem Parlament vorzulegen[389] sowie das entsprechende Gesetzgebungsverfahren infolge der Verfassungsmäßigkeitsprüfung des zuzustimmenden Vertrages aufzuschieben.

Der entsprechende Mangel der Antragsbefugnis der Legislative im Rahmen der präventiven Kontrolle lässt sich mittelbar durch das Letztentscheidungsrecht des Parlaments hinsichtlich der Herbeiführung einer Verbindlichkeit zustimmungsbedürftiger Verträge verwalten: Sind die Parlamentsabgeordneten der Ansicht, der Vertrag widerspreche der Verfassung, können sie entweder keine Zustimmung erteilen oder planvoll den Erlass des Zustimmungsgesetzes hinauszögern, bis die Antragsberechtigten den Vertrag dem Verfassungsgericht zur Prüfung vorlegen. Die Entwürfe der Vertragsgesetze werden zwar als dringend bezeichnet und damit außerordentlich, d. h. ohne Vorabstimmung auf die

---

388 S. das Gesetz Nr. 422/96 v. 16.10.1996, Art. 88 Abs. 2.

389 S. das Gesetz über die völkerrechtlichen Verträge, Nr. 1906-IV v. 29.06.2004, Art. 9 Abs. 6. Ein Gesetzentwurf wird dem Parlament nach der Feststellung der Verbindlichkeit des Vertragstextes vorgelegt. Somit können bloße Vertragsentwürfe keinen Gegenstand eines Zustimmungsverfahrens bilden.

Tagesordnung des Parlaments gesetzt.[390] Allerdings erfolgt ihre Erörterung und Annahme im Rahmen eines gewöhnlichen Gesetzgebungsverfahrens ohne konkrete Fristen. Dem Mangel der Kompetenz der Legislative, die Verfassungsmäßigkeit des Vertrages unmittelbar zu rügen, trägt die Geschäftsordnung des Parlaments Rechnung. Hiernach ist es für die Parlamentarier möglich, jederzeit eine Entscheidung darüber zu treffen, dass ein Entwurf des Vertragsgesetzes erst nach der Schlussfolgerung des Verfassungsgerichts über die Konformität des Vertrages mit der Verfassung erörtert wird.[391] Nach dem Text der Geschäftsordnung des Parlaments wird für eine solche Entscheidung kein vorangegangener Antrag des Präsidenten oder des Ministerkabinetts an das Verfassungsgericht vorausgesetzt. Auf diese Weise könnte das Parlament die Antragsberechtigten zur Vorlage eines Vertrages an das Verfassungsgericht gewissermaßen auffordern. Es sind gerade der Präsident und die Regierung, die den Entwurf eines Zustimmungsgesetzes in das Parlament einbringen und an der schnellen Annahme des Gesetzes interessiert sind. Bislang ist allerdings keine derartige, auf die Initiative der Parlamentsabgeordneten zurückgehende Entscheidung getroffen worden.

Dennoch lässt sich die Alleinberechtigung des Präsidenten und der Regierung, die präventive Verfassungsmäßigkeitsprüfung der völkerrechtlichen Verträge einzuleiten, schwer vor dem Hintergrund der Rechtsstaatlichkeit erklären. In einem Rechtsstaat soll jedes staatliche Handeln an das Recht und mithin an die Verfassung gebunden werden. Dies gilt auch für solche Staatstätigkeit wie die internationale Zusammenarbeit samt einem Vertragsabschluss, zumal er auch einer innerstaatlichen Entscheidung bedarf und das gegenwärtige Völkervertragsrecht immer mehr innerstaatliche Sachverhalte regelt. Einerseits sieht die ukrainische Verfassung ihren Vorrang vor dem Vertragsrecht und auch die rechtlichen Mittel zur Gewährleistung dieses Verfassungsvorrangs wie präventive und nachträgliche Prüfung der Verfassungsmäßigkeit der völkerrechtlichen Verträge vor. Andererseits ist die Verwirklichung der

---

390 Gesetz über das Reglement der Werchowna Rada der Ukraine, Nr. 1861-VI v. 10.02.2010, Art. 20 Abs. 4 Punkt 7.

391 Gesetz über das Reglement der Werchowna Rada der Ukraine, Nr. 1861-VI v. 10.02.2010, Art. 199 Abs. 2.

Verfassungsmäßigkeitskontrolle der völkerrechtlichen Verträge dadurch erschwert, dass die Befugnis zur Einleitung des Kontrollverfahrens ausschließlich den Subjekten eingeräumt wird, die am Vertragsabschluss interessiert sind und im Regelfall die für den Vertragsabschluss erforderliche Unterstützung von einer einfachen parlamentarischen Mehrheit bekommen. Nach Art. 85 Abs. 1 Punkt 12 der ukrainischen Verfassung billigt die Parlamentsmehrheit die durch den Präsidenten vorgeschlagene Kandidatur auf den Posten des Premierministers. Letzterer nominiert die Minister der Regierung, die durch das Staatsoberhaupt ernannt werden (Art. 106 Abs. 1 Punkt 10). Das auf diese Weise gebildete Ministerkabinett ist der Legislative untergeordnet und rechenschaftspflichtig und muss sich vor dem Präsidenten verantworten (Art. 113 Abs. 2). Deshalb ist das Szenario, in dem die Parlamentsmehrheit nicht dem außenpolitischen Kurs des Präsidenten und seiner Regierung unterstützt, eher unwahrscheinlich. In der Konsequenz dient die Beschränkung der Antragsbefugnis auf den Präsidenten und die Regierung nicht dazu, die Verfassungsmäßigkeit des innerstaatlich geltenden Rechts kritisch prüfen zu lassen, und ist in einer Rechtsordnung, in der die Verfassungsmäßigkeitsprüfung der Verträge grundsätzlich erlaubt ist, fragwürdig. [392] Daran mag weder die oben beschriebene Handhabe, die Antragsberechtigung mittelbar auf die Legislative auszudehnen – indem die Parlamentarier die Zustimmung zum Vertrag vorsätzlich hinausziehen und dadurch das Staatsoberhaupt und die Regierung zur Vorlage auffordern –, noch das Recht der Legislative auf die Prüfung der Verfassungsmäßigkeit der Vertragsgesetze etwas ändern. In dem zuerst genannten Fall wird die Parlamentsminderheit umgegangen, die infolge der Konstellation des Regierungssystems je an der kritischen

---

[392] Das alte Gesetz über die völkerrechtlichen Verträge Nr. 3767-XII v. 22.12.1993 sah in Art. 7 Abs. 6 und 7 das Recht des Parlaments vor, dem VerfG einen zustimmungsbedürftigen Vertrag zur Prüfung vorzulegen. Dennoch war das Gesetz von 1993 vor der ukrainischen Verfassung ausgearbeitet. Die Verfassung hat das entsprechende Antragsrecht nur auf den Präsidenten und das Ministerkabinett beschränkt. Somit würde die Ausübung dieser gesetzlich festgeschriebenen Befugnis durch die Legislative sicherlich zum Verstoß gegen die Verfassung führen. So auch *Dmytro Terlec'kyj*, s. *D. S. Terlec'kyj*, Das Verfassungsgericht der Ukraine – das Justizministerium der Ukraine: ein Konflikt der Zuständigkeiten in Bezug auf die Gewährleistung der Geltung von völkerrechtlichen Verträgen, Juristisches Blatt der Ukraine 2006, Nr. 4, 109 (113) (ukr.).

Überprüfung der Verfassungsmäßigkeit der Verträge interessiert sein kann, was sich auch durch die bisherige Praxis bestätigen lässt.[393] Ihre Ersuche, die Zustimmung zum Vertrag aufzuschieben bis über seine Verfassungsmäßigkeit entschieden wird, können mit einer Mehrheit jederzeit überstimmt werden. Wie sogleich ausführlich erklärt wird, kann auch mit dem Recht der Parlamentarier, die Verfassungsmäßigkeit der gültigen Vertragsgesetze zu rügen, keine Prüfung des zugestimmten Vertrages an sich erfasst werden.

In der bisherigen Praxis des ukrainischen Verfassungsgerichts wurde nur ein völkerrechtlicher Vertrag *a priori* auf seine Verfassungsmäßigkeit geprüft. Es handelte sich um den bereits im ersten Teil der Studie umfassend analysierten Fall über die Verfassungskonformität des IStGH-Statuts.[394] Die Verfassungsmäßigkeit des IStGH-Statuts wurde durch das Justizministerium bezweifelt und daraufhin ein Prüfungsverfahren durch den Präsidenten eingeleitet.[395]

2.2.2 Die Verfassungsmäßigkeitsprüfung der gültigen völkerrechtlichen Verträge der Ukraine

Obwohl die ukrainische Verfassung in Art. 9 Abs. 2 den Abschluss eines mit der Verfassung kollidierenden Vertrages erst nach den entsprechenden Verfassungsänderungen zulässt, schließt sie zugleich nicht aus, dass ein bereits den Vertragspartnern gegenüber für verbindlich erklärter Vertrag ihr widersprechen kann. In Art. 151 sieht sie deshalb für solche Verträge ein Kontrollverfahren vor, das den allgemeinen Verfassungsvorrang im innerstaatlichen Bereich zu sichern bestimmt ist. In der Literatur wird diese Art der Prüfung insbesondere in Bezug auf die Verträge, die vor

---

393 Mit der Ausnahme des Falls zur Prüfung der Verfassungsmäßigkeit des IStGH-Statuts wurden alle einschlägige Anträge an den Verfassungsgerichtshof stets durch die der parlamentarischen Opposition zugehörigen Abgeordneten gestellt.

394 Ent. Nr. 3-в/2001 v. 11.07.2001 *(Rs. des Römischen Statuts)*. Dazu eingehend ▶ Teil 1- Kapitel 4, Punkt 4.4.

395 Vgl. *N. Dul'njeva*, Und die Kutsche ist heute immer noch dort? (ukr.). Hier werden die ratifikationsfreundliche Einstellung des Außenministeriums und die Gegenposition des Justizministeriums erläutert. Letztere wird darauf zurückgeführt, dass mit dem Inkrafttreten des IStGH-Statuts für die Ukraine das Justizministerium eine umfassende Angleichung der geltenden Gesetzbücher an die Standards des IStGH-Statuts durchführen müsste.

Verabschiedung der Verfassung oder der Verfassungsänderungen für die Ukraine verbindlich geworden sind, verteidigt.[396]

Mit der nachträglichen Verfassungsmäßigkeitsprüfung könnte auch die rechtliche Lücke hinsichtlich der Verfassungsmäßigkeitskontrolle der keiner parlamentarischen Zustimmung bedürftigen Verträge geschlossen werden. Auch ein mögliches Unterlassen des Präsidenten oder der Regierung, den der parlamentarischen Zustimmung unterliegenden Vertrag vor dem Austausch der Ratifikationsurkunden auf seine Übereinstimmung mit der Verfassung prüfen zu lassen, kann mit dieser Verfahrensart nachgeholt werden. Die letzte Aussage trifft nur zum Teil zu, da es auch hier ausschließlich im Spielraum des Präsidenten und der Regierung liegt, ob ein Kontrollverfahren eingeleitet wird oder nicht. Es kann nur spekuliert werden, wie wichtig der Vertrag bzw. wie evident oder schwerwiegend sein Verstoß gegen die ukrainische Verfassung sein soll, damit einer der Antragsberechtigten die zuvor unterlassene Verfassungsmäßigkeitsprüfung des Vertrages nach Eintritt seiner völkerrechtlichen Bindung für den Staat wagen würde. Die Praxis zeigt, dass die betreffenden Anfragen ausnahmslos von den Parlamentsabgeordneten gestellt und vom Verfassungsgericht aufgrund der Unzulässigkeit stets zurückgewiesen wurden.[397]

2.2.3 Die Verfassungsmäßigkeitsprüfung der gültigen nationalen Zustimmungsakte

Die Verfassungsmäßigkeitsprüfung der nationalen Rechtsakte über die Zustimmung zum völkerrechtlichen Vertrag ist in Art. 89 des Gesetzes über das Verfassungsgericht der Ukraine von 1996 geregelt.[398] Hiernach wird der

---

396 Vgl. *D. S. Terlec'kyj*, Das Verfassungsgericht der Ukraine – das Justizministerium der Ukraine: ein Konflikt der Zuständigkeiten in Bezug auf die Gewährleistung der Geltung von völkerrechtlichen Verträgen, Juristisches Blatt der Ukraine 2006, Nr. 4, 109 (112) (ukr.).

397 Ganz eindeutig im Fall der Stationierung der Russischen Flotte, in dem die Parlamentsabgeordneten zusammen mit dem Zustimmungsgesetz auch die Verfassungsmäßigkeitsprüfung des Abkommens zwischen den Regierungen der Ukraine und der Russischen Föderation eingeleitet haben (Ent. Nr. 65-y/2000 v. 26.12.2000).

398 Gesetz Nr. 422/96 v. 16.10.1996, Art 89 Abs. 1: „Über die Verfassungsmäßigkeit der Rechtsakte des Parlaments, des Präsidenten, des Ministerkabinetts über das Inkrafttreten eines Vertrages für die Ukraine entscheidet das Verfassungsgericht

Kreis der Antragsberechtigten erweitert. Er umfasst neben dem Präsidenten auch ein Quorum von mindestens 45 Parlamentsabgeordneten, das Oberste Gericht der Ukraine, den Menschenrechtsbeauftragten sowie das Parlament der Republik Krim. Nicht antragsberechtigt in dem Verfahren ist dagegen das Ministerkabinett.

Grundsätzlich besteht ein Zustimmungsakt aus einem einzigen Satz, auf dessen Grundlage einem Vertrag die Zustimmung erteilt wird. Das Zustimmungsgesetz enthält eine Anordnung der Werchowna Rada, den betreffenden Vertrag zu ratifizieren. Vereinzelt kann es durch Vorbehalte oder einseitige Erklärungen der Ukraine ergänzt werden. Generell ist dieses Gesetz als eine Blankettnorm zu erachten, die auf den Vertrag verweist, dem zugestimmt wurde, und ihren materiellen Inhalt aus den entsprechenden völkerrechtlichen Vertragsregeln gewinnt. Somit kann es bei der materiellen Prüfung der Verfassungsmäßigkeit eines Zustimmungsaktes nur darum gehen, ob der betreffende Vertrag mit der Verfassung vereinbar ist. Diesem Zusammenhang trägt auch das Gesetz über das Verfassungsgericht in Art. 89 Abs. 2 Rechnung, indem es festschreibt, dass innerhalb der Prüfung der Verfassungsmäßigkeit eines Zustimmungsaktes das Gericht zugleich über die Verfassungsmäßigkeit des Vertrages entscheidet, dem die Zustimmung durch den umstrittenen nationalen Rechtsakt erteilt wurde.

Allerdings hat das Verfassungsgericht der Ukraine den beschriebenen möglichen materiellen Zusammenhang bislang nicht erkannt. In seiner Praxis entwickelte das Gericht eine Regel, wonach es die Anträge der Parlamentarier auf Prüfung der Verfassungsmäßigkeit eines Vertragsgesetzes, die diese mit einer Gefährdung der ukrainischen Verfassung durch den zugestimmten Vertrag begründeten, wegen fehlender

aufgrund der Anträge der in Art. 40 des Gesetzes festgelegten Antragsberechtigten und gemäß Art. 13 Punkt 1."
Art. 13 Punkt 1: „Das Verfassungsgericht der Ukraine entscheidet und beschließt über die Verfassungsmäßigkeit der Gesetze und anderer Rechtsakte der Werchowna Rada, der Rechtsakte des Präsidenten, des Ministerkabinetts und des Parlaments der Autonomen Republik Krim [...]."
Art. 40: „Der Präsident, ein Quorum von mindestens 45 Parlamentsabgeordneten, das Oberste Gericht, der Menschenrechtsbeauftragter, das Parlament der Autonomen Republik Krim sind berechtigt, die Anträge auf die Verfassungsmäßigkeitsprüfung der in Art. 13 Punkt 1 festgeschriebenen Rechtsakte an das Verfassungsgericht zu stellen."

Antragsbefugnis durchweg abgelehnt hat.[399] Es ist anzunehmen, dass das Gericht die materielle Verfassungsmäßigkeit eines Zustimmungsaktes erst dann prüft, wenn dies durch den Präsidenten oder die Regierung, die allein dazu ermächtigt sind, die Verfassungsmäßigkeit der völkerrechtlichen Verträge der Ukraine zu rügen, beantragt wird. Bislang wandten sich jedoch weder das Staatsoberhaupt noch das Ministerkabinett an das Verfassungsgericht mit der Anfrage, die Kontrolle der materiellen Verfassungsmäßigkeit eines Zustimmungsaktes bzw. der Verfassungsmäßigkeit eines gültigen Vertrages an sich durchzuführen. Die bisherige Verfassungsgerichtspraxis gestattet die Behauptung, dass auch das Oberste Gericht, wenn es den anzuwendenden Vertrag für verfassungswidrig hält, keine Entscheidung darüber beim Verfassungsgericht einholen kann. Seinen Antrag auf Prüfung der materiellen Verfassungsmäßigkeit eines Vertragsgesetzes würde das Verfassungsgericht wohl analog den Anträgen der Parlamentarier zurückweisen.

Die Verfassungswidrigkeit eines Rechtsaktes kann nicht nur auf die materiellen, sondern auch auf die formellen Gründe zurückgeführt werden. Die formellen Gründe umfassen einen Verstoß gegen die Verfahrensregeln zur Annahme oder zum Inkrafttreten des umstrittenen Rechtsaktes und auch das Überschreiten der Organkompetenzen bei seinem Zustandekommen.[400] Da die meisten Verfahrensregeln zum Ablauf des innerstaatlichen Vertragsabschlussverfahrens nicht in der ukrainischen Verfassung selbst, sondern in Gesetzen verankert sind,[401] kann die Verfassungswidrigkeit mit ihnen nicht begründet werden. Die Anträge auf Prüfung der Verfassungsmäßigkeit müssen sich ausschließlich auf behauptete

399 Ent. Nr. 65-y/2000 v. 26.12.2000 *(Rs. der Stationierung der Schwarzmeerflotte der Russischen Föderation).*

400 Gesetz Nr. 422/96 v. 16.10.1996, Art. 15: „Die Gründe für die Erklärung der Rechtsakte oder ihrer einzelnen Bestimmungen durch das Verfassungsgericht der Ukraine für verfassungswidrig sind die Folgenden: Nichtvereinbarung mit der Verfassung; Verstoß gegen das in der Verfassung geregelte Verfahren der Erörterung, der Annahme und des Inkrafttretens der Rechtsakte; Überschreiten der verfassungsrechtlichen Organkompetenzen bei der Annahme der Rechtsakte."

401 Die Verfahrensvorschriften zum Vertragsabschlussverfahren sind im Gesetz über die völkerrechtlichen Verträge festgeschrieben. Auch im Gesetz über das Reglement der Werchowna Rada der Ukraine wird ein gesetzgebendes Verfahren und damit ein Verfahren der Erörterung, der Annahme und des Inkrafttretens der Zustimmungsgesetze geregelt.

Verletzungen der Verfassung beziehen.[402] Dies betonte auch das Verfassungsgericht in seinen Urteilen. So wies es den Antrag auf Prüfung der Verfassungsmäßigkeit des Vertragsgesetzes zur Stationierung der Russischen Flotte zurück, da der behauptete Grund für die Verfassungswidrigkeit – Unterlassung der Erörterung eines Gesetzentwurfes in den zuständigen Parlamentsausschüssen – nicht die Verfassung selbst berührte, sondern die Normen des Gesetzes über die parlamentarische Geschäftsordnung.[403]

Folglich kann allein das Überschreiten der Kompetenzen, deren Aufteilung sich doch ursprünglich auf die Verfassung stützt, für die Begründung der formellen Verfassungswidrigkeit eines Zustimmungsaktes herangezogen werden. Im Grunde geht es dann um die Organstreitigkeiten und nicht die Übereinstimmung der Vertragsmaterie mit der ukrainischen Verfassung. Im Rahmen dieses Verfahrens kann das Parlament bspw. behaupten, dass seine Rechte beeinträchtigt wurden, weil die notwendige parlamentarische Zustimmung zum Vertrag einzuholen wäre. So sollte auf diese Weise die parlamentarische Kontrolle der Exekutive gesichert werden. Der kritischen Überprüfung der Verfassungsmäßigkeit der Verträge dient das Verfahren nicht. Dies zeigen zwei weitere Fälle, in denen die Verfassungsmäßigkeit der Vertragsgesetze durch die der parlamentarischen Opposition zugehörigen Abgeordneten angezweifelt wurde.

Außer der Rechtssache zur Stationierung der Russischen Flotte wurde die Verfassungsmäßigkeit eines Vertragsgesetzes nur noch im Verfahren zum Vertragsgesetz über die Europäische Charta der Regional- oder Minderheitensprachen (Sprachencharta)[404] und im Verfahren zum Vertragsgesetz über das Zusatzprotokoll Nr. 6 zur EMKR zur Abschaffung

---

402 Gesetz Nr. 422/96 v. 16.10.1996, Art. 27: „Die Verfassungsrichter sind unabhängig. Sie sind ausschließlich der Verfassung unterworfen und orientieren sich an dem vorliegenden Gesetz und anderen Gesetzen, mit Ausnahme von Gesetzen oder deren Vorschriften, die den Prüfungsgegenstand vor dem Verfassungsgericht der Ukraine bilden.“

403 Ent. Nr. 65-y/2000 v. 26.12.2000 *(Rs. der Stationierung der Schwarzmeerflotte der Russischen Föderation).*

404 Ent. Nr. 9-pп/2000 v. 12.07.2000 *(Rs. der Ratifikation der Sprachencharta von 1992).*

der Todesstrafe bestritten.[405] Bei all diesen Fällen ist ihre innenpolitische Prägung auffällig. Bis auf den letzten Fall berührten die beiden anderen Sachverhalte unterschiedliche Facetten (einen sprachlichen Aspekt und den Souveränitätsaspekt) der Zusammenarbeit mit Russland, ein Thema, das seit Jahren die Spaltung der ukrainischen Gesellschaft bewirkt.[406] In jedem dieser Verfahren waren die Parlamentsabgeordneten Antragssteller. Sie begründeten die Verfassungswidrigkeit der Zustimmungsgesetze dabei durchweg mit einem formellen Fehler bei ihrem Zustandekommen. Im Fall des Zusatzprotokolls Nr. 6 war dies etwa die unpersönliche Stimmenabgabe durch die Parlamentsabgeordneten bei der Annahme des Vertragsgesetzes. Auch hier lehnte das Gericht eine Prüfung ab.[407]

---

405 Ent. Nr. 46-y/2002 v. 11.07.2002 *(Rs. der Verfassungsmäßigkeit des Gesetzes über die Ratifikation des Zusatzprotokolls Nr. 6 zur EMRK).*

406 Bei der Aufnahme in den Europarat im Jahr 1995 verpflichtete sich die Ukraine innerhalb eines Jahres zur Ratifikation der Sprachencharta von 1992. Der Ratifikationsprozess im Parlament war von hitzigen Diskussionen begleitet. Es bestanden Meinungsverschiedenheiten vor allem über die Liste der Sprachen, die als Regional- oder Minderheitensprachen anerkannt werden können. Auch die von der Begrifflichkeit der Charta abweichende ukrainische Terminologie führte zu inhaltlichen Missverständnissen des Abkommens. Der Begriff *„minority language"* wurde in der ukrainischen Fassung des Abkommens mit dem für die ukrainische Gesetzgebung bekannten Begriff *„Sprache der nationalen Minderheit"* übersetzt. Dies führte dazu, dass auch die russische Sprache einen besonderen in der Charta vorgesehenen Schutz genießt. Die Charta bezweckt dagegen, die autochthonen Einzelsprachen, denen das Verschwinden droht, zu schützen. Unter Berücksichtigung der sprachlichen Situation in der Ukraine ist die russische Sprache sehr verbreitet. Ferner ist sie durch die Verfassung besonders geschützt und kann nicht im Sinne der Sprachencharta als *minority language* verstanden werden. Die Verfechter der Anerkennung der russischen Sprache als eine Amtssprache (die Sozialisten und die Kommunisten) bildeten die Parlamentsmehrheit, die der Ratifikation der Sprachencharta von 1999 zustimmte. Die rechte Fraktion im Parlament beantragte die Verfassungsmäßigkeitsprüfung des Vertragsgesetzes, vgl. Blatt der Ethnopolitik, Nr. 10, 1-15. August 2004 (ukr.).

407 Ent. Nr. 46-y/2002 v. 11.07.2002 *(Rs. der Verfassungsmäßigkeit des Gesetzes über die Ratifikation des Zusatzprotokolls Nr. 6 zur EMRK).* Die Stimmenabgabe erfolgt im Parlament im elektronischen Verfahren anhand der e-Karten. Dies ermöglicht die Abstimmung für jemand anderen. Das VerfG hat bereits ein auf solche Weise erlassenes Gesetz für verfassungswidrig erklärt (Ent. Nr. 11-pп/98 v. 7.07.1998, *Rs. der Abstimmungsordnung und der wiederholten Erörterung der Gesetze in der Werchowna Rada der Ukraine*). Im Fall über die Ratifikation des Zusatzprotokolls Nr. 6 zur EMRK legte das Gericht fest, dass die Nachweise über die Abwesenheit der Abgeordneten nicht vorgelegt wurden. Des Weiteren wurde hier gerügt, dass wie auch das Vertragsgesetz zur Sprachencharta das Zustimmungsgesetz zum Protokoll Nr. 6 nicht durch den Präsidenten unterzeichnet worden sei. Jedoch wurde dieser Verfahrensfehler im Laufe des

Allein im Verfahren zur Sprachencharta vom 5. November 1992 erklärte das Verfassungsgericht in seiner Entscheidung aus dem Jahr 2000 ein gültiges Zustimmungsgesetz für verfassungswidrig.[408] Dies begründete das Gericht mit der fehlenden Unterzeichnung und Verkündung des Vertragsgesetzes durch den Präsidenten. Das Verfassungsgericht betonte, dass ein Vertragsgesetz seiner Rechtsnatur nach den anderen nationalen Gesetzen gleiche und kein spezielles Gesetzgebungsverfahren verlange. Indem jedoch der Parlamentsvorsitzende das Gesetz unterzeichnete, habe dieser seine Kompetenzen überschritten. Zusammen mit dem Zustimmungsgesetz wurde auch der bereits erörterte Art. 7 Abs. 1 des Gesetzes über die völkerrechtlichen Verträge von 1993, der den Parlamentsvorsitzenden zur Unterzeichnung der Vertragsgesetze ermächtigte, für verfassungswidrig erklärt.

Solange das Verfassungsgericht nicht anders entscheidet, ist von der Verfassungsmäßigkeit der Zustimmungsgesetze, die aufgrund des verfassungswidrigen Art. 7 Abs. 1 des Gesetzes von 1993 zustande gekommen sind, auszugehen.[409] Dies schließt aber die Möglichkeit nicht aus, ihre Verfassungsmäßigkeit vor dem Verfassungsgericht einzeln zu bestreiten. In der Praxis ist es in der Ukraine nicht so weit gekommen. Es erfolgte aber auch keine nachträgliche Unterzeichnung der Vertragsgesetze durch den Präsidenten, um diese Anfechtungsmöglichkeit auszuschließen.

Die Rechtsfolgen einer nachträglich festgestellten Verfassungswidrigkeit eines Vertrages oder eines nationalen Zustimmungsaktes sind problematisch: Ein Vertrag kann seine Rechtsverbindlichkeit im innerstaatlichen Bereich nicht mehr beanspruchen. Aus der Sicht des Völkerrechts, bleibt die Ukraine jedoch an ihn gebunden und muss mit völkerrechtlicher Verantwortung für den Nichtvollzug der vertraglichen Verpflichtungen rechnen. In Reaktion

---

Gerichtsverfahrens korrigiert. Im Anschluss daran hat das VerfG den Antrag zurückgewiesen.

408 Ent. Nr. 9-рп/2000 v. 12.07.2000 *(Rs. der Ratifikation der Sprachencharta von 1992)*.

409 Zur Präsumtion der Verfassungsmäßigkeit der Rechtsakte allgemein und der völkerrechtlichen Verträge insbesondere s. *T. Romančuk*, Die Präsumtion der Verfassungsmäßigkeit und der Gesetzmäßigkeit der Akte des Präsidenten (ukr.); *I. H. Vasyl'jeva*, Die rechtlichen Präsumtionen in der Verfassungsgerichtsbarkeit der GUS-Länder (ukr.).

darauf kann entweder der Vertrag völkerrechtlich gekündigt, durch eine Verfassungsänderung die Verfassungsmäßigkeit des Vertrages hergestellt oder auch durch einen neuen nationalen verfassungskonformen Rechtsakt die innerstaatliche Geltung des Vertrages erneut sichergestellt werden. So erfolgte etwa die Zustimmung zur Europäischen Sprachencharta durch ein neues Gesetz erst drei Jahre nach der Feststellung der Verfassungswidrigkeit des ersten Zustimmungsgesetzes.[410]

Durch die Verfassungsgerichtsentscheidung von 2000 wurde ganz deutlich demonstriert, dass die Gesetze von 1991 und 1993 zur innerstaatlichen Übernahme und Geltung des Völkervertragsrechts in Einklang mit der Verfassung von 1996 gebracht werden mussten. Um die Unstimmigkeiten zu beseitigen, wurde im Jahr 2004 ein neues Gesetz über die völkerrechtlichen Verträge verabschiedet, das die Gesetze von 1991 und 1993 außer Kraft setzte.[411]

2.3 Die Einbeziehung des Völkervertragsrechts in die innerstaatliche Rechtsordnung nach dem neuen Gesetz über die völkerrechtlichen Verträge von 2004

Die wichtigsten durch das Gesetz von 2004 eingeführten Änderungen betrafen das innerstaatliche Vertragsabschlussverfahren – Handlungen zur Einleitung eines Vertragsabschlussverfahrens, Aushandlung und Annahme eines Vertragstextes, völkerrechtliche und innerstaatliche Gültigkeit eines Vertrags, Erklärung der Vertragsvorbehalte, Bekanntmachung eines Vertrages, seine Kündigung oder Suspendierung und die Implementierung des Vertrages – für unterschiedliche Vertragsarten. Diese werden nachfolgend insofern untersucht, als sie für das Verhältnis von Völkervertragsrecht und ukrainischem Recht von Bedeutung sind.

---

410 Gesetz Nr. 802-IV v. 15.05.2003.
411 Gesetz Nr. 1906-IV v. 29.06.2004.

2.3.1 Die unterschiedlichen Arten der völkerrechtlichen Verträge im ukrainischen Recht

Das Gesetz von 2004 ist auf die völkerrechtlichen Verträge, so wie sie im Völkerrecht definiert werden, anzuwenden.[412] Zugleich wird aber in Art. 3 Abs. 2 des Gesetzes zwischen folgenden Vertragsarten differenziert:

- die Staatsverträge, die im Namen der Ukraine durch den Präsidenten oder gemäß seiner Vollmacht ausgehandelt und abgeschlossen werden;
- die Regierungsabkommen, die im Namen der Regierung durch das Ministerkabinett oder gemäß seiner Vollmacht abgeschlossen werden;
- die Ressortabkommen, die durch andere zentrale Exekutivorgane als das Ministerkabinett oder durch andere Staatsorgane gemäß der Vollmacht zentraler Exekutivorgane abgeschlossen werden.[413]

Aus der Sicht des Völkerrechts ist die Unterteilung von keiner Bedeutung. Jede Vertragsart begründet gesamtstaatliche Verpflichtungen für die Ukraine. Auch im Hinblick auf die Notwendigkeit einer parlamentarischen Zustimmung zum Vertrag sind die Vertragsarten irrelevant.[414] Sie stellen dagegen eine

---

412 Die in Art. 2 des Gesetzes vorgebrachte Definition des völkerrechtlichen Vertrages stimmt mit der Definition in Art. 2 Abs. 1 lit. a) WVRK v. 1969 überein: Ein Vertrag ist demnach „eine in Schriftform geschlossene und vom Völkerrecht bestimmte internationale Übereinkunft zwischen Staaten oder anderen Völkerrechtssubjekten, gleichviel ob sie in einer oder in mehreren zusammengehörigen Urkunden enthalten ist und welche besondere Bezeichnung sie hat."

413 Das Verfahren über den Abschluss der Ressortabkommen ist nach dem Gesetz über die völkerrechtlichen Verträge von 2004 durch Regierungsbeschluss zu regeln. Auf dieser Grundlage wurde der Regierungsbeschluss über den Abschluss, die Erfüllung und die Beendigung der Ressortabkommen der Ukraine erlassen, Nr. 422 v. 17.06.1994. Auf die Ressortabkommen wird in der Studie nicht eingegangen. Dazu s. *O. O. Merežko*, Abschluss der Regierungs- und der Ressortabkommen nach der Gesetzgebung und in der Praxis der Ukraine, Ukrainisches Recht 1998, Nr. 2, S. 78 ff. (ukr.).

414 Es sind viele Abkommen vorzufinden, die im Namen der ukrainischen Regierung abgeschlossen und durch das ukrainische Parlament gebilligt wurden. Bspw. das Gesetz über die Ratifikation des Abkommens zwischen der ukrainischen Regierung und der Regierung der Republik Moldau über die Gewährleistung der Rente für die Bürger beider Republiken von 1995, Nr. 434/96 v. 29.10.1996; oder das Gesetz über die Ratifikation des Steuerabkommens zwischen der ukrainischen Regierung und der Regierung der Republik Singapur von 2007, Nr. 1677-VI v. 22.10.2009 u. a.

Verknüpfung zwischen dem sachlichen Regelungsgegenstand eines Vertrages und den Kompetenzaufgaben des jeweiligen Vertretungsorgans, des Präsidenten oder des Ministerkabinetts, her und sind mithin für den Ablauf der nationalen Abstimmung zur Einleitung eines Vertragsabschlussverfahrens und zur Entscheidung über die Aufnahme der Vertragsverhandlungen und den Vertragsabschluss erheblich.

So ist bspw. die ukrainische Regierung befugt, völkerrechtliche Verträge in Wirtschafts-, Handels-, wissenschaftstechnischen und humanitären Fragen sowie in den Angelegenheiten, die verfassungsgemäß in der Zuständigkeit des Ministerkabinetts liegen, abzuschließen.[415] Die führende Rolle des Präsidenten in der Außenpolitik wird durch das Gesetz von 2004 insofern bekräftigt, als die wichtigen Verträge als Staatsverträge erachtet werden und daher der Vertragsabschlussbefugnis des Präsidenten unterfallen.[416] Zugleich sichert das Gesetz – in Übereinstimmung mit den verfassungsrechtlich vorgesehenen Mitspracherechten der Legislative in wesentlichen Angelegenheiten – die Mitwirkung des Parlaments am Abschluss der Staatsverträge durch den Präsidenten.

2.3.2 Die Vertragsinhalte, die einer parlamentarischen Billigung unterliegen

Die genaue Auflistung der Vertragsmaterien, die einer parlamentarischen Zustimmung bedürfen (gemäß des Gesetzeswortlauts also einer „Ratifikation“), findet sich in Art. 9 Abs. 2 des Gesetzes von 2004. Sie stimmt mit der entsprechenden, bereits dargestellten Aufzählung nach dem alten Gesetz von 1993 überein.[417] Dabei können die folgenden Gruppen zustimmungsbedürftiger Verträge unterschieden werden:

---

415 Gesetz Nr. 1906-IV v. 29.06.2004, Art. 3 Abs. 3.

416 Gesetz Nr. 1906-IV v. 29.06.2004, Art. 3 Abs. 2.

417 Die einzige inhaltliche Ergänzung betrifft die völkerrechtlichen Verträge in den Fragen der staatlichen Kreditaufnahmen. In Art. 9 Abs. 2 lit. в) wurde Art. 7 Abs. 2 lit. a) des Gesetzes v. 1993 in folgender Weise konkretisiert: „Es handelt sich um die Kredite und Darlehen, die nicht in dem Staatsbudget der Ukraine vorgesehen sind.“ Diese Konkretisierung wiederholt wörtlich die verfassungsrechtliche Befugnis der Werchowna Rada, die Entscheidungen über internationale Kredite und Darlehen zu bewilligen (Art. 85 Abs. 1 Punkt 14 der Verfassung).

- die Verträge, die laut ihren Vertragstexten einer parlamentarischen Zustimmung bedürfen;
- die Verträge, deren innerstaatliche Zustimmung mittelbar aus der Verfassung abgeleitet werden kann, indem die Vertragsinhalte Fragen betreffen, die laut der Verfassung ausschließlich in Gesetzen oder unter unabdingbarer Beteiligung des Parlaments geregelt werden sollen,[418] sowie solche Verträge, bei denen ein Erfordernis parlamentarischer Zustimmung in nationalen Gesetzen vorgesehen ist;
- die Verträge, deren Erfüllung die Änderung geltender oder die Annahme neuer Gesetze erfordert.

Durch das neue Gesetz wurde das Erfordernis einer Zweidrittelmehrheit für die Billigung der territorialen Verträge und des Beitritts zu zwischenstaatlichen Zusammenschlüssen, internationalen Organisationen und Systemen kollektiver Sicherheit abgeschafft. Wie den anderen Vertragsgegenständen kann auch diesen Verträgen mit einer absoluten

---

418 Hierzu zählen die Menschenrechtsverträge; die Verträge über Bürgerschaftsfragen; die Grenzverträge, die territorialen Verträge und die Verträge zur Abgrenzung der ausschließlichen Wirtschaftszone und des Festlandsockels; die Verträge über Militärhilfe, über historische und kulturelle Erbschaft des Volks der Ukraine und die Objekte des staatlichen Eigentums; die wirtschaftlichen Verträge und die Verträge in den finanziellen Fragen sowie die Verträge, die grundlegende Fragen der zwischenstaatlichen Beziehungen betreffen (wie Frieden, Sicherheit, Neutralität, Freundschaft und Zusammenarbeit, Beitritt zu internationalen Organisationen oder zwischenstaatlichen Zusammenschlüssen). Fast alle diese Vertragsgegenstände sind nach der Verfassung ausschließlich durch die Gesetze zu regeln. So werden in Art. 92 Abs. 1 der Verfassung die Gesetze für die Regelung der folgenden Fragen vorgesehen: der Menschenrechte (Punkt 1), der Bürgerschaft (Punkt 2), der Wirtschaftszone und des Festlandsockels (Punkt 5), der nationalen Sicherheit (Punkt 17), der Staatsgrenze (Punkt 18). Nach Art. 92 Abs. 2 der Verfassung sind das Budget und die internationalen Kredite (Punkt 1), die Entsendung ukrainischer Militärkräfte ins Ausland bzw. der Aufenthalt ausländischer Militärkräfte auf ukrainischem Territorium (Punkt 2) durch Gesetz zu regeln. In Art. 54 Abs. 4 der Verfassung wird festgeschrieben, dass die kulturelle Erbschaft des ukrainischen Volks durch Gesetze geschützt werden soll. Wie bereits angedeutet wurde, enthält die ukrainische Verfassung keine Ermächtigung zum Beitritt zu internationalen Organisationen oder zwischenstaatlichen Bündnissen. Dementsprechend ist auch keine Gesetzgebungskompetenz des Parlaments in den Fragen vorgesehen. Dennoch können die Mitwirkungsbefugnisse der Legislative beim Beitritt zu internationalen Organisationen mittelbar aus der Regelungsmaterie einer Organisation ableitet werden.

Mehrheit zugestimmt werden. Grundsätzlich ist es möglich, dass ein Beitritt zu zwischenstaatlichen Zusammenschlüssen die durch die ukrainische Verfassung besonders geschützten Souveränitätsangelegenheiten modifiziert bspw. die Ausübung der Hoheitsgewalt durch die Staatsorgane in bestimmten Bereichen zurückdrängt. Somit ist diese niedrige verfahrensrechtliche Hürde vor dem Hintergrund der fehlenden ausdrücklichen Verfassungsermächtigung, derartigen internationalen Einrichtungen beizutreten, bedenklich. Sie erlaubt, dass solchen Souveränitäts- und mithin Verfassungsmodifikationen theoretisch mit einer absoluten Mehrheit zugestimmt werden kann: Unterstützt durch die Regierung und absolute Parlamentsmehrheit kann das Staatsoberhaupt, das für den Abschluss des betreffenden Vertrages verantwortlich ist, auf diese Weise seinen außenpolitischen Kurs hinsichtlich der Integration der Ukraine in bestimmte zwischenstaatliche Einrichtungen durchsetzen. Dass die sowohl präventiven als auch nachträglichen Möglichkeiten, die Verfassungsmäßigkeit dieses Handelns zu prüfen, relativ begrenzt sind, folgt aus der vorgebrachten Analyse der völkervertragsrechtsbezogenen Kompetenzen des Verfassungsgerichts der Ukraine und seiner bisherigen Praxis.

2.3.3 Das parlamentarische Zustimmungsverfahren und die völkerrechtliche Ratifikation

Die zuvor bestehende und für verfassungswidrig erklärte Ermächtigung des Parlamentsvorsitzenden zur Unterzeichnung und Verkündung eines Zustimmungsgesetzes wurde durch Art. 9 Abs. 1 des Gesetzes von 2004 in folgender Weise korrigiert:

> „Die Ratifikation eines Vertrages erfolgt in Form eines Gesetzes über die Ratifikation, dessen unabdingbarer Bestandteil ein Vertragstext ist.
>
> Aufgrund des durch den Präsidenten unterzeichneten und durch ihn verkündeten Gesetzes unterzeichnet der Parlamentsvorsitzende eine Ratifikationsurkunde, die mit der Unterschrift des Außenministers signiert wird, wenn ein völkerrechtlicher Vertrag nichts anderes vorsieht."

Damit wird ein Zustimmungsgesetz ausdrücklich anderen nationalen Gesetzen gleichgestellt und dem allgemeinen Gesetzgebungsverfahren unterworfen. Die Besonderheiten des Gesetzgebungsverfahrens, dessen

Gegenstand die Vertragsgesetze bilden, bestehen darin, dass die Entwürfe der Vertragsgesetze je nach Vertragsart entweder durch den Präsidenten oder das Ministerkabinett dem Parlament vorgelegt werden. Hinzu kommt, dass sie als dringend bewertet und somit ohne Vorabstimmung auf die Tagesordnung des Parlaments gesetzt werden.[419]

Grundsätzlich soll das Parlament dem Vertragstext zustimmen oder ihn ablehnen. Allerdings kann es den Vertrag auch unter Vorbehalt billigen und damit die Vertragsverpflichtungen des Staates inhaltlich mitgestalten. Dieser Möglichkeit trägt das Gesetz über die Geschäftsordnung des Parlaments Rechnung, indem es den Abgeordneten das Recht verleiht, neue Vorbehalte vorzubringen oder die vorgeschlagenen Vorbehalte zu ändern.[420] Im Bezug auf die Bindungswirkung der Vertragsmaterie, die innerstaatlich gesehen unter unabdingbarer Mitsprache des Parlaments geregelt werden muss, ist dieses Recht Ausdruck der Letztentscheidungskompetenz der Legislative. Aufgrund ihrer Grundlage kann die in dem zitierten Art. 9 Abs. 1 des Gesetzes von 2004 vorgesehene Unterzeichnung und Verkündung eines Vertragsgesetzes durch den Präsidenten als dessen Verpflichtung gelesen werden. Widersetzt er sich der Ausfertigung des Vertragsgesetzes, könnte das Parlament den Willen des Präsidenten mit einer Zweidrittelmehrheit überstimmen und das Gesetz annehmen.[421] Bislang sind jedoch keine Fälle bekannt, in denen das Parlament von seinem Recht auf die Überstimmung des Präsidentenvetos in Bezug auf ein Zustimmungsgesetz Gebrauch gemacht hat.

Fraglich ist, ob das Zustimmungsgesetz das Vertretungsorgan, den Präsidenten oder die Regierung, zur völkerrechtlichen Ratifikation des Vertrages verpflichtet. In der Regel wird davon ausgegangen, dass das

---

419 S. das Gesetz über das Reglement der Werchowna Rada der Ukraine, Nr. 1861-VI v. 10.02.2010, Art. 20 Abs. 4 Punkt 7. Interessanterweise wurde in der Werchowna Rada (Stand März 2005) ein Gesetzentwurf der Parlamentsabgeordneten über die Ratifikation der Europäischen Sozialcharta von 1996 registriert. Dies widerspricht dem ausschließlichen Recht der Exekutive auf Gesetzesinitiative innerhalb eines parlamentarischen Zustimmungsverfahrens.

420 Gesetz über das Reglement der Werchowna Rada der Ukraine, Nr. 1861-VI v. 10.02.2010, Art. 200 Abs. 2 und Art. 20. Ausgenommen von der Regelung sind die zweiseitigen Verträge.

421 Verfassung-UKR v. 1996, Art. 94 Abs. 4.

befugte Vertragsabschlussorgan einen Spielraum hat, die Ratifikation insgesamt abzulehnen. [422] Das Unterlassen der Ratifikation oder ihre Durchführung im Widerspruch zur erteilten parlamentarischen Erlaubnis ist als Verstoß gegen das Zustimmungsgesetz zu erachten.[423] Die Ratifikation des Vertrages im Widerspruch zum Vertragsgesetz führt dazu, dass die innerstaatliche Bindungswirkung der betreffenden völkerrechtlichen Vertragsverpflichtungen nicht begründet werden kann.

Wie bereits angesprochen, bleibt in der ukrainischen Rechtsordnung die Aufteilung der Kompetenzen zwischen der Legislative einerseits und dem Präsidenten und der Regierung andererseits in Bezug auf die völkerrechtliche Ratifikation des parlamentarisch gebilligten Vertrages unklar. Die ukrainische Legislative ist an der Ausfertigung der Ratifikationsurkunde und mithin an der völkerrechtlichen Ratifikation des Vertrages beteiligt. Die Exekutive ist in die völkerrechtliche Ratifikation des Vertrages nur insoweit eingebunden, als der Außenminister die Ratifikationsurkunde gegenzeichnet und sie beim Verwahrer hinterlegt. [424] Einerseits hat das ukrainische Parlament umfassende Mitspracherechte beim Vertragsabschluss, sobald ein Vertrag die Gesetzesmaterie berührt. Auch der Kündigung solcher Verträge muss das

---

422 Diesen Inhalt belegt auch das Mitwirkungsrecht der Legislative nach dem deutschen GG, was mit der Natur des Tätigkeitsbereichs der Exekutive erklärt wird, s. *R. Geiger*, Grundgesetz und Völkerrecht, 5. Aufl. (2010), § 30 S. 117 f.

423 Die vergleichbare Aufteilung der außenpolitischen Funktionen beim Vertragsabschluss ist im Gesetz über die völkerrechtlichen Verträge der Russischen Föderation (Nr. 101-ФЗ v. 15.07.1995) zu finden. Hier wird aus der Sicht des innerstaatlichen Rechts durchweg von einer Verpflichtung des Präsidenten, den Vertrag aufgrund des Gesetzes völkerrechtlich zu ratifizieren, ausgegangen. Allerdings kann die Exekutive als „Herr über den Vertragsinhalt" durch das Zustimmungsgesetz zur völkerrechtlichen Ratifikation des Vertrages nicht gezwungen werden. Somit steht der Exekutive die Entscheidung darüber zu, ob der Vertrag unter den durch das Parlament aufgestellten Bedingungen völkerrechtlich ratifiziert wird oder ob von der Ratifikation gänzlich Abstand genommen wird, s. *B. Giesecke*, Auswärtige Gewalt in der Russischen Föderation und die Rolle des Völkerrechts in der russländischen Rechtsordnung (2004), S. 191 ff. Anders als im ukrainischen Gesetz ist in Art. 18 des russischen Gesetzes ausdrücklich festgeschrieben, dass eine auf der Grundlage des Zustimmungsgesetzes erlassende Ratifikationsurkunde der Unterzeichnung durch den Präsidenten unterliegt. Sie wird auch mit dem Stempel und der Unterschrift des Außenministers signiert. Diese Aufgabenteilung im Gesetz erfolgt in Übereinstimmung mit der verfassungsrechtlich vorgesehenen formellen Vertragsabschlussgewalt der Exekutive.

424 Gesetz Nr. 1906-IV v. 29.06.2004, Art. 9 Abs. 1 und Art. 11.

Parlament durch ein Gesetz zustimmen.[425] Deshalb könnte angenommen werden, dass der Präsident bzw. die Regierung nach der Erteilung der parlamentarischen Erlaubnis zur Ratifikation des Vertrages verpflichtet ist. Andererseits, wird diese Annahme dann problematisch, wenn das Parlament den Vertragstext mit eigenen, gegen den Willen des Präsidenten angenommenen Vorbehalten, die über die Gesetzesmaterie hinausgehen, billigt. In dem Fall würde das fehlende Ermessen des Präsidenten bzw. der Regierung, der Hinterlegung der Ratifikationsurkunde und damit der Bindung des Staates an den Vertrag insgesamt auszuweichen, die Legislative zum „Herrn über den Vertragsinhalt“ machen und ihr die Befugnis zur faktischen Vertretung des Staatswillens nach außen einräumen. Dies widerspräche allerdings dem gesamten Konzept der Aufteilung der außenpolitischen Aufgaben nach der Verfassung von 1996. Dass das Parlament keine Befugnis besitzt, den Staat völkerrechtlich zu binden, hat auch das ukrainische Verfassungsgericht bestätigt, indem es die Funktion des Parlaments als eines Vertragsabschlussorgans eindeutig verneinte.[426]

---

425 Nach Art. 24 des Gesetzes v. 2004 entspricht das Kündigungsverfahren dem Vertragsabschlussverfahren: Erfolgte die innerstaatliche Zustimmung zum Vertrag in Form eines Gesetzes, bedarf es auch für die Vertragsbeendigung oder -suspendierung einer Ausarbeitung des nationalen Gesetzes. Aus dem Gesetz geht allerdings nicht genau hervor, wie das umfassende innerstaatliche Zustimmungsverfahren umgegangen werden kann, damit mit der vorläufigen Vertragsanwendung oder -kündigung der Dynamik der internationalen Beziehungen in der Praxis Rechnung getragen werden kann. Da Art. 27 des Gesetzes von 2004 das Außenministerium zur Information der Werchowna Rada über eine vorläufige Anwendung der Vertragsbestimmungen verpflichtet, ist anzunehmen, dass das betreffende Zustimmungsverfahren im Parlament nachträglich erfolgen kann. Wie genau es abläuft und welche Konsequenzen eintreten, wenn das Parlament zur Anwendung bzw. Kündigung oder Suspendierung nicht zustimmt, ist weder im Gesetz v. 2004 noch in der Geschäftsordnung des Parlaments geregelt.

426 Ent. Nr. 1-уп/2001 v. 25.01.2001 *(Rs. der Verfassungsmäßigkeit des Parlamentsbeschlusses zum Beitritt zur Parlamentarischen Versammlung der GUS-Staaten)*. Mit dem Beschluss Nr. 463-XIV v. 3.03.1999 trat das ukrainische Parlament ohne Beteiligung der Exekutive dem Alma-Ata-Übereinkommen von 1992 über die parlamentarische Versammlung der GUS-Staaten bei. Zwar hat das Gericht den Gründungsvertrag der Versammlung nicht als einen völkerrechtlichen Vertrag bewertet, dennoch betonte es, dass der Abschluss eines völkerrechtlichen Vertrages nicht allein die Zuständigkeit der Legislative ausmache. Es bezeichnete das Alma-Ata-Übereinkommen als ein politisch bindendes Abkommen, weil das Abkommen den Vertragsstaaten keine Rechte einräume und ihnen auch keine Pflichten auferlege. Des Weiteren sollte mit dem Abkommen keine zwischenstaatliche, sondern eine zwischenparlamentarische Zusammenarbeit

Insofern dürfte eine Möglichkeit des Außenministers, der Gegenzeichnung und Hinterlegung der Ratifikationsurkunde auszuweichen, bestehen. Dies ist die einzige rechtliche Handhabe des Staatsoberhauptes bzw. der Exekutive, die Letztentscheidung darüber treffen zu können, ob der Staat nach der Maßgabe der erteilten parlamentarischen Erlaubnis an den Vertrag endgültig gebunden wird oder ob von der Ratifikation insgesamt Abstand genommen werden soll. Erfolgt keine Unterzeichnung und Hinterlegung der Ratifikationsurkunde durch den Außenminister, wird der Vertrag für die Ukraine völkerrechtlich nicht verbindlich. Aus der Sicht des ukrainischen Rechts wird der Außenminister, der den Rechtsakten der Legislative einschließlich des Vertragsgesetzes folgen muss, gegen das Vertragsgesetz verstoßen. Der Verstoß kann dann als verfassungswidriges Handeln der Exekutive gerügt werden.

2.3.4 Die Funktionen des Zustimmungsgesetzes

Aus dem dargestellten parlamentarischen Zustimmungsverfahren wird eine Funktion des Zustimmungsgesetzes klar ersichtlich: Es ermächtigt zur völkerrechtlichen Ratifikation des Vertrages, da die Ratifikationsurkunde gemäß Art. 9 Abs. 1 des Gesetzes von 2004 erst aufgrund des Zustimmungsgesetzes ausgestellt werden darf. Grundsätzlich sichert das Erfordernis der parlamentarischen Erlaubnis zum Abschluss bestimmter Verträge die demokrati-

---

eingeführt werden. Die zwischenstaatliche Zusammenarbeit wurde mit dem Minsker Übereinkommen von 1995 gegründet. Hiernach wurde die Rechtsnatur der Versammlung geändert, indem sie ausdrücklich zum Organ der GUS erklärt wurde. Mithin wies das VerfG auch dem Beschluss über den Beitritt zum Alma-Ata-Übereinkommen von 1992 einen politischen Charakter zu und schloss ihn aus seinem Zuständigkeitsbereich aus. Es kann darüber gestritten werden, ob das Alma-Ata-Übereinkommen von 1992 einen völkerrechtlichen Vertrag oder eine politische Vereinbarung darstellte. Einerseits sollte der beteiligte Staat die fallenden finanziellen Kosten tragen, was als eine finanzielle Pflicht aufgefasst werden kann. Anderseits wurden nicht die Staaten, sondern die Parlamente als die Hohen Parteien des Übereinkommens genannt. Aus der Sicht des Völkerrechts sowie nach den Verfassungen der beteiligten Staaten sind die nationalen Parlamente keine Vertretungsorgane der Staaten nach außen und damit nicht befugt, für den Staat in völkerrechtliche Vertragsverpflichtungen zu treten. Entscheidend ist, dass das ukrainische VerfG erst dann von einer völkerrechtlichen vertraglichen Natur einer Vereinbarung ausgeht, wenn sie zwischen den Staaten durch ihre Vertretungsberechtigten abgeschlossen wurde und Rechte und/oder Pflichten für die Vertragsparteien begründet.

sche Kontrolle der außenpolitischen Entscheidungen des Präsidenten und der Regierung.

Des Weiteren dient das Zustimmungsgesetz der Einbeziehung der völkerrechtlich in Kraft getretenen Vertragsregeln in den innerstaatlichen Bereich. Dies ergibt sich aus Art. 9 der ukrainischen Verfassung, nach dem die allein zugestimmten und völkerrechtlich gültigen Verträge zu Bestandteilen der „nationalen Gesetzgebung der Ukraine" werden. Vor dem Hintergrund dieser Funktion ist die parlamentarische Mitwirkung in Form eines Gesetzes deshalb notwendig, damit das Rechtssetzungsmonopol des Parlaments durch Absprache der Exekutive nicht präjudiziert wird. Dies erklärt auch, warum die zustimmungsbedürftigen Vertragsinhalte mit den Gesetzesmaterien nach dem innerstaatlichen Recht übereinstimmen. Zugleich wird das Parlament aufgrund der erteilten Zustimmung für den betreffenden außenpolitischen Akt mitverantwortlich und soll sich in der Regel nicht weigern, künftig die für die Verwirklichung der Vertragspflichten notwendigen Rechtsakte zu erlassen.

Das Zustimmungsgesetz verfolgt keine Umwandlung der völkerrechtlichen Vertragsregeln in nationale Vorschriften. Zwar ordnet das neue Gesetz über die völkerrechtlichen Verträge von 2004 in Art. 9 Abs. 1 die unabdingbare Wiedergabe eines Vertragstextes in einem Zustimmungsgesetz an. Allerdings ist diese neue Regelung als Lösung für das Problem der verspäteten Veröffentlichung völkerrechtlicher Verträge gedacht.[427] Hiernach wird der Vertragstext im Gesetzesanhang unverändert in ukrainischer Übersetzung abgedruckt.[428] Gegen die Verdoppelung der Vertragsnormen auf der Grundlage einer anderen Rechtsquelle – eines nationalen Gesetzes – spricht Art. 14 des Gesetzes von 2004, wonach die innerstaatliche Gültigkeit des Vertrages an seine völkerrechtliche Gültigkeit geknüpft wird. Allein das Inkrafttreten des Vertragsgesetzes[429] führt keine innerstaatliche Geltung des

427 Vgl. *H. Aslanjan*, Über die internationalen Verträge der Ukraine, Blatt „Parlament" 2004, Nr. 1 (ukr.).

428 Nach Art. 21 Abs. 2 des Gesetzes Nr. 1906-IV v. 29.06.2004 sorgt das Außenministerium für die offizielle Übersetzung der Verträge.

429 Wenn in einem Vertragsgesetz nichts anderes bestimmt ist, erlangt es wie auch andere nationale Gesetze zehn Tage nach seiner offiziellen Verkündung, aber auf keinen Fall vor seiner Veröffentlichung, Geltungskraft, s. Art. 94 Abs. 5 der Verfassung-UKR v. 1996 und Ent. Nr. 4- Ent. Nr. 4-зп/97 v. 3.10.1997 *(Rs. des Inkrafttretens der Verfassung der Ukraine von 1996).*

Vertrages herbei. Der zugestimmte Vertrag entfaltet innerstaatliche Bindungswirkung erst, wenn er völkerrechtlich gesehen für die Ukraine in Kraft getreten ist.[430] Dies kann bspw. später nach dem Zustimmungsgesetz erst mit der Hinterlegung der notwendigen Zahl der Ratifikationsurkunden erfolgen. Allerdings ist die Ukraine mit der Vertragsratifikation ihrerseits nach allgemeinem Völkerrecht (Art. 18 WVRK) verpflichtet, sich „jeder Handlung zu enthalten, die das Ziel oder Zweck des Vertrages verletzen könnte." Dieselbe Reglung gilt im Zeitraum zwischen der Unterzeichnung eines Vertrages und der völkerrechtlichen Erklärung der Ukraine, durch den Vertrag gebunden zu sein, falls sie eine klare Absicht geäußert hat, den Vertrag zu ratifizieren, anzunehmen, zu genehmigen oder ihm beizutreten. Der einbezogene Vertrag wird nur insofern an die Besonderheiten des innerstaatlichen Rechtssystems angepasst, als es sich nicht mehr ausschließlich an den Staat als völkerrechtliches Subjekt, sondern auch an die Staatsorgane richtet.

Obwohl weder die Verfassung noch das Gesetz über die völkerrechtlichen Verträge einer innerstaatlichen Bindungswirkung des zugestimmten Vertrages ausdrücklich seine offizielle Veröffentlichung voraussetzen, ist diese Veröffentlichung in Bezug auf die Menschenrechtsverträge jedoch erforderlich. Nach Art. 57 Abs. 3 der ukrainischen Verfassung sind die nicht offiziell veröffentlichten Rechtsakte, welche die Rechte und Pflichten der Bürger bestimmen, ungültig.[431] Angesichts der verspäteten Bekanntmachung der Verträge in den sonst dafür bestimmten offiziellen Blättern[432] vermindert

430 Obwohl das alte Gesetz über die völkerrechtlichen Verträge von 1993 keine ausdrückliche Bestimmung zur innerstaatlichen Gültigkeit der Verträge enthielt, orientierte sich die innerstaatliche Gültigkeit der Verträge auch damals am Völkerrecht. So informierte das Außenministerium in seiner Erklärung (Nr. 4-2/28-1137 v. 1.12.1998) die staatliche Steuerbehörde darüber, dass das Steuerabkommen zwischen der Russischen Föderation und der Ukraine noch nicht angewandt werden könne, weil die Ukraine über die Ratifikation seitens der Russischen Föderation noch nicht notifiziert wurde, s. Der Brief des Außenministeriums unter http://zakon.nau.ua/doc/?uid=1041.3939.0.

431 Verfassung-UKR v. 1996, Art. 57 Abs. 3: „Gesetze und andere normative Rechtsakte, die die Rechte und Pflichten der Bürger bestimmen und gesetzgemäß den Bürgern nicht bekannt gemacht wurden, sind ungültig."

432 Außerdem sind die in Kraft getretenen völkerrechtlichen Verträge in der „Sammlung der geltenden völkerrechtlichen Verträge der Ukraine" und in anderen offiziellen Blättern zu veröffentlichen (Gesetz Nr. 1906-IV v. 29.06.2004, Art. 21 Abs. 2 1). Mit diesen Blättern sind vor allem das Informationsblatt des Justizministeriums „Offizielles Blatt der Ukraine" *(„Офіційний Вісник України")*

die neue Anordnung, den Vertragstext zugleich mit dem Zustimmungsgesetz zu veröffentlichen, die Gefahr der Nichtanwendung derjenigen Verträge, die Menschenrechte und -freiheiten berühren, infolge ihrer Nichtveröffentlichung.

2.4 Zwischenfazit

Mit der Annahme der Verfassung von 1996 wurde die auf der Gesetzesebene geltende Öffnung für Völkervertragsrecht in den Verfassungstext als eine der Grundlagen der ukrainischen Verfassungsordnung aufgenommen. Diese Öffnung erfasst die völkerrechtlichen Verträge, die für die Ukraine aufgrund eines bestimmten innerstaatlichen Vertragsabschlussverfahrens und in Übereinstimmung mit der Verfassung bindend geworden sind. Demzufolge ist das Völkervertragsrecht im Verfassungstext in drei folgenden Zusammenhängen angesprochen: 1) im Zusammenhang mit den allgemeinen Voraussetzungen der innerstaatlichen Geltung der Verträge; 2) im Zusammenhang mit den Vertragsabschlusskompetenzen der Staatsorgane; 3) im Zusammenhang mit der Kontrolle der Verfassungsmäßigkeit der völkerrechtlichen Vertragsnormen als einer Affirmation ihres unterhalb der Verfassung stehenden Ranges.

1) Art. 9 setzt der Einbeziehung des Völkervertragsrechts in die ukrainische Gesetzgebung seine völkerrechtliche Gültigkeit, Verfassungsmäßigkeit und auch die Billigung durch das Parlament voraus. Weder in Art. 9 noch an anderer Stelle im Verfassungstext wird ausgeführt, was genau die Erklärung der völkerrechtlichen Vertragsregeln zu Bestandteilen der ukrainischen Gesetzgebung für die innerstaatliche Geltung und Anwendung solcher Verträge bewirkt. So wie vor der Verabschiedung der Verfassung von 1996 bleiben die

---

und die Regierungszeitschrift „Regierungskurier" *(„Урядовий кур'єр")* gemeint, in denen neben den gültigen nationalen Rechtsakten auch die gültigen Verträge abgedruckt werden sollen, vgl. Präsidentendekrete Nr. 1207/96 v. 13.12.1996 und Nr. 503/97 v. 10.06.1997. Zu den weiteren offiziellen Blättern zählen: „Blatt der Werchowna Rada der Ukraine" *(„Вісник Верховної Ради України")*, die Regierungszeitschriften wie „Stimme der Ukraine" *(„Голос України")*, „Präsidialkurier" *(„Президенський кур'єр")*, in denen auch die gültigen Vertragstexte bekannt gemacht werden können. Die Verkündung der nationalen Rechtsakte soll innerhalb von 15 Tagen seit dem Tag ihrer Annahme erfolgen (Punkt 1 des Präsidentendekretes Nr. 503/97 v. 10.06.1997). Die Veröffentlichung der Rechtsakte in anderen Informationsquellen kann nicht als eine offizielle Verkündung der Rechtstexte angesehen werden (Punkt 2 des Präsidentendekretes Nr. 503/97 v. 10.06.1997). Wird ein Rechtsakt in mehreren offiziellen Blättern veröffentlicht, gilt die erste Veröffentlichung als ein Stichtag für seine Gültigkeit (Punkt 6 des Präsidentendekretes Nr. 503/97 v. 10.06.1997).

zustimmungsbedürftigen Vertragsinhalte und der Anwendungsvorrang der innerstaatlich geltenden Verträge vor den ukrainischen Gesetzen auf der Ebene des einfachen Gesetzesrechts geregelt.

2) Traditionell erklärt die ukrainische Verfassung den Präsidenten zum generellen Vertreter des Staates nach außen. Er ist befugt, den Staatswillen nach außen zu verkünden und den Staat völkerrechtlich anzubinden. Dennoch hat an der Bildung des Staatswillens, die einem Handeln des Präsidenten oder der Regierung auf internationaler Ebene vorangehen muss, in zahlreichen wichtigen außenpolitischen Angelegenheiten die Legislative zwingend teilzunehmen. Das umfassende Mitwirkungsrecht der Legislative verfolgt das Ziel der demokratischen Kontrolle der außenpolitischen Akte des Staatsoberhauptes und der Regierung. In das Vertragsabschlussverfahren wird die Legislative durch das Erfordernis einer Billigung der Vertragsinhalte, welche die Gesetzgebungsmaterie in irgendeiner Weise berühren, einbezogen. Die parlamentarische Zustimmung ermächtigt die Vertragsabschlussorgane zur völkerrechtlichen Ratifikation und sichert, dass das Rechtssetzungsmonopol der Legislative durch die ohne ihre Beteiligung angenommenen Akte nicht gefährdet wird. Die Zustimmungsform erfolgt in Form eines Gesetzes, das sich nach Auffassung des Verfassungsgerichts von anderen formellen Gesetzen nicht unterscheidet und dem Präsidenten zur Unterzeichnung und Verkündung vorgelegt werden soll. Dabei geht die Mitsprache des ukrainischen Parlaments zum Teil über die bloße Zustimmung zu den ausgehandelten Vertragstexten oder ihre Ablehnung hinaus. Das Parlament ist auch an der Ausfertigung der Ratifikationsurkunde beteiligt und hat der Kündigung oder Suspendierung der zuvor gesetzlich gebilligten Verträge zuzustimmen. Indem das Parlament seine eigenen Vorbehalte zu Vertragstexten gegen den Willen des Präsidenten annehmen kann, gestaltet es die völkerrechtlichen Vertragspflichten des Staates inhaltlich mit. Im Ergebnis hat die Legislative in der ukrainischen Rechtsordnung das Letztentscheidungswort über die Bindung des Staates an die zustimmungsbedürftigen Vertragspflichten und über die Einbeziehung der betreffenden Vertragsvorschriften in den innerstaatlichen Bereich. Aus der Sicht des innerstaatlichen Rechts ist ihre Erlaubnis zur völkerrechtlichen Ratifikation des betreffenden Vertrages doch als eine zweifache Verpflichtung

an die Vertragsabschlussorgane zu lesen: zum einen als eine Verpflichtung zur Durchführung der Ratifikation und zum anderen als eine Verpflichtung, die Ratifikation unbedingt nach der Maßgabe der erteilten Erlaubnis durchzuführen. Allerdings dürfte für das Staatsoberhaupt bzw. für die Exekutive die Möglichkeit bestehen, der Ratifikation des Vertrages insgesamt auszuweichen. Anderenfalls würde die Mitwirkung des Parlaments faktisch auch die Vertretung des Staatswillens umfassen. Insbesondere, wenn die Legislative ihre eigenen Vorbehalte ohne Beteiligung der Exekutive annimmt und dabei womöglich über die Gesetzesmaterie hinausgeht, würde sie zu einem „Herrn über den Vertragsinhalt" werden. Dieses Szenario lässt sich schwer mit dem gesamten Konzept der Aufteilung der außenpolitischen Aufgaben in der Verfassung in Einklang bringen. Dennoch würde ein Vertragsabschlussorgan aus der Sicht des innerstaatlichen Rechts mit dem Unterlassen der Ratifikation oder auch mit einer fehlerhaften Ratifikation gegen das Zustimmungsgesetz verstoßen. Ein fehlerhaft ratifizierter Vertrag sollte dann keine Bindungswirkung innerhalb der ukrainischen Rechtsordnung entfalten, was an der völkerrechtlichen Bindung des Vertrages für den Staat nichts ändern dürfte.

3) Vor dem Hintergrund der umfassenden Mitspracherechte der Legislative am Vertragsabschlussverfahren ist die fehlende Möglichkeit der Parlamentarier, die Verfassungsmäßigkeit der Vertragsvorschriften, die innerstaatliche Geltung beanspruchen, prüfen zu lassen, nicht plausibel. Sowohl bei der präventiven als auch bei der nachträglichen Verfassungsmäßigkeitsprüfung der Verträge sind ausschließlich der Präsident und die Regierung antragsberechtigt. Wie die bisherige Praxis zeigt, halten sie sich von der Verfassungsmäßigkeitsprüfung der Verträge grundsätzlich zurück. Das Parlament kann dagegen allein die Verfassungswidrigkeit der nationalen Zustimmungsakte rügen. Dennoch reduziert sich das Verfahren der Verfassungsmäßigkeitskontrolle der nationalen Zustimmungsakte auf die Organstreitigkeiten. Dies geschieht zum einen dadurch, dass ein Zustimmungsakt seinen materiellen Inhalt aus dem Vertrag gewinnt und das ukrainische Verfassungsgericht in seiner Praxis keinen materiellen Zusammenhang zwischen einem Zustimmungsakt und dem zugestimmten Vertrag erkennt und demensprechend zwischen der Prüfung der Verträge einerseits und Prüfung der Vertragsgesetze

andererseits streng trennt. Zum anderen sind die Verfahrensregeln, die für die Begründung der formellen Verfassungswidrigkeit eines Zustimmungsaktes in Betracht kommen, überwiegend durch das einfache Gesetzesrecht bestimmt und bilden deshalb keinen Prüfungsmaßstab für das Verfassungsgericht. In der Konsequenz ist die Wahrscheinlichkeit, dass ein Zustimmungsakt auf seine Verfassungskonformität geprüft wird, gering. Diese ausschließliche Antragsberechtigung des Staatsoberhaupts und der Exekutive, die je am Vertragsabschluss interessiert sind, dient nicht gerade der kritischen Überprüfung der Verfassungsmäßigkeit des innerstaatlich geltenden Rechts und mithin der Rechtsstaatlichkeit. Vor allem in einer Rechtsordnung, die grundsätzlich eine gerichtliche Kontrolle des außenpolitischen Handelns ausgedrückt in Form der völkerrechtlichen vertraglichen Bindung des Staates zulässt, und angesichts der sich zunehmend auf die innerstaatliche Sachverhalte beziehenden Vertragsmaterien, überzeugt so eine Aufteilung der Antragsbefugnis nicht.

3 Die Übernahmemethode des Völkervertragsrechts in die ukrainische Rechtsordnung, seine Geltung, Anwendung und Rechtsstellung

3.1 Das dualistische Verständnis zum Verhältnis von Völkervertragsrecht und ukrainischem Recht nach Art. 9

Bereits aus dem Wortlaut des Art. 9 der ukrainischen Verfassung lässt sich ansatzweise entnehmen, dass der ukrainische Verfassungsgeber von einem dualistischen Verständnis zum Verhältnis von Völkerrecht und nationalem Recht ausgegangen ist. Wenn die Anhänger des *Monismus* die Auffassung vertreten, dass die völkerrechtlichen Normen ohne weitere innerstaatliche Akte allein aufgrund eines rechtmäßigen völkerrechtlichen Vertragsabschlusses Geltung innerhalb der nationalen Rechtsordnung erlangen,[433] bedarf es nach der Lehre des *Dualismus* für die innerstaatliche Geltung der Verträge eines zusätzlichen innerstaatlichen Aktes.[434] Art. 9 der

433 *H. Wagner*, Monismus und Dualismus: eine methodenkritische Betrachtung zum Theorienstreit, AöR 1964, Bd. 89 Heft 2, 212 (236 ff.).

434 *M. Schweitzer*, Staatsrecht III: Staatsrecht / Völkerrecht / Europarecht, 7. Aufl. (2000), S. 114; *P. Kunig*, Völkerrecht und staatliches Recht. In: Wolfgang Graf von Vitzthum (Hrsg.), Völkerrecht (1997), 101 (118 f.).

Verfassung bestimmt deutlich, dass erst mit dem Erlass eines Zustimmungsgesetzes ein völkerrechtlich gültiger Vertrag zum Bestandteil der ukrainischen Gesetzgebung wird. Somit ist ein gültiges und verfassungsmäßiges Vertragsgesetz nach dem ukrainischen Verfassungsrecht neben der völkerrechtlichen Zustimmung zum Vertrag durch das Staatsoberhaupt oder die Exekutive ein zusätzlicher und notwendiger nationaler Rechtsakt, der einem völkerrechtlich gültigen Vertrag die innerstaatliche Geltung verschafft. Auch aus dem dargelegten innerstaatlichen Vertragsabschlussverfahren und dem Prüfungsverfahren hinsichtlich der Verfassungsmäßigkeit der Verträge folgt, dass bestimmte Verfassungsgebote eingehalten werden müssen, damit ein völkerrechtlicher Vertrag innerstaatlich gilt, was auch durch das ukrainische Verfassungsgericht kontrolliert werden kann. Dies deutet auch darauf hin, dass der ukrainischen Verfassung eine dualistische Vorstellung zugrunde liegt, wonach das Landesrecht sein Verhältnis zum Völkerrecht selbst bestimmt.

Diese Annahme fand bislang keine Bestätigung in der Praxis des ukrainischen Verfassungsgerichts. In seinen völkerrechtsbezogenen Argumentationen enthält sich das Gericht jeder Aussage zur Methode der Einbeziehung des Völkerrechts in den innerstaatlichen Bereich. Seine Position bleibt auch hinsichtlich der Platzierung des Völkerrechts innerhalb der Hierarchie der nationalen Rechtsnormen offen. Gleichermaßen versäumte das Gericht – als Art. 9 und das alte Gesetz über die völkerrechtlichen Verträge von 1993 dem Verfassungsgericht zur Auslegung vorgelegt wurden – die Gelegenheit, Stellung zur Einwirkung des Völkervertragsrechts in die ukrainische Rechtsordnung zu beziehen, indem es den betreffenden Auslegungsantrag aus formellen, zum Teil fragwürdigen Gründen zurückwies.[435]

[435] Dass die ukrainische Problematik der Öffnung für das Völkervertragsrecht einer offiziellen Klärung bedarf, zeigt das Verfahren vor dem VerfG zur Auslegung des Art. 9 der Verfassung und der einzelnen Normen des Gesetzes über die völkerrechtlichen Verträge von 1993, vgl. Ent. Nr. 1-уп/2006 v. 12.12.2006. Die Unvollkommenheit der ukrainischen Rechtslage zur Öffnung für das Völkervertragsrecht erkannten die ukrainischen Parlamentarier in einem sehr politisch gefärbten Fall. Es handelte sich um das Regierungsabkommen zwischen der Ukraine und der Russischen Föderation über die strategische Partnerschaft im

In der ukrainischen Rechtswissenschaft wird Art. 9 generell und ohne besondere Begründung als Ausdruck des monistischen Verständnisses des Verhältnisses von Völkervertragsrecht und nationalem Recht erachtet.[436] Grundsätzlich befassen sich die ukrainischen Völkerrechtler mit dem theoretischen Streit zwischen *Monismus* und *Dualismus* kaum. Stattdessen vertiefen sie sich in die Analyse der organisatorischen und rechtssetzenden Maßnahmen, die eine automatische Anpassung des nationalen Rechts an die eingegangenen Vertragspflichten und deren Erfüllung sichern könnten. Für die Bezeichnung der Gesamtheit derartiger Maßnahmen führten sie den Ausdruck des „Konzeptes der nationalen verfassungsrechtlichen Implementierung" ein.[437]

Das Verständnis des Verhältnisses von Völkerrecht und nationalem Recht als zwei unterschiedliche Rechtskreise besagt aber nicht, durch welche Methode die völkerrechtlichen Vertragsregeln in den innerstaatlichen Bereich einbezogen werden. Gemeinhin lassen sich die innerstaatlichen Regeln zur

---

Gasbereich von 2002. Das Abkommen wurde ohne Beteiligung des Parlaments abgeschlossen. Daraufhin fragten die Parlamentarier: War es rechtmäßig, den Vertrag mit dem betreffenden Gegenstand ohne parlamentarische Zustimmung abzuschließen? Ist die Legislative befugt, ein Parlamentsverfahren einzuleiten, in dem darüber entschieden wird, ob ein Vertrag zustimmungsbedürftig ist? Hat das Parlament das Recht auf Kündigung eines Vertrages, zu dem es keine Zustimmung erteilte? Welcher Rang kommt den durch die Legislative gebilligten und den anderen völkerrechtlichen Verträgen zu? Allerdings wies das Gericht den Antrag der Parlamentsabgeordneten zurück, denn im Laufe des Verfahrens sind ein neues Gesetz über die völkerrechtlichen Verträge von 2004 und die Verfassungsänderungen von 2004 in Kraft getreten. Das Gericht ist aber nicht befugt, die nicht mehr gültigen Verfassungs- und Gesetzesvorschriften auszulegen. Zum einen berührten die Verfassungs- und Gesetzesänderungen keine Rechtsnormen, die dem VerfG zur Auslegung vorgelegt wurden. Dadurch könnte das VerfG die gestellten Fragen beantworten. Zum anderen ist es auch unverständlich, warum die Antragssteller den Antrag nicht erneut stellten, da auch die neuen Rechtsgrundlagen ihre Fragen unbeantwortet ließen. Genauso unverständlich ist es, warum sie die Verfassungswidrigkeit des Regierungsbeschlusses über den Abschluss des betreffenden Abkommens mit der Begründung, dass eine Zustimmung des Parlaments im konkreten Fall einzuholen wäre, nicht gerügt hatten.

436 Besonders eindeutig für Monismus ist *Petro Martynenko*, s. *P. F. Martynenko*, Die Stellung und Rolle der EMRK im verfassungsrechtlichen Mechanismus der Ukraine, Blatt des Verfassungsgerichts der Ukraine 2002, Nr. 2, 64 (70) (ukr.).

437 Vgl. *A. S. Gaverdovs'kyj*, Die Implementierung der Völkerrechtsnormen (1980) 50 ff. (russ.); *D. S. Terlec'kyj*, Die verfassungsrechtliche Regulierung der Wirkung von völkerrechtlichen Verträgen in der Ukraine (2007), S. 40 f. (ukr.); *I. I. Lukašuk*, Völkerrecht. Allgemeiner Teil, 3. Aufl. (2005), S. 222 (russ.).

Übernahme des Völkerrechts in drei typische Arten klassifizieren: Regeln, die das Völkerrecht ins innerstaatliche Recht transformieren (*Transformation*); Regeln, die die Inkorporation bzw. Adoption der völkerrechtleinen Vorschriften anordnen (*Adoption*) und Regeln, die die Staatsorgane zum Vollzug der völkerrechtlichen Gebote anweisen (*Vollzugslehre*).[438]

3.2 Die klassischen Übernahmemethoden

Nach der *Transformationslehre*[439] ist für die innerstaatliche Geltung der Vertragsnormen ihre Transformation in nationale Regeln erforderlich. Dies geschieht durch einen Transformationsakt, der im innerstaatlichen Bereich eine mit dem Inhalt der völkerrechtlichen Norm gleichlautende innerstaatliche Norm setzt. Im zwischenstaatlichen und innerstaatlichen Bereich gelten inhaltlich gleiche Normen, deren Geltungsgrund und Anwendungsbereich unterschiedlich sind und sich jeweils nach dem Völkerrecht sowie nationalem Recht richten.

Die zweite Übernahmemethode wird in den Staaten mit der monistischen Vorstellung zum Verhältnis von Völkerrecht und Landesrecht praktiziert und besteht in der *Adoption* bzw. *Inkorporation*[440] des Völkerrechts in die innerstaatliche Rechtsordnung. Danach gilt das Völkerrecht ohne Umwandlung ins nationale Recht kraft einer allgemeinen nationalen Anordnung, die treffend durch die folgende Formel beschrieben werden kann: „International law is part of the law of the land."

Nach der *Vollzugslehre*[441] wird eine völkerrechtliche Norm aufgrund eines nationalen Rechtsaktes in den innerstaatlichen Bereich einbezogen. Im

---

438 Vgl. *R. Geiger*, Grundgesetz und Völkerrecht, 5. Aufl. (2010), § 33, S. 139 f.

439 Zur Transformationslehre s. *W. Rudolf*, Völkerrecht und deutsches Recht (1967), S. 158 ff.; *K. Ipsen*, Völkerrecht, 3. Aufl. (1990), S. 1078 ff.; *A. Bleckmann*, Grundgesetz und Völkerrecht (1975), S. 277 ff.; *P. Kunig*, Völkerrecht und staatliches Recht. In: Wolfgang Graf von Vitzthum (Hrsg.), Völkerrecht (1997), 101 (152); *T. Schilling*, Rang und Geltung von Normen in gestuften Rechtsordnungen (1994), S. 163 ff. und 167 ff.

440 Zur Adoptionslehre s. *K. Ipsen*, Völkerrecht, 3. Aufl. (1990), S. 1078 f.; *M. Schweitzer*, Staatsrecht III: Staatsrecht / Völkerrecht / Europarecht, 7. Aufl. (2000), S. 141 ff.; *P. Kunig*, Völkerrecht und staatliches Recht. In: Wolfgang Graf von Vitzthum (Hrsg.), Völkerrecht (1997), 101 (122 ff.).

441 Zur Vollzugslehre s. *K. J. Partsch*, Die Anwendung des Völkerrechts im innerstaatlichen Recht: Überprüfung der Transformationslehre, in Schriftenreihe Berichte der Deutschen Gesellschaft für Völkerrecht, Heft 6, 1964, S. 19 ff. und

Gegenteil zum Transformationsakt bewirkt ein Vollzugsakt keine Verdoppelung der Rechtsnorm. Er erklärt die betreffende Völkerrechtsregel innerstaatlich für vollziehbar. Auch der völkerrechtliche Charakter der einbezogenen Norm wird bewahrt. Die Vollzugslehre kann sowohl dem Monismus als auch dem Dualismus zugerechnet werden. Zum Teil wird die Auffassung vertreten, dass sich die Vollzugslehre der Adoptionslehre so angenähert hat, dass beide Begriffe im Grunde für dieselbe Lehre stehen.[442]

3.3 Art. 9 als Transformation oder als Vollzugsbefehl

Nach dem Wortlaut von Art. 9 ist die Übernahme des Völkerrechts im Wege der Adoption ausgeschlossen. Hiernach wird ein völkerrechtlich abgeschlossener Vertrag nicht automatisch zum Bestandteil der „nationalen Gesetzgebung der Ukraine“, sondern erst aufgrund eines zusätzlichen, nationalen Gesetzes. [443] Dementsprechend kann Art. 9 entweder als Transformation oder Vollzug aufgefasst werden.

Die Entscheidung für die Transformation könnte vor allem damit begründet werden, dass in Art. 9 die zugestimmten Verträge zu Bestandteilen der „Gesetzgebung“ erklärt werden. [444] Eine derartige Folge der parlamentarischen Zustimmung könnte die Umwandlung der betreffenden Vertragsnormen in innerstaatliches Recht suggerieren.[445] Allerdings erweckt

---

156 f.; *K. Ipsen*, Völkerrecht, 3. Aufl. (1990), S. 1080 f.; *A. Verdross / B. Simma*, Universelles Völkerrecht, 3. Aufl. (1984), S. 564.

442 Vgl. *I. Seidl-Hohenveldern*, Völkerrecht, 8. Aufl., 1994, S. 148; *Schweitzer M.*, Staatsrecht III: Staatsrecht / Völkerrecht / Europarecht, 7. Aufl. (2000), S. 165.

443 Zur Auslegung von Art. 9 als eine Inkorporationsgrundlage, wonach das Völkerecht *en bloc* übernommen wird s. *V. H. Butkevyč (Hrsg.)*, Völkerrecht. Theoretische Grundlagen (2002), S. 280 (ukr.); zur Interpretation von Art. 9 als eine mittelbare Inkorporation s. *P. F. Martynenko*, Verfassungsrechtliche Implementierung des Völkerrechts als Objekt des gerichtlichen Schutzes in der Ukraine, Ukrainisches Recht 1999, Nr. 2, 7 (12) (ukr.).

444 Zur Interpreation von Art. 9 als eine spezielle Transformation s. *V. N. Denisov / A. J. Mel'nyk*, Die Entwicklung der Rechtsgrundlagen und der Mechanismen des Vorrangs des Völkerrechts im innerstaatlichen Recht. In: V. N. Denisov (Hrsg.), Das Zusammenwirken von Völkerrecht und innerstaatlichem Recht der Ukraine (2006), 12 (19) (ukr.); *V. S. Semenov / O. J. Prahanjuk*, Die völkerrechtlichen Aspekte der Verfassung der Ukraine (1997), S. 6 (ukr.); zur Interpretation von Art. 9 als eine mittelbare Transformation s. *S. V. Rezničenko*, Der Vertrag im System der verfassungsrechtlichen Rechtsquellen (1999), S. 104 (ukr.).

445 Die Verwendung des Ausdrucks „Bestandteil der Gesetzgebung“ betrachten *Igor Lukašuk* und *Olexandr Merežko* grundsätzlich als „juristisch verfehlt“: Ein Vertrag

die Bildhaftigkeit des Begriffs der „Gesetzgebung" eine irrtümliche Vorstellung, dass der ukrainische Gesetzgeber neben der Zustimmung auch neue mit dem Inhalt des völkerrechtlichen Vertrages gleichlautende Gesetzesregeln schafft.

Grundsätzlich ist die genaue Bedeutung des Begriffs der „Gesetzgebung" in der Rechtstheorie und -praxis der Ukraine umstritten. Häufig wird hier die „Gesetzgebung" mit dem Begriff des „Rechtssystems" gegenübergestellt.[446] Während das Rechtssystem als ein gewisses strukturiertes Gefüge der geltenden Rechtsnormen einschließlich der Rechtsverhältnisse, der Rechtspraxis, der Rechtskultur und des Rechtsbewusstseins beschrieben wird,[447] soll die Gesetzgebung als eine äußere Form der Rechtsnormen im Sinne von Rechtsquellen des ukrainischen Rechts verstanden werden.[448] Allerdings besteht keine Einigkeit über die Reichweite des Begriffs. Eng definiert stellt die Gesetzgebung einen Oberbegriff für die Verfassung als Grundgesetz, die Parlamentsgesetze, die durch das Parlament gebilligten Verträge und die im Rahmen eines gesamtukrainischen Referendums

---

könne eine gesetzliche Wirkung unter den nationalen Akten haben, aber als Bestandteil des nationalen Rechtssystems erklärt werden, s. *I. I. Lukašuk*, Die Verfassung Russlands und das Völkerrecht, Moskauer Journal des Völkerrechts 1995, Nr. 2, S. 29 f. (russ.); *O. O. Merežko*, Das Recht der völkerrechtlichen Verträge: Die gegenwärtigen Probleme in Theorie und Praxis (2002), S. 298 f. (ukr.).

446 Das Rechtssystem im engeren Sinne wird als das „System des Rechts" bezeichnet. Das „System des Rechts" beschreibt die innere Struktur des Rechts als eine Gesamtheit der Rechtsnormen. Dazu s. *V. F. Sirenko*, Die Systematisierung der Gesetzgebung der Ukraine. Die Probleme und Verbesserungsperspektiven (2003), S. 41 f. (ukr.).

447 Vgl. *J. S. Šemšučenko / M. P. Zjabljuk / V. J. Tacij / V. P. Horbatenko (Hrsg.)*, Juristische Enzyklopädie, Bd. V (2002), S. 39 (ukr.); *N. M. Oniščenko*, Allgemeine Beschreibung des Rechtssystems als ein integrierter Bestandteil der Rechtswissenschaft, Rechtsstaat 2000, Nr. 11, 62 (66) (ukr.); *O. F. Skakun*, Das moderne Verständnis des Begriffs der Gesetzgebung, Staat und Recht 2001, Nr. 11, 3 (6) (russ.); *A. M. Kolodij / A. J. Olijnyk (Hrsg.)*, Die Grundlagen der Staats- und Rechtslehre (1997) (ukr.), S. 35 ff.; *V. L. Ortyns'kyj (Hrsg.)*, Grundlagen des ukrainischen Rechts (2005), S. 21 (ukr.).

448 Vgl. *H. A. Špytalenko / R. B. Špytalenko (Hrsg.)*, Die Grundlagen der Rechtslehre, 4. Aufl. (2006), S. 39 (ukr.); *V. L. Ortyns'kyj (Hrsg.)*, Die Grundlagen des ukrainischen Rechts (2005), S. 21 (ukr.); *V. O. Kotjuk*, Der Kurs der Rechtslehre. Grundlagen der Staats- und Rechtslehre, Bd. I (2003), S. 43 ff. (ukr.); *M. V. Cvik / V. D. Tkačenko / O. V. Petryšyn (Hrsg.)*, Allgemeine Staats- und Rechtstheorie (2002), S. 400 (ukr.)

angenommenen Gesetze.[449] Nach einer weiten Interpretation unterliegen der Gesetzgebung auch Parlaments- und Regierungsbeschlüsse, Präsidentendekrete sowie Akte der Selbstverwaltungsorgane.[450] Die jüngsten Beiträge in der Fachliteratur schlagen vor, den Begriff der „Gesetzgebung" auf die strukturierende Zusammenstellung der nationalen Gesetze zu reduzieren und die geltenden Rechtsquellen des ukrainischen Rechts mit dem Ausdruck „System der Rechtsquellen" zu bezeichnen.[451]

Dass die „ukrainische Gesetzgebung", verstanden als System der Rechtsquellen des ukrainischen Rechts, nicht zwingend aus dem staatlich gesetzten Recht bestehen muss, bestätigte einst das Verfassungsgericht der Ukraine in seiner Entscheidung von 1998.[452] Es sprach sich für eine weite

---

449 Vgl. *J. S. Šemšučenko / M. P. Zjabljuk / V. J. Tacij / V. P. Horbatenko (Hrsg.)*, Juristische Enzyklopädie Bd. II (2002), S. 499 und 537 (ukr.). *O. F. Skakun*, Das moderne Verständnis des Begriffs der Gesetzgebung, Staat und Recht 2001, Nr. 11, 3 (4) (russ.). Der Begriff des „Gesetzes" ist auch ein Oberbegriff, der die Verfassung als ein Grundgesetz, die Referendumsgesetze und die Parlamentsgesetze umfasst, vgl. Ent. Nr. 3-зп/97 v. 11.07.1997 *(Rs. der Verfassungsmäßigkeit der Auslegung von Art. 98 der Verfassung durch das ukrainische Parlament).*

450 Vgl. *A. R. Krusjan*, Die Verfassung und Verfassungsgesetze als eine normative Grundlage des modernen ukrainischen Konstitutionalismus, Juristisches Blatt 2005, Nr. 1, 88 (88 f.) (ukr.).

451 Vgl. *O. F. Skakun*, Das moderne Verständnis des Begriffs der Gesetzgebung, Staat und Recht 2001, Nr. 11, 3 (6) (russ); *O. F. Skakun*, Das Rechtssystem der Ukraine auf der rechtlichen Weltkarte (2004), S. 61 (ukr.). *V. F. Sirenko*, Die Systematisierung der Gesetzgebung der Ukraine. Die Probleme und Verbesserungsperspektiven (2003), S. 160 (ukr.).

452 Ent. Nr. 12-рп/98 v. 9.07.1998 *(Rs. der Auslegung des Terminus „Gesetzgebung")*. Die Auslegungsfrage vor dem VerfG betraf die Bedeutung der Gesetzgebung in Art. 21 Abs. 3 des ukrainischen Arbeitsgesetzbuches von 1971, wonach der Anwendungsbereich einer Form des Arbeitsvertrages, eines Arbeitskontrakts, in der Gesetzgebung bestimmt werden solle. Die Position des VerfG in der Entscheidung ist ambivalent. Es unterstrich, dass die Gesetzgebung je nach Wichtigkeit der zu regelnden Sachverhalte entweder eng (reduziert auf die Gesetze und die aufgrund Art. 9 der Verfassung übernommenen Verträge) oder weit (einschließlich aller Rechtsakte des Parlaments, des Präsidenten, der Regierung) ausgelegt werden könne. Hier wurde dem Gericht vorgeworfen, dass es nicht von einem Sollzustand, sondern der Rechtswirklichkeit ausging, einer *de facto* Verfassung, vgl. *O. F. Skakun*, Das moderne Verständnis des Begriffs der Gesetzgebung, Staat und Recht 2001, Nr. 11, 3 (5) (russ.). Auch vor dem Hintergrund der Rechtssicherheit ist die Position des VerfG, dass ein Rechtsbegriff in einzelnen Rechtsnormen eines Gesetzes unterschiedliche Inhalte aufweisen kann, zu kritisieren, vgl. *V. O. Kotjuk*, Der Kurs der Rechtslehre. Grundlagen der Staats- und Rechtslehre, Bd. I (2003), S. 121 ff. (ukr.). Besonders kritisch ist auch der Verfassungsrichter *Mykola Savenko* in seinem Sondervotum zur Ent. Nr. 12-рп/98

Interpretation des Begriffs der „Gesetzgebung" aus, wonach die Gesetzgebung einen Ober- oder Sammelbegriff für die in der Ukraine geltenden Rechtstexte darstelle und neben den nationalen Gesetzen auch die durch das Parlament gebilligten völkerrechtlichen Verträge und untergesetzlichen Rechtsakte umfasse. Folglich könnte die Erklärung der völkerrechtlichen Verträge zu Bestandteilen der ukrainischen Gesetzgebung in Art. 9 nicht zwingend ihre Umwandlung in die ukrainischen Gesetze suggerieren, sondern die Ergänzung des Rechtsquellensystems des ukrainischen Rechts um die Verträge bezwecken.[453]

Wie bereits ausgeführt, kann diese Annahme mit der dargestellten Zustimmungspraxis bestätigt werden. Demnach wird der Vertragstext nicht durch die Regeln des Zustimmungsgesetzes widergespiegelt. Im Zustimmungsgesetz wird lediglich auf den in der Anlage zum Gesetz abgedruckten Vertragstext verwiesen.[454] In den gesetzlichen Bestimmungen zum Vorrang des Völkervertragsrechts kommt die Überzeugung vom Vorrang des Völkerrechts vor dem nationalen Recht und nicht vom Vorrang der mit den Vertragsnormen gleichlautenden nationalen Vorschriften vor dem nationalen Recht zum Ausdruck. Auch das Kontrollverfahren vor dem Verfassungsgericht hinsichtlich der Verfassungsmäßigkeit des Zustimmungsgesetzes schließt die Prüfung der Vertragsregeln nicht zwingend mit ein.[455] Wie angedeutet, geht mit dem Zustimmungsakt der Zusammenhang zwischen dem innerstaatlich anzuwendenden Vertrag und dem im zwischenstaatlichen Bereich geltenden Vertrag nicht verloren. So

---

v. 9.07.1998. Er verwies darauf, dass die weite Auslegung der „Gesetzgebung" ein verfassungswidriges Handeln der Staatsorgane bewirken kann, indem sie durch ihre Rechtsakte die Fragen regeln, die verfassungsrechtlich jenseits der Kompetenzen der jeweiligen Organe liegen. Somit plädierte er dafür, statt des allgemeinen Verweises auf die Regelung der Materie „durch andere Akte der Gesetzgebung", genau auszuschreiben, Akte welcher Staatsorgane gemeint sind.

453 Vgl. *V. N. Denisov / A. J. Mel'nyk*, Die Entwicklung der Rechtsgrundlagen und der Mechanismen des Vorrangs des Völkerrechts im innerstaatlichen Recht. In: V. N. Denisov (Hrsg.), Das Zusammenwirken von Völkerrecht und innerstaatlichem Recht der Ukraine (2006), 12 (19) (ukr.); *V. S. Semenov / O. J. Prahanjuk*, Die völkerrechtlichen Aspekte der Verfassung der Ukraine (1997), S. 6 ff. (ukr.); *V. F. Opryško*, Die Fragen der Harmonisierung der Gesetzgebung der Ukraine mit dem Völkerrecht und den nationalen Rechtssystemen, Recht der Ukraine 1999, Nr. 8, 12 (13) (ukr.).

454 Dazu eingehend ► Teil 3 - Kapitel 2, Punkt 2.3.4.

455 Dazu eingehend ► Teil 3 - Kapitel 2, Punkt 2.2.3.

kann das Zustimmungsgesetz allein keine innerstaatliche Geltung der betreffenden Völkerrechtsregeln bewirken. Maßgeblich für das Inkrafttreten, die Beendigung und den Anwendungsbereich der zugestimmten vertraglichen Normen bleibt weiterhin das Völkerrecht.[456] Dass ein Vertrag, dem durch das Gesetz zugestimmt wurde, in seiner völkerrechtlichen Tragweite in der ukrainischen Rechtsordnung gilt, hat auch das Oberste Wirtschaftsgericht in einer Erklärung seines Präsidiums bestätigt. Es wies die ihm unterstehenden Wirtschaftsgerichte darauf hin, dass die Gültigkeit der völkerrechtlichen Vertragsnormen und ihre Auslegung nach der Wiener Vertragsrechtskonvention erfolgen sollten.[457]

Im Ergebnis kann behauptet werden, dass ein Zustimmungsgesetz in der Ukraine keinen Transformations-, sondern eher einen Vollzugsbefehl enthält.[458]

3.4 Die unmittelbare Anwendung der übernommenen Vertragsnormen

Grundsätzlich wird eine völkerrechtliche Vertragsnorm aufgrund eines Vollzugsbefehls im Zustimmungsgesetz zum Bestand des nationalen Rechts und entfaltet eine Bindungswirkung für Staatsorgane und Individuen. Fraglich bleibt, ob der Vollzugsbefehl alle zugestimmten Vertragsregeln gleich trifft, oder sich nur auf sogenannte unmittelbar anwendbare Vertragsvorschriften bezieht.

Generell wird im Völkerrechtsschrifttum zwischen der unmittelbaren innerstaatlichen Geltung und der unmittelbaren Anwendung völkerrechtlicher

---

456 Dazu eingehend ► Teil 3 - Kapitel 2, Punkt 2.3.4.

457 Erklärung des Präsidiums des Obersten Wirtschaftsgerichts „Über die Fragen aus der Praxis bezüglich des Gerichtsverfahrens, in dem die ausländischen Unternehmen eine Partei sind", Nr. 04-5/608 v. 31.05.2002, Ziff. 4.

458 Für die unmittelbare Geltung und Anwendung der Verträge nach der Zustimmung ohne ihre Transformation ist *Viktor Skoromocha* (der ehemalige Verfassungsrichter), s. *V. Skoromocha*, Die Implementierung der Völkerrechtsnormen und die Verfassungsgerichtsbarkeit der Ukraine, Ukrainisches Völkerrechtsblatt 2002, Nr. 1, 6 (9) (ukr.); s. auch *D. S. Terlec'kyj*, Das Verfassungsgericht der Ukraine – das Justizministerium der Ukraine: ein Konflikt der Zuständigkeiten in Bezug auf die Gewährleistung der Geltung von völkerrechtlichen Verträgen, Juristisches Blatt der Ukraine 2006, Nr. 4, 109 (109) (ukr.).

Normen unterschieden. [459] So gelten die völkerrechtlichen Normen innerstaatlich, wenn sie geltende Bestandteile der innerstaatlichen Rechtsordnung darstellen. Die unmittelbare Anwendbarkeit eines völkerrechtlichen Rechtssatzes liegt dann vor, wenn er so formuliert ist, dass er ohne weitere staatliche Ausführungsakte eine Entscheidungsgrundlage bilden kann. Dafür muss er grundsätzlich nach seinem Inhalt, Zweck und Wortlaut ausreichend bestimmt und geeignet sein, um für die Staatsorgane und/oder Individuen Rechte oder Pflichten herbeizuführen.[460]

Ein Hinweis auf die Differenzierung zwischen den unmittelbar anwendbaren und den nicht unmittelbar anwendbaren Normen, die sonst der ukrainischen Völkerrechtsliteratur unbekannt ist, findet sich in einem innerstaatlichen Vertragsabschlussverfahren. Bei der innerstaatlichen Zustimmung zu den Verträgen sollen mit den Entwürfen der nationalen Zustimmungsakte zugleich auch die Entwürfe der notwendigen Ausführungsakte vorgelegt werden.[461] Im Idealfall sind die Zustimmungs- und die Ausführungsakte in der Ukraine gemeinsam zu erlassen. Die bisherige Vertragsabschlusspraxis weicht von diesem Idealzustand jedoch ab.[462] Allerdings besagt dies nicht, dass nicht unmit-

---

459 Ausführlich dazu s. *K. Ipsen*, Völkerrecht, 3. Aufl. (1990), S. 1090 f.; *P. Kunig*, Völkerrecht und staatliches Recht. In: Wolfgang Graf von Vitzthum (Hrsg.), Völkerrecht (1997), 101 (123 f.); *A. Bleckmann*, Grundgesetz und Völkerrecht (1975), S. 279 ff.; *M. Schweitzer*, Staatsrecht III: Staatsrecht / Völkerrecht / Europarecht, 7. Aufl. (2000), S. 149.

460 Die Kriterien der unmittelbaren Anwendbarkeit nationaler und völkerrechtlicher Rechtsnormen können sich je nach der Rechtsordnung unterscheiden. Vereinzelt wird die unmittelbare Anwendbarkeit nur den s. g. *self-executing* Normen zugesprochen: solchen Rechtsnormen, durch welche die subjektiven Rechte für den Einzelnen erzeugt werden. Zweifelsohne sind alle *self-executing* Normen unmittelbar anwendbar; dennoch ist für die unmittelbare Anwendbarkeit einer Norm ihre Eigenschaft als *self-executing* nicht notwendig. Durch die anzuwendende Vertragsvorschrift sollen dem Rechtsanwender lediglich klare Anweisungen erteilt werden, nicht aber unbedingt subjektive Rechte des Einzelnen begründet werden. Eingehend dazu s. *G. Buchs*, Die unmittelbare Anwendbarkeit völkerrechtlicher Vertragsbestimmungen: Am Beispiel der Rechtsprechung der Gerichte Deutschlands, Österreich, der Schweiz und der Vereinigten Staaten von Amerika (1993), S. 39 f.

461 Art. 9 Abs. 7 i. V. m. Art. 18 des Gesetzes Nr. 1906-IV v. 29.06.2004 und Art. 196 und Art. 199 Abs. 1 des Gesetzes über das Reglement der Werchowna Rada der Ukraine, Nr. 1861-VI v.10.02.2010.

462 Dazu, dass die Anforderung an die gleichzeitige Annahme der Zustimmungs- und Umsetzungsgesetze in der Praxis nicht eingehalten werden, s. *M. F. Selivon*, Die Harmonisierung der Vorschriften der nationalen Gesetzgebung mit den Völkerrechtsnormen und die Anwendung des Völkerrechts durch das

telbar anwendbare Vertragsvorschriften, denen das Parlament ohne notwendige Umsetzungsakte zustimmte, keine Gültigkeit in der ukrainischen Rechtsordnung besitzen. Als eine Rechtsquelle des ukrainischen Rechts mit Gesetzeswirkung verpflichten sie die Staatsorgane, im Rahmen ihrer Zuständigkeiten für die Verwirklichung des Vertrages im Wege der Ausarbeitung der notwendigen Ausführungsakte zu sorgen. Dazu können nicht unmittelbar anwendbare Vertragsbestimmungen theoretisch als Interpretationshilfe durch die nationalen Gerichte herangezogen werden und auf diese Weise für die Entscheidungen erheblich sein.

Die Anforderungen an die unmittelbare, d. h. keinen staatlichen Ergänzungsakt erfordernde Anwendbarkeit des übernommenen Vertragsrechts durch die Staatsorgane gleichen in der ukrainischen Rechtsordnung den Anforderungen an die unmittelbare Anwendbarkeit der nationalen Rechtsnormen. Für diese Gleichstellung spricht Art. 19 Abs. 1 des Gesetzes von 2004, in dem die Zugehörigkeit der durch die Legislative gebilligten Verträge zur ukrainischen Gesetzgebung dahingehend konkretisiert wird, dass solche Verträge „gleich wie die Normen der nationalen Gesetzgebung" anzuwenden sind.[463] Mithin ist auch eine Situation vorstellbar, in der das innerstaatliche Recht die unmittelbare Anwendbarkeit eines aus völkerrechtlicher Sicht unmittelbar anwendbaren Vertrages einem weiteren nationalen Rechtsakt vorbehält.

Außer einem Anwendungsbefehl im Vertragsgesetz im konkreten Fall finden die ukrainischen Gerichte zusätzliche Aufforderungen zur Anwendung des Vertragsrechts in den Prozessordnungen in den Zivil-, Straf-, Verwaltungs- und Wirtschaftsgerichtsbarkeiten. Hiernach werden die Gerichte ausdrücklich angehalten, ihre Entscheidungen auf die gültigen, durch die Legislative gebilligten Vertragsvorschriften zu stützen.[464]

Verfassungsgericht der Ukraine, Blatt des Verfassungsgerichts der Ukraine 2003, Nr. 3, 36 (49) (ukr.).

463 Diese Auffassung vertritt auch *Volodymyr Butkevyč*, s. *V. H. Butkevyč (Hrsg.)*, Völkerrecht. Theoretische Grundlagen (2002), S. 280 (ukr.).

464 Art. 8 der ZPO v. 18.03.2004; Art. 2 der Strafvollzugsordnung v. 11.07.2003; Art. 5 Abs. 1 und Art. 9 Abs. 2 der Verwaltungsprozessordnung v. 6.07.2005; Art. 4 Abs. 1 der Wirtschaftsprozessordnung v. 6.11.1991.

Wie die im letzten Teil des vorliegenden Buches durchgeführte Studie zur Rolle des Völkerrechts in der ukrainischen Verfassungsgerichtsbarkeit zeigen wird, hat das Verfassungsgericht durchweg die völkerrechtlichen Grundrechte und -freiheiten verwertet. Somit handelt es sich bei der bisherigen Anwendung des Völkerrechts durch das Verfassungsgericht der Ukraine gewiss um *self-executing* Normen. Allerdings stellte das Gericht diese Eigenschaft der herangezogenen Völkerrechtsnormen nicht als eine Voraussetzung ihrer innerstaatlichen Geltung heraus. Generell ging das Verfassungsgericht auf die Problematik der unmittelbaren Anwendbarkeit bislang nicht ein.

An dieser Stelle ist auch auf einen Unterschied und zugleich einen Zusammenhang zwischen der einfachen unmittelbaren Anwendbarkeit und dem Durchgriff völkerrechtlicher Normen hinzuweisen. Der Durchgriff einer völkerrechtlichen Norm besteht dann, wenn die Norm eine zwischenstaatliche Einrichtung zu einem hoheitlichen Handeln ermächtigt, bei welchem die internationale Organisation die Rechte oder Pflichten dem Einzelnen oder den nationalen Staatsorganen gegenüber durchsetzten kann.[465] Dabei ist die einfache unmittelbare Anwendbarkeit eine Voraussetzung des Durchgriffs. Dies bedeutet, dass die entsprechende Norm so formuliert sein muss, dass sich allein aus ihrem Inhalt und ohne weitere staatliche Akte Rechte oder Pflichten ergeben, die durch die internationale Organisation verwirklicht werden. Im Gegensatz zum Durchgriff, wenn ein nicht nationaler Hoheitsträger in der nationalen Rechtsordnung tätig wird, werden die unmittelbar anwendbaren Normen durch nationale Hoheitsträger zur Geltung gebracht.[466]

3.5 Der Anwendungsvorrang der einbezogenen völkerrechtlichen Vertragsnormen im ukrainischen Recht

In Art. 9 bestimmt die ukrainische Verfassung, dass die Konflikte zwischen dem übernommenen Vertragsrecht und der Verfassung an sich zugunsten Letzterer entschieden werden.[467] Dass die ukrainische Verfassung innerhalb

---

465 *C. Globke*, Die Auslieferung an den Internationalen Strafgerichtshof (2009), S. 80.

466 Ebenda, S. 80 f..

467 Zur Verfassungsmäßigkeitsprüfung der völkerrechtlichen Verträge ► Teil 3 - Kapitel 2, Punkt 2.2.

des ukrainischen Rechtssystems die „höchste juristische Kraft“ entfaltet, wird in der Literatur und Praxis einheitlich vertreten.[468]

Allerdings enthält die Verfassung keine ausdrückliche Regelung, welche Stufe in der innerstaatlichen Rechtsnormenpyramide die einbezogenen Vertragsnormen einnehmen. Gemeinhin, wenn in der nationalen Rechtsordnung keine andere Regelung vorliegt, wird der Rang völkerrechtlicher Verträge durch die Natur des Rechtsaktes bestimmt, durch den die Grundlage für die innerstaatliche Geltung des Vertrages gelegt wurde.[469] Den Folgen des gesetzlichen Ranges der Verträge, wenn ein späteres Gesetz einer ihm widersprechenden Vertragsnorm vorgeht, wird mit Hilfe von Art. 19 Abs. 2 des Gesetzes über die völkerrechtlichen Verträge von 2004 ausgewichen. Wie bereits im Rahmen der Untersuchung des innerstaatlichen Vertragsabschlussverfahrens angesprochen wurde, verleiht diese Rechtsvorschrift dem Vertragsrecht in den Konflikten mit den geltenden nationalen Gesetzen den Anwendungsvorrang.[470] Das dem Vertrag entgegenstehende Gesetz wird nicht angewandt, verliert aber auch nicht seine Geltung, da die Vertragswidrigkeit keine Verfassungswidrigkeit des betreffenden Gesetzes nach sich zieht.

Das ukrainische Verfassungsgericht äußerte sich bislang nicht zur Rechtsstellung des Völkervertragsrechts. Zuweilen erweckt seine Argumentation den Eindruck, als ob sich das Gericht zu einem Zwischenrang des Vertragsrechts – zwischen der Verfassung und den Gesetzen – sowie

---

468 Vgl. *V. L. Ortyns'kyj (Hrsg.)*, Die Grundlagen des ukrainischen Rechts (2005), S. 20 (ukr.); *M. V. Cvik / V. D. Tkačenko / O. V. Petryšyn (Hrsg.)*, Allgemeine Staats- und Rechtstheorie (2002)' S. 398 (ukr.); Ent. Nr. 15-рп/2000 v. 14.12.2000 *(Rs. des Vollzuges der Entscheidungen des Verfassungsgerichts)*; Ent. Nr. 6-рп/2000 v. 19.04.2000 *(Rs. der Rückwirkung eines Strafgesetzes)*; Ent. Nr. 3-рп/2000 v. 27.03.2000 *(Rs. der Berufung des gesamtukrainischen Referendums aufgrund der Volksinitiative)*.

469 Vgl. *M. V. Buromens'kyj (Hrsg.)*, Völkerrecht (2006), S. 74 (ukr.); *M. J. Čerkes*, Völkerrecht, 4. Aufl. (2004), S. 36 (ukr.); *V. N. Denisov / A. J. Mel'nyk*, Die Entwicklung der Rechtsgrundlagen und der Mechanismen des Vorrangs des Völkerrechts im innerstaatlichen Recht. In: V. N. Denisov (Hrsg.), Das Zusammenwirken von Völkerrecht und innerstaatlichem Recht der Ukraine (2006), 12 (31) (ukr.).

470 Gesetz Nr. 1906-IV v. 29.06.2004, Art. 19 Abs. 2: „Wenn ein völkerrechtlicher Vertrag, der ordnungsgemäß seine Gültigkeit erlangt hat, andere Regeln als ein entsprechender Akt der ukrainischen Gesetzgebung vorsieht, sind die Normen des völkerrechtlichen Vertrages anzuwenden.“

zum Gebot der völkerrechtskonformen Interpretation der Verfassung bekennen würde.[471] Eindeutig für den Anwendungsvorrang hat sich das Oberste Gericht der Ukraine entschieden, indem es im Beschluss des Plenums zur Anwendung der Verfassung von 1996 die allgemeinen Gerichte anwies, im Fall einer Kollision mit den ukrainischen Gesetzen die völkerrechtlichen Verträge vorzuziehen.[472]

Ebenfalls überwiegen in der ukrainischen Rechtswissenschaft die Anhänger der Vorstellung vom Anwendungsvorrang,[473] für dessen Beschreibung sich Bezeichnungen wie „situativer Vorrang", „Zwischenrang" (ein Rang zwischen der Verfassung und den Gesetzen)[474] oder „gemäßigter Vorrang"[475] etablierten. Hilfsweise wird auch der völkerrechtliche Charakter der übernommenen Vertragsnormen in Betracht gezogen und der Vorrang der

---

471 Dazu eingehend ► Teil 5; *Angelika Nußberger* entnimmt der Argumentation des VerfG in der Entscheidung zum Römischen Statut (Ent. Nr. 3-в/2001 v. 11.07.2000), dass dem Völkervertragsrecht ein Rang zwischen der Verfassung und den Gesetzen zugesprochen wird, vgl. *A. Nußberger*, The Reception Process in Russia and Ukraine. In: H. Keller / A. S. Sweet (eds.), Europe of Rights (2008), 603 (626).

472 Plenumsbeschluss des Obersten Gerichts Nr. 9 v. 1.11.1996 „Zur Anwendung der Verfassung durch die Gerichte bei der Ausübung der Rechtsprechung", Ziff. 4.

473 Vgl. *V. N. Denisov / A. J. Mel'nyk*, Die Entwicklung der Rechtsgrundlagen und der Mechanismen des Vorrangs des Völkerrechts im innerstaatlichen Recht. In: V. N. Denisov (Hrsg.), Das Zusammenwirken von Völkerrecht und innerstaatlichem Recht der Ukraine (2006), 12 (39) (ukr.); *M. J. Čerkes*, Völkerrecht, 4. Aufl. (2004), S. 35 (ukr.).

474 Vgl. *N. M. Serhijenko*, Das Zusammenwirken von Völkerrecht und nationalem Recht in der Praxis des Verfassungsgerichts der Ukraine, Blatt des Verfassungsgerichts der Ukraine 2004, Nr. 6, 116 (117) (ukr.); *P. F. Martynenko*, Die Stellung und Rolle der EMRK im verfassungsrechtlichen Mechanismus der Ukraine, Blatt des Verfassungsgerichts der Ukraine 2002, Nr. 2, 64 (71) (ukr.); *M. V. Buromens'kyj (Hrsg.)*, Völkerrecht (2006), S. 74 (ukr.).

475 Vgl. *I. I. Lukašuk*, Die Völkerrechtsnormen im Rechtssystem Russlands (1997) S. 48 (russ.). Hier stützt *Igor Lukašuk* den Vorrang auf den Grundsatz *pacta sunt servanda*, durch den die Staaten gewissermaßen gezwungen seien, eine Übereinstimmung der nationalen Normen mit den völkerrechtlichen Vertragsnormen zu gewährleisten, um ihren völkerrechtlichen Verpflichtungen gerecht zu werden. Dies führe zu einem *de facto* Vorrang der vertraglichen Normen bei der Rechtsanwendung, der zum Teil auch *de jure* etabliert und in der Theorie als ein „gemäßigter Vorrang" bezeichnet wurde. Die Argumentation kann nicht überzeugen. Unstrittig ist in Theorie und Praxis, dass der Grundsatz *pacta sunt servanda* von den Staaten nicht verlangt, unmittelbare Durchsetzungskraft von völkerrechtlichen Verträgen zu gewährleisten.

Verträge vor den Gesetzen mit dem *lex specialis*-Grundsatz erklärt.[476] Nur vereinzelt wird der Anwendungsvorrang des Vertragsrechts mit der Begründung abgelehnt, dass, wenn ein solches Ergebnis erwünscht gewesen wäre, es ausdrücklich in Art. 9 ukrainischer Verfassung hätte Erwähnung gefunden.[477] Diese Erklärung überzeugt aber nicht. Die im ersten Teil der Studie ausführlich analysierte Entstehungsgeschichte von Art. 9 der Verfassung führt zu dem Schluss, dass die Verankerung des Vertragsvorrangs nicht unerwünscht war, sondern dadurch, dass so ein Vorrang bereits im speziellen Gesetz über die völkerrechtlichen Verträge von 1993 festgelegt wurde, als überflüssig erachtet wurde.[478]

Zu Recht hinterfragen vereinzelte Stimmen in der ukrainischen Rechtswissenschaft die Methode, die Rechtsstellung des Völkerrechts durch ein einfaches Gesetz zu regeln. Ohne für den Vorrang des ukrainischen Rechts vor dem Völkervertragsrecht zu plädieren, wird die Richtigkeit dieser Methode mit der Begründung angezweifelt, dass das genannte Gesetz als ein einfaches formelles Gesetz keine Durchsetzungskraft gegenüber den anderen Gesetzen besitze, um den allgemeinen Vorrang der Verträge vor allen Gesetzen einzuführen.[479] Des Weiteren wird darauf verwiesen, dass mit jedem neuen, mit einer absoluten Mehrheit angenommenen Gesetz über die völkerrechtlichen Verträge der geltende Anwendungsvorrang abgeschafft werden kann. Vor dem Hintergrund der Stabilität und Bestimmtheit wird dabei die Regelung der Rechtsstellung des Völkervertragsrechts entweder durch

---

476 Vgl. *V. I. Jevintov*, Die Ukraine in der internationalen Gemeinschaft. In: V. N. Denisov / V. I. Jevintov (Hrsg.), Souveränität der Ukraine und das Völkerrecht (1995), S. 51 (ukr.).

477 Vgl. *V. Skoromocha*, Die Implementierung der Völkerrechtsnormen und die Verfassungsgerichtsbarkeit der Ukraine, Ukrainisches Völkerrechtsblatt 2002, Nr. 1, S. 6 ff. (ukr.); *M. I. Kozjubra*, Die Tendenzen der Entwicklung der Rechtsquellen in der Ukraine im Kontext der europäischen Rechtsintegration. In: Wissenschaftliche Notizen. Rechtswissenschaft. 2004. Bd. 26/2004, 3 (3) (ukr.); *V. F. Pohorilko / V. L. Fedorenko*, Die aktuellen Probleme der Entwicklung der Verfassungsgesetzgebung der Ukraine, Rechtsstaat (2003), 115 (117) (ukr.); *Volodymyr Šapoval* in seinem Sondervotum zum Verfassungsgerichtsurteil, Ent. Nr. 14-рп/2004 v. 7. 07.2004 *(Rs. des Höchstalters des Kandidat für die Position eines Leiters einer Hochschule)*.

478 Dazu eingehend ► Teil 1 - Kapitel 6, Punkt 6.4.3.3.

479 Vgl. *D. O. Tretjakov*, Die Hierarchie der Gesetze und der Grundsatz „pacta sunt servanda". Zur Frage nach dem Status der völkerrechtlichen Verträge im Rechtssystem der Ukraine (ukr.), abrufbar unter http://www.viche.info/journal/1020.

die Verfassung oder die noch in die Struktur des ukrainischen Rechts einzuführenden Verfassungsgesetze vorgezogen. Deshalb ist an dieser Stelle ein kurzer Exkurs in die andauernde Debatte in der Ukraine über Verfassungsgesetze geboten. Anschließend ist zu fragen, ob das Gesetz über die völkerrechtlichen Verträge bereits als ein *de facto* Verfassungsgesetz in der ukrainischen Rechtsordnung gilt oder künftig im Laufe der Rechtsreform zu einem Verfassungsgesetz werden kann. Im Zusammenhang mit der laufenden Verfassungsreform in der Ukraine soll auch der Rang des Vertragsrechts nach den bisher bekannt gemachten Entwürfen der Verfassungsänderungsgesetze vorgebracht werden.

3.6 Die innerstaatliche Rechtsstellung der Vertragsregelungen in der laufenden Rechts- und Verfassungsreform

Obwohl sich der gültigen Verfassungslage und der bisherigen Verfassungspraxis keine Hierarchie unter den Gesetzen entnehmen lässt, finden sich unter den Rechtswissenschaftlern Vertreter einer *de facto* Existenz von Verfassungsgesetzen im ukrainischen Recht. Vorwiegend wird argumentiert, dass wegen des besonderen Annahmeverfahrens die Verfassungsänderungs- und Ergänzungsgesetze sowie solche Gesetze, auf deren Annahme in der Verfassung selbst ausdrücklich verwiesen wird, in der ukrainischen Rechtsordnung als Verfassungsgesetze gelten. [480] Ihre juristische Geltung speise sich nämlich aus der Verfassung und gehe damit den einfachen Gesetzen vor.

In der Tat sind in der ukrainischen Verfassung bestimmte Verfahrensanforderungen im Rahmen von Verfassungsänderungen und -ergänzungen vorgesehen, etwa ausschließliche und unbedingte präventive Verfassungsmäßigkeitsprüfung, Zweidrittelmehrheit, Notwendigkeit der

---

480 *O. Fryc'kyj* (Verfassungsänderungs- und Ergänzungsgesetze), *V. Melaščenko* (Gesetze, die die Verfassung „organisch weiterentwickeln"), *V. Pohorilko* und *V. Fedorenko* (Gesetze über Ergänzung und Änderung der Verfassung und Gesetze, auf deren Annahme die Verfassung verweist) zitiert in *A. R. Krusjan*, Die Verfassung und Verfassungsgesetze als eine normative Grundlage des modernen ukrainischen Konstitutionalismus, Juristisches Blatt 2005, Nr. 1, 88 (94) (ukr.). Zur Definition der Verfassungsgesetze als Gesetze über die Änderung und Ergänzung der Verfassung s. *V. O. Kotjuk*, Der Kurs der Rechtslehre. Grundlagen der Staats- und Rechtslehre, Bd. I (2003) S. 114 und *M. V. Cvik / V. D. Tkačenko / O. V. Petryšyn (Hrsg.)*, Allgemeine Staats- und Rechtstheorie (2002), S. 301 (ukr.).

Genehmigung der Änderungen durch das gesamtukrainische Referendum u. a..[481] Mit Ausnahme von Gesetzen über die Staatssymbole der Ukraine werden alle Gesetze mit einer absoluten Mehrheit angenommen. Allerdings werden die Verfassungsänderungen und -ergänzungen mit ihrem Inkrafttreten zu Bestandteilen der Verfassung. Die mögliche Annahme unterschiedlicher Gesetze mit einer qualifizierten Mehrheit oder innerhalb einer Volksabstimmung deutet zwar auf die Wichtigkeit der Regelungsobjekte hin, sagt aber nichts über die juristische Wirkung der Gesetze aus, und schon gar nicht, dass sie den anderen Gesetzen vorgehen sollten.[482] Dafür müsste die Verfassung eine entsprechende Regelung enthalten. Es ist allerdings anzuerkennen, dass diese Argumentationslogik, wonach einem Rechtsakt infolge eines besonderen Verfahrens seines Zustandekommens ein höherer Rechtsrang als gewöhnlich eingeräumt wird, der ukrainischen Rechtstheorie und -praxis nicht fremd ist. Zu erinnern ist hier an den Verfassungsvertrag von 1995 zwischen dem Präsidenten und dem Parlament. Obwohl der Verfassungsvertrag bei der Abstimmung im Parlament keine notwendige Verfassungsänderungsmehrheit erreichte, erklärten die Rechtswissenschaftler und Politiker seinen höheren Rang gegenüber der damals geltenden Verfassung von 1978 damit, dass die Parteien des Verfassungsvertrages zwei durch das Volk unmittelbar legitimierte Subjekte seien.[483]

Für mehr Klarheit in der Struktur des ukrainischen Rechts ist die offizielle Festlegung der Verfassungsgesetze grundsätzlich geboten.[484] Diese Idee wurde durch den ukrainischen Gesetzgeber aufgegriffen. Durch das Gesetz über die Gesetze und die gesetzgebende Tätigkeit soll diese Gesetzesart

---

481 Verfassung-UKR v. 1996, Art. 154 bis 159 regeln das Verfassungsänderungsverfahren. Dazu eingehend ► Teil 1 - Kapitel 4, Punkt 4.6.

482 Vgl. *V. M. Šapoval*, Gegenwärtiger Konstitutionalismus (2005), S. 88 und 90 (ukr.).

483 Vgl. *V. M. Šapoval*, Gegenwärtiger Konstitutionalismus (2005), S. 43 (ukr.) Zur Verfassungsvereinbarung v. 1995 ► Teil 1 - Kapitel 6, Punkt 6.2.2.

484 Vgl. *V. O. Kotjuk*, Der Kurs der Rechtslehre. Grundlagen der Staats- und Rechtslehre, Bd. I (2003), S. 114 (ukr.); *M. V. Cvik / V. D. Tkačenko / O. V. Petryšyn (Hrsg.)*, Allgemeine Staats- und Rechtstheorie (2002)' S. 301 und 345 (ukr.); *A. R. Krusjan*, Die Verfassung und Verfassungsgesetze als eine normative Grundlage des modernen ukrainischen Konstitutionalismus, Juristisches Blatt 2005, Nr. 1, S. 88 ff. (ukr.).

offiziell eingeführt werden.[485] Als Verfassungsgesetze gälten dabei die Verfassungsänderungs- und Ergänzungsgesetze. Erneut ist hier die Verfassungs- und Rechtmäßigkeit der Festlegung der Normenhierarchie, und insbesondere der Verfassungswirkung bestimmter Gesetze anhand eines einfachen, obwohl spezielleren Gesetzes, vor dem Hintergrund von Stabilität, Bestimmtheit und Rechtstaatlichkeit zu hinterfragen. Eine verfassungsanaloge Wirkung der Gesetze kann nur mit entsprechender Verfassungsnorm begründet werden.

Selbst wenn nach den dargestellten Definitionen in der ukrainischen Rechtsordnung Verfassungsgesetze bestünden, würden die gesetzlichen, völkervertragsrechtsbezogenen Grundlagen nicht unter diese Kategorie fallen. In keiner der Verfassungsnormen wird ausdrücklich auf die Regelung der innerstaatlichen Geltung und Rechtsstellung der völkerrechtlichen Verträge durch Gesetze verwiesen. Und obwohl einige Vorschriften des Gesetzes über die völkerrechtlichen Verträge von 2004 die Verfassungsgrundlagen ausbauen, wurde das Gesetz nicht als Ergänzung oder Änderung der Verfassung angenommen oder interpretiert. In der Konsequenz bleibt die Rechtsstellung des Vertragsrechts in der Ukraine durch ein einfaches Gesetz geregelt und kann jederzeit mit einer absoluten Mehrheit anders bestimmt werden.

Eine Änderung könnte herbeigeführt werden, indem die Rangfrage direkt in der Verfassung beantwortet würde. Dies wird in dem Entwurf der neuen Verfassung, der durch die Arbeitsgruppe des Nationalen Verfassungsrates im Juni 2008 ausgearbeitet wurde,[486] in Betracht gezogen. Hiernach soll der in

---

485 Die ersten Entwürfe für das Gesetz „Über Gesetze und gesetzgebende Tätigkeit" wurden bereits 1996 dem Parlament vorgelegt. Der letzte Gesetzentwurf Nr. 2763 wurde im Parlament am 18.12.2006 registriert. Zur Analyse der Entwürfe s. *L. Stachyra*, Das Gesetz über Gesetz – allgemeine Notwendigkeit der Verbesserung der Rechtsregulierung (ukr.).

486 Vgl. Opinion No. 462/2008 on the Draft Constitution of Ukraine, prepared by a Working Group headed by Mr. *V. M. Shapoval*, adopted on 16 June 2008, CDL-AD (2008)015. Die inhaltsgleiche Vorschrift enthält auch Art. 10 des Entwurfs des Verfassungsänderungsgesetzes von 2009, der durch den damaligen Präsidenten *Viktor Juschtschenko* dem Parlament vorgelegt wurde, vgl. Opinion No. 534/2009 on the Draft Law of Ukraine Amending the Constitution, presented by the President of Ukraine, adopted on of 15 June 2009, CDL-AD(2009)024. Sowohl die

Art. 19 Abs. 2 des Gesetzes über die völkerrechtlichen Verträge von 2004 festgeschriebene Anwendungsvorrang in die geltende Fassung von Art. 9 wortgetreu aufgenommen werden. Infolgedessen könnte die ukrainische Verfassung deutlich eine neue Stufe unter den nationalen Normen konstituieren: die Stufe zwischen der Verfassung und den nationalen Gesetzen mit den durch das Parlament gebilligten Vertragsnormen. Allerdings kann nicht vorausgesagt werden, ob die Änderung von Art. 9 in dieser Hinsicht künftig erfolgt. Beachtet man die Tatsache, dass die Verfassungsänderungen, die die nach dem Regierungswechsel 2010 in der Ukraine regierende Partei bereits 2009 vorgeschlagen hat, [487] keine Änderungen des gesamten ersten Teils der Verfassung „Allgemeine Grundlagen" und mithin des Art. 9 vorsehen, ist die Aufnahme des Anwendungsvorrangs in den Verfassungstext der Ukraine noch nicht in Sicht.

3.7 Die innerstaatliche Geltung der völkerrechtlichen, ohne Beteiligung der Legislative abgeschlossenen Verträge

Art. 9 der ukrainischen Verfassung öffnet den innerstaatlichen Bereich nur für die durch das Parlament gebilligten Verträge. Freilich ist der ukrainische Staat auch an die Verträge völkerrechtlich gebunden, die ohne die Legislative abgeschlossen wurden, und sieht sich im Verletzungs- oder Nichtumsetzungsfall gegebenenfalls in der völkerrechtlichen Verantwortung. Nachfolgend werden die theoretischen Versuche und bestehenden rechtlichen Handhaben der Einbeziehung der durch das Parlament nicht zugestimmten Verträge in die ukrainische Rechtsordnung dargestellt. So sehen Rechtswissenschaftler in den verschiedenen Definitionen des Begriffs der „Gesetzgebung" und in den Besonderheiten des innerstaatlichen Vertragsabschlussverfahrens Ansätze für die Begründung der innerstaatlichen Bindungswirkung solcher Verträge. Außerdem kann das

---

Entwürfe als auch die Gutachten der Venedig-Kommission in englischer Fassung sind abrufbar unter http://www.venice.coe.int/site/dynamics/N_Opinion_ef.asp?L=E&CID=47.

[487] Opinion No. 510/2009 on the Draft Law Amending the Constitution of Ukraine presented by People's Deputiies Yanukovych, Lavrynovych, et. al., adopted by the Venice Commission on 13-14 March 2009, CDL-AD(2009)008, zu finden unter: http://www.venice.coe.int/site/dynamics/N_Opinion_ef.asp?L=E&CID=47.

Völkerrecht aufgrund der speziellen gesetzlichen Verweise ins ukrainische Recht einbezogen werden.

3.7.1 Die Relevanz der Reichweite des Begriffs der „Gesetzgebung“

Die Entscheidung über die Bindung der Ukraine an die nicht zustimmungsbedürftigen Verträge wird durch die Präsidentendekrete oder Regierungsbeschlüsse ausgedrückt.[488] Angenommen, dass diese Verträge aufgrund der genannten nationalen Rechtsakte in den innerstaatlichen Bereich übernommen würden, dann müsste man die Verträge innerstaatlich entsprechend auf den Rang des Präsidentendekrets oder Regierungsbeschlusses einstufen. Ausgehend von dieser Annahme und der engen Definition der „Gesetzgebung“ im Sinne der Gesamtheit der Gesetze wird in der Literatur vereinzelt die Auffassung vertreten, dass Art. 9 Abs. 1 der Verfassung die Frage nach der innerstaatlichen Geltung der nicht durch das Parlament gebilligten Verträge offen lässt und die ukrainische Rechtsordnung für derartige Verträge nicht zwingend schließt.[489] Aufgrund ihrer untergesetzlichen Wirkung im ukrainischen Recht konnten die ohne Mitwirkung des Parlaments abgeschlossenen Verträge in Art. 9 Abs. 1 nicht zu Bestandteilen der ukrainischen Gesetzgebung erklärt werden. Mit der Auffassung der durch das Parlament gebilligten Verträge als Bestandteile der nationalen Gesetzgebung hebt Art. 9 Abs. 1 den gesetzlichen Rang dieser Verträge hervor, besagt aber nicht, dass die anderen Verträge keine innerstaatliche Bindungswirkung entfalten können.

Die Ansätze für diese Lesart von Art. 9 Abs. 1 finden sich im verfassungsgebenden Prozess, und namentlich im Verfassungsentwurf vom November 1995. Der genannte Entwurf ist der einzige, der sich auf die völkerrechtlichen Verträge als Bestandteile „des ukrainischen Rechtssystems“ beruft und dabei nicht zwischen verschiedenen Arten der innerstaatlichen Zustimmung zu einem Vertrag differenziert. Hiernach werden

---

488 Gesetz Nr. 1906-IV v. 29.06.2004, Art. 12 Abs. 1 und Art. 13 Abs. 1 lit. б) und lit. в) und Abs. 2 lit. б).

489 Vgl. *O. A. Nazarenko*, Die völkerrechtlichen Verträge der Ukraine im System der Rechtsquellen des ukrainischen Verfassungsrechts (2006), S. 89 (ukr.); *O. F. Skakun*, Das moderne Verständnis des Begriffs der Gesetzgebung, Staat und Recht 2001, Nr. 11, 3 (4) (russ.).

alle für die Ukraine gültigen Verträge eingeschlossen.[490] Den Verfassungsberatungen kann jedoch nicht entnommen werden, ob der Verfassungsgeber den Begriff der „Gesetzgebung“ demjenigen des „Rechtssystems“ deshalb vorgezogen hat, weil der Regelungsgegenstand des Art. 9 auf die durch das Parlament zugestimmten Verträge reduziert wurde.

Gegen die gewagte Interpretation von Art. 9 Abs. 1 spricht, dass nicht das enge, sondern das weite Verständnis des Begriffs der Gesetzgebung der Rechtswirklichkeit entspricht und von Theorie und Praxis unterstützt wird, wenngleich dessen Nachteile jedoch klar erkannt sind.[491] Gestützt auf die Begrifflichkeit in Art. 9 Abs. 1 der Verfassung bezweckte der ukrainische Verfassungsgeber weder innerstaatliche Inkorporation von völkerrechtlichen Verträgen, die ohne Mitwirkung des Parlaments abgeschlossen wurden, auf der Verfassungsebene ausdrücklich zu etablieren, noch sie implizit zu erlauben.

Ein wenig abstrus erscheint es, dass mit der weiten Definition der Gesetzgebung, die, wie dargelegt, der Übernahme der nicht durch das Parlament zugestimmten Verträge in die ukrainische Rechtsordnung im Wege stehen sollte, die betreffende Übernahme zugleich begründet werden kann. So wird im Schrifttum versucht, eine allgemeine Inkorporationsgrundlage in den gesetzlich verankerten Anwendungsvorrang des Vertragsrechts hineinzulesen.[492] Es geht um Art. 19 Abs. 2 des Gesetzes über die völkerrechtlichen Verträge von 2004. Wie genau er den Anwendungsvorrang verfasst, ist an dieser Stelle kurz zu erinnern:

---

490 Art. 9 Abs. 1 des Verfassungsentwurfs v. 15.11.1995, bestätigt durch die VerfKOM am 23.11.1995, s. Anhang, Tab. 2 „Genese der die offene Staatlichkeit tragenden Verfassungsnormen.“

491 Dazu eingehend ► Teil 3 - Kapitel 3, Punkt 3.3; s. auch Fn. 452.

492 Vgl. *V. S. Semenov / O. J. Prahanjuk*, Die völkerrechtlichen Aspekte der Verfassung der Ukraine (1997), S. 9 (ukr.); *N. M. Serhijenko*, Das Zusammenwirken von Völkerrecht und nationalem Recht in der Praxis des Verfassungsgerichts der Ukraine, Blatt des Verfassungsgerichts der Ukraine 2004, Nr. 6, 116 (117) (ukr.); *D. Tretjakov,* Die Hierarchie der Gesetze und der Grundsatz „pacta sunt servanda“. Zur Frage nach dem Status der völkerrechtlichen Verträge im Rechtssystem der Ukraine (ukr.).

> „Wenn ein völkerrechtlicher Vertrag, der ordnungsgemäß seine Gültigkeit erlangt hat, andere Regeln als *ein entsprechender Akt der ukrainischen Gesetzgebung* vorsieht, sind die Normen des völkerrechtlichen Vertrages anzuwenden." (Hervoh. hinzugefügt)

Ausgehend vom weiten Verständnis der „Gesetzgebung" im Sinne der Gesamtheit der Gesetze und der untergesetzlichen Akte und der Korrelation zwischen dem innerstaatlichen Rang eines Vertrages und der Rechtsnatur des Zustimmungsaktes wird die Wortwahl der zitierten Rechtsvorschrift zum Vorrang des „ordnungsgemäß abgeschlossenen, gültigen Vertrages" vor „den entsprechenden Akten ukrainischer Gesetzgebung" so ausgelegt, dass

- dem durch Parlamentsgesetz gebilligten Vertrag Vorrang vor den Gesetzen und dementsprechend untergesetzlichen Akten,
- dem durch Präsidentendekret gebilligten Vertrag Vorrang vor den Rechtsakten des Präsidenten und der Regierung und
- dem durch Regierungsbeschluss gebilligten Vertrag vor den Regierungsakten

zugesprochen wird.

Obwohl die weite Definition der Gesetzgebung sowohl der Theorie als auch der Rechtswirklichkeit in der Ukraine entspricht, ist diese völkerrechtsfreundliche Interpretationsart des Anwendungsvorrangs wegen ihrer Unsystematik missglückt. Hier wird der erste Absatz von Art. 19 des Gesetzes von 2004 nicht in Betracht gezogen, worin für die Gültigkeit eines Vertrages die parlamentarische Zustimmung vorausgesetzt wird.[493] In der Konsequenz könnte sich ein „ordnungsgemäß abgeschlossener gültiger Vertrag" aus dem zweiten Absatz des Art. 19 auf die durch Legislative zugestimmten Verträge beziehen, die in dem ersten Absatz der Gesetzesnorm erwähnt sind. Daran mag auch der in der Literatur vorgeschlagene Vergleich der alten Fassung des Anwendungsvorrangs im Gesetz von 1993 mit der zitierten neuen Fassung in Art. 19 Abs. 2 des

---

[493] Gesetz Nr. 1906-IV v. 29.06.2004, Art. 19 Abs. 1: „Die gültigen völkerrechtlichen Verträge, deren Verbindlichkeit die Werchowna Rada zugestimmt hat, bilden einen Bestandteil der nationalen Gesetzgebung und sind wie die nationalen Normen anzuwenden."

Gesetzes von 2004 nichts ändern.[494] Im alten Gesetz über die völkerrechtlichen Verträge von 1993 wurde in beiden Absätzen der entsprechenden Gesetzesnorm – im Absatz zur innerstaatlichen Übernahme der Verträge und im Absatz zum Anwendungsvorrang – die parlamentarische Zustimmung herausgehoben.[495] Das Wegfallen dieser Hervorhebung in der neuen Fassung des gesetzlich vorgesehenen Anwendungsvorrangs könnte die Ausdehnung des Ausdrucks „ordnungsgemäß abgeschlossene gültiger Vertrag" auf alle gültigen Verträge der Ukraine bezwecken und damit eine Inkorporation aller völkerrechtlichen Verträge der Ukraine begründen. Diese Schlussfolgerung ist allerdings nicht zwingend und findet auch keine Bestätigung in dem Ausarbeitungsprozess des Gesetzes.

Die vorgeschlagene Inkorporation der völkerrechtlichen Verträge mit ihrer Zuordnung auf die unterschiedlichen Stufen der nationalen Normenpyramide würde zugleich eine gewisse Hierarchie der übernommenen Vertragsnormen innerhalb des nationalen Rechtssystems einführen. Dies ließe sich schwer mit dem allgemeinen Völkerrecht, das mit der Ausnahme des *ius cogens* keine Hierarchie unter den völkerrechtlichen Normen kennt,[496] in Einklang bringen.

Problematisch sind auch die Versuche, die geäußerte Annahme über die Bindungswirkung der allein durch den Präsidenten oder den Regierungschef abgeschlossenen Verträge auf der Rangstufe entsprechend des Präsidentendekretes oder des Regierungsbeschlusses mit der innerstaatlichen Praxis des Vertragsabschlusses zu rechtfertigen.[497] Es wird

494 Vgl. *N. M. Serhijenko*, Das Zusammenwirken von Völkerrecht und nationalem Recht in der Praxis des Verfassungsgerichts der Ukraine, Blatt des Verfassungsgerichts der Ukraine 2004, Nr. 6, 116 (117 und 125) (ukr.).

495 Gesetz über die völkerrechtlichen Verträge der Ukraine, Nr. 3767-XII v. 22.12.1993, Art. 17: „Die abgeschlossenen und ordnungsgemäß *ratifizierten völkerrechtlichen Verträge* der Ukraine bilden einen unabdingbaren Bestandteil der nationalen Gesetzgebung der Ukraine und werden wie die Normen der nationalen Gesetzgebung angewandt.
Schreibt ein völkerrechtlicher Vertrag, *der in Form eines Gesetzes abgeschlossen wurde*, andere Regeln als die ukrainische Gesetzgebung fest, sind die Vertragsnormen anzuwenden." Hervorh. hinzugefügt.

496 Über *ius cogens* s. ► Teil 2 - Kapitel 2, Punkt 2.1.

497 Zu Präsidentendekreten und Regierungsbeschlüssen als Grundlagen der innerstaatlichen Geltung der Verträge s. *V. N. Denisov / A. J. Mel'nyk*, Die Entwicklung der Rechtsgrundlagen und der Mechanismen des Vorrangs des

darauf verwiesen, dass nach Art. 12 Abs. 1 des Gesetzes über die völkerrechtlichen Verträge von 2004 ein völkerrechtliches Abkommen, dessen Gegenstand grundsätzlich in der Kompetenz des Ministerkabinetts liegt, aber andere Regeln als ein bereits geltendes Präsidentendekret festschreibt, einer Billigung in Form des Präsidentendekretes bedarf. Nur unter der Voraussetzung der innerstaatlichen Geltung und Anwendung eines solchen Abkommens könnte die Notwendigkeit der Zustimmung durch den Präsidenten folgerichtig sein. Wäre ein Regierungsabkommen, das sich im rechtlichen Widerspruch mit einem Präsidentendekret befindet, aufgrund eines Regierungsbeschlusses für die Ukraine verbindlich, würde seine innerstaatliche Geltung ins Leere gehen: Die juristische Wirkung des Regierungsabkommens gleicht den Regierungsakten, und wegen der innerstaatlichen Rechtsnormenhierarchie würde dann dem Präsidentendekret stets eine höhere Geltung zukommen als dem Abkommen. Allerdings ist diese Annahme zweifelhaft. Das beschriebene Verfahren könnte genauso gut alleinig die Umsetzung der übernommenen Vertragspflichten sichern, indem es die Gefahr vermindert, dass die den Vertragsgegenstand berührenden nationalen Rechtsakte des Staatsoberhaupts und des Ministerkabinetts auseinanderfallen.

In dem Zusammenhang könnte auch nach den Folgen der nachträglichen Verfassungsmäßigkeitskontrolle aller völkerrechtlichen Verträge an sich und insbesondere der Präsidentendekrete und der Regierungsbeschlüsse über Vertragsgenehmigung oder -beitritt gefragt werden. Man könnte behaupten, dass diese Art der Prüfung nur wichtig und sinnvoll wäre, wenn die entsprechenden völkerrechtlichen Vertragsnormen auf der Grundlage von Präsidentendekreten oder Regierungsbeschlüssen im innerstaatlichen Bereich eine bindende Wirkung entfalten würden. Analog zu den Folgen der Verfassungsmäßigkeitsprüfung der Zustimmungsgesetze würde die Erklärung der betreffenden Präsidentendekrete oder Regierungsbeschlusse für verfassungswidrig die Beendigung der innerstaatlichen Bindungswirkung der Verträge herbeiführen. Allerdings ist für eine Prüfung der

---

Völkerrechts im innerstaatlichen Recht. In: V. N. Denisov (Hrsg.), Das Zusammenwirken von Völkerrecht und innerstaatlichem Recht der Ukraine (2006), 12 (32) (ukr.).

Verfassungsmäßigkeit der nationalen Zustimmungsakte oder der Verträge nicht zwingend direkte innerstaatliche Geltung der Verträge vorauszusetzen. Die nachträgliche Verfassungsmäßigkeitskontrolle des Vertrages an sich kann deshalb notwendig sein, weil die nationalen Rechtsakte, die die völkerrechtlichen Vertragspflichten umsetzen, gegen die Verfassung verstoßen. Somit erscheint es schlüssig, die umzusetzenden Normen, im konkreten Fall die Vertragsvorschriften, auf ihre Übereinstimmung mit der Verfassung zu überprüfen und anschließend für die verfassungskonforme Rechtslage zu sorgen. Die Verfassungsmäßigkeitskontrolle der nationalen Zustimmungsakte ist vor allem deshalb geboten, weil sie gewährleistet, dass die Exekutive bei der Bindung des Staates an den Vertrag das verfassungsrechtliche Erfordernis nach der Billigung bestimmter Vertragsmaterien durch die Legislative nicht gefährdet.

Die dargestellten theoretischen Deduktionen der innerstaatlichen Bindungswirkung der allein durch den Präsidenten oder den Regierungschef zugestimmten Verträge aus den weiten bzw. engen Definitionen des Begriffs der Gesetzgebung, dem Anwendungsvorrang des Vertragsrechts und den Besonderheiten der innerstaatlichen Zustimmungspraxis stoßen jedoch auf Bedenken. Die Anhänger der vorgebrachten Lesarten von Art. 9 Abs. 1 der Verfassung und Art. 19 Abs. 2 des Gesetzes über die völkerrechtlichen Verträge von 2004 gehen insofern im Zirkelschluss vor, als sie hinter den genannten nationalen Vorschriften einen konkreten Gedanken erblicken (wollen) und diese Vorschriften dann dementsprechend interpretieren. Sowohl Art. 9 der Verfassung als auch Art. 19 des Gesetzes von 2004 besagen nur, dass die durch die Legislative gebilligten Verträge einen objektiven Bestandteil der ukrainischen Rechtsordnung darstellen, der Verfassung entsprechen sollen, aber die nationalen Gesetze verdrängen können. Die genannten Rechtssätze reichen nicht so weit, dass sie die Inkorporation aller völkerrechtlichen Verträge in der Ukraine begründen können.

Dies heißt allerdings nicht, dass die innerstaatliche Bindungswirkung der ohne parlamentarische Mitwirkung abgeschlossenen Verträge kraft zusätzlich erlassener nationaler Rechtsakte gewährleistet werden kann. Damit der Staat seinen eingegangenen Vertragspflichten nachkommt, soll das

Staatsoberhaupt bzw. die Regierung die nationalen (rechtssetzenden) Durchführungsakte erlassen, welche die betreffenden Vertragsvorschriften innerstaatlich vollziehbar machen.[498]

3.7.2 Die Einwirkung des Vertragsrechts durch die gesetzlichen Verweisungsnormen

Neben der allgemeinen Verfassungsgrundlage für die Einwirkung des Völkervertragsrechts verweisen diverse ukrainische Rechtsakte auf die Völkerrechtsregeln, indem sie die gültigen Verträge der Ukraine ausdrücklich für maßgeblich in Bezug auf die konkrete Regelungsmaterie erklären. Überwiegend wird zugleich den Vertragsbestimmungen der Anwendungsvorrang vor den ihnen entgegenstehenden Normen des Gesetzes, das auf den Vertrag verweist, verliehen. Die speziellen Verweisungsnormen betreffen auch die ohne Mitwirkung der Legislative abgeschlossenen Verträge.[499] Solche Verträge werden auf diese Weise in die ukrainische Rechtsordnung übernommen. Im Rechtsschrifttum wird dann von der sogenannten sektoralen Inkorporation bzw. dem sektoralen Monismus gesprochen, weil keine allgemeine Inkorporationsgrundlage für die betreffenden Völkerrechtsregeln vorliegt.[500]

---

498 Vgl. *R. A. Müllerson*, Das Verhältnis von Völkerrecht und nationalem Recht (1982), S. 93 (russ.). *Dmytro Terlec'kyj* bezeichnet die untergesetzlichen Zustimmungsakte als die „implementierende Rechtsgebung", die erlassen wird, um den internationalen Verpflichtungen nachzukommen, s. *D. S. Terlec'kyj*, Die verfassungsrechtliche Regulierung der Wirkung von völkerrechtlichen Verträgen in der Ukraine (2007), S. 51 ff. (ukr.).

499 In den folgenden Gesetzen wird bspw. die parlamentarische Billigung ausdrücklich vorausgesetzt: Art. 4 des Gesetzes über die sozialen Leistungen, Nr. 966-IV v. 19.06.2003; Art. 19 des Gesetzes über das Besteuerungssystem, Nr. 1251-XII v. 25. 06. 1991; Art. 2 Abs. 3 des Gesetzes über die Post, Nr. 2759-III v. 4.10.2001; Art. 4 Abs. 2 i. V. m. Art. 1 des Gesetzes über die Staatsbürgerschaft der Ukraine, Nr. 2235-III v. 18.01.2001. In den folgenden Gesetzen wird bspw. keine parlamentarische Billigung vorausgesetzt: Art. 32 des Gesetzes über Gewissensfreiheit und die religiösen Organisationen, Nr. 987-XII v. 23.04.1991; Art. 3 Abs. 4 des Gesetzes über die Ausbildung, Nr. 1060-XII v. 23.05.1991; Art. 71 Abs. 2 des Gesetzes über den Umweltschutz, Nr. 1264-XII v. 25.06.1991; Art. 29 des Gesetzes über die Elektroenergie, Nr. 575/97 v. 16.10.1997; Art. 6 Abs. 2 des Gesetzes über die Beschäftigung der Bevölkerung, Nr. 803-XII v. 1.03.1991; Art. 17 des Gesetzes über die unternehmerische Tätigkeit, Nr. 698-XII v. 7.02.1991.

500 Zu dem sogenannten „sektoralen Monismus" oder „Teilmonismus" in der UdSSR aufgrund der Festschreibung des Anwendungsvorrangs der völkerrechtlichen

3.8 Zwischenfazit

Ausgehend vom dualistischen Verständnis zum Verhältnis von Völkerrecht und ukrainischem Recht erklärt Art. 9 der ukrainischen Verfassung von 1996 die durch die Legislative gebilligten Verträge zu Bestandteilen der nationalen Gesetzgebung der Ukraine. Diese Erklärung bezweckt die Ergänzung des nationalen Rechtsquellensystems um die völkerrechtlichen Verträge in ihrer Tragweite als Völkerrecht. Aufgrund der theoretischen und praktischen Unbestimmtheit des Begriffs der „Gesetzgebung" ist sein Gebrauch im Wortlaut von Art. 9 der Verfassung als missglückt zu erachten. Zum einen birgt die Bezeichnung der Verträge als „Bestandteile der ukrainischen Gesetzgebung" die Gefahr der Unterstellung, dass völkerrechtliche Verträge in nationales Recht umgewandelt werden. Zum anderen ist nicht eindeutig, ob der ukrainische Verfassungsgeber mit Art. 9 die innerstaatliche Bindungswirkung der völkerrechtlichen Verträge, die keiner parlamentarischen Billigung unterliegen, grundsätzlich ausschließen wollte. Der Ausdruck „Bestandteile des ukrainischen Rechtssystems" oder „Rechts" wäre hier vorzuziehen.

Gemäß Art. 9 erfolgt die Einbeziehung des Völkervertragsrechts in den innerstaatlichen Bereich durch einen Vollzugsbefehl, der in einem Zustimmungsgesetz zum Ausdruck kommt. Für die innerstaatliche Geltung der einbezogenen Völkerrechtsregeln wird keine unmittelbare Anwendbarkeit vorausgesetzt. Als objektive Bestandteile des ukrainischen Rechts im Gesetzesrang binden die Verträge Staatsorgane. Die Konflikte zwischen den ukrainischen Gesetzen und völkerrechtlichen Verträgen sind zugunsten Letzterer zu lösen. Dieser Anwendungsvorrang wird dem Vertragsrecht durch ein einfaches Gesetz über die völkerrechtlichen Verträge verliehen. Vor dem Hintergrund der Rechtssicherheit und Bestimmtheit ist es geboten, die

---

Verträge in Art. 129 des Zivilgesetzbuches der UdSSR und in Art. 64 der Zivilprozessordnung der UdSSR in einer sonst dualistischen Rechtsordnung s. *T. Långström*, Transformation in Russia and International Law (2002), S. 353 f.; Zur Auslegung der Verweisungsnormen als Grundlagen für die Einwirkung des Vertragsrechts in die ukrainische Rechtsordnung s. *V. N. Denisov / A. J. Mel'nyk*, Die Entwicklung der Rechtsgrundlagen und der Mechanismen des Vorrangs des Völkerrechts im innerstaatlichen Recht. In: V. N. Denisov (Hrsg.), Das Zusammenwirken von Völkerrecht und innerstaatlichem Recht der Ukraine (2006), 12 (32 f.).

Regelung zur Rechtsstellung des Vertragsrechts in den Verfassungstext aufzunehmen.

Die ohne Beteiligung der Legislative abgeschlossenen Verträge entfalten innerstaatlich dort Bindungswirkung, wo sie aufgrund der nationalen Umsetzungsakte vollziehbar gemacht werden. Aber auch die gesetzlichen Verweisungsnormen können solche Vertragsregeln für bestimmte Sachverhalte für maßgeblich erklären.

4 Fazit

Am Anfang der vorangegangen Untersuchung zur Öffnung für das Völkervertragsrecht wurde die Aufgabe gestellt, die Einbeziehung eines völkerrechtlichen Vertrages in die ukrainische Rechtsordnung, seine Geltung und sein Verhältnis dem Landesrecht gegenüber aus Sicht des innerstaatlichen Vertragsabschlussverfahrens zu klären. Die Kernaussagen zur behandelnden Problematik lassen sich wie folgt zusammenfassen:

1) Potenziell sind am innerstaatlichen Vertragsabschlussverfahren das Staatsoberhaupt, das Parlament, die Regierung und auch das Verfassungsgericht beteiligt. Die entscheidende Rolle kommt dabei dem Präsidenten zu. Er verfügt über generelle Vertretungsmacht und gilt dadurch auf völkerrechtlicher Ebene als Vertragsabschlussorgan. Aber auch die ukrainische Regierung ist ausgehend von der Natur ihrer verfassungsrechtlich vorgesehenen Tätigkeiten – die Durchführung der Außenpolitik des Staates – zum außenpolitischen Handeln berechtigt. Je nach durch den Vertrag geregeltem Sachverhalt leitet entweder das Staatsoberhaupt oder die Regierung das Vertragsabschlussverfahren ein, handelt den Vertragstext aus und gibt die Erklärung über die Bindung des Staates an den Vertrag. Sowohl die Verfassung als auch das Gesetz über die völkerrechtlichen Verträge grenzen die Vertragsabschlusskompetenzen des Präsidenten von denjenigen des Ministerkabinetts unpräzise ab. Gewiss kann aber der Präsident die Vertragsabschlusskompetenz der Regierung insofern an sich ziehen, als er einen Rechtsakt mit dem den Gegenstand des Regierungsabkommens berührenden Inhalt fasst, was die unabdingbare Beteiligung des Präsidenten am Abschluss des Regierungsabkommens herbeiführt.

2) Allerdings darf der Präsident bzw. das Ministerkabinett den Vertragsabschluss in den wichtigen außenpolitischen Angelegenheiten erst nach der Billigung der einzugehenden Vertragspflichten durch das Parlament durchführen. Die Mitwirkungsrechte des ukrainischen Parlaments gehen zum Teil über die bloße Zustimmung zum Vertrag hinaus. In einem formellen Gesetz kann es dem ausgehandelten Vertragstext zustimmen, ihn ablehnen oder die Vertragspflichten für den Staat im Wege der eigenen womöglich gegen die Position des Präsidenten angenommenen Vorbehalte mitgestalten. Aber auch die Kündigung der zuvor durch das Gesetz gebilligten Verträge unterliegt der parlamentarischen Zustimmung. Grundsätzlich verfügt das ukrainische Parlament insofern über die Letztentscheidungskompetenz bezüglich der Bindung des Staates an einen völkerrechtlichen Vertrag, als die Vertragsbestimmungen jene Fragen berühren, deren Regelung im nationalen Recht eine unabdingbare Mitwirkung der Legislative erfordert. Obwohl sich die Legislative in der Ukraine auch an der völkerrechtlichen Ratifikation solcher Verträge beteiligt, indem der Parlamentsvorsitzende neben dem Außenminister die Ratifikationsurkunde zu unterzeichnen hat, reichen ihre Mitspracherechte nicht so weit, dass man hier das Parlament als den Vertreter des Staatswillens nach außen betrachten könnte. Diese Befugnis bleibt weiterhin dem Staatsoberhaupt und der Exekutive vorbehalten, die durch das Zustimmungsgesetz zum völkerrechtlichen Vertragsabschluss ermächtigt sind. Sie haben die Möglichkeit von der völkerrechtlichen Ratifikation des Vertrages insgesamt Abstand zu nehmen. Aus der Sicht des innerstaatlichen Rechts würden die Vertretungsberechtigten dennoch mit dem Unterlassen der Ratifikation oder der fehlerhaften Ratifikation gegen das Vertragsgesetz verstoßen. Die herbeigeführten Organstreitigkeiten können dann vor dem Verfassungsgericht ausgeräumt werden.

3) Die Mitwirkungsrechte der Legislative dienen in erster Linie der demokratischen Kontrolle des außenpolitischen Handelns des Staatsoberhaupts und der Exekutive, während die präventive und nachträgliche Verfassungsmäßigkeitsprüfungen der völkerrechtlichen Verträge dafür sorgen, dass auch ein außenpolitisches Handeln des Staates an das Recht gebunden wird. Vor dem Hintergrund des Rechtsstaatlichkeitsprinzips ist es aber ein wenig dubios, dass allein die

Subjekte, die am Vertragsabschluss primär interessiert sind – das Staatsoberhaupt und das Ministerkabinett – die noch zuzustimmenden oder bereits für die Ukraine gültigen Verträge dem Verfassungsgericht zur Prüfung vorlegen dürfen. Das Parlament kann ausschließlich die Verfassungsmäßigkeit der nationalen Zustimmungsakte vor dem Gericht bestreiten. Jedoch würde sich die Verfassungsmäßigkeitsprüfung eines Zustimmungsaktes, beantragt durch die Parlamentarier, auf die Kontrolle reduzieren, ob die Rechte des Parlaments auf die Vertragszustimmung beeinträchtigt wurden. Dies folgt zum einen aus der bisherigen Praxis des Verfassungsgerichts der Ukraine, wonach das Gericht den materiellen Zusammenhang zwischen dem Vertrag und dem betreffenden Zustimmungsakt nicht erkennt, und zum anderen aus der geltenden Rechtslage, wonach die Verfahrensvorschriften, welche die formelle Verfassungswidrigkeit eines Rechtsaktes begründen könnten, in den für das Verfassungsgericht nicht maßgebenden Gesetzen verankert sind. Aber auch die Prüfung, ob die parlamentarische Zustimmung im konkreten Fall einzuholen wäre, könnte dadurch problematisch werden, weil die genaue Auflistung der zustimmungsbedürftigen Vertragsinhalte nicht in der Verfassung selbst, sondern im Gesetz über die völkerrechtlichen Verträge festgeschrieben ist. Wie die anderen Gesetze bildet das genannte Gesetz für das Verfassungsgericht keinen Prüfungsmaßstab. Bislang hat das Gericht sich mit einem solchen Sachverhalt noch nicht befasst. Angesichts der bisher vorwiegend formalistischen Argumentationslogik des Verfassungsgerichts bleibt es offen, ob das Gericht die Notwendigkeit der parlamentarischen Beteiligung am Vertragsabschluss an den verfassungsrechtlichen Vorbehalt des Gesetzes anknüpft und so zu demselben Befund kommt wie der Gesetzgeber im Gesetz über die völkerrechtlichen Verträge. Wegen dieser unklaren Aufgabenteilung kann die Ukraine eine fehlende parlamentarische Billigung eines Vertrages zweifelsohne nicht als einen offenkundigen Verstoß gegen das Verfassungsrecht bewerten und demzufolge den Staat von der Erfüllung seiner verfassungswidrig eingegangen Pflichten befreien.[501] Mithin

[501] WVRK v. 1969, Art. 46 Abs. 1: „Ein Staat kann sich nicht darauf berufen, dass seine Zustimmung, durch einen Vertrag gebunden zu sein, unter Verletzung einer Bestimmung seines innerstaatlichen Rechts über die Zuständigkeit zum Abschluss von Verträgen ausgedrückt wurde und daher ungültig sei, sofern nicht die

ist sowohl die demokratische Kontrolle der mit dem Vertragsabschluss zusammenhängenden außenpolitischen Tätigkeiten des Präsidenten und der Regierung als auch die Verfassungsmäßigkeitskontrolle des innerstaatlich geltenden Völkervertragsrechts in der Ukraine lückenhaft gesichert.

4) Art. 9 der Verfassung ergänzt das System der Rechtsquellen des ukrainischen Rechts um die völkerrechtlichen, durch das ukrainische Parlament gebilligten Verträge. Mithin enthält ein Zustimmungsgesetz außer der Ermächtigung an die Vertretungsorgane, den Vertrag völkerrechtlich zu ratifizieren, einen Vollzugsbefehl an die Staatsorgane, die zugestimmten Vertragsnormen in ihrer völkerrechtlichen Tragweite zu beachten und für ihre Durchführung zu sorgen. Generell entfalten die einbezogenen Vertragsnormen nach ihrem völkerrechtlichen Inkrafttreten die Gesetzeswirkung. Jedoch sind die Konflikte zwischen den innerstaatlich geltenden Vertragsnormen und Gesetzesbestimmungen nach dem Gesetz über die völkerrechtlichen Verträge zugunsten der Verträge zu lösen. Eine dem Vertrag entgegenstehende Gesetzesvorschrift kann nicht angewandt werden, verliert aber ihre Gültigkeit nicht.

Die generelle Öffnung in Art. 9 trifft nicht alle Verträge gleich. Sie erfasst keine Verträge, denen allein der Präsident oder der Regierungschef zustimmen. Diverse theoretische Versuche, gestützt auf die enge bzw. weite Definition der Gesetzgebung oder die Besonderheiten innerstaatlicher Zustimmungspraxis, in den betreffenden Präsidentendekreten und Regierungsbeschlüssen einen Vollzugsbefehl für die ohne parlamentarische Beteiligung abgeschlossenen Verträge zu sehen, überzeugen nicht. Solche Verträge können in den innerstaatlichen Bereich mittelbar kraft der nationalen Umsetzungsakte einwirken. Sie gelten innerstaatlich auch dort, wo die gesetzlichen Normen auf sie verweisen.

5) Das Vertragsabschlussverfahren und das Verfahren hinsichtlich der Verfassungsmäßigkeit der Verträge gestatten die Behauptung, dass die ukrainische Verfassung sich auf das dualistische Verständnis zum Verhältnis von Völkerrecht und nationalem Recht stützt. Hiernach hat das Landesrecht

---

Verletzung *offenkundig* war und eine innerstaatliche Rechtsvorschrift von grundlegender Bedeutung betraf." (Hervorh. hinzugefügt).

sein Verhältnis zum Völkerrecht selbst zu bestimmen. Das ukrainische Recht regelt sein Verhältnis zum Völkervertragsrecht so, dass ein gültiges und verfassungsmäßiges Zustimmungsgesetz neben der völkerrechtlichen Zustimmung zum Vertrag durch die Exekutive für die innerstaatliche Bindungswirkung des grundsätzlich verfassungskonformen Vertrages notwendig ist. Im Wege eines Zustimmungsgesetzes werden die völkerrechtlichen Vertragsvorschriften ohne Umwandlung ins ukrainische Recht innerstaatlich vollziehbar gemacht. Zugleich kann das ukrainische Verfassungsgericht jederzeit darüber entscheiden, ob das Vertragsrecht die Verfassung nicht gefährdet und verfassungskonform in den innerstaatlichen Bereich einbezogen wurde.

Das beschriebene Verfahren der Übernahme des Völkervertragsrechts ins ukrainische Recht bestätigt die im ersten Teil der Studie geäußerte Annahme, dass Art. 9 der ukrainischen Verfassung für die bindenden, innerstaatlich unmittelbar durchzugreifenden Entscheidungen einer zwischenstaatlichen Einrichtung nicht ohne weiteres maßgebend sein kann,[502] schon deshalb nicht, weil die betreffenden Beschlüsse in einem anderen Rechtssetzungsverfahren als völkerrechtliche Verträge zustande kommen.[503] Als eine Grundlage für die innerstaatliche Geltung solcher Entscheidungen kann Art. 9 nur dann ausgelegt werden, wenn die betreffenden Entscheidungen einstimmig gefasst werden und sich mit dem Vollzugsbefehl des Zustimmungsgesetzes zu dem Gründungsvertrag der Organisation noch decken. Das geltende Verfahren der Einwirkung des Völkervertragsrechts ins ukrainische Recht stellt auch die bislang einmalige und vage formulierte Position des ukrainischen Verfassungsgerichts in Frage, dass die Mehrheitsentscheidungen eines internationalen Organs allein aufgrund Art. 9 in den innerstaatlichen Rechtsbereich durchgreifen können, wenn eine

---

502 Dazu ► Teil 1 - Kapitel 4, Punkt 4.4.1.

503 Dazu, dass aufgrund des Verfahrens ihres Zustandekommens die Beschlüsse internationaler Organisationen in die Kategorie der völkerrechtlichen Verträge nicht eingeordnet werden können, s. *R. Geiger*, Grundgesetz und Völkerrecht, 5. Aufl. (2010), § 22, S. 85.

allgemeine parlamentarische Zustimmung zur Kompetenz des Organs, innerstaatlich bindendes Recht zu schaffen, vorliegt.[504]

Erst die Anwendung des Völkerrechts durch die nationalen Staatsorgane und insbesondere durch die Gerichte zeigt die Verwirklichung der beschriebenen Öffnung für das Völkerrecht. Auf welche Art und Weise das ukrainische Verfassungsgericht das Völkervertragsrecht verwertet und welche Funktionen das Völkerrecht in den Begründungen der Gerichtsentscheidungen erfüllt, wird die im letzten Teil des Buches durchgeführte Studie zur Rolle des Völkerrechts in der Verfassungsgerichtsrechtsprechung der Ukraine zeigen. Zuerst befassen sich aber die nachfolgenden Abschnitte mit den theoretischen Grundlagen, welche die Einwirkung der Entscheidungen des Europäischen Menschenrechtsgerichtshofs in die ukrainische Rechtsordnung sicherstellen. Außerdem wird die Offenheit der ukrainischen Verfassung im Hinblick auf die Zusammenarbeit von EU und Ukraine behandelt.

504 Ent. Nr. 3-в/2001 v. 11.07.2001 *(Rs. des Römischen Statuts)*; zur Position des Gerichts s. ▶ Teil 1 - Kapitel 4, Punkt 4.4.1.

Teil 4: Die Öffnung der ukrainischen Rechtsordnung für die Europäische Menschenrechtskonvention und die Zusammenarbeit mit der Europäischen Union

Als ein völkerrechtlicher Vertrag wirkt auch die EMRK im Wege der dargestellten Methode zur Öffnung dem Völkervertragsrecht gegenüber in die ukrainische Rechtsordnung ein. Jedoch erfordert die Befugnis des Menschenrechtsgerichtshofs, über die Reichweite und den Wesensgehalt der Menschenrechte in den Mitgliedstaaten bindend zu entscheiden, eine gesonderte Analyse der Rechtsgrundlagen, die den Umfang der Bindungswirkung der internationalen Gerichtsentscheidungen im ukrainischen Recht bestimmen. Diese Untersuchung ist auch vor dem Hintergrund der neuen sich abzeichnenden Entwicklungen in der Rechtsprechung des Menschenrechtsgerichtshofs geboten, welche die klassische völkerrechtliche Wirkung von EGMR-Urteilen nicht mehr so tragfähig machen. So kann infolge progressiver Auslegung der in der Konvention verbrieften Menschenrechte durch den EGMR, [505] präzedenzähnlicher Wirkung seiner Urteile, [506] neuer Anweisungen des Gerichtshofs an den verurteilten Staat zum Ergreifen von konkreten Maßnahmen[507] und auch effektiver Überwachung der Urteilsumsetzung durch das Ministerkomitee [508] ansatzweise von der faktischen Ausübung der

---

505 EGMR über die EMRK als *„living instrument"* in EGMR Urt. 25.04.1978, *Tyrer v. the United Kindom* (appl. no. 5856/72), Series A 36, § 31; EGMR Urt. 23.03.1995, *Loizidou v. Turkey* (Preliminary objections) (appl. no. 15318/89), Series A 310, § 71.

506 Vgl. *C. Grabenwarter*, Europäische Menschenrechtskonvention, 4. Aufl. (2009), § 16, Rn. 9; *H-J. Cremer*, Zur Bindungswirkung von EGMR-Urteilen, EuGRZ 2004, 683 (294).

507 In sogenannten *„pilot judgments"* wird der verurteilte Staat auf strukturelle, zu Konventionsverletzungen führende Fehler in seinem nationalen Recht hingewiesen und dementsprechend zu konkreten Maßnahmen angehalten, die das nationale Recht in Einklang mit dem EMRK-Regime bringen sollen, s. The Council of Europe, Committee of Ministers, Resolution Res(2004)3 on Judgments Revealing an Underlying Systematic Problem, 12 May 2004.

508 Vgl. *G. Ress*, Supranationaler Menschenrechtsschutz und der Wandel der Staatlichkeit, ZaöRV 64 (2004), 621 (621).

Hoheitsgewalt mit der Einwirkung in den innerstaatlichen Bereich der Konventionsstaaten gesprochen werden.[509]

Generell stützt sich auch die Zusammenarbeit von EU und Ukraine auf völkerrechtliche Verträge, die über Art. 9 der ukrainischen Verfassung innerstaatlich bindend werden. Allerdings soll das neue, demnächst abzuschließende Assoziierungsabkommen die Zusammenarbeit zwischen den Vertragspartnern sowohl materiell als auch institutionell stärken und die Integration der Ukraine in den europäischen Wirtschaftsraum vorbereiten. Mithin würde die Zusammenarbeit von EU und Ukraine über die klassische völkerrechtliche Kooperation hinausgehen und allmählich Ansätze supranationaler Integration aufnehmen. Dies regt auch zur Reflexion an, ob die geltende Öffnung der ukrainischen Verfassung für das Völkerrecht eine hinreichende Kompetenzgrundlage für die Heranführung des Staates an die EU bildet.

1 Die Einwirkung der EMRK in das ukrainische Recht

1.1 Die EMRK als Bestandteil des ukrainischen Rechts

Die EMRK ist ein völkerrechtlicher Vertrag. Hiernach verpflichten sich die Staaten, allen ihrer Jurisdiktion unterstehenden Personen die in der EMRK genannten Grundrechte und -freiheiten zu gewährleisten (Art. 1 EMRK) und für den Fall ihrer Verletzung eine wirksame Beschwerde vor nationalen Instanzen zu sichern (Art. 13 EMRK). Ausweislich des Wortlauts der EMRK und auch in den Augen des Menschenrechtsgerichtshofs sind diese Verpflichtungen ergebnisorientiert: Es steht im Ermessen der Staaten, wie sie den Kon-

---

509 In die Richtung scheint *Albert Bleckmann* zu gehen, s. *A. Bleckmann*, Bundesverfassungsgericht *versus* Europäischer Gerichtshof für Menschenrechte, EuRGZ, 1995, 387 (388 f.); *A. Bleckmann*, Verfassungsrang der Europäischen Menschenrechtskonvention? EuGRZ, 1994, 149 (153 ff.); *G. Ress*, Supranationaler Menschenrechtsschutz und der Wandel der Staatlichkeit, ZaöRV 64 (2004), 621. *Christian Walter* bringt die Argumente für die Betrachtung der Verfassungsfunktion der EMRK – der Begrenzung der Staatsgewalt – als Ausübung der Hoheitsgewalt im Sinne von Art. 24 Abs. 1 GG, wonach der deutsche Staat auf zwischenstaatliche Einrichtungen Hoheitsrechte mittels Gesetz übertragen darf. Er erkennt aber zugleich, dass die EMRK keine politische Einheit in rechtlicher Form mit eigener Hoheitsgewalt begründet, s. *C. Walter*, Die Europäische Menschenrechtskonvention als Konstitutionalisierungsprozess, ZaöRV 59 (1999), 961 (971 ff.).

ventionsrechten innerstaatlich Geltung verschaffen; zu unmittelbarer Anwendbarkeit der Konvention mit ihrem Vorrang vor dem nationalen Recht sind die Staaten nicht verpflichtet.[510] Zugleich zieht der Gerichtshof aus der Anwendungspraxis in den Konventionsstaaten den Schluss, dass

> „the *intention* of the drafters of the Convention finds a particular faithful reflection in those instances where the Convention has been *incorporated* into domestic law."[511]

Die EMRK wurde in das ukrainische Recht nicht direkt, sondern mittelbar infolge der parlamentarischen Zustimmung zur Konvention inkorporiert. Aufgrund des Zustimmungsgesetzes[512] und nach der Bekanntgabe des Gesetzes und der Konvention im „Offiziellen Blatt der Ukraine"[513] wurden die Konventionsrechte und -freiheiten für vollziehbar in der ukrainischen Rechtsordnung erklärt. Als neue Rechtsquelle des ukrainischen Rechts in ihrer völkerrechtlichen Tragweite bindet die EMRK die Staatsorgane und dient der Begründung von Gerichtsentscheidungen.

1.2 Das Gebot der konventionskonformen Auslegung der ukrainischen Verfassung

Gewiss genießt die EMRK wie andere durch die Legislative gebilligte Verträge einen Anwendungsvorrang vor allen im Widerspruch zur Konvention stehenden ukrainischen Gesetzen.[514] Wegen der besonderen Bedeutung des Menschenrechtsschutzes wird in der Wissenschaft versucht, jedoch ohne eingehende Erklärungen, die in der EMRK verbürgten Grundrechte und -freiheiten auf den Verfassungsrang zu verhelfen. Ausgangspunkt bildet dabei die Tatsache, dass die Ausarbeitung der ukrainischen Verfassung und die Ratifikation der EMRK zeitlich zusammenfielen und der Europarat die An-

---

510 EGMR Urt. 25.03.1983, *Silver and Others v. the United Kingdom*, Series A 61 § 113; EGMR Urt. 27.10.1975, *National Union of Belgian Police v. Belgium*, Series A 19 § 47.

511 EGMR Urt. 18.01.1978, *Ireland v. the United Kingdom*, Series A 25 § 239, Hervorh. hinzugefügt.

512 Gesetz über die Ratifikation der EMRK und der Zusatzprotokolle zur EMRK Nr. 1, 2, 4, 7 und 11, Nr. 475/97 v. 17.07.1997.

513 Die offizielle Veröffentlichung der EMRK erfolgte allerdings erst 1998, s. „Offizielles Blatt der Ukraine" *(„Офіційний вісник України")* v. 16.04.1998, Nr. 13. Das Gesetz zur Ratifikation wurde im Anschluss an seine Annahme in „Offiziellem Blatt der Ukraine" *(„Офіційний вісник України")* veröffentlicht, 1997, Nr. 29, S. 11.

514 Zum Anwendungsvorrang des Vertragsrechts ► Teil 3 - Kapitel 3, Punkt 3.5.

nahme der Verfassung als eine der Beitrittsverpflichtungen der Ukraine überwachte.[515] In der Konsequenz fanden die Konventionsrechte größtmögliche Beachtung im Verfassungstext und wurden durch das allgemeine Grundrechtsbekenntnis in Art. 3 Abs. 2 der Verfassung flankiert:[516]

> „Die Grundrechte und -freiheiten sowie ihre Garantien bestimmen den Wesensgehalt und die Ausrichtung der staatlichen Tätigkeit."

Die weitere wissenschaftliche Auffassung stützt sich auf die Annahme, dass die allgemein anerkannten Grundsätze und Normen des Völkerrechts durch das Gebot in Art. 18 der Verfassung, die außenpolitische Tätigkeit des Staates gemäß den genannten völkerrechtlichen Regeln auszuüben, mit einem Vorrang vor entgegenstehenden Verfassungsvorschriften direkt inkorporiert wurden.[517] Mithin soll auch den Konventionsrechten und -freiheiten, die als allgemein anerkannte Grundsätze und Normen des Völkerrechts gelten, ein Vorrang vor der ukrainischen Verfassung verliehen werden.[518] Allerdings können nicht alle in der Konvention genannten Grundrechte als allgemeines Völkergewohnheitsrecht anerkannt werden. Dies trifft bspw. auf das in Art. 3 EMRK festgeschriebene Verbot der Folter zu, nicht aber auf die detaillierten prozessualen Garantien des Rechts auf ein faires Verfahren gemäß Art. 6 EMRK.[519] Nicht überzeugend ist diese Ansicht auch deshalb, weil die über Art. 18 übernommenen, mit manchen Konventionsrechten inhaltsgleichen Regeln des Völkergewohnheitsrechts innerstaatlich weiterhin in ihrer Eigenschaft als Völkergewohnheitsrecht und nicht als Völkervertragsrecht gelten.[520]

---

515 Opinion 190 (1995) of Parliamentary Assembly of the Council of Europe on the Application by Ukraine for Membership of the Council of Europe, adopted by the Assembly on 26 September 1995.

516 Vgl. *P. Jevhrafov / V. Tychyj*, Die Bedeutung der Auslegungen der EMRK durch den EGMR für die Ukraine (ukr.).

517 Eingehend zu Art. 18 als Öffnung für das Völkergewohnheitsrecht ► Teil 2 - Kapitel 4.

518 Vgl. *A. Nußberger*, The Reception Process in Russia and Ukraine. In: H. Keller / A. S. Sweet (eds.), A Europe of Rights (2008), 603 (626 f.).

519 Auf ähnliche Weise wird im deutschen Völkerrechtsschrifttum versucht, der EMRK über Art. 25 auf den übergesetzlichen Rang zu verhelfen, s. *R. Uepermann*, Die EMRK und die deutsche Rechtsprechung (1993), S. 64 ff.; *M. Ruffert*, Die Europäische Menschenrechtskonvention und innerstaatliches Recht, EuGRZ 2007, 245 (246 f.).

520 Dazu eingehend ► Teil 2 - Kapitel 2, Punkt 2.3.2.

Gegen den Verfassungsrang der EMRK spricht auch die völkerrechtsbezogene Kompetenz des ukrainischen Verfassungsgerichts. Das Gericht ist befugt, alle Verträge jederzeit auf ihre Verfassungsmäßigkeit zu überprüfen.[521] Dadurch kann die EMRK an sich keinen Kontrollmaßstab für die Verfassungsmäßigkeitsprüfung der Gesetze bilden.

Nichtdestotrotz entfaltet die Konvention als eine durch Art. 9 der Verfassung anerkannte Rechtsquelle des ukrainischen Rechts bindende Wirkung innerhalb der ukrainischen Rechtsordnung und darf durch das Verfassungsgericht, dessen Handeln das Rechtsstaatlichkeitsprinzip zugrunde liegt, nicht ignoriert werden. Das Gebot der konventionskonformen Auslegung und Anwendung der Verfassung kann aus Art. 22 Abs. 1 und Art. 55 Abs. 4 der Verfassung abgeleitet werden. In Art. 22 Abs. 1 ist ausdrücklich die Möglichkeit der Ergänzung des verfassungsrechtlichen Grundrechtskatalogs festgeschrieben,[522] was auch die Ergänzung durch völkerrechtliche Menschenrechte nicht ausschließt. Art. 55 Abs. 4 gewährt jedem einen Rechtsweg zu internationalen Gerichten. Hiernach

> „hat jeder das Recht, nachdem alle innerstaatlichen Rechtsschutzmöglichkeiten erschöpft sind, den Schutz seiner Grundrechte und -freiheiten bei den internationalen gerichtlichen Institutionen oder den entsprechenden Organen der internationalen Organisationen, deren Mitglied die Ukraine ist, zu ersuchen."

Dieses Grundrecht soll mehr als eine Bestätigung der ohnehin aufgrund der Ratifikation der EMRK bestehenden Verpflichtung des Staates zur Individualbeschwerde gelesen werden. Seine effektive Durchsetzung erfordert die Auslegung und Anwendung der Verfassung im Einklang mit den übernommenen völkerrechtlichen Menschenrechtsverpflichtungen, so wie sie durch die betref-

---

521 Eingehend zur Kontrolle der Verfassungsmäßigkeit der Verträge ► Teil 3 - Kapitel 2, Punkt 2.2.

522 Verfassung-UKR v. 1996, Art. 22 Abs. 1: „Die in der Verfassung vorgesehenen Rechte und Freiheiten der Menschen und der Bürger sind nicht erschöpfend." Aufgrund dieser Verfassungsvorschrift und i. V. m. Art. 64 Abs. 1 und Art. 157, welche die Minderung des von der Verfassung gebotenen Grundrechtsschutzes verbieten, plädiert der Richter eines Appellationsgerichts des Mykolajewer Gebietes der Ukraine *Vasyl' Palijuk* für die Ergänzung des Grundrechtskatalogs um die Rechte und Freiheiten der EMRK, die in der Verfassung nicht vorgesehen sind und zugleich keine Gefährdung des verfassungsrechtlich gewährten Grundrechtsschutzniveaus herbeiführen, s. *V. P. Palijuk*, Die Besonderheiten der Anwendung der EMRK durch die ukrainischen Gerichte (2003), S. 14 und 17 (ukr.).

fenden Gerichtsorgane definiert werden. Ginge man direkt davon aus, dass die Verfassung grundsätzlich immer die den Staat bindenden internationalen Menschenrechtsstandards verdrängt, würde der verfassungsrechtlich gewährte Rechtsweg zu internationalen Gerichtsorganen unwirksam werden.

Unstrittig ist aber, dass das aus Art. 55 Abs. 4 hergeleitete Gebot der konventionskonformen Auslegung der ukrainischen Verfassung keine Missachtung der anderen Verfassungsvorschriften herbeiführen darf. Zu denken ist hier nicht nur an die bereits erwähnte Befugnis des Verfassungsgerichts, über die Verfassungsmäßigkeit der Verträge zu entscheiden, sondern auch an Art. 64 Abs. 1 und Art. 157 der Verfassung, die eindeutig eine Schwelle für die konventionskonforme Auslegung des ukrainischen Rechts aufstellen.[523] Nach Art. 64 Abs. 1 können die in der Verfassung verbürgten Grundrechte nur dann eingeschränkt werden, wenn dies ausdrücklich im Verfassungstext vorgesehen ist. Art. 157 verkörpert den unabdingbaren Kern der ukrainischen Verfassung und verbietet generell die Minderung des Grundrechtsschutzes, der von der Verfassung geboten wird. In der Konsequenz kann behauptet werden, dass bei der Auslegung und Anwendung der ukrainischen Verfassung die EMRK in Betracht zu ziehen ist, sofern dies nicht zu einer Einschränkung oder Minderung des durch die Verfassung gewährleisteten Grundrechtsschutzes führt. So liegt der ukrainischen Verfassung der allgemeine Gedanke zugrunde, dass die nationalen Menschenrechtsgarantien inhaltlich weiter als die völkerrechtlichen Schutzbereiche reichen mögen.[524]

---

523 Verfassung-UKR v. 1996, Art. 64 Abs. 1: „Die durch die Verfassung gewährten Grundrechte und -freiheiten dürfen nicht eingeschränkt werden, es sei denn, dies ist ausdrücklich in der Verfassung der Ukraine vorgesehen."
Art. 157 Abs. 1: „Die Verfassung der Ukraine darf nicht geändert werden, wenn die Änderungen die Abschaffung oder Minderung der Grundrechte oder -freiheiten der Menschen oder der Bürger bezwecken oder auf die Aufgabe der Unabhängigkeit oder Verletzung der territorialen Integrität abzielen."

524 Von dieser Vorstellung geht auch das deutsche GG aus. Gestützt auf die Völkerrechtsfreundlichkeit des GG entwickelte das BVerfG das Gebot der konventionskonformen Auslegung des GG und formulierte zugleich die folgende Maxime solcher Auslegung: „Bei der Auslegung des Grundgesetzes sind auch Inhalt und Entwicklungsstand der Europäischen Menschenrechtskonvention in Betracht zu ziehen, sofern dies nicht zu einer Einschränkung oder Minderung des Grundrechtsschutzes nach dem Grundgesetz führt [...]." S. BVerfG, Beschluss vom 26. März 1987 - 2 BvR 589/79 u.a., BVerfGE 74, 358, (370).

Der Ansatz, das Gebot der konventionsfreundlichen Auslegung und Anwendung der ukrainischen Verfassung mit Art. 55 Abs. 4 i. V. m. Art. 64 Abs. 1 und 157 zu verteidigen, fand bislang keinen Niederschlag in der Praxis des ukrainischen Verfassungsgerichts. Die Funktion von Art. 55 Abs. 4 bleibt auch in der Fachliteratur verkannt. Dennoch ergibt die im letzten Teil der Studie durchgeführte Analyse zur Rolle des Völkerrechts in der Verfassungsgerichtsbarkeit, dass das Verfassungsgericht die innerstaatlichen Grundrechte nicht isoliert betrachtet, sondern auch die EMRK für die Bestätigung und Ergänzung der Verfassungsvorschriften heranzieht.[525]

Mit der innerstaatlichen Geltung der EMRK in ihrer völkerrechtlichen Natur und dem Vorrang der Konvention vor nationalen Gesetzen wurden in der ukrainischen Rechtsordnung die Voraussetzungen geschaffen, dass die innerstaatlich ausgeübte öffentliche Gewalt an die Konventionsrechte und -freiheiten gebunden bleibt und die nationalen Gerichte die konventionswidrigen Gesetzesnormen nicht anwenden.

2 Die Einwirkung von EGMR-Urteilen in das ukrainische Recht

Der Vollzugsbefehl des Zustimmungsgesetzes, mit dem die EMRK, ohne ihren völkerrechtlichen Charakter zu verlieren, in die ukrainische Rechtsordnung einbezogen wurde, verschaffte allen in der Konvention festgeschriebenen Regeln, einschließlich der Verpflichtung des Staates nach Art. 46 Abs. 1 EMRK zur Befolgung von EGMR-Urteilen, innerstaatliche Geltung. Mithin könnte eine direkte Bindung der staatlichen Hoheitsgewalt an die Entscheidungen des Menschenrechtsgerichtshofs mit dem Vollzugsbefehl des Vertragsgesetzes begründet werden.[526] Zwingend ist dieser Zusammenhang je-

525 Dazu eingehend ► Teil 5 - Kapitel 2. Insbesondere die Rechtsprechung zur Abschaffung der Todesstrafe (Ent. Nr. 11-рп/99 v. 29.12.1999); zur Verfahrensgarantie des Angeklagten, nicht gegen sich selbst aussagen zu müssen (Ent. Nr. 23-рп/2009 v. 30.09.2009); zur angemessenen Verfahrensdauer (Ent. Nr.3-рп/2003 v. 30.01.2003).

526 Für diesen Zusammenhang s. *M. I. Kozjubra*, Die Tendenzen der Entwicklung der Rechtsquellen in der Ukraine im Kontext der europäischen Rechtsintegration. In: Wissenschaftliche Notizen. Rechtswissenschaft. 2004. Bd. 26/2004, S. 3 ff. (ukr.); *V. P. Palijuk*, Die Besonderheiten der Anwendung der EMRK durch die ukrainischen Gerichte (2003) (ukr.); *S. V. Ševčuk*, Die EMRK: die Anwendungspraxis und die Auslegungsgrundsätze im Kontext des gegenwärtigen ukrainischen Rechtsverständnisses, Die EGMR-Praxis. Entscheidungen. Kommentare 1999, Nr. 2, S. 225 ff. (ukr.).

doch nicht. Genauso wie die Beachtung der EMRK selbst ist die Befolgung der EGMR-Entscheidungen durch den Konventionsstaat eine völkerrechtliche *obligation of results*. Für die Umsetzung von EGMR-Urteilen ist das innerstaatliche Recht maßgebend, das der Bindungswirkung der Entscheidungen Grenzen aufstellen kann.[527]

In welchem Umfang das ukrainische Recht die Befolgung der EGMR-Urteile gestattet, wird nachfolgend untersucht. Dafür soll zunächst geklärt werden, welche völkerrechtlichen Verpflichtungen genau die Konventionsstaaten aufgrund Art. 46 EMRK übernommen haben.

2.1 Die völkerrechtliche Pflicht zur Befolgung der EGMR-Urteile

Im Gegensatz zu supranationalen Gerichten oder nationalen Verfassungsgerichten kann der Straßburger Gerichtshof nationale konventionswidrige Rechtsnormen nicht außer Anwendung setzen oder aufheben. Nach Art. 41 stellt er in seinem Urteil fest, ob das staatliche Handeln die EMRK verletzt. Der verurteilte Staat darf dann die Konventionsverletzung nicht mehr in Frage stellen.[528] Des Weiteren ist er verpflichtet, die Konventionsverletzung zu beenden, und, soweit wie möglich, *restitutio in integrum* zu leisten, d. h. rechtliche und tatsächliche Folgen der Konventionsverletzung zu beseitigen und dadurch den vor der Verletzung existierenden Rechtszustand wiederherzustellen.[529] Enthält die nationale Rechtsordnung des verurteilten Staates keine Rechtsgrundlage für die vollkommene Wiedergutmachung der Folgen der Konventionsverletzung, entscheidet der EGMR aufgrund Art. 41 EMRK, ob der betroffenen Partei eine gerechte Entschädigung zugesprochen werden soll.

---

527 Vgl. *U. Heckötter*, Die Bedeutung der EMRK und der Rechtsprechung des EGMR für die deutschen Gerichte (2007), S. 111 f.; *M. Pietrowicz*, Die Umsetzung der zu Art. 6 Abs. 1 EMRK ergangenen Urteile des EGMR in der Russischen Föderation (2010), S. 63 ff.

528 *J. A. Frowein / W. Peukert*, EMRK- Kommentar, 2. Aufl. (1996), Art. 46, Rn. 2, S. 725; *J. Meyer-Ladewig*, Handkommentar – EMRK, 2. Aufl. (2006), Art. 46, Rn. 8, S. 306.

529 EGMR Urt. 31.10.1995, *Papamichalopoulos and Others v. Greece*, Series A 330-B, § 34: „[...] a judgment in which the Court finds a breach of the Convention imposes on the respondent state a legal obligation to put an end to the breach and make reparation for its consequences in such a way as to restore as far as possible the situation existing before the breach."

Obwohl unterschiedlich argumentiert wird, wird dennoch im Schrifttum und auch in der Praxis des EGMR und des Ministerkomitees einhellig von der Verpflichtung des verurteilten Staates zur Vermeidung künftiger ähnlich gelagerter Konventionsverletzungen ausgegangen. Diese Verpflichtung erfordert generelle Maßnahmen (*general measures*), die der Anpassung des nationalen Rechts und der nationalen Praxis an die EMRK dienen sollen, wie bspw. die Bekanntgabe des EGMR-Urteils, die Änderung der nationalen Rechtsprechungs- und Verwaltungspraxis oder auch die Änderung innerstaatlicher Gesetze.[530] Des Weiteren verpflichtet der EGMR den verurteilten Staat in den neuen sogenannten Piloturteilen (*pilot judgments*)[531] vor dem Hintergrund der strukturellen, zu Konventionsverletzungen führenden Defizite im nationalen Rechtssystem, die konkreten Maßnahmen zu ergreifen, die nach den Einschätzungen des Gerichtshofs für die Vorbeugung der ähnlich gelagerten Konventionsverletzungen notwendig sind.[532]

Von den genannten, sich hauptsächlich aus Art. 41 und 46 EMRK herzuleitenden Anforderungen an den verurteilten Staat bezüglich der Umsetzung von EGMR-Urteilen soll die Verpflichtung des Staates zur Beachtung der gegen die anderen Staaten ergangenen Urteile unterschieden werden. Nach Art. 32 EMRK erkannten die Konventionsstaaten die Zuständigkeit des Gerichtshofs zur Auslegung der Konventionsrechte an. In seinen Urteilen legt der Menschenrechtsgerichtshof die Konventionsrechte progressiv aus, entwickelt sie im Wege der Konkretisierung weiter und verleiht der EMRK auf diese Weise einen dynamischen Charakter.[533] Mithin bedeutet die in Art. 1 EMRK

---

530 *U. Heckötter*, Die Bedeutung der EMRK und der Rechtsprechung des EGMR für die deutschen Gerichte (2007), S. 58 f. Zur Verpflichtung des Staates, seine konventionswidrigen Gesetze zu ändern, als Bestandteil der Verpflichtung nach Art. 46 Abs. 1 EMRK s. *J. Polakiewicz*, Die Verpflichtungen der Staaten aus den Urteilen des EGMR (1993), S. 181 ff.

531 Ein Beispiel der Piloturteile ist EGMR Urt. 22.06.2004, *Broniowski v. Poland* (appl. no. 31443/96), ECHR 2004-V.

532 Zu theoretischen Erwägungen über die Begründung der Befugnis des EGMR, die konkreten Maßnahmen in den Urteilen anzuordnen, s. *M. Pietrowicz*, Die Umsetzung der zu Art. 6 Abs. 1 EMRK ergangenen Urteile des EGMR in der Russischen Föderation (2010), S. 54 ff.

533 Vgl. *J. A. Frowein*, Die Herausbildung europäischer Verfassungsprinzipien. In: A. Kaufmann (Hrsg.), Rechtsstaat und Menschenwürde, Festschrift für Werner Maihofer zum 70. Geburtstag (1988), S. 149 ff. EGMR über die EMRK als *„living instrument"* in EGMR Urt. 25.04.1978, *Tyrer v. the United Kindom* (appl.

genannte Verpflichtung zur Gewährleistung der Konventionsrechte durch die Staaten die umfassende Sicherung der Konventionsrechte, so wie sie durch den EGMR definiert werden. Dies gestattet die Behauptung, dass auch die nicht verurteilten Staaten die EGMR-Urteile zu beachten haben.[534] In diesem Zusammenhang wird von *erga omnes* oder präzedenzähnlicher Wirkung der Urteile gesprochen,[535] in welcher der Menschenrechtsgerichtshof selbst ein wichtiges Instrument zur Gewährleistung der Sicherheit innerhalb des EMRK-Regimes sieht.[536]

Das im Jahr 2006 erlassene Gesetz der Ukraine über den Vollzug der Entscheidungen und die Anwendung der Praxis des EGMR[537] kann als eine generelle, der Vorbeugung künftiger Konventionsverletzungen dienende Maßnahme des Staates angesehen werden. Das Gesetz regelt die innerstaatlichen, mit der Umsetzung von EGMR-Urteilen zusammenhängenden Verhältnisse und klärt, zu welchen Akten die Staatsorgane aufgrund einer Verurteilung aus Straßburg unmittelbar verpflichtet sind. Wie die sogleich durgeführte Gesetzesanalyse ergibt, kann das Gesetz als eine Rechtsgrundlage betrachtet werden, die den möglichen und oben dargestellten Bestandteilen der völkerrechtlichen Pflicht der Ukraine nach Art. 46 EMRK zur Umsetzung von EGMR-Urteilen die innerstaatliche Bindungswirkung verschafft.

2.2 Die Verpflichtung zur Befolgung der EGMR-Urteile nach dem Gesetz über den Vollzug der Entscheidungen und die Anwendung der Praxis des EGMR von 2006

Grundsätzlich wird im Gesetz von 2006 zwischen dem Vollzug eines endgültigen gegen die Ukraine ergangenen EGMR-Urteils und der Beachtung der gesamten EGMR-Praxis unterschieden. Für Einleitung, Koordinierung und Überwachung aller mit der Umsetzung von EGMR-Urteilen anfallenden Maßnahmen wurde durch das Gesetz ein spezieller Posten des Regierungsbeauf-

no. 5856/72), Series A 36, § 31; EGMR Urt. 23.03.1995, *Loizidou v. Turkey* (Preliminary objections) (appl. no. 15318/89), Series A 310, § 71.

534 Zur Begründung dieser völkerrechtlichen Pflicht s. exemplarisch *C. Grabenwarter*, Europäische Menschenrechtskonvention, 4. Aufl. (2009), § 16, Rn. 9.

535 *U. Heckötter*, Die Bedeutung der EMRK und der Rechtsprechung des EGMR für die deutschen Gerichte (2007), S. 77 ff.

536 EGMR Urt. 27.09.1990, *Cossey v. the United Kindom* (appl. no. 10843/84), Series A 184, § 35.

537 Gesetz Nr. 3477-IV v. 23.02.2006.

tragten in den Sachen des EGMR beim Justizministerium eingerichtet (weiterhin der Regierungsbeauftragte).[538] Der Regierungsbeauftragte vertritt die Ukraine auch vor dem EGMR.

2.2.1 Der Vollzug von den gegen die Ukraine ergangenen EGMR-Urteilen

Der Vollzug von EGMR-Urteilen wird für obligatorisch erklärt.[539] In Übereinstimmung mit der Konvention, der EGMR-Rechtsprechung und der Anwendungspraxis umfasst der Vollzug von EGMR-Urteilen nach Art. 1 des Gesetzes neben der Auszahlung einer gerechten Entschädigung an die verletzte Partei auch das Ergreifen zusätzlicher individueller sowie allgemeiner Maßnahmen, die für eine vollkommene Wiedergutmachung der Folgen einer Konventionsverletzung notwendig sind. Es ist zu betonen, dass das Gesetz für das Durchführen der vorgesehenen Maßnahmen den zuständigen Organen die konkreten Fristen aufstellt. Die Finanzierung aller mit der Umsetzung von den EGMR-Urteilen zusammenhängenden Maßnahmen erfolgt aus dem dafür extra eingeführten Haushaltstitel (Art. 3).

2.2.1.1. Die individuellen Maßnahmen zur Wiedergutmachung der Folgen einer Konventionsverletzung

In Art. 7 bis 9 wird im Gesetz detailliert das Verfahren zur Auszahlung einer gerechten Entschädigung geregelt. Bemerkenswert ist, dass solche Auszahlung auch ohne Antrag der verletzten Partei an den staatlichen Vollstreckungsdienst innerhalb von drei Tagen nach der Mitteilung des Regierungsbeauftragten über das endgültige EGMR-Urteil erfolgen soll (Art. 7).

Als eine der möglichen individuellen Maßnahmen wird in Art. 10 Abs. 3 des Gesetzes die Wiederaufnahme des Verfahrens vor dem Gericht oder einer Verwaltungsbehörde genannt. Auch hier ist der Regierungsbeauftragte dafür verantwortlich, dass die verletzte Partei über ihr zustehende Rechtswege

---

538 Regierungsbeschluss Nr. 784 v. 31.05.2006 zur Umsetzung des Gesetzes Nr. 3477-IV v. 23.02.2006.

539 Dementsprechend wurde auch das Gesetz über den Vollzug der Gerichtsentscheidung in der Ukraine (Nr. 606-XIV v. 21.04.1999) durch das Gesetz Nr. 668-V v. 20.02.2007 geändert: In Art. 3 Abs. 2 Punkt 10 wurde die Bestimmung über den obligatorischen Vollzug von den gegen die Ukraine ergangenen EGMR-Urteilen eingeführt.

rechtzeitig informiert wird (Art. 11 Abs. 1 lit. a)). Er ist befugt, jederzeit von den Staatsorganen, in deren Zuständigkeit die Durchführung individueller Maßnahmen fällt, die Information bezüglich des Verfahrensverlaufs und seiner Folgen anzufordern und kann dem Premierminister die Vorschläge im Hinblick auf die Optimierung der Umsetzung von EGMR-Urteilen unterbreiten (Art. 11 Abs. 1 lit. б) und Abs. 2 und 3). Aber auch die zuständigen Organe selbst sind verpflichtet, den Regierungsbeauftragten über die fristgemäße Umsetzung der betreffenden Maßnahmen zu berichten (Art. 12).

Die Verurteilung durch eine internationale Gerichtsinstanz, deren Gerichtsbarkeit die Ukraine anerkannte, zählte bereits zum Zeitpunkt der Annahme des Gesetzes von 2006 nach der Zivil-, Wirtschafts- und Verwaltungsprozessordnung zu den dort vorgesehenen außerordentlichen Gründen der Anfechtung von betreffender Gerichtsentscheidung und anschließender Wiederaufnahme des nationalen Gerichtsverfahrens.[540] Die entsprechende Ergänzung der Strafprozessordnung der Ukraine erfolgte dagegen erst im Jahr 2010.[541] Nach Art. 400-9 Abs. 3 i. V. m. Art. 400-4 Abs. 1 Punkt 3 der Strafprozessordnung kann die verletzte Partei, ihr Verteidiger oder Vertreter innerhalb eines Monats, nachdem sie über das endgültige EGMR-Urteil informiert wurden, die innerstaatliche Gerichtsentscheidung anfechten.

Es finden sich in der bisherigen Rechtspraxis jedoch nicht viele nationale Gerichtsverfahren, die aufgrund einer Verurteilung aus Straßburg wiederaufgenommen wurden. Dies mag damit zusammenhängen, dass die meisten Konventionsverletzungen durch die Ukraine aus einer überlangen Verfahrensdauer oder einer Nichtvollstreckung von Entscheidungen nationaler Gerichte resultierten.[542] In solchen Fällen würde die Wiederaufnahme eines Gerichts-

540 Art. 354 Abs. 1 Punkt 2 der Zivilprozessordnung Nr. 1618-IV v. 18.03.2004; Art. 237 Abs. 1 Punkt 2 und Art. 243 Abs. 3 der Verwaltungsprozessordnung Nr. 2747-IV v. 6.07.2005; Art. 111-15 Abs. 4 und Art. 111-19 der Wirtschaftsprozessordnung Nr. 1798-XII v. 6.11.1991.

541 Mit dem Gesetz über die Änderung der Gesetzesbestimmungen zu den Anfechtungsgründen der Gerichtsentscheidungen (Nr. 1876-VI v. 11.02.2010) wurde die Strafprozessordnung (Nr. 1001-05 v. 28.12.1960) um Art. 400-4 Abs. 1 Punkt 3 ergänzt.

542 Bislang wurden aufgrund von gegen die Ukraine ergangenen EGMR-Urteilen (EGMR Urt. 25.07.2002, *Sovtransavto Holding v. Ukraine*, ECHR 2002-VII und EGMR Urt. 19.10.2004, *Melnychenko v. Ukraine*, ECHR 2004-X) ein

verfahrens zu keiner *restitutio in integrum* führen. Freilich ist nicht ausgeschlossen, dass trotz der neuen Regeln zur Wiederaufnahme des Gerichtsverfahrens das nationale Gericht auch im wiederaufgenommenen Verfahren gegen die Konvention verstießen könnte.

2.2.1.2 Die allgemeinen Maßnahmen zur Vorbeugung von Konventionsverletzungen

In Art. 13 bis 16 wird im Gesetz von 2006 die Umsetzung allgemeiner Maßnahmen geregelt, die notwendig sind, um strukturelle, zu wiederholten Konventionsverletzungen führende Fehler der ukrainischen Rechtsordnung zu beseitigen. Exemplarisch werden darin Änderungen der Gesetze bzw. der Rechtsanwendungspraxis, eine juristische Überprüfung der Konventionskonformität der geltenden und noch zu erlassendenden Rechtsakte sowie die Aufklärung der Staatsanwaltschaft, der Anwälte und aller Mitarbeiter der Rechtsschutzorgane über die Anwendung der Grundrechte und -freiheiten genannt. Dazu wird in Art. 13 Abs. 2 lit. д) ausdrücklich die Bereitschaft erklärt, auch weitere Maßnahmen allgemeiner Natur zu ergreifen, zu denen das Ministerkomitee des Europarates den Staat im konkreten Fall aufgrund des EGMR-Urteils auffordert. Mithin bildet diese Gesetzesvorschrift eine Rechtsgrundlage für die innerstaatliche Umsetzung von Piloturteilen.

In dem Zusammenhang stellt der Regierungsbeauftragte bei der Regierung der Ukraine einen Antrag auf Umsetzung notwendiger allgemeiner Maßnahmen. Der Antrag beinhaltet die Analyse der Ursachen der Konventionsverletzungen, die konkreten Vorschläge über ergreifende Maßnahmen und Staatsorgane, die für deren Umsetzung zuständig sind (Art. 14 Abs. 1 und 2). Zugleich erfolgen die ähnlichen analytischen Berichte an das Oberste Gericht der Ukraine und das Parlament mit den Anregungen, die Gerichtspraxis bzw. die Gesetzgebungspraxis in Einklang mit der Konvention zu bringen (Art. 14 Abs. 3 und 4). Im Rahmen seiner Kompetenzen verpflichtet der Premierminister die entsprechenden zentralen Exekutivorgane zur fristgemäßen Durchführung bestimmter Maßnahmen und unterbreitet selbst auf der Grund-

---

Gerichtsverfahren und ein Verfahren vor der zentralen Wahlkommission wiederaufgenommen.

lage seiner Gesetzgebungsinitiative dem Parlament die notwendigen Gesetzesänderungen oder -entwürfe (Art. 15).

Um die Übereinstimmung der geltenden und künftigen Rechtslage der Ukraine mit der EMRK und der EGMR-Rechtsprechung sicherzustellen, wird in Art. 19 des Gesetzes ein spezieller Koordinierungsmechanismus eingeführt. Hiernach prüft der Regierungsbeauftragte die Konventionskonformität der Gesetzentwürfe und der Entwürfe untergesetzlicher Rechtsakte. Die fehlende oder negativ ausfallende juristische Prüfung führt zur Nichtregistrierung untergesetzlicher Rechtsakte im staatlichen Register (Art. 19 Abs. 1 und 2). Ohne derartige Registrierung können sie keine Gültigkeit erlangen.[543] Allerdings ist im Gesetz nicht geregelt, welche Folgen aus der juristischen Prüfung der Gesetzentwürfe eintreten. Es ist aber anzunehmen, dass der Regierungsbeauftrage durch den Premierminister aufgrund der Gesetzgebungsinitiative des Letzten dem Parlament einen entsprechenden Änderungsvorschlag vorlegen kann. Genau dies ist das Resultat der juristischen Prüfung geltender Gesetze, die nach den Einschätzungen des Regierungsbeauftragten die Konvention und die EGMR-Praxis gefährden (Art. 19 Abs. 4).

Mithin wird mit dem neuen Koordinierungsmechanismus die völkerrechtliche Pflicht des Staates zur Änderung der Rechtslage aufgrund der festgestellten Konventionsverletzung umgesetzt. Vor dem Hintergrund der jungen und nicht immer tadellosen Erfahrung der ukrainischen Judikative, die Konventionsnormen dem nationalen Recht vorzuziehen und sich auf die EGMR-Rechtsprechung zu berufen,[544] dient der Koordinierungsmechanismus zugleich der Konventionskonformität der Rechtsanwendungspraxis. Er beugt

---

543 Präsidentendekret Nr. 493/92 v. 3.10.1992 zur staatlichen Registrierung der normativen Rechtsakte der Ministerien und anderer Exekutivorgane i. V. m. dem Erlass des Justizministeriums über Änderung des Verfahrens zur Aufhebung der Entscheidungen über die staatliche Registrierung der Rechtsakte, die zum Staatsregister eingetragen sind, Nr. 34/5 v. 12.04.2005. Hiernach erlangen die genannten Rechtsakte ihre Gültigkeit frühestens 10 Tage nach ihrer Registrierung im staatlichen Register beim Justizministerium.

544 Zur oberflächlichen Berufung der ukrainischen Gerichte auf die EMRK und EGMR-Urteile s. *A. Nußberger*, The Reception Process in Russia and Ukraine. In: H. Keller / A. S. Sweet (eds.), A Europe of Rights (2008), 603 (628 f.). Eingehend zur Rolle des Völkerrechts in der Rechtsprechung des ukrainischen VerfG an späterer Stelle des Buches ► Teil 5 - Kapitel 3.

auch denjenigen Rechtslücken vor, die aufgrund der Nichtanwendung der nationalen, mit der EMRK kollidierenden Rechtsvorschriften entstehen können.

Mit dem Gesetz wurde auch eine einheitliche Regelung zur Übersetzung sowie Veröffentlichung der EGMR-Urteile und ihrer Verbreitung unter den Rechtsanwendungsorganen geschaffen, was auch als eine weitere allgemeine Maßnahme zur Minderung der Konventionsverletzungen betrachtet werden kann (Art. 4, 5 und 6).[545] Damit wurde auch verhindert, dass die EGMR-Entscheidungen infolge ihrer Nichtveröffentlichung keine innerstaatliche Geltung erlangen: Nach Art. 57 Abs. 3 der ukrainischen Verfassung sind die nicht offiziell veröffentlichten Rechtssätze, die Menschenrechte berühren, ungültig.[546]

2.2.2 Die Rechtsprechung des Straßburger Gerichts als eine neue Rechtsquelle für die ukrainische Judikative

Während in der Literatur die Umsetzung der gegen die Ukraine ergangenen Urteile nicht bestritten wird, weil der Staat die Gerichtsbarkeit des EGMR anerkannt hat, ist Art. 17 des Gesetzes von 2006 zur Bedeutung der EGMR-Praxis für die ukrainische Judikative Gegenstand lebhafter wissenschaftlicher Diskussionen. Im Gesetz von 2006 wird die Praxis des Menschenrechtsgerichtshofs als die gesamte Rechtsprechung des EGMR und die Beschlüsse der Europäischen Menschenrechtskommission definiert. Durch Art. 17 sind die ukrainischen Gerichte aufgefordert, die Straßburger Rechtsprechung wie folgt anzuwenden:

> „Die Gerichte wenden bei den Gerichtsverfahren die Europäische Menschenrechtskonvention und Praxis des Europäischen Menschenrechtsgerichtshofs als *eine Rechtsquelle* des ukrainischen Rechts an." (Hervorh. hinzugefügt)

Ausgehend vom Wortlaut dieser Vorschrift wurde im Schrifttum von der Übertragung von Hoheitsrechten auf den EGMR gesprochen und der EGMR als

---

545 Bereits vor dem Gesetz Nr. 3477-IV v. 23.02.2006 waren die EGMR-Urteile in den offiziellen Zeitungen „Regierungskurier" *(„Урядовий кур'єр")* und „Stimme der Ukraine" *(„Голос України")* veröffentlicht. Des Weiteren wird eine spezielle Zeitschrift zum Menschenrechtsschutz herausgegeben, die auch im Internet verfügbar ist: www.eurocourt.org.ua.

546 Dazu ► Teil 3 - Kapitel 2, Punkt 2.3.4.

eine gegenüber ukrainischen Gerichten höherrangige Instanz betrachtet.[547] Diese Einschätzung soll im Hinblick auf zwei Arten der EGMR-Entscheidungen geprüft werden: auf die gegen die Ukraine ergangenen Urteile und auf die Urteile gegen andere Konventionsstaaten.

2.2.2.1 Die Pflicht der Judikative zur Befolgung der gegen die Ukraine ergangenen EGMR-Urteile

Durch Art. 17 werden vor allem die gegen die Ukraine ergangenen Urteile zu Rechtsquellen des ukrainischen Rechts erklärt. Die Erklärung bedeutet, dass die nationalen Gerichte verpflichtet sind, die betreffenden Urteile zu befolgen. Diese Verpflichtung sollte dem ukrainischen Recht und dessen Rechtsanwendern bereits bekannt sein. Sie wurde nicht nur durch den Vollzugsbefehl im Zustimmungsgesetz zur EMRK ins ukrainische Recht einbezogen. Die Verpflichtung aller Staatsorgane zur Befolgung der Entscheidungen internationaler Gerichtsorgane kann schon aus Art. 55 Abs. 4 der ukrainischen Verfassung zum Recht eines jeden, seinen Menschenrechtsschutz bei den internationalen Gerichtsinstitutionen zur ersuchen, hergeleitet werden.

Diese Auffassung vertrat bereits vor Annahme des Gesetzes von 2006 das Oberste Gericht der Ukraine in der Entscheidung vom 14. Juli 2005 im Fall *Melnychenko.* [548] Der EGMR sah in der Ablehnung der zentralen Wahlkommission, *Melnychenkos* Kandidatur bei den Wahlen zum ukrainischen Parlament zuzulassen, mit der Begründung, dass er falsche Informationen, nämlich eine offizielle Anschrift in der Ukraine trotz eines eigentlichen Wohnsitzes im Ausland angegeben habe, eine Verletzung des passiven Wahlrechts nach Art. 3 des Zusatzprotokolls Nr. 1. [549] Die Umsetzung des EGMR-Urteils bedürfte einer Wiederaufnahme des

547 Die Ansicht, dass der EGMR für die ukrainischen Gerichte die höherrangige Gerichtsinstanz darstelle, äußerte der Justizminister *Sergiy Holovatyj* auf der Konferenz „Der Einfluss der EGMR-Praxis auf das nationale Verfassungsrecht" vom 14. Oktober 2005, Kiew, zitiert in: *V. P. Konopenko*, Die EGMR-Entscheidungen als Präzedenz bei der Auslegung der EMRK, Recht der Ukraine 2008, Nr. 3, 131 (134) (ukr.). Dieser Ansicht ist auch *Anatolij Selivanov*, s. *A. Selivanov*, Das Recht auf die Auslegung der Gesetze und die juristischen Folgen der Anwendung offizieller Interpretation, Blatt des Obersten Gerichts der Ukraine 2006, Nr. 7, S. 2 ff. (ukr.).

548 Ent. des Obersten Gerichts der Ukraine Nr. 91 v. 14.07.2005 *(Rs. Melnychenko).*

549 EGMR Urt. 19.10.2004, *Melnychenko v. Ukraine*, ECHR 2004-X.

Verfahrens vor der Zentralen Wahlkommission. Diese sah sich dagegen an das EGMR-Urteil mit der Begründung nicht gebunden, dass es keine innerstaatliche Kompetenznorm gebe, welche die Wahlkommission zur Wiederaufnahme des Verfahrens aufgrund der Verurteilung aus Straßburg anweist.[550] Ausgehend von der Ratifikation der Konvention durch die Ukraine und mithin von der innerstaatlichen Geltung der völkerrechtlichen Pflicht des Staates zur Umsetzung der EGMR-Urteile und auch von Art. 55 Abs. 4 der ukrainischen Verfassung verpflichtete das Oberste Gericht die Zentrale Wahlkommission, ihre vorangehende Entscheidung im Einklang mit dem EGMR-Urteil zu revidieren. Nach dem Obersten Gericht ergibt sich aus Art. 55 Abs. 4, dass die Entscheidungen internationaler Organe zur Überprüfung von Entscheidungen nationaler Gerichte oder nichtgerichtlicher Institutionen führen können, die gegen die übernommenen völkerrechtlichen Menschenrechtsstandards verstoßen.

Allerdings erweckt die im Wege der Erklärung der EGMR-Urteile zu Rechtsquellen des ukrainischen Rechts formulierte Bindungswirkung den Eindruck, dass die nationalen Gerichte die EGMR-Urteile schematisch zu befolgen haben. So einer umfassenden Bindung können der Grundsatz der richterlichen Unabhängigkeit, das Delegationsverbot im Hinblick auf die Funktionen der Judikative[551] und das Verbot, das ukrainische Gerichtssystem ohne entsprechende Verfassungsänderungen zu ergänzen,[552] entgegengehalten werden.[553] Aber auch der Rang der ins ukrainische Recht einbezogenen EGMR-

550 Hier soll darauf hingewiesen werden, dass die Verletzung des passiven Wahlrechts durch die zentrale Wahlkommission sowie ihre Weigerung, das EGMR-Urteil umzusetzen, politisch motiviert gewesen sein könnten. *Melnychenko* war für die Aufnahme der persönlichen Gespräche des Präsidenten *Kutschma* bzgl. des Verschwindens des Journalisten *Gongadze* zuständig (EGMR Urt. 8.11.2005, *Gongadze v. Ukraine* (appl. no. 34056/02), ECHR 2005-XI). Zu dem Fall s. *A. Nußberger*, The Reception Process in Russia and Ukraine. In: H. Keller / A. S. Sweet (eds.), A Europe of Rights (2008), 603 (647 f.).

551 Verfassung-UKR v. 1996, Art. 124 Abs. 1: „Die Gerichtsbarkeit wird in der Ukraine ausschließlich durch die Gerichte ausgeübt. Die Delegation oder Aneignung der Funktionen der Judikative durch andere Staatsorgane oder -personen ist verboten."

552 Ent. Nr. 3-в/2001 v. 11.07.2001 *(Rs. des Römischen Statuts)*, Punkt 2.1. Dazu eingehend ► Teil 1 - Kapitel 4, Punkt 4.4.2.

553 Gegen die Unterwerfung des ukrainischen VerfG dem EGMR ist *Mykola Selivon*, zitiert in *S. Fursa / J. Fursa*, Kommentar zum Gesetz der Ukraine über den Vollzug der Entscheidungen und Anwendung der Praxis des EGMR (2007), S. 7 (ukr.); in

Urteile spricht gegen ihre schrankenlose Befolgung durch die nationalen Gerichte. Allgemein gilt, dass die Entscheidungen internationaler Gerichtsinstanzen im nationalen Recht sich auf der Rangstufe befinden, die den völkerrechtlichen, im Gründungsvertrag solcher Organe verankerten Staatspflichten zukommt.[554] Mithin sollten die EGMR-Urteile wie auch die Konvention selbst im ukrainischen Recht einen Anwendungsvorrang vor den Gesetzen genießen. Die Erklärung der EMRK und der EGMR-Urteile zu Rechtsquellen mittels eines einfachen Gesetzes vermag nicht, diesen neuen Rechtsquellen den Verfassungsrang zu verleihen. In der Konsequenz bildet die ukrainische Verfassung für die Rechtsprechung des EGMR wie auch für alle anderen inkorporierten völkerrechtlichen Verpflichtungen eine deutliche Schranke. Aufgrund des bereits dargestellten, aus Art. 54 Abs. 1 i. V. m. Art. 64 Abs. 1 und Art. 157 der Verfassung abzuleitenden Gebots, das ukrainische Recht konventionskonform auszulegen, kann behauptet werden, dass die EGMR-Urteile durch die ukrainischen Gerichte zu befolgen sind, sofern dies keine Einschränkung oder Minderung des Grundrechtsschutzes nach der ukrainischen Verfassung herbeiführt. Folgt man der Argumentation des Verfassungsgerichts in der Entscheidung zum Römischen Statut, sollte hierbei das mit dem Grundrechtsschutz nach der ukrainischen Verfassung im Wesentlichen gleichzustellende Schutzniveau ausreichen.[555]

Freilich schränkt diese Verpflichtung die rechtsprechende Gewalt des Staates so ein, dass faktisch trotz der fehlenden unmittelbaren Durchgriffswirkung der EGMR-Urteile in den innerstaatlichen Rechtsraum von der Übertragung der Hoheitsrechte der Judikative auf den EGMR gesprochen werden kann. Juristisch ist diese Übertragung nicht pauschal zu bejahen. Weitgehend anerkannt ist, dass der EGMR über keine Hoheitsrechte verfügt.[556] Eine Übertragung

---

die Richtung tendiert *Oleksij Solovjov*, s. *O. V. Solovjov*, Die innerstaatliche Rechtsstellung der EGMR-Praxis, Blatt der Rechtsanwaltsakademie der Ukraine 2010, Nr. 6, 1 (4 f.) (ukr.).

554 Vgl. *A. Verdross / B. Simma*, Universelles Völkerrecht, 3. Aufl. (1984) § 869; *M. Pietrowicz*, Die Umsetzung der zu Art. 6 Abs. 1 EMRK ergangenen Urteile des EGMR in der Russischen Föderation (2010), S. 77.

555 Ent. Nr. 3-в/2001 v. 11.07.2001 *(Rs. des Römischen Statuts)*, dazu eingehend ► Teil 1 - Kapitel 4, Punkt 4.4.3.

556 Vgl. *G. Ress*, Wirkung und Beachtung der Urteile und Entscheidungen der Straßburger Konventionen, EuGRZ 1996, S. 350 ff.; *C. Walter*, Die Europäische Menschenrechtskonvention als Konstitutionalisierungsprozess, ZaöRV 59 (1999),

der Hoheitsrechte wäre auch nach der geltenden ukrainischen Verfassung nicht gestattet.

2.2.2.2 Die Pflicht der Judikative zur Befolgung der gegen andere Staaten ergangen EGMR-Urteile

Ausweislich der Begrifflichkeit des Gesetzes umfasst die in Art. 17 des Gesetzes genannte Praxis des EGMR auch die gegen andere Staaten ergangenen Urteile. Jedoch kann aus der Erklärung dieser Urteile zu Rechtsquellen des ukrainischen Rechts in Art. 17 keine Pflicht der ukrainischen Gerichte zu ihrer Befolgung herausgelesen werden. Dies ist bereits aus dem Grund zu bestreiten, dass die Ukraine in Bezug auf die betreffenden Konventionsverletzungen keine Chance hätte, diesen Verletzungen vorzubeugen oder sie beizulegen. Die Voraussetzung der Erschöpfung von nationalen Rechtsmitteln, die auch in Art. 55 Abs. 4 der Verfassung verbrieft ist, wäre hier nicht erfüllt. In der Konsequenz konnte der EGMR nicht als ein Gericht *of last resort*, sondern als eine Art höherrangige, das ukrainische Gerichtssystem ergänzende Gerichtsinstanz angesehen werden. Dies verstieße dann gegen die geltende Verfassung.[557]

Vielmehr ist die nicht ganz gelungene Bezeichnung der EGMR-Praxis als Rechtsquelle des ukrainischen Rechts in Art. 17 des Gesetzes dahingehend zu interpretieren, dass die ukrainischen Gerichte aufgefordert und zugleich legitimiert sind, den Wesensgehalt und die Reichweite der anzuwendenden

---

961 (971 ff.). Anderer Ansicht ist *Albert Bleckmann*, der aus Art. 13 EMRK die Konsequenz der Hoheitsrechtsübertragung im Sinne von Art. 24 GG zieht. Er erkennt zugleich an, dass diese Auffassung bisher weder in EGMR-Praxis noch in der Staatenpraxis gangbar ist und leitet den Vorrang der EMRK vor deutschen Gesetzen aus Art. 25 i. V. m. Art. 1 Abs. 2 GG ab, s. *A. Bleckmann*, Bundesverfassungsgericht *versus* Europäischer Gerichtshof für Menschenrechte, EuGRZ 1995, 387 (389) und *A. Bleckmann*, Verfassungsrang der Europäischen Menschenrechtskonvention? EuGRZ, 1994, 149 (153 f.).

557 In der Entscheidung in der Rs. des Römischen Statuts verteidigte das VerfG die innerstaatliche Bindungswirkung der Urteile internationaler Gerichte, deren Gerichtsbarkeit die Ukraine anerkannt hat, sofern die Gerichte subsidiär aktiv werden. Für die Ergänzung des nationalen Gerichtssystems um die Gerichtsbarkeit einer neuen nicht auf subsidiärer Basis tätigen Instanz ist die entsprechende Änderung der ukrainischen Verfassung notwendig, s. Ent. Nr. 3-в/2001 v. 11.07.2001 *(Rs. des Römischen Statuts)*, Ziff. 2.1, dazu eingehend ► Teil 1 - Kapitel 4, Punkt 4.4.2.

Konventionsrechte der Rechtsprechung des EGMR zu entnehmen.[558] Auf diese Weise wird eine ausdrückliche Rechtsgrundlage für die Beachtung der internationalen Auslegung der Konvention im innerstaatlichen Recht geschaffen. Mithin kann vor den nationalen Gerichten direkt auf die Auslegung und Konkretisierung der Konventionsrechte durch den EGMR berufen werden. Entscheidend ist, dass damit die bestehenden Zweifel über die Legitimität der argumentativen Heranziehungen von EGMR-Urteilen durch die ukrainischen Gerichte ausgeräumt werden. Sie werden hauptsächlich mit dem kontinentalen Charakter des ukrainischen Rechtssystems, in dem eine Präzedenzfallbindung nicht vorgesehen ist, begründet.[559]

2.2.2.3 Der EGMR und die Verfassungsgerichtsbarkeit der Ukraine

Im Gesetzestext werden die Ausdrücke wie „ukrainische Gerichte" oder „ukrainische Judikative" verwendet, die grundsätzlich auch die Verfassungsgerichtsbarkeit einbeziehen. Allerdings kann die mittels eines einfachen Gesetzes festgelegte Pflicht zur Umsetzung der EGMR-Urteile auf das Verfassungsgericht wegen der hierarchischen Struktur des ukrainischen Rechts nicht ausgedehnt werden. Gleichwohl kann das Verfassungsgericht die Ent-

---

558 In dem Sinne wird vorgeschlagen, die EGMR-Rechtsprechung zu einer „Auslegungspräzedenz" für die ukrainischen Gerichte zu erklären. Vgl. *V. P. Konopenko*, Die EGMR-Entscheidungen als Präzedenz bei der Auslegung der EMRK, Recht der Ukraine 2008, Nr. 3, 131 (134) (ukr.).

559 Da das ukrainische Rechtssystem zum kontinentalen Rechtskreis gehört, wo den Gerichtsentscheidungen Gesetze und keine Urteile anderer Gerichte zugrunde liegen, wurde die bindende Wirkung von EGMR-Urteilen in der Ukraine lange bestritten, vgl. *N. M. Parchomenko*, Die Rechtsquellen: die theoretischen und methodologischen Fragen, 2. Aufl. (2008), S. 315 und 317 (ukr.); *O. V. Demčenko*, Die Rechtswege der Anwendung der europäischen Normen über die Menschenrechte bei Entscheidungsfindung durch die ukrainischen Gerichte (2004), S. 15 (ukr.). Vereinzelt bestehen die Rechtswissenschaftler darauf, dass die EGMR-Rechtsprechung nur mittelbar mit Hilfe von Plenumsbeschlüssen des Obersten Gerichts der Ukraine ins ukrainische Recht einbezogen werden könne, vgl. *O. V. Solovjov*, Die innerstaatliche Rechtsstellung der EGMR-Praxis, Blatt der Rechtsanwaltsakademie der Ukraine 2010, Nr. 6, S. 1 ff. (ukr.). In seinen Plenumsbeschlüssen übernimmt das Oberste Gericht entweder die grundlegenden EGMR-Auffassungen zu einzelnen Rechtsschutzfragen oder es weist die unterstehenden Gerichte generell an, im Rahmen ihrer Rechtsprechung zu bestimmten Fragestellungen neben der EMRK auch die EGMR-Praxis zu beachten, s. exemplarisch dazu Beschluss Nr. 1 „Über die Gerichtspraxis in den Rechtssachen zum Schutz des guten Rufes der Personen" v. 27.02.2009 bzw. Beschluss Nr. 4 „Zur Praxis der gerichtlichen Anordnung der Festnahme oder des Freiheitsentzugs" v. 25.04.2003.

scheidungen des Menschenrechtsgerichtshofs, die wie die EMRK zu Bestandteilen des ukrainischen Rechts gehören, nicht ignorieren. Die Orientierungswirkung der Konvention und der EGMR-Urteile für das Verfassungsgericht ist kraft Art. 55 Abs. 4 der Verfassung zum Recht eines jeden, den Grundrechtsschutz bei internationalen Organen zu ersuchen, eindeutig anzunehmen. Wie bereits gezeigt, können das Gebot der konventionskonformen Auslegung und Anwendung der Grundreche sowie die innerstaatliche Bindungswirkung der EGMR-Urteile mit Art. 55 Abs. 4 begründet werden. Dies gestattet die Behauptung, dass das Verfassungsgericht die Konvention und die EGMR-Urteile als sogenannte *guiding tools* zu beachten habe. Da das Gericht aufgrund Art. 64 Abs. 1 und Art. 157 doch das letzte Wort über den Schutzbereich der Grundrechte in der ukrainischen Rechtsordnung behalten würde, kann seiner Bindung an die EGMR-Urteile über ihre Beachtung bzw. Berücksichtigung hinaus nicht pauschal zugestimmt werden.

In dem Zusammenhang ist zu betonen, dass die Wahrscheinlichkeit, dass der EGMR über eine Entscheidung des ukrainischen Verfassungsgerichts urteilt, gering ist. Dies folgt aus den Zuständigkeiten des Verfassungsgerichts. Es gibt in der Ukraine keine individuelle Verfassungsbeschwerde, mit der sich die Personen unmittelbar gegen einen Akt öffentlicher Gewalt, der ihre Rechte beeinträchtigt, wenden könnten. Nach erlittenen Grundrechtsverletzungen kann beim Verfassungsgericht die Verfassungs- bzw. Gesetzesauslegung unter der Bedingung beantragt werden, dass unterschiedliche oder fehlerhafte Anwendung der umstrittenen Rechtssätze zur Gefährdung des adäquaten Menschenrechtsschutzes des Betroffenen geführt hat.[560] Obwohl auch im Rahmen des Auslegungsverfahrens die verfassungswidrigen Rechtsnormen ihrer Gültigkeit entzogen werden können, stellt dieses Verfahren in den Augen des Menschenrechtsgerichtshofs keinen Rechtsweg dar, der nach Art. 35 EMRK vor der Individualbeschwerde vor dem EGMR erschöpft werden müsste.[561] Daher ist das direkte inhaltliche Konfliktpotenzial zwischen beiden Gerichten gering, andererseits aber – insbesondere bei ähnlich gelagerten Fällen – nicht ganz auszuschließen.

---

560 Vgl. Art. 13 Punkt 4 i. V. m. Art. 42, 43 und 94 des Gesetzes über das VerfG der Ukraine, Nr. 422/96 v. 16.10.199.

561 Vgl. *A. Nußberger*, The Reception Process in Russia and Ukraine. In: H. Keller / A. S. Sweet (eds.), A Europe of Rights (2008), 603 (629).

Bereits jetzt liegt ein Beispiel vor, in dem das Verfassungsgericht der Ukraine und der EGMR das Recht auf Eigentum in einer ähnlichen Fallkonstellation unterschiedlich ausgelegt haben. So qualifizierte das Verfassungsgericht in seinem *Urteil vom 10. Oktober 2001* die infolge der Inflation entstandenen Verluste der bei der staatlichen Bank hinterlegten Geldersparnisse, die der Staat gesetzlich zu erstatten versprach, als durch die Verfassung der Ukraine und Art. 1 des Zusatzprotokolls Nr. 1 zur EMRK geschütztes Eigentum.[562] Anders entschied jedoch der EGMR in der Rechtssache *„Gayduk and Others v. Ukraine"* im Jahr 2002.[563] Nach dem EGMR hat der Betroffene lediglich Anspruch auf die ursprünglich hinterlegte Summe der Geldersparnisse, da durch Art. 1 des Zusatzprotokolls Nr. 1 zur EMRK keine Pflicht des Staates entstehe, Inflationsverluste bei Bankguthaben zu kompensieren. Zwar liegt hier kein direkter Konflikt zwischen den beiden Gerichten vor, denn den Entscheidungen lagen ähnlich zu verortende, gleichwohl unterschiedliche Sachverhalte zugrunde. Dennoch bleibt offen, ob das Verfassungsgericht in den künftigen ähnlichen Fallkonstellationen von seinen Einschätzungen Abstand nimmt und sich den Überlegungen des EGMR anschließt.

Bislang äußerte sich das Verfassungsgericht zur Bindungswirkung der EGMR-Urteile im innerstaatlichen Bereich nicht. Es berief sich auf die EGMR-Praxis relativ allgemein und oberflächlich, ohne zwischen den gegen die Ukraine ergangen Urteilen und den Urteilen gegen andere Staaten zu unterscheiden. Vereinzelt erwecken seine Bezugnahmen auf die EGMR-Urteile den Eindruck, dass infolge der Ratifikation der Konvention durch die Ukraine und mithin der Übernahme der Pflicht zur Umsetzung der EGMR-Urteile das Verfassungsgericht bereit ist, die Überlegungen des Menschenrechtsgerichtshofs bei der Verwirklichung der Gewährleistungen der ukrainischen Verfassung zu beachten.[564]

---

562 Ent. Nr. 13-рп/2001 v. 10.10.2001 *(Rs. der Bankersparnisse der Bürger)*. Zur Entscheidung eingehend unter ▶ Teil 5 - Kapitel 2, Punkt 2.2.1.

563 EGMR Decision of 2.07.2002, *Gayduk and Others v. Ukraine* (appl. *no. 45526/99* and foll.), ECHR 2002-VI (extracts).

564 Allein in den Rechtssachen über die Abschaffung der Todesstrafe (Ent. Nr. 11-рп/99 v. 29.12.1999), die Bildung der politischen Parteien (Ent. Nr. 2-рп/2007 v. 12.06.2007), den Schutz des Rechts auf Eigentum (Ent. Nr. 13-рп/2001 v. 10.10.2001), die Freiheit der Meinungsäußerung (Ent. Nr. 8-рп/2003 v. 10.04.2003) und die Verfahrensgarantie des Angeklagten, nicht gegen sich

Da jedoch die Möglichkeit der Wiederaufnahme eines innerstaatlichen Gerichtsverfahrens vor den Fachgerichten aufgrund eines EGMR-Urteils besteht, ist eine Fallkonstellation, in der das Verfassungsgericht zur Geltung der EGMR-Rechtsprechung im ukrainischen Recht konkrete Stellung beziehen muss, nur eine Frage der Zeit. Denkbar wäre, dass das Oberste Gericht etwa den Antrag auf die Anfechtung der Gerichtsentscheidung aufgrund des EGMR-Urteils wie jede andere Anfechtung begründetermaßen zurückweist oder dem EGMR-Urteil nur partiell Rechnung trägt.[565] Der Beschwerdeführer könnte dann beim Verfassungsgericht eine Auslegung der im Gesetz von 2006 festgeschriebenen Pflicht der Judikative zur Umsetzung der EGMR-Urteile beantragen.[566] Auch das Oberste Gericht selbst könnte im Rahmen des aufgrund einer Verurteilung aus Straßburg wiedereröffneten Gerichtsverfahrens an der Verfassungsmäßigkeit seiner grenzenlosen Bindung an das EGMR-Urtell zweifeln. Das Gericht wäre dann berechtigt, das Verfahren einzustellen und die Verfassungsmäßigkeitsprüfung einzuleiten.[567]

Besonders konfliktträchtig wären dann die Fälle, in denen eine Befolgung des EGMR-Urteils durch die Wiedereinsetzung einer Partei in ihren Rechten eine weitere Beeinträchtigung der Grundrechte Dritter zur Folge hätte. Hier könnten das ukrainische Gericht und der EGMR die sich widersprechenden Grundrechte unterschiedlich gewichten oder zu anderen Ergebnissen bei der Verhältnismäßigkeitsprüfung kommen. In dem Zusammenhang kann auf ein

---

selbst aussagen zu müssen (Ent. Nr. 23-рп/2009 v. 30.09.2009), berief sich das VerfG auf die EGRM-Urteile, doch ohne sich mit der Bindungswirkung jener und den Begründungen aus Straßburg auseinanderzusetzen, s. zu den Entscheidungen ► Teil 5 - Kapitel 2.

565 S. Art. 354 und 358 der ZPO der Ukraine v. Nr. 1618-IV v. 18.03.2004.

566 Gesetz über das VerfG der Ukraine, Nr. 422/96 v. 16.10.1996, Art. 42 Abs. 1: „Der Verfassungsantrag ist ein schriftlicher Antrag an das Verfassungsgericht der Ukraine auf offizielle Auslegung der Verfassung der Ukraine und der Gesetze der Ukraine, mit dem die Gewährleistung der Verwirklichung oder des Schutzes der in der Verfassung vorgesehenen Rechte und Freiheiten der Menschen und der Bürger und auch der Rechte juristischer Personen bezweckt wird." Art. 43: „Die Antragsberechtigten [...] sind die Bürger der Ukraine, die Ausländer, die Staatenlosen und die juristischen Personen."

567 S. die ZPO der Ukraine v. Nr. 1618-IV v. 18.03.2004, Art. 8 Abs. 3: „Zweifelt das Gericht während des Gerichtsverfahrens an der Verfassungsmäßigkeit eines Gesetzes oder eines anderen Rechtsaktes, [...] wendet es sich an das Oberste Gericht der Ukraine mit der Frage, die Verfassungsmäßigkeitsprüfung [...] zu beantragen."

Beispiel inhaltlicher Konflikte zwischen dem EGMR und der deutschen Judikative verwiesen werden.

So entschied der EGMR im Fall *Görgülü* anders als die mit der Sache zuvor befassten deutschen Gerichte. Während das nationale Gericht bei der Zusammenführung des Kindes mit seinem leiblichen Vater auf die Folgen der Trennung von den Pflegeeltern abstellte, betonte der EGMR demgegenüber das Wohl des Kindes, sein Recht auf Familie und den Kontakt zu seinen leiblichen Eltern.[568] Da weniger traumatisierende Varianten der Familienzusammenführung von der deutschen Judikative nicht hinreichend in Betracht gezogen worden seien, bestätigte der EGMR eine Verletzung des Art. 8 EMRK zum Recht auf Achtung des Familienlebens. Nachdem das deutsche Gericht sich geweigert hat, die Beurteilung aus Straßburg zu befolgen, mit der Begründung, sie sei nur für den deutschen Staat als völkerrechtliches Subjekt und nicht für seine Organe verbindlich,[569] erhob der Betroffene eine Verfassungsbeschwerde. Das BVerfG verteidigte die innerstaatliche Bindungswirkung der EGMR-Urteile im deutschen Recht ohne zusätzliche Kompetenznorm, sprach jedoch nicht von der Befolgungs-, sondern Berücksichtigungspflicht der deutschen Judikative.[570] Insbesondere in einem ausbalancierten Teilsystem des innerstaatlichen Rechts, das verschiedene Grundrechtspositionen miteinander zum Ausgleich bringt, sei es den deutschen Gerichten gestattet, von der EGMR-Entscheidung insofern abzuweichen, als sie die Rechtsfolgen der Beurteilung aus Straßburg „in den betroffenen Teilrechtsbereich der nationalen Rechtsordnung einpassen". [571] Illustrativ zählte das BVerfG zu den Bereichen, in denen dem nationalen Recht in den strengen Ausnahmen Vorrang vor der Konvention und der EGMR-Rechtsprechung eingeräumt werden könnte, das Familien- und Ausländerrecht, sowie das Recht zum Schutz der Persönlichkeit.[572] Mit der Beschreibung der innerstaatlichen Bindungswirkung der EGMR-Urteile als Pflicht der deutschen Judikati-

568 EGMR Urt. 26.02.2004, *Görgülü v. Germany*, (appl. no. 74969/01) = NJW 2004, 3397 ff.

569 OLG Naumburg, Beschluss v. 30.06.2004 - 14 WF 64/04.

570 BVerfG, 2 BvR 1481/04 v. 14.10.2004 – *Görgülü Beschluss* -, zur Entscheidung des BVerfG s. *H.-J. Cremer*, Zur Bindungswirkung von EGMR-Urteilen, EuGRZ Vol. 31, Nr. 22, 2004, S. 683 ff.

571 BVerfG, 2 BvR 1481/04 v. 14.10.2004, Rn. 58.

572 BVerfG, 2 BvR 1481/04 v. 14.10.2004, Rn. 57-58.

ve, die Urteile zu berücksichtigen und nicht zu befolgen bzw. umzusetzen, bewahrte das BVerfG sein Recht, über den Menschenrechtsschutz in der deutschen Rechtsordnung endgültig zu entscheiden.

Wie weit das ukrainische Verfassungsgericht die ihm nach der Verfassung und infolge der hierarchischen Struktur des ukrainischen Rechts zustehende Letztentscheidung über den Grundrechtsschutz im innerstaatlichen Bereich in den erdachten Fallkonstellationen auslegen würde, kann nur spekuliert werden. Geboten ist, dass das Gericht die Pflicht der ukrainischen Judikative zur Befolgung der EGMR-Urteile akzeptiert und sich dem EGMR gegenüber kooperativ verhält.[573]

Trotz des allgemeinen Verfassungsvorrangs und der Kompetenz des Verfassungsgerichts, über die Reichweite und den Wesensgehalt der innerstaatlich geltenden Grundrechte zu entscheiden, können die ordentlichen Gerichte im Wege der Anwendung der EMRK die Position des Verfassungsgerichts der Ukraine was den Grundrechtsschutz betrifft schwächen. Der übergesetzliche Rang der EMRK und der EGMR-Urteile und auch die fehlende individuelle Verfassungsbeschwerde verschaffen den ordentlichen Gerichten in der Ukraine ausreichende Instrumente, um die öffentliche Gewalt anhand der Konventionsstandards statt anhand der Verfassung zu prüfen. Sie sind verpflichtet, ein der EMRK entgegenstehendes Gesetz nicht anzuwenden, die Urteile der Gerichte erster Instanz wegen der Nicht- oder Fehlanwendung einer entscheidungserheblichen Konventionsnorm aufzuheben oder zu ändern und aufgrund eines EGMR-Urteils gegen die Ukraine ein Gerichtsverfahren wiederaufzunehmen. Mithin sind die ordentlichen Gerichte in erster Linie für

---

573 Der ehemalige Verfassungsrichter *Mykola Selivon* betont die Wichtigkeit der Zusammenarbeit zwischen den beiden Gerichtshöfen und besteht zugleich darauf, dass das VerfG ausschließlich der Verfassung unterworfen sei, s. *M. Selivon*, zitiert in *S. Fursa / J. Fursa*, Kommentar zum Gesetz der Ukraine über den Vollzug der Entscheidungen und Anwendung der Praxis des EGMR (2007), S. 6 f. (ukr.). Auch der ehemalige Verfassungsrichter *Mykola Savenko* spricht von der notwendigen Zusammenarbeit zwischen dem VerfG und dem EGMR und betont, dass das VerfG auf seiner Schiedsrichterrolle hinsichtlich des Grundrechtsschutzes bestehen solle, s. *M. Savenko*, Das Verhältnis der ukrainischen Verfassungsgerichtspraxis zur EGMR-Praxis, Blatt des Verfassungsgerichts der Ukraine 2006, Nr. 2, S. 30 ff. (ukr.); und dessen: Die Rolle der EGMR-Praxis in der Verfassungsgerichtsbarkeit der Ukraine, Blatt des Verfassungsgerichts der Ukraine 2005, Nr. 6, S. 51 ff. (ukr.)

die Gewährleistung der Konventionsrechte im innerstaatlichen Bereich verantwortlich. Würden sie ihre Verantwortung entsprechend wahrnehmen, könnte die EMRK die Verfassung in der Ukraine zum Teil funktionell ersetzen und das Verfassungsgericht in den Schatten stellen. Jedoch ist die Anwendung der EMRK und der EGMR-Rechtsprechung durch die ukrainischen Gerichte immer noch ein seltener Fund, der vereinzelt in den oberflächlichen subsidiären Verweisen auf die Konventionsrechte besteht.[574]

3 Zwischenfazit: Die EMRK und die EGMR-Urteile als Bestandteile des ukrainischen Rechts

Die Öffnung der ukrainischen Rechtsordnung für das EMRK-Regime veränderte das ukrainische Recht erheblich. Seit der Ratifikation der EMRK gelten in der Ukraine zwei Arten übergesetzlicher Menschenrechte: die Konventionsrechte und die Grundrechte nach der ukrainischen Verfassung. Der Staat kann nicht mehr autonom über den Wesensgehalt und die Reichweite der Grundrechte im innerstaatlichen Bereich entscheiden. Er ist verpflichtet die entsprechenden Positionen des EGMR zu befolgen.

Als eine Rechtsquelle des ukrainischen Rechts, die ihren völkerrechtlichen Ursprung nicht verloren hat, wurde die EMRK durch den Vollzugsbefehl im Zustimmungsgesetz in den innerstaatlichen Bereich einbezogen; sie berechtigt die Personen und verpflichtet die Staatsorgane unmittelbar. Die Bindung der Träger öffentlicher Gewalt an die EGMR-Urteile kann aus Art. 55 Abs. 4 der Verfassung zum Recht eines jeden, internationale Gerichte um Rechtsschutz zu ersuchen, i. V. m. der Inkorporation der EMRK hergeleitet werden. Diese Bindungswirkung der EGMR-Urteile wurde durch das Gesetz von 2006 zur Umsetzung von EGMR-Urteilen konkretisiert. Das Gesetz regelt detailliert, zu welchen individuellen bzw. allgemeinen Maßnahmen die Staatsorgane durch die Verurteilung der Ukraine aus Straßburg verpflichtet sind. Durch das Gesetz von 2006 wird ein Koordinierungsmechanismus eingeführt, der die Konventionskonformität geltender und zukünftiger Gesetze gewährleisten soll und auch für die Beseitigung struktureller und systemischer Dysfunktionalitäten im ukrainischen Recht gedacht ist. Obwohl es jedem Staat überlassen

---

574 Vgl. *A. Nußberger*, The Reception Process in Russia and Ukraine. In: H. Keller / A. S. Sweet (eds.), A Europe of Rights (2008), 603 (628 f.).

bleibt, wie er seiner in Art. 46 EMRK genannten völkerrechtlichen Pflicht zur Umsetzung von EGMR-Urteilen nachkommt, hat die Ukraine in dem Gesetz alle Empfehlungen des Europarates zur Beseitigung und Vorbeugung von Konventionsverletzungen berücksichtigt.[575]

Nach dem Gesetz ist die Judikative an die gegen die Ukraine ergangenen rechtskräftigen EGMR-Urteile gebunden und zugleich aufgefordert, Inhalt und Reichweite der anzuwendenden Grundrechte der gesamten EGMR-Praxis zu entnehmen, soweit sich dortige Sachverhalte und Rechtsfragen als entscheidungserheblich erweisen. Die innerstaatliche Bindungswirkung der EGMR-Urteile ist aber durch den Vorbehalt ihrer verfassungskonformen Anwendung begrenzt: Die innerstaatliche Befolgung der EMRK und der EGMR-Urteile darf keine Einschränkung oder Minderung des Grundrechtsschutzes nach der ukrainischen Verfassung herbeiführen.

Das ukrainische Verfassungsgericht hat bislang keine Stellung zu seiner Bindung an die Konvention oder EGMR-Urteile genommen. Ausgehend von der ukrainischen Verfassung würde das Gericht in den konfliktträchtigen Situationen mit dem EGMR eine Letztentscheidung über den Grundrechtsschutz in der Ukraine treffen dürfen.

Mit dem Gesetz von 2006 bietet die ukrainische Rechtsordnung erst recht theoretisch hinreichende Instrumente, um die Befolgung der sich aus Art. 46 EMRK ergebenden völkerrechtlichen Verpflichtungen durch die zuständigen Staatsorgane sicherzustellen. Allerdings zeigt die Praxis anderer Konventionsstaaten, dass nicht allein die formalen normativen Vorhaben, sondern auch die Bereitschaft der Richter, sich dem europäischen Menschenrechtsschutzregime zu öffnen, für die innerstaatliche Anwendung der EMRK entscheidend sind.[576] Das Gesetz von 2006 ist ein durch die Ukraine auf den Weg gegebenes freiwilliges Instrument mit dem Ziel, Barrieren, die einer Öff-

---

575 Grundsätzlich wurden in das Gesetz die folgenden Empfehlungen des Ministerkomitees des Europarates zum effektiven Vollzug der Urteile aufgenommen: Recomendation No. R (2000) 2 v. 19.01.2000; Rec. (2002)13 v. 18.12.2002; Rec. (2004)4 v. 12.05.2004 ; Rec. (2004)5 v. 12.05.2004; Rec. (2004)6 v. 12.05.2004.

576 Dies zeigt auch eine Länderstudie zum Einfluss der EGMR-Rechtsprechung auf die nationalen Rechtssysteme der Mitgliedsstaaten *H. Keller / A. S. Sweet (eds.)*, A Europe of Rights (2008).

nung der innerstaatlichen Rechtsordnung für das EMRK-Regime entgegenstehen, abzubauen.

4 Die Öffnung der ukrainischen Verfassung im Hinblick auf die EU-Beitrittsbestrebungen des Landes

Anders liegt der Fall der Öffnung der ukrainischen Verfassung für die europäische Integration. Die besondere Rechtsnatur der Europäischen Union manifestiert sich in der unmittelbaren, d. h. eines staatlichen Umsetzungsakts nicht bedürfenden Durchgriffswirkung diverser Rechtsakte des EU-Rechts. Diese trifft zum Teil auch die Bürger der Mitgliedstaaten und setzt das gegen EU-Recht verstoßende nationale Recht außer Anwendung.

Die Öffnung für die supranationale Integration wird durch die in einer nationalen Verfassung festgelegte Ermächtigung des Staates zur Übertragung von Hoheitsrechten begründet. In einer Verfassung wird festgeschrieben, wer unter welchen materiellen und formellen Bedingungen durch das Volk legitimiert ist, Hoheitsakte zu setzen.[577] Die Übertragung von Hoheitsrechten führt zu einer verfassungskonformen unmittelbaren Geltung der legislativen, administrativen und judikativen Akte jener supranationalen Einrichtung, an die diese Rechte abgetreten wurden.

Die ukrainische Verfassung ist jedoch auf die erwähnten Besonderheiten des supranationalen Rechts nicht zugeschnitten. Auf den ersten Blick ist dies auch nicht erforderlich: Seit 1998 verleiht das Partnerschafts- und Kooperationsabkommen (PKA) der Zusammenarbeit zwischen EU und Ukraine auf zahlreichen Gebieten einen allgemeinen rechtlichen Rahmen.[578]

---

577 Vgl. *D. Grimm*, Souveränität (2009), S. 94 f.

578 ABl. EG 1998 L 49 S. 1 ff. Zu den rechtspolitischen Grundlagen der Zusammenarbeit zwischen EU und Ukraine gehört eine Reihe von Sonderabkommen, die im PKA vorgesehen und als Umsetzung der PKA-Verpflichtungen aufgefasst werden können. Des Weiteren haben die Vertragspartner wechselseitig die Strategien angenommen, die einseitige Rechtsakte darstellen: die Strategie der Integration der Ukraine in die EU von 1998 (gebilligt durch das Präsidentendekret Nr. 615/98 v. 11.06.1998) und die Gemeinsame Strategie des Europäischen Rates für die Ukraine von 1999 (ABl. EG 1999 L 331, S. 1 ff.). Im Rahmen der Europäischen Nachbarschaftspolitik wurde ein gemeinsamer EU-Ukraine-Aktionsplan v. 25.02.2005 angenommen. Zur Rechtsgrundlagen der Zusammenarbeit zwischen EU und Ukraine s. unter http://ec.europa.eu/world/agreements/searchByCountryAndContinent.do?countryId=3856&countryName=Ukraine.

Das PKA ist das traditionelle Vertragsinstrument der EU-Außenpolitik den GUS-Staaten gegenüber, denen seitens der EU keine offizielle Beitrittsperspektive gegeben wird.[579]

Wie der nachfolgend vorgestellte materielle und institutionelle Rahmen des PKA und seine Wirkung im EU-Recht und ukrainischen Recht zeigen, enthält die Partnerschaft von EU und Ukraine keine supranationalen Elemente. Soweit das PKA die Grundsätze, Normen und Werte der EU beinhaltet oder auf sie verweist, erfolgt die Einbeziehung des EU-Rechts in die ukrainische Rechtsordnung aufgrund desjenigen verfassungsrechtlichen Modus, durch den auch die unmittelbare innerstaatliche Geltung völkerrechtlicher Verträge bewirkt wird.

4.1 Die Wirkung des Partnerschafts- und Kooperationsabkommens zwischen EU und Ukraine von 1998 im europäischen und ukrainischen Recht

Auf der Grundlage des PKA beschließen die Vertragspartner, eine strategische Partnerschaft einzugehen, die im Wege der Festigung von Demokratie und Marktwirtschaft in der Ukraine zur Stärkung des Friedens, der Stabilität und des Wohlstands in Europa sowie zur Integration des Landes in die internationale Wirtschaft beitragen soll.

Generell wird im PKA zwischen einer politischen und einer wirtschaftlichen Dimension dieser strategischen Partnerschaft differenziert.

4.1.1 Die politische Dimension der Zusammenarbeit von EU und Ukraine

Die politischen Aspekte der Partnerschaft beziehen sich auf die Beachtung der Demokratie, des Menschenrechtsschutzes und der Rechtsstaatlichkeit. Sie sind in Art. 2 des Abkommens wie folgt formuliert:

> „Die Achtung der Grundsätze der Demokratie und der Menschenrechte, wie sie insbesondere in der Schlussakte von Helsinki und in der Pariser Charta für ein

579 Zum PKA s. *C. Hillion*, Institutional Aspects of the Partnership between the EU and the Newly Independent States of the Former Soviet Union – Case Studies of Russia and Ukraine, CMLR 37 (2000), S. 1211 ff.; und dessen: Partnership and Cooperation Agreements between the EU and the Newly Independent States of the Ex-Soviet Union, EFAR 3 (1998), S. 399 ff.

> neues Europa definiert sind, sowie die Grundsätze der Marktwirtschaft, wie sie unter anderem in den Dokumenten der KSZE-Konferenz in Bonn aufgestellt werden, sind die Grundlage der Innen- und der Außenpolitik der Vertragsparteien und wesentlicher Bestandteil der Partnerschaft und dieses Abkommens."

Sie stellen die „wesentlichen Bestandteile" der Zusammenarbeit dar, deren Verletzung zur sofortigen Suspendierung des Abkommens ohne Einhaltung des vorgesehenen Kündigungsverfahrens führen kann.[580] Diese politischen Leitprinzipien reflektieren die aus den Verfassungstraditionen der Mitgliedstaaten und ihren internationalen Verpflichtungen stammenden verfassungsrechtlichen Grundsätze und beeinflussen damit „indirekt" und „informell" auch das Verfassungsmodell der Ukraine.[581]

Politisch gesehen wird mit dem PKA keine Integration, sondern eine Teilhabe der Ukraine an den Gemeinschaftszielen durch den politischen Dialog zwischen den Vertragspartnern eröffnet.

4.1.2 Die nichtpräferenzielle wirtschaftliche Kooperation zwischen EU und Ukraine

Auch in wirtschaftlicher Hinsicht wird mit dem PKA keine Integration, sondern eine Kooperation auf der Grundlage von nichtpräferenziellen Handelsregeln gegründet. Sie erfassen nicht die Grundfreiheiten des Binnenmarkts, sondern die inhaltsgleichen Bestimmungen des GATT; teilweise wird im PKA sogar direkt auf die GATT/WTO-Vorschriften verwiesen.[582] Mit diesem Vorgehen ist jedoch keine Erweiterung des GATT-Regimes auf das Verhältnis zwischen EU und Ukraine bezweckt. Vielmehr wird durch die Einflechtung der GATT-Normen in das PKA ein spezieller Rechtsrahmen der wirtschaftlichen

---

580 Art. 102 Abs. 2 PKA i. V. m. der Gemeinsamen Erklärung der Vertragsparteien zu Art. 102 PKA v. 1998.

581 *C. Hillion* spricht von „indirekter" und „informeller" Wirkung des EU-Rechts auf die Verfassungen der EU-Partner, in dessen: Introduction to the Partnership and Cooperation Agreements. In: A. Kellermann /J. de Zwaan / J. Czuczai (eds.), EU Enlargement – The Constitutional Impact at EU and National Level (2001), S. 215 ff.

582 Bspw. wird im Bereich des Warenverkehrs auf GATT in Art. 11 Abs. 2; Art. 12; Art. 16; Art. 19 PKA v. 1998 verwiesen.

Zusammenarbeit geschaffen, innerhalb dessen die GATT-Regeln den Zielen und der Rechtsnatur des PKA entsprechend auszulegen sind.[583]

Deshalb kann hier nicht auf Argumente wie die Flexibilität der GATT-Vorschriften, die zahlreichen Schutzklauseln, die den Vertragsparteien erlauben, die Vertragsverpflichtungen nicht zu erfüllen, schwache Vertragsinstitutionen und Streitschlichtungsverfahren [584] zurückgegriffen werden, um den GATT-Normen die unmittelbare Anwendbarkeit und Vorrangstellung vor dem EU-Sekundärrecht und dem nationalen Recht der Mitgliedstaaten zu verneinen. Dies bestätigte der EuGH nicht nur in Bezug auf die Assoziierungsabkommen, die eine besonders enge Anbindung eines Drittstaates an die EU und seine Teilnahme am Gemeinschaftsrecht bezwecken,[585] sondern auch in Bezug auf bloße Partnerschaftsabkommen. So sprach der EuGH im Fall *Kziber* dem im Kooperationsabkommen zwischen der EU und Marokko genannten Diskriminierungsverbot im Bereich der Sozialversicherung eine direkte Wirkung zugunsten des marokkanischen Arbeitnehmers und seiner Familie zu.[586] Im Fall *Simutenkov* stellte der EuGH einen Verstoß gegen das im PKA mit der Russischen Föderation verankerte Diskriminierungsverbot hinsichtlich der Arbeitsbedingungen fest. [587] Hier wurde einem in Spanien rechtmäßig eingestellten professionellen Fußballer russischer Abstammung aufgrund seiner Staatsangehörigkeit verboten, an den Länderspielen teilzunehmen. Dies verstieß jedoch nach Ansicht der Richter gegen die Bestimmung des PKA, wonach „[...] die Gemeinschaft und

---

583 Vgl. *Dmitrijs Nemirovskis* in Bezug auf das PKA mit der Russischen Föderation, das dem PKA mit der Ukraine inhaltlich und formell gleicht, s. *D. Nemirovskis*, Small But Precious: the Actual and Potential Direct Effect of the Partnership and Cooperation Agreement between the European Communities and the Russian Federation, in Eur. J. L Reform 2007, Vol. 9, Issue 4, S. 553 ff.

584 Judgment of 12 December 1972 in Joint Cases 21 to 24/72, *International Fruit Company Nvand others v. Produktschap voor Groenet en Fruit (International Fruit Company)* [1972] ECR 1219.

585 Judgment of 5 February 1976 Case 87/75, *Conceria Daniele Bresciani v. Amministrazione Italiana delle Finanze* [1976] ECR 129; Judgment of the First Chamber of 29 April 1982 in Case 17/81, *Pabst & Richarz KG v. Hauptzollamt Oldenburg* [1982] ECR 1331; Judgment of 26 October 1982 *Case 104/81 Kupferberg* [1982] ECR 3641.

586 Judgment of 31 January 1991 in Case C-18/90, *Office national de l'emploi v. Bahia Kziber* [1991] ECR I-00199.

587 Judgment of 12 April 2005 in Case C-265/03 *Igor Simutenkov v. Ministerio de Educación y Cultura and Real Federación Española de Futból* [2005] ECR I-02579.

ihre Mitgliedstaaten sicher [stellen], dass den Staatsangehörigen Russlands, die im Gebiet eines Mitgliedstaates rechtmäßig beschäftigt sind, eine Behandlung gewährt wird, die hinsichtlich der Arbeitsbedingungen, der Entlohnung oder der Entlassung keine auf der Staatsangehörigkeit beruhende Benachteiligung gegenüber den eigenen Staatsangehörigen bewirkt."[588]

Zu Geltung und Auslegung des PKA zwischen EU und Ukraine liegen keine Entscheidungen des EuGH vor. Ausgehend von der Natur und den Zielen des Abkommens (Ausweitung des Handels und der Investitionen, Förderung der ausgewogenen Wirtschaftsbeziehungen und vorteilhafte Zusammenarbeit in den Bereichen Wirtschaft, Soziales, Finanzen, zivile Wissenschaft, Technik und Kultur) und in Übereinstimmung mit der zuvor skizzierten Rechtsprechung des EuGH zur unmittelbaren Wirkung von EU-Abkommen mit den Drittstaaten ist anzunehmen, dass die hinreichend bestimmten Normen des PKA mit der Ukraine die Vorschriften des EU-Sekundärrechts und des nationalen Rechts der Mitgliedstaaten, die in Widerspruch zu den betreffenden PKA-Geboten stehen, verdrängen können. Zu solchen Normen gehören bspw. die Verpflichtung der Parteien zur gegenseitigen Abschaffung von Handelsbeschränkungen nach dem Meistbegünstigungsprinzip im Bereich des Warenverkehrs (Art. 11 bis 24), das Diskriminierungsverbot hinsichtlich der Arbeitsbedingungen (Art. 24) und der Geschäftstätigkeit der Gesellschaften (Art. 30), die Regeln über die Einstellung des führenden Personals (Art. 35), über den Kapital- und Zahlungsverkehr (Art. 48) und den Schutz des geistigen Eigentums (Art. 50).

Die Inkorporation und Rechtsstellung des PKA im ukrainischen Recht gleicht derjenigen anderer durch die Legislative gebilligter Verträge. Aufgrund Art. 9 der Verfassung und infolge der parlamentarischen Billigung in Form eines Gesetzes[589] zählt auch das PKA zu den Rechtsquellen des ukrainischen Rechts. Die Durchsetzung des Abkommens gegenüber ihr widersprechenden ukrainischen Gesetzen sollte durch Art. 19 Abs. 2 des Gesetzes über die völkerrechtlichen Verträge von 2004 zum Anwendungsvorrang des

---

588 Art. 23 Abs. 1 PKA zwischen der EU und der Russischen Föderation v. 28.11.1997, ABl. EG 1997 L 327/3.

589 Gesetz zur Ratifikation des PKA, Nr. 237/94 v. 10.11.1994.

einbezogenen Völkervertragsrechts garantiert werden.[590] Nicht nur in der EuGH-Praxis, sondern auch in derjenigen der ukrainischen Gerichte sind keine Beispiele der Anwendungen des PKA zu finden. Dies ist allerdings nicht ganz unerwartet, da die auf der Grundlage des PKA entstandenen Konflikte nicht typischerweise gerichtlich ausgetragen werden. Als ein bedeutendes politisches Rahmenabkommen sieht das PKA für die Beilegung der Streitigkeiten zwischen den Vertragsparteien über Anwendung oder Auslegung des Abkommens ein Schlichtungsverfahren vor, das entweder durch den Kooperationsrat, eines der Vertragsorgane, selbst oder durch die dafür extra bestellten Schlichter ausgeübt wird (Art. 96).

4.1.3 Der institutionelle Rahmen der Kooperation zwischen EU und Ukraine

Der durch das PKA eingesetzte Kooperationsrat ist befugt, übereinstimmend getroffene Empfehlungen auszusprechen (Art. 85). Im Laufe der Zusammenarbeit hat sich die Übung entwickelt, die Zustimmung der Vertragsparteien zu den vereinbarten Empfehlungen durch Austausch von diplomatischen Noten auszudrücken. So trat die Assoziierungsagenda zwischen EU und Ukraine, die im Juni 2009 während der Kooperationsratssitzung angenommen wurde, nach dem Briefaustausch am 23. November 2009 in Kraft (*came into force).*[591] Dieser Vorgang kann als Abschluss eines Regierungsabkommens qualifiziert werden, das nach der geltenden Verfassungslage in der Ukraine erst durch nationale Ausführungsakte wie bspw. Regierungsbeschlüsse innerstaatliche Geltung erlangen kann.[592]

Infolge der empfehlenden Wirkung der Entscheidungen des Kooperationsrates sind die evolutiv[593] angelegten Bestimmungen des PKA

---

590 Gesetz Nr. 1906-IV v. 29.06.2004, Art. 19 Abs. 2 „Wenn ein ordnungsgemäß abgeschlossener gültiger Vertrag der Ukraine andere Regeln als der entsprechende Gesetzgebungsakt vorsieht, sind die Regeln des Vertrages anzuwenden."

591 The 3rd Joint Progress Report of 26th of November 2009.

592 Zur innerstaatlichen Geltung der nicht durch das Parlament gebilligten völkerrechtlichen Verträge ► Teil 3 - Kapitel 3, Punkt 3.7.

593 Zu „evolutiven" Bestimmungen des EU-Abkommens mit Drittstaaten s. *M. Pechstein*, Osterweiterung und Zukunftsperspektiven der Europäischen Union, ZfRV 37 (1996), 108 (111).

schwerfällig umzusetzen und die Kooperation je nach den Entwicklungen in den Vertragsparteien neu zu gestalten. Dies hat dazu geführt, dass sich der institutionelle und materielle Rahmen des ursprünglich für 10 Jahre abgeschlossenen PKA als für die laufende Zusammenarbeit ungeeignet erweist.[594] Im März 2007 begannen die Verhandlungen über ein neues verbessertes Abkommen (*enhanced agreement*), durch welches das PKA abgelöst und die Zusammenarbeit zwischen EU und Ukraine von der Kooperations- auf die Integrationsstufe gehoben werden soll. Welche verbesserten Elemente mit dem neuen Abkommen einzuführen sind und ob ihre Umsetzung ins ukrainische Recht weiterhin durch den traditionellen völkerrechtlichen Modus sichergestellt werden kann, ist im Folgenden näher darzulegen.

Dafür soll zunächst auch ein Blick auf die verfassungsrechtliche Problematik der Annäherung der Mittel- und osteuropäischen Länder (MOEL) an die EU im Zuge ihres Beitrittsprozesses geworfen werden. Die Frage, inwieweit die Öffnung der ukrainischen Verfassung für die supranationale Integration angesichts des angestrebten EU-Beitritts des Landes als notwendig erscheint, kann auf der Grundlage eines solchen Vergleichs besser beantworten werden. Dies gilt nicht zuletzt deswegen, weil das verbesserte Abkommen trotz der Ankündigung als ein neues Instrument der Europäischen Nachbarschaftspolitik materiell und institutionell den zuvor mit den MOEL geschlossenen Europaabkommen bzw. den Assoziierungs- und Stabilisierungsabkommen mit den Ländern des westlichen Balkans gleicht. Hinweise auf diese Tatsache können den veröffentlichten Fortschrittsberichten über den Status der Verhandlungen, den offiziell geäußerten Absichten der Parteien, den wissenschaftlichen Diskussionen[595]

---

594 So erfolgt die Zusammenarbeit in den Fragen der Immigration, des Asyls, der Visapolitik, der Bekämpfung der organisierten Kriminalität, des Terrors, des Drogenhandels, des Menschenhandels, der Korruption und der Geldwäsche aufgrund des Aktionsplanes für den Bereich Justiz und Inneres, der im gegenseitigen Einvernehmen der Vertragsparteien im Rahmen der Kooperationsratssitzung angenommen wurde und seiner Rechtsnatur nach keine bindende Rechtswirkung entfaltet, vgl. EU-Aktionsplan für den Bereich Justiz und Inneres in der Ukraine, genehmigt vom Rat am 10. Dezember 2001, ABl. 2003 C 077 v. 29.03.2003 S. 0001 – 0005.

595 Zu den wissenschaftlichen Überlegungen zum neuen *enhanced agreement* im Rahmen der ENP s. *C. Hillion*, Mapping-Out the New Contractual Relations

sowie dem vor kurzem, im November 2012, der Öffentlichkeit zugänglich gewordenen paraphierten Text des EU-Ukraine Assoziierungsabkommens entnommen werden[596]. Die erhoffte Unterzeichnung dieses Abkommens ist vor dem Eastern Partnership Summit in Vilnius im November 2013 erneut vermuttet und weihterhin an die Fortschritte der Ukraine in der Erfüllung der Verpflichtungen geknüpft, die dem Staat seitens der EU auferlegt wurden.[597]

4.2 Das Verhältnis der ukrainischen Verfassung zur bevorstehenden politischen Assoziierung und wirtschaftlichen Integration von EU und Ukraine

Fest steht bereits, dass das neue Abkommen „Assoziierungsabkommen" heißen und Bereiche wie den politischen Dialog und die Außen- und Sicherheitspolitik, die Zusammenarbeit im Bereich der Justiz und Inneres sowie wirtschaftliche und sektorale Kooperation umfassen wird.[598] Seitens der Ukraine wird das Abkommen als ein Schritt auf dem Weg zur EU-Vollmitgliedschaft betrachtet.[599] Ob allerdings die EU ihrerseits das neue Abkommen als eine Endstation für die europäische Integration der Ukraine ansieht, bleibt offen.[600]

---

between the European Union and Its Neighbours: Learning from the EU – Ukraine 'Enhanced Agreement', EFAR 12 (2007), S. 169 ff.; *R. Petrov*, The New EU – Ukraine Enhanced Agreement *versus* The EU-Ukraine Partnership and Cooperation Agreement: Transitional Path or Final Destination, in EUI Working Papers MWP 2009/10, 'European Integration without the EU Membership: Models, Experiences, Perspectives', S. 39 ff.; *dessen*: Legal Basis and Scope of the New EU – Ukraine Enhanced Agreement, in EUI Working Papers MWP 2008/17; *O. Sushko / R. Khorolsky / O. Shumylo / I. Shevliakov*, The New Enhanced Agreement between Ukraine and EU: Proposals of the Ukrainian Experts, KAS Policy Paper 8, 2007.

596 Der Text des paraphierten Assozierungsabkommens ist zu finden unter: http://glavcom.ua/pub/2012_11_19_EU_Ukraine_Association_Agreement_English.pdf.

597 S. Zur möglischen Unterzeichnung des Assozierungsabkommens im Jahre 2013 die Pressemitteilung des EU-Rates vom Dezember 2012, Press Release (516) 17438/12, zu finden unter: http://www.consilium.europa.eu/uedocs/cms_data/docs/pressdata/EN/foraff/134152.pdf.

598 Vgl. Negotiations on the EU-Ukraine Association Agreement, 3rd Joint Progress Report of 26th of November 2009.

599 Vgl. der Parlamentsbeschluss zum Verhandlungsmandat für das neue EU-Ukraine Abkommen, Nr. 684-V v. 22.02.2007.

600 Das Europäische Parlament hat die EU-Kommission und den Rat aufgefordert, das neue Assoziierungsabkommen abzuschließen, „das es der Ukraine gestatten

4.2.1 Von der Kooperation zur wirtschaftlichen Integration und politischen Assoziierung

Jedenfalls sollen mit dem Assoziierungsabkommen die wirtschaftliche Integration der Ukraine in Form der Gründung einer vertieften Freihandelszone (*deep free trade area*) eingeführt und die Perspektive einer Beteiligung der Ukraine am EU-Binnenmarkt geöffnet werden. Des Weiteren soll das Abkommen die bestehende politische Assoziierung des Landes vertiefen.

Mithin werden die gegenwärtig geltenden, auf dem Meistbegünstigungsprinzip basierenden Handelsregeln zwischen EU und Ukraine durch einschlägige Vorschriften von Primär- und Sekundärrecht der Union ersetzt. Dadurch wird das Assoziierungsabkommen mehr hinreichend bestimmte Normen beinhalten, auf die sich Personen sowohl nach dem EU-Recht als auch nach dem ukrainischen Recht direkt berufen können. Der EuGH wird jedoch die in das Assoziierungsabkommen aufgenommenen EU-Vorschriften in dessen Lichte auslegen müssen. Das Ergebnis der Auslegung kann hierbei anders ausfallen als die Interpretation gleichlautender Vorschriften des Primär- und Sekundärrechts der EU, die im mitgliedsstaatlichen Bereich durch den Verfassungscharakter des EU-Rechts geprägt wird.[601]

4.2.2 Der neue institutionelle Rahmen der Assoziierung

Neben der wirtschaftlichen Integration und politischen Assoziierung sollte die Verbesserung der Zusammenarbeit von EU und Ukraine in den neuen

---

würde, dessen Mechanismen für die weitere Vertiefung der Integration der Ukraine in die EU zu nutzen und die nächsten Schritte für die Verwirklichung der europäischen Bestrebungen der Ukraine vorzubereiten, die darin bestehen, langfristig Mitglied der EU zu werden“ (Punkt 5 des Vorschlags für eine Empfehlung des Europäischen Parlaments an den Rat zu dem Verhandlungsmandat für ein neues verbessertes Abkommen zwischen der Europäischen Gemeinschaft und ihren Mitgliedstaaten einerseits und der Ukraine andererseits v. 8.06.2007, A6-0217/2007); s. auch EU-Ukraine Summit, 9. September 2008, Press Release (247) 12812/08.

601 Opinion 1/91 of 14 December 1991, *Draft Treaty on the Establishment of a European Economic Area* [1991] ECR I-6079, S. 6101; Dazu auch *S. Peers*, An Ever Closer Waiting Room? The Case for Eastern European Accession to the European Economic Area, CMLR 32 (1995), 187 (209 f.).

Befugnissen des Assoziierungsrates bestehen: Er soll in bestimmten Bereichen bindende Entscheidungen fassen können, die für die Umsetzung und Fortentwicklung des Abkommens notwendig sind.[602] Im EU-Recht und in den Rechtsordnungen der Mitgliedstaaten gelten derartigen Entscheidungen nach der Rechtsprechung des EuGH unmittelbar ohne zusätzliche Ausführungsakte.[603]

Grundsätzlich bedarf es nach dem ukrainischen Recht für die innerstaatliche Geltung einer völkerrechtlich gesetzten Regel, mit Ausnahme von allgemeinem Völkerrecht, ihrer Billigung durch die Legislative. Wie bereits erklärt, kann die parlamentarische Zustimmung zum Gründungsvertrag einer internationalen Organisation für die unmittelbare Einwirkung ihrer bindenden Beschlüsse in den innerstaatlichen Bereich unter folgenden Voraussetzungen ausreichen: wenn die Befugnis der Organisation, bindende Beschlüsse zu fassen, im Gründungsvertrag deutlich vorgesehen ist; und wenn die Beschlüsse einstimmig gefasst werden und von den ursprünglichen Zielen des Gründungsvertrages nicht abweichen. [604] Insbesondere im Fall völkerrechtlicher Verträge, die auf Integration des Staates gerichtet sind, lässt sich die Einwirkung der Beschlüsse durch den vorgestellten Modus bejahen.

In der Ukraine hat das Verfassungsgericht einst – ohne jene Voraussetzungen aufzustellen – die innerstaatliche Durchgriffswirkung bindender Beschlüsse mit der Zustimmung des ukrainischen Parlaments zum

---

602 Art. 463 Abs. 1 des EU-Ukraine Assoziierungsabkommens sieht die follgende Befugnis des Assoziierungsrates vor: "For the purpose of attaining the objectives of this Agreement, the Association Council shall have the power to take decisions within the scope of this Agreement, in the cases provided for therein. The decisions shall be binding upon the Parties, which shall take appropriate measures including if necessary action in specific bodies established by the Association Council to implement the decisions taken. [...] It shall adopt its decisions and recommendations by agreement between the Parties, following the completion of the respective internal procedures." Der Text des paraphierten Assozierungsabkommens ist zu finden unter: http://glavcom.ua/pub/2012_11_19_EU_Ukraine_Association_Agreement_English.pdf.

603 Judgment of 20 September 1990 *Case C-192/89*, *S. Z. Sevince v. Staatssecretaris van Justitie* [1990] ECR I-03461.

604 Dazu eingehend ► Teil 1 - Kapitel 4, Punkt 4.4.1.

Gründungsvertrag internationaler Einrichtung gerechtfertigt. [605] Diese Erklärung ist zwar kreativ und pragmatisch in ihrem Bekenntnis zur offenen Staatlichkeit, jedoch basiert sie auf der irrtümlich angenommenen Durchgriffswirkung der Beschlüsse in dem, dem Gericht vorliegenden, Fall und wurde in der Judikatur des Gerichts bislang nicht wieder aufgegriffen. Angesichts der inkonsistenten Rechtsprechung besteht auch keine Garantie, dass die ukrainische Judikative sich in der Zukunft wieder auf diese Entscheidung besinnen wird. Dazu lassen sich die Entscheidungen des Assoziierungsrates dann problematisch mit den Zielen und dem Rahmen des Assoziierungsabkommens decken, wenn sie auf das primäre bzw. sekundäre EU-Recht verweisen und dessen Durchgreifen in den Drittstaaten anordnen. So soll der EU-Ukraine-Assoziierungsrat dafür befugt werden, die bestimmten Anhänge zum Assoziierungsabkommen, die einen unabdingbaren Teil des Vertrages bilden und vorwiegend die Handelsregeln betreffen, in Einklang mit den Entwicklungen des EU-Rechts aktualisieren und verändern (Art. 463 Abs. 3 des EU-Ukraine Assoziierungsabkommens). Auf diese Weise werden die Staatsorgane und Bürger der Drittstaaten durch Bestimmungen einer für den betreffenden Staat fremden Rechtsordnung gebunden. Dies ist vor dem Hintergrund von Souveränität und Legitimität nur schwer zu rechtfertigen. Ein weiteres ungeklärtes Problem ist die Rechtsstellung der Entscheidungen des Assoziierungsrates innerhalb der innerstaatlichen Rechtsnormenpyramide. Offen bleibt auch die Regelung ihrer Veröffentlichung, die deswegen von Belang ist, weil die die Menschenrechte berührenden Rechtssätze in der ukrainischen Rechtsordnung erst nach ihrer offiziellen Bekanntgabe gelten können.[606]

Wie wichtig es ist, die Rechtsstellung von Entscheidungen der Vertragsorgane in der Verfassung zu regeln, wird bspw. durch die Entscheidungen der Verfassungsgerichte Litauens und Ungarns dokumentiert. In diesen Ländern vollzieht sich die Übernahme des Völkervertragsrechts in das innerstaatliche Recht nach dem gleichen Muster wie in der Ukraine. So werden auch in Litauen nur die durch das Parlament

605 Es handelt sich um die Entscheidung zur Verfassungsmäßigkeit des Römischen Statuts, Ent. Nr. 3-в/2001 v. 11.07.2001 *(Rs. des Römischen Statuts)*. Eingehend zur Entscheidung ► Teil 1 - Kapitel 4, Punkt 4.4.

606 Dazu ► Teil 3 - Kapitel 2, Punkt 2.3.4.

gebilligten Verträge in die nationale Rechtsordnung einbezogen. Daher erklärte das Verfassungsgericht Litauens die Gesetzesvorschrift zur unmittelbaren Geltung der Entscheidungen des Assoziierungsrates für verfassungswidrig.[607] Das Verfassungsgericht Ungarns hat über die Verfassungsmäßigkeit der Entscheidung des Assoziierungsrates über die Anwendung der Wettbewerbsregeln des Europaabkommens zwischen EU und Ungarn im Einklang mit Art. 85, 86 und 92 des EG-Vertrages zu befinden. In der Anordnung des Assoziierungsrates, das Europaabkommen übereinstimmend mit dem primären EU-Recht anzuwenden, sahen die Verfassungsrichter ein unmittelbares Durchgreifen des EU-Rechts und zugleich der Rechtsprechung des EuGH in den innerstaatlichen Bereich Ungarns. Sie hoben hervor, dass die unmittelbare Wirkung des EU-Rechts nur für die EU-Mitgliedsstaaten kennzeichnend sei, die durch die Übertragung von Hoheitsrechten auf die EU ihre Rechtsordnungen für eine direkte Wirkung des EU-Rechts geöffnet hätten. Die ungarische Verfassung wäre dagegen für eine solche Einwirkung des EU-Rechts nicht geöffnet. Infolgedessen bedeutete die Entscheidung des Assoziierungsrates über die Anwendung bestimmter Regeln des Europaabkommens im Einklang mit dem EU-Primärrecht eine verfassungswidrige Transformation der gesetzgebenden Gewalt Ungarns und ginge über die verfassungskonforme Übernahme von völkerrechtlichen Vertragsverpflichtungen hinaus.[608]

In Anbetracht der geltenden Rechtslage zur Einwirkung des Völkervertragsrechts in das ukrainische Recht und der vorgestellten verfassungsrechtlichen Problematik in den MOEL ist es im Interesse einer effektiven Verwirklichung des neuen Assoziierungsabkommens zwischen EU und Ukraine geboten, die innerstaatliche Geltung und Rechtsstellung von Entscheidungen der Vertragsorgane bzw. Organe internationaler oder auch

---

607 Decision No. 8/95 on the constitutionality of the Law on International Treaties (1997) 4 East European Case Reporter of Constitutional Law, S. 255.

608 Vgl. *A. Tatham*, Constitutional Judiciary in Central Europe and the Europe Agreement: Decision 30/1998 (VI.25) AB of the Hungarian Constitutional Court, ICLQ, Vol. 48, Issue 4, 1999, S. 913 ff. Dennoch wurden die Bestimmungen des Europaabkommens für verfassungswidrig nicht erklärt. Das Gericht untersagte nur die unmittelbare Anwendung von solchen Bestimmungen. Zur Entscheidung s. auch *A. Albi*, The EU Enlargement and the Constitutions of Central and Eastern Europe, 2005, S. 56 ff.

supranationaler Organisationen unmittelbar in der ukrainischen Verfassung zu regeln.

4.2.3 Die Pflicht zur Harmonisierung des ukrainischen Rechts mit dem EU-Recht

Des Weiteren sollte sich die Stärkung der Zusammenarbeit zwischen EU und Ukraine im abzuschließenden Assoziierungsabkommen auch in der Pflicht des Staates ausdrücken, die nationale Gesetzgebung an geltendes EU-Recht anzugleichen.

Bereits in Art. 51 Abs. 1 des PKA haben die Vertragsparteien anerkannt,

> „[...] dass die Angleichung der bestehenden und künftigen Rechtsvorschriften der Ukraine an das Gemeinschaftsrecht eine wesentliche Voraussetzung für die Stärkung der Wirtschaftsbeziehungen zwischen der Ukraine und der Gemeinschaft darstellt. Die Ukraine wird sich darum *bemühen*, dass ihre Rechtsvorschriften schrittweise mit dem Gemeinschaftsrecht vereinbar werden."[609]

Im verbesserten Assoziierungsabkommen soll die Angleichung nicht nur ein *Bemühen*, sondern eine *Pflicht* zur Harmonisierung darstellen, an deren Verwirklichung das Fortschreiten der europäischen Integration der Ukraine geknüpft wird.[610] In Art. 474 des EU-Ukraine Assoziierungsabkommes ist die Rede von „*gradual approximation*", die wie folgt beschrieben wird:

> „In line with the objectives of this Agreement as set out in [Article 1] [of this Agreement], Ukraine will carry out gradual approximation of its legislation to EU law as referred to in Annexes [I to XLIII] [to this Agreement], based on commitments identified in [TITLES IV, V and VI] of this Agreement, and according to

609 Hervorh. hinzugefügt. Nach zahlreichen Regierungsagenden und Präsidentendekreten zur Angleichung des ukrainischen Rechts an das EU-Recht wurde das Gesetz über das gesamtstaatliche Programm der Anpassung der ukrainischen Gesetzgebung an die Gesetzgebung der EU verabschiedet (Nr. 1629-IV v. 18.03.2004). Mehr zu Institutionen, die für die Adoption des ukrainischen Rechts verantwortlich sind, s. unter http://www.parlament.org.ua/index.php?action=about&id=7&ar_id=1190&as=0.

610 Bereits laut der Assoziierungsagenda von 2010 wurde die Liste der Prioritäten angenommen. Die Harmonisierung der ukrainischen Rechtsordnung in den festgelegten Prioritätsbereichen sollte zum schnellen Inkrafttreten des Assoziierungsabkommens beitragen, vgl. EU-Ukraine Association Agenda to Prepare and Facilitate the Implementation of Association Agreement; List of the EU-Ukraine Association Agenda Priorities for 2010, unter http://ec.europa.eu/external_relations/ukraine/index_en.htm.

the provisions of those Annexes. This provision shall be without prejudice to any specific principles and obligations on regulatory approximation under [TITLE IV: TRADE AND TRADE RELATED MATTERS] of this Agreement."

Ähnlich wie im Fall der Schweiz bezieht sich die Pflicht zur Konvergenz der ukrainischen Rechtsordnung mit dem EU-Recht auf den zum Zeitpunkt des Abkommensabschlusses geltenden *acquis communautaire* in bestimmten Bereichen der EU-Ukraine Zusammenarbeit. Zugleich ist diese Pflicht dynamisch angelegt, wie dies bspw. im Assoziierungsabkommen mit der Türkei vorgesehen ist.[611]

Darüber hinaus ist jedoch absehbar, dass im Laufe der Harmonisierung nicht nur eine Angleichung der Gesetzestexte erfolgen, sondern sich auch eine *soft form* gerichtlicher Harmonisierung entwickeln wird. Dies lehrt die Erfahrung mit den Beitrittsprozessen der MOEL, in deren Verlauf die nationalen Gerichte die Europaabkommen und das nationale Recht im Lichte des EU-Rechts und der EU-Rechtsprechung ausgelegt haben. Illustrativ kann hier die Rechtsprechung des Obersten Gerichts Polens vorgestellt werden. Anders als das ungarische Verfassungsgericht rechtfertigte das Oberste Gericht Polens die Einwirkung des EU-Rechts in den innerstaatlichen Bereich mit der im Europaabkommen zwischen EU und Polen festgeschriebenen Harmonisierungspflicht des polnischen Rechts an das EU-Recht. So stützte sich das Gericht in seiner Entscheidung darüber, ob einzeln praktizierende Rechtsanwälte in Polen einen Betrieb im Sinne des Wettbewerbsrechts ausüben, auf die Richtlinie des EU-Rates 77/249/EEG.[612] In einem weiteren

611 Zu verschiedenen Modellen der Übernahme des *acquis* s. *R. Petrov*, Exporting the *Acquis Communautaire* into the Legal Systems of Third Countries, EFAR 13 (2008), S. 33 ff.; Zur Harmonisierungspflicht der Drittstaaten s. *A. Evans*, Voluntary Harmonisation in Integration between the European Community and Eastern Europe, E.L.Rev. 22 (1997), S. 201 ff.; *R. Petrov*, Recent Developments in the Adaptation of the Ukrainian Legislation to EU Law, EFAR 8 (2003), S. 125 ff.; *A. Herdina*, Approximation of Laws in the Context of European Neighbourhood Policy – A view from Brussels, Eur. J. L. Ref. 2007, Vol. 9 No. 3, S. 501 ff.; *V. Muraviov*, The Impact of the EU Acquis and Values on the Internal Legal Order of Ukraine, in: EUI Working Papers MWP 2009/10, 'European Integration without the EU Membership: Models, Experiences, Perspectives', S. 29 ff.; *A. Magen*, The *Acquis Communautaire* as an Instrument of EU External Influence, Eur. J. L. Ref. 2007, Vol. 9 No. 3, S. 361 ff.

612 Zur Analyse des Falls (Case SN N I CKN 1217/98 2001.05.29 wyrok SN N I CKN 1217/98 OSNAP 2002/1/13) s. *A. Albi,* EU Enlargement and the Constitutions of Central and Eastern Europe (2005), S. 53.

Fall fühlte das Gericht eine Regelungslücke im polnischen Wettbewerbsrecht durch die entsprechenden Normen des EG-Vertrages.[613] Nicht unerwähnt bleiben sollte in diesem Zusammenhang aber, dass die polnische im Gegensatz zur ungarischen Verfassung bereits vor dem EU-Beitritt des Landes der supranationalen Integration gegenüber offen gestaltet war, was die Verfassungskonformität der direkten Wirkung des EU-Rechts in der innerstaatlichen Rechtsordnung erklären könnte.[614]

Auch die Praxis des ukrainischen Verfassungsgerichts enthält Beispiele, wo das Gericht sich auf das EU-Recht berief.[615] In seiner Entscheidung zur Altersgrenze für Personen, die im diplomatischen Dienst oder im Dienst der Staats- und Selbstverwaltungsorgane tätig sind, zog das Gericht hilfsweise das EU-Recht heran und betrachtete die im einschlägigen ukrainischen Gesetz festgelegte Altersgrenze im Lichte der EG-Richtlinie zur Festlegung eines allgemeinen Rahmens für die Verwirklichung der Gleichbehandlung in Beschäftigung und Beruf (RL 2000/78/EG).[616] In der Entscheidung zur Bildung der politischen Parteien verwies das Gericht auf die EG-Verordnung über die Regelungen für die politischen Parteien auf europäischer Ebene und ihre Finanzierung, um die geltenden Einschränkungen der Parteifinanzierung nach dem ukrainischen Recht zu rechtfertigen.[617] Für diesen Rückgriff auf das EU-Sekundärrecht gab das Verfassungsgericht der Ukraine jedoch keine Begründung.

---

613 Zur Analyse des Falls (Case XVII Amr. 65/96 1997.01.08 wyrok s. antym. XVII Amr. 65/96 Wokanda 1998/1/60) s. *A. Albi,* EU Enlargement and the Constitutions of Central and Eastern Europe (2005), S. 53 f.

614 Verfassung-PL v. 2.04.1997, Art. 90 Abs. 1: „Aufgrund eines völkerrechtlichen Vertrages kann die Republik Polen einer internationalen Organisation oder einem internationalen Organ die Kompetenz von Organen der staatlichen Gewalt in bestimmten Angelegenheiten übertragen."
Art. 91 Abs. 3: „Das von einer internationalen Organisation hervorgebrachte Recht wird unmittelbar angewandt und hat im Fall der Unvereinbarkeit mit dem Gesetz den Vorrang, wenn es sich so aus einem von der Republik Polen ratifizierten Vertrag, durch den eine internationale Organisation gebildet wird, ergibt."

615 Die Fallstudie zur Anwendung des Völkerrechts durch das VerfG der Ukraine ► Teil 5.

616 Ent. Nr. 8-рп/2007 v. 16.10.2007 *(Rs. der Altersbegrenzung der Personen, die im diplomatischen Dienst oder im Dienst der Staats- und Selbstverwaltungsorgane tätig sind)*, s. auch ► Teil 5 - Kapitel 2, Punkt 2.2.2.

617 Ent. Nr. 2-рп/2007 v. 12.06.2007 (*Rs. der Gründung einer politischen Partei in der Ukraine*), s. auch ► Teil 5 - Kapitel 2, Punkt 2.1.7.

Die legislative und/oder gerichtliche Harmonisierung sowie gegebenenfalls die direkte Einwirkung des EU-Rechts auf der Grundlage von Entscheidungen des Assoziierungsrates bedeuten jedoch eine erhebliche Einschränkung der Entscheidungshoheit des Partnerstaates. Angesichts der zahlreichen auf Wahrung der Souveränität und Schutz der Unabhängigkeit gerichteten Klauseln der ukrainischen Verfassung[618] und der fehlenden Ermächtigung zur strukturellen Integration des Landes aus bestünde jedoch das Risiko, dass solche mit der Heranführung der Ukraine an die EU verbundenen Abläufe für verfassungswidrig erklärt werden könnten. Dieses Risiko wäre zu bannen, indem die Öffnung des Staates für die supranationale Integration, die auch die Angleichung der nationalen Rechtsordnung an das Recht einer supranationalen Einrichtung impliziert, direkt in die Verfassung aufgenommen wäre. Auch dann ließe sich allerdings nicht verhindern, dass es sich hierbei um die Anwendung fremd bestimmten Rechts handelt, dessen Legitimation nicht auf das ukrainische Volk zurückgeführt werden kann. Deshalb erscheinen die im Rahmen der laufenden Verfassungsreform vorgeschlagenen Klauseln zur Öffnung der ukrainischen Verfassung für das EU-Recht, obwohl der Ukraine bisher keine klare Beitrittsperspektive gegeben wird, alles andere als verfrüht.[619] In der Staatenpraxis stellt die Öffnung einer nationalen Verfassung für das EU-Recht lange vor dem späteren EU-Beitritt durchaus kein Novum dar. So war etwa die polnische Verfassung bereits 1997 auf einen späteren Beitritt zur EU zugeschnitten.[620] Auch in der geltenden Verfassung Albaniens, eines Nicht-EU-Mitglieds, lassen sich Integrationsklauseln nachweisen.[621] In Estland wurde darüber

---

618 Eingehend zum Souveränitäts- und Unabhängigkeitsschutz ► Teil 1 - Kapitel 4, Punkt 4.3.

619 Anderer Ansicht ist *Olexandr Rudyk*. Er besteht auf der Öffnung der Verfassung hinsichtlich der Übertragung der Hoheitsrechte frühestens mit der Aufnahme der Beitrittsverhandlungen, vgl. *O. Rudyk*, Der Verfassungsprozess in der Ukraine im Kontext der europäischen Integration (ukr.). Auch die Venedig-Kommission bezeichnet die Öffnung der ukrainischen Verfassung für das EU-Recht als voreilig, vgl. Opinion No. 462/2008 on the Draft Constitution of Ukraine, prepared by a Working Group headed by Mr. *V. M. Shpoval*, adopted on 16 June 2008, CDL-AD (2008)015, Punkt 14.

620 S. Fn. 614.

621 Verfassung Albaniens v. 28.11.1998, Art. 121: „1. Any *international agreement* that has been *ratified* constitutes part of the internal juridical system after it is published in the Official Journal of the Republic of Albania. It is *implemented directly*, except

diskutiert, ob bereits vor der EU-Mitgliedschaft ein Bedürfnis danach bestehe, den Annäherungsprozess durch eine verfassungsrechtliche Öffnungsklausel zu legitimieren. Alternativ wurde dort vertreten, dass die mit dem EU-Beitritt des Landes zusammenfallende Öffnung der Verfassung für das EU-Recht eine ausreichende Legitimation *a posteriori* für die vorangegangene Harmonisierung der Gesetzgebung und die damit verbundene Reorganisation der Institutionen darstelle.[622]

Mit den Fragen, ob es sinnvoll wäre, im Rahmen der bevorstehenden Verfassungsänderungen eine Öffnung der ukrainischen Verfassung für die europäische Integration vorzusehen, und wie eine solche Öffnung gegebenenfalls aussehen könnte, befassen sich die nächsten Abschnitten der Studie.

4.3 Die Öffnung für die supranationale Integration in der laufenden Verfassungsreform der Ukraine

4.3.1 Die EU-Beitrittsbestrebungen der Ukraine als ein Faktor der Verfassungsänderungen

Der Impuls für die Ausarbeitung der Verfassungsgrundlagen, durch welche die europäischen Bestrebungen der Ukraine rechtlich untermauert werden könnten, entstand nach der Orangenen Revolution 2004.[623] Dabei sollte es

---

for cases when it is not self-executing and its implementation requires issuance of a law.[...] 2. An international agreement that has been ratified by law has *superiority over laws of the country* that are not compatible with it. 3. The *norms issued by an international organization* have *superiority*, in case of conflict, over the laws of the country *if the agreement ratified by the Republic of Albania for its participation in the organization expressly contemplates their direct applicability.*" Hervorh. hinzugefügt.

622 Allerdings wurden die Verfassungsänderungen zugleich mit der Ratifikation des Beitrittsvertrages angenommen, weil das Argument, in kurzem Abstand zwei Volksentscheide zu EU-bezogenen Themen (zur Verfassungsänderung und zum EU-Beitritt) durchzuführen, nicht überzeugte, s. *A. Albi*, Europe Agreements in the Light of Sovereignty and Legitimacy: The Case of Estonia, in: A. Kellermann, / J. de Zwaan / J. Czuczai (eds.), EU Enlargement – The Constitutional Impact at EU and National Level (2001), S. 195 ff.

623 Vgl. das Präsidentendekret über den Nationalen Verfassungsrat, Nr. 1294/2007 v. 27.12.2007. Das Konzept der Verfassungsänderungen wurde im August 2008 durch den Nationalen Verfassungsrat angenommen. Hiernach sollen in der neuen Verfassung die Grundlagen für die „europäischen und globalpolitischen Bestrebungen der Ukraine" ausdrücklich vorgesehen werden.

nicht darum gehen, den Verfassungstext im Hinblick auf alle möglichen Auswirkungen der EU-Mitgliedschaft (z. B. in Bezug auf das Verhältnis zwischen nationalem und EU-Recht; das Verhältnis zwischen dem Parlament und der Regierung in den EU-Angelegenheiten; das Wahlrecht für EU-Ausländer; das Währungsmonopol der ukrainischen Bank; den Bodenerwerb u. a.) zu revidieren, sondern vielmehr ein generelles oder spezielleres Öffnungsinstrument einzuführen, das den Ausschließlichkeitsanspruch innerstaatlicher Hoheitsgewalt zurücknehmen würde.

In welche Richtung sich die eingeleitete Verfassungsreform nach dem Machtwechsel im Januar 2010 entwickeln wird, kann noch nicht eindeutig vorausgesagt werden. Der neu gewählte Präsident *Wiktor Janukowytsch* hat sich zwar für die Fortsetzung der Verfassungsreform ausgesprochen,[624] dennoch den unter seinem Vorgänger berufenen Nationalen Verfassungsrat wie erwartet aufgelöst.[625] Es ist jedoch anzunehmen, dass die neue Regierung dem begonnenen Kurs der europäischen Integration weiter folgen wird, denn eine Missachtung widerspräche ihrem klar bekundeten außenpolitischem Ziel: mittelfristige Integration der Ukraine in den Europäischen Wirtschaftsraum mit dem Endziel des EU-Beitritts. Dies ist explizit im durch den Präsidenten dem Parlament vorgelegten und bereits angenommenen Gesetz über die Grundlagen der Außen- und Innenpolitik von 2010 festgeschrieben.[626]

Für die Öffnung für die supranationale Integration sprechen die Ankündigung der Verfassungsreform im Sinne der Erneuerung bzw. Revision der gesamten Verfassung und die landesweite Hinwendung der Bevölkerung zur EU.[627] So tangiert die Öffnung des Staates für das supranational gesetzte Recht auch das Fundament der Verfassungs- und Staatsorganisation. Strukturell

---

624 Vgl. *Janukowytsch* stellte die Partei der Regionen vor der Aufgabe: „Paket der Verfassungsgesetzgebung“ zu verabschieden. (ukr.).

625 Vgl. das Präsidentendekret zur Auflösung des Nationalen Verfassungsrates, Nr. 477/2010 v. 2.04.2010.

626 Vgl. das Gesetz über die Grundlagen der Außen- und Innenpolitik Nr. 2411-VI v. 1.07.2010, Art. 11 Abs. 2 UnAbs. 12. Anders verhält es sich mit dem NATO-Beitritt, der mit dem Machtwechsel im Januar 2010 offiziell von der außenpolitischen Agenda gestrichen wurde.

627 58% der Ukrainer unterstützen den EU-Beitritt, wobei 60 % gegen NATO-Beitritt sind, vgl. Bericht vom 24. April 2008 unter www.liga.net.

gesehen gehört diese Materie zum Teil der ukrainischen Verfassung über die Grundlagen der Verfassungsordnung und steht damit unter dem Vorbehalt einer unmittelbaren Billigung durch das Staatsvolk. Wird für die Annahme der nächsten Verfassungsänderungen ein gesamtukrainisches Referendum berufen, sollte diese Tatsache – allein aus praktischen Gründen schon – nicht außer Acht gelassen werden.

Hinzukommt, dass Integrationsklauseln keine Fremdkörper in den ukrainischen Verfassungsdebatten sind. Wie sich anhand der im ersten Teil des Buches vorgestellten Entstehungsgeschichte der ukrainischen Verfassung belegen lässt,[628] haben sie sich jedoch wegen der langsamen Konsolidierung des Staates und der Bevölkerung zu Anfang bzw. Mitte der 90er Jahre nicht durchsetzen können und am Ende gar keinen Eingang in die Verfassung gefunden. Zum gegenwärtigen Zeitpunkt sind sich jedoch sowohl die politischen Parteien als auch die Bevölkerung über die EU-Mitgliedschaft des Landes einig. Diese geschichtliche Stunde sollte genutzt werden, um die Verankerung einer Öffnungsklausel für die supranationale Integration des Staates als ein Grundsatz der Staatsorganisation in Erwägung zu ziehen.

4.3.2 Die Öffnungsklausel in den vorgeschlagenen Verfassungsentwürfen

Unter den bislang vorgebrachten Vorschlägen einer Verfassungsänderung finden sich zwei Entwürfe, in denen über eine Öffnung für die europäische Integration nachgedacht worden ist.[629] Es handelt sich bei dem ersten Entwurf von 2008 um eine Ausarbeitung der Arbeitsgruppe des Nationalen

---

628 Dazu eingehend ► Teil 1 - Kapitel 6, Punkt 6.4.1.3 und 6.4.3.2.

629 Es soll vorweggenommen werden, dass seit der Verfassungsreform von 2004 im Parlament nicht mehr über Gesetzentwürfe zu Verfassungsänderungen debattiert wurde. Zudem ist nicht abzusehen, wie viele weitere Änderungsvorschläge von Seiten politischer Parteien und Gruppen von Rechtswissenschaftlern noch kommen werden. Bislang haben im Fokus der Öffentlichkeit und der Venedig-Kommission die drei folgenden Verfassungsentwürfe gestanden: der Entwurf von 2008, ausgearbeitet durch die Arbeitsgruppe des Nationalen Verfassungsrates (bekannt als Entwurf von *V. Shapoval*); der Entwurf von 2009, der durch den Präsidenten *W. Juschtschenko* dem Parlament vorgelegt, aber dennoch nicht auf dessen Tagesordnung gesetzt wurde; und schließlich der gemeinsam von der Partei der Regionen (*W. Janukowytsch*) und BJUT (*J. Tymoschenko*) ausgearbeitete Entwurf von 2009. Sowohl die Entwürfe als auch die Gutachten der Venedig-Kommission in englischer Fassung sind zu finden unter: http://www.venice.coe.int/site/dynamics/N_Opinion_ef.asp?L=E&CID=47.

Verfassungsrates, die mit Vertretern aus der Rechtswissenschaft unter Leitung des anerkannten Verfassungsrechtlers *Volodymyr Šapoval* besetzt war. Der zweite Entwurf von 2009 geht auf eine Vorlage des damaligen Präsidenten *Wiktor Juschtschenko* an das Parlament zurück, die von den Parlamentsabgeordneten jedoch nicht näher erörtert wurde. Wie in ihnen der Gedanke einer Öffnung für supranationales Recht umgesetzt worden ist, ist im Folgenden darzustellen.

In beiden Verfassungsentwürfen ist weder eine Sondervorschrift noch ein eigener Verfassungsteil über die europäische Integration vorgesehen. Jedoch sollte der geltende Art. 18 der ukrainischen Verfassung zur Ausübung der außenpolitischen Tätigkeit im Einklang mit den allgemein anerkannten Grundsätzen und Normen des Völkerrechts um einen Passus der Öffnung für intergouvernementale und supranationale Integration ergänzt werden. Hier soll der Verfassungsausarbeitungsprozess in Erinnerung gerufen werden. Auch die Anfang der 90er vorgeschlagene Integrationsklausel war strukturell als Ergänzung der Verfassungsnorm über die außenpolitische Tätigkeit des Staates gedacht.[630] Systematisch wären die Ziele der internationalen und supranationalen Integration der Ukraine aus Art. 18 Abs. 1 abzuleiten, der auch nach der Reform unverändert bleiben sollte: Wahrung der nationalen Interessen und der Sicherheit des Landes sowie der friedlichen und gemeinnützigen Zusammenarbeit.

Im *Verfassungsentwurf von 2008* wird eine klare Richtung bezüglich der europäischen Integration gesetzt. Bereits in der Verfassungspräambel sollte dokumentiert werden, dass

> „das Volk der Ukraine sich als ein unabdingbarer Bestandteil der europäischen Gemeinschaft versteht."

Der geltende Art. 18 zur Außenpolitik sollte um einen zweiten Absatz ergänzt werden, wonach

---

630 Vgl. Anhang, Tab. „Genese der die offene Staatlichkeit tragenden Verfassungsnormen."

„die Ukraine aufgrund völkerrechtlicher Verträge eine Ausübung von Teilen ihrer Hoheitsrechte auf die europäischen zwischenstaatlichen Zusammenschlüsse übertragen darf."[631]

Daraus folgt, dass eine Übertragung von Hoheitsrechten auf andere als europäische Einrichtungen, wie bspw. die Institutionen des Einheitlichen Wirtschaftsraums der GUS-Staaten, die mit der Erreichung der Integrationsstufe der Zollunion erfolgen soll,[632] verfassungswidrig wäre. Dementsprechend könnte die Ukraine innerhalb des GUS-Raums nur die Integrationsstufe der Freihandelszone anstreben.

Das ukrainische Öffnungsmodell würde dabei weder eine Souveränitätsteilung noch einen Verzicht auf Hoheitsrechte, sondern lediglich eine Rücknahme der Ausübung von Hoheitsrechten durch ukrainische Staatsorgane zugunsten der Ausübung durch europäische Institutionen begründen. Diese Übertragung stünde auch nicht im Widerspruch zu den geltenden, auch im Entwurf von 2008 unverändert beibehaltenen Verfassungsvorschriften, in denen das ukrainische Parlament zum einzigen Gesetzgebungsorgan erklärt und ein Delegierungsverbot im Hinblick auf die Funktionen der Judikative vorgesehen werden.[633]

Problematisch ist, dass die Übertragung der Ausübung von Hoheitsrechten nach dem Entwurf von 2008 keinen expliziten materiellen und prozessualen Schranken unterliegen würde. Dazu sollte der änderungsfeste Kern der ukrainischen Verfassung aus unerklärlichen Gründen auf das Einschränkungs- und Abschaffungsverbot der in der Verfassung festgeschriebenen Grundrechte und -freiheiten reduziert werden (Art. 163 Abs. 1) und nicht mehr das Verbot einer Gefährdung der territorialen Integrität bzw. der Unabhängigkeit umfassen. Jedenfalls sollte den

---

631 In der neuen Fassung der Verfassung wäre es Art. 21 Abs. 2. Die ukrainische Version des Entwurfs kann abgerufen werden unter: http://www.glavred.info/archive/2008/02/28/163946-5.htm.

632 Mehr zur Integration in den Einheitlichen Wirtschaftsraum der GUS ▶ Teil 1 - Kapitel 4, Punkt 4.5.

633 Verfassung-UKR v. 1996, Art. 75: „Das einzige gesetzgebende Organ in der Ukraine ist das Parlament – die Werchowna Rada der Ukraine." Art. 124 Abs. 1 Satz 2: „[...] Die Delegation oder Aneignung der Funktionen der Judikative durch andere Staatsorgane oder -personen ist verboten." Die Verletzung der zitierten Verfassungsnormen durch den Beitritt zum IStGH-Statut wurde in der Ent. Nr. 3-в/2001 v. 11.07.2001 gerügt. Dazu eingehend ▶ Teil 1 - Kapitel 4, Punkt 4.4.

Grundrechtskatalog der ukrainischen Verfassung als ihre unabdingbare Schranke vor den Auswirkungen der supranationalen Integration weiterhin geschützt bleiben.

Auch in prozessualer Hinsicht wird die Bedeutung einer Übertragung der Ausübung von Hoheitsrechten im Entwurf von 2008 verkannt. So sollte die geltende Rechtslage, wonach die einer parlamentarischen Zustimmung bedürfenden Vertragsinhalte durch ein einfaches Gesetz bestimmt sind, unverändert bleiben, d. h. nicht in die Verfassung aufgenommen werden. Im dritten Teil der Studie zur Öffnung für das Völkervertragsrecht wurde bereits diskutiert, warum es für die Gewährleistung der verfassungskonformen Bindung des Staates an die völkerrechtlichen Pflichten entscheidend ist, die zustimmungsbedürftigen Vertragsmaterien direkt in der Verfassung zu regeln.[634] Anderenfalls ist die Überwachung der Beachtung der erforderten Parlamentszustimmung und der notwendigen Mehrheit durch das Verfassungsgericht in Frage gestellt.

Des Weiteren sollten nach dem Verfassungsentwurf von 2008 die Zustimmung zu den völkerrechtlichen Verträgen und ihre Kündigung nicht zu denjenigen Gegenständen zählen, bezüglich derer das Staatsvolk die Einleitung eines Referendums fordern könnte (Art. 76 Abs. 3). Dessen ungeachtet bliebe dem Volk weiterhin ein Weg, die Integration des Staates unmittelbar zu steuern: So könnte es einen Volksentscheid über die Frage nach dem Beitritt zu einem zwischenstaatlichen Zusammenschluss initiieren, was von der Frage nach der Zustimmung zum Beitrittsvertrag zu trennen wäre. Zweifelsohne könnte kein Parlament des Landes, das sich als demokratisch bezeichnet, d. h. auch das ukrainische Parlament, bei der Billigung des Beitrittsvertrages die Ergebnisse eines solchen Volksentscheids ignorieren.

Demgegenüber ist die Integrationsklausel des *Verfassungsentwurfs von 2009* viel allgemeiner gefasst. In Art. 21 Abs. 2 wird bekundet, dass

> „die Ukraine eigenständig über den Beitritt oder den Anschluss zu internationalen Organisationen, politischen und wirtschaftlichen

---

634 Dazu eingehend ► Teil 3 - Kapitel 2, Punkt 2.2 und Kapitel 4. Siehe auch Fn. 435.

> zwischenstaatlichen Zusammenschlüssen, und den freiwilligen Austritt aus solchen entscheidet."

Im Gegensatz zum Entwurf von 2008 fehlt hier der klare europäische Bezug. Ebenso ist nicht eindeutig, ob durch die Klausel die Verfassung für die Übertragung der Hoheitsrechte oder ihrer Ausübung auf die internationalen Einrichtungen geöffnet wird. Die explizite Heraushebung der Freiwilligkeit des Beitritts und des Austritts deutet hier auf die Letztentscheidungskompetenz als einen Kerngehalt der Souveränität.

5 Zwischenfazit

Die vorgeschlagenen Öffnungsklauseln sind relativ allgemein gefasst. Es ist daher fraglich, ob sie allen Besonderheiten der supranationalen Integration im Fall einer Vollmitgliedschaft der Ukraine in der EU Rechnung tragen könnten.

In jedem Fall würde mit den vorgeschlagenen Öffnungen aber die Ausschließlichkeit der Ausübung der Hoheitsgewalt durch ukrainische Staatsorgane zugunsten europäischer Einrichtungen zurückgenommen werden. In der Konsequenz würde sich dann die infolge der bevorstehenden wirtschaftlichen Integration und politischen Assoziierung der Ukraine in die EU absehbare Auswirkung des EU-Rechts auf die innerstaatliche Rechtsordnung als verfassungsgemäß darstellen.

Es ist aber unbedingt geboten, in den Vorschlägen zu Verfassungsänderungen auch die folgenden Materien zu berücksichtigen: die Übernahme, die Veröffentlichung und die Rechtsstellung der Vertragsorganentscheidungen im ukrainischen Recht; die Vertragsmaterien, die einer unabdingbaren parlamentarischen Billigung unterliegen; und schließlich die materiellen und prozessualen Voraussetzungen für Mitgliedschaft der Ukraine in einer supranationalen Einrichtung bzw. Teilnahme des Staates am Integrationsprozess, der sich zu einer supranationalen Vollmitgliedschaft entwickeln kann.

6 Fazit

In der Gesamtschau erweist sich die ukrainische Rechtsordnung als für den Menschenrechtsschutz des Europarates weitgehend offen. Die ukrainische Verfassung gestattet die innerstaatliche Geltung der EMRK und die damit zusammenhängende Bindung der öffentlichen Gewalt an die Konvention und die gegen die Ukraine ergangenen EGMR-Urteile. Im Zusammenwirken mit dem Gesetz von 2006 zur Umsetzung von den EGMR-Urteilen bedeutet dies, dass der Grundrechtskatalog der ukrainischen Verfassung soweit wie möglich konventionskonform auszulegen ist, wobei die konventionskonforme Anwendung des ukrainischen Rechts erfordert, dass Umfang und Wesensgehalt der Menschenrechte der EGMR-Praxis entnommen werden. Zugleich dürfte die konventionskonforme Anwendung des ukrainischen Rechts aber keine Einschränkung oder Minderung des durch die ukrainische Verfassung garantierten Grundrechtsschutzes herbeiführen. Die der Konvention widersprechenden Gesetzesnormen sind nicht anzuwenden. Die Staatsorgane und Verwaltungsbehörden sind aufgrund einer Verurteilung aus Straßburg zu solchen Akten verpflichtet, durch die eine Wiedergutmachung der Konventionsverletzung gewährleistet werden kann, was auch die Wiederaufnahme eines betreffenden nationalen Verfahrens einschließt.

Ohne entsprechende Öffnung für das supranational gesetzte Recht bzw. ohne explizite Kompetenznormen über die strukturelle Integration des Staates würde sich die ukrainische Verfassung der absehbaren vertieften politischen Kooperation der Ukraine mit der EU und der verstärkten Integration des Staates in den europäischen Binnenmarkt nicht gewachsen zeigen. Die von Legislative und Judikative getragene umfassende Harmonisierung des ukrainischen Rechts mit dem EU-Recht und dessen mögliche Einwirkung in den ukrainischen Bereich kraft direkter innerstaatlicher Geltung der Entscheidungen des Assoziierungsrats würde über die verfassungskonforme Übernahme völkerrechtlicher Vertragspflichten hinausgehen und könnte als Übertragung der legislativen bzw. judikativen Befugnisse angesehen werden, was nach geltendem Recht verfassungswidrig ist. Deshalb ist es zu begrüßen, dass im Rahmen der laufenden Verfassungsreform über eine Öffnung der ukrainischen Verfassung für die supranationale Integration als ein unmittelbar durch das Volk gebilligter Grundsatz der Verfassungs- und Staatsorganisation nachgedacht wird.

Die vorangegangenen Teile der Studie befassten sich mit den verfassungsrechtlichen Grundlagen und theoretischen Methoden, welche die Einwirkung des allgemeinen Völkerrechts, völkerrechtlicher Verträge, bindender Beschlüsse internationaler Organisationen und auch der EGMR-Urteile in das ukrainische Recht sicherstellen sollten. Der nächste und letzte Abschnitt des Buches geht der Frage nach, ob und wie diese theoretischen Instrumente durch das Verfassungsgericht der Ukraine eingesetzt werden und dadurch die verfassungskonforme Öffnung des Staates für das Völkerrecht und die zwischenstaatliche Zusammenarbeit verwirklicht wird.

Teil 5: Das Völkerrecht in der Rechtsprechung des Verfassungsgerichts der Ukraine

Die Untersuchung umfasst den Zeitraum von der Einsetzung des Verfassungsgerichts im Jahr 1997 bis zum Ende des Jahres 2009.[635] Dabei werden die relevanten Entscheidungen des Verfassungsgerichts und auch die Sondervoten der einzelnen Verfassungsrichter berücksichtigt, die sich auf das Völkerrecht beziehen und Aufschluss über die Art und Weise der Völkerrechtsanwendung durch das Verfassungsgericht geben können.[636] Das Augenmerk der vorliegenden Analyse liegt auf den folgenden Fragen: Welche Völkerrechtsnormen zieht das Verfassungsgericht heran? Wie begründet das Gericht die Öffnung der ukrainischen Rechtsordnung für das Völkerrecht? Welche Funktionen erfüllt die Bezugnahme auf das Völkerrecht?

Über den untersuchten Zeitraum hinweg lässt sich keine aufsteigende oder abnehmende Tendenz der Anwendung des Völkerrechts durch das Verfassungsgericht erkennen.[637] Thematisch gesehen berühren die

---

635 Die meisten der in dieser Studie vorgestellten Entscheidungen wurden auch in der ukrainischen Verfassungs- und Völkerrechtswissenschaft als Beispiele der Völkerrechtsfreundlichkeit vorgeführt, allerdings ohne sich mit der völkerrechtsfreundlichen Argumentation des Gerichts ausführlich auseinanderzusetzen. Vgl. *I. Kyjanycja*, Die Anwendung der Völkerrechtsnormen und der Entscheidungen der internationalen Organisationen durch das Verfassungsgericht der Ukraine aufgrund des Rechtstaatlichkeitsprinzips, Blatt des Verfassungsgericht der Ukraine 2006, Nr. 1, S. 43 ff. (ukr.); *N. M. Serhijenko*, Das Zusammenwirken von Völkerrecht und nationalem Recht in der Praxis des Verfassungsgerichts der Ukraine, Blatt des Verfassungsgerichts der Ukraine 2004, Nr. 6, S. 116 ff. (ukr.); *D. O. Tretjakov*, Einzelne Fragen zur Anwendung der völkerrechtlichen Vertragsnormen in der Ukraine, Ukrainisches Völkerrechtsblatt 2002, Nr. 3, S. 38 ff. (ukr.); *M. F. Selivon*, Die Harmonisierung der Vorschriften der nationalen Gesetzgebung mit den Völkerrechtsnormen und die Anwendung des Völkerrechts durch das Verfassungsgericht der Ukraine, Blatt des Verfassungsgerichts der Ukraine 2003, Nr. 3, S. 36 ff. (ukr.)

636 Die Rechtsprechung zur Verfassungsmäßigkeit der noch zu schließenden oder schon für die Ukraine gültigen Verträge sowie zur Verfassungsmäßigkeit innerstaatlicher Zustimmungsgesetze wurde bereits im Rahmen der Darlegung des innerstaatlichen Vertragsabschlussverfahrens ausführlich analysiert und wird hier nicht berücksichtigt. Dazu eingehend ► Teil 3 - Kapitel 2, Punkt 2.2.

637 Der ehemalige ukrainische Verfassungsrichter *Mykola Selivon* erwähnt in einem seiner wissenschaftlichen Beiträge die Statistik der Bezugnahmen auf die internationalen Verträge durch das ukrainische VerfG: Das ukrainische VerfG sollte im Zeitraum von seiner Tätigkeitsaufnahme, Oktober 1997, bis zum März 2003 durchschnittlich in einem Drittel seiner Entscheidungen die völkerrechtlichen

völkerrechtlichen Ausführungen allein die Menschenrechte. Gemeinhin wurden sie auch relativ knapp und allgemein gehalten, ohne grundlegende Überlegungen über die Rechtsnatur und den Geltungsgrund der angewandten völkerrechtlichen Vorsätze. Zugleich arbeitete das ukrainische Verfassungsgericht mit einer fragwürdigen juristischen Technik der „normativen Breitseite“[638] oder des sogenannten „cumulative approach“,[639] indem es einen ganzen Komplex internationaler Rechtsakte – völkerrechtliche Verträge, Resolutionen der Generalversammlung der Vereinten Nationen, Empfehlungen der Internationalen Arbeitsorganisation (ILO) und auch vereinzelt die EGMR-Urteile – in seine Argumentation einbezog, ohne ihre rechtsbindende Wirkung und Rechtsstellung im nationalen Recht genau zu überprüfen. Deshalb erfolgt die Untersuchung nicht nach der Kategorie angewandter völkerrechtlicher Rechtsakte bzw. nach der angewandten völkerrechtlichen Rechtsquelle, sondern gliedert sich nach dem thematischen Gegenstand der völkerrechtlichen Referenzen. Dies zeigt auch, ob das Verfassungsgericht in den ähnlich gelagerten Fällen das Völkerrecht konsequent gleich verwertete und wie entscheidend die Einbeziehung des Völkerrechts für das Gerichtsurteil war.

In der vorliegenden Analyse wird zwischen völkerrechtlichen Ausführungen des Verfassungsgerichts in Bezug auf bürgerliche und politische Rechte einerseits und wirtschaftliche, kulturelle und soziale Rechte andererseits differenziert. Außerdem hat sich das ukrainische Verfassungsgericht auf das

---

Verträge angewandt haben. Dabei machen die Entscheidungen, die aufgrund der individuellen Anträge zur Auslegung der Verfassung und der Gesetze getroffen wurden, mehr als die Hälfte der völkerrechtsbezogenen Entscheidungen des VerfG aus, vgl. *M. F. Selivon*, Die Harmonisierung der Vorschriften der nationalen Gesetzgebung mit den Völkerrechtsnormen und die Anwendung des Völkerrechts durch das Verfassungsgericht der Ukraine, Blatt des Verfassungsgerichts der Ukraine 2003, Nr. 3, S. 36 (38) (ukr.).

638 Zur Technik der „normativen Breitseite“ in Bezug auf die Spruchpraxis des Komitees für Verfassungsaufsicht der UdSSR s. *A. Blankenagel*, Verfassungskontrolle in der UdSSR, Der Staat 32 (1993), 448 (459 f.). Mit der „normativen Breitseite“ wird hier die verbreitete Praxis des Komittees bezeichnet, in seiner Argumentation ein Komplex der Verstöße gegen irgendwelche internationale Normen, jeweilige Verfassungsvorschriften oder auch Gesetzesnormen zu behaupten. Zugleich blieb es noch zu überprüfen, inwieweit es sich bei den angewandten Normen um geltendes Recht oder um die Normen ohne Geltung handelte.

639 So *A. Nußberger*, The Reception Process in Russia and Ukraine. In: H. Keller / A. S. Sweet (eds.), A Europe of Rights (2008), 603 (629).

Völkerrecht bezogen, als es die gesetzliche Kompetenzaufteilung im Bereich der Selbstverwaltung und die Deutung des Ausdrucks „Familienmitglied" im Hinblick auf die gesetzlich den Familienmitgliedern zugesprochenen sozialen Vergünstigungen erörterte. Auch diese Entscheidungen werden weiter unten aufgegriffen.

Die drei Entscheidungen, in denen das Verfassungsgericht auf das Völkergewohnheitsrecht verwiesen hat, wurden bereits im Rahmen der Analyse der Öffnung für das Völkergewohnheitsrecht erörtert.[640] Dabei wurde auch untersucht, welche Rolle und Funktion das Völkergewohnheitsrecht in der Judikatur des Gerichts bislang erfüllt hat. In der hier vorgestellten Rechtsprechung hat sich das Verfassungsgericht vorwiegend auf das Völkervertragsrecht oder das sekundäre Recht internationaler Organisationen berufen.

1 Die Herangehensweise des Verfassungsgerichts an die völkerrechtsbezogenen Fragestellungen

Wie bereits bei der Analyse der Öffnung der ukrainischen Rechtsordnung für das Völkervertragsrecht festgestellt wurde, sprechen die Verfassung und das Gesetz über das Verfassungsgericht der Ukraine die völkerrechtsbezogenen Befugnisse des Verfassungsgerichts nur im Zusammenhang mit der Verfassungsmäßigkeitsprüfung völkerrechtlicher Verträge an.[641] Weder in der Verfassung noch im genannten Gesetz wird das Völkerrecht zum Prüfungsmaßstab im Rahmen der Verfassungsgerichtsbarkeit erklärt. Gleichwohl ist das Verfassungsgericht an Art. 9 zur Inkorporation völkerrechtlicher Verträge, an Art. 18 zur Inkorporation allgemein anerkannter Grundsätze und Normen des Völkerrechts und auch an Art. 55 Abs. 4 zum Gebot der Auslegung der Verfassung im Einklang mit den übernommenen internationalen menschenrechtlichen Standards gebunden. Ausgehend von dieser Rechtslage entwickelte das Gericht zwei Herangehensweisen an die völkerrechtsbezogenen Fragestellungen.

---

640 Dazu eingehend ► Teil 2 - Kapitel 2, Punkt 2.3 und Kapitel 4, Punkt 4.1.2 und 4.1.3.

641 Dazu eingehend ► Teil 3 - Kapitel 2, Punkt 2.2.

Einerseits lehnte das Verfassungsgericht die Anträge auf Prüfung der Völkerrechtskonformität nationaler Rechtsakte oder Auslegung völkerrechtlicher Vertragsnormen wegen Unzuständigkeit ab. Es verwies dabei auf seine in Art. 147 Abs. 2 der Verfassung festgelegten Kompetenzen:

> „Das Verfassungsgericht der Ukraine entscheidet in Fragen über die Übereinstimmung der Gesetze und anderer Rechtsakte mit der Verfassung der Ukraine und legt die Verfassung und auch die Gesetze offiziell aus."

Hiernach bildet nicht das Völkerrecht, sondern allein die ukrainische Verfassung den Prüfungsmaßstab für das Verfassungsgericht, das auch ausschließlich zur Auslegung der Verfassung und der nationalen Gesetze befugt ist. Dementsprechend hat das Verfassungsgericht in der *Entscheidung vom 3. Dezember 1997* die Auslegung von Art. 17 Abs. 2 AEMR zur Gewährleistung des Eigentums wegen Unzuständigkeit zurückgewiesen.[642] Eine explizite Aussage darüber, dass das Verfassungsgericht keine Kompetenz besitze, die umstrittenen Gesetzesbestimmungen auf ihre Übereinstimmung mit den völkerrechtlichen Verträgen hin zu prüfen, findet sich in der *Entscheidung vom 26. März 2002.*[643] Die angekündigte Unzuständigkeit des Verfassungsgerichts gestattet die Behauptung, dass auch das Oberste Gericht, wenn es das anzuwendende Gesetz für völkerrechtswidrig hält, keine Entscheidung

642 Ent. Nr. 61-з/97 v. 3.12.1997, Ziff. 5 Abs. 5: „Das Verfassungsgericht der Ukraine ist nicht befugt, offiziell die völkerrechtlichen Rechtsakte auszulegen darunter auch die Allgemeine Erklärung der Menschenrechte."

643 Ent. Nr. 21-y/2002 v. 26.03.2002, Ziff. 3. In dem Fall wurde die Verfassungswidrigkeit von Art. 248-1 bis 248-9 der Zivilprozessordnung der Ukraine (ZPO) und von Art. 1 des Gesetzes über die Wirtschaftsgerichte gerügt. In den genannten Bestimmungen der ZPO wurde den juristischen Personen kein Recht auf eine Beschwerde gegen die Handlungen der Staatsorgane und -beamten vor den ordentlichen Gerichten zugesprochen. Gemäß Art. 1 des zu prüfenden Gesetzes dürften die juristischen Personen eine Beschwerde bzgl. der wirtschaftlichen Streitigkeiten nur vor einem Wirtschaftsgericht erheben. Der Beschwerdeführer sah sich in seinem Recht auf gerichtlichen Schutz, Art. 55 der Verfassung, verletzt. Weiterhin beantragte er die Prüfung der Vereinbarung der nationalen Gesetzeslage mit Art. 13 EMRK zum Recht auf wirksame Beschwerde. Da die individuelle Verfassungsbeschwerde in der ukrainischen Rechtsordnung nicht vorgesehen ist, hat das VerfG die Beschwerde abgelehnt. Dennoch ging es auf die Frage der Prüfung der Völkerrechtskonformität ein. Es stellte fest, dass aufgrund der Verfassung und des Gesetzes über das VerfG der Ukraine das Gericht keine Kompetenz besitzt, die Gesetze auf ihre Vereinbarkeit mit den völkerrechtlichen Verträgen zu prüfen.

darüber beim Verfassungsgericht einholen kann. Die Vorlagepflicht des Obersten Gerichts besteht nur im Fall der Verfassungswidrigkeit und nicht der Völkerrechtswidrigkeit des anzuwendenden Gesetzes.[644] Doch äußerte sich das Verfassungsgericht nicht dazu, ob die Frage nach dem Verhältnis vom angefochtenen Gesetz und dem Völkervertragsrecht durch die ordentlichen Gerichte selbst entschieden werden darf. Diese Zuständigkeit kann allerdings aus dem in Art. 19 Abs. 2 des Gesetzes über die völkerrechtlichen Verträge verbrieften Anwendungsvorrang der Verträge vor den Gesetzen[645] hergeleitet werden, an den die ordentlichen Gerichte eindeutig gebunden sind. Auch das Oberste Gericht hielt im Beschluss Nr. 9 seines Plenums vom 1. November 1996 „Über die Anwendung der Verfassung" die Instanzgerichte dazu an, die innerstaatlich geltenden völkerrechtlichen Verträge den entgegenstehenden gesetzlichen Normen vorzuziehen.[646]

Andererseits legte das Verfassungsgericht bei den schon zugelassenen Anträgen auf die Verfassungsmäßigkeitsprüfung der Gesetzesnormen die ukrainische Verfassung öfter im Lichte der völkerrechtlichen Verpflichtungen des Staates aus und untermauerte auf diese Weise seine Schlussfolgerungen mit den völkerrechtlichen Garantien. Damit relativierte

---

644 Nach Art. 13 Abs. 1 i. V. m. Art. 40 des Gesetzes über das VerfG der Ukraine (Nr. 422/96 v. 16.10.1996) können die Gerichte die Verfassungsmäßigkeitsprüfung der Gesetze nur durch das Oberste Gericht beantragen. Art. 13 Abs. 1: Das Verfassungsgericht der Ukraine entscheidet und beschließt über die Verfassungsmäßigkeit der Gesetze und anderer Rechtsakte der Werchowna Rada, der Rechtsakte des Präsidenten, des Ministerkabinetts und des Parlaments der Autonomen Republik Krim [...]." Art. 40: „Der Präsident, ein Quorum von mindestens 45 Parlamentsabgeordneten, *das Oberste Gericht*, der Menschenrechtsbeauftragter, das Parlament der Autonomen Republik Krim sind berechtigt, die Anträge auf die Verfassungsmäßigkeitsprüfung der in Art. 13 Punkt 1 genannten Rechtsakte an das Verfassungsgericht zu stellen." Hervorh. hinzugefügt.

645 Gesetz Nr. 1904-IV v. 29.04.2004, Art. 19 Abs. 2: „Wenn ein völkerrechtlicher Vertrag, der ordnungsgemäß seine Gültigkeit erlangt hat, andere Regeln als ein entsprechender Akt der ukrainischen Gesetzgebung vorsieht, sind die Normen des völkerrechtlichen Vertrages anzuwenden."

646 Beschluss des Plenums des Obersten Gerichts der Ukraine Nr. 9 v. 1.11.1996, Punkt 4: „Ausgehend von Art. 9 der Verfassung der Ukraine, wonach die durch die Werchowna Rada zugestimmten Verträge zu Bestandteilen der ukrainischen Gesetzgebung erklärt werden, darf das Gericht kein Gesetz anwenden, das anderes bestimmt als ein völkerrechtlicher Vertrag. Zugleich sind die völkerrechtlichen Verträge nur dann anzuwenden, wenn sie der Verfassung der Ukraine entsprechen."

das Gericht faktisch seine Aussage zur Unzuständigkeit für die Überprüfung des einfachen Rechts auf Übereinstimmung mit dem Völkerrecht.

2 Die Themen völkerrechtsbezogener Rechtsprechung

Seine Gedanken zu den durch die ukrainische Verfassung garantierten bürgerlichen und politischen Grundrechten und -freiheiten bekräftigte das Verfassungsgericht grundsätzlich mit Bezugnahmen auf die Internationalen Menschenrechtspakte von 1966 und die EMRK. Nur vereinzelt, wie zum Beispiel in der Entscheidung über die Aufhebung der Todesstrafe von 1999, spielte das Völkerrecht eine entscheidende Rolle. Hier stützte sich das Verfassungsgericht auf die zahlreichen völkerrechtlichen Garantien des Rechts auf Leben und folgte der Argumentationslogik der Venedig-Kommission des Europarates, die auch zur Verfassungswidrigkeit der Todesstrafe im Kontext der ukrainischen Verfassung eine Stellung bezog. Die Abschaffung der Todesstrafe war eine der Beitrittsverpflichtungen der Ukraine dem Europarat gegenüber. Die Umsetzung dieser Verpflichtung symbolisierte die Entschlossenheit des Staates, künftige Entwicklung seiner Rechtsordnung nach den gemeineuropäischen Rechtsgrundsätzen auszurichten.[647] Aufgrund ihrer großen Bedeutung für die völkerrechtliche Verfassungsgerichtsrechtsprechung wird die Entscheidung von 1999 zunächst gesondert dargestellt.

2.1 Die Rechtsprechung zu bürgerlichen und politischen Rechten

2.1.1 Die Abschaffung der Todesstrafe: Recht auf Leben, Verbot der Folter, Recht auf ein faires Verfahren

– *Der Hintergrund der Entscheidung*

Bei ihrer Aufnahme in den Europarat im November 1995 verpflichtete sich die Ukraine innerhalb von drei Jahren nach dem Beitritt zur Unterzeichnung und Ratifikation des Zusatzprotokolls Nr. 6 zur EMRK über die Abschaffung der Todesstrafe sowie zur sofortigen Einführung des Moratoriums der Exekutio-

---

647 Vgl. *T. O. Michejeva*, Über die rechtlichen Aspekte der Abschaffung der Todesstrafe in der Ukraine, Verfassungsrecht: Osteuropäischer Review 2004, Nr. 2 (47), S. 144 ff. (russ.).

nen.[648] Dennoch kritisierte der Europarat die Ukraine immer wieder wegen grober Verletzungen dieser Verpflichtungen. Nach weiteren Hinrichtungen in der Ukraine, drohte der Europarat mit der Nichtratifikation der Stimmrechte der Mitglieder der ukrainischen Delegation in der Parlamentarischen Versammlung. [649] Daraufhin unterzeichnete der ukrainische Präsident im Mai 1997 das Zusatzprotokoll Nr. 6 und proklamierte ein *de facto* Moratorium der Exekutionen.

Der Europarat beharrte auf der Abschaffung der Todesstrafe *de jure* und beauftragte die Venedig-Kommission, die Konformität der Todesstrafe mit der ukrainischen Verfassung zu begutachten. Das Gutachten fiel negativ aus: Im Dezember 1997 stellte die Venedig-Kommission die Unvereinbarkeit der Todesstrafe mit der Verfassung fest.[650] Da die Begründung der Verfassungswidrigkeit der Todesstrafe in der Entscheidung von 1999 des Verfassungsgerichts der Ukraine einige Parallelen zur Argumentationskette der Venedig-Kommission aufzeigt, soll die Stellungnahme der Venedig-Kommission hier kurz geschildert werden.

Die Venedig-Kommission begann die Verfassungsmäßigkeitsprüfung der Todesstrafe mit einer ausführlichen Analyse von Art. 27 Abs. 1 und 2 der ukrainischen Verfassung:

> „Jeder Mensch hat ein unveräußerliches Recht auf Leben.
>
> Niemand darf willkürlich seines Lebens beraubt werden. Der Staat hat die Pflicht, das Leben zu schützen."

Mit der Wortwahl, dass die „willkürliche Beraubung des Lebens" verboten ist, konnte die Verfassung die gesetzlich angeordnete und nicht willkürlich ausgeführte Todesstrafe für bestimmte Verbrechen implizit gestatten. Dafür spricht auch die Tatsache, dass die Verfassung ein ausdrückliches Verbot der To-

---

648 Opinion No. 190 (1995) of Parliamentary Assembly of the Council of Europe on the Application by Ukraine for Membership of the Council of Europe, adopted by the Assembly on 26 September 1995, Ziff. 12 ii.

649 Resolution No. 1112 (1997) of Parliamentary Assembly of the Council of Europe on the Honouring of the Commitment Entered into by Ukraine Upon Accession to the Council of Europe to Put into Place a Moratorium on Executions, adopted by Assembly on 27 January 1997, Ziff. 6.

650 Opinion on the Constitutional Aspects of the Death Penalty in Ukraine, adopted on 12-13 December 1997, CDL-INF (1998)001 rev.

desstrafe nicht festschreibt und somit der im Verlaufe des Verfassungsausarbeitungsprozesses von der Venedig-Kommission entwickelten Empfehlung über die Aufnahme des betreffenden Verbots in den Verfassungstext nicht folgt.[651]

Die Wortwahl von Art. 27 Abs. 2 korrespondierte mit Art. 6 Abs. 1 S. 3 des Internationalen Pakts über bürgerliche und politische Rechte (IPbpR), wonach „niemand [...] willkürlich seines Lebens beraubt werden" dürfte. Allerdings enthält Art. 6 Abs. 2 IPbpR im Gegensatz zur ukrainischen Verfassung eine explizite Referenz zur Todesstrafe und nennt die Fälle, in denen sie angeordnet und ausgeführt werden kann.[652] Hiermit wird ein Regel-Ausnahme-Verhältnis begründet, das dem ukrainischen Verfassungstext fremd ist. Folglich müsste die Bedeutung des Schlüsselwortes „willkürlich" in der ukrainischen Verfassung eine andere sein. Wenn Art. 27 Abs. 2 der ukrainischen Verfassung eine Todesstrafe zuließe, würde dies im Kontext der ukrainischen Verfassung, insbesondere im Lichte von Art. 3 Abs. 1 zur Anerkennung des Lebens des Menschen als des höchsten Wertes[653] und von Art. 28 Abs. 1 und 2 zur Achtung der Menschenwürde und zum Verbot unmenschlicher Behandlung,[654] implizieren, dass die Todesstrafe und ihre Ausführung nicht als unmenschliche und grausame Behandlung angesehen werden können. Dies würde die ukrainische Verfassung von dem europäischen Kontext isolieren; denn die Beraubung des Lebens betrachtet die Venedig-Kommission als will-

---

651 Opinion on the Draft Constitution of Ukraine, 15 adopted on 17-18 May 1996, CDL (96), S. 6.

652 IPbpR v. 1966, Art. 6 Abs. 2: „In Staaten, in denen die Todesstrafe nicht abgeschafft worden ist, darf ein Todesurteil nur für schwerste Verbrechen auf Grund von Gesetzen verhängt werden, die zurzeit der Begehung der Tat in Kraft waren und die den Bestimmungen dieses Paktes und der Konvention über die Verhütung und Bestrafung des Völkermordes nicht widersprechen. Diese Strafe darf nur auf Grund eines von einem zuständigen Gericht erlassenen rechtskräftigen Urteils vollstreckt werden."

653 Verfassung-UKR v. 1996, Art. 3 Abs. 1: „Der Mensch, sein Leben, seine Gesundheit, Ehre und Würde, körperliche Unversehrtheit und Sicherheit werden als *höchster sozialer Wert* anerkannt." Hervorh. hinzugefügt.

654 Verfassung-UKR v. 1996, Art. 28 Abs. 1 und 2: „Jeder hat das Recht auf Achtung seiner Menschenwürde.
Niemand darf der Folter oder *unmenschlicher* oder *erniedrigender Strafe* oder *Behandlung* unterworfen werden." Hervorh. hinzugefügt.

kürlich sowohl im europäischen völkerrechtlichen Kontext als auch im Kontext des europäischen Verfassungsrechts.[655]

In der Gesamtschau stellte die Venedig-Kommission die Unvereinbarkeit der Todesstrafe mit der ukrainischen Verfassung fest: Die Bedeutung des Wortes „willkürlich" begründet im Verfassungstext kein Regel-Ausnahme-Verhältnis, sondern verkörpert eine Rechtsgrundlage für die Aufhebung der Todesstrafe.

In der Resolution vom Januar 1999 machte die Versammlung des Europarates der Ukraine deutlich, dass im Fall der Nichtabschaffung der Todesstrafe *de jure* und der Nichtratifikation des Zusatzprotokolls Nr. 6 neben einer Annullierung der Stimmrechte auch die Suspendierung der Mitgliedschaft nach Art. 8 des Statuts des Europarates in Betracht kommen würden.[656] Soweit ist es jedoch nicht gekommen, da die ukrainischen Parlamentarier, die zugleich Mitglieder der ukrainischen Delegation bei der Parlamentarischen Versammlung des Europarates waren, beim ukrainischen Verfassungsgericht ein Verfahren zur Verfassungsmäßigkeitsprüfung der Strafgesetzbuchvorschriften über die Todesstrafe[657] anhängig machten.[658]

– *Die Entscheidung des Verfassungsgerichts*

---

655 Bei der Ausführung des europäischen Verfassungskontexts bezog sich die Venedig-Kommission auf das Zusatzprotokoll Nr. 6, auf das EGMR Urt. 7.07.1989 *Soering v. The United Kingdom*, no. 14.038/88, Series A 161, und auf die Verfassungswidrigkeit der Todesstrafe in der Entscheidung des VerfG Ungarns (Urteil v. 24.10.1990, Nr. 23/1990). Sie verwendete auch die Wortwahl *„European legal area"*, wonach die Vereinbarkeit der nationalen Verfassungsvorschriften mit den menschenrechtlichen europäischen Standards vorausgesetzt wird, vgl. Opinion on the Constitutional Aspects of the Death Penalty in Ukraine, adopted on 12-13 December 1997, CDL-INF (1998)001 rev., Ziff. 5 und 14 ff.

656 Resolution No. 1179 (1999) and Recommendation 1395 (1999) of Parliamentary Assembly, Honouring of Obligations and Commitments by Ukraine, adopted by Assembly on 21.07.1999, Ziff. 15.

657 In Art 24 StGB der Ukraine v. 28.12.1960 wurde die Anwendung der Todesstrafe im Fall der Begehung von besonders schweren Verbrechen als eine Ausnahmebestraffung niedergelegt. Die besonders schweren Verbrechen waren in Art. 58, 59, 60, 93 und 190-1 des StGB der Ukraine ausgeführt.

658 Dies würdigte die Versammlung des Europarates in Resolution No. 1194 (1999) and Recommendation 1416 (1999), Honouring of Obligations and Commitments by Ukraine, adopted by Assembly on 24 June 1999, Ziff. 3.

Seine Argumentation in der *Entscheidung vom 29. Dezember 1999*[659] begann das ukrainische Verfassungsgericht mit Art. 3 der Verfassung über den Menschen und sein Leben als „höchsten Wert" und über die Pflicht des Staates zum Schutz des Lebens eines jeden. In der ukrainischen Verfassung wird diese Pflicht in Art. 27 Abs. 1 und 2 dahingehend konkretisiert, dass hier das unveräußerliche Recht auf Leben und das Verbot der Beendigung des Lebens auf „willkürliche" Weise festgeschrieben sind.[660]

Des Weiteren wies das Verfassungsgericht darauf hin, dass der Terminus „willkürlich" in der ukrainischen Rechtsordnung nicht eindeutig definiert sei. Es zog eine Parallele zwischen Art. 27 Abs. 2 der ukrainischen Verfassung und Art. 6 IPbpR, der auch für die Ukraine nach seiner Ratifikation durch das Präsidium der Werchowna Rada der UkrSSR verbindlich ist.[661] Das Verfassungsgericht betonte, dass das Wort „willkürlich" in Art. 6 des Paktes ein Regel-Ausnahme-Verhältnis einführe: Der erste Absatz der Vorschrift untersage die willkürliche Beraubung des Lebens, während der zweite Absatz diesbezügliche Ausnahmefälle aufzähle. Genauso wie die Venedig-Kommission ging das ukrainische Verfassungsgericht davon aus, dass der ukrainische Verfassungsgeber, hätte er diese Formel gewählt, sie ausdrücklich im Verfassungstext aufgenommen hätte. Diese Auffassung unterstützte es mit dem ausdrücklichen Verweis auf die Stellungnahme der Venedig-Kommission.[662]

Wie die Venedig-Kommission verglich auch das Verfassungsgericht die Durchführung der Todesstrafe mit einer unmenschlichen und erniedrigenden Behandlung, die nach Art. 28 Abs. 1 und 2 der ukrainischen Verfassung verboten ist. Somit ließen sich aus der systematischen Auslegung von Art. 27 Abs. 1 und 2 im Kontext der ukrainischen Verfassung Gründe für die Unzulässigkeit der Todesstrafe ermitteln. Bemerkenswert ist, dass das Gericht den Kontext der ukrainischen Verfassung nicht isoliert vom europäischen Kontext betrachtete, insofern es die Todesstrafe auch als unvereinbar mit Art. 3 EMRK zum Verbot der Folter und unmenschlicher Behandlung und

---

659 Ent. Nr. 11-рп/99 v. 29.12.1999.
660 Ebenda, Ziff. 2.
661 Dekret des Präsidiums der Werchowna Rada der UkrSSR, Nr. 2148-VIII v. 19.10.1973.
662 Ent. Nr. 11-рп/99 v. 29.12.1999, Ziff. 2.

der betreffenden Rechtsprechung des Straßburger Gerichts sah.[663] Ohne konkrete, für die zu prüfende Frage relevante EGMR-Urteile zu nennen, betonte das Gericht, dass die Ukraine sich mit der Ratifikation der EMRK zur Beachtung der EGMR-Urteile verpflichtet und zur Befolgung der europäischen Ideen und Grundsätze bereit erklärt habe. Die Abschaffung der Todesstrafe sei einer dieser Grundsätze sowie eine der Verpflichtungen, die die Ukraine auf der Grundlage ihres Beitritts zum Europarat eingegangenen sei.[664]

Die weitere Begründung des Verfassungsgerichts wich von der Argumentationskette der Venedig-Kommission ein wenig ab. So betrachtete es das Recht auf Leben als eines der in der Verfassung verbürgten Grundrechte, das nach Art. 22 Abs. 2 und 3 i. V. m. Art. 64 Abs. 1 der ukrainischen Verfassung ausschließlich durch die Verfassung und nicht durch die Gesetze eingeschränkt werden dürfte.[665] Auch wenn die Todesstrafe gesetzlich vorgesehen sei, werde durch ihre Anwendung das unveräußerliche Recht auf Leben abgeschafft. Etliche Einschränkungen und die Abschaffung des Rechts auf Leben durch eine gesetzliche Vorschrift sind im Kontext der ukrainischen Verfassung nicht vorgesehen und damit verboten.[666]

Das Verfassungsgericht der Ukraine stellte deshalb die Verfassungswidrigkeit der umstrittenen Bestimmungen des Strafgesetzbuches fest und hob die Todesstrafe auf. Kurz nach der Verfassungsgerichtsentscheidung verabschiedete die Werchowna Rada das Gesetz zur Abschaffung der Todesstrafe und das Gesetz zur Ratifikation des Zusatzprotokolls Nr. 6.[667]

---

663 Ent. Nr. 11-рп/99 v. 29.12.1999, Ziff. 6; EMRK v. 1950, Art. 3: „Niemand darf der Folter oder unmenschlicher oder erniedrigender Strafe oder Behandlung unterworfen werden."

664 Ent. Nr. 11-рп/99 v. 29.12.1999, Ziff. 6.

665 Verfassung-UKR, v. 1996, Art. 22 Abs. 2 und 3: „Die in der Verfassung festgelegten Grundrechte und -freiheiten werden garantiert und können nicht abgeschafft werden.
Bei der Annahme der neuen Gesetze oder der Änderung der geltenden Gesetze ist es verboten, den Wesensgehalt oder die Reichweite der geltenden Rechte und Freiheiten zu schmälern."
Art. 64 Abs. 1: „Die durch die Verfassung gewährten Grundrechte und -freiheiten dürfen nicht eingeschränkt werden, es sei denn, dies ist ausdrücklich in der Verfassung der Ukraine vorgesehen."

666 Ent. Nr. 11-рп/99 v. 29.12.1999, Ziff. 4.

667 Die Gesetze Nr. 1483-III und Nr. 1484-III v. 22.02.2000. Allerdings stellten die Parlamentsabgeordneten die Verfassungskonformität dieses

Wie gezeigt, spielte das Völkerrecht und vor allem die europäischen völkerrechtlichen Standards eine besondere Rolle in der Entscheidung. Die menschenrechtlichen Garantien auf der Verfassungsebene wurden nicht isoliert von den entsprechenden völkerrechtlichen Vertragsnormen betrachtet. So bestätigte das Verfassungsgericht jedes seiner aus der Verfassung gewonnenen Erkenntnisse mit Bezugnahme auf die EMRK oder den IPbpR. Die Unvereinbarkeit der Todesstrafe mit unmenschlicher Behandlung leitete es aus der EGMR-Rechtsprechung her und übertrug dies auf den Kontext der ukrainischen Verfassung. Dennoch ging es dabei nicht über die bloße Feststellung hinaus. Die konkreten Urteile des Menschenrechtsgerichtshofs zu Art. 3 EMRK brachte das Gericht nicht an.

Im Tenor der Entscheidung stützte sich das Gericht doch allein auf die Verfassungsnormen. Dabei war das in Art. 64 Abs. 1 fixierte Verbot der Einschränkung der in der Verfassung verbürgten Grundrechte und -freiheiten durch Gesetzesregelung entscheidend. Nichtdestotrotz erweckt die Argumentationslogik des Gerichts den Eindruck, dass die eingegangenen völkerrechtlichen Verpflichtungen einen objektiven Rahmen für die Auslegung der Verfassung darstellen und daher für die Verfassungsmäßigkeitsprüfung der nationalen Gesetzesvorschriften herangezogen werden müssten.

2.1.2 Die Rechtsprechung zum Recht auf Freizügigkeit

Mit dem in Art. 33 Abs. 1 der Verfassung festgelegten Recht eines jeden, der sich rechtmäßig im Hoheitsgebiet der Ukraine aufhält, sich dort frei zu bewegen und seinen Wohnsitz frei zu wählen, beschäftigte sich das Verfassungsgericht in der *Entscheidung vom 14. November 2001* zur Verfassungsmäßigkeit des Registrierungssystems bzw. der Zuzugsgenehmigung (*Propiska*).[668]

In dem Verfahren wurde die Verfassungswidrigkeit der Bestimmung des Regierungsbeschlusses über den Passdienst gerügt, wonach dieser den Zuzug und Auszug der Menschen genehmigte.[669] Nach der Auffassung der

---

Zustimmungsgesetzes zum Protokoll Nr. 6 in Frage, s. dazu ► Teil 3 - Kapitel 2, Punkt 2.2.3 und Fn. 407.

668 Ent. Nr. 15-рп/2001 v. 14.11.2001.

669 Regierungsbeschluss Nr. 700 v. 10.10.1994.

Antragsteller war die Zuzugsgenehmigung mehr als bloße Meldepflicht. Sie hatte Erlaubnischarakter. Dies zeigte sich daran, dass die Ausstellung der Zuzugsgenehmigung eine bestimmte Wohnfläche, verwandtschaftliche Verhältnisse mit den Mitwohnenden u. a. voraussetzte. Dies verstieße gegen das Recht auf Freizügigkeit, auf einen Wohnort und eine Wohnung eigener Wahl nach Art. 33 Abs. 1 der Verfassung:[670]

> „Jedem, der sich rechtmäßig im Hoheitsgebiet der Ukraine aufhält, werden die Freizügigkeit, freie Wahl des Wohnorts, Recht das Territorium der Ukraine frei zu verlassen, garantiert. Die Einschränkungen dieser Garantien können gesetzlich vorgesehen werden."

Das Verfassungsgericht betonte, dass das Recht auf Freizügigkeit nicht nur der ukrainischen Verfassung, sondern auch Art. 13 AEMR, Art. 12 IPbpR, Art. 2 des Zusatzprotokolls Nr. 4 zur EMRK und anderen internationalen Akten zu entnehmen sei.[671] Welche anderen völkerrechtlichen Akte hier noch gemeint sein könnten, blieb in der Entscheidung offen.

Weiterhin führte das Verfassungsgericht aus, dass das Recht nicht absolut sei und nach Art. 33 Abs. 1 der Verfassung einer gesetzlichen Einschränkung unterworfen werden könnte. Auffallend ist, dass es für die Bestätigung der zugelassenen gesetzlichen Einschränkung unter den herangezogenen völkerrechtlichen Rechtstexten ein europäisches Dokument wählte, nämlich das Zusatzprotokoll Nr. 4 zur EMRK. Das Gericht gab den Wortlaut von Art. 2 Abs. 3 des Zusatzprotokolls Nr. 4 wieder, wonach die Ausübung des Rechts auf Freizügigkeit:

> „[...] nur Einschränkungen unterworfen werden [darf], die gesetzlich vorgesehen und in einer demokratischen Gesellschaft notwendig sind für die nationale oder öffentliche Sicherheit, zur Aufrechthaltung der öffentlichen Ordnung, zur Verhütung von Straftaten, zum Schutz der Gesundheit oder der Moral oder zum Schutz der Rechte und Freiheiten anderer."

Allerdings ging das Gericht nicht darauf ein, dass der allgemeine Gesetzesvorbehalt der ukrainischen Verfassung und der detailliert formulierte

---

670 Gerügt wurden auch der Verstoß gegen das in Art. 24 Abs. 2 festgeschriebene Diskriminierungsverbot aufgrund des Wohnortes und gegen Art. 64 Abs. 1 der Verfassung zum generellen Einschränkungsverbot der in der Verfassung festgelegten Grundrechte und -freiheiten durch Gesetze.

671 Ent. Nr. 15-рп/2001 v. 14.11.2001, Ziff. 4.

Einschränkungsvorbehalt des Zusatzprotokolls Nr. 4 unterschiedlich gefasst sind. Es erkannte einen Erlaubnischarakter der Zuzugsgenehmigung in der ukrainischen Rechtsordnung an und damit ihre einschränkende Wirkung. Anschließend stellte es schlicht fest, dass die gemeinsame Forderung der Verfassung und der zitierten völkerrechtlichen Vertragsnorm nach der Einschränkung durch ein Gesetz in dem Fall nicht erfüllt sei: Die Zugangsgenehmigung wurde in keinem Gesetz, sondern in einem Regierungsbeschluss geregelt.[672] Im Ergebnis erklärte das Gericht die Zuzugsgenehmigung für verfassungswidrig und hob sie auf.

In der Gesamtschau bekräftigte das Verfassungsgericht anhand einer ungenauen Auseinandersetzung mit dem Völkerrecht die allein aus der Verfassung gewonnene Erkenntnis. Es konkretisierte nicht, ob die künftige gesetzliche Gestaltung der Meldepflicht den in Art. 2 Abs. 3 des Zusatzprotokolls verbrieften Begrenzungen der Rechtseinschränkung, die eindeutig über den allgemeinen Gesetzesvorbehalt in Art. 33 Abs. 1 der ukrainischen Verfassung hinausgehen, entsprechen muss. So entkam das Verfassungsgericht auch einer klaren Aussage zum Verhältnis von ukrainischen Gesetzen und Völkervertragsrecht. Erwähnenswert ist hier, dass in der Präambel des neuen Gesetzes der Ukraine über Freizügigkeit von 2003 auf die Garantien des einschlägigen Rechts in der AEMR, in dem IPpbR und in der EMRK einschließlich ihres Zusatzprotokolls Nr. 4 verwiesen wird.[673] In Art. 4 Abs. 2 des neuen Gesetzes wird den erwähnten völkerrechtlichen Verträgen ein Anwendungsvorrang vor dem Gesetz zugesprochen.

2.1.3 Die Rechtsprechung zum Recht auf Freiheit und Sicherheit

In der *Entscheidung vom 8. Juli 2003*[674] prüfte das Verfassungsgericht die Verfassungsmäßigkeit einer Verfahrensvorschrift der Strafprozessordnung zur Bedeutung der Gewichtung einer Straftat bei einer vorläufigen Festnahme einer Person, die einer Straftat beschuldigt wird.

672 Ebenda.
673 Gesetz Nr. 1382-IV v. 11.12.2003.
674 Ent. Nr. 14-рп/2003 v. 8.07.2003.

Im Antrag an das Verfassungsgericht wurde eine Beeinträchtigung von Art. 62 Abs. 1 der Verfassung zur Unschuldsvermutung angenommen. Hiernach gelte jede Person, die einer Straftat angeklagt ist, bis zum gesetzlichen Beweis ihrer Schuld und der gerichtlichen Anordnung als unschuldig.[675] Des Weiteren solle die umstrittene Gesetzesnorm gegen Art. 29 Abs. 3 der Verfassung verstoßen, wonach eine vorläufige Festnahme nur dann gestattet wird, wenn sie notwendig ist, um die Begehung einer Straftat zu verhindern oder eine Straftat zu beenden. Neben der Verfassungswidrigkeit der umstrittenen Gesetzesnorm wiesen die Antragssteller auch auf ihre Völkerrechtswidrigkeit hin aufgrund der Verletzung von Art. 5 EMRK zum Recht auf Freiheit und Sicherheit.

Aus einer systematischen Analyse der Strafprozessordnung der Ukraine folgte für das Verfassungsgericht, dass die Gewichtung einer Straftat eine vorläufige Festnahme nicht begründet. [676] Die einfachgesetzliche Ausgestaltung der vorläufigen Festnahme sehe zwar vor, dass die Gewichtung einer Straftat genauso wie das Alter der Person, ihr gesundheitlicher oder Familienzustand und andere Umstände bei der Beurteilung der Notwendigkeit von einer präventiven Maßnahme mitberücksichtigt werden solle. Die vorläufige Festnahme erfolge dagegen, wenn hinreichend begründeter Anlass zur Annahme besteht, dass die Person rechtsflüchtig sei oder eine Straftat erneut begehen könne. Daher sei sie mit dem in Art. 62 Abs. 2 verbürgten Grundsatz der Unschuldsvermutung und den verfassungsrechtlichen Anforderungen an die vorläufige Festnahme in Art. 29 Abs. 3 vereinbar.

Ferner ging das Gericht auf die durch die Antragssteller gerügte Frage der Völkerrechtskonformität der innerstaatlichen Norm ein. Anders als in seiner bereits angesprochenen *Entscheidung vom 26. März 2002*[677] weigerte es sich nicht, aufgrund fehlender Kompetenz Stellung zur Vereinbarkeit des nationalen Rechts mit den völkerrechtlichen Vertragsverpflichtungen der

---

675 Verfassung-UKR v. 1996, Art. 62 Abs. 1: „Jeder einer Straftat Beschuldigte gilt als unschuldig, solange seine Schuld nicht in dem durch ein Gesetz vorgesehenen Verfahren bewiesen und durch ein rechtskräftiges Gerichtsurteil festgestellt worden ist."

676 Ent. Nr. 14-pn/2003 v. 8.07.2003, Ziff. 3.

677 Ent. Nr. 21-y/2002 v. 26.03.2002, s. Fn. 643.

Ukraine zu nehmen.[678] Allerdings setzte sich das Gericht mit den Bedingungen einer rechtmäßigen Festnahme nach Art. 5 EMRK nicht eingehend auseinander. Es zitierte unvollständig aus Art. 5 Abs. 1 lit. c) EMRK ohne genaue Angabe der Zitierstelle, als es feststellte, dass danach „die rechtmäßige Festnahme oder rechtmäßiger Freiheitsentzug zur Vorführung vor die zuständige Gerichtsbehörde, um an der Begehung einer Straftat oder an der Flucht nach Begehung einer solchen zu hindern, gestattet ist."[679] Als Resultat konstatierte das Gericht die Konformität der bereits für verfassungsmäßig erklärten Gesetzesvorschrift mit der völkerrechtlichen Regel und betonte, dass die festgestellte Verfassungsmäßigkeit auch die Völkerrechtskonformität sei.

Das Gericht zog die nur im Antrag gerügte Völkervertragsrechtsnorm (Art. 5 EMRK) heran. In der Argumentation berücksichtigte es keine weiteren völkerrechtlichen Garantien des geprüften Rechts auf persönliche Freiheit und Sicherheit, bspw. Art. 9 IPbpR. Auch die für die Fragestellung relevanten völkerrechtlichen Gebote der Unschuldsvermutung in Art. 6 Abs. 2 EMRK und Art. 14 Abs. 2 IPbpR wurden nicht erwähnt. Dies deutet auf eine selektive Bezugnahme des ukrainischen Verfassungsgerichts auf das Völkerrecht hin.

In der Entscheidung führte das Gericht die völkerrechtlichen Garantien des Rechts auf Freiheit und Sicherheit unverbunden zu denen der ukrainischen Verfassung auf. Seine Prüfung der Völkerrechtskonformität ging nicht über die bloße Feststellung hinaus, dass die umstrittene Gesetzesnorm den völkerrechtlichen Menschenrechtsgarantien entspräche.

2.1.4 Die Rechtsprechung zum Recht auf ein faires Verfahren

– *Recht auf gerichtlichen Rechtsschutz*

In einer Reihe von Entscheidungen über den untersuchten Zeitrahmen hinweg befasste sich das Verfassungsgericht der Ukraine mit dem Recht auf gerichtlichen Rechtsschutz. Es bestimmte die Reichweite des Rechts und die zugelassenen Einschränkungen. Dabei spielten die einschlägigen völkerrechtlichen Bestimmungen vereinzelt eine wesentliche Rolle.

---

[678] Ent. Nr. 21-у/2002 v. 26.03.2002, Ziff. 3

[679] Ent. Nr. 14-рп/2003 v. 8.07.2003, Ziff. 3.

In der *Entscheidung vom 25. November 1997*[680] legte das Verfassungsgericht Art. 55 Abs. 2 der Verfassung aus. Hiernach wird

> „jedem [wird] ein Anspruch auf gerichtlichen Rechtsschutz gegen die Entscheidungen, das Tun oder Unterlassen der Staatsorgane, der Organe der Selbstverwaltung sowie der Amtsträger und der Beamte gewährt."

In diesem Fall hatte ein Militärgericht die Prüfung der Entscheidung des Stadtkommandanten über die Wohnungszuteilung aus Unzuständigkeitsgründen abgelehnt und sich dabei auf das Wohnungsgesetzbuch und die Richtlinien des Plenums des Obersten Gerichts zur Anwendung des Wohnungsgesetzbuches berufen, wonach eine Gerichtsbeschwerde als Rechtsmittel gegen derartige Streitigkeiten grundsätzlich ausgeschlossen war.[681] Gestützt auf den zitierten Art. 55 Abs. 2 der Verfassung beschloss das Verfassungsgericht, dass das Recht auf gerichtlichen Rechtsschutz in dem Fall verletzt sei. Allgemein betonte es, dass andere Rechtsmittel, wie bspw. eine Beschwerde bei höherrangigen Amtsträgern, die gerichtliche Kontrolle aller Handlungen nicht ausschließen sollten.[682]

Die völkerrechtliche Begründung dieser Reichweite des Rechts auf gerichtlichen Rechtsschutz enthält das Sondervotum des Verfassungsrichters *Viktor Skoromocha*.[683] Allerdings wählte der Verfassungsrichter aus den bestehenden völkerrechtlichen Garantien des geprüften Rechts ein internationales Dokument, dessen rechtsbindende Wirkung umstritten ist: Er verwies auf Art. 8 AEMR.[684] Dabei kämen Art. 6 Abs. 1 EMRK oder Art. 14 Abs. 1 IPbpR in Betracht, an deren Rechtsverbindlichkeit in der Völkerrechtsliteratur und -praxis nicht gezweifelt wird und die in die ukrainische Rechtsordnung aufgrund der parlamentarischen Zustimmung einbezogen wurden. Diese Wahl

---

680 Ent. Nr. 6-зп/97 v. 25.11.1997.

681 Beschluss des Plenums des Obersten Gerichts Nr. 2 „Über die Fragen betreffend die Anwendung des Wohngesetzbuches" v. 12.04.1985 mit den Änderungen v. 10.03.1989 und der Beschluss Nr. 13 „Über die Unzuständigkeit der Gerichte für die Streitigkeiten betreffend die Wohnungszuteilung" v. 25.12.1992.

682 Ent. Nr. 6-зп/97 v. 25.11.1997, Ziff. 1 des Tenors.

683 Sondervotum des Richters *Viktor Skoromocha* zur Ent. Nr. 6-зп/97 v. 25.11.1997, Ziff. 6.

684 AEMR v. 10.12.1948, Art. 8: „Jeder Mensch hat Anspruch auf wirksamen Rechtsschutz vor den zuständigen innerstaatlichen Gerichten gegen alle Handlungen, die seine ihm nach der Verfassung oder nach dem Gesetz zustehenden Grundrechte verletzen."

des Verfassungsrichters bekundet die verbreitete in den nachfolgend vorgestellten Entscheidungen immer wieder zu findende Übung des ukrainischen Verfassungsgerichts, die herangezogenen völkerrechtlichen Normen nicht nach ihrem Rechtscharakter und auch ihrer Rechtsquelle zu differenzieren.

Einen Monat später tagte das Verfassungsgericht in einer ähnlich gelagerten Rechtssache. In der *Entscheidung vom 25. Dezember 1997*[685] legte es Art. 55 Abs. 1 aus:

> „Die Rechte und Freiheiten der Personen und der Bürger werden durch das Gericht geschützt."

Das Verfahren betraf eine zivilprozessuale Bestimmung eines Beschlusses des Plenums des Obersten Gerichts, wonach die Beilegung der Streitigkeiten über die Erstattung der Entwertung staatlicher Wertpapiere die Kompetenz des Ministerkabinetts ausmachte. Das Verfassungsgericht betonte, dass die Gerichte verpflichtet seien, individuelle Beschwerden anzunehmen, sogar wenn dafür keine gesonderte gesetzliche Verfahrensgarantie des gerichtlichen Schutzes bestünde.[686] Eine solche Interpretation von Art. 55 Abs. 1 der Verfassung stimme mit den völkerrechtlichen Vertragsverpflichtungen der Ukraine überein, die aufgrund Art. 9 der ukrainischen Verfassung zu Bestandteilen des ukrainischen Rechtssystems gehören.[687] Hier verwies das Gericht sehr allgemein auf den IPbpR und die EMRK, ohne die entsprechenden völkerrechtlichen Normen zu zitieren und sie mit dem Inhalt von Art. 55 Abs. 1 der ukrainischen Verfassung abzuwägen.

Auch in der *Entscheidung vom 26. Februar 1998* stellte das Verfassungsgericht die Unzulässigkeit der Einschränkung des Rechts auf Rechtsschutz durch das Wahlgesetz fest.[688] Das geprüfte Gesetz ließ eine gerichtliche Überprüfung der Entscheidungen der Wahlkommission erst dann zu, wenn kein anderes Rechtsmittel gegen die Entscheidungen der Wahlkommission gegeben ist. Anders als in der *Entscheidung vom 25. Dezember 1997* erwähnte das Verfassungsgericht nicht, dass neben Art. 55 Abs. 2 der Verfas-

---

685 Ent. Nr. 9-зп/97 v. 25.12.1997, (*Rs. des Antrags der Bewohner der Stadt Žowti Wody*).

686 Ebenda, Ziff. 2.

687 Ebenda.

688 Ent. Nr. 1-рп/98 v. 26.02.1998.

sung auch die völkerrechtlichen Vertragsverpflichtungen der Ukraine durch das Gesetz verletzt wurden.[689]

Dies änderte sich in der *Entscheidung vom 23. Mai 2001* zur Verfassungswidrigkeit von Art. 248-3 Abs. 3 und 4 der Zivilprozessordnung der Ukraine. Hiernach waren die Rechtsakte, welche die staatliche Sicherheit, die außenpolitische Tätigkeit, das Staats- und Dienstgeheimnis berührten und auch die Akte der Staatsanwaltschaft, der Ermittlungs- und Untersuchungsorgane von einer gerichtlichen Überprüfung ausgeschlossen, falls gesetzlich ein anderes als ein gerichtliches Verfahren für ihre Anfechtung vorgesehen war.[690] Gestützt auf den bereits erläuterten Art. 55 Abs. 1 zum Recht auf gerichtlichen Rechtsschutz und Art. 64 der Verfassung zum allgemeinen Einschränkungsverbot der in der Verfassung fixierten Rechte und Freiheiten durch die Gesetze, bestand das Gericht auf dem unveräußerlichen Recht auf gerichtlichen Rechtsschutz. Es untermauerte die Rechtmäßigkeit dieser aus der Verfassung gewonnenen Schlussfolgerung mit Art. 8 AEMR.[691] Abgesehen davon, dass die verfassungsrechtlichen und völkerrechtlichen Garantien in dem Fall übereinstimmten und die Begründung der Rechtsverbindlichkeit eines internationalen Dokuments hier nicht entscheidend wäre, ging das Verfassungsgericht auf die innerstaatliche Bindungswirkung der AEMR von 1948 gar nicht ein.

Die Rechtsprechung zum Recht auf Rechtsschutz ist ein deutliches Beispiel für zwei Dinge, die man freundlich als Eigentümlichkeiten der Rechtsprechung des ukrainischen Verfassungsgerichts bezeichnen kann. Erstens dafür, wie unsystematisch das Verfassungsgericht die völkerrechtlichen Normen anwendet, und zweitens dafür, wie irrelevant die rechtsbindende Wirkung der internationalen Dokumente für das Verfassungsgericht erscheinen mag, insbesondere, wenn die verfassungsrechtlichen und völkerrechtlichen Garantien sich im Wesentlichen decken. Grundsätzlich bestätigte das Gericht in den vorgebrachten Entscheidungen mit den Bezugnahmen auf das Völkerrecht

689 Auch ohne sich auf das Völkerrecht zu stützen, bestätigte das VerfG seine Rechtsposition hinsichtlich des Rechts auf gerichtlichen Rechtsschutz in der Ent. Nr. 15-рп/2002 v. 9.07.2002.

690 Ent. Nr. 6-рп/2001 v. 23.05.2001.

691 Ebenda, Ziff. 3.

die Existenz des Anspruchs eines jeden auf gerichtlichen Rechtsschutz auch auf internationaler Ebene.

– *Recht eines jeden auf einen Verteidiger seiner Wahl*

Das Recht auf einen Verteidiger freier Wahl wird in Art. 59 der Verfassung der Ukraine wie folgt garantiert:

> „Jeder hat das Recht auf Rechtsbeistand. In den gesetzlich vorgesehenen Fällen wird der Rechtsbeistand unentgeltlich geleistet. Jeder hat das Recht auf einen Verteidiger seiner Wahl.
>
> Für die Verwirklichung des Rechts auf Rechtsbeistand und einen Verteidiger ist in der Ukraine die Advokatur tätig."

In seiner *Entscheidung vom 16. November 2000* legte das Verfassungsgericht den zitierten Art. 59 im Zusammenhang mit Art. 44 Abs. 1 der Strafprozessordnung und Art. 268 des Gesetzbuches über die Ordnungswidrigkeit aus.[692] In den Verfahrensvorschriften der beiden Gesetzbücher wurde ausdrücklich festgeschrieben, dass für die Zulassung eines Verteidigers zu den Verhandlungen eine Rechtsanwaltslizenz notwendig ist. Aus diesem Grund ließ ein Untersuchungsbeamter der Steuermiliz in einem gegen den Antragsteller laufenden strafrechtlichen Verfahren den von ihm ausgewählten Verteidiger zur Verhandlung nicht zu. Auch ein Staatsanwalt und ein Gericht lehnten die Zulassung des Verteidigers mit der Begründung ab, dass er ein Jurist ohne Rechtsanwaltslizenz sei.[693] Das Erfordernis einer Rechtsanwaltslizenz entnahmen sie den erwähnten Verfahrensvorschriften und einem Beschluss des Plenums des Obersten Gerichts Nr. 10 zur Anwendung der Gesetzgebungsakte, die einem Angeklagten das Recht auf einen Verteidiger garantieren.[694] Dies erklärte das Verfassungsgericht für eine verfassungswidrige Einschränkung des Rechts auf einen Verteidiger freier Wahl.

Zunächst vermittelte das Gericht den Wesensgehalt des Rechts auf einen Verteidiger freier Wahl aus den völkerrechtlichen Vertragsverpflichtungen der

---

692 Ent. Nr. 13-pп/2000 v. 16.11.2000.

693 Ebenda, Ziff. 2.

694 Beschluss des Plenums des Obersten Gerichts Nr. 10 zur Anwendung der Gesetzgebungsakte, die dem Angeklagten das Recht auf einen Verteidiger garantieren v. 7.07.1995, geändert durch den Beschluss Nr. 8 v. 24.10.2003.

Ukraine wie Art. 6 Abs. 2 lit. c) EMRK[695] und Art. 14 Abs. 3 lit. b) IPbpR.[696] In diesem Zusammenhang griff das Verfassungsgericht auf ein völkerrechtlich unverbindliches Dokument der Vereinten Nationen zurück, um das in dem Pakt garantierte Recht auf einen Verteidiger näher zu bestimmen. Es zitierte die Grundsätze 1 und 19 aus den vom Achten Kongress der Organisation der Vereinten Nationen zur Verbrechensverhütung und zum Umgang mit Rechtsverletzungen verabschiedeten Grundsätzen, und gelangte zum Schluss, dass das Recht auf einen Verteidiger die Möglichkeit des Angeklagten umfasse, sich an jede als Jurist tätige Person zu wenden.[697]

Infolge der Gesamtbetrachtung von Art. 59 Abs. 1 der Verfassung und der erwähnten internationalen Dokumente kam das Gericht zu dem Ergebnis, dass das Recht auf einen Verteidiger hieße, jede Person als einen Verteidiger aussuchen zu können, die im Stande sei, einen qualifizierten Rechtsbeistand zu leisten.[698] Art. 59 Abs. 2 über die Advokatur, die eine Verteidigung durchführen kann, begründe das Recht, nicht die Pflicht eines Angeklagten, sich seinen Verteidiger unter Juristen mit einer Rechtanwaltslizenz auszusuchen, und sei als eine verfassungsrechtliche Garantie des Rechts auf Rechtsbeistand anzusehen. Diese Garantie werde aber nicht dadurch gefährdet, dass ein Angeklagter durch einen Jurist ohne Lizenz verteidigt würde. Darüber hinaus sei eine solche Einschränkung nicht dem Wettbewerb unter den zugelassenen Verteidigern dienlich und trüge damit nicht zur Qualität des Rechtsbeistands bei.[699]

---

695 EMRK v. 1950, Art. 6 Abs. 2 lit. c): „Jede angeklagte Person hat mindestens folgende Rechte: [...] c) sich selbst zu verteidigen, sich durch einen Verteidiger ihrer Wahl verteidigen zu lassen oder, falls ihr die Mittel zur Bezahlung fehlen, unentgeltlich den Beistand eines Verteidigers zu erhalten, wenn dies im Interesse der Rechtspflege erforderlich ist; [...].“

696 IPbpR v. 1966, Art. 14 Abs. 3 lit. b): „Jeder wegen einer strafbaren Handlung Angeklagte hat in gleicher Weise im Verfahren Anspruch auf folgende Mindestgarantien: [...] b) er muss hinreichend Zeit und Gelegenheit zur Vorbereitung seiner Verteidigung und zum Verkehr mit einem Verteidiger seiner Wahl haben; [...].“ Vgl. Ent. Nr. 13-рп/2000 v. 16.11.2000, Ziff. 5.

697 Grundprinzipien betreffend die Rolle der Rechtsanwälte, angenommen vom Achten Kongress der Vereinten Nationen für Verbrechensverhütung und die Behandlung Straffälliger (27. August bis zum 7. September 1990), und von der Generalversammlung durch Resolution 45/120 vom 14. Dezember 1990 gebilligt. Zu finden unter: http://www.un.org/depts/german/conf/ac144-28a.pdf.

698 Ent. Nr. 13-рп/2000 v. 16.11.2000, Ziff. 5.

699 Ebenda, Ziff. 6.

In der Gesamtschau war hier die Beachtung völkerrechtlicher Verpflichtungen für das ukrainische Verfassungsgericht ganz deutlich Teil der Auslegung des nationalen Verfassungsrechts; auch sie vermögen die verfassungsrechtlichen Normen zu präzisieren.

– *Die Rechtsprechung zur Verfahrensgarantie des Angeklagten, nicht gegen sich selbst aussagen zu müssen*

In der *Entscheidung vom 30. September 2009* befasste sich das ukrainische Verfassungsgericht wieder mit dem Recht auf Rechtsbeistand.[700] Dem Antragsteller wurde ein Rechtsbeistand bei seiner Befragung als Zeuge durch einen Ermittlungsrichter verweigert.

In der Entscheidung wies das Verfassungsgericht darauf hin, dass das Recht auf Rechtsbeistand ein unabdingbares in der Verfassung verankertes Recht darstelle.[701] Es umfasse einen Rechtsbeistand unterschiedlicher Formen und Umfangs. Ein Recht auf Rechtsbeistand stehe nicht nur einer Person zu, die einer strafbaren Handlung angeklagt sei, sondern erstrecke sich auf Rechtsverhältnisse unterschiedlicher Art.[702] Bei der Befragung als Zeuge sorge der Rechtsbeistand in erster Linie für die Vorbeugung der Verletzung des in Art. 63 Abs. 1 der Verfassung verankerten Rechts, nicht gegen sich selbst oder Mitglieder seiner Familie auszusagen.[703]

Das ukrainische Verfassungsgericht verwies darauf, dass genau diese Funktion des Rechts auf Rechtsbeistand als eine der Mindestverfahrensgarantien in der Rechtsprechung des EGMR ausgearbeitet wurde.[704] Es nahm allgemeinen Bezug auf die gegen die Ukraine ergangenen EGMR-Urteile, ohne aus den Urteilspassagen zu zitieren: *„Yaremenko v. Ukraine“* vom 12. Juni 2008, *„Lutsenko v. Ukraine“* vom 18. Dezember 2008 und *„Shabelnik v. Ukraine“* vom 19. Februar 2009.[705] In den Urteilen wurde in der Verwertung der

700 Ent. Nr. 23-рп/2009 v. 30.09.2009.

701 Ebenda, Ziff. 3.1.

702 Ebenda, Ziff. 3.2.

703 Verfassung–UKR v. 1996, Art. 63 Abs. 1: „Die Person trägt keine Verantwortung dafür, wenn sie sich weigert, gegen sich selbst, ihre Familienmitglieder oder ihre Verwandten, deren Kreis gesetzlich bestimmt ist, auszusagen.“

704 Ent. Nr. 23-рп/2009 v. 30.09.2009, Ziff. 4.

705 Vgl. EGMR Urt. 12.06.2008, *Yaremenko v. Ukraine*, no. 32092/02 (publ. not yet received); Urt. 18.12.2008, *Lutsenko v. Ukraine*, no. 30663/04 (publ. not yet

Beweise, die während einer Befragung des Angeklagten als Zeuge ohne einen Rechtsbeistand ermittelt wurden, ein Verstoß gegen Art. 6 Abs. 1 der Konvention gesehen. Des Weiteren stellte das Gericht allgemein fest, dass die Gewährleistung des Rechts auf Rechtsbeistand nicht nur zu den verfassungsrechtlichen Pflichten des ukrainischen Staates gehöre, sondern auch eine völkerrechtliche Verpflichtung nach der AEMR, der EMRK und dem IPbpR darstelle.[706]

Folglich las das Verfassungsgericht in dem Fall die völkerrechtlichen Verpflichtungen der Ukraine und die Praxis ihrer Anwendung in die verfassungsrechtlichen Bestimmungen mit hinein. Obwohl es auch allein aus der Verfassung das Recht der Zeugen, und nicht nur der Angeklagten, auf Rechtsbeistand hätte ableiten können, griff es auf den bereits in der völkerrechtlichen Anwendungspraxis ausgearbeiteten funktionellen Zusammenhang zwischen beiden Grundrechten – dem Recht auf Rechtsbeistand und dem Recht, nicht gegen sich selbst aussagen zu müssen – zurück und übertrug ihn auf die ukrainische Verfassung. Dies erweckt zum Teil den Eindruck, dass das Verfassungsgericht bereit ist, die gegen die Ukraine ergangenen EGMR-Urteile bei der Auslegung und der Anwendung der Verfassung in Betracht zu ziehen. Jedoch bleibt die genaue Position des Gerichts zum Verhältnis von der ukrainischen Verfassung einerseits und der EMRK und ihrer internationalen Auslegung durch den EGMR andererseits offen.

– *Gebot angemessener Verfahrensdauer*

In der *Entscheidung vom 30. Januar 2003* erkannte das Verfassungsgericht die angemessene Dauer einer gerichtlichen Voruntersuchung als einen Bestandteil des Gebots eines gerichtlichen Rechtsschutzes an.[707] In der Strafprozessordnung der Ukraine ist neben einer allgemeinen Frist von zwei Monaten für eine gerichtliche Voruntersuchung auch die Möglichkeit ihrer Verlängerung in Ausnahmenfällen vorgesehen.

---

received); Urt. 19.02.2009, *Shabelnik v. Ukraine*, no. 16404/03 (publ. not yet received).

706 Ent. Nr. 23-рп/2009 v. 30.09.2009, Ziff. 3.2.

707 Ent. Nr.3-рп/2003 v. 30.01.2003.

Das Erfordernis der angemessenen Verfahrensdauer ist in Art. 55 zum Recht auf gerichtlichen Rechtsschutz nicht explizit vorgesehen. Das Verfassungsgericht leitete es aus den entsprechenden völkerrechtlichen Normen ab.[708] Es zog Art. 14 Abs. 3 lit. c) IPbpR heran, wonach jeder einer strafbaren Handlung Angeklagte einen Anspruch auf ein gerichtliches Urteil ohne unangemessene Verzögerung hat.[709] Weiterhin gab das Gericht wörtlich den Inhalt von Art. 6 Abs. 1 EMRK über das Recht auf ein faires gerichtliches Verfahren wieder, das auch ein Recht auf die Verhandlung innerhalb einer angemessenen Frist beinhaltet.[710] Bei der Beurteilung der Angemessenheit stellte das Verfassungsgericht auf eine Einzelfallbetrachtung ab. Da bei der Überprüfung der Verfahrensdauer einzelne Aspekte, wie Bedeutung der Sache für den Beschwerdeführer, Komplexität des Falles, Verhalten des Beschwerdeführers sowie Verhalten der Behörden mitberücksichtigt werden müssen, könne die gesetzlich vorgesehene Fristverlängerung an sich nicht die Verletzung des Rechts auf faires Verfahren bedeuten.[711] Zugleich betonte das Gericht, dass eine vorgerichtliche Untersuchung innerhalb eines vernünftigen Zeitrahmens abgeschlossen werden müsse; sonst sei Art. 6 Abs. 1 EMRK verletzt. Die Ausführungen des Verfassungsgerichts bezüglich der Rolle der Einzelfallbetrachtung für die Angemessenheit der Verfahrensdauer stimmen mit der Argumentationslogik des Menschenrechtsgerichtshofs überein.[712] Doch berief sich das Verfassungsgericht dabei auf keine konkreten EGMR-Urteile.

In der Entscheidung dienten die detaillierten Bestimmungen der EMRK der Konkretisierung der verfassungsrechtlichen Grundrechte, was auf das Gebot

---

708 Ebenda, Ziff. 8.

709 IPbpR v. 1966, Art. 14 Abs. 3 lit. c): „Jeder wegen einer strafbaren Handlung Angeklagte hat in gleicher Weise im Verfahren Anspruch auf folgende Mindestgarantien: [...] c) es muss *ohne unangemessene Verzögerung* ein Urteil gegen ihn ergehen; [...].“ Hervorh. hinzugefügt.

710 EMRK v. 1950, Art. 6 Abs. 1 Satz 1: „Jede Person hat ein Recht darauf, dass über Streitigkeiten [...] von einem unabhängigen und unparteiischen, auf Gesetz beruhenden Gericht in einem fairen Verfahren, öffentlich und innerhalb *angemessener Frist* verhandelt wird. [...].“ Hervorh. hinzugefügt.

711 Ent. Nr.3-pп/2003 v. 30.01.2003, Ziff. 8.

712 Vgl. Exemplarisch dazu EGMR Urt. 29.05.1986, *Deumeland v. Germany*, Series A 100 Z. 78 ff. = EuGRZ 1988, 20.

der konventionskonformen Auslegung der ukrainischen Verfassung hindeutet. Die Schlussfolgerung darüber, dass das in Art. 6 Abs. 1 EMRK vorgesehene Gebot der angemessenen Verfahrensdauer durch die Normen der Strafprozessordnung zur Verlängerung der Verhandlungsfrist nicht verletzt werden dürfte, impliziert, dass die EMRK auf der übergesetzlichen Rangstufe gilt.

– *Recht auf ein unabhängiges und unparteiisches Gericht*

i) Das Verhältnis zwischen Gericht und Strafverfolgungsbehörde

In der *Entscheidung vom 11. Juli 2000* entschied das ukrainische Verfassungsgericht über die Verfassungsmäßigkeit des Gesetzentwurfs über die Verfassungsänderungen.[713] Nach Art. 159 der Verfassung dürfen die Verfassungsänderungen erst dann im Parlament erörtert und angenommen werden, wenn sie nach der Auffassung des Verfassungsgerichts den unabdingbaren Kern der ukrainischen Verfassung (Art. 157) nicht gefährden.[714]

Eine der Änderungen betraf die parlamentarische Immunität. Es wurde vorgeschlagen, eine strafrechtliche Anklage gegen die Parlamentsabgeordneten erst nach der Zustimmung des Obersten Gerichts zu erheben. Das Verfassungsgericht betrachtete die Anklageerhebung als ein Stadium des Strafverfolgungsverfahrens. Indem das Oberste Gericht einer strafrechtlichen Beschuldigung zustimme, nehme es nicht nur richterliche Aufgaben wahr. Die Trennung zwischen Strafverfolgung und Justiz werde verwischt.[715] Das Gericht werde dann zu einer Strafverfolgungsinstanz, was gegen Art. 124 der Verfassung verstoße, wonach ein Gericht ein Organ der Judikative darstellt.[716]

---

713 Ent. Nr. 2-в/2000 v. 11.07.2000.

714 Verfassung-UKR v. 1996, Art. 157: „Die Verfassung der Ukraine darf nicht geändert werden, wenn die Änderungen die Abschaffung oder Minderung der Grundrechte oder -freiheiten der Menschen oder der Bürger bezwecken oder auf die Aufgabe der Unabhängigkeit oder Verletzung der territorialen Integrität abzielen.
Die Änderung der Verfassung in Kriegs- und Notzeiten ist verboten."

715 Ent. Nr. 2-в/2000 v. 11.07.2000, Ziff. 3.2.

716 Verfassung-UKR v. 1996, Art. 124 Abs. 1: „Die Gerichtsbarkeit in der Ukraine üben ausschließlich die Gerichte aus."

Weiterhin sah das Verfassungsgericht in der Zustimmung des Obersten Gerichts eine Möglichkeit der Befassung der Richter mit der Angelegenheit bereits vor dem Hauptverfahren. Dies führe zur Befangenheit der Richter und verstoße gegen die Unparteilichkeit des Gerichts, die in Art. 126 der ukrainischen Verfassung festgeschrieben ist. [717] Somit schränke die vorgeschlagene Verfassungsänderung das Recht auf ein unabhängiges und unparteiisches Gericht ein und sei laut Art. 157 Abs. 1 der Verfassung, wonach Verfassungsänderungen die Grundrechte und -freiheiten nicht gefährden dürfen, verboten.

Anschließend bewertete das Verfassungsgericht der Ukraine die Völkerrechtskonformität der vorgeschlagenen Verfassungsänderung und erblickte darin eine Verletzung des Art. 6 Abs. 1 EMRK zum Recht auf ein faires Verfahren. [718] Das Verfassungsgericht zog den Wortlaut der Konventionsvorschrift in der Entscheidung heran. Das Recht auf ein faires Verfahren beinhalte auch das Recht auf ein unabhängiges und unparteiisches Gericht.[719] Als nächstes verwies es auf die Anwendungspraxis des Art. 6 Abs. 1 der Konvention durch den EGMR jedoch ohne Bezugnahme auf konkrete Entscheidungen. Auch der Menschenrechtsgerichtshof habe das Verhältnis zwischen Gericht und Strafverfolgungsbehörde mehrmals für problematisch hinsichtlich der Unabhängigkeit des Gerichts gehalten. Zweifel an der Unparteilichkeit des Gerichts bestünden dann, wenn ein Richter für die Anklageerhebung verantwortlich sei.[720]

Tatsächlich finden sich in der Rechtsprechung des Menschenrechtsgerichtshofs die vorgestellten Überlegungen des ukrainischen Verfassungsgerichts wieder. Dennoch ist die Beteiligung eines Richters am Anklageverfahren nicht immer für die Unabhängigkeit und Unparteilichkeit des Gerichts schädlich. Unbedenklich ist z. B. eine rein

---

717 Verfassung-UKR v. 1996, Art. 126 Abs. 1: „Die Unabhängigkeit und Unparteilichkeit der Richter werden durch die Verfassung und durch die Gesetze der Ukraine garantiert."

718 Ent. Nr. 2-в/2000 v. 11.07.2000, Ziff. 3.2.

719 EMRK v. 1950, Art. 6 Abs. 1 Satz 1: „Jede Person hat ein Recht darauf, dass über Streitigkeiten [...] von *einem unabhängigen und unparteiischen,* auf Gesetz beruhenden *Gericht* in einem fairen Verfahren, öffentlich und innerhalb angemessener Frist verhandelt wird." Hervorh. hinzugefügt.

720 Ent. Nr. 2-в/2000 v. 11.07.2000, Ziff. 3.2.

summarische Prüfung der Frage, ob der von der Ermittlungsbehörde ausgesprochene Verdacht *prima facie* eine ausreichende Grundlage beinhalte.[721] Hier bestehen keine Zweifel an der Unparteilichkeit des Gerichts, da seine Zustimmung der Anklage sich von der Feststellung der Schuld im Hauptverfahren unterscheide. Somit übersah das Verfassungsgericht, dass in den vergleichbaren Fallkonstellationen für den EGMR die Natur und die Bedeutung der in Rede stehenden Gerichtsentscheidung maßgeblich war.[722]

In der Gesamtschau präzisierte das Verfassungsgericht die Verfassungsvorschrift zum Recht auf ein unabhängiges und unparteiisches Gericht anhand der Rechtsprechung des EGMR. Die Trennung zwischen Gericht und Strafverfolgungsbehörde ebenso wie die genauen Umstände der Voreingenommenheit der Richter werden in Art. 124 und 126 der Verfassung nicht genannt. Die völkerrechtlichen Standards und ihre Anwendungspraxis dienten der Ergänzung der verfassungsrechtlichen Normen bei der Prüfung der Verfassungsmäßigkeit eines nationalen Gesetzes. Allerdings setzte sich das Verfassungsgericht mit der Argumentation des Menschenrechtsgerichtshofs nicht im Detail auseinander. Demzufolge kann nicht eindeutig festgestellt werden, ob die herangezogenen Auffassungen des EGMR auf den Fall vor dem Verfassungsgericht übertragbar waren. Infolgedessen war die Anwendung des Völkerrechts in der Entscheidung selektiv. Offen blieb auch das genaue Verhältnis von ukrainischem Recht und der EGMR-Rechtsprechung.

ii) Der angemessene finanzielle Unterhalt der Richter als eine Form der verfassungsrechtlichen und völkerrechtlichen Garantien der richterlichen Unabhängigkeit

Eine ganze Reihe von Verfassungsgerichtsentscheidungen hatte die Kürzung des für die Finanzierung der Gerichtsbarkeit vorgesehenen Haushaltstitels in den Haushaltsgesetzen für das jeweilige Jahr zum Gegenstand.

---

721 EGMR Urt. 4.05.1989, *Hauschildt v. Denmark,* Series A 154, Z. 50; EGMR Urt. 16.12.1992, *Saint-Marie v. France,* Series A 253-A, Z. 32; EGMR Urt. 22.04.1994, *Saraiva de Carvalho,* Series A 286-B, Z. 38.

722 EGMR Urt. 24.08.1993, *Nortier v. the Netherlands*, Series A 267, Z. 267; EGMR Urt. 24.02.1993, *Fey v. Austria,* Series A 255-A, Z. 30.

In der *Entscheidung vom 24. Juni 1999*[723] entschied das Verfassungsgericht, dass die Ermächtigung des Ministerkabinetts zur Kürzung der Budgetausgaben für den finanziellen Unterhalt der Richter unter der Voraussetzung, dass die Unterfinanzierung des gebilligten Staatshaushaltsdefizits über 10 Prozent liegt, gegen Art. 126 Abs. 1 zur richterlichen Unabhängigkeit [724] und Art. 130 Abs. 1 der Verfassung zur Gewährleistung der gebührenden Arbeitsbedingungen und Finanzierung der Richter[725] verstoße. Hier bezeichnete es den Grundsatz der richterlichen Unabhängigkeit als „völkerrechtlich allgemein anerkannt". Die allgemeine Anerkennung demonstrierte das Gericht, indem es den Inhalt von Art. 6 Abs. 1 EMRK wiedergab, als es feststellte, dass ein unabhängiges und unparteiisches Gericht einen unabdingbaren Bestandteil des Rechts auf ein faires Verfahren darstelle.[726] Dabei sei eine angemessene Finanzierung der Richter eine Form der verfassungsrechtlichen Garantie der richterlichen Unabhängigkeit.

Für die Bestätigung dieser hauptsächlich aus Art. 130 der Verfassung abgeleiteten Auffassung griff das Gericht auf internationale Akte unterschiedlicher Rechtsnatur zurück. Es zitierte aus den Grundprinzipien der Unabhängigkeit der Richterschaft, die durch die Resolutionen der Generalversammlung der Vereinten Nationen Nr. 40/32 vom 29. November 1985 und 40/146 vom 13. Dezember 1985 gebilligt wurden.[727] In Punkt 7 der Grundsätze sind die Mitgliedstaaten verpflichtet, „entsprechende Mittel bereitzustellen, damit die Richterschaft ihre Aufgaben ordnungsgemäß ausüben kann." Weiterhin nahm das Gericht Bezug auf die Empfehlungen des Ministerkomitees des Europa-

---

723 Ent. Nr. 6-рп/99 v. 24.06.1999.

724 Verfassung-UKR v. 1995, Art. 126 Abs. 1: „Die Unabhängigkeit und Unparteilichkeit der Richter werden durch die Verfassung und durch die Gesetze der Ukraine garantiert."

725 Verfassung-UKR v. 1995, Art. 130 Abs. 1: „Der Staat garantiert die Finanzierung und die angemessenen Arbeitsbedingungen für die Richter und das Funktionieren der Gerichte. Im Haushalt der Ukraine wird ein extra Haushaltstitel für die Finanzierung der Gerichte vorgesehen."

726 Ent. Nr. 6-рп/99 v. 24.06.1999, Ziff. 3.

727 Resolutionen der Generalversammlung 40/32 von 29.11.1985 und 40/146 von 13.12.1985 zur Billigung der Grundprinzipien der Unabhängigkeit der Richterschaft angenommen vom Siebten Kongress der Vereinten Nationen für Verbrechensverhütung und die Behandlung Straffälliger (26. August - 6. September 1985).

rates über die Unabhängigkeit der Gerichte vom 13. Oktober 1994,[728] worin die Legislative und die Exekutive zur Vorbeugung der Verletzung der richterlichen Unabhängigkeit aufgefordert werden. Auch auf die im Rahmen der zweiten Wiener Weltkonferenz über Menschenrechte angenommene Erklärung und den Aktionsplan vom 25. Juni 1993[729] wurde in der Entscheidung verwiesen. Hier wird anerkannt, dass eine entsprechende Finanzierung der Organe der Rechtsprechung der Unabhängigkeit der Justiz dient.

In der *Entscheidung vom 20. März 2002* beschloss das Gericht zur ähnlichen Fragestellung.[730] Hier sah das Gericht in den Bestimmungen des Haushaltsgesetzes für das Jahr 2001 zur vorläufigen Suspendierung sozialer Vergünstigungen der Richter eine verfassungswidrige Einschränkung der Garantie eines unabhängigen und unparteilichen Gerichts. Neben Art. 130 der Verfassung zur Finanzierung der Richter erwähnte das Gericht die Europäische Charta über das Richterstatut.[731] Das Gericht resümierte Punkt 6.1 der Charta:

> "Judges exercising judicial functions in a professional capacity are entitled to remuneration, the level of which is fixed so as to shield them from pressures aimed at influencing their decisions and more generally their behaviour within their jurisdiction, thereby impairing their independence and impartiality."

Allerdings erklärte das Verfassungsgericht nicht, ob und warum die durch die Charta gewährleisteten Standards für die Ukraine verbindlich sind.[732] Es

---

728 Empfehlung Nr. R (94) 12 des Ministerkomitees an die Mitgliedstaaten über die Unabhängigkeit, Effizienz und die Rolle der Richter, angenommen am 13. Oktober 1994.

729 Zum Abschluss der UN-Weltkonferenz über Menschenrechte verabschiedete die Generalversammlung am 25. Juni 1993 die "Wiener Erklärung" und einen Aktionsplan. A/CONF.157/23, abrufbar unter http://www.netethics.net/nethics_neu/n3/quellen/voelkerrechtsverb_texte/Vienna_Decl.html.

730 Ent. Nr. 5-pn/2002 v. 20.03.2002

731 Ent. Nr. 5-pn/2002 v. 20.03.2002, Ziff. 5. Vgl. The Council of Europe (Hrsg.), European Charter on the Statute for Judges and Explanatory Memorandum, 8-10 July 1998, DAJ/DOC (98) 23, abrufbar unter http://www.coe.int/t/e/legal_affairs/legal_cooperation/legal_professionals/judges/instruments_and_documents/charte%20eng.pdf.

732 Darüber, dass diese Charta kein offizielles Dokument des Europarates, sondern eine Privatarbeit engagierter Richterinnen und Richter ist s. *A. Tschentscher*, Demokratische Legitimation der dritten Gewalt (2006), S. 173.

machte auch keine näheren Angaben, die für die Identifizierung der Charta hilfreich sein könnten, wie bspw. das Datum oder der genaue Titel.

Anschließend führte das Gericht aus, dass soziale staatliche Vergünstigungen bestimmten Bürgern einen angemessenen Lebensstandard gewährleisten. Das Recht auf einen angemessenen Lebensstandard für sich und seine Familie wird in Art. 48 der Verfassung der Ukraine gewährt.[733] Folglich verstieße die Einschränkung sozialer Vergünstigungen gegen Art. 48. Im Fall eines Richters bedeutete ein ausreichender Lebensstandard einen finanziellen Unterhalt, der seine Unabhängigkeit und Unparteilichkeit unbeeinflusst ließe und mithin auch die sozialen Vergünstigungen umfasse.[734]

Ähnliche Überlegungen vertrat das Gericht in seiner späteren *Entscheidung vom 1. Dezember 2004.*[735] Hier bestätigte es seine Auffassung zur Unabhängigkeit der Richter mit den bereits erwähnten Resolutionen der Generalversammlung der Vereinten Nationen Nr. 40/32 und 40/146 über die Grundprinzipien der Unabhängigkeit der Richterschaft von 1985, der Europäischen Charta über das Richterstatut von 1998, der Empfehlung des Ministerkomitees des Europarates an die Mitgliedstaaten Nr. 94 (12) über Unabhängigkeit, Effizienz und Rolle der Richter von 1994.[736]

Die Rechtssauffassung darüber, dass soziale Vergünstigungen unterschiedlicher Art für die Richter einen Bestandteil ihres Grundrechts auf ein angemessenes Lebensniveau bilden und zugleich eine Garantie der richterlichen Unabhängigkeit und Unparteilichkeit sind, wiederholte das Verfassungsgericht in der *Entscheidung vom 11. Oktober 2005.*[737] In der Begründung der Entscheidung resümierte das Gericht die Bedeutung bestimmter Finanzierung der Richter für das Recht auf ein unabhängiges Gericht, so wie sie in der Empfehlung des Ministerkomitees des Europarates an die Mitgliedstaaten Nr. 94 (12) über Unabhängigkeit, Effizienz und Rolle

---

733 Verfassung-UKR v. 1996, Art. 48: „Jeder hat das Recht auf angemessenen Lebensstandard für sich und seine Familie, was ausreichend von Essen, Kleidung und Unterkunft einschließt."

734 Ent. Nr. 5-рп/2002 v. 20.03.2002, Ziff. 6.

735 Ent. Nr. 19-рп/2004 v. 1.12.2004.

736 Ebenda, Ziff. 4.1.

737 Ent. Nr. 8-рп/2005 v. 11.10.2005, Ziff. 5.

der Richter von 1994 und der Europäischen Charta über das Richterstatut von 1998 vorzufinden ist.[738]

Obwohl das Gericht in der Argumentation der vorgestellten Entscheidungen neben den Verfassungsnormen auch den Inhalt der relevanten internationalen Dokumente zusammenfasste, griff es im Tenor der vorgestellten Entscheidungen allein auf die Verfassungsnormen zurück. An seinen Bezugnahmen auf die völkerrechtlichen Standards zu selbigen Fragestellungen lässt sich keine Systematik erkennen. Es bleibt auch unklar, ob die Resolutionen internationaler Organisationen dem ukrainischen Verfassungsgericht der Auslegung der in der Menschenrechtskonvention und dem Pakt festgelegten Verfahrensgarantien zum unabhängigen und unparteilichen Gericht dienten oder ob das Gericht diese internationalen Dokumente doch als eigenständige verbindliche völkerrechtliche Standards betrachtete. Jedenfalls erfüllten die genannten Bezugnahmen auf das Völkerrecht die Funktion eines zusätzlichen Arguments.

2.1.5 Die Rechtsprechung zum Rückwirkungsgebot der milderen Gesetze

In der *Entscheidung vom 19. April 2000* setzte sich das mit dem Rückwirkungsgebot derjenigen Rechtsakte, die nach der Begehung einer strafbaren Handlung eine mildere Strafe einführen.[739] Laut der geltenden Strafprozessordnung war die öffentliche Gefahr eines Raubes und folglich die Bestrafungsart nach dem Verhältnis des Geldwertes des gestohlenen staatlichen oder kollektiven Eigentums zu dem rechtlich festgelegten Mindestlohn zu bestimmen. Ende der 90er Jahre führte die Inflation im Lande ständige Mindestlohnerhöhungen herbei. Daher entstand ein Auslegungsbedarf, ob die Strafe rückwirkend nach den später eingeführten höheren Mindestlöhnen bestimmt werden kann, da dies eine Milderung einer Strafe bedeuten würde.

Das Gericht begann mit der Darlegung von Art. 58 Abs. 1 der Verfassung zur Ausnahme aus dem Rückwirkungsverbot:

---

738 Ebenda, Ziff. 7.

739 Ent. Nr. 6-рп/2000 v. 19.04.2000.

„Gesetze und andere Rechtsakte entfalten keine Wirkung für einen vor ihrem Inkrafttreten liegenden Zeitraum, es sei denn, sie mildern oder schaffen die Verantwortung der Person ab."

Anschließend berief es sich allgemein auf Art. 7 EMRK[740] und Art. 15 Abs. 1 IPbpR.[741] Ohne den Inhalt der erwähnten Völkerrechtsnormen zu zitieren, stellte das Gericht lediglich fest, dass die rückwirkende Anwendung eines Rechtsaktes über die mildere Strafe nach Art. 58 Abs. 1 der Verfassung dem geltenden durch die Ukraine anerkannten Völkerrecht entspreche und rechtmäßig sei.[742] In dem vorliegenden Fall lehnte das Gericht die rückwirkende Milderung einer Strafe durch die Einführung von höheren Mindestlöhnen ab. Ein Rechtsakt zur Festlegung der Mindestlöhne regele keine Elemente der strafbaren Handlung und führe zu keiner neuen Regelung im Strafgesetzbuch.[743] Es könne nicht als ein milderes Gesetz im Sinne von Art. 58 Abs. 1 der Verfassung verstanden werden.

In der Entscheidung bestand die Anwendung des Völkerrechts darin, dass das Gericht eine Übereinstimmung der verfassungsrechtlichen Vorsätze mit den entsprechenden völkerrechtlichen Garantien festlegte.

2.1.6 Die Rechtsprechung zur Freiheit der Meinungsäußerung

In der *Entscheidung vom 10. April 2003* führte das Verfassungsgericht aus, dass die Unterstellungen über die Verletzung der Grundrechte und -freiheiten durch die in amtlicher Eigenschaft handelnde Person beinhaltet, welche in einer individuellen Beschwerde vorzufinden sind, keine Beleidigung und keine

---

740 EMRK v. 1950, Art. 7 Abs. 1: „Niemand darf wegen einer Handlung oder Unterlassung verurteilt werden, die zurzeit ihrer Begehung nach innerstaatlichem oder internationalem Recht nicht strafbar war. Es darf auch keine schwerere als die *zurzeit der Begehung* angedrohte Strafe verhängt werden." Hervorh. hinzugefügt.

741 IPbpR v. 1966, Art. 15 Abs. 1: „Niemand darf wegen einer Handlung oder Unterlassung verurteilt werden, die zurzeit ihrer Begehung nach inländischem oder nach internationalem Recht nicht strafbar war. Ebenso darf keine schwerere Strafe als *die zum Zeitpunkt der Begehung der strafbaren Handlung angedrohte Strafe* verhängt werden. Wird nach Begehung einer strafbaren Handlung durch Gesetz eine mildere Strafe eingeführt, so ist das mildere Gesetz anzuwenden." Hervorh. hinzugefügt.

742 Ent. Nr. 6-рп/2000 v. 19.04.2000, Ziff. 2.

743 Ebenda, Ziff. 3 und 4.

Verbreitung unglaubwürdiger Information an die Öffentlichkeit bezweckten.[744] Diese Interpretation leitete das Verfassungsgericht aus dem Recht auf Anfrage bzw. Beschwerde bei den Staatsorganen nach Art. 40[745] und dem Recht auf gerichtlichen Schutz nach Art. 55 der Verfassung[746] ab und betonte, dass die Behauptungen in den individuellen Beschwerden der Prüfung der Rechtmäßigkeit der Handlungen dienten.[747]

In diesem Zusammenhang sprach das Gericht die Problematik der Freiheit der Meinungsäußerung und insbesondere der Kritik an einem Politiker und Funktionär an. Es zog beispielhaft die Entscheidung des EGMR *„Janowski v. Poland“*[748] zu Art. 10 der Konvention heran und verwies auf die notwendige Trennung zwischen Tatsachenbehauptungen und Werturteilen bei der Beurteilung der Grenzen der Meinungsfreiheit in Bezug auf Beleidigungsschutz. Nach der Straßburger Rechtsprechung seien die Grenzen zulässiger Kritik an Politikern und Amtsträgern weiter als bei den anderen Personen gezogen.[749] Obgleich das Gericht das Völkerrecht hier richtig erfasste, ist seiner Argumentation nicht eindeutig zu entnehmen, welche Rolle genau die erwähnte Entscheidung des EGMR für den zu entscheidenden Fall spielte. Seine Gesetzesauslegung leitete es aus den

---

744 Ent. Nr. 8-рп/2003 v. 10.04.2003.

745 Verfassung-UKR v. 1996, Art. 40: „Jeder hat das Recht, an die Staatsorgane, die Organe der Selbstverwaltung, die Beamten dieser Organe die individuell oder kollektiv verfassten Petitionen zu schicken oder sich persönlich zu wenden; die Petitionen sind anzunehmen und innerhalb der gesetzlich festgelegten Frist begründet zu beantworten.“

746 Verfassung-UKR v. 1996, Art. 55: „Die Rechte und Freiheiten der Personen und der Bürger werden durch das Gericht geschützt.
Jedem wird ein Anspruch auf gerichtlichen Rechtsschutz gegen die Entscheidungen, das Tun oder Unterlassen der Staatsorgane, der Organe der Selbstverwaltung sowie der Amtsträger und der Beamten gewährt.
Jeder hat das Recht, sich an den Parlamentsbeauftragen für Menschenrechte zu wenden, um den Schutz seiner Rechte zu ersuchen.
Jeder hat das Recht, nachdem alle innerstaatlichen Rechtsschutzmöglichkeiten erschöpft sind, den Schutz seiner Grundrechte und -freiheiten bei den internationalen gerichtlichen Institutionen oder den entsprechenden Organen der internationalen Organisationen, deren Mitglied die Ukraine ist, zu ersuchen.
Jeder hat das Recht, kraft aller gesetzlich nicht verbotenen Mittel seine Rechte und Freiheiten vor den Verletzungen und den rechtwidrigen Eingriffen zu schützen.“

747 Ent. Nr. 8-рп/2003 v. 10.04.2003, Ziff. 3.

748 EGMR Urt. 21.01.1999, *Janowski v. Poland,* no. 25716/94, § 28, ECHR 1999-I.

749 Ent. Nr. 8-рп/2003 v. 10.04.2003, Ziff. 3.

verfassungsrechtlichen Normen zu dem Recht auf gerichtlichen Schutz und auf individuelle Beschwerde ab und nicht aus Art. 34 der Verfassung zur Freiheit der Meinungsäußerung.

2.1.7 Die Rechtsprechung zur Versammlungs- und Vereinigungsfreiheit

– *Die Rechtssache der Gründung einer politischen Partei in der Ukraine*

In der *Entscheidung vom 12. Juni 2007* prüfte das Verfassungsgericht die Gesetzesregelungen zur Gründung einer politischen Partei.[750] Laut geltender Gesetzeslage ist die Gründung politischer Parteien nur mit gesamtukrainischem Status zugelassen. Die Entscheidung über die Parteigründung soll mindestens mit 10.000 stimmberechtigten Bürgern der Ukraine getroffen werden, die je nach Wohnort mindestens zwei Drittel der administrativen Gebiete der Ukraine repräsentieren. Die Finanzierung der politischen Parteien durch Staatsorgane oder Organe der Selbstverwaltung, Ausländer, anonyme Finanzierung u. a. ist verboten. Die politischen Parteien unterliegen einer obligatorischen Registrierung.[751]

Seine Prüfung begann das Verfassungsgericht mit der Erklärung, dass es für die Verfassungsmäßigkeitsprüfung des Gesetzes über politische Parteien eine „systematisch vergleichende Analyse der Verfassung und der internationalen Akte“ durchführe.[752] Das Gericht erläuterte, dass die Vereinigungsfreiheit weder durch die ukrainische Verfassung noch durch die völkerrechtlichen Grundrechtsgarantien absolut zu gewährleisten sei.[753] In Art. 36 Abs. 1 der Verfassung wird das Recht wie folgt geregelt:

> „Zur Verwirklichung und zum Schutz ihrer Rechte und Freiheiten und auch ihrer politischen, wirtschaftlichen, sozialen, kulturellen und anderen Interessen haben die Bürger der Ukraine das Recht, sich frei in politischen Parteien oder Bürgerorganisationen zusammenzuschließen; dies kann den Einschränkungen unter-

---

750 Ent. Nr. 2-pп/2007 v. 12.06.2007 (*Rs. der Gründung einer politischen Partei in der Ukraine*).

751 Vgl. Art. 10 Abs. 1; Art. 11 Abs. 2 Punk 3 und Abs. 5 und 6; Art. 15; Art. 17 Abs. 1; Art. 24; Punkt 3 der Schlussbestimmungen des Gesetzes über die politischen Parteien in der Ukraine, Nr. 2365-III v. 5.04.2001.

752 Ent. Nr. 2-pп/2007 v. 12.06.2007, Ziff. 2.

753 Ebenda, Ziff. 3.

worfen werden, die gesetzlich vorgesehen und für den Schutz der nationalen und öffentlichen Sicherheit, zur Aufrechterhaltung der Ordnung, zum Schutz der Gesundheit oder der Rechte und Freiheiten anderer notwendig sind."

Nach der Auffassung des Gerichts entsprächen die zitierten Einschränkungen im Wesentlichen auch den völkerrechtlichen Schranken in Art. 11 Abs. 2 EMRK.[754]

Weiterhin unternahm das Verfassungsgericht eine ungewohnt gründlich durchgeführte Verhältnismäßigkeitsprüfung, die es aus dem Menschenrechtsschutzregime innerhalb des Europarates auf den Grundrechtsschutz nach der ukrainischen Verfassung übertrug. Es betonte, dass die Einschränkungen sowohl nach dem verfassungsrechtlichen Grundsatz der Rechtsstaatlichkeit als auch nach der Straßburger Rechtsprechung verhältnismäßig sein sollten.[755] Exemplarisch berief sich das Gericht auf das EGMR-Urteil *„Refah Partisi (Welfare Party) and Others v. Turkey"* vom 13. Februar 2003. Hier wurde hervorgehoben, dass die Staaten ein Recht nicht in einem Maße einschränken dürfen, dass es in seinem Wesensgehalt angetastet und ihm seine Wirksamkeit genommen wird.[756]

Da eine politische Partei die Vertreter eines bestimmten gesamtukrainischen Programms vereint und zur Bildung des politischen Willens in der Bevölkerung beiträgt, solle sie eine strukturierte Organisation aufweisen können. Somit sei die Festlegung der Mindestzahl der Entscheidungsträger rechtmäßig. Sie verhindere die Gründung einer Partei nur für besonders eng gefasste Interessen oder für kurze Zeit, wie unmittelbar vor den Wahlen.[757]

Die Regelungen zur Registrierung der Parteien setzten auch keine unerfüllbaren Bedingungen voraus. Sie befänden sich innerhalb der verfassungsrechtli-

---

754 EMRK v. 1950, Art. 11 Abs. 2: „Die Ausübung dieser Rechte darf nur Einschränkungen unterworfen werden, die gesetzlich vorgesehen und in einer demokratischen Gesellschaft notwendig sind für die nationale oder öffentliche Sicherheit, zur Aufrechterhaltung der Ordnung oder zur Verhütung von Straftaten, zum Schutz der Gesundheit oder der Moral oder zum Schutz der Rechte und Freiheiten anderer."

755 Ent. Nr. 2-рп/2007 v. 12.06.2007, Ziff. 3.2 und 5.2.

756 Ebenda, Ziff. 3.2 und 5.8. Ziff. 10; EGMR Urt. 13.02.2003, *Refah Partisi (Welfare Party) and Others v. Turkey,* no. 41340/98 and foll., ECHR 2003-II.

757 Ent. Nr. 2-рп/2007 v. 12.06.2007, Ziff. 4.

chen Schranken und seien auch verhältnismäßig.[758] Auch völkerrechtlich sei anerkannt, dass die obligatorische Registrierung einer Partei nicht als Verstoß gegen das Recht auf Vereinigungsfreiheit gilt – so die Position der Venedig-Kommission, geäußert während ihrer 41. Plenarsitzung am 10./11. Dezember 1999.[759]

Die Eingrenzung der Finanzierungsquellen diene der nationalen Sicherheit und sei auch im Völkerrecht erlaubt. So wird in Art. 11 Abs. 2 i. V. m. Art. 16 EMRK den Vertragsparteien gestattet, die politische Tätigkeit von Ausländern zu beschränken.[760] In dem Zusammenhang ging der vergleichende Ansatz des Verfassungsgerichts der Ukraine in der Entscheidung so weit, dass es auch die Verordnung Nr. 2004/2003 des Europäischen Parlaments und des Rates der Europäischen Union über die Regelungen für die politischen Parteien auf europäischer Ebene und ihre Finanzierung vom 4. November 2003 heranzog und auf die strengen Voraussetzungen der Parteifinanzierung nach der Verordnung verwies.[761]

Da das Verfassungsgericht im Rahmen der Prüfung der Völkerrechtskonformität der umstrittenen Gesetzesnormen die europäischen völkerrechtlichen Standards bevorzugte, erscheint seine Berufung auf die sogenannten Siracusa Prinzipien von 1984[762] am Ende der Prüfung ein wenig zusammenhanglos.[763] Die Prinzipien definieren einen detaillierten Rahmen für die Einführung der restriktiven Maßnahmen bezüglich der Rechte und Freiheiten des IPbpR und konkretisieren das Verhältnismäßigkeitsprinzip. Mit dem Verweis auf die Siracusa Prinzipien von 1984 wollte das Verfassungsgericht seine bisherigen Überlegungen zur Verhältnismäßigkeit in der Entscheidung untermauern. Die

---

758 Ebenda, Ziff. 3.1.

759 Ebenda, Ziff. 3.2.

760 Ebenda, Ziff. 5.1 und 5.2; EMRK v. 1950, Art. 16: „Die Artikel 10, 11 und 14 sind nicht so auszulegen, als untersagten sie den Hohen Vertragsparteien, die politische Tätigkeit ausländischer Personen zu beschränken."

761 Ent. Nr. 2-рп/2007 v. 12.06.2007, Ziff. 5.2. Vgl. Verordnung (EG) Nr. 2004/2003 über die Regelung für die politischen Parteien auf europäischer Ebene und ihre Finanzierung, ABl. 2003 L 297 v. 15.11.2003, S. 1. Zuletzt geändert durch die Verordnung (EG) Nr. 1524/2007 v. 18.12.2007.

762 Vgl. "Siracusa Principles on the Limitation and Derogation Provisions in the International Convent on Civil and Political Rights", veröffentlicht in UN Doc. E/CN 4/1985/4, Human Rights Quarterly 1985, S. 3.

763 Ent. Nr. 2-рп/2007 v. 12.06.2007, Ziff. 5.3.

Prinzipien sind das Ergebnis einer von Nichtregierungsorganisationen organisierten Expertenkonferenz und können für die Interpretation des Paktes nützlich sein. Dennoch hätte die Heranziehung der Bedeutung des Verhältnismäßigkeitsgrundsatzes nach den Siracusa Prinzipien in der Entscheidung begründet werden müssen.

„Ausgehend von der Verfassung und den völkerrechtlichen durch das Parlament zugestimmten Verträgen" beschloss das Verfassungsgericht, dass der ukrainische Gesetzgeber die Vereinigungsfreiheit für die in den Verfassungs- und völkerrechtlichen Normen vorgesehenen Zielen einschränken dürfe.[764] Die Einschränkungen sollen verhältnismäßig sein und den Wesensgehalt der Vereinigungsfreiheit unangetastet lassen.

In dem konkreten Fall kam das Gericht zu dem Ergebnis, dass die umstrittenen Gesetzesregelungen zur Gründung, Registrierung und Finanzierung der Parteien „verfassungs- und völkerrechtskonform" sind. Mit dieser Wortwahl und auch infolge der geschilderten Prüfung sprach das Verfassungsgericht dem angewandten Völkerrecht den Vorrang vor den nationalen Gesetzen zu. Die vorgestellte Entscheidung zur Vereinigungsfreiheit ist eines der wenigen Bespiele, in denen das Völkerrecht nicht nur für Bekräftigung oder Konkretisierung der Verfassungsvorschriften herangezogen wurde, sondern auch eine entscheidungserhebliche Rolle spielte. So wurde der Grundsatz der Verhältnismäßigkeit allein aus den völkerrechtlichen Verpflichtungen der Ukraine abgeleitet und auf den verfassungsrechtlichen Grundrechtsschutz übertragen.

Allerdings begründete das Verfassungsgericht auch in dieser Entscheidung die innerstaatliche Geltung des angewandten Völkerrechts nicht näher. Insbesondere problematisch erscheinen die Verweise auf internationale Standards unverbindlicher Rechtsnatur, die es in seine Argumentation einbaute. Bei der Bestätigung seiner Positionen verfolgte das Gericht keine strenge Trennung zwischen völkerrechtlichen Verträgen und Empfehlungen internationaler Organisationen. Auch in der Entscheidung blieb unklar, welche Funktion die völkerrechtlichen unverbindlichen Dokumente erfüllten. Die Argumentationskette ist ein deutliches Beispiel der anfangs erklärten Technik der

[764] Ebenda, Ziff. 10.

„normativen Breitseite" oder des „cumulative approach"[765]: die Heranziehung mehrerer internationaler Dokumente für die Bekräftigung der gerichtlichen Aussagen, wobei noch zu prüfen ist, ob es sich bei den angewandten Rechtssätzen um das geltende Recht oder doch die Normen ohne innerstaatliche Rechtsgeltung handelt.

– *Die Rechtssache der Gründung einer Gewerkschaft*

In der *Entscheidung vom 18. Oktober 2000* bewertete das Verfassungsgericht die gesetzlichen Anforderungen an das Registrierungsverfahren einer Gewerkschaft als eine Vorgenehmigung zu ihrer Gründung.[766] Solch eine Vorgenehmigung beeinträchtige das Recht, zum Schutz von wirtschaftlichen und sozialen Interessen Gewerkschaften zu bilden oder einer Gewerkschaft eigener Wahl beizutreten, und verstieße gegen das Verfassungsverbot in Art. 36 Abs. 3,[767] die Gründung einer Gewerkschaft an eine vorherige Genehmigung anzuknüpfen.[768]

Auch organisatorische Voraussetzungen für die Gründung einer Gewerkschaft wurden in dem Fall als verfassungswidrige Einschränkungen der Vereinigungsfreiheit ausgelegt. Laut dem umstrittenen Gesetz könne eine lokale Gewerkschaft nur dann gegründet werden, wenn sie entweder nicht weniger als drei „ursprüngliche organisatorische Organisationen der Arbeitnehmer oder der Arbeitgeber" umfasse, welche innerhalb einer administrativen Einheit (Stadt, Dorf oder Rajon) tätig seien, oder wenn sie aus nicht weniger als neun Vertretern eines Fachs bestehe, die in unterschiedlichen Unternehmen innerhalb einer administrativen Einheit arbeiteten. Das Verfassungsgericht stellte fest, dass diese Bedingungen nicht immer erfüllt werden könnten und dadurch die Vereinigungsfreiheit ihrer Wirksamkeit beraubt würde.[769]

---

765 S. Fn. 638 und 639.

766 Ent. Nr. 11-рп/2000 v. 18.10.2000.

767 Verfassung-UKR v. 1996, Art. 36 Abs. 3: „Zum Schutz ihrer sozialen, wirtschaftlichen und auch Arbeitsinteressen und -rechte haben die Bürger das Recht auf Mitgliedschaft in den Gewerkschaften. [...] Die Gewerkschaften werden ohne vorherige Genehmigung und aufgrund freier Wahl ihrer Mitglieder gegründet. [...]."

768 Ent. Nr. 11-рп/2002 v. 18.10.2000, Ziff. 3.1. und 3.2.

769 Ent. Nr. 11-рп/2000 v. 18.10.2000, Ziff. 2.2 und 2.3.

Des Weiteren prüfte das Gericht, ob die bereits für verfassungsrechtswidrig erklärten Gesetzesnormen mit den völkerrechtlichen Garantien im Einklang stehen. Es verwies auf Art. 8 des Internationalen Paktes zu wirtschaftlichen, sozialen und kulturellen Rechten (IPwskR) und Art. 11 EMRK als unabdingbare Bestandteile ukrainischer Gesetzgebung.[770] Dazu gehöre auch das Übereinkommen Nr. 87 der internationalen Arbeitsorganisation (ILO) über die Vereinigungsfreiheit und den Schutz des Vereinigungsrechts von 1948, das im Jahr 1956 durch die Ukraine ratifiziert worden war. Das Verfassungsgericht prüfte im Detail, welche völkerrechtlichen Verpflichtungen die Ukraine bezüglich der Vereinigungsfreiheit nach den erwähnten Verträgen übernommen hat. Bei der Darlegung ging es ausführlich auf das ILO-Übereinkommen Nr. 87 von 1948 ein und sein Verbot einer vorherigen Genehmigung zur Gründung einer Gewerkschaft (Art. 2)[771] und der Beeinträchtigung des Vereinigungsrechts durch das Erfordernis einer Registrierung einer Gewerkschaft als eine juristische Person (Art. 7).[772] Anschließend resümierte das Verfassungsgericht, dass der Inhalt der völkerrechtlichen Garantien der Vereinigungsfreiheit in Art. 36 der Verfassung wiedergegeben sei. Da die gesetzlichen Bestimmungen für verfassungswidrig erklärt wurden, war es für das Verfassungsgericht ohne nähere Prüfung evident, dass durch die gesetzlichen Normen die völkerrechtlichen Anforderungen nicht vollständig berücksichtigt wurden.[773]

In der Gesamtschau wertete das Verfassungsgericht die Verfassungs- und Völkerrechtskonformität der umstrittenen Gesetzesvorschriften gleichrangig, aber getrennt voneinander. Da die völkerrechtlichen und verfassungsrechtlichen Bewertungen im Wesentlichen übereinstimmten, leitete das Gericht aus der bereits festgestellten Verfassungswidrigkeit des

---

770 Ebenda, Ziff. 3.3.

771 ILO Übereinkommen Nr. 87 v. 1948, Art. 2: „Die Arbeitnehmer und die Arbeitgeber ohne jeden Unterschied haben das Recht, *ohne vorherige Genehmigung* Organisationen nach eigener Wahl zu bilden und solchen Organisationen beizutreten, wobei lediglich die Bedingung gilt, dass sie deren Satzungen einhalten." Hervorh. hinzugefügt.

772 ILO Übereinkommen Nr. 87 v. 1948, Art. 7: „ Der Erwerb der Rechtspersönlichkeit durch Organisationen der Arbeitnehmer und der Arbeitgeber, ihre Verbände und Zentralverbände darf nicht an Bedingungen geknüpft werden, die geeignet sind, die Anwendung der Bestimmungen der Artikel 2, 3 und 4 zu beeinträchtigen."

773 Ent. Nr. 11-рп/2000 v. 18.10.2000, Ziff. 3.

Gesetzes auch seine Völkerrechtswidrigkeit ab, die ein zusätzliches Argument für die Aufhebung des Gesetzes darstellte.

2.2 Die Rechtsprechung zu wirtschaftlichen, sozialen und kulturellen Rechten

Wirtschaftliche, soziale und kulturelle Rechte werden durch das Verfassungsgericht der Ukraine genauso verbindlich behandelt wie bürgerliche und politische Rechte. Innerhalb der völkerrechtlichen Ausführungen bevorzugte das Gericht auch hier die europäischen völkerrechtlichen Standards, die sich in der EMRK und ihren Zusatzprotokollen finden. Immer wieder werden auch der IPwskR und die Übereinkommen sowie Dokumente der ILO zitiert. Dabei wird übersehen, dass nach Art. 2 Abs. 1 IPwskR sich die Vertragsstaaten verpflichten, unter Ausschöpfung aller ihrer Möglichkeiten, „[...] Maßnahmen zu treffen, um nach und nach mit allen geeigneten Mitteln, vor allem durch gesetzgeberische Maßnahmen, die volle Verwirklichung der in diesem Pakt anerkannten Rechte zu erreichen." Somit ist die Erfüllung wirtschaftlicher, sozialer und kultureller Rechte mehr zukunftsgerichtet und stellt eine sogenannte progressive Verwirklichungspflicht für die Staaten dar.[774]

2.2.1 Die Rechtsprechung zum Schutz des Eigentums

In der *Entscheidung vom 10. Oktober 2001* betrachtete das Verfassungsgericht der Ukraine Rücklagen bei einer Bank als Eigentum.[775] Die Erstattung der Rücklagen der Bürger, die nach dem Zerfall der Sowjetunion und infolge der Inflation ihren Wert verloren haben, wurde in einem Gesetz zu staatlichen Garantien solcher Erstattungen geregelt.[776] Nach der Auffassung des Verfassungsgerichts entstünde mit der Einführung staatlicher Garantien der Erstattung ein Anspruch auf Rückzahlung der Rücklagen.[777]

---

774 In ähnlicher Weise behandelt auch das VerfG Russischer Föderation die Bestimmungen des IPwskR, dazu eingehend s. *W. Rückert*, Das Völkerrecht in der Rechtsprechung des russischen Verfassungsgerichts (2005), S. 279.

775 Ent. Nr. 13-рп/2001 v. 10.10.2001.

776 Gesetz Nr. 537/96 v. 21.11.1996.

777 Ent. Nr. 13-рп/2001 v. 10.10.2001, Ziff. 5.1 und 5.2.

Die Auslegung des Rechts auf Eigentum leitete das Gericht aus verfassungsrechtlichen und völkerrechtlichen Normen ab, die es nebeneinander in gleicher Weise berücksichtigte. Nach Art. 41 Abs. 4 Satz 1 der Verfassung darf „niemandem [...] sein Recht auf Eigentum rechtswidrig entzogen werden." Dennoch sei das Recht sowohl nach der ukrainischen Verfassung als auch nach dem Völkerrecht nicht absolut gewährt. So schreibt Art. 13 Abs. 3 der Verfassung fest, dass das „Eigentum verpflichtet. Nutzung des Eigentums darf den Menschen und der Gesellschaft nicht schädigen." Gemäß Art. 41 Abs. 7 der Verfassung soll die „Nutzung des Eigentums [...] die Grundrechte, -freiheiten, Menschenwürde und öffentliches Interesse nicht beeinträchtigen."

Weiterhin zitierte das Gericht den Einschränkungsvorbehalt aus Art. 1 des Zusatzprotokolls Nr. 1 zur EMRK von 1952.[778] Hiernach ist einem Vertragsstaat erlaubt, diejenigen Gesetze anzuwenden, die „er für die Regelung der Benutzung des Eigentums im Einklang mit dem Allgemeininteresse oder zur Sicherung der Zahlung der Steuern oder sonstigen Abgaben oder von Geldstrafen für erforderlich hält." Das Verfassungsgericht verglich nicht die völkerrechtlichen und verfassungsrechtlichen Einschränkungsvorbehalte und erläuterte nicht, wie sie sich zueinander verhalten. Die allgemeine Berufung auf die europäischen Standards diente der Bestätigung, dass ein Staat den Eigentumsschutz nicht absolut gewähren muss.

In der umstrittenen Gesetzesregelung zur schrittweisen Rückzahlung der Rücklagen an die Berechtigten je nach Alter, Wert der Rücklagen, den dafür vorgesehenen Haushaltskosten sowie nach anderen Umständen sah das Verfassungsgericht einen Eingriff in das Eigentumsrecht. Hierzu folgte eine sehr pauschale Prüfung der Recht- und Verhältnismäßigkeit der Einschränkungsgründe, indem das Gericht feststellte, dass sie ein legitimes Ziel verfolgten und den Wesensgehalt des Rechts nicht schmälerten.[779] Den Rechtsinhalt des Verhältnismäßigkeitsgrundsatzes entnahm das Gericht dem EGMR-Urteil im Fall *„James v. Vereinigtes Königreich"* vom

---

778 Ent. Nr. 13-рп/2001 v. 10.10.2001, Ziff. 5.4.

779 Ebenda, Ziff. 5.4.

21. Februar 1986. [780] Hierin wurde betont, dass Einschränkungen der Benutzung des Eigentums aufgrund des Allgemeininteresses nicht zum Verlust des Rechts führen dürfen. Daher wies das Gericht den Gesetzgeber darauf hin, dass das Recht auf Eigentum seiner Wirkung beraubt werden könne, da das Gesetz keine konkreten Fristen der Rückzahlung vorsehe. Es bleibt unklar, warum diese Feststellung in Form einer Vorwarnung an den Gesetzgeber erging und nicht als ein ausreichender Grund für die Verfassungswidrigkeit des umstrittenen Gesetzes angesehen wurde.

In der Entscheidung wandte das Gericht das Völkerrecht selektiv und nicht konsequent an, um seine aus der Verfassung gewonnenen Schlussfolgerungen zu bestätigen. Einerseits fällt auf, dass das Gericht schlicht annahm, dass die gesetzlich vorgesehene Erstattung der Geldersparnisse auch im Kontext der EMRK aufgrund des Rechts auf Eigentum jedem einen Anspruch auf eine solche Erstattung gewährt. Ohne dies zu überprüfen, ging es sofort zur Prüfung der Verhältnismäßigkeit der Einschränkungen des Rechts auf Eigentum über. Eine genaue Betrachtung der Rechtsprechung des Menschenrechtsgerichtshofs würde zu einem gegenteiligen Ergebnis führen. Zwar kann der Anspruch auf das Eigentum mit einer gesetzlichen Erwartung begründet werden,[781] und auch Ersparnisse bei der Bank werden als Eigentum angesehen. Doch hat die betroffene Person auch dann nur einen Anspruch auf Erstattung des ursprünglichen Geldwertes und nicht der infolge der Inflationen entstandenen Verluste.[782] Andererseits spielte das Völkerrecht doch insofern eine entscheidende Rolle, als das Verfassungsgericht die Prüfung der Verhältnismäßigkeit der Einschränkungen in Übereinstimmung mit der EGMR-Praxis durchzuführen versuchte.

780 EGMR Urt. 21.2.1986, *James and others v. the United Kingdom*, Series A 98 § 50 = EuGRZ 1988, 431.

781 S. exemplarisch EGMR Urt. 29.11.1991, *Pine Valley Developments Ltd and others v. Ireland*, Series A 222 § 51.

782 S. exemplarisch EGMR Urt. 7.09.1999, *Rudzinska v. Poland* (appl. no. 45526/99), ECHR 1999-VI.

2.2.2 Die Rechtsprechung zum Recht auf Arbeit

– *Das Mindestalter des Ombudsmanns*

In der *Entscheidung vom 18. April 2000* hielt das Verfassungsgericht die gesetzliche Vorschrift über die Ernennung eines Bürgers der Ukraine als Ombudsmann, der am Tag der Ernennung mindestens 40 Jahre alt ist, für gerechtfertigt.[783] Die Zulässigkeit des Erfordernisses eines Mindestalters begründete das Verfassungsgericht mit der spezifischen Tätigkeit des Ombudsmanns und seinem besonderen Status als Staatsbeamter.

Zu Beginn wies das Verfassungsgericht darauf hin, dass die ukrainische Verfassung das Mindestalter für bestimmte, in besonderem Verhältnis zum Staat stehende Posten vorsehe, wie bspw. für Richter (Art. 127 Abs. 3 und Art. 148 Abs. 3) oder für Parlamentsabgeordnete (Art. 76 Abs. 2). Im Anschluss stellte es lediglich fest, dass die für die Tätigkeit des Ombudsmanns notwendige Erfahrung und soziale Reife mit dem Erlangen eines bestimmten Alters nachgewiesen werden könnten. Dies stehe weder im Widerspruch zu Art. 64 Abs. 1 der Verfassung, wonach generell die Einschränkung der durch die Verfassung gewährten Grundrechte und -freiheiten durch die Gesetze verboten ist, noch zum Gleichheitssatz in Art. 24[784] und zu Art. 38 Abs. 2,[785] in dem Bürgern das Recht auf gleichen Zugang zum Staatsdienst gewährt wird.[786] Das Gericht bejahte die Zulässigkeit des Alters als Unterscheidungsgrund, ohne jedoch zu prüfen, ob das Alter ein geeignetes und zweckmäßiges Mittel sei, das verfolgte Ziel, bestimmte Erfahrung und soziale Reife, zu erreichen.

---

783 Ent. Nr. 5-рп/2000 v. 18.04.2000. Den Verfahrensgegenstand stellte Art. 5 Abs. 2 des Gesetzes Nr. 776/97 v. 23.12.1997 dar.

784 Verfassung-UKR v. 1996, Art. 24 Abs. 1 und 2: „Die Bürger der Ukraine sind in den durch die Verfassung garantierten Rechten und Freiheiten gleich und sind vor dem Gesetz gleich.
Es bestehen keine Privilegien oder Einschränkungen aufgrund der Rasse, der Hautfarbe, politischer, religiöser und anderer Überzeugungen, des Geschlechts, der ethnischen oder sozialen Herkunft, der Vermögensverhältnisse, des Wohnorts, der Sprache oder anderer Umstände."

785 Verfassung-UKR v. 1996, Art. 38 Abs. 2: „Die Bürger der Ukraine haben gleichen Zugang zum Staatsdienst und zum Dienst in den Selbstverwaltungsorganen."

786 Ent. Nr. 5-рп/2000 v. 18.04.2000, Ziff. 2.

Eine allgemein gefasste völkerrechtliche Begründung dieser Position des Gerichts enthält ein Sondervotum des Verfassungsrichters *Mykola Kozjubra*. Er verwies auf die Definition der Diskriminierung in Art. 1 Abs. 2 des ILO-Übereinkommens Nr. 111 über die Diskriminierung in Beschäftigung und Beruf von 1958.[787] Hiernach ist eine Bevorzugung oder eine Ausschließung aufgrund der Besonderheiten einer Beschäftigung nicht als eine Diskriminierung zu verstehen.[788]

– *Das Höchstalter eines Hochschullehrers*

In der *Entscheidung vom 7. Juli 2004* argumentierte das Verfassungsgericht in einer ähnlichen Frage ausführlicher.[789] Gegenstand der verfassungsrechtlichen Überprüfung war eine gesetzliche Regelung zur Altersgrenze von 65 Jahren für die Position eines Leiters der Hochschulen des dritten und vierten Akkreditierungsgrades. Das Gericht leitete aus Art. 43 der Verfassung zum Recht auf Arbeit eine Pflicht des Staates ab, einen allgemeinen gleichen Zugang zur Arbeit zu gewährleisten.[790] Durch die Altersgrenze sei dieser allgemeine Zugang im vorliegenden Fall begrenzt.

Zugleich schloss das Gericht nicht aus, dass für bestimmte Berufe ausnahmsweise gesetzliche Altersgrenzen vorgeschrieben werden dürften, wenn sich das durch die Art und Weise der auszuübenden Tätigkeit begründen ließe.[791] Es betonte hier die Notwendigkeit der Verhältnismäßigkeit, der Zweckmäßigkeit und der Erforderlichkeit der Einschränkungen eines bestimmten Rechts und bestätigte diese Rechtsauffassung mit dem Wortlaut von Art. 4 IPwskR:

---

787 Vgl. Sondervotum des Verfassungsrichters *Mykola Kozjubra* zur Ent. Nr. 5-рп/2000 v. 18.04.2000.

788 ILO Übereinkommen Nr. 111 v. 4.06.1958, Art. 1 Abs. 2: „Eine Unterscheidung, Ausschließung oder Bevorzugung hinsichtlich einer bestimmten Beschäftigung, die in den Erfordernissen dieser Beschäftigung begründet ist, gilt nicht als Diskriminierung."

789 Ent. Nr. 14-рп/2004 v. 7.07.2004.

790 Verfassung-UKR v. 1996, Art. 43 Abs. 1 und 2: „Jeder hat das Recht auf Arbeit, was die Möglichkeit einschließt, seinen Lebensunterhalt mit der Arbeit zu verdienen, die jeder frei wählt und zu der jeder frei zustimmt.
Der Staat gewährleistet die für die vollkommene Verwirklichung des Rechts auf Arbeit notwendigen Bedingungen [...]."

791 Ent. Nr. 14-рп/2004 v. 7.07.2004, Ziff. 4.1.

> „Die Vertragsstaaten erkennen an, dass ein Staat die Ausübung der von ihm gemäß diesem Pakt gewährleisteten Rechte nur solchen Einschränkungen unterwerfen darf, die gesetzlich vorgesehen und mit der Natur dieser Rechte vereinbar sind und deren ausschließlicher Zweck es ist, das allgemeine Wohl in einer demokratischen Gesellschaft zu fördern."

Anschließend untersuchte das Verfassungsgericht im Einzelnen, ob sich die Altersbegrenzung für die Hochschulleitertätigkeit mit den Erfordernissen dieser Tätigkeit begründen lässt.[792] Das Gericht konnte den mit der Altersgrenze verfolgten Zweck nicht erkennen, zumal die Einschränkung allein die Leiter der Hochschulen des dritten und des vierten Akkreditierungsgrades betraf. Trotz Aufgaben gleicher Schwierigkeit unterlagen die Leiter anderer Hochschulen keiner Altersgrenze.

Das Verfassungsgericht war der Rechtsauffassung, dass es sicherlich andere weniger einschränkende Mittel gäbe, den verfolgten Zweck zu erreichen und ältere Arbeitnehmer nicht der Möglichkeit zu berauben, ihre persönlichen Fähigkeiten, Qualifikation und Erfahrung zu demonstrieren. Bei der Argumentation dieser Rechtsposition wurde auf die ILO-Empfehlung Nr. 162 von 1980[793] betreffend ältere Arbeitnehmer Bezug genommen. In Punkt 5 lit. b) des Dokuments wird den Staaten empfohlen, die Chancengleichheit und Gleichbehandlung der älteren Arbeitnehmer gegenüber anderen Arbeitnehmern zu gewährleisten, insbesondere in Bezug auf „[...] den Zugang – unter Berücksichtigung ihrer persönlichen Fähigkeiten, ihrer Erfahrung und ihrer Qualifikation – zu einer Beschäftigung ihrer Wahl im öffentlichen, wie im privaten Sektor [...]."

In der gesetzlich vorgesehenen Altersgrenze sah das Verfassungsgericht eine Verletzung des Rechts auf Arbeit, des Gleichheitssatzes und des Diskriminierungsverbots, die jeweils in Art. 43 Abs. 1 und 2 und Art. 24 Abs. 1 und 2[794] der ukrainischen Verfassung festgeschrieben sind. Auch hier dienten die Referenzen auf das Völkerrecht der Bekräftigung der auf die ukrainische Verfassung gestützten Auffassungen des Verfassungsgerichts.

---

792 Ebenda, Ziff. 4.2.

793 ILO Empfehlung Nr. 162 v. 23.06.1980.

794 S. Fn. 784 und 790.

– *Die Altersbegrenzung für die Tätigen im diplomatischen und staatlichen Dienst*

Seine frühere Position in der Entscheidung zum Mindestalter des Ombudsmanns [795] bestätigte das Verfassungsgericht in der *Entscheidung vom 16. Oktober 2007* zur Altersbegrenzung von Personen, die im diplomatischen Dienst oder im Dienst der Staats- und Selbstverwaltungsorgane tätig sind. [796] Dennoch ergänzte hier das Verfassungsgericht seine Rechtfertigung der Altersgrenze um eine völkerrechtliche Begründung. Es war eine gesetzliche Vorschrift zu prüfen, wonach Frauen und Männer, die im diplomatischen oder staatlichen Dienst tätig waren, ihre Tätigkeit jeweils nur bis zum Alter von 55 und 60 Jahren ausüben dürften.

Nach einer detaillierten Prüfung gelang das Verfassungsgericht zur Auffassung, dass die Regelung eines Höchstalters durch spezifische Erfordernisse einer Beschäftigung bei Staatsorganen, Organen der Selbstverwaltung und im diplomatischen Dienst gerechtfertigt sei. Bei der Auslegung des verfassungsrechtlichen Gleichheitssatzes zog das Gericht dann das ILO-Übereinkommen Nr. 111 von 1958 über die Diskriminierung in Beschäftigung und Beruf heran.[797] Im Bereich von Arbeit und Beschäftigung seien solche Unterscheidungen, die mit den spezifischen Erfordernissen einer Beschäftigung begründet werden können, im Einklang mit Art. 1 Abs. 2 des Übereinkommens keine Diskriminierung. Dies sei auch im Punkt 5 des Kapitels II der ILO-Empfehlung Nr. 162 von 1982 betreffend ältere Arbeitnehmer und auch in der Richtlinie 2000/78/EG des Rates von 2000 zur Festlegung eines allgemeinen Rahmens für die Verwirklichung der Gleichbehandlung in Beschäftigung und Beruf festgelegt.[798] Die generelle Möglichkeit, wirtschaftliche Rechte aus legitimen Gründen verhältnismäßig einzuschränken, bestätigte das Verfassungsgericht mit Art. 4 IPwskR.

Aufgrund einer Zusammenschau der Verfassungs- und Völkerrechtsnormen gelangte das Gericht zur Auffassung, dass die Altersbegrenzung für Staats-

---

795 Ent. Nr. 5-рп/2000 v. 18.04.2000.
796 Ent. Nr. 8-рп/2007 v. 16.10.2007.
797 Ebenda, Ziff. 3.5.
798 RL 2000/78/EG des Rates v. 27.11.2000, ABl. 2000 L. 303/16 v. 2.12.2000.

beamte und Diplomaten wegen der Erfordernisse ihrer Tätigkeit rechtmäßig sei. Somit seien der Gleichheitssatz, das Diskriminierungsverbot nach Art. 24 Abs. 1 und 2 und der allgemeine und gleiche Zugang zum öffentlichen Dienst nach Art. 38 Abs. 2 der ukrainischen Verfassung nicht verletzt.[799]

Auch hier bekräftigte das Gericht seine Aussagen mit mehreren internationalen Dokumenten. Mit den detaillierten, speziell für die Verwirklichung der Gleichbehandlung im Beruf ausgearbeiteten völkerrechtlichen Vorschriften wurden der allgemeine Gleichheitssatz und das Gebot des gleichen Zugangs zur Arbeit der ukrainischen Verfassung konkretisiert. Allerdings erklärte das Gericht nicht, auf welcher Grundlage die Staatsorgane und die Bürger die betreffenden internationalen Dokumente beachten sollen. Dies wäre insbesondere in Bezug auf die Richtlinie der Europäischen Gemeinschaft erklärungsbedürftig. Zu denken ist hier an die mit dem EU-Ukraine Partnerschaftsabkommen übernommene Verpflichtung zur Angleichung des ukrainischen Rechts an den *acquis communautaire*.[800]

2.2.3 Die Rechtsprechung zum Recht auf Achtung des Privat- und Familienlebens

In der *Entscheidung vom 3. Februar 2009* prüfte das Gericht die Verfassungsmäßigkeit der Gesetzesnorm, die den maximal erlaubten Altersunterschied von 45 Jahren zwischen Adoptiveltern und -kindern festlegte.[801] Der Antragssteller, der Ombudsmann, rügte den Verstoß gegen Art. 24 Abs. 2 zum Gleichheitssatz[802] und Art. 32 Abs. 1 zum Recht auf Achtung des Famili-

799 Ent. Nr. 8-pn/2007 v. 16.10.2007, Ziff. 3.1-3.3 und 3.5.

800 PKA v. 1998 (ABl.EG 1998 L 49 S. 1 ff.), Art. 51 Abs. 1: „Die Vertragsparteien erkennen an, dass die Angleichung der bestehenden und künftigen Rechtsvorschriften der Ukraine an das Gemeinschaftsrecht eine wesentliche Voraussetzung für die Stärkung der Wirtschaftsbeziehungen zwischen der Ukraine und der Gemeinschaft darstellt. Die Ukraine wird sich darum bemühen, dass ihre Rechtsvorschriften schrittweise mit dem Gemeinschaftsrecht vereinbar werden. [...].“

801 Ent. Nr. 3-pn/2009 v. 3.02.2009.

802 Verfassung-UKR v. 1996, Art. 24 Abs. 2: „Es bestehen keine Privilegien oder Einschränkungen aufgrund der Rasse, der Hautfarbe, politischer, religiöser und anderer Überzeugungen, des Geschlechts, der ethnischen oder sozialen Herkunft, der Vermögensverhältnisse, des Wohnorts, der Sprache oder anderer Umstände.“

enlebens.[803] Die Mehrheit der Verfassungsrichter kam zu einer gegenteiligen Schlussfolgerung. Aus den in Art. 51 Abs. 2 der Verfassung festgeschriebenen Pflichten der Eltern und Kindern füreinander – „Die Eltern sind verpflichtet, für den Lebensunterhalt der Kinder bis zu ihrer Volljährigkeit zu sorgen. Die volljährigen Kinder sind verpflichtet, für ihre arbeitsunfähigen Eltern zu sorgen" – leiteten die Verfassungsrichter die Rechtmäßigkeit des maximal erlaubten Altersunterschieds zwischen den Adoptiveltern und -kindern ab.[804] Da diese Grenze alle Adoptivkinder und -eltern gleichermaßen betraf, fand das Gericht keinen Verstoß gegen den Gleichheitssatz.

Diese Rechtsauffassung stützte das Gericht auf die aus der ukrainischen Verfassung und den völkerrechtlichen Vorsätzen herzuleitende Pflicht des Staates für das Wohl der Kinder und insbesondere Waisenkinder zu sorgen. Durch Art. 51 Abs. 3 der Verfassung zum staatlichen Schutz der Kindheit und der Familie,[805] das Familiengesetzbuch und zahlreiche Spezialgesetze sei der ukrainische Staat zur Gewährleistung der Erziehung von Waisenkindern in einer Familie angehalten. Die gleichlautenden Verpflichtungen für den ukrainischen Staat seien auch in völkerrechtlichen Verträgen vorgesehen. Ohne ihren Inhalt wiederzugeben, berief sich das Verfassungsgericht hierzu auf Art. 10 Abs. 3 IPwksR und Art. 3 des Übereinkommens über die Rechte des Kindes von 1989.[806]

Das Kindeswohl als vorrangiger Gesichtspunkt bei der Adoption sei auch durch den EGMR bestätigt worden. Exemplarisch bezog sich das ukrainische Verfassungsgericht auf die Entscheidung des EGMR in dem Fall *„Pini and Bertani and Manera and Atripaldi v. Romania"* vom 22. Juni 2004.[807] Allerdings erklärte es die Rolle der Entscheidung und der erlangten Schlussfolgerungen für den untersuchten Fall nicht näher. In der Tat maß der EGMR dem Kindeswohl bei einer Adoption höchste Bedeutung zu. Er betonte das Prinzip der Adoption, „das Geben einer Familie dem Kind und nicht des Kindes der

---

803 Verfassung-UKR v. 1996, Art. 32 Abs. 1: „Intervention in das Familien- oder Privatleben der Person ist verboten, mit Ausnahme von der Interventionen, die in der Verfassung der Ukraine vorgesehen sind."

804 Ent. Nr. 3-рп/2009 v. 3.02.2009, Ziff. 3.3.

805 Verfassung-UKR v. 1996, Art. 51 Abs. 3: „[...] Familie, Kindheit, Mutterschaft und Elternschaft sind durch den Staat geschützt."

806 Ent. Nr. 3-рп/2009 v. 3.02.2009, Ziff. 3.2.

807 Ebenda, Ziff. 3.2.

Familie", und entschied aufgrund des Kindeswohls nicht zum Vorteil der Adoptiveltern.[808] Dennoch befasste sich der Fall vor dem EGMR mit der Adoption durch ausländische und nicht ältere heimische Eltern, was sich unterschiedlich auf das Wohl des Kindes auswirken könnte. Im Gegensatz zum EGMR prüfte das Verfassungsgericht der Ukraine die Erforderlichkeit und die Verhältnismäßigkeit des Mittels zu dem verfolgten Zweck nicht.

In der Entscheidung wurden die aus der Verfassungs- und Gesetzesauslegung erlangten Schlussfolgerungen durch pauschale und selektive Bezugnahme auf die völkerrechtlichen Normen und Praxis unterstützt. Eine genauere Auseinandersetzung mit den völkerrechtlichen Normen fand in den Sondervoten der Verfassungsrichter statt und führte zu einem anderen als dem durch das Gericht festgestellten Ergebnis, nämlich zur Verfassungswidrigkeit der untersuchten Regeln.

Der Verfassungsrichter *Jurij Nikitin* warf dem Verfassungsgericht eine ungenügende Prüfung der Verletzung des Rechts auf Achtung des Familienlebens vor. Die Bedeutung des Rechts entnahm er sowohl der Verfassung als auch den völkerrechtlichen Verträgen. Er berief sich allgemein auf die Kinderrechtskonvention von 1989 und auf Art. 16 Abs. 3 AEMR,[809] Art. 23 Abs. 1 des IPbpR[810] und Art. 10 des IPwskR,[811] wonach der Familie als der „natürlichen Kernzelle" der Gesellschaft auch Schutz durch die Gesellschaft und den Staat gewährt werden solle.[812] Unter Berücksichtigung des Verhältnismäßigkeitsprinzips und aufgrund der Verfassung und der internationalen Verpflichtungen der Ukraine sah der Richter in der umstrittenen Gesetzesnorm die Verletzung des Rechts auf Familienleben sowohl des Kindes als auch der El-

808 EGMR Urt. 22.06.2004, *Pini and Bertani and Manera and Atripaldi v. Romania*, no. 78028/01, 78030/01 §§ 149-166, ECHR 2004-V.

809 AEMR v. 1948, Art. 16 Abs. 3: „Die Familie ist die natürliche und grundlegende Einheit der Gesellschaft und hat Anspruch auf Schutz durch Gesellschaft und Staat."

810 IPbpR v. 1966, Art. 23 Abs. 1: „Die Familie ist die natürliche Kernzelle der Gesellschaft und hat Anspruch auf Schutz durch Gesellschaft und Staat."

811 IPwskR v. 1966, Art. 10 Abs. 1: „Die Vertragsstaaten erkennen an, 1. dass die Familie als die natürliche Kernzelle der Gesellschaft größtmöglichen Schutz und Beistand genießen soll, insbesondere im Hinblick auf ihre Gründung und solange sie für die Betreuung und Erziehung unterhaltsberechtigter Kinder verantwortlich ist. Eine Ehe darf nur im freien Einverständnis der künftigen Ehegatten geschlossen werden; [...]."

812 Sondervotum von *Jurij Nikitin* zur Ent. Nr. 3-рп/2009 v. 3.02.2009, Ziff. 3.

tern.[813] Des Weiteren verwies er auf die Beeinträchtigung des Gleichheitssatzes, da nach der zu prüfenden Gesetzesnorm unterschiedliche Rechtsstellungen bezüglich des Rechts auf Familie der Adoptiveltern und -kinder einerseits und der Nichtadoptiveltern und -kinder andererseits begründet würden. Den Nichtadoptiveltern im Alter von über 45 Jahren wäre es nicht verboten, Kinder zu bekommen und mithin das Recht auf Familie zu verwirklichen.[814]

Eine unvollkommene Prüfung der Verhältnismäßigkeit warf dem Verfassungsgericht der Verfassungsrichter *Volodymyr Kampo* in seinem Sondervotum vor. Er wies darauf hin, dass das Alterskriterium nicht ein Schlüsselkriterium für die Erfüllung der Pflichten der Eltern und Kinder füreinander sei.[815] Nach seiner Ansicht sollte das Verfassungsgericht auch die materiellen, sozialen, ethischen und anderen Aspekte berücksichtigen.

Im Ergebnis ist diese Entscheidung ein weiteres Beispiel der selektiven Anwendung des Völkerrechts durch das Verfassungsgericht der Ukraine. Eine genauere Auslegung der Verfassungsnormen im Lichte der völkerrechtlichen Verpflichtungen könnte zu einem anderen Prüfungsergebnis führen, wie die geschilderten Argumentationen in den Sondervoten zeigen.

2.2.4 Die Rechtsprechung zum Recht auf unentgeltliche medizinische Hilfe

In der *Entscheidung vom 29. Mai 2002*[816] legte das Verfassungsgericht der Ukraine das in Art. 49 Abs. 3 der Verfassung anerkannte Recht eines jeden auf kostenlose medizinische Hilfe, geleistet in den staatlichen oder kommunalen Einrichtungen, aus.[817]

Zunächst versuchte das Gericht den Rechtsinhalt des Begriffs „medizinischer Hilfe" zu bestimmen. Dabei berücksichtigte es nicht nur die Verfassungs- und Gesetzesvorschriften über gesundheitlichen Schutz, sondern auch die

---

813 Ebenda, Ziff. 3 und 4.

814 Ebenda, Ziff. 5.

815 Sondervotum von *Volodymyr Kampo* zur Ent. Nr. 3-рп/2009 v. 3.02.2009, Ziff. 2.

816 Ent. Nr. 10-рп/2002 v. 29.05.2002.

817 Verfassung-UKR v. 1996, Art. 49 Abs. 3: „Der Staat schafft die Bedingungen, unter denen die medizinische Versorgung *effektiv* und *zugänglich* für alle Bürger ist. In den staatlichen und kommunalen Einrichtungen für Gesundheitsschutz wird medizinische Hilfe kostenlos geleistet; [...]." Hervorh. hinzugefügt.

entsprechenden völkerrechtlichen Akte. Unter die völkerrechtlichen Akte subsumierte das Gericht die völkerrechtlichen Dokumente vertraglicher Natur und die unverbindlichen Resolutionen der Weltgesundheitsorganisation. Es wies darauf hin, dass der Begriff der medizinischen Hilfe in dem ILO-Übereinkommen Nr. 102 von 1952 über die Mindestnormen der sozialen Sicherheit (Art. 1 und 2), in dem vorläufigen Europäischen Abkommen über soziale Sicherheit unter Ausschluss der Systeme für den Fall des Alters, der Invalidität und zugunsten der Hinterbliebenen von 1953 (Art. 1 und 8-17), in dem Europäischen Kodex für die soziale Sicherheit von 1964 (Kapitel II), in der Europäischen Sozialcharta von 1996 (Art. 11-13), u. a. zu finden sei.[818] Den Inhalt der völkerrechtlichen Bestimmungen und seine Gegenüberstellung mit der innerstaatlichen Bedeutung des Begriffs der „medizinischen Hilfe" wurde durch das Verfassungsgericht nicht dargelegt. Schließlich hielt sich das Verfassungsgericht zurück und verwies darauf, dass die rechtliche Bestimmtheit der „medizinischen Hilfe" durch die Legislative erfolgen solle.[819]

Die Bedeutung der Unentgeltlichkeit medizinischer Hilfe leitete das Gericht vorwiegend aus der ukrainischen Verfassung ab. Es kam zur Schlussfolgerung, dass es keine Pflicht der Bürger gäbe, die Kosten für medizinische Hilfe vor oder nach der Leistung, gleichgültig in welcher Form, einschließlich in Form der Krankenkassenbeiträge, zu tragen.[820] Laut Art. 49 Abs. 1[821] werde jedem das Recht auf eine Krankenversicherung gewährt, aber keine Pflicht zu einer solchen Versicherung auferlegt. Das private Krankenversicherungssystem könne durch ein Gesetz eingeführt werden. Das System der staatlichen Krankenversicherung, die nicht nur durch die Beiträge der Arbeitgeber, sondern auch durch die Beiträge der Arbeitnehmer finanziert werde, stehe im Widerspruch zur Pflicht des Staates zur Gewährleistung einer effektiven und allgemein zugänglichen medizinischen Hilfe nach Art. 49 Abs. 3 der Verfassung.[822]

---

818 Ent. Nr. 10-рп/2002 v. 29.05.2002, Ziff. 4.

819 Ent. Nr. 10-рп/2002 v. 29.05.2002, Ziff. 4.

820 Ebenda, Ziff. 4.

821 Verfassung-UKR v. 1996, Art. 49 Abs. 1: „Jeder hat das Recht auf Schutz der Gesundheit, medizinische Hilfe und Krankenversicherung."

822 Ent. Nr. 10-рп/2002 v. 29.05.2002, Ziff. 5.

2.2.5 Die Rechtsprechung zum Recht auf Bildung

Auch bei der Auslegung von Art. 53 der Verfassung zum Recht auf Bildung[823] in der *Entscheidung vom 21. November 2002*[824] zog das Verfassungsgericht die entsprechenden völkerrechtlichen Garantien heran. Hier ging die Anwendung des Völkerrechts ebenfalls nicht über die schlichte Feststellung hinaus, dass das Grundrecht auf Bildung gleichermaßen in Art. 13 IPwskR und Art. 28 der Kinderrechtskonvention von 1989 vorzufinden sei, die Bestandteile ukrainischer Gesetzgebung seien.[825]

Das Verfassungsgericht erkannte an, dass die Schulausbildung obligatorisch sei und nicht nur Kinder verpflichte. Auch Eltern und der Staat sollten dafür Sorge tragen, dass Kinder die Grundschulausbildung erhalten.[826] Die Pflicht des Staates bestehe darin, die Bildung in staatlichen und kommunalen Einrichtungen zugänglich und unentgeltlich zu machen. Da Schulbücher ein unabdingbarer Bestandteil der Schulausbildung, eine Form der Garantie des Rechts auf Ausbildung seien, umfasse eine kostenlose Schulausbildung auch einen allgemeinen unentgeltlichen Zugang zu Schulbüchern.[827] Folglich erklärte das Gericht die Regierungsbeschlüsse über die Einführung der Kosten für die Schulbücher (20% des Gesamtwertes für ein Schuljahr) für verfassungswidrig und hob sie auf.

Die Rechtsauffassung über die staatliche Pflicht zur kostenlos zugänglichen Schulausbildung wiederholte das Gericht in seiner späteren *Entscheidung vom 4. März 2004.*[828] Als Belege für die völkerrechtliche Existenz dieses Rechts erwähnte es Art. 26 AEMR und Art. 13 IPwskR.[829] Das Gericht führte aus, dass der Staat alle Kosten der Hochschulreife in den staatlichen und

823 Verfassung-UKR v. 1996, Art. 53 Abs. 1, 2 und 3: „Jeder hat das Recht auf Bildung.
Die Schulausbildung bis zur allgemeinen Hochschulreife ist obligatorisch.
Der Staat garantiert die Zugänglichkeit und Unentgeltlichkeit der Vorschulbildung, Schulausbildung bis zur Hochschulreife, Berufsbildung und Hochschulbildung in den staatlichen und kommunalen Bildungseinrichtungen; [...]."

824 Ent. Nr. 18-рп/2002 v. 21.11.2002.

825 Ebenda, Ziff. 4.

826 Ebenda, Ziff. 5.

827 Ent. Nr. 18-рп/2002 v. 21.11.2002, Ziff. 5.

828 Ent. Nr. 5-рп/2004 v. 4.03.2004, Ziff. 4.1.

829 Ebenda, Ziff. 4.1.

kommunalen Einrichtungen trage.[830] Die Unentgeltlichkeit der Hochschulausbildung bedeute dagegen, dass jeder Bürger auf Wettbewerbsbasis und im Rahmen der sogenannten staatlichen Aufträge für Spezialisten in den einzelnen Fachgebieten das Recht auf kostenlose Hochschulausbildung habe.[831]

2.2.6 Die Rechtsprechung zu Art. 10 der Verfassung über die ukrainische Sprache als Amtssprache und den Schutz der Sprachen der Minderheiten

In der *Entscheidung vom 14. Dezember 1999* stellte das Verfassungsgericht fest, dass die Erklärung der ukrainischen Sprache als offizielle Staatssprache in Art. 10 der Verfassung und die damit verbundene Pflicht der Staatsorgane, der Amtsträger und der staatlichen Bildungsinstitutionen zum Gebrauch der ukrainischen Sprache die Bewahrung und die Entwicklung der Sprachen nationaler Minderheiten auf ukrainischem Territorium nicht beeinträchtige.[832] Das Gericht äußerte sich ausführlich zu den verfassungsrechtlichen und völkerrechtlichen Garantien zum Schutz der Sprachen der Minderheiten.[833] Es fasste die relevanten Vorschriften der Rahmenkonvention des Europarates über den Schutz der nationalen Minderheiten vom 1. Februar 1995, des GUS-Abkommens über die Wiederherstellung der Rechte der deportierten Personen und der nationalen Minderheiten vom 9. Oktober 1992 und des Abkommens über die Rechte der nationalen Minderheiten innerhalb der GUS-Staaten vom 21. Oktober 1994 zusammen. Anschließend stellte es fest, dass der verfassungsrechtliche Schutz der Sprachen der nationalen Minderheiten in seinem Wesensgehalt und seiner Reichweite den internationalen, für die Ukraine verbindlichen vertraglichen Standards entspreche.[834]

---

830 Ebenda, Ziff. 7.

831 Ebenda, Ziff. 7; Verfassung-UKR v. 1996, Art. 53 Abs. 4: „Die Bürger der Ukraine haben das Recht auf Wettbewerbsbasis die Hochschulausbildung in den staatlichen und kommunalen Bildungseinrichtungen zu erlangen."

832 Ent. Nr. 10-рп/1999 v. 14.12.1999.

833 Verfassung-UKR v. 1996, Art. 10 Abs. 1 und 3: „Die offizielle Staatsprache der Ukraine ist Ukrainisch. [...] In der Ukraine werden die freie Entwicklung, der Gebrauch und der Schutz der russischen und anderer Sprachen nationaler Minderheiten der Ukraine garantiert."

834 Ent. Nr. 10-рп/1999 v. 14.12.1999, Ziff. 4.

Wie bereits in seiner früheren Rechtsprechung bezeichnete das Verfassungsgericht die Vorschriften der ukrainischen Verfassung als „völkerrechtskonforme Normen".

2.3 Die anderen Beispiele der Verwertung des Völkerrechts durch das Verfassungsgericht

In der bisherigen Praxis des Verfassungsgerichts sind auch die Entscheidungen zu finden, in denen die völkerrechtlichen Standards für die Bestimmung von Termini und Regelungen von staatsorganisatorischen Fragen herangezogen wurden und der Schließung bestehender Rechtslücken dienten.

2.3.1 Die Definition des „Familienmitglieds" im Hinblick auf die gesetzlich vorgesehenen Sozialvergünstigungen

Aus der Argumentation des Verfassungsgerichts in der *Entscheidung vom 3. Juni 1999* folgt, dass es bereit war, eine international geltende und in den durch die Ukraine anerkannten Verträgen festgeschriebene Definition des Begriffs „Familienmitglied" zu übernehmen. [835] In den untersuchten Gesetzesnormen waren soziale Vergünstigungen für Familienmitglieder und unterhaltspflichtige Familienmitglieder des Militärpersonals, der Miliz- und der Feuerwehrmitarbeiter vorgesehen. Dennoch mangelte es sowohl innerstaatlich als auch völkerrechtlich an allgemeinen Kriterien, wie bspw. Alter, Arbeitsfähigkeit oder Wohnort, um den Kreis der Familienmitglieder genau zu bestimmen. In dem Zusammenhang verwies das Gericht exemplarisch auf Art. 16 und Art. 23 Abs. 2 IPbpR, worin das Recht von Mann und Frau, im heiratsfähigen Alter eine Ehe einzugehen und eine Familie zu gründen, anerkannt wird. Allerdings sei der Begriff „Familienmitglied" im Pakt nicht definiert.[836]

In der Entscheidung sah das Gericht im gemeinsamen Wohnen das Kriterium der Familienzugehörigkeit im Hinblick auf die Anerkennung des Wohngeldes für die Familienmitglieder des Militärpersonals, der Miliz- und Feuerwehrmitarbeiter. Es verwies auf die Existenz dieses Kriteriums im GUS-

---

835 Ent. Nr. 5-рп/1999 v. 3.06.1999.

836 Ebenda, Ziff. 3.

Übereinkommen vom 15. April 1994 über die gemeinsame Anerkennung der Vergünstigungen und ihrer Garantien für die Kriegsteilnehmer, Kriegsinvaliden und die Familienmitglieder der während des Zweiten Weltkriegs Verstorbenen. [837] Das Verfassungsgericht führte die entsprechenden Bestimmungen des Abkommens aus. Es erläuterte aber seine analoge Anwendung der völkerrechtlichen Vertragskriterien über die sozialen Vergünstigungen für die Familienmitglieder der Kriegsbeteiligten auch für die Familienmitglieder des Militärpersonals, der Miliz- und Feuerwehrmitarbeiter nicht näher.

2.3.2 Die Aufteilung der Kompetenzen in staatsorganisatorischen Fragen im Bereich der Selbstverwaltung

In der *Entscheidung vom 13. Juli 2001* stützte sich das Verfassungsgericht bei der Bestimmung der Kompetenzen zur Regelung des Rechtsstatus der Stadtbezirke der Hauptstadt der Ukraine, Kiew, auf die Europäische Charta der Selbstverwaltung vom 15. Oktober 1985.[838] Weder der Verfassung noch dem Gesetz über die kommunale Selbstverwaltung oder dem Gesetz über die Hauptstadt Kiew[839] könne eindeutig entnommen werden, ob für die Regelung des Rechtsstatus der Stadtbezirke, einschließlich ihrer Einführung und Abschaffung, die Stadträte zuständig sind. Im Lichte der ukrainischen Verfassung (Art. 140) bedeute die kommunale Selbstverwaltung, dass die kommunalen Gebietskörperschaften innerhalb des durch die Verfassung und die Gesetze festgelegten Rahmens zur Verwaltung der öffentlichen Angelegenheiten von kommunaler Bedeutung berechtigt seien.[840] Dies sei auch in der Europäischen Charta über die kommunale Selbstverwaltung von 1985 zu finden.[841] Für die Konkretisierung dieser verfassungsrechtlichen

---

837 Ent. Nr. 5-рп/1999 v. 3.06.1999, Ziff. 6.

838 Ent. Nr. 11-рп/2001 v. 13.07.2001.

839 Gesetz über die Hauptstadt Kiew, Nr. 401-XIV v. 15.01.1999; Gesetz über die kommunale Selbstverwaltung in der Ukraine, Nr. 280/97 v. 21.05.1997.

840 Ent. Nr. 11-рп/2001 v. 13.07.2001, Ziff. 4; Verfassung-UKR v. 1996, Art. 140 Abs. 1: „Die kommunale Selbstverwaltung bedeutet das Recht einer territorialen Gemeinde – der Bewohner eines Dorfs oder mehrerer Dörfer, die sich freiwillig zu einer Dorfgemeinde zusammengeschlossen haben, und der Städte –, die kommunalen Angelegenheiten nach der Verfassung und den Gesetzen der Ukraine selbst zu regeln."

841 Europäische Charta der kommunalen Selbstverwaltung v. 5.10.1985, Art. 3 Abs. 1: „Kommunale Selbstverwaltung bedeutet das Recht und die tatsächliche Fähigkeit

Berechtigung der kommunalen Gebietskörperschaften zog das Gericht Art. 4 Abs. 2 der Charta heran, wonach die

> „[...] kommunalen Gebietskörperschaften [...] im Rahmen der Gesetze das Recht [haben], sich mit allen Angelegenheiten zu befassen, *die nicht von ihrer Zuständigkeit ausgeschlossen* oder *einer anderen Stelle übertragen worden sind.*“ (Hervorh. hinzugefügt.)

Nach der geltenden Gesetzeslage gehöre das Recht auf die Einführung, Abschaffung und Organisation der Stadtbezirke nicht zur Kompetenz des Parlaments. Es sei auch aus der Kompetenz der Stadträte nicht ausgeschlossen. Auf der Grundlage der erwähnten völkerrechtlichen Vorschrift erklärte das Verfassungsgericht die Stadträte der Hauptstadt Kiew für die Einführung oder Abschaffung der Stadtbezirke und die Regelung ihrer Organisation für verantwortlich.[842] Mithin ergänzte das Verfassungsgericht die verfassungsrechtlichen und Gesetzesnormen mit den völkerrechtlichen Regeln und füllte eine Rechtslücke im geltenden ukrainischen Recht.

3 Die Charakteristika und Funktionen der Anwendung des Völkerrechts durch das Verfassungsgericht der Ukraine

3.1 Die Charakteristika der Anwendung des Völkerrechts durch das Verfassungsgericht

Generell demonstrieren die vorgestellten Entscheidungen einen „besonderen“, juristisch zu hinterfragenden Begründungsstil des ukrainischen Verfassungsgerichts: Meistens hielt das Gericht die Argumente relativ allgemein, ohne sich detailliert nach der Regel juristischer Methodik mit den relevanten nationalen oder internationalen Normen auseinanderzusetzen und die konkreten Ursachen seiner Schlussfolgerungen zu erklären.

Die völkerrechtlichen Ausführungen des Verfassungsgerichts sind durch ihren aufzählenden Charakter gekennzeichnet: dadurch, dass zugleich nicht auf ein, sondern auf mehrere internationale Rechtstexte verwiesen wird, ohne die Geltung der betreffenden Rechtssätze zu begründen. Unter diesen

---

der kommunalen Gebietskörperschaften, im Rahmen der Gesetze einen wesentlichen Teil der öffentlichen Angelegenheiten in eigener Verantwortung zum Wohl ihrer Einwohner zu regeln und zu gestalten.“

842 Ent. Nr. 11-рп/2001 v. 13.07.2001, Ziff. 4.

Dokumenten hob das Verfassungsgericht der Ukraine die europäischen internationalen Standards insofern hervor, als es häufiger die EMRK und ihre Zusatzprotokolle heranzog oder ihre Vorschriften ausführlicher als die entsprechenden Normen internationaler Menschenrechtspakte darlegte.

Zugleich tendierte das Gericht in seiner Praxis dazu, die Dokumente anzuwenden, die mehr detaillierte Regelungen zu jeweiligen Fragestellungen aufweisen, sogar wenn diese keine rechtsbindende Wirkung entfalten. So wird bei der Auslegung wirtschaftlicher, sozialer und kultureller Grundrechte und -freiheiten öfter auf die spezielleren Übereinkommen und Empfehlungen der Internationalen Arbeitsorganisation oder die Schlussakte internationaler Konferenzen verwiesen.

Die besondere Herangehensweise des ukrainischen Verfassungsgerichts an das Völkerrecht drückt sich auch dadurch aus, dass es meist zum einen zwischen vertraglicher oder gewohnheitsrechtlicher Rechtsnatur der herangezogenen Völkerrechtsnormen und zum anderen zwischen bindendem Völkerrecht und den völkerrechtlichen Vorschriften empfehlenden Charakters nicht differenzierte. Die Argumentation des Gerichts erweckt den Eindruck, dass alle Arten internationaler Dokumente, sowohl völkerrechtliche Verträge als auch Empfehlungen internationaler Organisationen, für das ukrainische Verfassungsgericht den gleichen Grad der Verbindlichkeit aufweisen.[843] Dies trifft auch auf die Begutachtungen der Venedig-Kommission *Democracy through Law* zu und vereinzelt auch auf die Akte internationaler Organisationen, deren Mitglied die Ukraine nicht ist, wie bspw. der Europäischen Gemeinschaft.[844] In der Rechtsprechung sind keine hinreichenden Ansatzpunkte darüber zu finden, ob die Dokumente

843 Ein Paradebeispiel dafür ist die Rechtsprechung des VerfG zur richterlichen Unabhängigkeit, bspw. Ent. Nr. 6-рп/99 v. 24.06.1999 *(Rs. der Finanzierung der Richter)*; Ent. Nr. 5-рп/2002 v. 20.03.2002 *(Rs. der Sozialvergünstigungen, -kompensationen und -garantien)*; Ent. Nr. 19-рп/2004 v. 1.12.2004 *(Rs. der richterlichen Unabhängigkeit)*; Ent. Nr. 8-рп/2005 v. 11.10.2005 *(Rs. der Rente und des lebenslänglichen Unterhalts für die Richter)*.

844 In Bezug auf die Gutachten der Venedig-Kommission vgl. Ent. Nr. 11-рп/1999 v. 29.12.1999 *(Rs. der Verfassungsmäßigkeit der Todesstrafe)*; hinsichtlich der Rechtsakte der EU vgl. Ent. Nr. 2-рп/2007 v. 12.06.2007 *(Rs. der Gründung einer politischen Partei)* und Ent. Nr. 8-рп/2007 v. 16.10.2007 *(Rs. der Altersbegrenzung der Personen, die im diplomatischen Dienst oder im Dienst der Staats- und Selbstverwaltungsorgane tätig sind)*.

internationaler Organisationen dem Gericht für die Auslegung der entsprechenden Vertragsnormen dienten, oder ob das Gericht sie als eigenständige Quelle der völkerrechtlichen Rechtsnormen betrachtete. Im Rechtsschrifttum wird die innerstaatliche Geltung der Akten internationaler Organisationen, die der Interpretation völkerrechtlicher Verträge dienen, mit Art. 9 ukrainischer Verfassung zur Übernahme der völkerrechtlichen Verträge begründet. Dazu wird angenommen, dass die Beachtung der Empfehlungen zum Demokratie- und Rechtsstaatlichkeitsgrundsatz aufgrund der einschlägigen Grundsätze in der ukrainischen Verfassung auch verfassungskonform sei.[845]

Darüber hinaus wurde die innerstaatliche Bindungswirkung der herangezogenen Völkerrechtsnormen nicht thematisiert. Nur selten erklärte das Gericht, auf Grundlage von welchen verfassungsrechtlichen Öffnungsklauseln die ukrainischen Staatsorgane zur Beachtung des Völkerrechts oder auch der EGMR-Urteile verpflichtet sind. In den Bezugnahmen auf die Straßburger Rechtsprechung machte das Gericht keinen Unterschied zwischen den gegen die Ukraine ergangenen Urteilen und den Urteilen gegen andere Konventionsstaaten. Im Ergebnis wurde in keiner Entscheidung, in der die Verfassungswidrigkeit eines Gesetzes mit dessen Völkerrechtswidrigkeit bekräftigt wurde, die Verletzung der verfassungsrechtlichen Öffnungsklauseln für das Völkerrecht (Art. 9 und 18) angesprochen. Nur einmal erwähnte das Gericht in der Entscheidung zum Römischen Statut, dass die Gefährdung der allgemein anerkannten Grundsätze und Normen des Völkerrechts zugleich ein Verstoß gegen Art. 18, die Öffnung für das Völkergewohnheitsrecht, bedeuten würde.

In der Regel ist die Bezugnahme auf das Völkerrecht allgemein gehalten. Das Verfassungsgericht verwies auf die Vertragsvorschriften oder die Rechtsprechung des EGMR, zitierte die entsprechenden Passagen oder fasste sie zusammen, ohne sie mit den nationalen Regeln genauer zu vergleichen; oder es übertrug die Schlussfolgerungen der EGMR-Praxis,

---

845 Vgl. *I. Kyjanyzja*, Die Anwendung der Völkerrechtsnormen und der Entscheidungen der internationalen Organisationen durch das Verfassungsgericht der Ukraine aufgrund des Rechtstaatlichkeitsprinzips, Blatt des Verfassungsgerichts der Ukraine 2006, Nr. 1, 43 (50 f.) (ukr.).

ohne die Besonderheiten der Fallkonstellationen zu berücksichtigen.[846] Auf die pauschale Verwertung des Völkerrechts durch das ukrainische Gericht deutet die häufige Vorführung des Arguments „die Rechtswidrigkeit eines Gesetzes sei auch anderen internationalen Akten zu entnehmen." Die genaue Bestimmung der erwähnten Akte blieb aber stets offen.[847]

Ferner wandte das Verfassungsgericht das Völkerrecht auch selektiv an. Zum einen nahm das Verfassungsgericht zu gleichen Fragestellungen nicht immer auf die völkerrechtlichen Garantien argumentativen Bezug.[848] Dazu zog das Gericht für die völkerrechtliche Begründung derselben Ergebnisse nicht immer dieselben völkerrechtlichen Normen heran. Zum anderen war die Anwendung des Völkerrechts unvollständig. Wenn das Verfassungsgericht im Völkerrecht eine Absicherung seiner Argumentation fand, befasste es sich nicht weiter grundlegend mit den angewandten Völkerrechtsnormen. Dazu gehören die Bezugnahmen auf die EMRK ohne Berücksichtigung der entsprechenden Rechtsprechung des Menschenrechtsgerichtshofs und damit des aktuellen Entwicklungsstandes der Konventionsrechte. Im Ergebnis konnte das Gericht bspw. die bestehenden verfassungsrechtlichen Grundrechtseinschränkungen mit völkerrechtlichen Argumenten bekräftigen und dabei außer Acht lassen, dass Grundrechte doch unter Beachtung des Verhältnismäßigkeitsgrundsatzes eingeschränkt werden dürfen.

---

846 Vgl. Ent. Nr. 3-рп/2009 v. 3.02.2009 *(Rs. des Altersunterschieds zwischen den Adoptiveltern und -kindern)*; Ent. Nr. 2-в/2000 v. 11.07.2000 *(Rs. der Einleitung der Verfassungsänderungen durch die Parlamentsabgeordneten)*.

847 Vgl. Ent. Nr. 15-рп/2001 v. 14.11.2001, Ziff. 4 *(Rs. der Zuzugsgenehmigung, Propiska)*.

848 Ein Paradebeispiel dafür ist die Rechtsprechung zum Recht auf gerichtlichen Rechtsschutz: Mit dem völkerrechtlichen Bezug in Ent. Nr. 6-зп/1997 v. 25.11.1997 *(Rs. der Auslegung des Rechts auf gerichtlichen Rechtsschutz gegen das unrechtmäßige Handeln der Beamten)*; Ent. Nr. 9-зп/1997 v. 25.12.1997 *(Rs. des Antrags der Bewohner der Stadt Žowti Wody)*; Ent. Nr. 6-рп/2001 v. 23.05.2001 *(Rs. der Verfassungsmäßigkeit von Art. 248-3 der Zivilprozessordnung der Ukraine)*; ohne völkerrechtlichen Bezug vgl. Ent. Nr. 1-рп/1998 v. 26.02.1998 *(Rs. der Wahl der Parlamentsabgeordneten)*; Ent. Nr. 15-рп/2002 v. 9.07.2002 *(Rs. der außergerichtlichen Streitbeilegung)*.

3.2 Die Funktionen der Anwendung des Völkerrechts durch das Verfassungsgericht

Trotz der juristischen Unzulänglichkeiten im Begründungsstil des ukrainischen Verfassungsgerichts lassen sich insgesamt drei Funktionen ermitteln, die das angewandte Völkerrecht in der Argumentation des Gerichts erfüllte: Erstens bekräftigte es die ohnehin schon aus der Verfassung gewonnenen Ergebnisse. Zweitens konkretisierte und ergänzte es die Verfassungsnormen. Und schließlich wurde es als zusätzlicher Prüfungsmaßstab innerhalb der Verfassungsmäßigkeitsprüfung des nationalen Rechts herangezogen.[849]

3.2.1 Die Absicherung der Verfassungsauslegung mit dem Völkerrecht

Der Verweis auf das Völkerrecht belegte hier die Existenz der mit der Verfassung inhaltsgleichen Vorsätze auf völkerrechtlicher Ebene.[850] Dies soll die Verfassungsbestimmungen und die rechtliche Schlussfolgerung des Gerichts zusätzlich legitimieren und darüber hinaus den Anschluss des Staates an die internationale Gemeinschaft sichern. Nicht selten beschränkte sich der völkerrechtliche Begründungsteil dieser Entscheidungen auf die Festlegung, dass der Wesensgehalt und die Reichweite der im jeweiligen völkerrechtlichen Akt verbürgten Grundrechte oder -freiheiten in den Verfassungsnormen wiedergeben sind. Die Verfassungsnormen wurden als völkerrechtskonform bewertet und zitiert. In keinem einzigen Fall wählte das Verfassungsgericht der Ukraine eine umgekehrte Wortwahl, indem es

---

849 Die gleichen Funktionen erfüllt das Völkerrecht in der Rechtsprechung des russischen VerfG. Vgl. *W. Rückert*, Das Völkerrecht in der Rechtsprechung des russischen Verfassungsgerichts (2005), S. 322 ff.

850 Vgl. Ent. Nr. 15-рп/2001 v. 14.11.2001 *(Rs. der Zuzugsgenehmigung, Propiska)*; Ent. Nr. 23-рп/2009 v. 30.09.2009 *(Rs. des Rechst auf Rechtsbeistand)*; Ent. Nr. 6-рп/2000 v. 19.04.2000 *(Rs. der Rückwirkung eines Strafgesetzes)*; Ent. Nr. 18-рп/2002 v. 21.11.2002 *(Rs. der unentgeltlichen Benutzung von Schulbüchern)*; Ent. Nr. 5-рп/2004 v. 4.03.2004 *(Rs. der zugänglichen und unentgeltlichen Ausbildung)*. Ent. Nr. 10-рп/1999 v. 14.12.1999 *(Rs. des Gebrauchs der ukrainischen Sprache)*. Auch die zahlreichen Entscheidungen zum gerichtlichen Rechtsschutz, in denen das VerfG selektiv auf das Völkerrecht Bezug nahm, weisen darauf hin, dass das Gericht zu den Schlussfolgerungen allein aus der Verfassung gelangen konnte. Die Aufzählung der relevanten Entscheidungen in Fn. 848.

festlegte, dass der Inhalt der Verfassungsbestimmung in den entsprechenden völkerrechtlichen Normen wiederzufinden ist. Dies demonstriert eine große Bedeutung der Konformität der Verfassungsnormen mit völkerrechtlichen Standards.

3.2.2 Die Konkretisierung von Verfassungsnormen durch das Völkerrecht

Innerhalb der zweiten Kategorie bildeten die völkerrechtlichen Normen einen objektiven Rahmen für die Auslegung der Verfassung und wurden in die Verfassungsvorschriften hineingelesen.[851] Dabei wurden die Verfassungsnormen durch detaillierte völkerrechtliche Bestimmungen konkretisiert und ergänzt. Als Beispiel kann hier die Entscheidung zur angemessenen Verfahrensdauer angeführt werden.[852] Das Erfordernis der angemessenen Verfahrensdauer ist in Art. 55 der Verfassung zum Recht auf einen gerichtlichen Rechtsschutz nicht vorgesehen. Das Verfassungsgericht leitete es aus den entsprechenden, detailliert gefassten Art. 6 Abs. 1 EMRK und Art. 14 Abs. 3 lit. c) IPbpR ab. Nicht selten wurde dabei auf die Akte internationaler Organisationen rekurriert, weil mit ihnen die völkerrechtlichen Vertragsnormen verdeutlicht und weiterentwickelt werden.

Zu dieser Kategorie können auch die Fälle zugerechnet werden, in denen auf das Völkerrecht zurückgegriffen wurde, um Rechtslücken in der nationalen Gesetzgebung zu schließen, wie bspw. bei der Entscheidung zur Kompetenzaufteilung in staatsorganisatorischen Fragen im Bereich der Selbstverwaltung.[853]

3.2.3 Das Völkerrecht als ein subsidiärer Kontrollmaßstab

Nur einmal in seiner bisherigen Rechtsprechung vertrat das Verfassungsgericht der Ukraine die Position, es sei für die Beziehung zwischen einem angefochtenen Gesetz und dem Völkerrecht nicht

851 Vgl. Ent. Nr. 8-рп/2003 v. 10.04.2003 *(Rs. der Verbreitung der Information)*.

852 Vgl. Ent. Nr. 3-рп/2003 v. 30.01.2003 *(Rs. des Rechts auf gerichtlichen Rechtsschutz gegen die Beschlüsse der Ermittlungsbeamten und des Staatsanwalts)*.

853 Vgl. Ent. Nr. 5-рп/1999 v. 3.06.1999 *(Rs. der offiziellen Auslegung des Terminus „Familienmitglied")*; Ent. Nr. 11-рп/2001 v. 13.07.2001 *(Rs. der administrativ-territorialen Einteilung)*.

zuständig.[854] An dieser Rechtsposition hat das Verfassungsgericht aber nicht festgehalten. Meistens wurde die Völkerrechtskonformität der umstrittenen Gesetzesnorm bereits durch einen Antragsteller gerügt. Es sind aber auch Fälle vorzufinden, in denen das Verfassungsgericht selbst die Gesetzesbestimmungen am Maßstab des Völkerrechts überprüfte.[855]

Da die meisten völkerrechtlichen Ausführungen des ukrainischen Verfassungsgerichts Menschenrechte betrafen und der Menschenrechtskatalog der ukrainischen Verfassung mit den internationalen menschenrechtlichen Standards vorwiegend im Einklang steht, lässt sich nicht eindeutig erkennen, ob völkerrechtliche Vertragsnormen einen eigenständigen Prüfungsmaßstab darstellten. Es gibt keinen Fall, in dem eine umstrittene Norm allein aufgrund ihrer Völkerrechtswidrigkeit aufgehoben wurde. In allen Fällen, in denen zur Völkerrechtswidrigkeit einer nationalen Rechtsbestimmung Stellung genommen wurde, war diese zugleich verfassungswidrig. So erklärte das Verfassungsgericht in der Entscheidung zur Gründung einer Gewerkschaft die umstrittenen gesetzlichen Bestimmungen nicht nur für verfassungs-, sondern auch für völkerrechtswidrig, da der Inhalt völkerrechtlicher Garantien in der verfassungsrechtlich vorgesehenen Vereinigungsfreiheit wiedergegeben sei.[856]

Allerdings ist im Bereich des Menschenrechtsschutzes die Prüfung der Völkerrechtskonformität zu einem Bestandteil der Verfassungsmäßigkeitsprüfung geworden. Daher kann das Völkerrecht als subsidiärer Kontrollmaßstab angesehen werden. Gemeinhin vermittelte das Verfassungsgericht ein rechtliches Ergebnis über die Verfassungsmäßigkeit einer umstrittenen Gesetzesnorm erst aufgrund einer Zusammenschau der Verfassung und völkerrechtlicher Verträge.[857] Außerdem sind doch vereinzelt

---

854 Vgl. Ent. Nr. 21-y/2002 v. 26.03.2002 *(Rs. der Auslegung von Art. 248-1 bis 248-9 der Zivilprozessordnung und von Art. 1 des Gesetzes über die Wirtschaftsgerichte mit der Ausnahme von Art. 248-3 der Zivilprozessordnung der Ukraine).*

855 Vgl. Ent. Nr. 2-pп/2007 v. 12.06.2007 *(Rs. Der Gründung einer politischen Partei in der Ukraine).*

856 Ent. Nr. 11-pп/2000 v. 18.10.2000 *(Rs. des Rechts auf Gewerkschaftsgründung).*

857 Vgl. Ent. Nr. 11-pп/1999 v. 29.12.1999 *(Rs. der Verfassungsmäßigkeit der Todesstrafe)*; Ent. Nr. 14-pп/2003 v. 8.07.2003 *(Rs. der Bedeutung der Gewichtung einer Straftat bei einer vorläufigen Festnahme einer Person, die einer*

Fälle zu finden, in denen die internationalen Standards die Begründung der Verfassungswidrigkeit eines nationalen Gesetzes entscheidend bewirkt haben. [858] Dies impliziert eine vorrangige Stellung völkerrechtlicher Vertragsnormen vor den nationalen Gesetzen nach der Rechtsprechung des ukrainischen Verfassungsgerichts.

4 Fazit

Obwohl das ukrainische Verfassungsgericht keine Kompetenz zur Prüfung des nationalen Rechts aufgrund des Völkerrechts besitzt, betrachtet es die verfassungsrechtlichen Normen nicht isoliert vom Völkerrecht. Bei der Grundrechtsprüfung ist die regelmäßige Bezugnahme auf das Völkerrecht zu einem Argumentationsmuster seiner ständigen Rechtsprechung geworden. Dabei werden die europäischen Menschenrechtsstandards häufiger als die entsprechenden internationalen Standards mitberücksichtigt und ihnen wird dabei zunehmend größere Bedeutung eingeräumt.

Mit den Verweisen auf das Völkerrecht belegt das Verfassungsgericht die Existenz verfassungsrechtlicher Standards auch in den internationalen Rechtsquellen; zugleich ergänzt und konkretisiert es die Verfassungsnormen. Darüber hinaus wird vereinzelt über die Verfassungsmäßigkeit eines nationalen Gesetzes im Zusammenhang mit der Prüfung seiner Völkerrechtskonformität entschieden.

Die völkerrechtlichen Ausführungen des ukrainischen Verfassungsgerichts sind kein Beispiel überzeugender Argumentation. Nicht selten stehen die unterschiedlichen Argumentationslinien zusammenhangslos nebeneinander; Unterschiede oder Besonderheiten des nationalen und des internationalen Rechts werden nicht thematisiert. Die Art und Weise, in der die

---

Straftat beschuldigt wird); Ent. Nr. 14-pп/2004 v. 7.07.2004 *(Rs. des Höchstalters des Kandidat für die Position eines Leiters einer Hochschule)* und Ent. Nr. 8-pп/2007 v. 16.10.2007 *(Rs. der Altersbegrenzung der Personen, die im diplomatischen Dienst oder im Dienst der Staats- und Selbstverwaltungsorgane tätig sind)*.

858 Vgl. Ent. Nr. 13-pп/2000 v. 16.11.2000 *(Rs. des Rechts auf Verteidiger freier Wahl)*; Ent. Nr. 2- pп/2007 v. 12.06.2007 *(Rs. der Gründung einer politischen Partei in der Ukraine)*; Ent. Nr. 3-pп/2003 v. 30.01.2003 *(Rs. des Rechts auf gerichtlichen Rechtsschutz gegen die Beschlüsse der Ermittlungsbeamten und des Staatsanwalts)*.

internationalen Normen eingebracht werden – allgemein und/oder selektiv –, sind nicht unproblematisch. Jedoch hat das Verfassungsgericht einen Beitrag zur Verbreitung und Durchsetzung völkerrechtlicher menschenrechtsbezogener Standards innerhalb der Ukraine und somit zur Öffnung der nationalen Rechtsordnung für das Völkerrecht geleistet.

Schlussfolgerungen

Die vorliegende Studie beschrieb die offene Staatlichkeit der Ukraine, definiert als ein Verzicht auf die Aufgabenallzuständigkeit des Staates, so wie sie durch den Verfassungstext von 1996 angelegt und durch die Verfassungspraxis entwickelt wurde. Es wurden die historischen Voraussetzungen für die Verfassungsaussagen zur offenen Staatlichkeit aufgezeigt und die Überlegungen zur Modifizierung des geltenden Modells der offenen Staatlichkeit angesichts der bevorstehenden Verfassungsreform und Intensivierung der Zusammenarbeit von EU und Ukraine angestellt. Dabei war zu berücksichtigen, dass in der Ukraine der Grundgedanke über die Verfassung als die stabilste und wichtigste Grundlage einer nationalen Rechtsordnung noch nicht gefestigt ist. Die Untersuchungsergebnisse lassen sich wie folgt zusammenfassen:

1) Die Prüfung des ukrainischen Verfassungstextes von 1996 auf materielle und institutionelle Grundlagen der Ein- und Unterordnung des Staates in die internationale Gemeinschaft ergibt ein schwaches Modell der offenen Staatlichkeit, und zwar einen „kooperativen Verfassungsstaat". Dessen Hintergründe lassen sich hauptsächlich im Entstehungsprozess der ukrainischen Verfassung verorten. Durch die neue Verfassung sollten solch grundlegende Aufgaben wie Staatsaufbau und Selbstfindung der Ukrainer als einheitliche Nation gelöst werden. Sie waren mit endlosen und leidenschaftlichen Diskussionen über den Begriff des ukrainischen Volkes, Ukrainisch als Staatssprache, die Staatssymbole, den Minderheitenschutz und die Staatsorganisation, hier im Besonderen über das Verhältnis von Legislative und Exekutive, begleitet. Dadurch rückte die Gestaltung der offenen Staatlichkeit, die besonders wichtig in den ersten Tagen des neu entstanden Staates für die Bestätigung seiner Unabhängigkeit war, zunehmend in den Hintergrund. Überdies war die Debatte zur Integrationsklausel stets an die Verfassungsentscheidung über den klaren außenpolitischen Kurs der Ukraine geknüpft. Hier wurden die gegensätzlichen ideologischen Interessen der Beteiligten und die spannungsreiche Integration in der Bevölkerung wichtig: Die linke Parlamentsfraktion strebte eine Integration in die zwischenstaatlichen

Strukturen auf dem Gebiet der ehemaligen Sowjetunion an; die zahlenmäßig schwächer vertretenen Demokraten wagten dagegen keine verfassungsrechtliche Öffnung für den europäischen Integrationsprozess und zogen die Konsolidierung des Staates und die möglichst schnelle Einigung auf die Verfassung vor. Die allgemein verfasste Öffnung der Ukraine für das Völkerrecht und das Menschenrechtsschutzregime des Europarates löste das Dilemma. Im Ergebnis ist das schwach ausgeprägte Modell eines „kooperativen Verfassungsstaates" ein situativer Minimalkonsens, den alle Beteiligten sofort akzeptieren konnten.

2) Obwohl nicht aussagekräftig, ist die ukrainische Verfassung dennoch völkerrechtsfreundlich und kooperationsoffen angelegt. Dies drückt sich im Gebot an die Staatsorgane aus, international völkerrechtskonform zu kooperieren (Art. 18), den Menschenrechtsschutz gemeinsam und koordiniert mit anderen Staaten im Einklang mit den übernommenen internationalen menschenrechtlichen Standards zu gewährleisten (Art. 55 Abs. 4) und auch das Völkervertragsrecht und Völkergewohnheitsrecht als Rechtsquellen des ukrainischen Rechts anzuwenden (Art. 9 und 18). Als die offene Staatlichkeit der Ukraine tragende Rechtssätze bilden Art. 9 und 18 der Verfassung die Grundlagen der ukrainischen Verfassungsordnung und sind ausschließlich unter unmittelbarer Beteiligung des Volks zu ändern.

3) Die nicht immer konsistente völkerrechtsbezogene Argumentation des Verfassungsgerichts der Ukraine, unterstützt durch die teleologische und systematische Auslegung von Art. 18 der Verfassung und durch seinen Ausarbeitungsprozess, gestattet die Behauptung, dass die Funktion von Art. 18 über das Kooperationsgebot – die Ausübung der außenpolitischen Tätigkeit des Staates im Einklang mit den allgemein anerkannten Grundsätzen und Normen des Völkerrechts – hinausgeht. Auf der Grundlage dieser Verfassungsvorschrift findet das Völkergewohnheitsrecht seinen Eingang in die ukrainische Rechtsordnung und bindet ohne Umwege die Staatsorgane. Demzufolge kann jeder gestützt auf Art. 18 von den Staatsorganen verlangen, dass ihm gegenüber die entsprechenden völkerrechtlichen Verpflichtungen

eingehalten werden. Dies bezieht sich auf die Völkerrechtsregeln, die angesichts ihres Inhalts innerstaatlich anwendbar sind. Allerdings gibt es kein gesondertes Gerichtsverfahren, um den konkreten Inhalt der allgemein anerkannten Prinzipien und Normen feststellen zu lassen. Gestützt auf Art. 18 sprach sich das Verfassungsgericht auch für die völkerrechtsfreundliche Auslegung des ukrainischen Rechts und die überverfassungsanaloge Rechtswirkung des *ius cogens* aus. Nichtsdestotrotz ist die offizielle Modifizierung von Art. 18 dahingehend geboten, dass die innerstaatliche Geltung und Rechtsstellung des Völkergewohnheitsrechts präziser geregelt wird.

4) Ausgehend von dem dualistischen Verhältnis von Völkervertragsrecht und nationalem Recht öffnete der ukrainische Verfassungsgeber durch Art. 9 der Verfassung die nationale Rechtsordnung für die völkerrechtlichen, durch das ukrainische Parlament gebilligten Verträge. In ihrer völkerrechtlichen Tragweite ergänzen sie das Rechtsquellensystem des ukrainischen Rechts. Neben der ordnungsgemäßen Zustimmung zum Vertrag durch das Parlament in Form eines formellen Gesetzes wird der innerstaatlichen Gültigkeit der völkerrechtlichen Verträge auch ihre völkerrechtliche Gültigkeit, Konformität mit der Verfassung und die offizielle Veröffentlichung vorausgesetzt. Aus dem Vollzugsbefehl des Zustimmungsgesetzes folgt auch der gesetzliche Rang der einbezogenen völkerrechtlichen Verträge. Das unbefriedigende Ergebnis dieser gesetzesanalogen Wirkung – wenn die völkerrechtlichen Verpflichtungen aufgrund eines späteren, dem Vertrag zuwiderlaufenden Gesetzes nicht eingehalten werden können – soll mit Art. 19 Abs. 2 des Gesetzes über die völkerrechtlichen Verträge verhindert werden. Hiernach sind die Staatsorgane verpflichtet, in den Fällen der Kollision selbst mit den später erlassenen Gesetzen der Ukraine das Vertragsrecht vorzuziehen.

5) Obwohl der Schwerpunkt der außenpolitischen Kompetenzen bei dem Staatsoberhaupt und der Regierung liegt, geht die Ukraine den Großteil ihrer völkerrechtlichen Vertragspflichten mit der umfassenden Mitwirkung des Parlaments als dem demokratischen Repräsentanten des Volkes ein. In Bezug auf die Regelungsgegenstände, die nach der Verfassung

entweder dem Gesetzesvorbehalt unterliegen oder unter unabdingbarer Beteiligung des Parlaments bestimmt werden, hat die Legislative das „letzte Wort" über die Einbeziehung der betreffenden völkerrechtlichen Vertragsregeln ins ukrainische Recht. Auf diesem Wege werden die innerstaatliche Geltung der Verträge legitimiert und die demokratische Kontrolle der außenpolitischen Tätigkeit des Staatsoberhauptes und der Regierung gesichert. Überdies kann hier das Parlament die außenpolitische Tätigkeit insofern mitgestalten, als es seine eigenen Vorbehalte zum Vertragstext gegen den Willen des Präsidenten annehmen darf. Die Mitsprache der Legislative ist auch bei der Ausfertigung der Ratifikationsurkunde, der Kündigung oder Suspendierung der zuvor gesetzlich gebilligten Verträge notwendig. Mit der Stellung des Präsidenten und der Regierung als zentraler Kraft in der Außenpolitik des Staates lassen sich die umfassenden Mitwirkungsrechte der Legislative dann in Einklang bringen, wenn den Vertretungsberechtigen des Staates auf internationaler Ebene die Möglichkeit beibehalten wird, die Ratifikation des Vertrages insgesamt abzulehnen.

6) Im Gegensatz zu diesem umfassenden demokratischen Verfahren der Übernahme von Vertragspflichten besteht in der ukrainischen Rechtsordnung ein lückenhaft gestricktes Verfahren der Gewährleistung der Verfassungsmäßigkeit des innerstaatlich geltenden Völkervertragsrechts. So sind ausschließlich der Präsident und das Ministerkabinett berechtigt, einen noch durch das Parlament zu billigenden oder bereits für die Ukraine gültigen Vertrag dem Verfassungsgericht zur Prüfung vorzulegen. Die beiden Antragsberechtigten sind eher an dem Vertragsabschluss interessiert und können im Regelfall je von der für den Vertragsabschluss erforderlichen Parlamentsmehrheit unterstützt werden. Der Legislative stehen, insbesondere infolge der überspitzten formalistischen Rechtsprechung des Verfassungsgerichts der Ukraine, beschränkte Rechtswege zur Verfügung, die Verfassungsmäßigkeit der Bindung des Staates an die völkerrechtlichen Verträge prüfen zu lassen. Das Parlament ist befugt, die Verfassungswidrigkeit nur der gültigen

nationalen Zustimmungsakte zu rügen. Dabei ist zu berücksichtigen, dass das ukrainische Verfassungsgericht bislang keinen materiellen Zusammenhang zwischen dem Vertragsgesetz und dem zugestimmten Vertrag erkannt hat und das Verfahren des Zustandekommens von Zustimmungsakten durch die Gesetze geregelt ist, die für das Verfassungsgericht keinen Prüfungsmaßstab bilden. Im Ergebnis kann der Antrag des Parlaments an das Verfassungsgericht allein mit der Behauptung zugelassen werden, dass beim Vertragsabschluss die Zustimmung der Legislative einzuholen wäre. Jedoch sind auch die Vertragsmaterien, die einer unabdingbaren parlamentarischen Zustimmung unterliegen, nicht in der Verfassung, sondern im Gesetz über die völkerrechtlichen Verträge verbrieft. Mithin bleibt auch hier offen, ob das ukrainische Verfassungsgericht eine wertorientierte Auslegung des Rechts entwickelt und die zustimmungsbedürftigen Vertragsinhalte aus dem verfassungsrechtlichen Gesetzesvorbehalt herleitet. In der Gesamtschau ist nach der geltenden Rechtslage die Wahrscheinlichkeit, dass ein Vertrag oder ein Zustimmungsakt auf seine Übereinstimmung mit der Verfassung kontrolliert wird, eher gering. Wie die bisherige Praxis zeigt, werden die völkerrechtlichen Verträge in der Ukraine selten auf ihre Verfassungsmäßigkeit überprüft, da der Präsident und das Ministerkabinett von sowohl präventiver als auch nachträglicher Kontrolle der völkerrechtlichen Verträge Abstand nehmen. Die mangelnde Antragsberechtigung der Parlamentarier dient nicht gerade der kritischen Überprüfung der Verfassungskonformität des innerstaatlich geltenden Völkervertragsrechts. Vor dem Hintergrund der Rechtsstaatlichkeit und der sich immer mehr auf die innerstaatliche Sachverhalte beziehenden Vertragsmaterien, kann in der Rechtsordnung, in der eine gerichtliche Kontrolle des außenpolitischen Handels des Staates grundsätzlich erlaubt ist, keine plausible Erklärung für die geltende Aufteilung der Antragsbefugnis gefunden werden. Für mehr Rechtssicherheit, Klarheit und Rechtsstaatlichkeit ist es geboten, die Öffnung der ukrainischen Rechtsordnung für das Völkervertragsrecht dahingehend zu modifizieren, dass die Aufzählung der Verträge, die einer parlamentarischen Zustimmung unterliegen, ihre Rechtsstellung den ukrainischen Gesetzen gegenüber, und auch das Recht der

Legislative, die Verfassungsmäßigkeitsprüfung der zu billigenden Verträge einzuleiten, in den Verfassungstext aufgenommen werden.

7) Dem Leser der ukrainischen Verfassung fällt ein umfassender Schutz der Souveränität und Unabhängigkeit auf, zu dem sowohl die Staatsorgane als auch die Bürger verpflichtet sind. Historisch bedingt kommt dabei der Unabhängigkeit im Sinne einer separaten Existenz des Staates eine besondere Bedeutung zu. Für die rechtliche Einordnung des Staates in den supranationalen Integrationsprozess ist Art. 5 Abs. 2 entscheidend. Hiernach ist die Staatsgewalt entweder durch das Volk unmittelbar oder durch die nationalen Staatsorgane auszuüben. In Art. 75 wird diese Anordnung insofern konkretisiert, als das ukrainische Parlament zum einzigen gesetzgebenden Organ auf dem ukrainischen Territorium erklärt wird. Des Weiteren ist es dem Präsidenten und den nationalen Gerichten nach Art. 106 Abs. 2 und 124 Abs. 1 der Verfassung verboten, ihre Befugnisse an „andere Organe oder Personen" zu „delegieren" oder auf diese zu „übertragen." Angesichts der fehlenden Ermächtigung im ukrainischen Verfassungstext zur strukturellen Integration können die genannten Verfassungsnormen als Hindernisse für die Teilnahme der Ukraine am supranationalen Integrationsprozess aufgefasst werden. Eine andere Ansicht vertrat einst das ukrainische Verfassungsgericht. Kreativ und pragmatisch leitete es aus der Zustimmung des Parlaments zu den im Gründungsvertrag vorgesehenen Kompetenzen einer internationalen Institution, die rechtlich bindenden und innerstaatlich unmittelbar geltenden Entscheidungen zu erlassen, die Legitimität der innerstaatlichen Geltung selbst der Mehrheitsentscheidungen eines internationalen Organs ab. Analog begründete das Gericht auch die Ausübung auf dem ukrainischen Territorium der rechtsprechenden Gewalt durch eine internationale, auf der Subsidiaritätsbasis agierende Gerichtsinstanz. Damit überdehnte es die Funktion von Art. 9 der ukrainischen Verfassung, wonach nur die durch die Legislative gebilligten Verträge ins ukrainische Recht einbezogen werden. Die innerstaatliche Geltung der innerstaatlich bindenden Beschlüsse kann insofern mit Art. 9 begründet werden, als es sich um die einstimmig getroffenen und im

Gründungsvertrag hinreichend klar umrissenen sekundären Akte internationaler Einrichtung handelt. Obwohl nicht stets überzeugend und dazu basierend auf einer irrtümlichen Annahme über die vertraglich vorgesehene Durchgriffswirkung der Beschlüsse eines internationalen Organs in dem konkreten Fall, äußerte sich das Verfassungsgericht der Ukraine für ein modernes, die offene Staatlichkeit tragendes Verständnis der Souveränität, demzufolge die Ausschließlichkeit der staatlichen Hoheitsgewalt zurücktreten kann. Da in der Ukraine generell noch keine einheitliche und gefestigte Rechtsprechung zu materiell-rechtlichen Fragen die internationale Offenheit betreffend herausgebildet ist, kann nur abgewartet werden, ob das vorgestellte völkerrechts- und integrationsfreundliche Verständnis der Souveränität zur ständigen Rechtsprechung des ukrainischen Verfassungsgerichts wird. Die dürftige Argumentation des Gerichts demonstriert auch die fehlende Beschäftigung in der Verfassungspraxis der Ukraine mit den Auswirkungen der inter- und supranationalen Integration des Staates auf die Volkssouveränität. Diese bleiben auch in der ukrainischen Verfassungsrechtswissenschaft und bei den politischen Entscheidungsprozessen vernachlässigt.

8) Dementsprechend wird weder in der Wissenschaft noch in der Verfassungspraxis über die materiellen und prozeduralen Schwellen des Integrationsprozesses nachgedacht. Der Verfassung lassen sie sich indirekt entnehmen. So kann zweifelsohne behauptet werden, dass der in Art. 157 der Verfassung verbürgte Imperativ der Unabänderlichkeit auch vor dem Einfluss des internationalen und supranationalen Rechts bewahrt bleiben soll. Historisch bedingt schützt er den Staat vor dem Rückfall in eine menschenrechtsverachtende Diktatur, dem Anschluss an einen Bundesstaat, einer territorialen Teilung und vor der Minderung des von der Verfassung gebotenen Menschenrechtsschutzes. Bislang hat das ukrainische Verfassungsgericht keine grundlegenden Thesen zu seinem Verständnis des unveränderten Verfassungskerns formuliert. Nur andeutungsweise kann aus seiner Rechtsprechung Folgendes abgeleitet werden: Solange der Menschenrechtsschutz innerhalb einer internationalen Einrichtung im Wesentlichen dem Grundrechtsschutz

nach der ukrainischen Verfassung gleicht, wird von der Verfassungsmäßigkeit des Beitritts zur einer internationalen Einrichtung und der innerstaatlichen Befolgung ihres abgeleiteten Rechts ausgegangen. Diese Schlussfolgerung sollte auch auf die innerstaatliche Befolgung von EGMR-Urteilen zutreffen.

9) Grundsätzlich ist die unmittelbare Bindung der Träger der öffentlichen Gewalt an die gegen die Ukraine ergangenen EGMR-Urteile mit Art. 9 i. V. m. Art. 55 Abs. 4 zum Recht eines jeden, internationale Gerichte um Rechtsschutz zu ersuchen, zu begründen. Diese Bindungswirkung der EGMR-Urteile wurde durch das Gesetz von 2006 zum Vollzug von EGMR-Urteilen konkretisiert. Das Gesetz schafft hinreichende theoretische Instrumente, um die Befolgung der EMRK und der EGMR-Urteile durch die zuständigen Staatsorgane sicherzustellen, indem es detailliert regelt, zu welchen individuellen bzw. allgemeinen Maßnahmen die Staatsorgane durch die Verurteilung der Ukraine aus Straßburg verpflichtet sind. Die Erklärung der EMRK und der EGMR-Urteile zu Rechtsquellen des ukrainischen Rechts ist allerdings durch den Vorbehalt ihrer verfassungskonformen Anwendung begrenzt. Dies bedeutet weder eine Ergänzung des ukrainischen Gerichtsaufbaus durch den Menschenrechtsgerichtshof noch eine grenzlose Unterwerfung unter dessen Gerichtsbarkeit. Die innerstaatliche Befolgung der EMRK und der EGMR-Urteile darf keine Einschränkung oder Minderung des durch die ukrainische Verfassung gesicherten Grundrechtsschutzes herbeiführen.

10) Die bevorstehende Intensivierung der Zusammenarbeit zwischen EU und Ukraine aufgrund des neuen, abzuschließenden Assoziierungsabkommens und die verstärkte Einwirkung des EU-Rechts auf die ukrainische Rechtsordnung fordern die geltenden Öffnungsklauseln der ukrainischen Verfassung heraus. So kann erstens die unmittelbare Geltung der Entscheidungen des Assoziierungsrates, in denen auch auf das Primär- oder Sekundärrecht der EU verwiesen wird, mit der verfassungsrechtskonformen Übernahme der völkerrechtlichen Pflichten nicht mehr begründet werden. Zweitens kann die Pflicht zur gesetzlichen und gerichtlichen Harmonisierung des ukrainischen Rechts mit dem *acquis communautaire* nicht mehr aufrechterhalten werden.

Dies würde vereinzelt eine Transformation der gesetzgebenden oder gerichtlichen Gewalt herbeiführen, die nach der ukrainischen Verfassung von 1996 nicht gestattet ist. Die Verfassungskonformität der Annäherung der Ukraine an die EU sogar ohne das Ziel der EU-Vollmitgliedschaft bedarf einer entsprechenden Öffnung für die supranationale Integration. Deshalb erscheinen die Überlegungen in den laufenden Verfassungsdebatten zu einer solchen Öffnung nicht verfrüht. Anders als bei der Annahme der Verfassung im Jahr 1996 werden sie durch die landesweite Hinwendung der Bevölkerung der Ukraine zur europäischen Integration unterstützt. Die entsprechenden Überlegungen gehen in die Richtung der Rücknahme der Ausübung der Hoheitsrechte durch die Staatsorgane zugunsten der Ausübung durch die europäischen zwischenstaatlichen Zusammenschlüsse. In diesem Zusammenhang ist es geboten, die ukrainische Verfassung nicht nur um eine grundsätzliche Öffnung für die supranationale Integration zu ergänzen. Auch die Regelungen zu den materiellen und prozeduralen Voraussetzungen für die Mitgliedschaft der Ukraine in einer supranationalen Einrichtung sollten ausgearbeitet werden, ebenso wie die Rechtsgrundlagen für die Teilnahme des Staates am Integrationsprozess, der sich zu einer supranationalen Vollmitgliedschaft entwickeln kann, und die Vorschriften zur innerstaatlichen Übernahme und Rechtsstellung des abgeleiteten Rechts internationaler Organisationen. Hier ist auch zu überlegen, ob beim Zustandekommen eines völkerrechtlichen Vertrages, der sich stark auf die Souveränitätsangelegenheiten auswirkt (wie bspw. der Beitritt zu zwischenstaatlichen Zusammenschlüssen oder die Stationierung fremder Militärbasen auf dem ukrainischen Territorium), die Verfahrenshürde von einer absoluten Mehrheit auf eine qualifizierte Mehrheit oder überdies auf die Billigung durch den Volksentscheid erhöht werden sollte.

11) Obwohl das Völkerrecht nach der Verfassung keinen ausdrücklichen Referenzrahmen für das Verfassungsgericht bildet, lässt das Gericht die Auswirkungen des Völkerrechts auf die Bildung, Interpretation und Anwendung des ukrainischen Rechts nicht außer Acht. Allerdings besteht nur ein begrenztes Maß an völkerrechtsbezogener

Rechtsprechung des Verfassungsgerichts der Ukraine, weil die Klagen des Präsidenten und des Parlaments über die staatsorganisatorischen Fragen die Arbeit des Gerichts dominieren. Durchweg betreffen die völkerrechtlichen Ausführungen des Gerichts den Bereich des Menschenrechtsschutzes. Hier sicherte das Verfassungsgericht seine Argumentation über den Wesensgehalt, die Reichweite und die zugelassenen Einschränkungen der Grundrechte mit den Bezugnahmen auf das Völkerrecht doppelt ab. Ferner konkretisierte und ergänzte es das unvollständige nationale Recht durch das Völkerrecht. Da der Menschenrechtskatalog der ukrainischen Verfassung mit den internationalen menschenrechtlichen Standards im Einklang steht, verwischen sich die Grenzen zwischen den einzelnen Voraussetzungen. Somit lässt sich nicht eindeutig erkennen, ob die völkerrechtlichen Vertragsnormen die Schlussfolgerung des Gerichts entscheidend bewirkt haben. Hinzu kommen die juristischen Ungereimtheiten in den völkerrechtsbezogenen Argumentationen des ukrainischen Verfassungsgerichts, die nicht zu verkennen sind. In der Regel sind die Bezugnahmen auf das Völkerrecht allgemein und knapp mit kurzer Inhaltswiedergabe einer völkerrechtlichen Vorschrift gehalten ohne grundlegende Überlegungen über die Rechtsnatur und den Geltungsgrund der angewandten Normen. Das Gericht folgte auch keiner strengen Kategorisierung der völkerrechtlichen Rechtsquellen. Ebenso waren alle Arten internationaler Dokumente, sowohl völkerrechtliche Verträge als auch Empfehlungen internationaler Organisationen, Gutachten der Venedig-Kommission und Rechtsakte der Europäischen Gemeinschaft in den Augen des Verfassungsgerichts gleichermaßen rechtsverbindlich. Dementsprechend wurde auch die Erklärung der bindenden innerstaatlichen Wirkung der herangezogenen völkerrechtlichen Vorschriften anhand Art. 9 oder 18 der Verfassung nur vereinzelt thematisiert. Trotz der „originellen“ und inkonsistenten Entscheidungsbegründung ist der völkerrechtsfreundliche Ansatz des ukrainischen Verfassungsgerichts nicht zu übersehen.

Ein Prüfstein für die Frage, wie offen die ukrainische Rechtsordnung für das Völkerrecht und die europäische Integration ist, bildet die Umsetzung des

Völkerrechts, und insbesondere der EGMR-Urteile. Entscheidend ist hier, ob die Staatsorgane der Ukraine bereit sind, aufgrund einer Verurteilung aus Straßburg die notwendigen tiefgreifenden Änderungen der Rechtslage, der Verwaltungspraxis und der Rechtsprechung vorzunehmen. Auch bedarf es der Beobachtung, ob und in welchen Zusammenhängen die ordentlichen Gerichte aufgrund der sie eindeutig bindenden Regel zum Vorrang der völkerrechtlichen Verträge die nationalen Gesetze aussetzen und das Völkervertragsrecht vorziehen. Aber auch die materielle und strukturelle Absicherung der Angleichung des ukrainischen Rechts an den *acquis communautaire* ist von gesondertem Interesse. Angesichts des thematischen Schwerpunkts der vorliegenden Studie bleiben diese weiterführenden Fragen den künftigen Forschungsarbeiten vorbehalten.

Ungeachtet der geschilderten Problemfelder enthält die ukrainische Verfassung die völkerrechtsfreundlichen Grundlagen für das Zusammenspiel von Völkerrecht und ukrainischem Recht. Obwohl nicht immer stimmig und vereinzelt auch fragwürdige Ergebnisse vorweisend, wurden die allgemeinen Öffnungsklauseln der Verfassung sowohl durch den ukrainischen Gesetzgeber als auch durch das Verfassungsgericht völkerrechts- und integrationsfreundlich weiterentwickelt. Für mehr Rechtssicherheit und Klarheit bedarf es aber einer genaueren Ausgestaltung der offenen Staatlichkeit im Verfassungstext.

Literaturverzeichnis

Autoren werden mit abgekürzten Vornamen bzw. Vor- und Vatersnamen wiedergegeben. Der letzte Zugriff auf Internet-Fundstellen erfolgte am 10. März 2012.

Albi, A.
Europe Agreements in the Light of Sovereignty and Legitimacy: The Case of Estonia In: Kellermann, A. E. / Zwaan, J. W. / Czuczai, J. (eds.), EU Enlargement – The Constitutional Impact at EU and National Level, The Hague 2001, S. 195 – 214

Albi, A.
Post-modern Versus Retrospective Sovereignty: Two Different Discourses in the EU and the Candidate Countries?
In: Walker, N. (ed.), Sovereignty in Transition, Oxford [etc.] 2003, S. 401 – 422

Albi, A.
EU Enlargement and the Constitutions of Central and Eastern Europe
Cambridge [etc.] 2005

Ancelevyč, H. O. / Pokreščuk, O. O. (Анцелевич, Г. О. / Покрещук, О. О.)
Völkerrecht *(Міжнародне право)*
*Kiew (*Київ*)* 2003

Antonovyč, M. M. (Антонович, М. М.)
Völkerrecht *(Міжнародне публічне право)*
Kiew *(*Київ*)* 2003

Antonovyč, M. M. (Антонович, М. М.)
Die Anwendung der völkerrechtlichen Menschenrechtsnormen durch die Gerichte der Ukraine und der USA: ein vergleichender Aspekt *(Застосування міжнародних норм з прав людини судами України та США: порівняльний аспект)*
In: Ukrainisches Völkerrechtsblatt *(Український часопис міжнародного права)* 2003, Nr. 3, S. 40 – 46

Arangio-Ruiz, G.
Friendly Relations Resolution
In: EPIL 1995, Vol. II, S. 485 – 490

Aslanjan, H. (Асланян, Г.)
Über die internationalen Verträge der Ukraine *(Про міжнародні договори України)*
In: Blatt „Parlament“ *(Часопис „Парламент“)* 2004, Nr. 1
Im Internet abrufbar unter
www.parlament.org.ua/index.php?action=magazine&id=9&ar_id=556&iar_id=591&as=2

Badura, P.
Staatsrecht. Systematische Erläuterung des Grundgesetzes für die Bundesrepublik Deutschland
3. Aufl. (Staatsorganisation und Grundrechte), München 2003

Barabaš, J. (Барабаш, Ю.)
Die Selbstwahrnehmung als Nation *(Усвідомлення себе нацією)*
In: „Der Tag" *(„День")* Nr. 125 vom 15.07.2000
Im Internet abrufbar unter http://www.day.kiev.ua/49654

Barabaš, J. (Барабаш, Ю.)
Die Probleme der Zusammenarbeit zwischen dem Präsidenten und der Regierung im Mechanismus der Ausübung der außenpolitischen Tätigkeit in der Ukraine: verfassungsrechtliche Analyse *(Проблеми взаємодії Президента та Уряду в механізмі здійснення зовнішньої політики в Україні: конституційно-правовий аналіз)*
In: Blatt der Akademie der Rechtswissenschaft der Ukraine *(Вісник академії правових наук України)* 2007, Nr. 1/48, S. 75 – 85

Barnašov, A. M. (Барнашов, А. М.)
Die allgemein anerkannten Grundsätze und Normen des Völkerrechts und deren Zusammenwirken mit den Normen der russischen Gesetzgebung *(Общепризнанные принципы и нормы международного права и их взаимодействие с нормами российского законодательства)*
In: Mitjukov, M. A. (Hrsg.) *(Митюков, М. А. (ред.))*, Die allgemein anerkannten Grundsätze und Normen des Völkerrechts und die völkerrechtlichen Verträge in der Verfassungsgerichtsrechtsprechung. Materialien der gesamtrussischen Konferenz. Moskau, 24.12.2002 *(Общепризнанные принципы и нормы международного права и международные договоры в практике конституционного правосудия. Материалы Всероссийского совещания. Москва, 24.12.2002)*, Moskau *(Москва)* 2004, S. 62 – 69

Bentzien, J.
Die völkerrechtlichen Schranken der nationalen Souveränität im 21. Jahrhundert
Tübingen 2007

Benvenisti, E.
Judicial Misgivings Regarding the Application of International Law: An Analysis of Attitudes of National Courts
In: EJIL 4 (1993), S. 159 – 183

Biernat, S.
Offene Staatlichkeit: Polen
In: Bogdandy, A. von, Handbuch Ius Publicum Europaeum, Bd. II, § 26. Offene Staatlichkeit: Wissenschaft vom Verfassungsrecht, Heidelberg 2008, S. 243 – 275

Birjukov, P. N. (Бирюков, П. Н.)
Völkerrecht *(Международное право)*

2. Aufl., Moskau *(Москва)* 2001
Bjakešev, K. A. (Бякешев, К. А.)
Völkerrecht *(Международное публичное право)*
Moskau *(Москва)* 1998
Blankenagel, A.
Verfassungskontrolle in der UdSSR. Das kurze Leben und der schnelle Tod des Komitees für Verfassungsaufsicht
In: Der Staat 32 (1993), S. 448 – 468
Blankenagel, A.
New Constitutions in CIS-Lands – Between Socialism's Cosy Abysses and Capitalism's Yawning Hights
In: Hesse, J. J. / Tooner, T. A. G. (Hrsg.), The European Yearbook of Comparative Government and Public Administration, Bd. I, Baden-Baden 1994, S. 483 – 504
Blatt der Ethnopolitik (Вісник етнополітики) Nr. 10 vom 1/15.08.2004
Im Internet abrufbar unter
www.ucipr.kiev.ua/modules.php?op=modload&name=News&file=article&sid=3927
Bleckmann, A.
Grundgesetz und Völkerrecht
Berlin 1975
Bleckmann, A.
Verfassungsrang der Europäischen Menschenrechtskonvention?
In: EuGRZ, 1994, S. 149 – 155
Bleckmann, A.
Bundesverfassungsgericht *versus* Europäischer Gerichtshof für Menschenrechte
In: EuRGZ, 1995, S. 387 – 390
Bogdandy, von A.
Handbuch Ius Publicum Europaeum, Bd. II, Offene Staatlichkeit: Wissenschaft vom Verfassungsrecht
Heidelberg 2008
Brownlie, I.
Public International Law
5. Ed., Oxford [etc.] 1998
Brugger, W.
Der moderne Verfassungsstaat aus Sicht der amerikanischen Verfassung und des Grundgesetzes
In: AöR 2001, Bd. 126, S. 337 – 402
Broomhall, B.
Artikel 51
In: Triffterer, O. (ed.), Comentary on the Rome Statute of the Internationale Criminal Court, Observers' Notes, Article by Article, 1. Aufl., Baden-Baden 1999, S. 679 – 694
Buchs, G.

Die unmittelbare Anwendbarkeit völkerrechtlicher Vertragsbestimmungen: Am Beispiel der Rechtsprechung der Gerichte Deutschlands, Österreich, der Schweiz und der Vereinigten Staaten von Amerika
Baden-Baden 1993

Burčak, F. (Бурчак, Ф.)
Die Verfassung der Ukraine. Der Verfassungsentwurf in der Fassung vom 24.02.1996, genehmigt durch die Verfassungskommission am 11.03.996 *(Конституція України. Проект у ред. від 24.02.1996 схвалений Конституційною Комісією 11.03.1996)*
In: Holovatyj, S. (Hrsg.) *(Головатий, С. (ред.))*, Die Verfassung der unabhängigen Ukraine *(Конституція Незалежної України)*, Bd. II, Kiew *(Київ)* 1997, S. 21 ff.

Buromens'kyj, M. V. (Hrsg.) (Буроменський, М. В. (ред.))
Völkerrecht *(Міжнародне право)*
Kiew *(Київ)* 2006

Butkevyč, V. H. (Hrsg.) (Буткевич, В. Г. (ред.))
Völkerrecht. Theoretische Grundlagen *(Міжнародне право. Основи теорії)*
Kiew *(Київ)* 2002

Carrozza, P.
Constitutionalism's Post-modern Opening
In: Loughlin, M. / Walker N. (eds.), The Paradox of Constitutionalism: Constituent Power and Constitutional Form, Oxford 2007, S. 169 – 189

Cassese, A.
Modern Constitutions and International Law
In: RdC 1985, III, S. 341 – 475

Cassese, A.
International Law
2 Ed., Oxford [etc.] 2005

Čerkes, M. J. (Черкес, М. Ю.)
Völkerrecht *(Міжнародне право)*
4. Aufl., Kiew *(Київ)* 2004

Choroškovs'ka, D. J. (Хорошковська, Д. Ю.)
Die Erklärungen des Obersten Gerichts der Ukraine als eine Rechtsquelle: Mythos oder Realität? *(Роз'яснення Верховного Суду України як джерела права: міф чи реальність?)*
In: Blatt des Justizministeriums der Ukraine *(Бюлетень Міністерства Юстиції України)* 2005, Nr. 3 (41), S. 95 – 103

Crawford, J.
The Criteria for Statehood in International Law
In: BYIL 48 (1976-1977), S. 93 – 182

Cremer, H.-J.
Zur Bindungswirkung von EGMR-Urteilen / Anmerkung zum Görgülü-Beschluss des BVerfG vom 14.10.2004

In: EuGRZ 2004, Heft 22, S. 683 – 700

Cvik, M. V. / Tkačenko, V. D. / Petryšyn, O. V. (Hrsg.) (Цвік, М. В. / Ткаченко, В. Д. / Петришин, О. В. (ред.))

Allgemeine Staats- und Rechtstheorie *(Загальна теорія держави і права)*

Charkiw *(Харків)* 2002

Danilenko, G. M. (Даниленко, Г. М.)

Das Verhältnis und Zusammenwirken von völkerrechtlichem Vertrag und Völkergewohnheitsrecht *(Соотношение и взаимодействие международного договора и международного обычая)*

In: Sowjetisches Jahrbuch des Völkerrechts *(Советский ежегодник международного права)* 1983, S. 23 ff.

Danilenko, G. M.

Application of Customary International Law to Municipal Law

In: Tunkin, G. I. / Wolfrum, R. (eds.), International Law and Municipal Law: Proceedings of the German Soviet Colloquy on International Law at the Institut für Internationales Recht an der Universität Kiel, 4 to 8 May 1987, Berlin 1988, S. 13 – 23

Danilenko, G. M.

Implementation of International Law in the CIS States: Theory and Practice

In: EJIL 10 (1999), S. 51 – 69

Delbrück, J. / Wolfrum, R.

Völkerrecht Band I/1

2. Aufl., Berlin [u. a.] 1989

Demčenko, O. V. (Демченко, О. В.)

Die Rechtswege der Anwendung der europäischen Normen über die Menschenrechte bei Entscheidungsfindung durch die ukrainischen Gerichte *(Правові шляхи застосування європейських норм з прав людини під час винесення рішень українськими судами)*

Tschernihiw *(Чернігів)* 2004

Denisov, V. N. / Jevintov, V. I. (Денисов, В. Н. / Евинтов, В. И.)

Die Verwirklichung der völkerrechtlichen Normen im innerstaatlichen Recht *(Реализация международно-правовых норм во внутреннем праве государства)*

Kiew *(Киев)* 1992

Denisov, V. N. (Денисов, В. Н.)

Die Probleme der Gründung der *ordre public* in der außenpolitischen Tätigkeit der Ukraine *(Проблеми створення публічного порядку в зовнішньополітичній діяльності України)*

In: Denisov, V. N. / Jevintov, V. I. (Hrsg.) *(Денисов, В. Н. / Євінтов, В. І. (ред.)),* Die Souveränität der Ukraine und das Völkerrecht *(Суверенітет України і міжнародне право)*, Kiew *(Київ)* 1995, S. 7 – 36

Denisov, V. N. (Денисов, В. Н.)

Die Aufgaben der Völkerrechtswissenschaft in der unabhängigen Ukraine *(Завдання науки міжнародного права в умовах незалежної України)*
In: Rechtsstaat *(Правова держава)* 2000, Nr. 11, S. 433 – 443

Denisov, V. N. / Mel'nyk, A. J. (Денисов, В. Н. / Мельник, А. Я.)
Die Entwicklung der Rechtsgrundlagen und der Mechanismen des Vorrangs des Völkerrechts im innerstaatlichen Recht *(Розвиток правових засад та механізмів верховенства міжнародного права у внутрішньому праві)*
In: Denisov, V. N. (Hrsg.) *(Денисов, В. Н. (ред.))*, Das Zusammenwirken von Völkerrecht und innerstaatlichem Recht der Ukraine *(Взаємодія міжнародного права з внутрішнім правом України)*, Kiew *(Київ)* 2006, S. 12 – 39

Doehring, K.
Allgemeine Staatslehre
3. Aufl., Heidelberg 2004

Doehring, K.
Völkerrecht
2. Aufl., Heidelberg 2004

Duffy, H. / Huston, J.
Implementation of the ICC Statute: International Obligations and Constitutional Considerations.
In: Kreß, C. / Lattanzi, F. (eds.), The Rome Statute and Domestic Legal Orders
Volume I, Baden-Baden 2000, S. 29 – 49

Dul'njeva, N. (Дульнєва, Н.)
Und die Kutsche ist heute immer noch dort? *(А віз і нині там?)*
Im Internet abrufbar unter www.khpg.org/ru/index.php?id=1107255527

Dyczok, M.
Ukraine: Movement Without Change, Change Without Movement
Amsterdam [etc.] 2000

European Commission for Democracy through Law
Proceedings *The relationship between International and Domestic Law.* Collection: Science and Technique of Democracy. No. 5 Warsaw, 19 – 21 May 1993

Evans, A.
Voluntary Harmonisation in Integration between the European Community and Eastern Europe
In: E.L.Rev. 22 (1997), S. 201 – 220

Fabio, U. di
Das Recht offener Staaten: Grundlinien einer Staats- und Rechtstheorie
Tübingen 1998

Fichte, J. G.
Der geschlossene Handelsstaat: Ein philosophischer Entwurf [als Anfang zur Rechtslehre und Probe einer künftig zu liefernden Politik]

Tübingen 1800
Frowein, J. A.
Die Herausbildung europäischer Verfassungsprinzipien
In: Kaufmann A. (Hrsg.), Rechtsstaat und Menschenwürde, Festschrift für Werner Maihofer zum 70. Geburtstag, Frankfurt a. M. 1988, S. 149 – 158
Frowein, J. A.
The Internal and External Effects of Resolutions by International Organisations
In: ZaöRV 49 (1989), S. 778 – 790
Frowein, J. A. / Peukert, W.
EMRK- Kommentar
2. Aufl., Kehl [u. a.] 1996
Fryc'kyj, O. F. (Фрицький, О. Ф.)
Verfassungsrecht der Ukraine *(Конституційне право України)*
Kiew *(Київ)* 2002
Fursa, S. / Fursa, J. (Фурса, С. / Фурса, Є.)
Kommentar zum Gesetz der Ukraine über den Vollzug der Entscheidungen und Anwendung der Praxis des EGMR *(Науково-практичний коментар до Закону України про виконання рішень і застосування практики Європейського Суду з прав та свобод людини)*
Kiew *(Київ)* 2007
Gallina, N.
Staat: Institutioneller Wandel und staatliche Leistungsfähigkeit in der Ukraine: eine Studie zum ukrainischen State Building von 1991 bis 2004
Bern [u. a.] 2006
Gaverdovs'kyj, A. S. (Гавердовський, А. С.)
Die Implementierung der Völkerrechtsnormen *(Имплементация норм международного права)*
Kiew *(Киев)* 1980
Geiger, R.
Grundgesetz und Völkerrecht: Die Bezüge des Staatsrechts zum Völkerrecht und Europarecht
2. Aufl., München 1994
Geiger, R.
Grundgesetz und Völkerrecht: Die Bezüge des Staatsrechts zum Völkerrecht und Europarecht
5. Aufl., München 2010
Giesecke, B.
Auswärtige Gewalt in der Russischen Föderation und die Rolle des Völkerrechts in der russländischen Rechtsordnung
Frankfurt a. M. [u. a.] 2004
Globke, C.

Die Auslieferung an den Internationalen Strafgerichtshof. Ein Beitrag zur Dogmatik des Art. 16 Abs. 2 GG
Tübingen 2009
Golovko, A. (Головко, А.)
„Rundgespräche" des Journals Sowjetischer Staat und Recht (*„Круглый стол" журнала Советское государство и право*)
In: Sowjetischer Staat und Recht *(Советское государство и право)* 1991, Nr. 9, S. 12 ff.
Grabenwarter, C.
Europäische Menschenrechtskonvention
4. Aufl., München 2009
Grawert, R. (Hrsg.)
Offene Staatlichkeit. Festschrift für Ernst-Wolfgang Böckenförde zum 65. Geburtstag. Berlin 1995
Greppi, E.
Inability to Investigate and Prosecute under Article 17
In: Mauro, P. / Gioia, F. (eds.), The International Criminal Court and National Jurisdiction, Hampshire [etc.] 2008, S. 63 – 71
Grimm, D.
Souveränität: Herkunft und Zukunft eines Schlüsselbegriffs
Berlin 2009
Häberle, P.
Der kooperative Verfassungsstaat
In: Kaulbach, F. von / Krawietz, W. (Hrsg.), Recht und Gesellschaft. Festschrift für Helmut Schelsky zum 65. Geburtstag, Berlin 1978, S. 141 – 177
Häberle, P.
Gemeineuropäisches Verfassungsrecht
In: EuGRZ 1991, Heft 12/13, S. 261 – 274
Häberle, P.
Die Verfassungsentwicklung in Osteuropa – aus der Sicht der Rechtsphilosophie und der Verfassungslehre
In: AöR 117 (1992), S. 169 – 211
Häberle, P.
Die Verfassung der Ukraine (1996) im europäischen Rechtsvergleich
In: DÖV 1998, Heft 18, S. 761 – 767
Hackworth, G. H.
Sovereignty
In: Digest of International Law 1940, Bd. I, § 11, S. 51 – 58
Heckötter, U.
Die Bedeutung der EMRK und der Rechtsprechung des EGMR für die deutschen Gerichte
Köln [u. a.] 2007
Helmerich, M.
Die Ukraine zwischen Autokratie und Demokratie

Berlin 2003
Herdegen, M.
Völkerrecht
6. Aufl., München 2007
Herdina, A.
Approximation of Laws in the Context of European Neighbourhood Policy – A view from Brussels
In: Eur. J. L. Reform 2007, Vol. 9 No. 3, S. 501 – 504
Hillgruber, C.
Kommentar zum Art. 25 GG
In: Schmidt-Bleibtreu, B. / Hofmann, H. / Hopfauf, A. (Hrsg.), Kommentar zum Grundgesetz, 11. Aufl., Köln [u. a.] 2008
Hillion, C.
Partnership and Cooperation Agreements between the EU and the Newly Independent States of the Ex-Soviet Union
In: EFAR 3 (1998), S. 399 – 415
Hillion, C.
Institutional Aspects of the Partnership between the EU and the Newly Independent States of the Former Soviet Union – Case Studies of Russia and Ukraine
In: CMLR 37 (2000), S. 1211 – 1235
Hillion, C.
Introduction to the Partnership and Cooperation Agreement
In: Kellermann, A. E. / Zwaan, J. W. / Czuczai, J. (eds.), EU Enlargement – The Constitutional Impact at EU and National Level, The Hague 2001, S. 215 – 229
Hillion, C.
Mapping-Out the New Contractual Relations between the European Union and Its Neighbours: Learning from the EU – Ukraine 'Enhanced Agreement'
In: EFAR 12 (2007), S. 169 – 182
Hobe, S.
Der offene Verfassungsstaat zwischen Souveränität und Interdependenz: eine Studie zur Wandlung des Staatsbegriffs der deutschsprachigen Staatslehre im Kontext internationaler institutionalisierter Kooperation
Berlin 1998
Hobe, S. / Kimminich, O.
Einführung in das Völkerrecht
8. Aufl., Tübingen [u. a.] 2004
Hofmann, R.
Kommentar zum Art. 25 GG
In: Umbach, D. C. / Clemens, Th. (Hrsg.), Grundgesetz: Mitarbeiterkommentar und Handbuch (Heidelberger Kommentar), Bd. I, Heidelberg 2002

Holovatyj, S. (Hrsg.) *(Головатий, С. (ред.))*
Die Verfassung der unabhängigen Ukraine in 3 Bänden *(Конституція незалежної України, у 3-х кн.)*
Kiew *(Київ)* 1995
Hrynevec'kyj, S. (Гриневецький, С.)
Der traurige Jahrestag *(Сумна річниця)*
In: Der Wochenspiegel *(Дзеркало тижня)* Nr. 48 (727) vom 20/26.12.2008
Im Internet abrufbar unter www.dt.ua/1000/1550/65043/
Huber, P. M.
Offene Staatlichkeit, Vergleich
In: Bogdandy, A. von, Handbuch Ius Publicum Europaeum, Bd. II, § 26. Offene Staatlichkeit: Wissenschaft vom Verfassungsrecht, Heidelberg 2008, S. 403 – 459
Hülshörster, S.
Recht im Umbruch
Frankfurt a. M. 2008
Ipsen, K.
Völkerrecht
3. Aufl., München 1990
Ipsen, K.
Völkerrecht
5. Aufl., München 2004
Jackson, John H.
Status of Treaties in Domestic Legal Systems: A Policy Analysis
In: AJIL 86 (1992), S. 310 – 340
Janukowytsch stellte die Partei der Regionen vor der Aufgabe: „Paket der Verfassungsgesetzgebung" zu verabschieden *(Янукович поставив ПР задачу: ухвалити „пакет конституційного законодавства")*
Im Internet abrufbar unter www.unian.ua/ukr/news/news-373911.html
Jarasch, F. / Kreß, C.
The Rome Statute and the German Legal Order
In: Kreß, C. / Lattanzi, F. (eds.), The Rome Statute and Domestic Legal Orders
Volume I, Baden-Baden 2000, S. 91 – 112.
Jevhrafov, P. / Tychyj, V. (Євграфов, П. / Тихий, В.)
Die Bedeutung der Auslegungen der EMRK durch den EGMR für die Ukraine *(Правотлумачна діяльність Європейського Суду з прав людини та її значення для України)*
Im Internet abrufbar unter www.lawyer.org.ua/?w=r&i=12&d=692
Jevintov, V. I. (Євінтов, В. І.)
Die Ukraine in der internationalen Gemeinschaft *(Україна в міжнародному співтоваристві)*
In: Denisov, V. N. / Jevintov, V. I. (Hrsg.) *(Денисов, В. Н. / Євінтов, В. І. (ред.))* Die Souveränität der Ukraine und das Völkerrecht

(Суверенітет України і міжнародне право), Kiew *(Київ)* 1995, S. 37– 58
Juchnovs´kyj, I. (Юхновський, І.)
Die Verfassungsänderungen sind notwendig *(Зміни до Конституції потрібні)*
In: Der Wochenspiegel *(Дзеркало тижня)* Nr. 34 (663) vom 15/21.09.2007
Im Internet abrufbar unter www.dt.ua/1000/1550/60478/
Juschtschenko, W. (Ющенко, В.)
Die Ukraine braucht eine durch das Volk geschaffene Verfassung *(Україні потрібна Конституція національного творення)*
In: Der Wochenspiegel *(Дзеркало тижня)* Nr. 7 (686) vom 23/29.02.2008
Im Internet abrufbar unter www.dt.ua/1000/1550/62151/
Juz'kov, L. (Юзьков, Л.)
Der Entwurf der neuen Verfassung in der Fassung vom 27.05.1993 nach der öffentlichen Diskussion *(Проект нової Конституції в ред. від 27.05.1993 після всенародного обговорення)*
In: Holovatyj, S. (Hrsg.) *(Головатий, С. (ред.))*, Die Verfassung der unabhängigen Ukraine *(Конституція Незалежної України)*, Bd. I, Kiew *(Київ)* 1995, S. 25 ff.
Jyränki, A.
Transferring Powers of a Nation-State to International Organisations: The Doctrine of Sovereignty Revisited
In: Jyränki, A., National Constitutions in the Era of Integration, The Hague [etc.] 1999, S. 61 – 85
Kadelbach, S.
Zwingendes Völkerrecht
Berlin 1992
Kappeler, A.
Vom Grenzland zur Eigenstaatlichkeit: historische Voraussetzungen von Staat und Nation
In: Besters-Dilger, J. (Hrsg.), Die Ukraine in Europa: Aktuelle Lage, Hintergründen und Perspektiven, Wien [u. a.] 2003, S. 15 – 34
Karski, K.
Ratyfikacja Statutu Międzynarodowego Trybunału Karnego: (zagadnienia prawnomiedzynarodowe i konstytucyjne)
In: PiP 2001, Heft 1, S. 50 – 63
Kaul, H. P.
The ICC – Its Relationship to Domestic Jurisdiction
In: Stahn, C. / Sluiter, G. (eds.), The Emerging Practice of the International Criminal Court, Leiden [etc.] 2009, S. 31 – 38
Keller, H. / Sweet, A. S.
The Reception of the ECHR in National Legal Orders

In: Keller, H. / Sweet, A. S., (eds.), Europe of Rights: The Impact of the ECHR on National Legal Systems, Oxford [etc.] 2008, S. 3 – 30

Kivalov, S. V. (Кивалов, С. В.)
Rechtslehre *(Правознавство)*
Kiew *(Київ)* 2000

Kokott, J. / Doehring, K. / Buergenthal, T.
Grundzüge des Völkerrechts
3 Aufl., Heidelberg 2003

Kolodij, A. M., / Olijnyk, A. J. (Hrsg.) (Колодій, А. М. / Олійник, А. Ю. (ред.))
Die Grundlagen der Staats- und Rechtslehre *(Основи держави і права)*
Kiew *(Київ)* 1997

Kolomayetz, M.
Constitutional Committee Approves Draft of Ukraine's New Constitution
In: The Ukrainian Weekly of 17.03.1996, Vol. 64, Nr. 11
Im Internet abrufbar unter www.ukrweekly.com/

Konopenko, V. P. (Кононенко, В. П.)
Die EGMR-Entscheidungen als Präzedenz bei der Auslegung der EMRK *(Рішення Європейського Суду з прав людини як прецедент тлумачення Конвенції про захист прав людини та основних свобод)*
In: Recht der Ukraine *(Право України)* 2008, Nr. 3, S. 131 – 134

Korec'kyj, V. M. (Корецкий, В. М.)
Allgemeine Rechtsgrundsätze im Völkerrecht *(Общие принципы права в международном праве)*
Kiew *(Киев)* 1957

Korkelia, K.
New Trends Regarding the Relationship between International and National Law (with Special View Towards the States of Eastern Europe)
In: Rev. Cent. & E. Eur. L 1997, No. ¾, S. 227 – 240

Korohods'kyj, J. (Корогодський, Ю.)
Der vergessene Jahrestag *(Забута річниця)*
In: Ukrainische Wahrheit *(Українська правда)* vom 16.07.2007
Im Internet abrufbar unter
www.pravda.com.ua/news/2007/7/16/61524.htm

Kotjuk, V. O. (Котюк, В. О.)
Der Kurs der Rechtslehre. Grundlagen der Staats- und Rechtslehre *(Курс правознавства. Основи теорії держави і права)*
Bd. I, Kiew *(Київ)* 2003

Kozjubra, M. I. (Козюбра, М. І.)
Die Tendenzen der Entwicklung der Rechtsquellen in der Ukraine im Kontext der europäischen Rechtsintegration *(Тенденції розвитку джерел права України в контексті європейських правоінтеграційних процесів)*

In: Wissenschaftliche Notizen. Rechtswissenschaft *(Наукові записки. Юридичні науки)* 2004, Bd. 26, S. 3 – 9

Kriele, M.
Einführung in die Staatslehre: Die geschichtlichen Legitimitätsgrundlagen des demokratischen Verfassungsstaates
6. Aufl., Stuttgart [u. a.] 2003

Krusjan, A. R. (Крусян, А. Р.)
Die Verfassung und Verfassungsgesetze als eine normative Grundlage des modernen ukrainischen Konstitutionalismus *(Конституция и конституционное законодательство как нормативная основа современного украинского конституционализма)*
In: Juristisches Blatt *(Юридичний Вісник)* 2005, Nr. 1, S. 88 – 97

Kunig, P.
Die Quellen des Völkerrechts aus der Sicht des GG
In: Jura 1989, Heft 12, S. 667 – 670

Kunig, P.
Völkerrecht und staatliches Recht
In: Wolfgang Graf von Vitzthum (Hrsg.), Völkerrecht, Berlin 1997, S. 101 – 180

Kuzio, T.
Ukraine under Kuchma: Political Reform, Economic Transformation and Security Policy in Independent Ukraine
Basingstoke [etc.] 1997

Kuzio, T.
Ukraine: State and Nation Building
London [etc.] 1998

Kwiecień, R.
International Law Compared with the Constitutions of Central and East European Countries (Outline of the Problem)
In: The Polish Foreign Affairs Digest 2002, No. 2, S. 189 – 228

Kyjanycja, I. (Кияниця, І.)
Die Anwendung der Völkerrechtsnormen und der Entscheidungen der internationalen Organisationen durch das Verfassungsgericht der Ukraine aufgrund des Rechtstaatlichkeitsprinzips *(Верховенство права як засада застосування Конституційним Судом України норм міжнародного права та рішень міжнародних організацій)*
In: Blatt des Verfassungsgerichts der Ukraine *(Вісник Конституційного Суду України)* 2006, Nr. 1, S. 43 – 56

Långström, T.
Transformation in Russia and International Law
Helsinki 2002

Loeber, D. A.
Regaining Independence – Constitutional Aspects: Estonia, Latvia, Lithuania
In: Rev. Cent. & E. Eur. L. 1998, No.1, S. 1 – 52

Lukašuk, I. I. (Лукашук, И. И.)
Der Mechanismus der völkerrechtlichen Regulierung *(Механизм международно-правового регулирования)*
Kiew *(Киев)* 1980
Lukašuk, I. I. (Лукашук, И. И.)
Die Verfassung Russlands und das Völkerrecht *(Конституция России и международное право)*
In: Moskauer Journal des Völkerrechts *(Московский журнал международного права)* 1995, Nr. 2, S. 29 – 40
Lukašuk, I. I. (Лукашук, И. И.)
Völkerrechtsquellen *(Источники международного права)*
Kiew *(Киев)* 1996
Lukašuk, I. I. (Лукашук, И. И.)
Die Völkerrechtsnormen im Rechtssystem Russlands *(Нормы международного права в правовой системе России)*
Moskau *(Москва*) 1997
Lukašuk, I. I. (Лукашук, И. И.)
Völkerrecht. Allgemeiner Teil *(Международное право. Общая часть)*
3. Aufl., Moskau *(Москва)* 2005
Magen, A.
The *Acquis Communautaire* as an Instrument of EU External Influence
In: Eur. J. L. Reform 2007, Vol. 9 No. 3, S. 361 – 392
Malanczuk, B. P.
Akehurst's Modern Introduction to International Law
7. ed., London [etc.] 2000
McAuliffe deGuzman, M.
Artikel 21
In: Triffterer, O. (ed.), Comentary on the Rome Statute of the Internationale Criminal Court, Observers' Notes, Article by Article, 1. Aufl., Baden-Baden 1999, S. 435 – 446
Martynenko, P. F. (Мартиненко, П. Ф.)
Verfassungsrechtliche Implementierung des Völkerrechts als Objekt des gerichtlichen Schutzes in der Ukraine *(Конституційна імплементація норм міжнародного права – об'єкт судової охорони в Україні)*
In: Ukrainisches Recht *(Українське Право)* 1999, Nr. 2, S. 7 – 16
Martynenko, P. F. (Мартиненко, П. Ф.)
Die Übersicht des praktischen Zusammenwirkens von Völkerrecht und der ukrainischen Verfassung *(Узагальнення практики взаємодії Конституції України і міжнародного права)*
In: Ukrainisches Europäisches Journal des Völkerrechts und der Rechtsvergleichung *(Українсько-Європейський журнал міжнародного та порівняльного права)* 2000, Nr. 1, S. 41 – 65
Martynenko, P. F. (Мартиненко, П. Ф.)

Die Stellung und Rolle der EMRK im verfassungsrechtlichen Mechanismus der Ukraine *(Місце і роль КпЗПСЛ в конституційно-правовому механізмі України)*
In: Blatt des Verfassungsgerichts der Ukraine *(Вісник Конституційного Суду України)* 2002, Nr. 2, S. 64 – 72

Mcwhinney, E.
The „New Thinking" in Soviet International Law: Soviet Doctrines and Practice in the Post-Tunkin Era
In: Can.Y.B.Int'l L. 28 (1990), S. 309 – 337

Merežko, O. O. (Мережко, О. О.)
Abschluss der Regierungs- und der Ressortabkommen nach der Gesetzgebung und in der Praxis der Ukraine *(Порядок укладення міжнародних міжурядових та міжвідомчих договорів у законодавстві та практиці України)*
In: Ukrainisches Recht *(Українське право)* 1998, Nr. 2, S. 78 – 81

Merežko, O. O. (Мережко, О. О.)
Das Recht der völkerrechtlichen Verträge: Die gegenwärtigen Probleme in Theorie und Praxis *(Право міжнародних договорів: Сучасні проблеми теорії та практики)*
Kiew *(Київ)* 2002

Merkel, W.
Theorien der Transformation post-autoritärer Gesellschaften
In: Beyme, K. von / Offe, C. (Hrsg.), Politische Theorien in der Ära der Transformation, Sonderheft der Politischen Vierteljahresschrift 1996, S. 30 – 58

Meyer-Ladewig, J.
Handkommentar – EMRK
2. Aufl., Baden-Baden 2006

Michejeva, T. O. (Михеева, Т. О.)
Über die rechtlichen Aspekte der Abschaffung der Todesstrafe in der Ukraine (*О правовых аспектах отмены смертной казни в Украине)*
In: Verfassungsrecht: Osteuropäischer Review *(Конституционное право, восточноевропейское обозрение)* 2004, Nr. 2 (47), S. 144 – 146

Mik, C.
State Sovereignty and European Integration: Public International Law, EU Law and Constitutional Law in the Polish Context
In: Walker, N. (ed.), Sovereignty in Transition, Oxford [u. a.] 2003, S. 367 – 400

Miskowiak, K.
The ICC: Consent, Complementarity and Cooperation
Copenhagen 2000

Molchanov, M.
Ukraine and the European Union: a Perennial Neighbour?
In: European Integration, Vol. 26, No. 4, 2004, S. 451 – 473

Moroz, O. (Мороз, О.)
Mitteilung auf der Pressekonferenz am 28. Juni 1996
In: Stimme der Ukraine *(Голос України)* vom 2. Juli 1996, S. 1
Motyl, A. J.
Dilemmas of Independence. Ukraine after Totalitarianism
New York 1993
Mučnyk, A. H. (Мучник, А. Г.)
Kommentar zur Verfassung der Ukraine *(Коментар до Конституції України)*
Kiew *(Київ)* 2000
Müllerson, R. A. (Мюлерсон, Р. А.)
Das Verhältnis von Völkerrecht und nationalem Recht *(Соотношение международного и национального права)*
Moskau *(Москва)* 1982
Müllerson, R. A.
Agora: New Thinking by Soviet Scholars. Sources of International Law: New Tendencies in Soviet Thinking
In: AJIL 83 (1989), S. 494 – 512
Münz, R. / Ohliger, R.
Die Ukraine zwischen Ost und West. Kollektive Erinnerung und politische Zukunftsorientierung der Bevölkerung
In: Österreichische Osthefte, Jahrgang 42/2000, Heft 3/4, S. 709 – 740
Muraviov, V. I. (Муравйов, В. І.)
Die Rechtsgrundlagen der Implementierung der Vorschriften des EU-Rechts in der ukrainischen Rechtsordnung *(Правові засади імплементації положень права ЄС у правопорядок України)*
In: Ukrainisches Rechtsblatt *(Український правовий часопис)* 2002, Nr. 1 (16), S. 3 – 8
Muraviov, V.
The Impact of the EU Acquis and Values on the Internal Legal Order of Ukraine
In: EUI Working Papers MWP 2009/10, 'European Integration without the EU Membership: Models, Experiences, Perspectives', S. 29 – 38
Musijaka, V. (Мусіяка, В.)
Über die Gesetzmäßigkeit der Versprechen und Drohungen *(Про законність обіцянок і погроз)*
In: Der Wochens piegel *(Дзеркало тижня)*, Nr. 19 (747) vom 30.05/5.06.2009
Im Internet abrufbar unter www.dt.ua/1000/1550/66313/
Nahaylo, B.
The Ukrainian Resurgence
London 1999
Nazarenko, O. A. (Назаренко, О. А.)
Die völkerrechtlichen Verträge der Ukraine im System der Rechtsquellen des ukrainischen Verfassungsrechts. Autoreferat der

Dissertation. Die nationale Wissenschaftsakademie der Ukraine, V. M. Koretc'kyj Institut des Staates und des Rechts. Kiew 2006 *(Міжнародні договори України в системі джерел конституційного права України. Автореферат дисертації. НАН України, Інститут держави і права ім. В. М. Корецького. Київ, 2006)*

Nemirovskis, D.
Small But Precious: the Actual and Potential Direct Effect of the Partnership and Cooperation Agreement between the European Communities and the Russian Federation
In: Eur. J. L Reform 9 (2007) Issue 4, S. 553 – 617

Nußberger, A.
The Reception Process in Russia and Ukraine
In: Keller, H. / Sweet, A. S. (eds.), A Europe of Rights: The Impact of the ECHR on National Legal Systems, Oxford [etc.] 2008, S. 603 – 676

Oniščenko, N. M. (Оніщенко, Н. М.)
Allgemeine Beschreibung des Rechtssystems als ein integrierter Bestandteil der Rechtswissenschaft *(Загальна характеристика правової системи як інтегруючої категорії правової науки)*
In: Rechtsstaat *(Правова держава)* 2000, Nr. 11, S. 62 – 75

Oppenheim, L. / Lauterpacht, H.
International Law, Vol. I
8 ed., London [etc.] 1963

Opryško, V. F. (Опришко, В. Ф.)
Kommentar zur Verfassung der Ukraine *(Коментар до Конституції України)*
Kiew *(Київ)* 1998

Opryško, V. F. (Опришко, В. Ф.)
Die Fragen der Harmonisierung der Gesetzgebung der Ukraine mit dem Völkerrecht und den nationalen Rechtssystemen *(Питання гармонізації законодавства України з міжнародним правом і національними правовими системами)*
In: Recht der Ukraine *(Право України)* Nr. 8 1999, S. 12 f.

Ortyns'kyj, V. L. (Hrsg.) (Ортинський, В. Л. (ред.))
Die Grundlagen des ukrainischen Rechts *(Основи права України)*
Lwiw *(Львів)* 2005

Palijuk, V. P. (Палюк, В. П.)
Die Besonderheiten der Anwendung der EMRK durch die ukrainischen Gerichte *(Особливості застосування судами України Конвенції про захист прав людини та основних свобод)*
Mykolajiw *(Миколаїв)* 2003

Panhuys, J.H.F. van
The Netherlands Constitution and International Law
In: AJIL 47 (1953), S. 537 – 558

Papadimitriu, G.

Die Stellung der allgemeinen Regeln des Völkerrechts im innerstaatlichen Recht
Berlin 1972

Parchomenko, N. M. (Пархоменко, Н. М.)
Die Perspektiven der Entwicklung der Rechtsquellen in der Ukraine *(Перспективи розвитку системи джерел права України)*
In: Rechtsstaat *(Правова держава)* 2000, Nr. 11, S. 76 – 90

Parchomenko, N. M. (Пархоменко, Н. М.)
Die Rechtsquellen: die theoretischen und methodologischen Fragen *(Джерела права: проблеми теорії та методології)*
2. Aufl., Kiew *(Київ)* 2008

Partsch, K. J.
Die Anwendung des Völkerrechts im innerstaatlichen Recht: Überprüfung der Transformationslehre, in Schriftenreihe Berichte der Deutschen Gesellschaft für Völkerrecht, Heft 6, 1964

Pechstein, M.
Osterweiterung und Zukunftsperspektiven der Europäischen Union
In: ZfRV 37 (1996), S. 108 – 118

Peers, S.
An Ever Closer Waiting Room? The Case for Eastern European Accession to the European Economic Area
In: CMLR 32 (1995), S. 187 – 213

Pernice, I.
Art. 25 GG.
In: Horst Dreier (Hrsg.), Kommentar zum Grundgesetz, Bd. II, Tübingen 1998

Perestroika and International Law
In: AJIL 82 (1988), S. 788 – 797

Petrov, R.
Recent Developments in the Adaptation of the Ukrainian Legislation to EU Law
In: EFAR 8 (2003), S. 125 – 142

Petrov, R.
Legal Basis and Scope of the New EU-Ukraine Enhanced Agreement
In: EUI Working Papers MWP 2008/17

Petrov, R.
Exporting the *Acquis Communautaire* into the Legal Systems of Third Countries
In: EFAR 13 (2008), S. 33 – 52

Petrov, R.
The New EU-Ukraine Enhanced Agreement *versus* The EU-Ukraine Partnership and Cooperation Agreement: Transitional Path or Final Destination
In: EUI Working Papers MWP 2009/10, 'European Integration without the EU Membership: Models, Experiences, Perspectives', S. 39 – 46

Pietrowicz, M.
Die Umsetzung der zu Art. 6 Abs. 1 EMRK ergangenen Urteile des EGMR in der Russischen Föderation
Berlin 2010
Płachta, M. / Wyrozumska, A.
Problem Ratyfikacji Statutu Międzynarodowego Trybunału Karnego
In: PiP 2001, Heft 5, S. 87 – 97
Pohorilko, V. F. (Погорілко, В. Ф.)
Verfassungsrecht der Ukraine *(Конституційне право України)*
4. Aufl., Kiew *(Київ)* 2003
Pohorilko, V. F. / Fedorenko, V. L. (Погорілко, В. Ф. / Федоренко, В. Л.)
Die aktuellen Probleme der Entwicklung der Verfassungsgesetzgebung der Ukraine *(Актуальні проблеми розвитку конституційного законодавства України)*
In: Rechtsstaat *(Правова держава)* 2003, S. 115 – 134
Polakiewicz, J.
Die Verpflichtungen der Staaten aus den Urteilen des Europäischen Gerichtshofs für Menschenrechte
Berlin 1993
Randelzhofer, A.
Staatsgewalt und Souveränität
In: Isensee, J. / Kirchhof, P. (Hrsg.), Handbuch des Staatsrechts der Bundesrepublik Deutschland, Bd. III, § 17. 3. Aufl., Heidelberg 2004, S. 143 – 162
Razesberger, F.
The International Criminal Court. The Principle of Complementarity
Frankfurt a. M. [u. a.] 2006
Ress, G.
Supranationaler Menschenrechtsschutz und der Wandel der Staatlichkeit
In: ZaöRV 64 (2004), S. 621 – 639
Ress, G.
Wirkung und Beachtung der Urteile und Entscheidungen der Straßburger Konventionen
In: EuGRZ 1996, S. 350 -353
Restatement of the Law, Third, Foreign Relations Law of the United States, The American Law Institute, 1987, § 102
Im Internet abrufbar unter
www.kentlaw.edu/faculty/bbrown/classes/IntlLawFall2008/CourseDocs/RestatementSources.pdf
Rezničenko, S. V. (Резніченко, С. В.)
Der Vertrag im System der verfassungsrechtlichen Rechtsquellen *(Договір у системі джерел конституційного права)*
Odessa *(Одеса)* 1999
Roellecke, G.

Souveränität, Staatssouveränität, Volkssouveränität
In: Murswiek, D. / Storost, U. / Wolff, H. A. (Hrsg.), Festschrift für Helmut Quaritsch zum 70. Geburtstag. Berlin 2000, S. 15 – 30

Romančuk, T. (Романчук, Т.)
Die Präsumtion der Verfassungsmäßigkeit und der Gesetzmäßigkeit der Akte des Präsidenten *(Презумція конституційності та презумція законності актів Президента України)*
Im Internat abrufbar unter www.justinian.com.ua/article.php?id=3050

Rückert, W.
Das Völkerrecht in der Rechtsprechung des russischen Verfassungsgerichts
Berlin 2005

Rudolf, W.
Völkerrecht und deutsches Recht: theoretische und dogmatische Untersuchungen über die Anwendung völkerrechtlicher Normen in der Bundesrepublik Deutschland
Tübingen 1967

Rudyk, O. (Рудик, О.)
Der Verfassungsprozess in der Ukraine im Kontext der europäischen Integration *(Конституційний процес в Україні в контексті європейської інтеграції)*
Im Internet abrufbar unter
http://dialogs.org.ua/project_ua_full.php?m_id=7650

Ruffert, M.
Die Europäische Menschenrechtskonvention und innerstaatliches Recht
In: EuGRZ 2007, S. 245 – 255

Saladin, P.
Wozu noch Staaten? Zu den Funktionen eines modernen demokratischen Rechtsstaates in einer zunehmend überstaatlichen Welt
Bern [u.a.] 1995

Šapoval, V. M. (Шаповал, В. М.)
Gegenwärtiger Konstitutionalismus *(Сучасний конституціоналізм)*
Kiew *(Київ)* 2005

Šapoval, V. M. (Шаповал, В. М.)
Die Ahnnahme der neuen Verfassung durch den Volksentscheid ist juristisch gesehen möglich *(Прийняття нової редакції Конституції на референдумі юридично можливе)*
Im Internet abrufbar unter
http://ua.glavred.info/archive/2008/03/07/110247-5.html

Savas'kov, P. V. (Саваськов, П. В.)
Russische Gesetzgebung und das Völkerrecht: die Probleme des Zusammenwirkens und der Implementierung *(Российское законодательство и международное право: проблемы взаимодействия и иплементации)*

In: Mitjukov, M. A. (Hrsg.) *(Митюков, М. А. (ред.))*, Die allgemein anerkannten Grundsätze und Normen des Völkerrechts und die völkerrechtlichen Verträge in der Verfassungsgerichtsrechtsprechung. Materialien der gesamtrussischen Konferenz. Moskau, 24.12.2002 *(Общепризнанные принципы и нормы международного права и международные договоры в практике конституционного правосудия. Материалы Всероссийского совещания. Москва, 24.12.2002)*, Moskau *(Москва)* 2004, S. 87 – 92

Savenko, M. (Савенко, М.)
Die Rolle der EGMR-Praxis in der Verfassungsgerichtsbarkeit der Ukraine *(Роль практики Європейського Суду з прав людини у конституційному судочинстві України)*
In: Blatt des Verfassungsgerichts der Ukraine *(Вісник Конституційного Суду України)* 2005, Nr. 6 2005, S. 51 – 55

Savenko, M. (Савенко, М.)
Das Verhältnis der ukrainischen Verfassungsgerichtspraxis zur EGMR-Praxis *(Співвідношення судової практики Конституційного Суду України із судовою практикою Європейського Суду з прав людини)*
In: Blatt des Verfassungsgerichts der Ukraine *(Вісник Конституційного Суду України)* 2006, Nr. 2, S. 30 – 42

Schabas, W. A.
An Introduction to the International Criminal Court
3 Ed., Cambridge [etc.] 2007

Scheu, H. C.
Die Rechtsordnung
In: Besters-Dilger, J. (Hrsg.), Die Ukraine in Europa: Aktuelle Lage, Hintergründen und Perspektiven. Wien [u. a.] 2003, S. 15 – 34

Schilling, T.
Rang und Geltung von Normen in gestuften Rechtsordnungen
Berlin 1994

Schliesky, U.
Souveränität und Legitimität von Herrschaftsgewalt: die Weiterentwicklung von Begriffen der Staatslehre und des Staatsrechts im europäischen Mehrebenensystem
Tübingen 2004

Schröder, W. M.
Grundrechtsdemokratie als Raison offener Staaten: Verfassungspolitik im europäischen und im globalen Mehrebenensystem
Berlin 2003

Schweisfurth, T.
Zur Frage der Rechtsnatur, Verbindlichkeit und völkerrechtlichen Relevanz der KSZE-Schlussakte
In: ZaöRV 36(1976), S. 681 – 726

Schweisfurth, T.

Das Völkergewohnheitsrecht – verstärkt im Blickfeld der sowjetischen Völkerrechtslehre
In: GYIL 30 (1987), S. 36 – 77

Schweitzer, M.
Staatsrecht III: Staatsrecht / Völkerrecht / Europarecht
7. Aufl., Heidelberg [u. a.] 2000

Seidl-Hohenveldern, I.
Völkerrecht
8. Aufl., Köln [u. a.] 1994

Selivanov, A. O. (Селіванов, А. О.)
Das Recht auf die Auslegung der Gesetze und die juristischen Folgen der Anwendung offizieller Interpretation *(Право тлумачити закони та юридичні наслідки застосування офіційної інтерпретації)*
In: Blatt des Obersten Gerichts der Ukraine *(Вісник Верховного Суду України)* 2006, Nr. 7, S. 2 – 6

Selivon, M. F. (Селівон, М. Ф.)
Die Harmonisierung der Vorschriften der nationalen Gesetzgebung mit den Völkerrechtsnormen und die Anwendung des Völkerrechts durch das Verfassungsgericht der Ukraine *(Гармонізація положень національного законодавства з нормами міжнародного права та їх застосуваня в практиці Конституційного Суду України)*
In: Blatt des Verfassungsgerichts der Ukraine *(Вісник Конституційного Суду України)* 2003, Nr. 3, S. 36 – 51

Semenov, V. S. / Prahanjuk, O. J. (Семенов, В. С. / Прагнюк, О. Я.)
Die völkerrechtlichen Aspekte der Verfassung der Ukraine *(Міжнародно-правові аспекти Конституції України)*
Kiew *(Київ)*1997

Šemšučenko, J. S. / Zjabljuk, M. P. / Tacij, V. J. / Horbatenko, V. P. (Hrsg.) (Шемшученко, Ю. С. / Зяблюк, М. П. / Тацій, В. Я. / Горбатенко, В. П. (ред.))
Juristische Enzyklopädie *(Юридична енциклопедія)*
Kiew *(Київ)*, Bd. I, II 1998, Bd. III 2001, Bd. IV 2002, Bd. V 2003, Bd. VI 2004

Serhijenko, N. M. (Сергієнко, Н. М.)
Das Zusammenwirken von Völkerrecht und nationalem Recht in der Praxis des Verfassungsgerichts der Ukraine *(Взаємодія міжнародного та національного права в практиці Конституційного Суду України)*
In: Blatt des Verfassungsgerichts der Ukraine *(Вісник Конституційного Суду України)* 2004, Nr. 6, S. 116 – 125

Ševčuk, S. V. (Шевчук, С. В.)
Die EMRK: die Anwendungspraxis und die Auslegungsgrundsätze im Kontext des gegenwärtigen ukrainischen Rechtsverständnisses *(Європейська конвенція про захист прав людини та основних*

свобод: практика застосування та принципи тлумачення у контексті сучасного українського праворозуміння)
In: Die EGMR-Praxis. Entscheidungen. Kommentare *(Практика Європейського Суду з прав людини. Рішення. Коментарі)* 1999, Nr. 2, S. 221 – 238

Shevtsov, V. S.
National Sovereignty and the Soviet State
Moskau 1974

Sirenko, V. F. (Сіренко, В. Ф.)
Die Systematisierung der Gesetzgebung der Ukraine. Die Probleme und Verbesserungsperspektiven *(Систематизація законодавства України. Проблеми та перспективи вдосконалення)*
Kiew *(Київ)* 2003

Skakun, O. F. (Скакун, О. Ф.)
Das moderne Verständnis des Begriffs der Gesetzgebung *(Современные подходы к понятию законодательства)*
In: Staat und Recht *(Держава і право)* 2001, Nr. 11 S. 3 – 7

Skakun, O. F. (Скакун, О. Ф.)
Das Rechtssystem der Ukraine auf der rechtlichen Weltkarte *(Правова система України на правовій карті світу)*
Charkiv *(Харків)* 2004

Skoromocha, V. (Скоромоха, В.)
Die Implementierung der Völkerrechtsnormen und die Verfassungsgerichtsbarkeit der Ukraine *(Окремі питання імплементації норм міжнародного права і конституційна юрисдикція України)*
In: Ukrainisches Völkerrechtsblatt *(Український часопис міжнародного права)* 2002, Nr.1, S. 6 – 11

Skubiszewski, K.
Recommendations of the United Nations and Municipal Courts
In: BYIL 46 (1972-73), S. 353 – 364

Solovjov, O. V. (Соловйов, О. В.)
Die innerstaatliche Rechtsstellung der EGMR-Praxis *(До питання про національно-юридичний статус практики Європейського суду з прав людини)*
In: Blatt der Rechtsanwaltsakademie der Ukraine *(Часопис академії адвокатури України)* 2010, Nr. 6, S. 1 – 9

Sommermann, K. P.
Der entgrenzte Verfassungsstaat
In: Merten, D. (Hrsg.), Der Staat am Ende des 20. Jahrhunderts (1998), Forschungssymposium anlässlich der Emeritierung von Prof. Dr. Helmut Quaritsch, (Speyerer Forschungsberichte 191, Speyer 1998), S. 19 – 42

Špytalenko, H. A. / Špytalenko, R. B. (Hrsg.) (Шпиталенко, Г. А. / Шпиталенко, Р. Б. (ред.))

Die Grundlagen der Rechtslehre *(Основи правознавства)*
4. Aufl., Kiew *(Київ)* 2006
Stachyra, L. (Стахира, Л.)
Das Gesetz über Gesetz – allgemeine Notwendigkeit der Verbesserung der Rechtsregulierung *(Закон про закон – необхідність для підвищення правового регулювання вцілому)*
Im Internet abrufbar unter www.lex-line.com.ua/?go=full_article&id=176
Stecjuk, P. (Стецюк, П.)
Die Grundlagen der Verfassungstheorie und des Konstitutionalismus *(Основи теорії конституції та конституціоналізму)*
Lwiw *(Львів)* 2003
Steinberger, H.
Allgemeine Regeln des Völkerrechts
In: Isensee, J. / Kirchhof, P. (Hrsg.), HdStR, Bd. VII, § 173. Heidelberg, 1992, S. 525 – 570
Steinberger, H.
Sovereignty
In: Bernhardt, R. (ed.), Encyclopaedia of Public International Law, Vol. 4, North-Holland Elsevier 2000, S. 500 – 521
Strasser-Gackenheimer, C.
Die Verfassung der Ukraine und rechtliche Überlegungen zur europäischen Integration In: Kratochvil, A., Ukraine ad portas. Ist die Ukraine europäisch genug für die EU?
In: Greifswalder Ukrainistische Hefte 3, Aachen, 2006, S. 211 – 236
Strasser-Gackenheimer, C.
Von der „schweren Geburt“ bis zur „orangen Revolution“: Zehn Jahre ukrainischer Verfassung
In: JOR 2006, Vol. 47/2, S. 171 – 185
Sushko, O. / Khorolsky, R. / Shumylo, O. / Shevliakov, I.
The New Enhanced Agreement between Ukraine and EU: Proposals of the Ukrainian Experts
In: KAS Policy Paper 8, 2007
Im Internet abrufbar unter www.kas.de/ukraine/en/publications/12735/
Tatham, A.
Constitutional Judiciary in Central Europe and the Europe Agreement: Decision 30/1998 (VI.25) AB of the Hungarian Constitutional Court
In: ICLQ 1999, Vol. 48, Issue 4, S. 913 – 920
Terlec'kyj, D. S. (Терлецький, Д. С.)
Das Verfassungsgericht der Ukraine – das Justizministerium der Ukraine: ein Konflikt der Zuständigkeiten in Bezug auf die Gewährleistung der Geltung von völkerrechtlichen Verträgen *(Конституційний Суд – Міністерство Юстиції України: конфлікт повноважень у сфері забезпечення дії міжнародних договорів)*
In: Juristisches Blatt der Ukraine *(Юридичний Вісник України)* 2006, Nr. 4, S. 109 – 114

Terlec'kyj, D. S. (Терлецький, Д. С.)
Die verfassungsrechtliche Regulierung der Wirkung von völkerrechtlichen Verträgen in der Ukraine. Autoreferat der Dissertation. Die Nationale Juristische Akademie zu Odessa, 2007 *(Конституційно-правове регулювання дії міжнародних договорів в Україні. Автореферат дисертації. Одеська національна юридична академія, 2007)*
Thürer, D.
In: Steinberger, H. / Klein, E. / Thürer, D., Der Verfassungsstaat als Glied einer europäischen Gemeinschaft, (50)
In: VVDStRL 97 (1991), S. 101 – 136
Tiunov, O. I. (Тиунов, О. И.)
Die allgemein anerkannten Grundsätze und Normen des Völkerrechts: Definition und Rolle in den Verfassungsgerichtsentscheidungen der Russischen Föderation *(Общепризнанные принципы и нормы международного права: понятие и их роль в решениях Конституционного Суда РФ)*
In: Mitjukov, M. A. (Hrsg.) *(Митюков, М. А. (ред.))*, Die allgemein anerkannten Grundsätze und Normen des Völkerrechts und die völkerrechtlichen Verträge in der Verfassungsgerichtsrechtsprechung. Materialien der gesamtrussischen Konferenz. Moskau, 24.12.2002 *(Общепризнанные принципы и нормы международного права и международные договоры в практике конституционного правосудия. Материалы Всероссийского совещания. Москва, 24.12.2002)*, Moskau *(Москва)* 2004, S. 203 – 209
Tiunov, O. I. (Тиунов, О. И.)
Die Besonderheiten der allgemein anerkannten Grundsätze und Normen des Völkerrechts *(Об особенностях общепризнанных принципов и норм международного права)*
In: Butkevyč, V. H. *(Буткевич, В. Г.)*, Völkerrecht des 21. Jahrhunderts *(Международное право XXI века)*
Kiew *(Киев)* 2006, S. 141 – 157
Todyka, O. (Тодика, О.)
Das Konzept des „offenen Staates" und die Problematik der Volkssouveränitätsausübung *(Концепція "відкритої держави" і проблеми здійснення народовладдя)*
In: Blatt der Akademie der Rechtswissenschaft der Ukraine *(Вісник академії правових наук України)* 2006, Nr. 2/45 2006 S. 43 – 51
Tomuschat, C.
Die Entscheidung für die internationale Offenheit
In: Isensee, J / Kirchhof, P. (Hrsg.), Handbuch des Staatsrechts der Bundesrepublik Deutschland, Bd. VII. § 172, Heidelberg 1993, S. 483 – 523
Tretjakov, D. O. (Третяков, Д. О.)

Einzelne Fragen zur Anwendung der völkerrechtlichen Vertragsnormen in der Ukraine *(Деякі питання застосування норм міжнародних договорів в Україні)*
In: Ukrainisches Völkerrechtsblatt *(Український часопис міжнародного права)* 2002, Nr. 3, S. 38 – 43

Tretjakov, D. O. (Третяков, Д. О.)
Die Hierarchie der Gesetze und der Grundsatz „pacta sunt servanda". Zur Frage nach dem Status der völkerrechtlichen Verträge im Rechtssystem der Ukraine *(Ієрархія законів і принцип „pacta sunt servanda". До питання про статус та місце міжнародних договорів у правовій системі України)*
Im Internet abrufbar unter www.viche.info/journal/1020/

Tschentscher, A.
Demokratische Legitimation der dritten Gewalt
Tübingen 2006

Tunkin, G. I. / Wolfrum, R. (eds.)
International Law and Municipal Law: Proceedings of the German Soviet Colloquy on International Law at the Institut für Internationales Recht an der Universität Kiel, 4 to 8 May 1987
Berlin 1988

Tymčenko, L. D. (Тимченко, Л. Д.)
Völkerrecht *(Международное право)*
Charkow *(Харьков)* 1999

Usenko, E. T. (Усенко, Е. Т.)
Das Verhältnis und Zusammenwirken von Völkerrecht und nationalem Recht und die russische Verfassung *(Соотношение и взаимодействие международного и национального права и Российская Костиутция)*
In: Moskauer Journal des Völkerrechts *(Московский журнал международного права)* 1995, Nr. 2, S. 13 – 28

Vadaplas, V.
Lithuania: The Constitutional Impact of the Enlargement at National Level
In: Kellermann, A. E. / Zwaan, J. W. / Czuczai, J. (eds.), EU Enlargement – The Constitutional Impact at EU and National Level, The Hague 2001, S. 347 – 367

Vasyl'jeva, I. H. (Васильєва, І. Г.)
Die rechtlichen Präsumtionen in der Verfassungsgerichtsbarkeit der GUS-Länder *(Правові презумції у конституційному судочинстві країн СНД)*
Im Internet abrufbar unter
www.nbuv.gov.ua/portal/soc_gum/znpkhnpu_pravo/2008_10/Vasilyeva.pdf

Verdross, A. / Simma, B.
Universelles Völkerrecht: Theorie und Praxis

3. Aufl., Berlin 1984

Vereshchetin, V. S. / Müllerson, R. A. (Верещетин, В. С. / Мюллерсон, Р. А.)
Das neue Denken und das Völkerrecht *(Новое мышление и международное право)*
In: Sowjetischer Staat und Recht *(Советское государство и право)* 1988, Nr. 3, S. 3 – 10

Vereshchetin, V. S.
New Constitutions and the Old Problems of the Relationship between International Law and National Law
In: EJIL 1996, Vol. 7, Issue 1, S. 29 – 41

Vishniak, M.
Sovereignty in Soviet Law
In: Russian Review Jan. 1949, Vol. 8 No.1, S. 35 – 45

Vogel, K.
Die Verfassungsentscheidung des Grundgesetzes für eine internationale Zusammenarbeit: ein Diskussionsbeitrag zu einer Frage der Staatstheorie sowie des geltenden deutschen Staatsrechts
Tübingen, 1964

Vorndran, O.
Die Entstehung der ukrainischen Verfassung
Berlin 2000

Wagner, H.
Monismus und Dualismus: eine methodenkritische Betrachtung zum Theorienstreit
In: AöR 1964, Bd. 89 Heft 2, S. 212 – 260

Wahl, R.
Verfassungsstaat, Europäisierung und Internationalisierung
Frankfurt a. M. 2003

Wahl, R.
Der offene Staat und seine Rechtsgrundlagen
In: JuS 43/2003 Heft 12, S. 1145 – 1151

Walter, C.
Die Europäische Menschenrechtskonvention als Konstitutionalisierungsprozess
In: ZaöRV 59 (1999), S. 961 – 983

Wildhaber, L.
Sovereignty and International Law
In: Macdonald, R. St. J. / Johnston, D. M. (eds.), The Structure and the Process of International Law: Essays in Legal Philosophy Doctrine and Theory, The Hague 1986, S. 425 – 452

Wildhaber, L. / Breitenmosert, S.
The Relationship between Customary International Law and Municipal Law in Western European Countries
In: ZaöRV 48 (1988), S. 163 – 207

Witte, B.
Sovereignty and European Integration
In: Slaughter, A. M. / Sweet, A. S. / Weiler, J.H.H. (eds.), The European Court and National Courts-Doctrine and Jurisprudence, Oxford 1998, S. 277 – 304

Wolczuk, K.
The Moulding Ukraine
Budapest [etc.] 2001

Zajčuk, O. V. / Oniščenko, N. M. (Зайчук, О. В. / Оніщенко, Н. М.)
Staats- und Rechtstheorie *(Теорія держави і права)*
Kiew *(Київ)* 2008

Zajec', I. (Заєць, І.)
Die Idee der ukrainischen Staatlichkeit ist seit der Annahme der Souveränitätsdeklaration von den Straßen in die Machtkorridore eingezogen *(Ідея української Державності з прийняттям декларації про державний суверенітет, нарешті поселилася з велелюдних майданів до владних коридорів)*
Im Internet abrufbar unter www.qwas.ru/ukraine/unp-ua/id_64278/

Zippelius, R.
Allgemeine Staatslehre
15 Aufl., München 2007

Zlenko, A. (Зленко, А.)
Pressemitteilung
In: Literarische Ukraine *(Літературна Україна)* vom 9. August 1990

1 Verzeichnis der ukrainischen Rechtsnormen

Die Rechtsakte sind in chronologischer Reihenfolge aufgelistet. Anhand der Nummer und des Datums können die Rechtsakte der UdSSR und der UkrSSR, die Beschlüsse des Plenums des Obersten Gerichts und die Erklärungen anderer Gerichte der Ukraine der Internetdatenbank „Gesetzgebung der Ukraine" entnommen werden (unter http://zakon1.rada.gov.ua/cgi-bin/laws/main.cgi?user=a#Find).

Das Recht der UdSSR und der UkrSSR:

Strafprozessordnung der UkrSSR, Nr. 1001-05 vom 28.12.1960

Strafgesetzbuch der UkrSSR, Nr. 2000-05 vom 28.12.1960

Dekret des Präsidiums der Werchowna Rada der UkrSSR zur Ratifikation des Paktes über wirtschaftliche, soziale und kulturelle Rechte von 1966, Nr. 2148-VIII vom 19.10.1973

Verfassung der UdSSR vom 7.10.1977

Verfassung der UkrSSR vom 20.04.1978

Dekret des Gesundheitsministers der UdSSR über den Zugang zu Informationen über den psychischen Zustand der Bürger, Nr. 1333 vom 29.12.1979

Dekret des Präsidiums der Werchowna Rada der UkrSSR über den Beitritt der UkrSSR der Wiener Vertragsrechtskonvention von 1969, Nr. 2077-XI vom 14.04.1986

Dekret des Gesundheitsministers der UdSSR über Maßnahmen zur Verbesserung psychischer Hilfe, Nr. 225 vom 21.03.1988

Gesetz zur wirtschaftlichen Unabhängigkeit der UkrSSR, Nr. 142-XII vom 3.08.1990

Parlamentsbeschluss über die Verfassungskommission zur Ausarbeitung der neuen Verfassung der UkrSSR, Nr. 405-XII vom 24.10.1990

Parlamentsbeschluss zur Umsetzung der Souveränitätserklärung in den Außenbeziehungen, Nr. 581-XII vom 25.12.1990

Parlamentsbeschluss zur Genehmigung des Verfassungskonzepts, Nr. 1213-XII vom 19.06.1991

Das ukrainische Recht:

Gesetze:

Gesetz zur Änderung und Ergänzung der Verfassung (des Grundgesetzes) der UkrSSR von 1978, Nr. 404-XII vom 24.10.1990

Gesetz zur Änderung und Ergänzung der Verfassung (des Grundgesetzes) der UkrSSR von 1978, Nr. 8303-11 vom 27.10.1990

Gesetz über die unternehmerische Tätigkeit, Nr. 698-XII vom 7.02.1991

Gesetz über die Beschäftigung der Bevölkerung, Nr. 803-XII vom 1.03.1991

Gesetz über Gewissensfreiheit und die religiösen Organisationen, Nr. 987-XII vom 23.04.1991

Gesetz über die Ausbildung, Nr. 1060-XII vom 23.05.1991

Gesetz über das Besteuerungssystem, Nr. 1251-XII vom 25.06.1991

Gesetz über den Umweltschutz, Nr. 1264-XII vom 25.06.1991

Gesetz zur Änderung und Ergänzung der Verfassung (des Grundgesetzes) der UkrSSR von 1978, Nr. 1554-XII vom 17.09.1991

Gesetz über die Staatsbürgerschaft der Ukraine, Nr. 1636-XII vom 8.10.1991

Wirtschaftsprozessordnung der Ukraine, Nr. 1798-XII vom 6.11.1991

Gesetz über die Streitkräfte, Nr. 1934-XII vom 6.12.1991

Gesetz zur Geltung der völkerrechtlichen Verträge auf dem Territorium der Ukraine, Nr. 1953-XII vom 10.12.1991

Gesetz zur Änderung und Ergänzung der Verfassung (des Grundgesetzes) der UkrSSR von 1978, Nr. 2113-XII vom 14.02.1992

Gesetz zur Änderung und Ergänzung der Verfassung (des Grundgesetzes) der UkrSSR von 1978, Nr. 2735-12 vom 27.10.1992.

Gesetz zur Änderung und Ergänzung der Verfassung (des Grundgesetzes) der UkrSSR von 1978, Nr. 2885-12 vom 19.12.1992

Gesetz über die völkerrechtlichen Verträge der Ukraine, Nr. 3767-XII vom 22.12.1993

Gesetz über die Ratifikation des Partnerschafts- und Kooperationsabkommens zwischen EU und Ukraine, Nr. 237/94 vom 10.11.1994

Gesetz über die Ratifikation des Statuts des Europarats, Nr. 398/95 vom 31.10.1995

Gesetz über das Verfassungsgericht der Ukraine, Nr. 422/96 vom 16.10.1996

Gesetz über die Ratifikation des Abkommens zwischen der ukrainischen Regierung und der Regierung der Republik Moldau über die Gewährleistungen der Rente für die Bürger beider Republiken von 1995, Nr. 434/96 vom 29.10.1996

Gesetz über die Staatsgarantien zur Erstattung von Ersparnissen der Bürger, Nr. 537/96 vom 21.11.1996

Gesetz über die kommunale Selbstverwaltung in der Ukraine, Nr. 280/97 vom 21.05.1997

Gesetz über die Ratifikation der EMRK und der Zusatzprotokolle Nr. 1, 2, 4, 7 und 11, Nr. 475/97 vom 17.07.1997

Gesetz über die Elektroenergie, Nr. 575/97 vom 16.10.1997

Gesetz über den Parlamentsbeauftragten für Menschenrechte, Nr. 776/97 vom 23.12.1997

Gesetz über die Hauptstadt Kiew, Nr. 401-XIV vom 15.01.1999

Gesetz über den Vollzug der Gerichtsentscheidung in der Ukraine, Nr. 606-XIV vom 21.04.1999

Gesetz über die Ratifikation der Europäischen Charta der Regional- und Minderheitensprachen von 1992, Nr. 1350-XIV vom 24.12.1999

Gesetz über die Änderung des Strafgesetzbuches und der Strafprozessordnung der Ukraine, Nr. 1483-III vom 22.02.2000

Gesetz über die Ratifikation des Protokolls Nr. 6 von 1983 zur Menschenrechtskonvention, Nr. 1484-III vom 22.02.2000

Gesetz über die Staatsbürgerschaft der Ukraine, Nr. 2235-III vom 18.01.2001

Gesetz über die politischen Parteien in der Ukraine, Nr. 2365-III vom 5.04.2001

Strafgesetzbuch der Ukraine, Nr. 2341-III vom 5.04.2001

Gesetz über die Post, Nr. 2759-III vom 4.10.2001

Gesetz über den Aufbau des Gerichtssystems der Ukraine, Nr. 3018-III vom 7.02.2002

Gesetz über die Ratifikation der Europäischen Charta der Regional- und Minderheitensprachen von 1992, Nr. 802-IV vom 15.05.2003

Gesetz über die Grundlagen der nationalen Sicherheit der Ukraine, Nr. 964-IV vom 19.06.2003

Gesetz über die sozialen Leistungen, Nr. 966-IV vom 19.06.2003

Strafvollzugsordnung der Ukraine, Nr. 1129-IV vom 11.07.2003

Gesetz über die Freizügigkeit und freie Wahl des Wohnortes in der Ukraine, Nr. 1382-IV vom 11.12.2003

Zivilprozessordnung der Ukraine, Nr. 1618-IV vom 18.03.2004

Gesetz über das gesamtstaatliche Programm der Anpassung der ukrainischen Gesetzgebung an die Gesetzgebung der EU, Nr. 1629-IV vom 18.03.2004

Gesetz über die Ratifikation des GUS-Abkommens zur Gründung des Einheitlichen Wirtschaftsraums, Nr. 1683-IV vom 20.04.2004

Gesetz über die völkerrechtlichen Verträge der Ukraine, Nr. 1906-IV vom 29.06.2004

Gesetz über die Änderung der Verfassung der Ukraine von 1996, Nr. 2222-IV vom 8.12.2004

Verwaltungsprozessordnung der Ukraine, Nr. 2747-IV vom 6.07.2005

Gesetz über den Vollzug der Entscheidungen und Anwendung der Praxis des Europäischen Menschenrechtsgerichtshofs, Nr. 3477-IV vom 23.02.2006

Gesetz zur Änderung des Gesetzes über den Vollzug der Gerichtsentscheidungen in der Ukraine, Nr. 668-V vom 20.02.2007

Gesetz über die Ratifikation des Steuerabkommens zwischen der ukrainischen Regierung und der Regierung der Republik Singapur von 2007, Nr. 1677-VI vom 22.10.2009

Gesetz über das Reglement der Werchowna Rada der Ukraine, Nr. 1861-VI vom 10.02.2010

Gesetz über die Änderung der Gesetzesbestimmungen zu Anfechtungsgründen der Gerichtsentscheidungen, Nr. 1876-VI vom 11.02.2010

Gesetz über die Grundlagen der Außen- und Innenpolitik, Nr. 2411-VI vom 1.07.2010

Gesetz über das gesamtukrainische Referendum, Nr. 5475-VI vom 6.11.2012

Andere Akte der Legislative:

Akt über die Unabhängigkeit der Ukraine, gebilligt durch den Parlamentsbeschluss, Nr. 1427-12 vom 24.08.1991

Deklaration über die Rechte der nationalen Minderheiten, Nr.1771-XII vom 1.11.1991

Parlamentsbeschluss über die Fahne der Ukraine, Nr. 2067-XII vom 28.01.1992

Parlamentsbeschluss über das Wappen der Ukraine, Nr. 2137-XII vom 19.02.1992

Parlamentsbeschluss zum Entwurf der neuen ukrainischen Verfassung, Nr. 2525-XII vom 1.07.1992

Parlamentsbeschluss über die Teilnahme an der Friedensmission auf dem Territorium des ehemaligen Jugoslawien, Nr. 2538-XII vom 3.07.1992

Parlamentsbeschluss über die Ratifikation des Abkommens über die gegenseitige Anerkennung der Eigentumsrechte und die Regelung der Eigentumsverhältnisse zwischen der Ukraine und der Russischen Föderation vom 15.01.1993, Nr. 3313-XII vom 22.06.1993

Parlamentsbeschluss zur Zahl der Verfassungskommissionsmitglieder, Nr. 165/94 vom 20.09.1994

Parlamentsbeschluss zur Zusammensetzung der Kommission zur Bearbeitung des Verfassungsentwurfs (Verfassungskommission), Nr. 231/94 vom 10.11.1994

Parlamentsbeschluss zur Gründung eines Ad-hoc-Komitees zur Bearbeitung des Verfassungsentwurfs, Nr. 169/96 vom 5.05.1996

Parlamentsbeschluss über den Beitritt zur parlamentarischen Versammlung der GUS-Staaten, Nr. 463-XIV vom 3.03.1999

Parlamentsbeschluss zum Verhandlungsmandat für das neue EU-Ukraine Abkommen, Nr. 684-V vom 22.02.2007

Parlamentsbeschluss zu den Fragen des NATO-Beitritts, Nr. 126-VI vom 6.03.2008

Rechtsakte des Präsidenten:

Präsidentendekret zur staatlichen Registrierung der normativen Rechtsakte der Ministerien und anderer Exekutivorgane, Nr. 493/92 vom 3.10.1992

Präsidentendekret zur Volksbefragung bezüglich des Vertrauens zum Parlament und zum Präsidenten, Nr. 413/95 vom 31.05.1995

Präsidentendekret zum Referendum über die Verfassung, Nr. 467/96 vom 26.06.1996

Präsidentendekret über die Veröffentlichung der Gesetzgebungsakte der Ukraine im Informationsblatt „Offizielles Blatt der Ukraine," Nr. 1207/96 vom 13.12.1996

Präsidentendekret über die offizielle Veröffentlichung und das Inkrafttreten der Rechtsakte der Ukraine, Nr. 503/97 vom 10.06.1997

Präsidentendekret zur Genehmigung der Strategie der Integration der Ukraine in die EU von 1998, Nr. 615/98 vom 11.06.1998

Präsidentendekret zur Verkündung des gesamtukrainischen Referendums aufgrund der Volksinitiative, Nr. 65/2000 vom 15.01.2000

Präsidentendekret über den Nationalen Verfassungsrat, Nr. 1294/2007 vom 27.12.2007

Präsidentendekret zur Auflösung des Nationalen Verfassungsrates, Nr. 477/2010 vom 2.04.2010

Rechtsakte der Exekutive:

Regierungsbeschluss über den Abschluss, die Erfüllung und die Beendigung der Ressortabkommen der Ukraine, Nr. 422 vom 17.06.1994

Regierungsbeschluss über die Billigung des Reglements des Passdienstes, Nr. 700 vom 10.10.1994

Erlass des Justizministeriums über Änderung des Verfahrens zur Aufhebung der Entscheidungen über die staatliche Registrierung der Rechtsakte, die zum Staatsregister eingetragen sind, Nr. 34/5 vom 12.04.2005

Regierungsbeschluss über die Maßnahmen zur Verwirklichung des Gesetzes über den Vollzug der Entscheidungen und Anwendung der Praxis des Europäischen Menschenrechtsgerichtshofs, Nr. 784 vom 31.05.2006

2 Verzeichnis der völkerrechtlichen Normen, internationalen Dokumente, Normen des EU-Rechts und des Rechts anderer Staaten

Alle Dokumente werden in chronologischer Reihenfolge aufgelistet.

Völkerrecht und internationale Dokumente:

Satzung der Vereinten Nationen vom 26.06.1945

Statut des Internationalen Gerichtshofs vom 26.06.1945

ILO-Übereinkommen Nr. 87 über die Vereinigungsfreiheit und den Schutz des Vereinigungsrechtes vom 17.06.1948

Allgemeine Erklärung der Menschenrechte vom 10.12.1948

Die Europäische Menschenrechtskonvention vom 4.11.1950

Zusatzprotokoll Nr. 1 zur Menschenrechtskonvention vom 20.03.1952

ILO-Übereinkommen Nr. 111 über die Diskriminierung in Beschäftigung und Beruf vom 4.06.1958

Internationaler Pakt über bürgerliche und politische Rechte vom 16.12.1966

Internationaler Pakt über wirtschaftliche soziale und kulturelle Rechte vom 19.12.1966

Wiener Vertragsrechtskonvention vom 23.05.1969

Resolution der Generalversammlung 2625 (XXV) vom 24.10.1970 „Declaration on Principles of International Law Concerning Friendly Relations and Cooperation among States in Accordance with the Charta of the United Nations"

ILO-Empfehlung Nr. 162 betreffend ältere Arbeitnehmer vom 23.06.1980

Zusatzprotokoll Nr. 6 zur Menschenrechtskonvention vom 28.04.1983

Siracusa Principles on the Limitation and Derogation Provisions in the International Convent on Civil and Political Rights, veröffentlicht in United Nations Doc. E/CN 4/1985/4, Human Rights Quarterly 1985, S. 3

Europäische Charta der kommunalen Selbstverwaltung vom 5.10.1985

Grundprinzipien der Unabhängigkeit der Richterschaft, angenommen vom Siebten Kongress der Vereinten Nationen für Verbrechensverhütung und die Behandlung Straffälliger (26. August bis zum 6. September 1985), und von der Generalversammlung durch die Resolutionen 40/32 vom 29.11.1985 und 40/146 vom 13.12.1985 gebilligt

Grundprinzipien betreffend die Rolle der Rechtsanwälte, angenommen vom Achten Kongress der Vereinten Nationen für Verbrechensverhütung und die Behandlung Straffälliger (27. August bis zum 7. September 1990), und von der Generalversammlung durch Resolution 45/120 vom 14. Dezember 1990 gebilligt

Alma-Ata Übereinkommen über die Gründung der parlamentarischen Versammlung der GUS-Staaten vom 27.03.1992

Europäische Charta der Regional- und Minderheitensprachen vom 5.11.1992

Wiener Erklärung und der Aktionsplan, angenommen auf der Weltkonferenz für Menschenrechte vom 14 - 25. Juni 1993, A/CONF.157/23 vom 12.07.1993

Empfehlung Nr. R (94) 12 des Ministerkomitees des Europarates an die Mitgliedstaaten über die Unabhängigkeit, Effizienz und die Rolle der Richter, angenommen am 13.10.1994

Minsker Übereinkommen über die Parlamentarische Versammlung der GUS-Staaten vom 26.05.1995

Opinion No. 190 (1995) of Parliamentary Assembly of the Council of Europe on the Application by Ukraine for Membership of the Council of Europe, adopted by the Assembly on 26 September 1995

Resolution No. 1112 (1997) of Parliamentary Assembly of the Council of Europe on the Honouring of the Commitment Entered into by Ukraine upon Accession to the Council of Europe to Put into Place a Moratorium on Executions, adopted by the Assembly on 27 January 1997

European Charter on the Statute for Judges and Explanatory Memorandum, 8-10 July 1998, DAJ/DOC (98) 23, adopted by the Council of Europe

Statut des Internationalen Strafgerichtshofs vom 17.07.1998

Resolution No. 1194 (1999) and Recommendation 1416 (1999) of Parliamentary Assembly of the Council of Europe, Honouring of Obligations and Commitments by Ukraine, adopted by the Assembly on 24 June 1999

Resolution No. 1179 (1999) and Recommendation 1395 (1999) of Parliamentary Assembly of the Council of Europe, Honouring of Obligations and Commitments Entered into by Ukraine, adopted by the Assembly on 21 July 1999

Recommendation No. R (2000)2 of the Committee of Ministers to Member States on the Re-examination or Reopening of Certain Cases at Domestic Level Following Judgments of the European Court of Human Rights, adopted on 19 January 2000

Recommendation Rec. (2002)13 of the Committee of Ministers to Member States on the Publication and Dissemination in the Member States of the Text of the European Convention on Human Rights and of the Case-Law of the European Court of Human Rights, adopted on 18 December 2002

GUS-Abkommen zur Gründung des Einheitlichen Wirtschaftsraums vom 19.09.2003

Resolution Res(2004)3 of the Committee of Ministers on Judgments Revealing an Underlying Systematic Problem, adopted on 12 May 2004

Recommendation Rec. (2004)4 of the Committee of Ministers to Member States on the European Convention on Human Rights in University Education and Professional Training, adopted on 12 May 2004

Recommendation Rec. (2004)5 of the Committee of Ministers to Member States on the Verification of the Compatibility of Draft Laws, Existing Laws and Administrative Practice With the Standards Laid Down in the European Convention on Human Rights, adopted on 12 May 2004

Recommendation Rec. (2004)6 of the Committee of Ministers to Member States on the Improvement of Domestic Remedies, adopted on 12 May 2004

Dokumente der Venedig-Kommission:[859]

Opinion on the Draft Constitution of Ukraine, adopted on 17-18 May 1996, CDL (96)15

Opinion on the Constitution of Ukraine, adopted on 7-8 March 1997, CDL-INF (1997)002

Opinion on the Constitutional Aspects of the Death Penalty in Ukraine, adopted on 12-13 December 1997, CDL-INF (1998)001 rev

Opinion No. 339/2005 of the Venice Commission on the Amendments to the Constitution of Ukraine adopted on 8. December 2004, adopted on 10-11 June 2005, CDL-AD (2005)015

Opinion No. 462/2008 on the Draft Constitution of Ukraine, prepared by a Working Group headed by Mr. V. M. Shapoval, adopted on 13/14 June 2008, CDL-AD (2008)015

Opinion No. 510/2009 on the Draft Law Amending the Constitution of Ukraine presented by People's Deputiies Yanukovych, Lavrynovych, et. al., adopted by the Venice Commission on 13-14 March 2009, CDL-AD (2009)008

Opinion No. 534/2009 on the Draft Law of Ukraine Amending the Constitution, presented by the President of Ukraine, adopted on 5 June 2009, CDL-AD (2009)024

---

[859] Alle Gutachten der Venedig-Kommission sind zu finden unter: www.venice.coe.int/site/dynamics/N_Opinion_ef.asp?L=E&CID=47.

EU-Recht:

Abkommen über Partnerschaft und Zusammenarbeit zwischen den Europäischen Gemeinschaften und ihren Mitgliedstaaten einerseits und der Russischen Föderation andererseits vom 28.11.1997, ABl. EG 1997 L 327/3

Abkommen über Partnerschaft und Zusammenarbeit zwischen den Europäischen Gemeinschaften und ihren Mitgliedstaaten einerseits und der Ukraine andererseits vom 16.06.1994, ABl. EG 1998 L 49, S. 3 ff.

Gemeinsame Strategie des Europäischen Rates vom 11. Dezember 1999 für die Ukraine, ABl. EG Nr. 1999 L 331, S. 1 ff.

RL 2000/78/EG des Rates zur Festlegung eines allgemeinen Rahmens für die Verwirklichung der Gleichbehandlung in Beschäftigung und Beruf vom 27.11.2000, ABl. 2000 L 303/16

EU-Aktionsplan für den Bereich Justiz und Inneres in der Ukraine, genehmigt vom Rat am 10. Dezember 2001, *ABl. 2003 C 077 vom 29.03.2003, S. 0001 - 0005*

Verordnung (EG) Nr. 2004/2003 über die Regelung für die politischen Parteien auf europäischer Ebene und ihre Finanzierung, ABl. 2003 L 297 vom 15.11.2003, S. 1

Zehn-Punkte EU-Ukraine Aktionsplan, angenommen im Rahmen der EU-Ukraine Kooperationsratssitzung am 21. Februar 2005, EU Press Release 6428/05 (Presse 37)

Vorschlag für eine Empfehlung des Europäischen Parlaments an den Rat zu dem Verhandlungsmandat für ein neues verbessertes Abkommen zwischen der Europäischen Gemeinschaft und ihren Mitgliedstaaten einerseits und der Ukraine andererseits vom 8.06.2007, A6-0217/2007

Joint Declaration, EU-Ukraine Summit, 9. September 2008, EU Press Release 12812/08 (Presse 247)

EU-Ukraine Association Agenda to Prepare and Facilitate the Implementation of Association Agreement, adopted by the EU-Ukraine Cooperation Council on 23 November 2009 and entered into effect on 24 November, 2009, abrufbar unter

www.eeas.europa.eu/ukraine/docs/2010_eu_ukraine_association_agenda_en.pdf

3rd Joint Progress Report of 26th of November 2009 on the Negotiations on the EU-Ukraine Association Agreement, abrufbar unter

www.eeas.europa.eu/ukraine/docs/assoc_agreement_3rd_joint_progress_report.pdf

Pressemitteilung des EU-Rates vom Dezember 2012, Press Release (516) 17438/12, abrufbar unter

http://www.consilium.europa.eu/uedocs/cms_data/docs/pressdata/EN/foraff/134152.pdf

Paraphiertes EU-Ukraine Assozierungsabkommen, Dezember 2012, abrufbar unter

http://glavcom.ua/pub/2012_11_19_EU_Ukraine_Association_Agreement_English.pdf

Recht anderer Staaten:

Bundesverfassung Österreichs vom 1.10.1920

Verfassung der Französischen Republik vom 27.10.1946

Grundgesetz für die Bundesrepublik Deutschland vom 23.05.1949

Verfassung der Italienischen Republik vom 27.12.1947

Verfassung der Portugiesischen Republik vom 2.04.1976

Verfassung der Republik Bulgarien vom 12.07.1991 (in deutscher Fassung unter www.verfassungen.eu/bg/verf91.htm)

Verfassung Litauens vom 25.10.1992 (in englischer Fassung unter www.ecln.net/index.php?option=com_content&task=view&id=29&Itemid=52)

Föderales Gesetz über die völkerrechtlichen Verträge der Russischen Föderation, Nr. 101-ФЗ vom 15.07.1995 (in russischer Fassung unter http://femida.info/12/fzomdrf003.htm)

Verfassung Polens vom 2.04.1997. (in englischer Fassung unter www.sejm.gov.pl/prawo/konst/niemiecki/kon1.htm)

Verfassung Albaniens vom 28.11.1998 (in englischer Fassung unter www.president.al/english/pub/kushtetuta.asp)

Bundesverfassung der Schweizerischen Eidgenossenschaft vom 18.04.1999

3 Verzeichnis der Gerichtsentscheidungen

Entscheidungen des Verfassungsgerichts der Ukraine:[860]

Entscheidung Nr. 1-зп/97 vom 13.05.1997 *(Rs. des Verbots des Doppelmandats der Parlamentsabgeordneten)*

Entscheidung Nr. 21-з/97 vom 17.06.1997 *(Rs. der Auslegung von Art. 440-1 der ZPO der Ukraine)*

Entscheidung Nr. 3-зп/97 vom 11.07.1997 *(Rs. der Verfassungsmäßigkeit der Auslegung von Art. 98 der Verfassung durch das ukrainische Parlament)*

Entscheidung Nr. 4-зп/97 vom 3.10.1997 *(Rs. des Inkrafttretens der Verfassung der Ukraine von 1996)*

Entscheidung Nr. 5-зп/97 vom 30.10.1997 *(Rs. Ustymenko)*

Entscheidung Nr. 6-зп/97 vom 25.11.1997 *(Rs. der Auslegung des Rechts auf gerichtlichen Rechtsschutz gegen das unrechtmäßige Handeln der Beamten)*

Entscheidung Nr. 61-з/97 vom 3.12.1997 *(Rs. der Auslegung von Art. 17 Abs. 2 der Allgemeinen Erklärung der Menschenrechte)*

Entscheidung Nr. 9-зп/97 vom 25.12.1997 *(Rs. des Antrags der Bewohner der Stadt Žowti Wody)*

Entscheidung Nr. 1-рп/98 vom 26.02.1998 *(Rs. der Wahl der Parlamentsabgeordneten)*

Entscheidung Nr. 11-рп/98 vom 7.07.1998 *(Rs. der Abstimmungsordnung und der wiederholten Erörterung der Gesetze in der Werchowna Rada der Ukraine)*

Entscheidung Nr. 12-рп/98 vom 9.07.1998 *(Rs. der Auslegung des Terminus „Gesetzgebung")*

---

860 Die Entscheidungen des VerfG der Ukraine werden als „Urteile" in den Fällen zur Verfassungsmäßigkeitsprüfung der Gesetze und anderer Rechtsakte der Ukraine bezeichnet. Als „Schlussfolgerungen" werden die Entscheidungen über die Anträge zur Auslegung der Verfassung oder der Gesetze und auch zur Verfassungsmäßigkeit der völkerrechtlichen Verträge bezeichnet. Weist das Gericht den Antrag zurück, trifft es einen „Beschluss". Alle Urteile, Schlussfolgerungen und Beschlüsse des Gerichts werden in der vorliegenden Studie als „Entscheidungen" bezeichnet. Alle Entscheidungen (in ukrainischer Fassung) können neben dem Internetportal der Werchowna Rada „Gesetzgebung der Ukraine" (http://zakon.rada.gov.ua/cgi-bin/laws/main.cgi) auch dem offiziellen Internetportal des VerfG der Ukraine nach Angabe des Datums und der Nummer der Entscheidung entnommen werden, unter www.ccu.gov.ua/en/index.

Entscheidung Nr. 1-рп/99 vom 9.02.1999 *(Rs. der Rückwirkung der Gesetze der Ukraine)*

Entscheidung Nr. 5-рп/99 vom 3.06.1999 (*Rs. der offiziellen Auslegung des Terminus „Familienmitglied")*

Entscheidung Nr. 6-рп/99 vom 24.06.1999 *(Rs. der Finanzierung der Richter)*

Entscheidung Nr. 10-рп/99 vom 14.12.1999 *(Rs. des Gebrauchs der ukrainischen Sprache)*

Entscheidung Nr. 11-рп/99 vom 29.12.1999 *(Rs. der Verfassungsmäßigkeit der Todesstrafe)*

Entscheidung Nr. 3-рп/2000 vom 27.03.2000 *(Rs. der Berufung des gesamtukrainischen Referendums aufgrund der Volksinitiative)*

Entscheidung Nr. 5-рп/2000 vom 18.04.2000 *(Rs. der Altersgrenze)*

Entscheidung Nr. 6-рп/2000 vom 19.04.2000 *(Rs. der Rückwirkung eines Strafgesetzes)*

Entscheidung Nr. 2-в/2000 vom 11.07.2000 *(Rs. der Einleitung der Verfassungsänderungen durch die Parlamentsabgeordneten)*

Entscheidung Nr. 9-рп/2000 vom 12.07.2000 *(Rs. der Ratifikation der Europäischen Charta der Regional- und Minderheitensprachen von 1992)*

Entscheidung Nr. 11-рп/2000 vom 18.10.2000 *(Rs. des Rechts auf Gewerkschaftsgründung)*

Entscheidung Nr. 13-рп/2000 vom 16.11.2000 *(Rs. des Rechts auf Verteidiger freier Wahl)*

Entscheidung Nr. 15-рп/2000 vom 14.12.2000 *(Rs. des Vollzugs der Entscheidungen des Verfassungsgerichts)*

Entscheidung Nr. 65-у/2000 vom 26.12.2000 *(Rs. der Stationierung der Schwarzmeerflotte der Russischen Föderation)*

Entscheidung Nr. 1-уп/2001 vom 25.01.2001 *(Rs. der Verfassungsmäßigkeit des Parlamentsbeschlusses zum Beitritt zur parlamentarischen Versammlung der GUS)*

Entscheidung Nr. 6-рп/2001 vom 23.05.2001 *(Rs. der Verfassungsmäßigkeit von Art. 248-3 der Zivilprozessordnung der Ukraine)*

Entscheidung Nr. 3-в/2001 vom 11.07.2001 *(Rs. des Römischen Statuts)*

Entscheidung Nr. 11-рп/2001 vom 13.07.2001 *(Rs. der administrativterritorialen Einteilung)*

Entscheidung Nr. 13-рп/2001 vom 10.10.2001 *(Rs. der Bankersparnisse der Bürger)*

Entscheidung Nr. 15-рп/2001 vom 14.11.2001 *(Rs. der Zuzugsgenehmigung, Propiska)*

Entscheidung Nr. 5-рп/2002 vom 20.03.2002 *(Rs. der Sozialvergünstigungen, -kompensationen und -garantien)*

Entscheidung Nr. 21-у/2002 vom 26.03.2002 *(Rs. der Auslegung von Art. 248-1 bis 248-9 der Zivilprozessordnung und Art. 1 des Gesetzes über die Wirtschaftsgerichte mit Ausnahme von Art. 248-3 der Zivilprozessordnung der Ukraine)*

Entscheidung Nr. 10-рп/2002 vom 29.05.2002 *(Rs. der unentgeltlichen medizinischen Hilfe)*

Entscheidung Nr. 15-рп/2002 vom 9.07.2002 *(Rs. der außergerichtlichen Streitbeilegung)*

Entscheidung Nr. 46-у/2002 vom 11.07.2002 *(Rs. der Verfassungsmäßigkeit des Gesetzes über die Ratifikation des Zusatzprotokolls Nr. 6 zur Menschenrechtskonvention)*

Entscheidung Nr. 18-рп/2002 vom 21.11.2002 *(Rs. der unentgeltlichen Benutzung von Schulbüchern)*

Entscheidung Nr. 3-рп/2003 vom 30.01.2003 *(Rs. des Rechts auf gerichtlichen Rechtsschutz gegen die Beschlüsse der Ermittlungsbeamten und des Staatsanwalts)*

Entscheidung Nr. 8-рп/2003 vom 10.04.2003 *(Rs. der Verbreitung der Information)*

Entscheidung Nr. 31-у/2003 vom 28.05.2003 *(Rs. der offiziellen Auslegung der Souveränitätsdeklaration)*

Entscheidung Nr. 14-рп/2003 vom 8.07.2003 *(Rs. der Bedeutung der Gewichtung einer Straftat bei einer vorläufigen Festnahme einer Person, die einer Straftat beschuldigt wird)*

Entscheidung Nr. 5-рп/2004 vom 4.03.2004 *(Rs. der zugänglichen und unentgeltlichen Ausbildung)*

Entscheidung Nr. 14-рп/2004 vom 7.07.2004 *(Rs. des Höchstalters des Kandidat für die Position eines Leiters einer Hochschule)*

Entscheidung Nr. 19-рп/2004 vom 1.12.2004 *(Rs. der richterlichen Unabhängigkeit)*

Entscheidung Nr. 17-y/2005 vom 1.03.2005 *(Rs. der Verfassungsmäßigkeit des Gesetzes zur Ratifikation der GUS-Abkommen zur Gründung des Einheitlichen Wirtschaftsraums)*

Entscheidung Nr. 6-pп/2005 vom 5.10.2005 *(Rs. der Volksouveränität)*

Entscheidung Nr. 8-pп/2005 vom 11.10.2005 *(Rs. der Rente und des lebenslänglichen Unterhalts für die Richter)*

Entscheidung Nr. 1-уп/2006 vom 12.12.2006 *(Rs. der Prüfung der Verfassungsmäßigkeit bestimmter Normen des Gesetzes über die völkerrechtlichen Verträge von 2004)*

Entscheidung Nr. 2-pп/2007 vom 12.06.2007 *(Rs. der Gründung einer politischen Partei in der Ukraine)*

Entscheidung Nr. 8-pп/2007 vom 16.10.2007 *(Rs. der Altersbegrenzung der Personen, die im diplomatischen Dienst oder im Diesnst der Staats- und Selbstverwaltungsorgane tätig sind)*

Entscheidung Nr. 6-pп/2008 vom 16.04.2008 *(Rs. der Annahme der Verfassung und der Gesetze der Ukraine durch den Volksentscheid)*

Entscheidung Nr. 24-pп/2008 vom 16.10.2008 *(Rs. der Verfassungsmäßigkeit der Übergabe der Kunstsammlung der AG „Gradobank" ins Staatseigentum)*

Entscheidung Nr. 3-pп/2009 vom 3.02.2009 *(Rs. des Altersunterschieds zwischen den Adoptiveltern und den -kindern)*

Entscheidung Nr. 23-pп/2009 vom 30.09.2009 *(Rs. des Rechts auf Rechtsbeistand)*

Entscheidung Nr. 20-pп/2010 vom 30.09.2010 *(Rs. des Verfassungsänderungsverfahrens)*

Entscheidungen des Obersten Gerichts der Ukraine:[861]

Entscheidung Nr. 91 vom 14.07.2005 (*Rs. Melnychenko*)

Beschlüsse des Plenums des Obersten Gerichts und Erklärungen anderer Gerichte der Ukraine:

Beschluss des Plenums des Obersten Gerichts Nr. 2 „Über die Fragen betreffend die Anwendung des Wohngesetzbuches“ vom 12.04.1985 mit den Änderungen vom 10.03.1989

Beschluss des Plenums des Obersten Gerichts Nr. 13 „Über die Unzuständigkeit der Gerichte für die Streitigkeiten betreffend die Wohnungsverteilung“ vom 25.12.1992

Beschluss des Plenums des Obersten Gerichts Nr. 10 „Über die Anwendung der Gesetzgebungsakte, die einem Angeklagtem das Recht auf einen Verteidiger garantieren“ vom 7.07.1995, geändert durch den Beschluss Nr. 8 „Über die Anwendung der Gesetzgebungsakte, die einem Angeklagtem das Recht auf einen Verteidiger in einem Strafverfahren garantieren“ vom 24.10.2003

Beschluss des Plenums des Obersten Gerichts der Ukraine Nr. 9 „Zur Anwendung der Verfassung durch die Gerichte bei der Ausübung der Rechtsprechung“ vom 1.11.1996

Erklärung des Präsidiums des Obersten Wirtschaftsgerichts der Ukraine über die Fragen aus der Praxis bezüglich des Gerichtsverfahrens, in dem die ausländischen Unternehmen eine Partei sind, Nr. 04-5/608 vom 31.05.2002

Beschluss des Plenums des Obersten Gerichts der Ukraine Nr. 4 „Zur Praxis der gerichtlichen Anordnung der Festnahme oder des Freiheitsentzugs“ vom 25.04.2003

Beschluss des Plenums des Obersten Gerichts der Ukraine Nr. 1 „Über die Gerichtspraxis in den Rechtssachen zum Schutz des guten Rufes der Personen“ vom 27.02.2009

---

861 Die Entscheidungen der ordentlichen Gerichte der Ukraine können dem einheitlichen Staatsregister der Gerichtsentscheidungen entnommen werden, unter www.reyestr.court.gov.ua/. Die Beschlüsse des Plenums des Obersten Gerichts und anderer Gerichte der Ukraine können auch im Internetportal der Werchowna Rada gefunden werden, unter http://zakon.rada.gov.ua/cgi-bin/laws/main.cgi.

Entscheidungen der Gerichte anderer Staaten:

Italienisches VerfG, Urteil vom 18.12.1973 – Nr. 183/1973 – Frontini = EuR 1974, S. 255 ff.

BVerfG, *Solange-I-Beschluss* vom 29.05.1974 – BvL 52/71, BVerfGE 37

BVerfG, *Solange-II-Beschluss* vom 22.10.1986, BVerGE, 73/339

BVerfG, Beschluss vom 26.03.1987 - 2 BvR 589/79 u.a., BVerfGE 74, 358

Litauisches VerfG, Decision No. 8/95 on the constitutionality of the Law on International Treaties (1997), 4 East European Case Reporter of Constitutional Law, S. 255

OLG Naumburg, Beschluss vom 30.06.2004 - 14 WF 64/04

BVerfG, Beschluss vom 14.10.2004 – 2 BvR 1481/04 – *Görgülü* –, BVerfGE 111, 307

Polnisches VerfG, Entscheidung vom 11.05.2005 – Az. K 18/04 – *Beitrittsvertrag* = EuR 2006, S. 236 ff.

Tschechisches VerfG, Urteil vom 8.03.2006 – Pl. ÚS. 50/04 – *Zuckerquoten* II (in englischer Fassung unter www.concourt.cz/view/pl-50-04)

BVerfG, Urteil vom 3.07.2007 – 2BvE 2/07, BVerfGE 104, 151

BVerfG, Urteil vom 30.06.2009 – 2 BvE 2/08 u.a. – *Vertrag von Lissabon*

Entscheidungen internationaler Gerichte:

The case S.S. *"Wimbledon"*, Judgment No. 1 of 17.08.1923, PCIJ, Series A. No. I, 1923

Islands of Palmas case (USA v. the Netherlands), Permanent Court of Arbitration, Award of the Tribunal of 4 April 1928, R.I.A.A Bd. II

Customs Regime between Germany and Austria, Advisory Opinion No. 20 of 5 September 1931, PCIJ Series A/B, No. 41, 1931

North Sea Continental Shelf Case (Denmark/Netherlands v. Germany), Judgment of 20 February 1969, ICJ Reports 1969

Advisory Opinion on Legal Consequences for States of the Continued Presence of South Africa in Namibia of 21 June 1971, ICJ Reports 1971

United States Diplomatic and Consular Staff in Tehran (USA v. Iran), (Teheraner Geiselfall), Judgement of 24 May1980, ICJ Reports 1980

Military Activities in and against Nicaragua (Nicaragua v. USA), Judgment of 27 June 1986, ICJ Reports 1986

Concerning Maritime Delimitation In The Black Sea (Romania v. Ukraine), Judgment of 3 February 2009, ICJ General List No. 132

Entscheidungen des Europäischen Menschenrechtsgerichtshofs:

EGMR Urteil vom 27.10.1975, *National Union of Belgian Police v. Belgium,* Series A 19

EGMR Urteil vom 18.01.1978, *Ireland v. the United Kingdom,* Series A 25

EGMR Urteil vom 25.04.1978, *Tyrer v. the United Kindom* (appl. no. 5856/72), Series A 36

EGMR Urteil vom 25.03.1983, *Silver and Others v. the United Kingdom*, Series A 61

EGMR Urteil vom 21.02.1986, *James and others v. the United Kingdom*, Series A 98

EGMR Urteil vom 29.05.1986, *Deumeland v. Germany*, Series A 100 = EuGRZ 1988, 20

EGMR Urteil vom 4.05.1989, *Hauschildt v. Denmark,* Series A 154

EGMR Urteil vom 7.07.1989, *Soering v. the United Kingdom*, no. 14.038/88, Series A 161

EGMR Urteil vom 27.09.1990, *Cossey v. the United Kindom* (appl. no. 10843/84), Series A 184

EGMR Urteil vom 29.11.1991, *Pine Valley Developments Ltd and others v. Ireland*, Series A 222

EGMR Urteil vom 16.12.1992, *Saint-Marie v. France,* Series A 253-A

EGMR Urteil vom 24.02.1993, *Fey v. Austria,* Series A 255-A

EGMR Urteil vom 24.08.1993, *Nortier v. the Netherlands*, Series A 267

EGMR Urteil vom 22.04.1994, *Saraiva de Carvalho v. Portugal,* Series A 286-B

EGMR Urteil vom 23.03.1995, *Loizidou v. Turkey* (Preliminary objections) (appl. no. 15318/89), Series A 310

EGMR Urteil vom 1.10.1995, *Papamichalopoulos and Others v. Greece*, Series A 330-B

EGMR Urteil vom 21.01.1999, *Janowski v. Poland* (appl. no. 25716/94), ECHR 1999-I

EGMR Urteil vom 7.09.1999, *Rudzinska v. Poland* (appl. No 45526/99) ECHR 1999-VI

EGMR Entscheidung vom 2.07.2002, *Gayduk and Others v. Ukraine*, (appl. *no. 45526/99* and foll.), ECHR 2002-VI (extracts)

EGMR Urteil vom 25.07.2002, *Sovtransavto Holding v. Ukraine*, ECHR 2002-VII

EGMR Urteil vom 13.02.2003, *Refah Partisi (Welfare Party) and Others v. Turkey* (appl. no. 41340/98) and foll., ECHR 2003-II

EGMR Urteil vom 26.02.2004, *Görgülü v. Germany* (appl. no. 74969/01) = NJW 2004, 3397 ff.

EGMR Urteil vom 22.06.2004, *Pini and Bertani and Manera and Atripaldi v. Romania* (appl. no. 78028/01, 78030/01), ECHR 2004-V

EGMR Urteil vom 22.06.2004, *Broniowski v. Poland* (appl. no. 31443/96), ECHR 2004-V

EGMR Urteil vom 19.10.2004, *Melnychenko v. Ukraine*, ECHR 2004-X

EGMR Urteil vom 8.11.2005, *Gongadze v. Ukraine* (appl. no. 34056/02), ECHR 2005-XI

EGMR Urteil vom 12.06.2008, *Yaremenko v. Ukraine,* (appl. no. 32092/02) (publ. not yet received)

EGMR Urteril vom 18.12.2008, *Lutsenko v. Ukraine*, (appl. no. 30663/04) (publ. not yet received)

EGMR Urteil vom 19.02.2009, *Shabelnik v. Ukraine*, (appl. no. 16404/03) (publ. not yet received)

Entscheidungen des EuGH:

Judgment of 12 December 1972 in Joint Cases 21 to 24/72, *International Fruit Company Nvand others v. Produktschap voor Groenet en Fruit (International Fruit Company)* [1972] ECR 1219

Judgment of 5 February 1976 in Case 87/75, *Conceria Daniele Bresciani v. Amministrazione Italiana delle Finanze* [1976] ECR 129

Judgment of the First Chamber of 29 April 1982 in Case 17/81, *Pabst & Richarz KG v. Hauptzollamt Oldenburg* [1982] ECR 1331

Judgment of 26 October 1982 in Case 104/81, *Kupferberg* [1982] ECR 3641

Judgment of 20 September 1990 in Case C-192/89, *S. Z. Sevince v. Staatssecretaris van Justitie* [1990] ECR I-03461

Judgment of 31 January 1991 in Case C-18/90, *Office national de l'emploi v. Bahia Kziber* [1991] ECR I-00199

Opinion 1/91 of 14 December 1991, *Draft Treaty on the Establishment of a European Economic Area* [1991] ECR I-6079

Judgment of 12 April 2005 in Case C-265/03, *Igor Simutenkov v. Ministerio de Educación y Cultura and Real Federación Española de Futból* [2005] ECR I-0257

Anhang

Tabelle 1: Souveränität und Unabhängigkeit in der ukrainischen Verfassung von 1996

Verfassungs-artikel	Souveränität	Unabhängigkeit
Präambel		Die Werchowna Rada der Ukraine [...] gestützt auf den Akt über die Unabhängigkeit der Ukraine vom 24. August 1991 [...] verabschiedet die vorliegende Verfassung – das Grundgesetz der Ukraine.
Art. 1	Die Ukraine ist ein souveräner und unabhängiger, demokratischer, sozialer Rechtsstaat.	
Art. 2	Die Souveränität der Ukraine gilt auf ihrem ganzen Territorium. Die Ukraine ist ein unitärer Staat. Das Territorium der Ukraine ist innerhalb ihrer Grenzen ganz und unversehrt.	
Art. 5 Abs. 2 Abs. 3	Das Volk ist der Träger der Souveränität und die einzige Quelle der Staatsgewalt. Die Staatsgewalt wird vom Volk unmittelbar und auch durch die Staatsorgane und die lokalen Selbstverwaltungsorgane ausgeübt. [...] Das Volk hat das ausschließliche Recht, die Verfassungsordnung der Ukraine zu bestimmen und zu ändern; dieses Recht darf nicht durch den Staat, die Staatsorgane oder -personen usurpiert werden.	
Art. 17 Abs. 1, 2 und 7	Der Schutz der Souveränität und der territorialen Integrität der Ukraine, [...] stellt die Hauptaufgabe des Staates sowie eine Angelegenheit des ganzen Volkes dar.	

	Die Verteidigung des Landes, der Schutz der Souveränität und der territorialen Integrität ist die Aufgabe der ukrainischen Armee. [...] Fremde Militärbasen sind auf dem Territorium der Ukraine verboten.	
Art. 37 Abs. 1	Die Gründung und die Tätigkeit der politischen Parteien und auch der Zivilorganisationen, deren Programm oder Tätigkeit darauf ausgerichtet ist, die Unabhängigkeit der Ukraine aufzugeben, die Verfassungsordnung mit Gewalt zu ändern, gegen die Souveränität und die territoriale Integrität des Staates zu verstoßen, die Staatssicherheit zu untergraben, die Staatsgewalt gesetzwidrig zu erobern, einen Krieg oder Gewalt zu propagieren [...] sind verboten.	
Art. 65 Abs. 1	Die Verteidigung des Vaterlandes, seiner territorialen Integrität und Unabhängigkeit, Achtung seiner Staatssymbole ist die Pflicht der Bürger der Ukraine.	
Art. 79	Der Eid der Parlamentsabgeordneten "[...] ich verpflichte mich durch alle meine Taten die Souveränität und die Unabhängigkeit der Ukraine zu schützen [...]"	
Art. 102 Abs. 2	Der Präsident der Ukraine ist der Garant der staatlichen Souveränität und der territorialen Integrität der Ukraine, der Einhaltung der Verfassung und auch der Rechte und Freiheiten der Personen und der Bürger.	
Art. 104	Der Eid des Präsidenten "[...] ich verpflichte mich durch alle meine Taten die Souveränität und die Unabhängigkeit der Ukraine zu schützen [...]"	
Art. 106 Abs. 1 Punkt 1 und 20		Der Präsident der Ukraine: 1) gewährleistet die staatliche Unabhängigkeit, die nationale Sicherheit und die Staatennachfolge [...] 20) im Fall einer Angriffsdrohung oder der Gefährdung der staatlichen Unabhängigkeit trifft er gesetzgemäß die Entscheidung über die

		allgemeine oder Teilmobilisierung und Einführung des Kriegszustands in der gesamten Ukraine oder nur in bestimmten Gebieten.
Art. 116 Abs. 1	Das Ministerkabinett gewährleistet die staatliche Souveränität und die wirtschaftliche Unabhängigkeit der Ukraine, die Durchführung der Innen- und Außenpolitik des Staates, die Umsetzung der Verfassung und der Gesetze der Ukraine und auch der Akte des Präsidenten.	
Art. 157 Abs. 1		Die Verfassung der Ukraine darf nicht geändert werden, wenn die Änderungen die Abschaffung oder Minderung der Grundrechte oder -freiheiten der Menschen oder der Bürger bezwecken oder auf die Aufgabe der Unabhängigkeit oder Verletzung der territorialen Integrität abzielen.

Tabelle 2: Genese der die offene Staatlichkeit tragenden Verfassungsnormen

Verfassungs-entwurf	Europäischer Bezug / Allgemeiner Kooperationswille / Integrationsklauseln	Innerstaatliche Geltung der allgemein anerkannten Grundsätze und Normen des Völkerrechts	Innerstaatliche Geltung des Völkervertragsrechts	Internationaler Menschenrechts-schutz	Vertragsabschluss-verfahren
Souveränitäts-deklaration vom 16. Juli 1990	**Teil X „Internationale Beziehungen“ Abs. 2:** Als ein gleichberechtigter Partner nimmt die UkrSSR an den internationalen Beziehungen teil, trägt aktiv dem Weltfrieden und der Weltsicherheit bei und wirkt unmittelbar an dem gesamteuropäischen Prozess und den europäischen Einrichtungen mit.	**Teil X „Internationale Beziehungen“ Abs. 3:** Die UkrSSR erkennt […] das Primat der allgemein anerkannten Normen des Völkerrechts vor dem innerstaatlichen Recht an.			
Verfassungs-konzept vom 19. Juni 1991	In der **Präambel** der Verfassung soll die Bereitschaft der Ukraine zur internationalen Zusammenarbeit deutlich gezeigt werden. Im Verfassungsteil **„Grundlagen der Verfassungsordnung“**	Im Verfassungstext soll deutlich gezeigt werden, dass die Ukraine den Vorrang der allgemein anerkannten Normen des Völkerrechts anerkennt. Er soll im Verfassungsteil **„Grundlagen der Verfassungsordnung“** festgeschrieben werden.		Im Verfassungsteil **„Die Menschenrechte und Rechte der Bürger“**: Die in der Verfassung festgeschriebenen Grundrechte sollen	Das Parlament soll befugt sein, völkerrechtliche Verträge zu ratifizieren. Der Präsident soll befugt sein, die Vertragsverhandlungen zu führen und Verträge zu schließen.

	soll Folgendes festgeschrieben werden: - Nach dem Volkswillen und gestützt auf die Souveränitätserklärung kann über die Gründung der Union der souveränen Staaten entschieden werden. Dabei sollen die folgenden Grundsätze besonders beachtet werden wie freiwilliger Beitritt und Austritt, souveräne Gleichheit, territoriale Integrität, Annahme der Unionsentscheidungen im Konsens und andere allgemeine Grundsätze des Völkerrechts. - Als ein souveräner Staat schließt die Ukraine Verträge ab, tritt zu politischen und wirtschaftlichen Unionen bei und kann freiwillig aus ihnen austreten.	Des Weiteren soll eine ausdrückliche Pflicht zur Ausübung der außenpolitischen Tätigkeit der Ukraine im Einklang mit den Grundsätzen des Völkerrechts festgeschrieben werden.		mit der AEMR, den internationalen Pakten v. 1966 und anderen internationalen menschenrechtlichen Dokumenten übereinstimmen. Die Einschränkungen der Grundrechte und -freiheiten sind in der Verfassung festzuschreiben und sollen den allgemein anerkannten Normen des Völkerrechts entsprechen.	
Verfassungs-entwurf vom 1.07.1992, angenommen	Verfassungsteil **„Staatsgewalt“** **Art. 117 Abs. 1:** Über den Beitritt der Ukraine zu zwischenstaatlichen	Verfassungsteil **„Allgemeine Grundlagen der Verfassungsordnung“** **Art. 8 Abs. 1:** Die Ukraine	Verfassungsteil **„Allgemeine Grundlagen der Verfassungsordnung“** **Art. 8 Abs. 2:** Die		Verfassungsteil **„Gesetzgebungs-verfahren“** **Art. 31:** Ratifikation, Kündigung und

durch den Parlaments-beschluss Nr. 2525-XII vom 1.07.1992	Zusammenschlüssen und militärpolitischen Bündnissen und über die Änderung des ukrainischen Territoriums ist im obligatorischen gesamtukrainischen Referendum zu entscheiden.	erkennt die Priorität der allgemeinmenschlichen Werte und der allgemein anerkannten Grundsätze des Völkerrechts an. Verfassungsteil **„Die Zivilgesellschaft und der Staat“** **Art. 65 Abs. 3:** Die Legislative ist an die Grundlagen der Verfassungsordnung, die natürlichen Menschenrechte und Grundfreiheiten und die allgemein anerkannten Grundsätze des Völkerrechts gebunden. **Art. 65 Abs. 4:** Die Exekutive und die Judikative sind darüber hinaus an die Gesetze gebunden.	ordnungsgemäß ratifizierten oder gebilligten völkerrechtlichen Verträge bilden nach ihrer offiziellen Veröffentlichung Bestandteile der ukrainischen Gesetzgebung und sind verbindlich für die Staatsorgane, juristische Personen und Individuen. Verfassungsteil **„Schutz der Verfassung“** **Art. 244 Abs. 1:** Eine Kammer der Nationalversammlung legt dem VerfG die zu ratifizierenden Verträge zur Verfassungsmäßigkeits-prüfung vor. **Art. 248 Abs. 2:** Aufgrund der Verfassungsgerichts-entscheidung darüber, dass die Gesetze [...] der Verfassung [...] oder den ordnungsgemäß ratifizierten Verträgen widersprechen, werden die geprüften Rechtsakte ungültig.		Suspendierung der Verträge erfolgen in Form eines Gesetzes, wenn im Vertrag nichts anderes vorgesehen ist. Verfassungsteil **„Legislative und National-versammlung“** **Art. 136 Abs. 4:** Die National-versammlung stimmt dem Abschluss der folgenden Verträge zu: über zwischenstaatliche Zusammenschlüsse, wirtschaftliche und militärpolitische Bündnisse und internationale Organisationen, Staatsgrenzen; über Grundrechte und -freiheiten; über Bürgerschafts-fragen; Verträge, deren Umsetzung die Staatsausgaben berührt. **Art. 136 Abs. 5:** Die National-versammlung ratifiziert, kündigt und suspendiert völkerrechtliche Verträge.

					Art. 138 Abs. 4: Die Entscheidungen über Ratifikation, Kündigung, Suspendierung der Verträge werden in der gemeinsamen Sitzung der beiden Parlamentskammern getroffen. **Art. 140 Abs. 3:** Die Kammer „Rat der Abgeordneten" gibt eine Vorabzustimmung zum Abschluss der Verträge über Menschenrechte, Staatsbürgerschaft und Verträge, deren Umsetzung die Staatsausgaben berührt. **Art. 141 Abs. 6:** Die Kammer „Rat der Entsendeten" erteilt eine Vorabzustimmung zum Abschluss der Verträge über zwischenstaatliche Zusammenschlüsse, militärpolitische Bündnisse, internationale Organisationen und Staatsgrenzen. **Art. 178 Punkt 2:** Der Präsident vertritt die Ukraine in den internationalen

					Beziehungen; **Punkt 17:** Er leitet die Umsetzung der Außenpolitik, handelt die völkerrechtlichen Verträge, die einer Ratifikation durch die National-versammlung unterliegen, aus und unterzeichnet sie.
Verfassungs-entwurf vom 26.10 1993	**Art. 97:** Fragen über die Änderung des ukrainischen Territoriums und auch über den Beitritt zu zwischenstaatlichen Zusammenschlüssen werden ausschließlich im Rahmen des gesamtukrainischen Referendums beantwortet.	**Art. 11:** Die Ukraine erkennt die Priorität der allgemeinmenschlichen Werte an und hält die allgemein anerkannten Grundsätze des Völkerrechts ein. Die Außenpolitik der Ukraine ist darauf ausgerichtet, ihre nationalen Interessen und Sicherheit zu garantieren, indem die friedliche und gemeinnützliche Zusammenarbeit mit den Mitgliedern der internationalen Gemeinschaft gemäß der strengen Einhaltung der folgenden Grundsätze unterstützt wird: Achtung der staatlichen Souveränität und souveräner Gleichheit,	**Art. 11 Abs. 3:** Die ordnungsgemäß ratifizierten oder zugestimmten völkerrechtlichen Verträge bilden nach ihrer offiziellen Veröffentlichung Bestandteile der ukrainischen Gesetzgebung und sind umzusetzen. **Art. 201 Abs. 2:** Aufgrund der Verfassungsgerichts-entscheidung darüber, dass die Gesetze [...] der Verfassung, [...] oder den ratifizierten Verträgen widersprechen, verlieren die überprüften Rechtsakte ihre Gültigkeit.		Verfassungsteil **„Gesetzgebungs-verfahren"** **Art. 31:** Die Ratifikation, Kündigung oder Suspendierung der Verträge erfolgt in Form eines Gesetzes, wenn im Vertrag nichts anderes vorgesehen ist. Verfassungsteil **„Legislative und National-versammlung"** **Art. 136 Abs. 4:** Die National-versammlung stimmt dem Abschluss der folgenden Verträge zu: über zwischenstaatliche Zusammenschlüsse, wirtschaftliche und

		Gewaltverbot, territoriale Integrität und Achtung der Staatsgrenzen, Interventionsverbot, Achtung der Menschenrechte und der Grundfreiheiten, Zusammenarbeit mit den anderen Staaten, *pacta sunt servanda*, friedliche Beilegung der Streitigkeiten.			militärpolitische Bündnisse und internationale Organisationen, Staatsgrenzen, über Grundrechte und -freiheiten, über Bürgerschaftsfragen, Verträge, die finanzielle Ausgaben des Staates erfordern. **Art. 136 Abs. 5:** Die National-versammlung ratifiziert, kündigt und suspendiert völkerrechtliche Verträge. **Art. 138 Abs. 4:** Die Entscheidungen über Ratifikation, Kündigung, Suspendierung der Verträge werden in der gemeinsamen Sitzung der beiden Parlamentskammern getroffen. **Art. 140 Abs. 3:** Die Kammer „Rat der Abgeordneten" erteilt eine Vorabzustimmung zum Abschluss der Verträge über Menschenrechte, Staatsbürgerschaft und Verträge, deren Umsetzung die

					Staatsausgaben berührt. **Art. 141 Abs. 6:** Die Kammer „Rat der Entsendeten“ erteilt eine Vorabzustimmung zum Abschluss der Verträge über zwischenstaatliche Zusammenschlüsse, militärpolitische Bündnisse, internationale Organisationen und Staatsgrenze. **Art. 178 Punkt 2:** Der Präsident vertritt die Ukraine in den internationalen Beziehungen; **Punkt 17:** Er leitet die Umsetzung der Außenpolitik, handelt die völkerrechtlichen Verträge, die einer Ratifikation durch die National-versammlung unterliegen, aus und unterzeichnet sie.
Verfassungs-vertrag vom 8.06.1995					**Art. 17 Punkt 9:** Das Parlament ratifiziert, kündigt internationale Verträge und verkündet über den Vertragsbeitritt oder -abschluss.

					Art. 18 Punkt 8: Die Durchführung der diplomatischen und konsularischen Beziehungen, Vertragsabschluss, -kündigung und -beitritt werden ausschließlich durch die Gesetze geregelt. **Art. 24 Punkt 14:** Der Präsident der Ukraine übt die außenpolitische Tätigkeit aus, handelt die völkerrechtlichen Verträge aus und unterzeichnet sie.
Verfassungs-entwurf, ausgearbeitet durch die Experten-gruppe der VerfKOM vom 15.11.1995, bestätigt durch die VerfKOM am 23.11.1995	**Satz 6 der Präambel:** Wir, das ukrainische Volk, die Bürger der Ukraine aller Nationalitäten, streben nach der Gründung des demokratischen und sozialen Rechtsstaates an, der ein Teil der internationalen Gemeinschaft ist. Verfassungsteil **„Wahlen und Referendum"** **Art. 68:** Fragen über die	Verfassungsteil **„Allgemeine Grundlagen"** **Art. 9 Abs. 1:** Die allgemein anerkannten Grundsätze und Normen des Völkerrechts und die völkerrechtlichen Verträge bilden Bestandteile des ukrainischen Rechtssystems. **Art. 13:** Die außenpolitische Tätigkeit des Staates ist darauf	Verfassungsteil **„Allgemeine Grundlagen"** **Art. 9 Abs. 2 und 3:** Wenn in einem völkerrechtlichen Vertrag anderes bestimmt wird als in einem Akt der ukrainischen Gesetzgebung, sind die Vertragsregeln anzuwenden. Die internationalen Verträge dürfen der Verfassung nicht	**Art. 50 Abs. 3:** Jeder hat das Recht, gemäß den internationalen Verträgen den Schutz seiner Rechte und Grundfreiheiten bei einem internationalen Gericht zu ersuchen, nachdem alle innerstaatlichen Rechtschutzmittel erschöpft sind.	**Art. 80 Abs. 1 Punkt 7:** Zu den Befugnissen der National-versammlung gehören Ratifikation, Kündigung der Verträge der Ukraine. **Art. 80 Abs. 2:** Über die Vertragsratifikation und -kündigung wird gemeinsam durch zwei Parlamentskammern entschieden. **Art. 107 Abs. 1 Punkt 2:** Der Präsident vertritt die

	Änderung des ukrainischen Territoriums und den Beitritt der Ukraine zu zwischenstaatlichen Zusammenschlüssen werden ausschließlich im Rahmen eines Referendums beantwortet.	ausgerichtet, die nationalen Interessen der Ukraine sowie ihre Sicherheit zu garantieren, indem die friedliche und gemeinnützige Zusammenarbeit mit den Mitgliedern der internationalen Gemeinschaft auf der Grundlage der strengen Einhaltung der allgemein anerkannten Grundsätze und Normen des Völkerrechts unterstützt wird.	widersprechen. Verfassungsteil **„Verfassungsgericht"** **Art. 157:** Nach dem Antrag des Vorsitzenden der Kammer „Rat der Abgeordneten" entscheidet das VerfG über Verfassungsmäßigkeit der internationalen Verträge, die zu ratifizieren sind. **Art. 158 Abs. 2:** Aufgrund der Verfassungsgerichts-entscheidung darüber, dass die Gesetze [...] gegen die Verfassung, [...] oder die ordnungsgemäß abgeschlossenen und ratifizierten völkerrechtlichen Verträge verstoßen, verlieren solche nationalen Rechtsakte ihre Gültigkeit.		Ukraine in den internationalen Beziehungen; **Punkt 3:** Er leitet die Durchführung der Außenpolitik; trifft die Entscheidung über die Anerkennung der anderen Staaten, leitet die Vertrags-verhandlungen und schließt internationale Verträge ab. **Art. 116 Punkt 8:** Das Minister-kabinett organisiert und garantiert die Ausübung der außenpolitischen und außen-wirtschaftlichen Tätigkeit der Ukraine.
Verfassungs-entwurf vom 24.02.1996, bestätigt durch die VerfKOM am 11.03.1996		Verfassungsteil **„Allgemeine Grundlagen"** **Art. 13:** Die außenpolitische Tätigkeit des Staates ist darauf ausgerichtet, die	**Art. 9:** Die völkerrechtlichen Verträge, die gemäß der Verfassung ratifiziert wurden und für die Ukraine ihre Gültigkeit erlangt haben, bilden Bestandteile der nationalen Gesetzgebung.	**Art. 50 Abs. 4:** Jeder hat das Recht, den Schutz seiner Grundrechte und -freiheiten bei den gerichtlichen oder anderen Institutionen der	**Art. 84 Abs. 1 Punkt 7:** Die Ratifikation und Kündigung der völkerrechtlichen Verträge (wie auch die anderen außenpolitischen Befugnisse) werden gemeinsam durch zwei

		nationalen Interessen und Sicherheit zu gewährleisten, indem die friedliche und gemeinnützige Zusammenarbeit mit den Mitgliedern der internationalen Gemeinschaft unterstützt wird.	Der Abschluss der Verträge, die der Verfassung widersprechen, ist erst nach den entsprechenden Verfassungsänderungen möglich. **Art. 151:** Das VerfG beschließt nach dem Antrag des Präsidenten oder des Ministerkabinetts über die Verfassungsmäßigkeit der zu ratifizierenden Verträge.	Vereinten Nationen und des Europarates zu ersuchen.	Parlamentskammern ausgeübt. **Art. 105 Abs. 1 Punkt 3:** Der Präsident vertritt die Ukraine in den internationalen Beziehungen; **Punkt 2:** Er leitet die Ausübung der außenpolitischen Tätigkeit des Staates, handelt die völkerrechtlichen Verträge aus und schließt sie ab.
Verfassungs-entwurf, abgestimmt durch das Ad-hoc-Komitee und vorbereitet für Erörterung in der ersten Parlaments-lesung, in der Fassung nach den Ergebnissen der Parlaments-sitzung vom 3.05.1996		Verfassungsteil **„Allgemeine Grundlagen“** **Art. 14:** Die außenpolitische Tätigkeit des Staates ist darauf ausgerichtet, die nationalen Interessen und nationale Sicherheit zu gewährleisten, indem die friedliche und gemeinnützige Zusammenarbeit mit den Mitgliedern der internationalen Gemeinschaft unterstützt wird.	**Art. 9 Abs. 1:** Die gültigen internationalen Verträge, denen die Werchowna Rada zugestimmt hat, bilden Bestandteile der ukrainischen Gesetzgebung. Der Abschluss der internationalen Verträge, die der Verfassung widersprechen, ist erst nach den entsprechenden Verfassungsänderungen möglich. **Art. 148 Abs. 1:** Das VerfG entscheidet nach dem Antrag des Präsidenten oder des	**Art. 52 Abs. 4:** Jeder hat das Recht, den Schutz seiner Grundrechte und -freiheiten bei den gerichtlichen oder anderen Institutionen der Vereinten Nationen und des Europarates zu ersuchen.	**Art. 82 Abs. 1 Punkt 7:** Zu den Parlamentsbefugnissen gehört die Erteilung innerhalb der gesetzlich festgelegten Frist der Zustimmung zur Verbindlichkeit der internationalen Verträge sowie zur Kündigung der Verträge der Ukraine. **Art. 103 Abs. 1 Punkt 3:** Der Präsident vertritt die Ukraine in den internationalen Beziehungen; **Punkt 2:** Er leitet die

			Ministerkabinenetts über die Verfassungsmäßigkeit der zu ratifizierenden Verträge.		Ausübung der außenpolitischen Tätigkeit des Staates, handelt die völkerrechtlichen Verträge aus und schließt sie ab.
Verfassungs-entwurf, **fertiggestellt durch das Ad-hoc-Komitee und angenommen in der ersten Lesung am 4.06.1996**		Verfassungsteil **„Allgemeine Grundlagen"** **Art. 17:** Die außenpolitische Tätigkeit des Staates ist darauf ausgerichtet, die nationalen Interessen und nationale Sicherheit zu gewährleisten, indem die friedliche und gemeinnützige Zusammenarbeit mit den Mitgliedern der internationalen Gemeinschaft aufgrund der allgemein anerkannten Grundsätze und Normen des Völkerrechts unterstützt wird.	**Art. 9:** Die gültigen internationalen Verträge, denen die Werchowna Rada zugestimmt hat, bilden Bestandteile der ukrainischen Gesetzgebung. Der Abschluss der internationalen Verträge, die der Verfassung widersprechen, ist erst nach den entsprechenden Verfassungsänderungen möglich. **Art. 151 Abs. 1:** Das VerfG entscheidet nach dem Antrag des Präsidenten oder des Ministerkabinenetts über die Verfassungsmäßigkeit der zu ratifizierenden Verträge.	**Art. 50 Abs. 4:** Jeder hat das Recht, den Schutz seiner Grundrechte und -freiheiten bei den gerichtlichen oder anderen Institutionen der Vereinten Nationen und des Europarates zu ersuchen.	**Art. 85 Abs. 1 Punkt 7:** Zu den Parlaments-befugnissen gehört die Erteilung der Zustimmung zur Verbindlichkeit der internationalen Verträge sowie zur Kündigung der Verträge der Ukraine innerhalb der gesetzlich festgelegten Frist. **Art. 106 Abs. 1 Punkt 3:** Der Präsident vertritt die Ukraine in den internationalen Beziehungen: **Punkt 2:** Er leitet die außenpolitische Tätigkeit des Staates, handelt die völkerrechtlichen Verträge aus und schließt sie ab.
Verfassungs-entwurf, bestätigt am		Verfassungsteil **„Allgemeine Grundlagen"**	**Art. 9:** Die gültigen internationalen Verträge, deren Verbindlichkeit die Werchowna Rada	**Art. 50 Abs. 4:** Jeder hat das Recht, nachdem alle	**Art. 85 Abs. 1 Punkt 7:** Zu den Parlaments-befugnissen gehört die Erteilung der Zustimmung

15.06.1996 durch das Ad-hoc-Komitee		**Art. 18:** Die außenpolitische Tätigkeit des Staates ist darauf ausgerichtet, die nationalen Interessen und nationale Sicherheit zu gewährleisten, indem die friedliche und gemeinnützige Zusammenarbeit mit den Mitgliedern der internationalen Gemeinschaft gemäß den allgemein anerkannten Grundsätzen und Normen des Völkerrechts unterstützt wird.	zugestimmt hat, bilden Bestandteile der ukrainischen Gesetzgebung. Der Abschluss der internationalen Verträge, die der Verfassung widersprechen, ist erst nach den entsprechenden Verfassungsänderungen möglich. **Art. 151 Abs. 1:** Das VerfG entscheidet nach dem Antrag des Präsidenten oder des Ministerkabinenetts über die Verfassungsmäßigkeit der zu ratifizierenden Verträge.	innerstaatlichen Rechtsschutz-möglichkeiten erschöpft sind, den Schutz seiner Grundrechte und -freiheiten bei den gerichtlichen und anderen internationalen Institutionen, deren Mitglied die Ukraine ist, zu ersuchen.	zur Verbindlichkeit der internationalen Verträge sowie zur Kündigung der Verträge der Ukraine innerhalb der gesetzlich festgelegten Frist. **Art. 106 Abs. 1 Punkt 3:** Der Präsident vertritt die Ukraine in den internationalen Beziehungen; **Punkt 2:** Er leitet die außenpolitische Tätigkeit des Staates, handelt die völkerrechtlichen Verträge aus und schließt sie ab.
Verfassung der Ukraine vom 28.06.1996 (in der Redaktion des Verfassungs-änderungs-gesetzes Nr. 2222-IV vom 8.12.2004)		Verfassungsteil **„Allgemeine Grundlagen"** **Art. 18:** Die außenpolitische Tätigkeit des Staates ist darauf ausgerichtet, die nationalen Interessen und die Sicherheit zu gewährleisten, indem die friedliche und gemeinnützige Zusammenarbeit mit den Mitgliedern der	**Art. 9:** Die gültigen völkerrechtlichen Verträge, deren Verbindlichkeit die Werchowna Rada der Ukraine zugestimmt hat, stellen einen Bestandteil der nationalen Gesetzgebung der Ukraine dar. Der Abschluss derjenigen völkerrechtlichen Verträge, die der ukrainischen Verfassung widersprechen, ist erst nach den entsprechenden Verfas-	**Art. 55 Abs. 4:** Jeder hat das Recht, nachdem alle innerstaatlichen Rechtsschutz-möglichkeiten erschöpft sind, den Schutz seiner Grundrechte und -freiheiten bei den internationalen gerichtlichen Institutionen oder den entsprechenden	**Art. 85 Abs. 1 Punkt 32:** Zu den Befugnissen der Werchowna Rada gehören: [...] Erteilung in Form eines Gesetzes der Zustimmung zur Verbindlichkeit und zur Kündigung der völkerrechtlichen Verträge der Ukraine; [...] **Art. 106 Abs. 1 Punkt 3:** Der Präsident vertritt die Ukraine in den internationalen

		internationalen Gemeinschaft im Einklang mit den allgemein anerkannten Grundsätzen und Normen des Völkerrechts unterstützt wird.	sungsänderungen möglich **Art. 151 Abs. 1:** Nach dem Antrag des Präsidenten oder des Ministerkabinetts entscheidet das VerfG der Ukraine über die Verfassungsmäßigkeit der gültigen Verträge der Ukraine oder der völkerrechtlichen Verträge, die der Werchowna Rada zur Zustimmung zu ihrer Verbindlichkeit vorgelegt werden.	Organen der internationalen Organisationen, deren Mitglied die Ukraine ist, zu ersuchen.	Beziehungen, leitet die außenpolitische Tätigkeit des Staates, handelt die völkerrechtlichen Verträge der Ukraine aus und schließt sie ab.

SOVIET AND POST-SOVIET POLITICS AND SOCIETY

Edited by Dr. Andreas Umland

ISSN 1614-3515

1 *Андреас Умланд (ред.)*
Воплощение Европейской конвенции по правам человека в России
Философские, юридические и эмпирические исследования
ISBN 3-89821-387-0

2 *Christian Wipperfürth*
Russland – ein vertrauenswürdiger Partner?
Grundlagen, Hintergründe und Praxis gegenwärtiger russischer Außenpolitik
Mit einem Vorwort von Heinz Timmermann
ISBN 3-89821-401-X

3 *Manja Hussner*
Die Übernahme internationalen Rechts in die russische und deutsche Rechtsordnung
Eine vergleichende Analyse zur Völkerrechtsfreundlichkeit der Verfassungen der Russländischen Föderation und der Bundesrepublik Deutschland
Mit einem Vorwort von Rainer Arnold
ISBN 3-89821-438-9

4 *Matthew Tejada*
Bulgaria's Democratic Consolidation and the Kozloduy Nuclear Power Plant (KNPP)
The Unattainability of Closure
With a foreword by Richard J. Crampton
ISBN 3-89821-439-7

5 *Марк Григорьевич Меерович*
Квадратные метры, определяющие сознание
Государственная жилищная политика в СССР. 1921 – 1941 гг
ISBN 3-89821-474-5

6 *Andrei P. Tsygankov, Pavel A.Tsygankov (Eds.)*
New Directions in Russian International Studies
ISBN 3-89821-422-2

7 *Марк Григорьевич Меерович*
Как власть народ к труду приучала
Жилище в СССР – средство управления людьми. 1917 – 1941 гг.
С предисловием Елены Осокиной
ISBN 3-89821-495-8

8 *David J. Galbreath*
Nation-Building and Minority Politics in Post-Socialist States
Interests, Influence and Identities in Estonia and Latvia
With a foreword by David J. Smith
ISBN 3-89821-467-2

9 *Алексей Юрьевич Безугольный*
Народы Кавказа в Вооруженных силах СССР в годы Великой Отечественной войны 1941-1945 гг.
С предисловием Николая Бугая
ISBN 3-89821-475-3

10 *Вячеслав Лихачев и Владимир Прибыловский (ред.)*
Русское Национальное Единство, 1990-2000. В 2-х томах
ISBN 3-89821-523-7

11 *Николай Бугай (ред.)*
Народы стран Балтии в условиях сталинизма (1940-е – 1950-е годы)
Документированная история
ISBN 3-89821-525-3

12 *Ingmar Bredies (Hrsg.)*
Zur Anatomie der Orange Revolution in der Ukraine
Wechsel des Elitenregimes oder Triumph des Parlamentarismus?
ISBN 3-89821-524-5

13 *Anastasia V. Mitrofanova*
The Politicization of Russian Orthodoxy
Actors and Ideas
With a foreword by William C. Gay
ISBN 3-89821-481-8

14 *Nathan D. Larson*
Alexander Solzhenitsyn and the Russo-Jewish Question
ISBN 3-89821-483-4

15 *Guido Houben*
Kulturpolitik und Ethnizität
Staatliche Kunstförderung im Russland der neunziger Jahre
Mit einem Vorwort von Gert Weisskirchen
ISBN 3-89821-542-3

16 *Leonid Luks*
Der russische „Sonderweg"?
Aufsätze zur neuesten Geschichte Russlands im europäischen Kontext
ISBN 3-89821-496-6

17 *Евгений Мороз*
История «Мёртвой воды» – от страшной сказки к большой политике
Политическое неоязычество в постсоветской России
ISBN 3-89821-551-2

18 *Александр Верховский и Галина Кожевникова (ред.)*
Этническая и религиозная интолерантность в российских СМИ
Результаты мониторинга 2001-2004 гг.
ISBN 3-89821-569-5

19 *Christian Ganzer*
Sowjetisches Erbe und ukrainische Nation
Das Museum der Geschichte des Zaporoger Kosakentums auf der Insel Chortycja
Mit einem Vorwort von Frank Golczewski
ISBN 3-89821-504-0

20 *Эльза-Баир Гучинова*
Помнить нельзя забыть
Антропология депортационной травмы калмыков
С предисловием Кэролайн Хамфри
ISBN 3-89821-506-7

21 *Юлия Лидерман*
Мотивы «проверки» и «испытания» в постсоветской культуре
Советское прошлое в российском кинематографе 1990-х годов
С предисловием Евгения Марголита
ISBN 3-89821-511-3

22 *Tanya Lokshina, Ray Thomas, Mary Mayer (Eds.)*
The Imposition of a Fake Political Settlement in the Northern Caucasus
The 2003 Chechen Presidential Election
ISBN 3-89821-436-2

23 *Timothy McCajor Hall, Rosie Read (Eds.)*
Changes in the Heart of Europe
Recent Ethnographies of Czechs, Slovaks, Roma, and Sorbs
With an afterword by Zdeněk Salzmann
ISBN 3-89821-606-3

24 *Christian Autengruber*
Die politischen Parteien in Bulgarien und Rumänien
Eine vergleichende Analyse seit Beginn der 90er Jahre
Mit einem Vorwort von Dorothée de Nève
ISBN 3-89821-476-1

25 *Annette Freyberg-Inan with Radu Cristescu*
The Ghosts in Our Classrooms, or: John Dewey Meets Ceauşescu
The Promise and the Failures of Civic Education in Romania
ISBN 3-89821-416-8

26 *John B. Dunlop*
The 2002 Dubrovka and 2004 Beslan Hostage Crises
A Critique of Russian Counter-Terrorism
With a foreword by Donald N. Jensen
ISBN 3-89821-608-X

27 *Peter Koller*
Das touristische Potenzial von Kam''janec'–Podil's'kyj
Eine fremdenverkehrsgeographische Untersuchung der Zukunftsperspektiven und Maßnahmenplanung zur Destinationsentwicklung des „ukrainischen Rothenburg"
Mit einem Vorwort von Kristiane Klemm
ISBN 3-89821-640-3

28 *Françoise Daucé, Elisabeth Sieca-Kozlowski (Eds.)*
Dedovshchina in the Post-Soviet Military
Hazing of Russian Army Conscripts in a Comparative Perspective
With a foreword by Dale Herspring
ISBN 3-89821-616-0

29 *Florian Strasser*
Zivilgesellschaftliche Einflüsse auf die Orange Revolution
Die gewaltlose Massenbewegung und die ukrainische Wahlkrise 2004
Mit einem Vorwort von Egbert Jahn
ISBN 3-89821-648-9

30 *Rebecca S. Katz*
The Georgian Regime Crisis of 2003-2004
A Case Study in Post-Soviet Media Representation of Politics, Crime and Corruption
ISBN 3-89821-413-3

31 *Vladimir Kantor*
Willkür oder Freiheit
Beiträge zur russischen Geschichtsphilosophie
Ediert von Dagmar Herrmann sowie mit einem Vorwort versehen von Leonid Luks
ISBN 3-89821-589-X

32 *Laura A. Victoir*
The Russian Land Estate Today
A Case Study of Cultural Politics in Post-Soviet Russia
With a foreword by Priscilla Roosevelt
ISBN 3-89821-426-5

33 *Ivan Katchanovski*
Cleft Countries
Regional Political Divisions and Cultures in Post-Soviet Ukraine and Moldova
With a foreword by Francis Fukuyama
ISBN 3-89821-558-X

34 *Florian Mühlfried*
Postsowjetische Feiern
Das Georgische Bankett im Wandel
Mit einem Vorwort von Kevin Tuite
ISBN 3-89821-601-2

35 *Roger Griffin, Werner Loh, Andreas Umland (Eds.)*
Fascism Past and Present, West and East
An International Debate on Concepts and Cases in the Comparative Study of the Extreme Right
With an afterword by Walter Laqueur
ISBN 3-89821-674-8

36 *Sebastian Schlegel*
Der „Weiße Archipel"
Sowjetische Atomstädte 1945-1991
Mit einem Geleitwort von Thomas Bohn
ISBN 3-89821-679-9

37 *Vyacheslav Likhachev*
Political Anti-Semitism in Post-Soviet Russia
Actors and Ideas in 1991-2003
Edited and translated from Russian by Eugene Veklerov
ISBN 3-89821-529-6

38 *Josette Baer (Ed.)*
Preparing Liberty in Central Europe
Political Texts from the Spring of Nations 1848 to the Spring of Prague 1968
With a foreword by Zdeněk V. David
ISBN 3-89821-546-6

39 *Михаил Лукьянов*
Российский консерватизм и реформа, 1907-1914
С предисловием Марка Д. Стейнберга
ISBN 3-89821-503-2

40 *Nicola Melloni*
Market Without Economy
The 1998 Russian Financial Crisis
With a foreword by Eiji Furukawa
ISBN 3-89821-407-9

41 *Dmitrij Chmelnizki*
Die Architektur Stalins
Bd. 1: Studien zu Ideologie und Stil
Bd. 2: Bilddokumentation
Mit einem Vorwort von Bruno Flierl
ISBN 3-89821-515-6

42 *Katja Yafimava*
Post-Soviet Russian-Belarussian Relationships
The Role of Gas Transit Pipelines
With a foreword by Jonathan P. Stern
ISBN 3-89821-655-1

43 *Boris Chavkin*
Verflechtungen der deutschen und russischen Zeitgeschichte
Aufsätze und Archivfunde zu den Beziehungen Deutschlands und der Sowjetunion von 1917 bis 1991
Ediert von Markus Edlinger sowie mit einem Vorwort versehen von Leonid Luks
ISBN 3-89821-756-6

44 *Anastasija Grynenko in Zusammenarbeit mit Claudia Dathe*
Die Terminologie des Gerichtswesens der Ukraine und Deutschlands im Vergleich
Eine übersetzungswissenschaftliche Analyse juristischer Fachbegriffe im Deutschen, Ukrainischen und Russischen
Mit einem Vorwort von Ulrich Hartmann
ISBN 3-89821-691-8

45 *Anton Burkov*
The Impact of the European Convention on Human Rights on Russian Law
Legislation and Application in 1996-2006
With a foreword by Françoise Hampson
ISBN 978-3-89821-639-5

46 *Stina Torjesen, Indra Overland (Eds.)*
International Election Observers in Post-Soviet Azerbaijan
Geopolitical Pawns or Agents of Change?
ISBN 978-3-89821-743-9

47 *Taras Kuzio*
Ukraine – Crimea – Russia
Triangle of Conflict
ISBN 978-3-89821-761-3

48 *Claudia Šabić*
"Ich erinnere mich nicht, aber L'viv!"
Zur Funktion kultureller Faktoren für die Institutionalisierung und Entwicklung einer ukrainischen Region
Mit einem Vorwort von Melanie Tatur
ISBN 978-3-89821-752-1

49 *Marlies Bilz*
Tatarstan in der Transformation
Nationaler Diskurs und Politische Praxis 1988-1994
Mit einem Vorwort von Frank Golczewski
ISBN 978-3-89821-722-4

50 *Марлен Ларюэль (ред.)*
Современные интерпретации русского национализма
ISBN 978-3-89821-795-8

51 *Sonja Schüler*
Die ethnische Dimension der Armut
Roma im postsozialistischen Rumänien
Mit einem Vorwort von Anton Sterbling
ISBN 978-3-89821-776-7

52 *Галина Кожевникова*
Радикальный национализм в России и противодействие ему
Сборник докладов Центра «Сова» за 2004-2007 гг.
С предисловием Александра Верховского
ISBN 978-3-89821-721-7

53 *Галина Кожевникова и Владимир Прибыловский*
Российская власть в биографиях I
Высшие должностные лица РФ в 2004 г.
ISBN 978-3-89821-796-5

54 *Галина Кожевникова и Владимир Прибыловский*
Российская власть в биографиях II
Члены Правительства РФ в 2004 г.
ISBN 978-3-89821-797-2

55 *Галина Кожевникова и Владимир Прибыловский*
Российская власть в биографиях III
Руководители федеральных служб и агентств РФ в 2004 г.
ISBN 978-3-89821-798-9

56 *Ileana Petroniu*
Privatisierung in Transformationsökonomien
Determinanten der Restrukturierungs-Bereitschaft am Beispiel Polens, Rumäniens und der Ukraine
Mit einem Vorwort von Rainer W. Schäfer
ISBN 978-3-89821-790-3

57 *Christian Wipperfürth*
Russland und seine GUS-Nachbarn
Hintergründe, aktuelle Entwicklungen und Konflikte in einer ressourcenreichen Region
ISBN 978-3-89821-801-6

58 *Togzhan Kassenova*
From Antagonism to Partnership
The Uneasy Path of the U.S.-Russian Cooperative Threat Reduction
With a foreword by Christoph Bluth
ISBN 978-3-89821-707-1

59 *Alexander Höllwerth*
Das sakrale eurasische Imperium des Aleksandr Dugin
Eine Diskursanalyse zum postsowjetischen russischen Rechtsextremismus
Mit einem Vorwort von Dirk Uffelmann
ISBN 978-3-89821-813-9

60 *Олег Рябов*
«Россия-Матушка»
Национализм, гендер и война в России XX века
С предисловием Елены Гощило
ISBN 978-3-89821-487-2

61 *Ivan Maistrenko*
Borot'bism
A Chapter in the History of the Ukrainian Revolution
With a new introduction by Chris Ford
Translated by George S. N. Luckyj with the assistance of Ivan L. Rudnytsky
ISBN 978-3-89821-697-5

62 *Maryna Romanets*
Anamorphosic Texts and Reconfigured Visions
Improvised Traditions in Contemporary Ukrainian and Irish Literature
ISBN 978-3-89821-576-3

63 *Paul D'Anieri and Taras Kuzio (Eds.)*
Aspects of the Orange Revolution I
Democratization and Elections in Post-Communist Ukraine
ISBN 978-3-89821-698-2

64 *Bohdan Harasymiw in collaboration with Oleh S. Ilnytzkyj (Eds.)*
Aspects of the Orange Revolution II
Information and Manipulation Strategies in the 2004 Ukrainian Presidential Elections
ISBN 978-3-89821-699-9

65 *Ingmar Bredies, Andreas Umland and Valentin Yakushik (Eds.)*
Aspects of the Orange Revolution III
The Context and Dynamics of the 2004 Ukrainian Presidential Elections
ISBN 978-3-89821-803-0

66 *Ingmar Bredies, Andreas Umland and Valentin Yakushik (Eds.)*
Aspects of the Orange Revolution IV
Foreign Assistance and Civic Action in the 2004 Ukrainian Presidential Elections
ISBN 978-3-89821-808-5

67 *Ingmar Bredies, Andreas Umland and Valentin Yakushik (Eds.)*
Aspects of the Orange Revolution V
Institutional Observation Reports on the 2004 Ukrainian Presidential Elections
ISBN 978-3-89821-809-2

68 *Taras Kuzio (Ed.)*
Aspects of the Orange Revolution VI
Post-Communist Democratic Revolutions in Comparative Perspective
ISBN 978-3-89821-820-7

69 *Tim Bohse*
Autoritarismus statt Selbstverwaltung
Die Transformation der kommunalen Politik in der Stadt Kaliningrad 1990-2005
Mit einem Geleitwort von Stefan Troebst
ISBN 978-3-89821-782-8

70 *David Rupp*
Die Rußländische Föderation und die russischsprachige Minderheit in Lettland
Eine Fallstudie zur Anwaltspolitik Moskaus gegenüber den russophonen Minderheiten im „Nahen Ausland" von 1991 bis 2002
Mit einem Vorwort von Helmut Wagner
ISBN 978-3-89821-778-1

71 *Taras Kuzio*
Theoretical and Comparative Perspectives on Nationalism
New Directions in Cross-Cultural and Post-Communist Studies
With a foreword by Paul Robert Magocsi
ISBN 978-3-89821-815-3

72 *Christine Teichmann*
Die Hochschultransformation im heutigen Osteuropa
Kontinuität und Wandel bei der Entwicklung des postkommunistischen Universitätswesens
Mit einem Vorwort von Oskar Anweiler
ISBN 978-3-89821-842-9

73 *Julia Kusznir*
Der politische Einfluss von Wirtschaftseliten in russischen Regionen
Eine Analyse am Beispiel der Erdöl- und Erdgasindustrie, 1992-2005
Mit einem Vorwort von Wolfgang Eichwede
ISBN 978-3-89821-821-4

74 *Alena Vysotskaya*
Russland, Belarus und die EU-Osterweiterung
Zur Minderheitenfrage und zum Problem der Freizügigkeit des Personenverkehrs
Mit einem Vorwort von Katlijn Malfliet
ISBN 978-3-89821-822-1

75 *Heiko Pleines (Hrsg.)*
Corporate Governance in post-sozialistischen Volkswirtschaften
ISBN 978-3-89821-766-8

76 *Stefan Ihrig*
Wer sind die Moldawier?
Rumänismus versus Moldowanismus in Historiographie und Schulbüchern der Republik Moldova, 1991-2006
Mit einem Vorwort von Holm Sundhaussen
ISBN 978-3-89821-466-7

77 *Galina Kozhevnikova in collaboration with Alexander Verkhovsky and Eugene Veklerov*
Ultra-Nationalism and Hate Crimes in Contemporary Russia
The 2004-2006 Annual Reports of Moscow's SOVA Center
With a foreword by Stephen D. Shenfield
ISBN 978-3-89821-868-9

78 *Florian Küchler*
The Role of the European Union in Moldova's Transnistria Conflict
With a foreword by Christopher Hill
ISBN 978-3-89821-850-4

79 *Bernd Rechel*
The Long Way Back to Europe
Minority Protection in Bulgaria
With a foreword by Richard Crampton
ISBN 978-3-89821-863-4

80 *Peter W. Rodgers*
Nation, Region and History in Post-Communist Transitions
Identity Politics in Ukraine, 1991-2006
With a foreword by Vera Tolz
ISBN 978-3-89821-903-7

81 *Stephanie Solywoda*
The Life and Work of Semen L. Frank
A Study of Russian Religious Philosophy
With a foreword by Philip Walters
ISBN 978-3-89821-457-5

82 *Vera Sokolova*
Cultural Politics of Ethnicity
Discourses on Roma in Communist Czechoslovakia
ISBN 978-3-89821-864-1

83 *Natalya Shevchik Ketenci*
Kazakhstani Enterprises in Transition
The Role of Historical Regional Development in Kazakhstan's Post-Soviet Economic Transformation
ISBN 978-3-89821-831-3

84 *Martin Malek, Anna Schor-Tschudnowskaja (Hrsg.)*
Europa im Tschetschenienkrieg
Zwischen politischer Ohnmacht und Gleichgültigkeit
Mit einem Vorwort von Lipchan Basajewa
ISBN 978-3-89821-676-0

85 *Stefan Meister*
Das postsowjetische Universitätswesen zwischen nationalem und internationalem Wandel
Die Entwicklung der regionalen Hochschule in Russland als Gradmesser der Systemtransformation
Mit einem Vorwort von Joan DeBardeleben
ISBN 978-3-89821-891-7

86 *Konstantin Sheiko in collaboration with Stephen Brown*
Nationalist Imaginings of the Russian Past
Anatolii Fomenko and the Rise of Alternative History in Post-Communist Russia
With a foreword by Donald Ostrowski
ISBN 978-3-89821-915-0

87 *Sabine Jenni*
Wie stark ist das „Einige Russland"?
Zur Parteibindung der Eliten und zum Wahlerfolg der Machtpartei im Dezember 2007
Mit einem Vorwort von Klaus Armingeon
ISBN 978-3-89821-961-7

88 *Thomas Borén*
Meeting-Places of Transformation
Urban Identity, Spatial Representations and Local Politics in Post-Soviet St Petersburg
ISBN 978-3-89821-739-2

89 *Aygul Ashirova*
Stalinismus und Stalin-Kult in Zentralasien
Turkmenistan 1924-1953
Mit einem Vorwort von Leonid Luks
ISBN 978-3-89821-987-7

90 *Leonid Luks*
Freiheit oder imperiale Größe?
Essays zu einem russischen Dilemma
ISBN 978-3-8382-0011-8

91 *Christopher Gilley*
The 'Change of Signposts' in the Ukrainian Emigration
A Contribution to the History of Sovietophilism in the 1920s
With a foreword by Frank Golczewski
ISBN 978-3-89821-965-5

92 *Philipp Casula, Jeronim Perovic (Eds.)*
Identities and Politics During the Putin Presidency
The Discursive Foundations of Russia's Stability
With a foreword by Heiko Haumann
ISBN 978-3-8382-0015-6

93 *Marcel Viëtor*
Europa und die Frage nach seinen Grenzen im Osten
Zur Konstruktion ‚europäischer Identität' in Geschichte und Gegenwart
Mit einem Vorwort von Albrecht Lehmann
ISBN 978-3-8382-0045-3

94 *Ben Hellman, Andrei Rogachevskii*
Filming the Unfilmable
Casper Wrede's 'One Day in the Life of Ivan Denisovich'
ISBN 978-3-8382-0044-6

95 *Eva Fuchslocher*
Vaterland, Sprache, Glaube
Orthodoxie und Nationenbildung am Beispiel Georgiens
Mit einem Vorwort von Christina von Braun
ISBN 978-3-89821-884-9

96 *Vladimir Kantor*
Das Westlertum und der Weg Russlands
Zur Entwicklung der russischen Literatur und Philosophie
Ediert von Dagmar Herrmann
Mit einem Beitrag von Nikolaus Lobkowicz
ISBN 978-3-8382-0102-3

97 *Kamran Musayev*
Die postsowjetische Transformation im Baltikum und Südkaukasus
Eine vergleichende Untersuchung der politischen Entwicklung Lettlands und Aserbaidschans 1985-2009
Mit einem Vorwort von Leonid Luks
Ediert von Sandro Henschel
ISBN 978-3-8382-0103-0

98 *Tatiana Zhurzhenko*
Borderlands into Bordered Lands
Geopolitics of Identity in Post-Soviet Ukraine
With a foreword by Dieter Segert
ISBN 978-3-8382-0042-2

99 *Кирилл Галушко, Лидия Смола (ред.)*
Пределы падения – варианты украинского будущего
Аналитико-прогностические исследования
ISBN 978-3-8382-0148-1

100 *Michael Minkenberg (ed.)*
Historical Legacies and the Radical Right in Post-Cold War Central and Eastern Europe
With an afterword by Sabrina P. Ramet
ISBN 978-3-8382-0124-5

101 *David-Emil Wickström*
"Okna otkroi!" – "Open the Windows!"
Transcultural Flows and Identity Politics in the St. Petersburg Popular Music Scene
With a foreword by Yngvar B. Steinholt
ISBN 978-3-8382-0100-9

102 *Eva Zabka*
Eine neue „Zeit der Wirren"?
Der spät- und postsowjetische Systemwandel 1985-2000 im Spiegel russischer gesellschaftspolitischer Diskurse
Mit einem Vorwort von Margareta Mommsen
ISBN 978-3-8382-0161-0

103 *Ulrike Ziemer*
Ethnic Belonging, Gender and Cultural Practices
Youth Identitites in Contemporary Russia
With a foreword by Anoop Nayak
ISBN 978-3-8382-0152-8

104 *Ksenia Chepikova*
‚Einiges Russland' - eine zweite KPdSU?
Aspekte der Identitätskonstruktion einer postsowjetischen „Partei der Macht"
Mit einem Vorwort von Torsten Oppelland
ISBN 978-3-8382-0311-9

105 *Леонид Люкс*
Западничество или евразийство? Демократия или идеократия?
Сборник статей об исторических дилеммах России
С предисловием Владимира Кантора
ISBN 978-3-8382-0211-2

106 *Anna Dost*
Das russische Verfassungsrecht auf dem Weg zum Föderalismus und zurück
Zum Konflikt von Rechtsnormen und -wirklichkeit in der Russländischen Föderation von 1991 bis 2009
Mit einem Vorwort von Alexander Blankenagel
ISBN 978-3-8382-0292-1

107 *Philipp Herzog*
Sozialistische Völkerfreundschaft, nationaler Widerstand oder harmloser Zeitvertreib?
Zur politischen Funktion der Volkskunst im sowjetischen Estland
Mit einem Vorwort von Andreas Kappeler
ISBN 978-3-8382-0216-7

108 *Marlène Laruelle (ed.)*
Russian Nationalism, Foreign Policy, and Identity Debates in Putin's Russia
New Ideological Patterns after the Orange Revolution
ISBN 978-3-8382-0325-6

109 *Michail Logvinov*
Russlands Kampf gegen den internationalen Terrorismus
Eine kritische Bestandsaufnahme des Bekämpfungsansatzes
Mit einem Geleitwort von Hans-Henning Schröder und einem Vorwort von Eckhard Jesse
ISBN 978-3-8382-0329-4

110 *John B. Dunlop*
The Moscow Bombings of September 1999
Examinations of Russian Terrorist Attacks at the Onset of Vladimir Putin's Rule
ISBN 978-3-8382-0388-1

111 *Андрей А. Ковалёв*
Свидетельство из-за кулис российской политики I
Можно ли делать добро из зла? (Воспоминания и размышления о последних советских и первых послесоветских годах)
With a foreword by Peter Reddaway
ISBN 978-3-8382-0302-7

112 *Андрей А. Ковалёв*
Свидетельство из-за кулис российской политики II
Угроза для себя и окружающих (Наблюдения и предостережения относительно происходящего после 2000 г.)
ISBN 978-3-8382-0303-4

113 *Bernd Kappenberg*
Zeichen setzen für Europa
Der Gebrauch europäischer lateinischer Sonderzeichen in der deutschen Öffentlichkeit
Mit einem Vorwort von Peter Schlobinski
ISBN 978-3-89821-749-1

114 *Ivo Mijnssen*
The Quest for an Ideal Youth in Putin's Russia I
Back to Our Future! History, Modernity and Patriotism according to *Nashi*, 2005-2012
With a foreword by Jeronim Perović
ISBN 978-3-8382-0368-3

115 *Jussi Lassila*
The Quest for an Ideal Youth in Putin's Russia II
The Search for Distinctive Conformism in the Political Communication of *Nashi*, 2005-2009
With a foreword by Kirill Postoutenko
ISBN 978-3-8382-0415-4

116 *Valerio Trabandt*
Neue Nachbarn, gute Nachbarschaft?
Die EU als internationaler Akteur am Beispiel ihrer Demokratieförderung in Belarus und der Ukraine 2004-2009
Mit einem Vorwort von Jutta Joachim
ISBN 978-3-8382-0437-6

117 *Fabian Pfeiffer*
Estlands Außen- und Sicherheitspolitik I
Der estnische Atlantizismus nach der wiedererlangten Unabhängigkeit 1991-2004
Mit einem Vorwort von Helmut Hubel
ISBN 978-3-8382-0127-6

118 *Jana Podßuweit*
Estlands Außen- und Sicherheitspolitik II
Handlungsoptionen eines Kleinstaates im Rahmen seiner EU-Mitgliedschaft (2004-2008)
Mit einem Vorwort von Helmut Hubel
ISBN 978-3-8382-0440-6

119 *Karin Pointner*
Estlands Außen- und Sicherheitspolitik III
Eine gedächtnispolitische Analyse estnischer Entwicklungskooperation 2006-2010
Mit einem Vorwort von Karin Liebhart
ISBN 978-3-8382-0435-2

120 *Ruslana Vovk*
Die Offenheit der ukrainischen Verfassung für das Völkerrecht und die europäische Integration
Mit einem Vorwort von Alexander Blankenagel
ISBN 978-3-8382-0481-9

Series Subscription

Please enter my subscription to the series *Soviet and Post-Soviet Politics and Society*, ISSN 1614-3515, as follows:

❒ complete series OR ❒ English-language titles
❒ German-language titles
❒ Russian-language titles

starting with
❒ volume # 1
❒ volume # ___
❒ please also include the following volumes: #___, ___, ___, ___, ___, ___, ___
❒ the next volume being published
❒ please also include the following volumes: #___, ___, ___, ___, ___, ___, ___

❒ 1 copy per volume OR ❒ ___ copies per volume

Subscription within Germany:

You will receive every volume at 1st publication at the regular bookseller's price – incl. s & h and VAT.

Payment:
❒ Please bill me for every volume.
❒ Lastschriftverfahren: Ich/wir ermächtige(n) Sie hiermit widerruflich, den Rechnungsbetrag je Band von meinem/unserem folgendem Konto einzuziehen.

Kontoinhaber: ______________________ Kreditinstitut: ______________________
Kontonummer: ______________________ Bankleitzahl: ______________________

International Subscription:

Payment (incl. s & h and VAT) in advance for
❒ 10 volumes/copies (€ 319.80) ❒ 20 volumes/copies (€ 599.80)
❒ 40 volumes/copies (€ 1,099.80)
Please send my books to:

NAME ______________________ DEPARTMENT ______________________
ADDRESS ____
POST/ZIP CODE ______________________ COUNTRY ______________________
TELEPHONE ______________________ EMAIL ______________________

date/signature ____

A hint for librarians in the former Soviet Union: Your academic library might be eligible to receive free-of-cost scholarly literature from Germany via the German Research Foundation. For Russian-language information on this program, see
http://www.dfg.de/forschungsfoerderung/formulare/download/12_54.pdf.

Please fax to: **0511 / 262 2201 (+49 511 262 2201)**
or mail to: *ibidem*-Verlag, Julius-Leber-Weg 11, D-30457 Hannover,Germany
or send an e-mail: ibidem@ibidem-verlag.de

ibidem-Verlag
Melchiorstr. 15
D-70439 Stuttgart
info@ibidem-verlag.de

www.ibidem-verlag.de
www.ibidem.eu
www.edition-noema.de
www.autorenbetreuung.de

FSC
www.fsc.org
MIX
Papier | Fördert gute Waldnutzung
FSC® C083411

Kolibri 360 GmbH
Ferdinand-Jühlke-Straße 7
99095 Erfurt, Deutschland
produktsicherheit@kolibri360.de